ビット・バイ・ビット
デジタル社会調査入門

Social Research in the Digital Age
Matthew J. Salganik

有斐閣

マシュー・J. サルガニック 著　瀧川裕貴・常松 淳・阪本拓人・大林真也 訳

BIT BY BIT

by Matthew J. Salganik

Copyright © 2018 by Matthew J. Salganik

Japanese translation published by arrangement with Princeton University Press
through The English Agency (Japan) Ltd.

All rights reserved.
No part of this book may be reproduced or transmitted in any form or by any means,
electronic or mechanical, including photocopying, recording or by any information storage
and retrieval system, without permission in writing from the Publisher.

アマンダへ

序　文

　本書のアイデアが生まれたのは，2005 年，コロンビア大学の地下室だった。その当時，大学院生だった私は，後で博士論文となるオンライン実験を行っている最中だった。この実験の科学としての部分は第 4 章で説明しよう。ここでは博士論文そのほか，どの論文でも触れなかった部分について話したい。それこそが私の調査に対する考えを変えたのだ。ある朝，地下のオフィスに来てみると，一夜にしてブラジルから 100 人もの人が私の実験に参加してくれたことがわかったのだ。このシンプルな経験は私にとって大変な衝撃だった。当時，私の友人が従来型の実験室実験を行っていたので，実験参加者を募り，監督し，手当を支払うことがどれだけ大変なことかはわかっていた。この場合，1 日で 10 人も集めることができれば，よい進捗だといえるだろう。だが，私のオンライン実験では，**私が寝ている間に，100 人が参加してくれたのだ**。寝ている間に研究が進むなんて夢のような話は信じられないかもしれない。だが本当なのだ。技術の変化――とりわけアナログ時代からデジタル時代への移行――によって，私たちはいまやソーシャルデータを新たな仕方で集め，分析することができるのだ。本書は，このように新しい方法で社会調査を行うための本である。

　本書はもっとデータサイエンスをしたい社会科学者と，もっと社会科学をしたいデータサイエンティスト，そしてこの 2 つの学問分野のハイブリッドに興味をもつすべての人のための本だ。そうだとすれば，この本が単に学生と大学教員のための本ではないということはいうまでもないだろう。私は今でこそ大学（プリンストン大学）で働いているが，以前は政府（米国国勢調査局）やテック産業（Microsoft Research）で働いたこともある。大学の外でたくさんのすばらしい研究が行われていることも知っている。だから，どこで働いていても，どんな技術を今使っているとしても，もしあなたが自分のしていることが社会調査だと思うなら，本書はあなたのために書かれた本だ。

　もう気づいているかもしれないが，本書のトーンはその他のたくさんの学術書とは少し違う。意図的にそうしているのだ。本書は 2007 年からプリンストン大学の社会学部で教えている計算社会科学の大学院向けゼミから生まれた。ゼミの興奮やエネルギーを本書でもある程度伝えたいと思っている。具体的にいえば，

本書は3つの特徴をもつよう心がけている．役に立つこと，未来志向であること，楽天的であること．

役に立つ： 私の目標は読者の役に立つ本を書くことだ．だから，オープンで形式ばらない，そして事例を使って説明するスタイルを採用したい．私の伝えたいもっとも大事なことは，社会調査についてのある種の思考の作法だ．そして，経験上，この種の思考法を伝える最善の方法は，形式ばらないスタイルで叙述すること，そして多くの事例を用いることだと考えている．さらに，各章末に，「読書案内」を設けて，紹介したトピックの多くについてより詳細で専門的な本に進めるよう手助けをしている．最終的には，自分自身で研究すること，そして他人の研究を評価すること，この両方に本書が役立てばよいと願っている．

未来志向： 本書が今日すでに存在するデジタルシステムだけでなく，将来生み出されるだろうデジタルシステムを使った社会調査に役立つようにと考えている．私がこの種の研究を始めたのは2004年のことだが，それ以来，多くの変化があったし，あなたのキャリアが進むにつれてさらに多くの変化が生じるに違いない．変化する状況下でも時代遅れにならないためのこつは**抽象化**だ．たとえば，本書では，現在のTwitter APIの使い方を説明することはしない．そうではなく，ビッグデータから何を得ることができるかを伝えたい（第2章）．また，Amazon Mechanical Turk[1]で実験をするための手順を逐一教えるわけでもない．そのかわり，デジタル時代のインフラを用いた実験の設計と解釈の方法を教えたい（第4章）．抽象化することで，タイムリーなトピックについての古びることのない本になれば，と考えている．

楽天的： 本書が対象とする2つのコミュニティ——社会科学者とデータサイエンティスト——はその学問的背景も興味関心もずいぶん異なる．本書では科学としての両者の違いについて論じるつもりだが，それに加えて，2つのコミュニティはスタイルの点でも違っている．データサイエンティストは一般的に楽天的だ．彼らはコップに水が半分も入っていると考える傾向がある．他方で，社会科学者は一般的により批判的だ．彼らはコップに水が半分しか入っていないと考える傾向がある．本書は，データサイエンティストの楽天的トーンを採用したい．だから，例を紹介するときには，私がなぜこの例が好きなのかを述べるようにするつもりだ．そして研究の問題点を指摘するときには——どんな研究も完璧

訳注
1) クラウド上でマイクロタスクを依頼することのできるクラウドソーシングサービス．研究目的では，サーベイや実験の参加者を募るために用いられる．

ではありえないからそうすることもある——，問題をポジティブに，楽天的なやり方で指摘するように努めよう。批判のための批判はしたくない——批判するのは，そうすることであなたがよりよい研究をするために役立つからだ。

　デジタル時代の社会調査が始まってまだ日が浅い。しかし，ある種の誤解がまん延しているようなので，この序文で，これを正しておくのも無駄ではないだろう。データサイエンティストの側では，2つのよくある誤解をみかける。1つは，より多くのデータがあれば問題が自動的に解決されるはずだと考える思考法だ。しかし，私の経験に基づく限り，社会調査についてこれはあてはまらない。実際，社会調査にとっては，よりよいデータ——より多いデータではなく——の方が役に立つといってよいだろう。データサイエンティストから聞こえてくる第2の誤解は，社会科学とは常識を大げさに飾り立てただけの話法の集まりだという考えだ。もちろん，社会科学者として——もっといえば社会学者として——これに同意するわけにはいかない。頭のよい人たちが，人間行動を理解するために，長い間，懸命に努力してきたのだ。そうして積み上げられた知識を無視するのは賢いやり方ではない。私は，本書がそうした知識をわかりやすく提供するものになるはずだと思いたい。

　社会科学の側にもよくある誤解が2つある。第1に，たまたまごく少数の不出来な論文を読んでしまったことで，デジタル時代のツールを用いた社会調査という発想自体を否定する人たちがいる。本書を手にとっている以上，あなたもおそらく，陳腐な，または間違った（あるいはその両方）仕方でソーシャルメディアデータを使った論文を，すでにいくつか読んだことがあるかもしれない。私も読んだことがある。しかし，こうした例があるからといって，デジタル時代の社会調査がすべてダメだと決めつけるのは深刻な間違いだ。実際，あなたは陳腐なもしくは間違った仕方でサーベイデータを使った論文だって読んだことがあるだろう。しかし，だからといって，サーベイを用いた研究そのものを否定することはないはずだ。サーベイデータを用いた優れた研究があることを知っているからだ。本書では，デジタル時代のツールを用いた優れた研究もまた存在するということを示したいと思う。

　社会科学者から聞くよくある誤解の2番目は，現在と将来を取り違えることだ。私がこれから説明しようと考えるデジタル時代の社会調査について検討する場合，2つの異なる問いを区別することが重要だ。「このスタイルの調査が現時点でどのくらいうまくいくのか」という問いと，「このスタイルの調査が将来どのくらいうまくいく可能性があるのか」という問いだ。研究者は第1の問いに

答えるべく訓練されているものだが，本書では第2の問いの方がより重要だと考える．つまり，デジタル時代の社会調査がまだパラダイムを変えるような巨大な知的貢献をなしえていないとしても，デジタル時代の調査は急速に進歩しているのだ．この，現在のレベルを超えていく変化のスピードこそ，デジタル時代の調査を私にとって刺激的なものとしているといえる．

いつかわからない未来のどこかの儲け話をしているかのように聞こえるかもしれない．だが，何か特定の研究を売り込むつもりはない．私は，Twitter，Facebook，Google，Microsoft，Apple その他のテック企業の株をもっているわけではない（ただ完全な情報公開をしておくと，Microsoft，Google，Facebook で働いたり，研究資金を受け取ったりしたことはある）．だから本書の目標は，信頼できる語り手として，今可能となっている刺激的な新しい研究のすべてを伝えること，そして陥りがちな（私自身もときおり陥った）いくつかの罠を避けるよう手助けすることだ．

社会科学とデータサイエンスの融合は，ときに計算社会科学と呼ばれる．これをテクニカルな分野と考える人もいるが，本書は伝統的な意味での技術書ではない．たとえば，本文には数式は1つも出てこない．私がこの形式で書くことを選んだ理由は，ビッグデータ，サーベイ，実験，マスコラボレーション，倫理を含むデジタル時代の社会調査についての包括的な展望を描きたかったからだ．これらのトピックをすべてカバーしつつ，それぞれのテクニカルな詳細を説明することは不可能だということがわかった．そこで，より専門的な内容については，各章末の「読書案内」と「数学ノート」の箇所で示唆しておくことにした．言い換えると，本書は，何か特殊な計算の方法を教えるための本ではなく，社会調査についての思考法を変えるために作られた本なのだ．

本書の授業での使い方

先に述べたように，本書の一部は2007年以来プリンストン大学で教えている計算社会科学の大学院ゼミから生まれた．本書を使って授業をしようと考えている人がいるならば，本書が私の授業からどうやって生まれたか，他の授業でどうやって使われることを想定しているかを説明するのが役立つだろう．

何年間も私は教科書なしで授業をしていた．いろいろな論文を読書課題として与えていただけだった．学生は論文を読んで学習することはできたが，論文だけでは，私が思い描いていたような思考法自体の変化を引き起こすことはできなかった．だから，私は学生が大局的な見方ができるように，授業で視点や文脈，助

言を与えることに大半の時間を費やすことになった。本書は，この視点，文脈，助言を，社会科学やデータサイエンスの予備知識無しでも消化できるように書き下す試みである。

　セメスター単位の授業では，本書とさまざまな追加文献を組み合わせることをおすすめする。たとえば，実験の章に2週費やすとして，第4章といっしょに，実験計画・分析における処置前情報の役割，企業の大規模A/Bテストにまつわる統計上・計算上の問題，メカニズムの分析に特化した実験計画，Amazon Mechanical Turkなどのオンライン労働市場からの参加者を用いることにともなう実践的・科学的・倫理的問題といったトピックについての読書課題を与えるのもよいだろう。プログラミングに関する読書課題や演習を組み合わせることもできる。どの組み合わせがよいかは授業を履修する学生が誰か（学部生か修士課程か博士課程か），彼らのバックグラウンドや目的によるだろう。

　セメスター単位の授業で週ごとに課題を課すこともできる。各章には難易度ごとにラベル付けした各種の課題がついている。やさしい（🌡），普通（🌡），難しい（🌡），とても難しい（🌡），だ。問題には必要スキルに関するラベルも付けてある。要数学（➕），要コーディング（📎），データ収集（🧱）のラベルだ。さらにいくつかの課題には私のお気に入りというラベルもつけている（♥）。さまざまな課題を用意したので，あなたの学生に適切な課題をみつけることができるはずだ。

　本書を授業で使う際に役立つように，各章ごとのシラバスやスライドなどの講義資料，各章ごとのおすすめ文献，いくつかの課題に対する解答を用意し始めている。これらの資料はhttp://www.bitbybitbook.com/に用意した。追加すべき資料があれば情報提供をお願いしたい。

目　次

序　文　　iii

第1章　イントロダクション ── 1
- 1.1　ロールシャッハテスト ……… 1
- 1.2　デジタル時代へようこそ ……… 2
- 1.3　研究デザイン ……… 5
- 1.4　本書のテーマ ……… 6
- 1.5　本書のアウトライン ……… 9
  - 読書案内　11

第2章　行動を観察する ── 13
- 2.1　イントロダクション ……… 13
- 2.2　ビッグデータ ……… 14
- 2.3　ビッグデータに関する10の特徴 ……… 17
  - 2.3.1　巨大さ　18
  - 2.3.2　常時オン　21
  - 2.3.3　非反応性　24
  - 2.3.4　不完全性　25
  - 2.3.5　アクセス不能性　27
  - 2.3.6　非代表性　30
  - 2.3.7　ドリフト　34
  - 2.3.8　アルゴリズムによる交絡　36
  - 2.3.9　汚染　38
  - 2.3.10　センシティブ　41
- 2.4　研究戦略 ……… 42
  - 2.4.1　事物を数える　43
  - 2.4.2　将来予測と現在予測　48

  2.4.3　実験に近づける　52
 2.5　結　論 ··· 62
   数学ノート　64　　読書案内　71　　課題　79

第3章　質問をする ——————————————— 87

 3.1　イントロダクション ··· 87
 3.2　質問すること vs. 観察すること ································· 90
 3.3　総調査誤差フレームワーク ······································· 91
  3.3.1　代　表　性　93
  3.3.2　測　　　定　96
  3.3.3　コ ス ト　100
 3.4　誰に質問するか ·· 101
 3.5　新しい質問の仕方 ··· 109
  3.5.1　生態学的経時的評価法　111
  3.5.2　ウィキサーベイ　114
  3.5.3　ゲーミフィケーション　117
 3.6　ビッグデータにサーベイを結びつける ······················· 120
  3.6.1　測定項目増加法　120
  3.6.2　調査対象拡張法　125
 3.7　結　論 ·· 133
   数学ノート　133　　読書案内　138　　課題　143

第4章　実験を行う ——————————————— 149

 4.1　イントロダクション ·· 149
 4.2　実験とは何か？ ·· 151
 4.3　実験の2つの次元：ラボ／フィールドとアナログ／デジタル ··· 154
 4.4　シンプルな実験を超えて ·· 160
  4.4.1　妥　当　性　164
  4.4.2　処置効果の不均質性　169
  4.4.3　メカニズム　172
 4.5　自分でやってみる ··· 176
  4.5.1　すでにある環境を利用する　176

4.5.2　自分自身で実験環境を構築する　　181
　　　4.5.3　自分自身で製品を開発する　　185
　　　4.5.4　頼りになるパートナーと組む　　186
　4.6　アドバイス ……………………………………………………… 191
　　　4.6.1　変動費用ゼロのデータを作る　　192
　　　4.6.2　実験デザインに倫理を組み込む：置き換える（replace）・洗練させる（refine）・減らす（reduce）　　198
　4.7　結　　論 ……………………………………………………… 204
　　　　　　数学ノート　205　　読書案内　210　　課題　222

第5章　マスコラボレーションを生み出す ──── 233

　5.1　イントロダクション ……………………………………………… 233
　5.2　ヒューマンコンピュテーション ………………………………… 236
　　　5.2.1　ギャラクシー・ズー　　237
　　　5.2.2　政治的マニフェストのクラウドコーディング　　245
　　　5.2.3　結　　論　　248
　5.3　オープンコール ………………………………………………… 250
　　　5.3.1　Netflix プライズ　　251
　　　5.3.2　フォールディット　　254
　　　5.3.3　ピアトゥパテント　　257
　　　5.3.4　結　　論　　260
　5.4　分散データ収集 ………………………………………………… 262
　　　5.4.1　eBird　　263
　　　5.4.2　フォトシティ　　265
　　　5.4.3　結　　論　　269
　5.5　あなた自身のものをデザインする …………………………… 272
　　　5.5.1　参加者を動機づける　　272
　　　5.5.2　不均質性を利用する　　273
　　　5.5.3　集中させる　　274
　　　5.5.4　驚きを可能にする　　275
　　　5.5.5　倫理的であること　　276
　　　5.5.6　デザインに関する最後のアドバイス　　278
　5.6　結　　論 ……………………………………………………… 280

読書案内　281　　課題　287

第6章　倫理　——————————————— 291

6.1　イントロダクション … 291
6.2　3つの事例 … 294
6.2.1　感情の伝染　294
6.2.2　嗜好，紐帯，時間　295
6.2.3　アンコール　296
6.3　デジタルはこれまでと違う … 298
6.4　4つの原理 … 302
6.4.1　人格の尊重　303
6.4.2　善行　304
6.4.3　正義　307
6.4.4　法と公益の尊重　308
6.5　2つの倫理枠組み … 310
6.6　特に難しい領域 … 312
6.6.1　インフォームドコンセント　312
6.6.2　情報リスクの理解と管理　315
6.6.3　プライバシー　323
6.6.4　不確実な状況での意思決定　326
6.7　実践のための秘訣 … 329
6.7.1　IRBはゴールではなくスタートライン　329
6.7.2　関係する人全員の立場に立ってみよ　331
6.7.3　研究倫理は0か1かではなく連続的に考えよ　332
6.8　結論 … 332
　　　歴史についての付録 … 333

読書案内　338　　課題　347

第7章　未来　——————————————— 363

7.1　先をみる … 363
7.2　未来のテーマ … 363
7.2.1　レディメイドとカスタムメイドのブレンド　363

7.2.2　参加者中心のデータ収集　　364
　　　7.2.3　研究デザインにおける倫理　　366
7.3　はじまりに戻って ……………………………………… 367

謝　辞　369
訳者あとがき　375
参考文献　379
索　引　440
著者紹介・訳者紹介　454

訳文中の（　）は原書に準じている。[　]は訳者が補ったものである。また，原書でイタリック体で強調されている語は，訳文中ではゴシック文字で表示した。

> 本書のコピー，スキャン，デジタル化等の無断複製は著作権法上での例外を除き禁じられています。本書を代行業者等の第三者に依頼してスキャンやデジタル化することは，たとえ個人や家庭内での利用でも著作権法違反です。

第1章
イントロダクション

1.1　ロールシャッハテスト

　2009年の夏，ルワンダ中の携帯電話が鳴っていた。家族，友人，仕事関係者からの数百万の呼び出しに加えて，約1000人のルワンダ人がJoshua Blumenstockからの呼び出しを受けていたのだ。この研究者たちはルワンダの富と貧困について研究するため，ルワンダ最大の携帯電話会社の150万の利用者のデータベースに基づくランダムサンプルサーベイを行っていた。Blumenstockたちはランダムに選択された人々に，サーベイに参加してもよいかを聞き，研究の趣旨を説明し，人口学的，社会的，経済的特徴に関する一連の質問項目を尋ねた。

　ここまでの説明を聞いただけなら，従来の社会科学のサーベイと変わらないじゃないか，と思われるかもしれない。だが，ここから先が従来とは違うのだ――少なくとも現時点では。Blumenstockたちは，サーベイデータに加えて，150万人の完全な通話記録を集めたのだ。彼らはこの2つのデータソースを組み合わせた。まず，サーベイデータを使って，通話記録から人々の富を予測可能な機械学習モデルを訓練する。その後，このモデルを用いて，データベース上の150万人の携帯電話利用者の富を推定するのだ。彼らはさらに通話記録に埋め込まれた地理情報を用いて150万人の利用者の居住地も推定した。これら，推定された富と推定された居住地を合わせることにより，ルワンダにおける富の地理分布について高解像度の地図を作成することが可能となる。より詳しくいえば，ルワンダの最小の行政単位である2148セルのそれぞれの富を推定したのだ。

　かつて，ルワンダのここまで細かい地理的区画に関して，富の推定が行われたことはない。だから，この推定値の妥当性を検証することはできない。ただ

Blumenstock たちが推定値を集計してルワンダの 30 の地域にまとめてみると，その推定値は，途上国のサーベイの参照基準と広く認められている『人口保健調査』（Demographic and Health Surveys）の推定値にきわめて近いことがわかった。この場合，2 つの方法が生み出す推定値は似ていたが，Blumenstock たちの方法は伝統的な『人口保健調査』よりも約 10 倍速く約 50 倍安価に行うことができた。この劇的なほど迅速で安価な推定法を用いることで，研究者，政府，企業は新たな可能性を手にすることになる（Blumenstock, Cademuro, and On 2015）。

この研究は，図柄が何にみえるかはみる人の背景によるという点で，ロールシャッハのインクブロットテスト[1)]に似ている。社会科学者の多くはここに，経済発展理論を検証するために利用可能な新たな測定ツールをみるだろう。データサイエンティストの多くは，クールな新しい機械学習の問題をみるだろう。ビジネスピープルの多くは，自分たちのすでに集めているビッグデータの潜在的価値を活かすための強力な方法をみるだろう。プライバシー運動家の多くは私たちが大衆監視の時代に生きていることの不気味な証左をみるだろう。そして最後に，政策立案者の多くは新技術がよりよい世界を生み出すために役に立ちうるということをみるだろう。実際，この研究は今述べたすべての側面をもっている。このようなさまざまな側面を併せ持つ研究だからこそ，私はこの研究を社会調査の未来を映す窓としてみているのだ。

1.2　デジタル時代へようこそ

デジタル時代はいたるところに現れ，存在感を増しつつあり，研究者のできることを変えていく。

本書の大前提は，デジタル時代は社会調査の新たな可能性を切り開くはずだという点にある。研究者は今，最近まではまったく不可能であったやり方で，行動を観察し，質問をし，実験を行い，コラボレーションすることができる。こうした新たな機会とともに新たなリスクも生じている。研究者はいまや，近年まではありえなかった形で，人々に危害を与えてしまうかもしれない。この機会とリスクが生み出されたのは，時代がアナログからデジタルへ移りつつあるからだ。この移行は――あたかも電灯をつけるがごとく――一気に生じるわけではない。実際

訳注
1) 紙にたらしたインクの図形が何にみえるかを答えさせ，性格を判断しようとする心理テスト。

のところ，まだ完全に移行が完了したわけではない。だが，何か大きな変化が進行しつつあるということは今でも十分にみてとれるはずだ。

　この移行を実感するには，日常生活の変化を探してみるのが1つの方法だ。かつてアナログだった多くの生活上のものごとがいまやデジタルになっている。もしかしたらあなたはかつてフィルムカメラを使っていたかもしれないが，今はデジタルカメラ（おそらくスマートフォンの一部の）を利用しているはずだ。かつては，紙の新聞を読んでいたかもしれないが，今はオンラインの新聞を読んでいるだろう。かつては現金払いをしていたかもしれないが，今はクレジットカードを使っているはずだ。どの場合でも，アナログからデジタルへ移行するということは，あなたに関するデータがますます多く，デジタルに取得され保存されるということだ。

　事実，全体としてみれば，移行の帰結は驚くべきものだ。世界の情報量は急速に増えつつあり，ますます多くの情報がデジタルに保存され，分析，伝達，統合が可能になっている（図1.1）。このデジタル情報の全体が「ビッグデータ」と呼ばれるようになっている。デジタルデータの爆発に加えて，計算能力へのアクセスに関しても同じような発展がみられる（図1.1）。このトレンド——デジタルデータの増大と計算能力の利用の増加——は当面続く可能性が高い。

　社会調査という目的にとって，デジタル時代のもっとも重要な特徴は，いたるところにコンピュータが存在するということにあると思う。政府や大企業だけが利用できた，部屋の大きさほどのマシンから始まって，コンピュータのサイズはどんどん小さくなり，どこにでも存在するようになっていった。1980年代以降の10年ごとに新たなコンピュータが出現してきた。パーソナルコンピュータ，ラップトップ，スマートフォン，「モノのインターネット」（たとえば，車や時計，サーモスタット等のデバイス内部のコンピュータ）に埋め込まれたプロセッサ（Waldrop 2016）。こうした遍在するコンピュータは単に計算するだけでなく，情報を取得し，保存し，伝達するようになりつつある。

　研究者にとっては，コンピュータがいたるところに存在することで何が生じているのかを確認する一番簡単な方法は，オンラインをみることだろう。オンラインとは，完全に測定でき実験も可能な環境のことでもある。たとえば，オンラインストアでは，数百万の顧客の購買パターンについて信じがたいほど正確なデータを簡単に収集できる。さらに，顧客のグループをランダム化して異なるショッピング体験をさせることも可能だ。購買履歴の追跡に加えてランダム化もでき

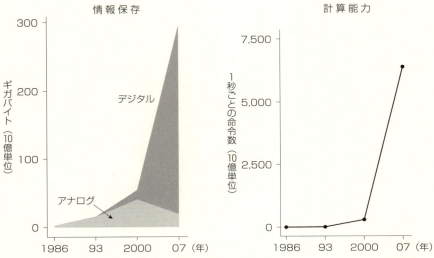

図 1.1 情報保存容量と計算能力の劇的な増加 これらの増大に加えて，情報保存はいまやほぼ完全にデジタルになっている。この変化が社会調査の研究者に信じがたいほどの機会を生み出しているのだ。Hilbert and López（2011）の図 2，図 5 より。

る。ということはつまり，オンラインストアでは日々ランダム化統制実験を実施することができるということだ。実際，もしあなたがオンラインストアから何か買ったことがあるならば，行動が記録されているだけでなく，あなたが気づいていようといまいと，ほぼ確実に何らかの実験に参加していることになるのだ[2]。

この完全に測定され，完全にランダム化可能な世界は単にオンラインでだけ起きているのではなく，ますますいたるところに現れつつある。物理的店舗はすでにきわめて詳細な購買データを集めているし，顧客の購買行動をモニタし，ビジネスのルーチンに実験を織り交ぜつつある。「モノのインターネット（Internet of Things）」とは，物理的世界の行動がデジタルセンサーによりますます捕捉されるようになるということだ。言い換えると，デジタル時代の社会調査について考えるためには，オンラインだけでなく，あらゆるところでデジタル化が生じていると考えるべきなのだ。

行動の測定と処置のランダム化に加えて，デジタル時代は人々がコミュニケートするための新たな方法も生み出している。新たなコミュニケーション形式により，研究者は革新的なサーベイを走らせることも，同僚や一般市民とマスコラボ

訳注
2) 本書第 4 章を参照。

レーションを作り出すこともできるのだ。

疑い深い人の中には，こうした性能は何も新しいものではないと指摘する人もいるかもしれない。というのは，過去にも，コミュニケーション能力を高める大きな技術革新（たとえば，電報〔Gleick 2011=2013〕）が存在したし，コンピュータは1960年代からほぼ一定の速度で計算速度を増しているから，というわけだ（Waldrop 2016）。だがこうした疑い深い人が見落としているのは，同じものが多く集まれば，ある時点で別のものになるということだ（Halevy, Norvig, and Pereira 2009）。私の好きなアナロジーはこうだ。馬の1枚のイメージを写せば，それは写真である。だがもし1秒に24個の馬のイメージを写せば，それは映画になる。もちろん，映画とは単なる写真の集まりではある。だが，よほど頑固な懐疑論者でなければ，写真と映画が同じものだとはいわないだろう。

研究者は今，写真撮影法から映画撮影法への移行と同じような変化の過程にいる。とはいえ，この変化によって，過去に学んだすべてのことは忘れ去られるべきだ，ということにはならない。写真撮影法の原理が映画撮影法を学ぶにも有益なように，過去100年間発展してきた社会調査の原理は，今後100年間の社会調査について考えるためにも有効だ。だが，変化によって，同じことをただ続けさえすればよい，とはいかなくなったのも事実だ。そうではなく，過去のアプローチを，現在と未来になしうることと組み合わせなければならないのだ。たとえば，Joshua Blumenstock らの調査は伝統的なサーベイ調査といわゆるデータサイエンスとの融合だ。どちらの要素も必要である。サーベイの解答だけでも，通話記録だけでも，貧困についての高解像度の推定は不可能だ。より一般的にいえば，社会調査の研究者は，デジタル時代の生み出した機会を活用すべく社会科学のアイデアとデータサイエンスのアイデアを組み合わせる必要があるだろう。どちらのアプローチもそれだけでは十分ではないのだ。

1.3 研究デザイン

研究デザインとは問いと答えを結びつけるデザインである。

本書はお互いから多くを学ぶことのできる2組のオーディエンスを対象として書かれている。一方は社会科学者で，社会行動を研究する訓練と経験を積んでいるが，デジタル時代の生み出した機会を利用することには慣れていない。他方の研究者たちはデジタル時代のツールを使うことは得意である一方，社会行動の

研究については新参者だ。この第2のグループを名づけるのは難しいが、ここではデータサイエンティストと呼んでおこう。データサイエンティストたち——多くの場合、コンピュータサイエンス、統計学、情報学、工学、物理学のような分野で訓練を積んでいる——は、必要となるデータや計算技術をもっているということもあり、デジタル時代の社会調査を一番最初に取り入れた人たちだった。本書は、この2つのコミュニティを1つにまとめあげることで、それぞれのコミュニティが単独で行うよりも実り多くかつ興味深い研究を可能にしようとする試みである。

この強力なハイブリッドを生み出すための最善の方法は、抽象的社会理論や高度な機械学習をことさらに利用することにはない。最善の出発点は、**研究デザイン**にある。社会調査を人間行動に対する問いかけとその答えからなる過程と考えるならば、研究デザインは結合組織（connective tissue）のようなものだ。研究デザインは問いと答えを結びつける。この結びつけを正しく行うことが説得力ある研究を行うための鍵となる。本書はあなたが過去に見聞きしたことのある——もしかしたら使ったことのある——4つのアプローチに焦点をあてる。すなわち、行動を観察すること、質問をすること、実験をすること、他者とコラボレーションすること。だが、新しいのは、デジタル時代になって、データを収集分析するためのこれまでとは異なる機会が開けたことだ。この新たな機会を用いて、これら古典的なアプローチを——取り替えるのではなく——現代的にすることが必要とされるのである。

1.4 本書のテーマ

本書の2つのテーマは①レディメイドとカスタムメイドの組み合わせ、そして②倫理だ。

2つのテーマが本書全体を特徴づけている。そこで、これらのテーマを今ここで強調しておけば、以後繰り返し登場するたび、それと認めることができるだろう。第1のテーマは、2人の偉人の比較を用いたアナロジーで説明しよう。マルセル・デュシャンとミケランジェロだ。デュシャンは『泉』などのレディメイドで多くの人に知られている。日常品を取り上げて芸術として転用（repurpose）したのだ。他方でミケランジェロは転用をしなかった。彼がダビデ像の製作を決心したとき、ダビデのようにみえる大理石を探すなどということはしなかった。彼

レディメイド　　　　　　　　　カスタムメイド

図 1.2　マルセル・デュシャンの『泉』とミケランジェロの『ダビデ像』　泉はレディメイドの例だ．芸術家がすでに存在する事物をみつけ，これを芸術のために創造的に転用する．ダビデは意図をもって作られた芸術の例，つまり，カスタムメイドだ．デジタル時代の社会調査にはレディメイドとカスタムメイドが両方含まれる．泉の写真は Alfred Stieglitz, 1917（出典：*The Blind Man*, no. 2/Wikimedia Commons）．ダビデ像の写真は Jörg Bittner Unna, 2008（出典：Galleria dell'Accademia, Florence/Wikimedia Commons）．

は3年の労苦を費やして彼の傑作を生み出した．ダビデはレディメイドではない．カスタムメイドだ（図 1.2）．

　この2つのスタイル——レディメイドとカスタムメイド——はデジタル時代の社会調査で用いられることのある2つのスタイルにほぼ対応している．以下でみるように，本書の研究例には，もともと企業や政府が作ったビッグデータを上手に転用した例も含まれる．これに対して，別の研究事例では，研究者がある具体的な問いから出発して，問いに答えるために必要なデータをデジタル時代のツールを使って作り出すというものもある．うまくいけば，どちらのスタイルも信じがたいほど強力となりうる．だからデジタル時代の社会調査はレディメイドとカスタムメイドの両方を含むことになるはずだ．デュシャンもミケランジェロも含むのだ．

　もしあなたが通常，レディメイドデータを使っているならば，本書でカスタムメイドデータの価値を示せればと思う．同じように，もしカスタムメイドデータを使っているならば，レディメイドデータの価値を示せればと思う．最後に，もっとも重要なことだが，本書で2つのスタイルを組み合わせることの価値を示したい．たとえば，Joshua Blumenstock たちはある部分デュシャンで，ある部

分ミケランジェロだ。彼らは通話記録を転用したし（レディメイド），独自のサーベイデータも作った（カスタムメイド）。このようにレディメイドとカスタムメイドの混ぜ合わせは本書全体を通じて現れてくるパターンだ。これには社会科学とデータサイエンス両方のアイデアが必要となるし，またもっとも刺激的な研究を生み出す可能性が高い。

本書を貫く第2のテーマは倫理だ。これから，デジタル時代に与えられた性能を用いて研究者がいかに刺激的かつ有意義な研究を生み出しうるかを示したい。それと同時に，こうした機会を利用する研究者がいかに困難な倫理的決断を迫られるかも明らかにしたい。第6章のすべてを使って倫理について論じるつもりだが，他の章にも倫理の問題を組み込んでいる。デジタル時代には，倫理は研究デザインにとってますます不可欠となっていくだろうからだ。

Blumenstock たちの研究はここでも参考になる。150万人の詳細な通話記録にアクセスできるということは，研究にとっての素晴らしい機会になると同時に，人々に危害を与える可能性を生み出すということでもある。たとえば，Jonathan Mayer ら（2016）は「匿名化済みの」通話記録（つまり，名前と住所のないデータ）であったとしても，公的に利用可能な情報と組み合わせることで，データに存在する具体的な人物を特定し，ある種の健康情報のようなセンシティブな情報を推測しうるということを示した。はっきりさせておこう。Blumenstock たちは具体的人物を特定してセンシティブな情報を推測しようとしているわけではない。だが，このような可能性があるため，彼らが通話データを取得することが困難になったし，研究遂行上，広範な安全対策をとらざるをえなくなったのだ。

通話記録の詳細を得られるかどうかという問題だけではなく，デジタル時代の社会調査では，研究者は大きな緊張を強いられることがある。研究者たちが——しばしば企業や政府と協力することにより——ますます調査参加者の生活に対して権力をもつようになっているのだ。権力とは，ここでは他者の同意や自覚さえなしに人々に何かをなす能力のことだとしておく。たとえば，研究者たちはいまや数百万の人々の行動を観察することができるし，後で説明するように，数百万の人々を巨大実験に組み込むこともできる。しかも，影響を受ける人々の同意を得たり，気づかれることさえなく，こうしたことができるのだ。研究者の権力が増大する一方，権力をどのように用いるべきかについての理解は同じようには進んでいない。事実，研究者たちは権力をどのように行使するかを決める際に，矛盾したり重複したりする規則，法，規範に依拠せざるをえなくなっているのだ。

強力な能力に対して曖昧なガイドラインしか存在しないため，善意の研究者でさえ困難な決断に取り組まざるをえなくなっている。

もしあなたがどちらかといえば，デジタル時代の社会調査の生み出す新たな機会に目がいっているのであれば，本書で機会は同時に新たなリスクも生み出しているということを示せればと思う。同様に，もしリスクの方に目がいっているのであれば，機会——ある種のリスクをとらざるをえない機会——の方にも目を向けるよう役に立てればと思う。最後に，もっとも重要なことだが，本書がデジタル時代の社会調査の生み出すリスクと機会のバランスを責任をもって考えたいすべての人にとって役立つことを願っている。権力が増せば，責任も増すのだ。

1.5　本書のアウトライン

本書は4つの大きな研究デザインを順に説明していく。行動を観察すること，質問をすること，実験をすること，マスコラボレーションを生み出すこと，だ。これらの方法はそれぞれ，研究者と調査参加者の間の異なる関係性を必要とするし，これらによって明らかにできることも異なっている。つまり，もし私たちが人々に質問をすれば，単に行動を観察するだけでは知りえないことを知ることができる。同様に，実験をすれば，私たちは単に行動を観察し，質問をするだけでは知りえないことを知ることができる。最後に，調査参加者とコラボレーションすれば，観察し，質問し，実験するだけでは知りえないことを知ることができる。この4つの方法はすべて50年前にも何らかの仕方で用いられてきた。そして今から50年後にも何らかの仕方で用いられていることは確実だ。各アプローチに1章ずつ費やした後——といってもそれぞれのアプローチの生み出す倫理的問題は該当章でも扱うが——1章まるごと倫理に費やしたい。序文で述べたように，各章の本文はできるだけ簡潔にし，各章の最後には，重要文献の情報とより詳細な資料を示した「読書案内」そして第2～4章には「数学ノート」をつけておいた。

第2章（「行動を観察する」）では，人々の行動を観察することで何を，いかに知りえるのかを説明する。具体的には，企業や政府の生み出すビッグデータに焦点をあてる。ビッグデータの10の共通の特徴とそれらがビッグデータを用いた研究の可能性にどう影響するかを説明する。それから，ビッグデータから効果的に知見を得ることのできる3つの研究戦略について例を交えて説明する。

第3章（「質問をする」）では，既存のビッグデータを超えて進むことで何が得

られるかを示すことから始める。具体的には，人々に質問することで，単に行動を観察するだけでは容易に知りえないことを知ることができるようになると示したい。デジタル時代の生み出す機会について考えを整理するために，伝統的な総調査誤差のフレームワークを概観する。その後，デジタル時代がサンプリングとインタビューの両方についていかに新しいアプローチを可能にするかを明らかにする。最後に，サーベイデータとビッグデータを結びつける2つの戦略について説明する。

第4章（「実験を行う」）では，行動を観察することとサーベイで質問をすることを超えて進むことで何を得ることができるかを示すことから始める。具体的には，ランダム化統制実験——ある仕方で世界に介入する実験——により，因果関係について知ることができるようになるということを示す。まず，従来から可能であった実験と，現在可能になった実験とを比較する。そのうえで，デジタル実験を行う場合の2つの主要戦略に含まれるトレードオフについて説明する。最後に，デジタル実験の真の威力を利用するためにどうするべきかについて，デザインに関するアドバイスをする。その力にともなう責任についてもある程度説明する。

第5章（「マスコラボレーションを生み出す」）では，社会調査のためにどのようにして——クラウドソーシングや市民科学のような——マスコラボレーションを生み出しうるかを説明する。成功したマスコラボレーションのプロジェクトを説明し，またいくつかの鍵となる組織化の原理を説明することで，2つのことを納得してもらいたい。第1に，マスコラボレーションは社会調査のために利用できるということ，第2に，マスコラボレーションを用いる研究者は従来解くことが不可能であるかのように思えた問題を解決することができるようになるということ。

第6章（「倫理」）では，研究者が調査参加者に対して急速に権力をもつようになっており，この力は私たちの規範やルールや法よりも急速に変化していることを議論する。権力が増大しているにもかかわらず，権力をいかに行使するべきかについて合意が成り立っていないことで，善意の研究者は困難な状況におかれている。この問題に対応するため，私は，原理ベースのアプローチを採用するべきだと論じる。つまり，既存のルールに沿って研究を評価するだけでなく——これは当然のことだ——，より一般的な倫理的原理に沿って研究を評価すべきだということだ。研究者の決定に役立ちうる4つの確立した原理と2つの倫理的枠組みを説明する。最後に，将来研究者が直面すると考えられる具体的な倫理的課

題のいくつかについて説明し，倫理がまだ確立されていない領域で仕事をするための実践的な秘訣を提供したい。

最後に第7章（「未来」）では，本書全体のテーマをレビューし，それに基づいて将来重要となるはずのテーマについて考えを述べる。

デジタル時代の社会調査は，過去に私たちのしてきたことと，未来のこれまでとはまったく異なる可能性とを結びつける。今後の社会調査は社会科学者とデータサイエンティストの両方によって作られていくことだろう。それぞれが互いに貢献し，互いから学ぶべきものがあるはずだ。

読書案内
What to read next

- ロールシャッハテスト（1.1節）

  Blumenstockたちのプロジェクトに関するより詳細な説明は本書の第3章を参照してほしい。

- デジタル時代へようこそ（1.2節）

  Gleick（2011）は情報を収集，保存，伝達，処理する人類の能力の移り変わりについて歴史的な概観を行っている。

  プライバシー侵害などの潜在的な危険に焦点をあてたデジタル時代への入門としては，Abelson, Ledeen, and Lewis（2008）とMayer-Schönberger（2009）がある。研究の機会に焦点をあてたデジタル時代への入門としては，Mayer-Schönberger and Cukier（2013）を読むとよい。

  日常業務に実験を織り交ぜている企業についてより詳しくは，Manzi（2012）を参照してほしい。物理的世界の行動を記録する企業についてより詳しくは，Levy and Baracas（2017）を参照すること。

  デジタル時代のシステムは研究の道具でもあり対象でもある。たとえば，ソーシャルメディアを用いて世論を測定することもできるし，ソーシャルメディアの世論への影響を考えることもできるだろう。一方では，デジタルシステムは新たな測定を行う道具として役立つ。他方では，デジタルシステムは研究の対象だ。この区別についてより詳しくは，Sandvig and Hargittai（2015）を参照するとよい。

- 研究デザイン（1.3節）

  社会科学の研究デザインについてより詳しくは，Singleton and Straits（2009），King, Keohane, and Verba（1994=2004），とKhan and Fisher（2013）を参照して

ほしい。

　Donoho（2015）はデータサイエンスをデータから学ぶ人々の活動として説明し，その知的源泉を Tukey, Cleveland, Chambers, Breiman といった研究者にたどりつつ，データサイエンスの歴史を記述している。

　デジタル時代に社会調査を行うことについての一人称視点からのレポートとして，Hargittai and Sandvig（2015）を参照すること。

● **本書のアウトライン（1.4 節）**

　レディメイドデータとカスタムメイドデータを組み合わせることについてより詳しくは，Groves（2011）を参照してほしい。

　「匿名化」の失敗についてより詳しくは，本書の第 6 章で説明している。人々の富を推測するために Blumenstock たちが用いたものと同じ一般的技術は，性的指向，エスニシティ，宗教的・政治的見解，依存性薬物の使用などセンシティブな可能性のある個人属性を推測するためにも用いることができる。Kosinski, Stillwell, and Graepel（2013）を参照のこと。

第2章
行動を観察する

2.1 イントロダクション

　アナログ時代には，行動についてのデータ——誰がいつ何を行っているのか——の収集には多額の費用がかかったため，どちらかといえばあまり行われなかった。いまや，デジタル時代の到来とともに，何十億もの人々の行動が記録され，保存され，分析可能になっている。たとえば，あなたがウェブサイトをクリックし，携帯電話で電話をかけ，クレジットカードで支払いをするならば，そのたびに，あなたの行動のデジタル記録が生み出され，企業に保存されているのだ。人々の日常行動の副産物であるこうしたデータは，しばしばデジタルトレース（digital trace）と呼ばれている。ビジネスのトレースデータに加えて，政府も莫大なデータを所有している。これらビジネス記録と政府記録を合わせたものが，よくいわれるビッグデータというものだ。

　ますます増えていくビッグデータの洪水が意味するのは，私たちの世界は，行動データの少ない世界から，行動データのあふれかえった世界へと移りかわっているということだ。ビッグデータから学ぶための最初のステップとして，ビッグデータは，**観察データ**，という昔から社会調査で用いられてきたより広いデータカテゴリーに属する，ということを知っておく必要がある。おおまかには，観察データとは，何らかの介入を行うことなしに社会システムを観察することで得られるデータのことだ。観察データとは，人と話すこと（たとえば，第3章のトピックのサーベイ）や人の環境を変えること（たとえば，第4章のトピックの実験）と関わらないすべてのデータだと考えておけばよい。だから，ビジネス記録や政府記録に加えて，新聞記事や衛星写真なども観察データに含まれることになる。

この章は 3 つの部分からなる。まず，2.2 節で，ビッグデータについて詳しく説明し，ビッグデータと従来の社会調査で典型的に用いられてきたデータとの基本的違いについて明らかにする。次に，2.3 節で，ビッグデータに共通する 10 の特徴を説明する。これらの特徴を理解すれば，今あるデータの長所と短所がわかるようになり，ひいては今後使えるようになるはずの新たなデータを効果的に扱えるようになるはずだ。最後に，2.4 節では，観察データから学ぶために利用可能な 3 つの主となる研究戦略を説明する。事物を数えること，事物を予測すること，実験に近づけること，である。

2.2　ビッグデータ

> ビッグデータは企業と政府によって研究外の目的で生み出され集められる。そのため，ビッグデータを研究で用いるためには転用（repurposing）が必要だ。

多くの人々にとって，デジタル時代の社会調査と関わり合う最初のきっかけは，いわゆるビッグデータに触れることだ。この用語は広く用いられているけれども，そもそもビッグデータとは何かについてさえ決まった見解はない。とはいえ，もっともよく使われているのは，量（Volume），多様性（Variety），速度（Velocity）という「3V」に着目する定義だろう。データがたくさんあり，フォーマットが多様であり，常に作り出されている，というのがおおまかな意味だ。ビッグデータに好意的な人にはこれに加えて，真実性（Veracity）と価値（Value）というさらなる「V」を挙げる人もいれば，批判的な人には，曖昧（Vague）で中身がない（Vacuous）という「V」を加える人もいる。ただ，社会調査にとってのビッグデータという意味では，「3V」（あるいは「5V」「7V」）よりも，「5W」から始める方がよいと思う。つまり，誰が（Who），何を（What），どこで（Where），いつ（When），なぜ（Why），の 5 つだ。もっといえば，ビッグデータの生み出す課題と機会の多くはただ 1 つの「W」なぜ（Why）に由来すると私は考えている。

アナログ時代には，社会調査で用いられる多くのデータは研究目的で生み出されていた。しかし，デジタル時代には，大量のデータが，サービス提供や利益創出，法の執行など，企業や政府によって研究以外の目的のために生み出されている。とはいえ，創造的な研究者たちはこれらの企業や政府のデータを研究のために**転用**できることに気づきつつある。第 1 章の芸術のアナロジーに戻れば，デ

ュシャンがすでにあるオブジェを芸術の創造のために転用したのと同じく，科学者も「発見した（found）[1]」データを研究のために転用できるのだ．

データの転用には大きな可能性があることは疑いない．他方で研究とは異なる目的で作られたデータを用いることには新たな課題もある．たとえば，Twitterのようなソーシャルメディアサービスと「総合社会調査（General Social Survey）[2]」のような伝統的世論調査とを比較してみよう．Twitterの主たる目的は，ユーザーにサービスを提供し，利益をあげることだ．それに対して，総合社会調査は，社会調査，特に世論調査のための汎用データを生み出すことが主目的だ．両方とも世論の研究に用いることができるとはいえ，このように目的が異なる以上，Twitterと総合社会調査ではデータの性質も異なってくる．Twitterは規模と速度の点では総合社会調査と比べて抜きんでいる．他方で，総合社会調査とは異なり，ユーザーを慎重に抽出しているわけではないし，長期的な比較可能性を維持する努力をしているわけでもない．2つのデータソースはこのように大きく違っており，総合社会調査がTwitterより優れているとか劣っているとかいうのは無意味だ．グローバルな感情（mood）を時間ごとに測定したいなら（たとえば，Golder and Macy〔2011〕），Twitterが最善の選択だ．他方で，米国における態度の分極化に関する長期的変動を理解したければ（たとえば，DiMaggio, Evans, and Bryson〔1996〕），総合社会調査が最善だ．この章では，ビッグデータが他のタイプのデータより優れているとか劣っているとか論じるのではなく，いかなる研究上の問いにとってビッグデータが魅力的な性質をもつことになり，いかなる問いであればビッグデータが理想のデータではなくなるのかを，より一般的に明らかにすることを試みる．

ビッグデータというと，検索エンジンログやソーシャルメディア投稿など企業が生み出し，収集したオンラインデータにばかり目がいく研究者が多い．だが，このように視野を狭くとると，別の2つの重要なポイントを見逃してしまう．第1に，企業のビッグデータは物理的世界のデジタル機器から得られるようになってきている．たとえば，この章では，スーパーマーケットの勘定データを転用して，労働者の生産性が仕事仲間の生産性からどのように影響を受けるかについて検討した研究（Mas and Moretti 2009）を紹介するつもりだ．さらに，

訳注

1) 元は芸術用語で，found objectは，もともと芸術とは別の目的で使われた物のこと．転じて，ここでのfound dataはもともと研究とは別目的で作られたデータのこと．
2) 米国の居住者を対象として，人口学的変数や社会意識，態度などを調査するサーベイ調査．1972年から実施されている．

後の章では，携帯電話の通話記録（Blumenstock, Cadamuro, and On 2015）や電力料金データ（Allcott 2015）を用いた研究を紹介する。これらの研究例が示しているように，企業のビッグデータはオンライン行動に関するものだけではない。

オンライン行動だけに注目することで見逃してしまう第2の重要なビッグデータとしては，政府の作り出すデータがある。**政府行政記録** (government administrative records) といわれる政府データには納税記録，学校記録，（たとえば，出生・死亡記録などの）人口統計記録などが含まれる。政府はこの種のデータを，いくつかのデータについては何百年も前から生み出し続けているし，社会科学者も，社会科学の誕生とほぼ同じ時期から使い続けている。しかし，変化した点もある。デジタル化が進展したことだ。デジタル化によって，政府によるデータの収集，移動，蓄積，分析が劇的に容易となったのだ。たとえば，この章では，労働経済学における**基本的論点**を検討するために，デジタルタクシーメータから得られたニューヨーク市の公的データを転用した研究（Farber 2015）について紹介する。また，後の章では，政府の収集した投票記録をサーベイ（Ansolabehere and Hersh 2012）や実験（Bond et al. 2012）で用いた研究について説明する。

転用はビッグデータから何を知りうるかを考えるうえで，根本的に重要だ。そこで，ビッグデータの性質（2.3節），そして，ビッグデータを研究上でどのように利用しうるか（2.4節）について具体的に説明する前に，転用に関する一般的なアドバイスを2つしておきたい。第1に，ここでの対比を「発見した (found)」データと「調査のために設計された」データという対比として理解したくなるかもしれない。この理解は，的外れではないが，完全に正しいわけではない。研究者の観点からすれば，ビッグデータは「発見した」ものだ。かといって，それは空から落ちてきたわけではない。そうではなく，研究者が「発見した」データであっても，元は別の目的で誰かによって作られたデータであることに変わりはないのだ。「発見した」データも誰かが設計したデータである以上，データが，誰によって，いかなる過程を経て生み出されたのか，を可能な限り理解しようとしてみてほしい。第2に，転用するにあたっては，まずあなたの研究上の問いにとって理想となるデータセットを思い浮かべ，その理想的データセットと実際に用いているデータセットを比べることが，多くの場面できわめて有益だ。データを自分自身で集めたわけではない場合，欲しいデータと今あるデータとの間に大きな違いが存在することが多い。この違いに気づくことで，今ある

データから何を知りえ，何を知りえないかを明確化することができ，かつ新たに収集すべきデータについて示唆を得ることにもなるだろう。

　私の経験では，社会科学者とデータサイエンティストとで転用へのアプローチが大きく異なる傾向がある。社会科学者は，研究目的で設計されたデータを扱うことに慣れているため，転用データの問題点を指摘することには長けている一方，その強みを無視する傾向がある。他方で，データサイエンティストは，転用データの利点を発見することに秀でている一方で，その弱点を無視する傾向がある。もちろん，最善なのは両者をハイブリッドすることだ。つまり，研究者はビッグデータのよいところと悪いところを理解し，ビッグデータからいかに知見を得るかを考えていく必要がある。この章の以後の部分でこれについて考えていく。次の節では，ビッグデータの10の共通の特徴を説明する。そしてその次の節では，ビッグデータと相性のよい3つの研究アプローチについて説明しよう。

2.3　ビッグデータに関する10の特徴

さまざまなビッグデータには多くの共通した特徴がある。社会調査にとって一般的に望ましい特徴もあれば，望ましくない特徴もある。

　ビッグデータはそれぞれに独自であるが，にもかかわらずいろいろなビッグデータに共通して繰り返し現れる特徴について目を向けておくことが有益だ。そこで，（たとえば，これがTwitterについて知っておくべきことで，これがGoogle検索データについて知っておくべきことで，というように）プラットフォームごとに説明するのではなく，ビッグデータの一般的な特徴を10挙げて順に説明していくことにしたい。それぞれの特殊なシステムの詳細には立ち入らずに，一歩引いてビッグデータの一般的な特徴を検討することで，既存のデータについて手際よく学び，将来的に生み出されるデータに対してどのように対処すべきか，しっかりした考えを身につけられるようになるはずだ。

　データのどのような性質が望ましいかは研究目的次第ではあるけれども，ここでは10の特徴を大きく2つのカテゴリーに分類してみよう。
- 一般的に研究にとって有益な特徴：巨大であること，常時オン（always-on）であること，非反応的であること。
- 一般的に研究にとって問題となる特徴：不完全であること，アクセス困難であること，非代表的であること，ドリフトすること，アルゴリズムの交絡が

あること，汚染されていること，センシティブであること．

読者は，以下の説明の過程で，これらの特徴が生じるのはビッグデータが研究目的で作られたものではないからだ，ということに気づくことだろう．

2.3.1 巨大さ

大規模データセットは目的のための手段であって，それ自体は目的ではない．

ビッグデータの特徴といえば，まず論じられるのは，それが巨大（BIG）であるということだ．たとえば，多くの論文はその冒頭で，自分たちがどれだけ巨大なデータを分析したかを論じている——ときには自慢していることさえある．「Googleブックス」のコーパスにおける語使用のトレンドを研究し『サイエンス』に掲載された論文（Michel et al. 2011）には次のように書かれている．

> われわれのコーパスは，英語3610億語，フランス語450億語，スペイン語450億語，ドイツ語370億語，中国語130億語，ロシア語350億語，ヘブライ語20億語の計5000億語以上の単語からなる．最古の著作は1500年代に出版されたものだ．初期の数十年は，1年に数十万語からなる数冊の書籍しか登録されていない．1800年になると，1年に9800万語となり，1900年には18億語，2000年には110億語にまで到達している．このコーパスを人間が読むことは不可能である．2000年以後の英語書籍に限定したとしても，読了するためには，1分200語というそれなりのペースで読んで，食事も睡眠もせずに読み続けて，80年かかる計算である．文字列はヒトゲノムの1000倍も長い．これを直線に沿って書くと，月まで10往復するくらいの長さとなる．

このデータのスケールが感動的なのは確かで，Googleブックスチームがこのデータを公開してくれたことは喜ばしい（実のところ，本章末のいくつかの課題はこのデータを使うものだ）．とはいえ，こうした大規模データを前にして問うべきなのは，そのデータのすべてがはたして研究にとって必要なのか，ということだ．もしデータが月まで1往復分しかないとしたら，同じ研究ができただろうか．データがエベレストの頂上までしかないとしたら，あるいはエッフェル塔のてっぺんまでしかないとしたらどうなるだろうか．

この研究の場合，確かに，いくつかの発見のためには，長期間の巨大な単語コーパスが必要だった．たとえば，彼らの研究対象の1つは，文法の変化，特に不規則動詞活用の発生率の変化であった．ある種の不規則動詞はきわめてまれにしか現れないので，時間を通じた変化をみるためには大規模なデータが必要となる．しかし，研究者たちはビッグデータのサイズを，より重要な科学上の目的のための手段としてではなく，それ自体目的として扱うことがあまりにしばしばあるように思う．「私はこれだけ多くのデータを処理できるぞ」というわけだ．

　私の経験では，今述べたようなまれな出来事の研究は，大規模データセットで可能になる3つの具体的な科学上の目的の1つ目に数えられる．2つ目は不均質性（heterogeneity）の研究だ．この点については，Raj Chetty たちによる米国における社会移動の研究（Chetty et al. 2014）を例にとって説明しよう．以前から，多くの研究者が親と子の人生における到達度を比較することで社会移動を研究してきた．これらの研究から一貫して得られる知見は，有利な親の下に生まれた子は有利となる傾向があるが，この関係性の強さは時代と国によって異なるというものだった（Hout and DiPrete 2006）．だが，近年になって，4000万人の納税記録を用いることが可能となった．Chetty たちはこれを用いて，米国内の地域ごとの世代間移動のしやすさについて推定を行ったのだ（図 2.1）．たとえば，彼らは，子どもが国民所得分布の下位 20% に位置する出身家庭から上位 20% へ到達する確率は，カリフォルニア州のサンノゼでは 13% であるのに対し，ノースカロライナ州のシャーロットではわずか 4% であることを発見した．図 2.1 を少し眺めてみると，世代間移動率がある場所では高く，別の場所では低いのはなぜだろうと思われるかもしれない．Chetty たちはまさにこの疑問を抱き，世代間移動の活発な地域では，人種間の住み分けや所得不平等の程度が低く，小学校の質がよく，社会関係資本が豊富で，家族がより安定しているということを見出した．もちろん，これらの相関関係だけでは，こうした因子が高い世代間移動を因果的に説明しているということはできない．しかし，今後の研究で探究すべきメカニズムの仮説を示しているとはいえる．実際，Chetty たちは後の研究でまさにこのメカニズムの探求を行っているのだ．このプロジェクトではデータのサイズが確かに重要であったということに注意しよう．もし Chetty たちが 4000 万ではなく，4万人の納税記録しか使えなかったとしたら，地域による不均質性を推定することはできなかっただろうし，後の研究でこの違いを生み出すメカニズムの同定を試みることも不可能だっただろう．

　最後に，まれな出来事の研究，不均質性の研究に加えて，大規模データセット

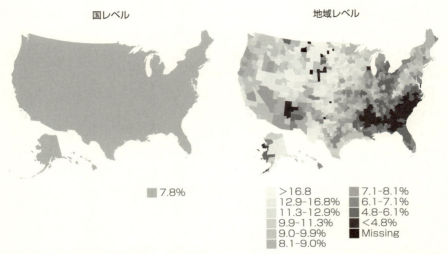

図 2.1 所得分布で両親が下位 20% に位置するときに子どもが上位 20% に到達する確率の推定（Chetty et al. 2014）　不均質性のある地域レベルの推定により，単一の国家レベルの推定では生じることのない興味深く重要な問いが自然と導かれる．地域レベルの推定が可能になった要因の一部は，研究者が大規模なビッグデータである 4000 万人の納税記録を用いることができた点にある．http://www.equality-of-opportunity.org/ より入手可能なデータから作成．

で可能となる3つ目の点は，微少な差異の検出だ．実際，産業界でビッグデータが注目される大きな理由は，この小さな差異が検出できるかもしれないという点にある．広告のクリック率が 1% か 1.1% かの差異を的確に検出できれば，何百万ドルの追加収入となるのだ．とはいえ，科学の文脈では，微少な差異は，たとえ統計的に有意であっても，とりたてて重要でない場合もある（Prentice and Miller 1992）．だが，政策決定の局面では，小さな差異でも積もり積もれば，大きな意味をもつこともある．たとえば，公衆衛生についての2つの政策的介入が可能で，一方が他方よりわずかでも効果的だとすれば，より効果的な介入を選択することで数千の命が追加的に救われる可能性もあるのだ．

巨大さという性質は正しく使われている限りは，よい性質だといってよい．だが，ときどき，データが巨大であるということの意味を勘違いしてしまう人もいるらしい．なぜだかわからないが，データが巨大なのだからそれがどのように生み出されたかは考えなくてもよい，と勘違いしてしまう研究者もいるようなのだ．実のところ，データが巨大であれば，ランダム誤差を考える必要性は減る一方で，系統的誤差について考えるべき必要性はかえって**増す**のである．系統的誤差とは，以下で説明するように，データが生み出されるときのバイアスか

ら生じる誤差のことだ。たとえば、この章の後半で説明する研究プロジェクトでは、研究者たちは2001年の9月11日のテロに関するメッセージを用いて、テロリストの攻撃への感情的反応に関する高精度の時系列推移を再現しようとした（Back, Küfner, and Egloff 2010）。研究者たちは大量のメッセージデータを手にしていたため、観察されたパターン——その日を通じて怒りの感情が高まっていったこと——が単なるランダムな誤差であって、たまたま生じた見せかけのパターンでないかどうかについては、心配する必要がなかった。大量のデータと明確なパターンがみてとれたため、統計的検定はすべて、これが現実に生じたパターンであることを示していた。しかし、これらの統計的検定ではデータがどのように生み出されたかについてはわからない。結局、パターンの多くは、その日のうちに時が経つにつれて無意味なメッセージを増やしていった1つのボット[3]の挙動で説明できることがわかったのだ。この1つのボットを削除することで、論文の主要な発見のいくつかは完全に否定されることになった（Pury 2011; Back, Küfner, and Egloff 2011）。要するに、系統的誤差を考慮しなければ、ある種のリスクを負うことになる。大がかりなデータを使いながら、自動ボットの生み出す無意味なメッセージの感情的内容のように、正確だけれど、意味のない推定値を得るだけに終わるというリスクだ。

結論としては、巨大なデータセットはそれ自体目的ではなく、あるタイプの研究、つまり、まれな出来事の研究、不均質性の推定、微少な差異の検出といった研究を可能にするために用いられるべきだ。巨大なデータセットにとらわれて研究者がデータの生み出される過程を無視してしまう場合があるが、この場合、意味のない測定量の正確な推定値を得るだけに終わるというリスクが存在する。

2.3.2 常時オン

常時オンのビッグデータによって、予期せぬ出来事の研究やリアルタイムの測定が可能になる。

多くのビッグデータは**常時オン**である。絶えずデータを収集しているのだ。この常時オンという特徴により研究者は時系列データ（つまり、時間を通じたデータ）を得ることができる。常時オンであることには調査にとって2つの大きな意

訳注

[3] ロボット。ここでは自動的にメッセージ送信を行うプログラムのこと。

	ゲズィ以前 (2012年1月1日- 2013年5月28日)	ゲズィ最中 (2013年5月28日- 2013年8月1日)	ゲズィ以後 (2013年8月1日- 2014年1月1日)
参加者		通常の研究のデータセット	
非参加者			Budak and Watts (2015) の事後パネル

図 2.2 2013 年夏にトルコで生じたゲズィ占拠運動の研究で Budak and Watts (2015) が用いた研究デザイン Twitter の常時オン特性を用いることで、研究者たちは、2 年の期間で約 3 万人が含まれる、彼らのいう**事後パネル**を作り出した。抗議運動中の参加者のみに焦点をあてる典型的な研究と対照的に、事後パネルには①出来事の前と後の参加者のデータ、②出来事の前、最中、後の非参加者のデータが含まれている。この詳細なデータ構造を用いて Budak と Watts はどのような人がゲズィ運動に参加する可能性がより高いかを推定し、さらに短期(ゲズィ運動以前とゲズィ運動の最中)および長期(ゲズィ運動以前とゲズィ運動以後)にわたる参加者と非参加者の態度変化を推定できた。

味がある。

 第 1 に、常時オンであることによって、さもなければ不可能であったやり方で、予期せぬ出来事を研究することが可能となる。たとえば、2013 年夏のトルコで生じたゲズィ占拠運動[4]に関心をもつ研究者であれば当然、抗議運動が生じている最中の抗議参加者の行動に注目することだろう。Ceren Budak と Duncan Watts (2015) は Twitter の常時オン特性を用いることでそれ以上のことをなしえた。Twitter を用いた抗議参加者の行動を、抗議イベントの発生前、発生中、発生後について分析することができたのだ。さらに、非参加者のイベント発生前、発生中、発生後という比較グループも構築した(図 2.2)。彼らの**事後パネル**は全部で 2 年間にわたる 3 万人のツイートを集めた。抗議運動から通常集められるようなデータに加えて、この事後パネルデータを集めることによって、Budak と Watts は通常の研究よりはるかに多くのことを明らかにすることができた。どのような人がゲズィ運動に参加しやすかったか、参加者と非参加者の態度の短期的変化(ゲズィ運動以前とゲズィ運動の最中)および長期的変化(ゲズィ運動以前とゲズィ運動以後)を推定することができたのだ。

訳 注
4) タクスィム・ゲズィ公園の再開発に対する反対運動に端を発し、大規模な反政府運動にまで発展した。

2.3 ビッグデータに関する 10 の特徴　23

表 2.1　常時オンビッグデータを用いた予期せぬ出来事の研究

予期せぬ出来事	常時オンデータソース	文　献
トルコのゲズィ占拠運動	Twitter	Budak and Watts（2015）
香港の雨傘運動	微博 Weibo	Zhang（2016）
ニューヨーク市での警察による発砲	「停止と捜検」報告	Legewie（2016）
ISIS への参加	Twitter	Magdy, Darwish, and Weber（2016）
2001 年 9 月 11 日のテロ攻撃	livejournal.com	Cohn, Mehl, and Pennebaker（2004）
2001 年 9 月 11 日のテロ攻撃	ページャーメッセージ	Back, Küfner, and Egloff（2010），Pury（2011），Back, Küfner, and Egloff（2011）

　疑い深い人はこうした推定のいくつか（たとえば長期的態度変化の推定）は常時オンデータでなくてもできただろうと指摘するかもしれない。3 万人分のデータ収集には大変なコストがかかるが，一応この指摘は正しい。だが，仮に無限の予算があったとしても，いわば時間をさかのぼって過去の参加者の行動を直接観察することについては，別の方法でできるとは思えない。一番近いのは，行動について後から振り返ってもらい，思い出して回答してもらうことだろうが，それでは詳しさに限度があるし，どのくらい正確かも疑わしい。表 2.1 に予期せぬ出来事を分析するために常時オンデータを利用した他の研究例を記載した。

　予期せぬ出来事の研究に加えて，常時オンビッグデータシステムは，リアルタイム推定（real-time estimate）を可能にするという利点がある。この点は，状況認識（situational awareness）に基づいて対応する必要がある政府や産業の政策立案者にとって重要だ。たとえば，ソーシャルメディアデータは自然災害に対する緊急対応のために利用可能だ（Castillo 2016）。またさまざまなビッグデータを用いて経済活動のリアルタイム推定も可能となる（Choi and Varian 2012）。

　結論としては，常時オンデータシステムにより，研究者が予期せぬ出来事を研究し，政策立案者にリアルタイム情報を提供することが可能になる。とはいえ，私が思うに，常時オンデータシステムは超長期の変化を追跡するには適していない。なぜなら，多くのビッグデータシステムは絶えず変化しているからだ——これはこの章の後で私がドリフトと名付ける過程のことである（2.3.7 節）。

2.3.3 非反応性

ビッグデータによる測定は行動を変化させることがほとんどない。

社会調査上の難問として，人は研究者に観察されているとわかってしまうと，その行動を変えてしまうという問題がある。社会科学者は一般にこれを反応性（reactivity）と呼んでいる（Webb et al. 1966）。たとえば，人はフィールド研究より実験室研究の場合に，より寛大になりやすくなる。実験室研究では観察されていることにきわめて自覚的になるからだ（Levitt and List 2007a）。多くの研究者たちがビッグデータに期待している点として，参加者が通常，データがとられていることに気づいていないか，データ収集に慣れきっているので，彼らがデータ収集の過程でも行動を変えることはないという点がある。参加者が非反応的になるのだ。この性質を利用して，多くのビッグデータを，かつては正確に測定できなかった行動を研究するために用いることができる。たとえば，Stephens-Davidowitz（2014）は検索エンジン履歴の人種差別的用語の頻度を用いて，米国のさまざまな地域における人種に関わる敵意を測定した。検索データの非反応性と巨大さ（2.3.1節を参照）という性質をうまく用いることで，サーベイなどの他の方法では難しかった測定が可能になったのだ。

とはいえ，非反応的だからといって，データが人々の行動や態度を何らかの仕方で直接反映したものだとは限らない。たとえば，とあるインタビュー調査の回答者が述べたように，「私が何の問題も抱えていないということではなく，ただFacebookにそれをアップしたりしないということなのです」（Newman et al. 2011）。言い換えると，ある種のビッグデータは非反応的であるとはいっても，それが社会的望ましさのバイアス，つまり人々ができるだけ自分をよくみせようとする傾向から生じるバイアスから常に自由なわけではない。さらにこの章の後で説明するように，ビッグデータで測定された行動がプラットフォーム所有者の目的の影響を受けている場合もある。これはアルゴリズムによる交絡というべき問題だ。最後に，非反応性は調査にとっては有益であるものの，本人の同意や自覚なしに人々の行動を追跡することで倫理的問題が生じうる。これについては第6章で述べる。

以上述べた3つの性質，巨大さ，常時オン，非反応性は，常にではないが，一般的には，社会調査にとって有益な性質だ。次節以降は，ビッグデータの7つの性質，すなわち，不完全性，アクセス不能性，非代表性，ドリフト，アルゴ

リズムによる交絡，汚染されていること，センシティブであること，について扱おう。これらは，常にではないが，一般的には，調査にとって課題となるような性質だ。

2.3.4 不完全性

どれだけ巨大なデータであっても，欲しい情報が入っていないかもしれない。

ほとんどのビッグデータは**不完全**だ。というのは，あなたが研究で使いたいと思う情報を含んでいないからである。これは研究以外の目的で作られたデータに共通する特徴だ。多くの社会科学者は，既存のサーベイに必要な質問項目が入っていないことなどから生じる不完全性には対処したことがあるだろう。だが，残念ながら，不完全性の問題はビッグデータではより深刻になりがちだ。私の経験では，ビッグデータの場合，社会調査にとって有用な3種類の情報が抜け落ちてしまう傾向にある。利用者の人口学的情報，他のプラットフォームでの行動，理論的構成概念の操作化のためのデータだ。

3つの不完全性のうち，理論的構成概念の操作化のためのデータが不完全であるという問題はもっとも解決が難しい。そのうえ，私の経験では，この難しさは見過ごされていることが多い。おおまかにいうと，**理論的構成概念**（theoretical constructs）とは社会科学者の研究する抽象的アイデアのことで，理論的構成概念の**操作化**（operationalizing）とは，構成概念を観察可能なデータによって捉えるために何らかの方法を提案することだ。残念ながら，このプロセスは一見簡単に思えるけれども，いざやってみると非常に難しい。たとえば，より知性のある人がより収入を得る，という一見したところ単純な主張を経験的に検証する場合を想像してみよう。この主張を検証するためには，「知性」を測定する必要がある。さて，知性とは何だろうか。Gardner（2011）の議論によれば，実のところ，8つの異なった知性のあり方が存在するという。こうした知性のどれかについて正確に測定できるような手続きは存在するだろうか。心理学者はこの問いをめぐってたくさんの研究をしているけれども，まだはっきりした答えは得られていない。

このように，比較的単純な主張——より知性のある人がより収入を得る——でさえ，経験的に検討するのは難しい。データ上で理論的構成概念を操作化することが難しいからだ。その他の重要であるにもかかわらず，操作化困難な理論的構

成概念の例としては，「規範」「社会関係資本」「民主制」などが挙げられる。社会科学者は理論的構成概念とデータとの対応関係を**構成概念妥当性**（construct validity）と呼んでいる（Cronbach and Meehl 1955）。先に挙げた少数の理論的構成概念の例だけからでもわかるように，構成概念妥当性は社会科学者が長年の間取り組んできた問題だ。だが私の経験では，構成概念妥当性の問題は研究以外の目的で作られたデータの場合，さらに深刻となる（Lazer 2015）。

　ある研究結果を検討する際，構成概念妥当性を検討する簡単で便利な方法は，普通，理論的構成概念を用いて述べられている結果を，使用されたデータで言い換えてみることだ。たとえば，より知性のある人がより多くの収入を得るかどうかを明らかにしようとする2つの仮想の研究について考えてみよう。第1の研究では，研究者が，レーヴン漸進的マトリックス検査（分析的知性のための確立された検査〔Carpenter, Just, and Shell 1990〕）でよいスコアを上げた人ほど，納税申告書上で高い所得を申告するということを発見したとする。第2の研究では，Twitter上でより長い文章を書く人ほど高級ブランドに言及する傾向があると発見したとする。両方の場合において，研究者はより知性のある人がより収入を得ることを示したと主張することが可能だ。だが，第1の研究では理論的構成概念がデータにより適切に操作化されているのに対し，第2の研究ではそうではない。さらに，この例が示しているように，データが多いからといって，構成概念妥当性の問題が自動的に解決するわけではない。第2の研究で用いられているのが100万ツイートであるにせよ，10億あるいは1兆ツイートであるにせよ，その結果は疑われるべきだ。構成概念妥当性というアイデアになじみのない読者のために，**表2.2**にデジタルトレースデータを用いて理論的構成概念を操作化した研究例を挙げておく。

　理論的構成概念を捉えることに関する不完全データの問題は解決が非常に難しいが，不完全な人口学的情報，そして他のプラットフォーム上での行動についての不完全な情報という残り2つの不完全性については共通の解決策がある。第1の解決策はあなたにとって必要なデータを実際に収集することだ。第3章でサーベイの解説をするときにこれについても説明したい。第2の主たる解決策はデータサイエンティストのいう**ユーザー属性推定**，社会科学者のいう**代入**（imputation）だ。このアプローチでは，研究者がある人々についてもっている情報を用いて，他の人々の属性を推定する。第3の可能な解決策は複数のデータソースを組み合わせることだ。このプロセスはときにレコードリンケージと呼ばれる。これについての私のお気に入りのメタファーは，レコードリンケー

表 2.2　理論的構成概念を操作化するために用いられるデジタルトレースの例

データソース	理論的構成概念	文献
大学の電子メールログ（メタデータのみ）	社会関係	Kossinets and Watts (2006), Kossinets and Watts (2009), De Choudhury et al. (2010)
微博（Weibo）の投稿	市民参加	Zhang（2016）
企業の電子メールログ（メタデータと全テクストデータ）	組織での文化的適応	Srivastava et al. (2017)

ジについて史上初めて書かれた論文の冒頭の段落で Dunn（1946）の用いたものだ。

> この世界で人はおのおの人生の書を生み出している。この書物は誕生に始まり死で終わる。そのページは人生の主要な出来事の記録から成り立っている。レコードリンケージはこれらのページを集めて 1 冊の本にするプロセスのことである。

Dunn がこの文章を書いたとき，人生の書に含まれると想定されていたのは，誕生，結婚，離婚，死といった主要なライフイベントだった。だが，いまや人々に関する大量の情報が記録されているので，さまざまなページ（つまり，私たちのデジタルトレース）が集められれば，人生の書は非常に詳細なポートレイトたりうるだろう。この人生の書は研究者にとって素晴らしい資源となる可能性がある。だが，同時にいわゆる**滅びのデータベース**（Ohm 2010）ともなりうる。第 6 章（倫理）で説明するように，これはさまざまな非倫理的目的にも用いることができるからだ。

2.3.5　アクセス不能性

企業や政府の所有するデータに研究者がアクセスすることは難しい。

2014 年 5 月，米国国家安全保障局はユタの田舎にぎこちない名前のデータセンターを開設した。インテリジェンスコミュニティ包括的国家サイバーセキュリティ・イニシアチブデータセンターである。だが，ユタデータセンターとして呼び習わされるようになったこのデータセンターは驚異的なデータ容量をもつこ

とが報告されている。あるレポートでは，「私的電子メールのすべての内容，携帯電話通話記録，Google 検索，さらに駐車レシート，旅行計画書，書店での購入，その他のデジタルな『ポケットの中身』といった個人データのあらゆる痕跡」など，すべてのコミュニケーション記録を保存し分析することができるとされている（Bamford 2012）。このように，ビッグデータとして取得されている情報の多くがセンシティブな情報であるが，それに関する懸念については後で詳しく説明する。それだけでなく，ユタデータセンターは，研究者がアクセスできない膨大なデータがあることを極端な形で示してもいる。より一般的にいえば，有益なビッグデータの多くのソースは，政府（たとえば，納税データや教育データ）や企業（たとえば検索エンジンのクエリや通話記録のメタデータ）により管理されアクセスを制限されている。だから，こうしたデータが存在するとしても，それらはアクセス不能であるため，社会調査の目的にとっては役に立たない。

　私の経験では，大学に籍をおく多くの研究者は，なぜこれらがアクセスできないのかという点について思い違いをしている。これらのデータがアクセス不能なのは，企業や政府が愚かだったり，怠けていたり，不親切であるからではない。そうではなく，データへのアクセスを妨げる深刻な法的，倫理的，ビジネス上の障壁が存在するのだ。たとえば，ウェブサイトの利用規約には，従業員による使用かサービス向上のために限りデータ使用を認めるというものがある。だから，データをそれ以外の目的で共有してしまうと，企業は消費者からの正当な訴訟に晒される危険性があるのだ。企業にとってはデータ共有により生じる重大なビジネス上のリスクも存在する。仮に Google の所有する個人の検索データが，大学の研究プロジェクトの一環として用いられる過程で事故により流出したとしたら，一般の人々がどう反応するか，想像してみよう。データ漏洩は，極端な場合，企業の存続を左右するリスクにさえなりうる。だから，Google（や大半の大企業）は研究者とのデータ共有に対して非常にリスク回避的なのだ。

　実際，大規模データへのアクセスを提供する立場にいる人ならほとんど誰でも Abdur Chowdhury のエピソードについて知っているはずだ。2006 年 AOL の研究主任であった時期，彼は，匿名化されていると彼の考えた 65 万人の AOL ユーザーの検索クエリを，意図して研究コミュニティに開放した。私の知る限り，Chowdhury と AOL の研究者たちは善意で動いており，データは匿名化されていると考えていたのだ。だが彼らは間違っていた。データが研究者の考えたほどには匿名化されていないことがただちに判明し，『ニューヨークタイムズ』の記者がデータセット上の個人を容易に特定することに成功したのだ（Barbaro and Zeller 2006)。この問題が明らかになってすぐに，ChowdhuryはAOLのウェブサイトからデータを削除したが，手遅れだった。データは他のウェブサイトに再投稿されていて，あなたがこの本を読んでいる現在でもまだおそらく入手可能である。結局，Chowdhuryは解雇され，AOLの技術局長は辞任をした（Hafner 2006）。この例が示しているように，データアクセスを容易化することの企業内部の個人の便益はわずかであるのに対し，最悪のシナリオで被る不利益は甚大だ。

とはいえ，研究者が一般人にはアクセスできないデータにアクセスできる場合もある。政府がアクセスを申し込むために研究者の従うべき手続きを用意している場合もあるし，この章の後で示す事例のように，企業のデータにアクセスできる場合もある。たとえば，Einav et al.（2015）はeBayの研究者と組むことでオンラインオークションを研究することができた。この章の後でこの協力関係から生まれた研究について詳しく説明するが，ここでも軽く触れておいたのは，この関係が成功するパートナーシップの4つの要素をすべて満たしているからだ。つまり，研究者の利益，研究者の能力，企業の利益，企業の能力である。私は，研究者もしくはパートナー（企業でも政府でも）の側でこれらの1つが欠けたことによって，ありえた協力関係が成立しなくなった例を多くみてきた。

企業とのパートナーシップを育んだり，制限された政府のデータへアクセスできた場合でも，あなたにとっていくつかの問題点は残る。第1に，おそらくそのデータを他の研究者と共有することはできないだろう。このことは，他の研究者があなたの研究結果を検証したり拡張したりできないということを意味する。第2に，あなたの追求できる問題が限定される可能性がある。企業は自らの評判を悪くするような研究を認めてくれないだろう。最後に，パートナーシップは利益相反の，少なくともその疑いを生み出すかもしれない。あなたの研究結果がパートナーシップによって歪められているのではないかと疑われる可能性があるということだ。これらの問題点はすべて対処可能だが，誰もがアクセスできるわけではないデータを用いた研究には，長所だけでなく短所もあることをふまえておく必要がある。

要約すると，ビッグデータの多くは研究者にはアクセス不能だ。データアクセスを妨げる重大な法的，倫理的，ビジネス上の障壁が存在する。これら障壁は技術的障壁ではないので，技術の進展により消え去ることはない。政府が特定のデータセットにアクセス可能な手続きを用意している場合もあるが，そのプロセスは州や地方行政レベルでアドホックに運用されている。場合によっては，企業と

提携してデータへのアクセスを得ることも可能だが，これにより研究者と企業にとってさまざまな問題が生じる可能性がある．

2.3.6 非代表性

> 非代表的データは，サンプル外への一般化には向いていないが，サンプル内の比較のためにはとても役に立つ．

一部の社会科学者にとっては，特定の国の全成人のように，よく定義された母集団からの，確率的ランダムサンプルによるデータを用いて研究することが習慣的となっている．サンプルがより大きな母集団を「代表」しているということから，この種のデータを**代表的**データという．多くの研究者はデータが代表的であることをきわめて重視する．一部の研究者にとっては，代表的データとは厳密な科学と同じ意味で，非代表的データはいい加減さと同じ意味だ．極端な場合，非代表的データからは何も得られないと信じている疑い深い研究者もいる．これが本当だとしたら，ビッグデータから学びうることはかなり限られてしまうだろう．ビッグデータの多くは非代表的だからだ．幸い，こうした懐疑的な見方があてはまるのはほんの一部にすぎない．研究目的によっては，非代表的データの利用が明らかに不適切な場合もある．だが，非代表的データが非常に役に立つ研究目的も存在するのだ．

この研究目的の違いを理解するために，ある古典的な科学研究について考えてみよう．John Snow の 1853-1854 年のロンドンにおけるコレラの流行に関する研究だ．当時，多くの医師は，コレラは「悪い空気」によって引き起こされると信じていた．だが，Snow はコレラは伝染性の病気で，下水の混ざった飲料水によって広がっていくと考えた．この考えを検証するため，Snow は，今日でいうところの自然実験を利用した．Lambeth と Southwark & Vauxhall という 2 つの異なる水道会社の供給を受けている世帯のコレラ罹患率を比較したのだ．両者は類似した世帯に飲料水を供給していたが，ある 1 つの重要な違いがあった．1849 年，コレラの流行が始まる数年前に，Lambeth はロンドンの下水放出箇所の上流に取水地点を移動したのに対して，Southwark & Vauxhall は下水放出箇所の下流に取水パイプを設置し続けたのだ．Snow が，2 つの企業が飲料水を供給している世帯のコレラによる死亡率を比較した結果，Southwark & Vauxhall——下水に汚染された水を利用者に供給していた方の企業——の利用

者はコレラによる死亡確率が10倍も高いことがわかった。この結果は，ロンドン住民の代表的サンプルに基づいていないにもかかわらず，コレラの原因に関するSnowの議論を支持する強力な科学的証拠となった。

　しかし，この2つの企業から得られるデータは，別のタイプの問いに答えるには理想的ではないだろう。たとえば，流行時のロンドンにおけるコレラ罹患率はどの程度かといった問いだ。この2番目の問いも大事な問いだが，これについては，ロンドン住民の代表的サンプルを用いる方がはるかにうまくいくだろう。

　Snowの研究が示しているのは，非代表的データがきわめて有効となりうる科学的問いもあれば，非代表的データを使うのが適切でないような問いもあるということだ。この2種類の問いを区別する簡単な方法は，サンプル内比較についての問いとサンプル外への一般化に関する問いを区別することだ。この区別についてさらに例を用いて説明するために，疫学におけるもう1つの古典的研究を取り上げよう。喫煙が癌の原因となることの証明に際して重要な役割を担った「イギリス人医師研究」のことだ。この研究で，Richard DollとA.Bradford Hillは約2万5000人の男性医師を数年にわたって追跡調査し，研究開始時の喫煙量に基づいてその死亡率を比較した。Doll and Hill (1954) が発見したのは，強力な用量反応関係だった。より多く喫煙する人ほど肺癌による死亡確率が高かったのだ。当然ながら，この男性医師集団に基づいてすべての英国民の肺癌罹患率を推定するのは誤りだ。それでもなお，このサンプル内比較は喫煙が肺癌の原因であるという証拠を提供しているといえる。

　以上，サンプル内比較とサンプル外一般化の区別について説明した。2つの注意点を述べておこう。第1に，イギリス人男性医師のサンプルで成り立つ関係が，イギリス人女性医師やイギリス人男性工場労働者やドイツ人女性工場労働者その他の集団についても，どの程度成り立つのか，という問いが当然問われうる。こうした問いは興味深いし大事な問いだが，サンプルから母集団へどの程度一般化可能かという問いとは異なる。たとえば，あなたはおそらく，イギリス人男性医師で発見された喫煙と癌の関係に似たような関係が他の集団でも成り立つだろう，と考えたはずだ。こうした外挿ができるのは，イギリス人男性医師が母集団からの確率的ランダムサンプルだからということではなく，喫煙と癌を結びつけるメカニズムが理解可能だからだ。このように，サンプルから抽出元の母集

訳注
5) 生物に与えた化学物質などの用量と，それに応じた有害影響など，生物の反応との間の関係のこと。

団への一般化は大部分統計学的問題であるのに対して，ある集団で発見されたパターンの別の集団への**移転可能性**（transportability）についての問いは大部分，非統計的問題なのだ（Pearl and Bareinboim 2014; Pearl 2015）。

ここで疑い深い人は，社会的パターンについては多くの場合，喫煙と癌の関係よりも集団間の移転可能性が低いのではないか，と指摘するかもしれない。その通りだと思う。あるパターンが移転可能であるとどのくらい考えてよいかは，つきつめれば，理論と証拠に基づいて決定されるべき科学上の問いだ。あるパターンが移転可能だと根拠なく考えるべきではないが，移転可能ではないと決めてかかるべきでもない。もしあなたが，（心理学実験等での）学部生を用いた研究が人間行動についてどれだけのことを明らかにしうるのかに関する論争[6]をフォローしたことがあるならば，ここでの移転可能性についてのやや抽象的な問いになじんでいることだろう（Sears〔1986〕, Henrich, Heine, and Norenzayan〔2010b〕）。学部生の研究から人間行動一般についてどのくらい明らかにできるのかについては議論が分かれているけれども，何も明らかにすることはできないというのは極論だろう。

第2の注意点は，非代表的データを用いる研究者はたいてい Snow や Doll と Hill ほど注意深くはないということだ。研究者が非代表的データからサンプル外への一般化をしようとして失敗した例として，Andranik Tumasjan ら（2010）の 2009 年ドイツ議会選挙に関する研究を取り上げよう。10 万以上のツイートを分析して，彼らが発見したのは，政党に言及するツイートの比率が議会選挙での政党の得票率と一致しているということだった（図 **2.3**）。別の見方をするとこうなる。Twitter データは基本的に無料であるのに対し，伝統的世論調査は代表的データを得るためコストをかけている。そこで，この研究の結果，Twitter データは伝統的世論調査に取って代わりうるようにみえたのだ。

あなたはおそらく Twitter がどういうものかわかっているだろうから，この結果についてただちに疑問を抱くはずだ。2009 年に Twitter を使っているドイツ人はドイツ人投票者の確率的ランダムサンプルではないし，特定の政党の支持者は他の政党の支持者よりもはるかに頻繁にツイートをしていたかもしれない。だとすると，想像できるだけのあらゆるバイアスがなぜだかちょうど打ち消しあって，データがドイツ人投票者の直接的反映になる，などと都合のよい

訳 注

[6] 従来の心理学実験は，いわゆる WEIRD（Western, Educated, Industrialized, Rich, Democratic）な大学の学部生を用いて行われており，それがどの程度，普遍的ないし一般的な心理性向を明らかにするものであるかについて論争がある。本書 4.3 節も参照。

2.3 ビッグデータに関する 10 の特徴   33

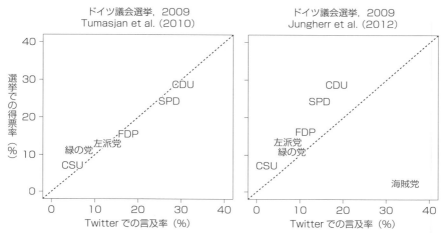

図 2.3 2009 年のドイツでの選挙における Twitter 上での言及率と得票率との関係
Twitter 上での言及は 2009 年のドイツの選挙結果を予測しているようにみえる（Tumasjan et al. 2010）。だが，この結果はもっとも言及された政党である海賊党を除外することによって成り立っている（Jungherr, Jürgens, and Schoen 2012）。海賊党を除外することを支持する議論として Tumasjan et al.（2012）。Tumasjan et al.（2010）の表 4，Jungherr, Jürgens, and Schoen（2012）の表 2 より。

ことが起きているとは信じがたいはずだ。実際には，Tumasjan et al.（2010）の結果はうまくできすぎていて本当ではないことがわかった。Andreas Jungherr, Pascal Jürgens, Harald Schoen（2012）の検証論文が指摘したのは，原論文の分析では，Twitter でもっとも多く言及されていた政党が分析から除外されているということだった。その政党は，海賊党という政府によるインターネットの規制に反対する小政党だった。海賊党を分析に含めると，Twitter での言及率は選挙結果の予測としてまとはずれなものとなる（図 2.3）。この例からわかるように，非代表的ビッグデータを用いてサンプル外一般化を行うと，ひどい失敗をすることになりかねない。さらに，ツイートの数が 10 万存在するという数字にも基本的に意味がない。大量の非代表的データはなお非代表的なのだ。このテーマについてはサーベイについて議論する第 3 章で再び論じることにする。

　結論をいおう。多くのビッグデータはよく定義された母集団の代表的サンプルとはなっていない。サンプルから抽出元母集団への一般化を必要とするような問いに対しては，このことは深刻な問題となる。だがサンプル内比較に関する問いについては，研究者がサンプルの特徴について明確に理解し，かつ理論的ないし経験的証拠に基づき移転可能性を主張できるかぎり，非代表的データは強力な

データになりうる．実のところ，私の希望としては，ビッグデータを用いることで，研究者が多くの非代表的集団についてサンプル内比較をより多く行うことができるようになるとよいと思う．私の予想では，多くの異なる集団からの複数回の推定は，確率的ランダムサンプルからの単一の推定よりも社会調査を先に進めることにより役立つはずだ．

2.3.7 ドリフト

> 母集団のドリフト，利用法のドリフト，システムのドリフトが存在するため，ビッグデータを長期トレンドの研究に用いるのは難しい．

　ビッグデータの大きな利点の1つは，一定期間にわたってデータを収集できる点にある．社会科学者はこれを**時系列データ**と呼ぶ．当然のことだが，変化を研究するという目的にとって時系列データはきわめて重要だ．ただし，変化の測定に信頼性をもたせるためには，測定システムそれ自体は安定的でなければならない．社会学者の Otis Dudley Duncan の言葉を用いれば，「変化を測定したいなら，測定法を変化させるな」（Fischer 2011）．

　残念ながら，多くのビッグデータシステム，特にビジネスに関するシステムは常に変化している．これを**ドリフト**と呼ぼう．より詳しくいえば，システムは主に3つの仕方で変化する．**母集団ドリフト**（誰が使うのかについての変化），**行動ドリフト**（利用の仕方についての変化），**システムドリフト**（システムそれ自体の変化）だ．このような3種類のドリフトが存在するため，ビッグデータ上のパターンの変化は世界の側での重大な変化によって引き起こされるだけでなく，ある種のドリフトによって引き起こされている可能性がある．

　第1のドリフト——母集団ドリフト——はシステムを利用する人々の構成の変化によって生じる．変化は短期的にも長期的にも生じうる．たとえば，2012年の米国大統領選挙期間を通じて女性による政治的ツイートの比率は日々変動していた（Diaz et al. 2016）．だから，Twitter 界の感情（mood）の変化にみえるものは実際には単にそのとき誰がツイートしているかが変化しただけかもしれない．こうした短期的変動に加え，特定の人口学的集団が Twitter の利用を開始したり止めたりする長期トレンドも存在する．

　誰がシステムを利用するのかに関わる変化に加え，どのようにシステムが利用されるのかについての変化も存在する．これを行動ドリフトと呼ぶ．たとえば，

2013年のトルコにおけるゲズィ占拠運動において，抗議運動が進展するにつれて抗議参加者はハッシュタグの使い方を変えていった。以下はZeynep Tufekci (2014) による行動ドリフトの記述である。彼女はTwitter上と対面の双方で抗議参加者の行動を観察していたのでこのドリフトに気づくことができたのだ。

> 何が起きたのかといえば，抗議運動が支配的ストーリーになるや否や多くの人々は……新たな出来事に注意喚起する場合を除きハッシュタグの使用を止めてしまった……抗議運動は続いていたし，さらに盛り上がりさえしたが，ハッシュタグは使われなくなった。インタビューから2つの理由があることがわかった。第1に，みながトピックについて知っている以上，ハッシュタグは字数制限のあるTwitterのプラットフォーム上では余計で無駄なものとなった。第2に，ハッシュタグは特定のトピックに注意を引きつけるには便利だが，トピックについて議論するには役立たないと考えられていた。

だとすると，もし研究者が抗議関連ハッシュタグつきのツイートの分析により抗議運動を研究しようとしたとしたら，上述の行動ドリフトのせいで実際に起きていることについて誤解してしまう危険性がある。たとえば，現実よりもずっと早い段階で抗議についての議論が低調になったと信じてしまうかもしれない。

第3のドリフトはシステムドリフトだ。この場合，人々や行動が変化するのではなく，システムそれ自体が変化する。たとえば，Facebookは近況アップデートの字数制限を緩めてきた。すると，近況アップデートの時系列的研究はこの人為的な変更の影響を受けてしまうことになる。システムドリフトはいわゆるアルゴリズムによる交絡の問題と深く関連しているが，これについては2.3.8節で説明する。

結論としては，多くのビッグデータは，誰が利用するか，どのように利用されるか，システムがどのように機能するかに関する変化によってドリフトする。これら変化の要因それ自体が興味深い研究上の問いとなる場合もあるけれども，こうした変化によって，ビッグデータを用いて時系列的に長期的な変化を追跡する際にはやっかいな問題が生じることになる。

2.3.8　アルゴリズムによる交絡[7]

ビッグデータシステム上での行動はありのままではない。システムの設計目標によって動かされている。

　ビッグデータの多くは，人々がデータが記録されていることに気づいていないため，非反応的であるといえる（2.3.3 節）。だからといって，オンラインシステム上の行動を「ありのままに生じたもの」と考えるべきではない。実際には，行動を記録するデジタルシステムは，広告へのクリックや書き込みの投稿など，特定の行動を促すよう高度に設計されている。システム設計者の目標によりあるパターンがデータ上に生じることをアルゴリズムによる交絡と呼ぼう。アルゴリズムによる交絡は，社会科学者には比較的知られていないが，注意深いデータサイエンティストにとっては気を配るべき重要な問題だ。さらにデジタルトレースに関するその他の問題のいくつかとは違って，アルゴリズムによる交絡は目にみえないことが多い。

　アルゴリズムによる交絡の比較的単純な例として，Johan Ugander ら（2011）が発見した，Facebook 上でほぼ 20 人程度の友達をもつユーザーが異常に多いという事実について考えてみよう。もし科学者が Facebook の動作について理解せずただデータを分析していたら，20 がいかに不思議な社会的数であるかについてそれらしいお話がたくさん生み出されたに違いない。幸い，Ugander たちはデータが生み出される過程についてよく理解していた。Facebook がつながりの少ない人々に対して，20 人に達するまで友達を増やすように促す仕組みをとっていることを知っていたのだ。Ugander たちは論文では述べていないが，おそらくこのポリシーは Facebook が新規ユーザーをよりアクティブにするために採用されたものであろう。だが，このポリシーの存在を知らなければ，データから誤った結論を導き出す可能性は高い。言い換えると，友達が 20 人の人々が驚くほど多いということが明らかにしているのは，人間行動というよりも Facebook の仕組みについての事実なのだ。

　この例では，アルゴリズムによる交絡は，注意深い研究者であればそれと気づいて，原因を調べることのできる程度のものだった。だが，オンラインシステム

訳 注

7)　因果関係を考える場合に，説明変数と従属変数との両方に影響を与えるような因子を交絡変数という。ここでは本当はアルゴリズムによって生じているパターンを別の要因で生じていると取り違えてしまうことを指して交絡という語を使っている。

の設計者が社会理論を知っていて，その理論をシステムの動作に組み込んでしまうという，さらに扱いにくいアルゴリズムによる交絡も存在する。社会科学者はこれを**遂行性**（performativity）と呼んでいる。これは，理論が，理論により一致するように世界を変えてしまうことを意味する用語だ。アルゴリズムによる遂行的な交絡が存在する場合，データが交絡していることに気づきにくくなる。

遂行性が生み出すパターンの一例は，オンライン社会ネットワーク上の推移性だ。1970 年代，80 年代に，研究者は，もしあなたがアリスとボブの友人ならば，アリスとボブが友人である確率は，ランダムに選んだ 2 人が友人である確率より高いという事実を，繰り返し発見してきた。これとまったく同じパターンが Facebook のソーシャルグラフ[8]で発見された（Ugander et al. 2011）。このことから，少なくとも推移性という性質については，Facebook 上の友達関係のパターンはオフラインの友人関係のパターンを再現していると結論する人がいるかもしれない。だが実際には，Facebook のソーシャルグラフの推移性の強さは部分的にはアルゴリズムによる**交絡**に影響されている。つまり，Facebook のデータサイエンティストは推移性についての経験的・理論的研究を知っており，これを Facebook の動作に組み込んでいるのだ。Facebook には新しい友達をおすすめする「知り合いかも」という機能があるが，Facebook があなたに誰をおすすめするかを決める 1 つの方法が推移性なのだ。つまり，Facebook はあなたの友達の友達をおすすめする確率が高い。そうすると，この機能は，Facebook のソーシャルグラフ上で推移性を高める効果をもつことになる。言い換えると，推移性の理論は世界を理論の予測通りにふるまうように変えていくのだ（Zignani et al. 2014; Healy 2015）。このように，ビッグデータが社会理論の予測を再現しているようにみえる場合には，理論自体がシステムの作動にあらかじめ組み込まれていないかどうか，確認しておかなければならない。

ビッグデータを用いた観察は，人々のありのままを観察しているというより，カジノで人々を観察しているようなものだ，と考える方がより適切なメタファーだといえる。カジノは特定の行動を生み出すべく高度に設計された環境であり，研究者はカジノでの行動が人間行動を透明な窓のように直接反映しているとはもはや考えないだろう。もちろん，カジノでの人々の行動を研究することを通じて，人間行動の一端を明らかにすることはできる。だが，もしデータがカジノで

訳注
[8] グラフはネットワークを数学的に表現した用語。ノード（点）とエッジ（線）の集合からなる。

生み出されたことを見落としてしまえば，得られた結論は間違っていることだろう．

残念ながら，オンラインシステムの多くの特徴は企業秘密（proprietary）で，詳細は明らかにされておらず，常時変更されている．だから，アルゴリズムによる交絡に対処することは特に難しい．たとえば，この章の後半で説明するように，アルゴリズムによる交絡は，Google インフルエンザトレンド（2.4.2 節）が徐々にうまくいかなくなったことについてのありそうな説明の 1 つだが，Google の検索アルゴリズムの内的動作は企業秘密なので，この仮説を検証することは難しい．アルゴリズムによる交絡が引き起こす変化はシステムドリフトの一類型である．アルゴリズムによる交絡があることを考えれば，単一のデジタルシステムのデータだけに依拠した人間行動の研究は，データがどれだけ巨大であっても，注意深く扱うべきだ．

2.3.9 汚　染

ビッグデータはジャンクやスパムで汚染されている可能性がある．

ビッグデータ，特にオンラインのそれは，自動的に収集されているから無垢なのだと信じている研究者もいる．現実には，ビッグデータを扱ったことのある人なら知っているように，しばしば汚染されている．つまり，研究者の関心対象である現実の行動を反映していないデータをしばしば含んでいるのだ．社会科学者であれば，大規模社会サーベイデータのクリーニング過程についてはおなじみだろうが，ビッグデータのクリーニングはそれよりさらに難しいといってよいだろう．私の考えでは，この難しさの究極の原因は，ビッグデータの多くが研究目的に使われることを意図していないため，データクリーニングしやすいような形では収集，保存，記録されていないという点にある．

汚染されたデジタルトレースデータの危険性については，私がこの章の前の方で簡単に触れた 2001 年の 9 月 11 日のテロ攻撃への感情的反応に関する Back たち（2010）の研究を取り上げて説明しよう．研究者は通常，何カ月，あるいは何年もにわたって収集した回顧データを用いて悲劇的出来事に対する反応を研究する．しかし，Back たちはデジタルトレースの常時オンのデータソース

(8万5000人のアメリカ人のページャーのタイムスタンプ付きで自動収集されたメッセージ)を発見し，これを用いることで，はるかに詳細なタイムスケールで感情的反応を研究することができた。彼らは，9月11日の1分ごとの感情の時系列を，ページャーメッセージの感情内容をコード化することで再現したのだ。コード化は，①悲しみに関係する単語(「泣いている」や「悲痛」など)，②不安に関係する単語(「心配だ」「怖い」など)，③怒りに関係する単語(「憎い」や「非難する(critical)」など)の比率にしたがって行われた。彼らが発見したのは，悲しみと心配には確固としたパターンはなく1日を通じて変動したのに対し，怒りについては時間がたつにつれて急激に増大しているということだった。この研究は常時オンデータの驚くべき力を示しているようにみえる。従来のデータでは，予期せぬ出来事への直接的反応に関してこれほど高精度のタイムラインを得ることは不可能だっただろう。

　だが，その1年後にCynthia Pury (2011)はそのデータをより注意深く検討し，怒りを示していると想定されたメッセージの多くがたった1つのページャーのもので，しかもそれがすべて同じメッセージであることを発見した。次が，怒りに分類されたメッセージの内容だ。

　　XXにあるXX室のNTマシンXXを再起動してください。重要
　　(CRITICAL)：XX日XX時XX分

　このメッセージが怒りとラベル付けされたのは「重要(CRITICAL)」という単語が入っていたからだった。この単語は一般的には怒りを表す場合もあるが，この場合はそうではなかった。この単一のページャーによる自動メッセージを削除すると，この1日の間の怒りの見せかけの増大は完全に消えてしまう(図**2.4**)。言い換えると，Back, Küfner, and Egloff (2010)の主要な結果は1つのページャーによる人工的結果だったのだ。この例が示しているように，乱雑でこみいったデータの場合，単純な分析だけでは，ひどい誤りを犯しかねないのだ。

　意図せず生み出された汚染データ——メッセージを大量送信するただ1つのページャーによる汚染のような——はある程度注意深い研究者ならば発見可能だが，悪意あるスパム業者を引き寄せてしまうようなオンラインシステムも存在する。スパム業者は積極的にフェイクデータを生み出し，また——たいていは金銭

訳　注
9) 表示画面のある携帯型の無線端末機。ポケットベル。

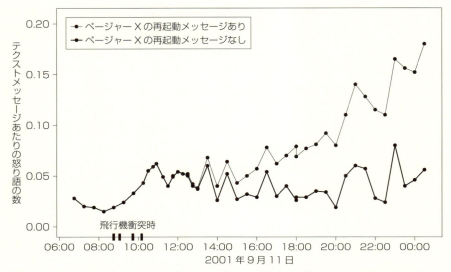

図 2.4 8万5000人のアメリカ人のページャーに基づいて推定された2001年9月11日の怒りのトレンド（Back, Küfner, and Egloff 2010; Pury 2011; Back, Küfner, and Egloff 2011）　元の論文（Back, Küfner, and Egloff 2010）では，1日を通じた怒りの上昇パターンが報告されていた。しかし，怒りと同定されたメッセージの大半はただ1つのページャーが繰り返し送信していた次のメッセージによるものだった。「XXにあるXX室のNTマシンXXを再起動してください。重要（CRITICAL）：XX日XX時XX分」。このメッセージを除くと，怒りの上昇にみえたパターンは消えてしまう（Pury 2011; Back, Küfner, and Egloff 2011）。Purry (2011) の図1bより。

的利益を目的としているので——，スパムであることを隠そうとする努力を惜しまない。たとえば，Twitter上の政治活動には少なくとも一定の相当に洗練されたスパムが紛れ込んでいて，特定の政治的意見を実際よりも人気があるかのようにみせるべく意図的に操作している（Ratkiewicz et al. 2011）。残念ながら，この種の意図的スパムを削除することはとても難しい。

もちろん，何をもって汚染されたデータとするかはある程度は研究上の問いによる。たとえば，Wikipediaの多くの編集は自動ボットによって行われている（Geiger 2014）。もしあなたがWikipediaのエコシステムに興味があるのならば，ボットの作った編集も重要だ。だが，もし人間がどのようにしてWikipediaに貢献しているかに興味があるならば，ボットの作った編集は除外すべきだ。

汚染されたデータを十分クリーニングできたと保証するような単一の統計的テクニックや方法などはない。結局のところ，汚染データにだまされないための最善の方法は，データがどのように生み出されたのかを可能な限り理解すること

だ。

2.3.10 センシティブ

企業や政府のもつ情報の中にはセンシティブな情報もある。

　医療保険会社は顧客の受診した医療について詳しい情報をもっている。この情報を使えば健康に関して重要な研究ができるかもしれないが，もし公になれば，感情的被害（たとえば，羞恥）や経済的被害（たとえば，失業）を生み出す可能性がある。その他多くのビッグデータにもセンシティブな情報が含まれていて，だからこそアクセスできないようにしている場合も多い。

　残念ながら，どんな情報が実際にセンシティブであるかを決めることは非常に難しいことがわかってきている（Ohm, 2015）。これを示す例として，Netflix プライズの事例がある。第5章で説明するように，2006年に Netflix は約50万の会員による1億もの映画レイティングを公開し，世界中の人々が Netflix による映画推薦の性能を改善するためのアルゴリズムを投稿するよう，オープンコールを開いた[10]。データ公開前に，Netflix は名前などの明らかに個人を特定可能な情報は削除しておいた。しかし，データ公開からわずか2週間後，Arvind Narayanan と Vitaly Shmatikov（2008）は，第6章で説明する方法を用いて映画レイティングをした個人の特定が可能であることを示した。だがもし攻撃者が誰かの映画レイティングを特定できたとしても，そこにはセンシティブな情報は含まれていないように思える。一般的にはその通りなのだが，データセットに含まれる50万人の少なくとも何人かにとっては，映画レイティングはセンシティブな情報だった。事実，データ公開とデータによる個人特定に対して，性的指向を公開していないレズビアンの女性が Netflix に対する集団訴訟に参加したのだ。訴訟でどのように問題が表現されたかについては以下の通りだ。

　　映画とそのレイティングに関するデータは……高度に個人的かつセンシティブな情報を含む。会員の映画データには，セクシュアリティ，精神疾患，アルコール依存症からの回復，近親姦虐待・身体的虐待・家庭内暴力・不倫・レイプの被害など，Netflix 会員の個人的関心かつ／あるいは高度に個

訳注
10）第5章を参照。

人的な問題に対する取り組みについての情報が含まれる。

この事例が示しているように，一見無害にみえるデータベースの中にもある種の人々がセンシティブだと考える情報が含まれている可能性がある。さらに，この事例が示しているのは，研究者がセンシティブなデータを守るために用いる主要な防御手段——非特定化——が予期せぬ仕方で失敗しうることだ。これら2点については第6章でさらに詳しく検討する。

センシティブなデータについて最後に心にとどめておくべきことは，仮に具体的な危害が生じない場合でも人々の同意なしにデータを集めることは倫理的問題を引き起こすということだ。人がシャワーを浴びている姿を同意なく覗くことが個人のプライバシーの侵害とみなされるのとほぼ同じく，センシティブな情報——何がセンシティブな情報かを特定するのがどれだけ難しいかについても思い出しておこう——を同意なしに集めることはプライバシー上の懸念を生み出しうる。第6章でプライバシーの問題について立ち返ることとする。

結論は次のとおりだ。一般に，政府や企業の管理記録などのビッグデータは社会調査の目的で生み出されたものではない。今日の，そしておそらく近い将来のビッグデータは10の特徴を備えているといってよい。巨大であること，常時オンであること，非反応的であることなど，一般的にいって研究に有利だと考えられる特徴の多くは，デジタル時代になって，企業や政府がかつて不可能だった規模でデータ収集できるようになったことによる。不完全性，アクセス不能性，非代表性，ドリフト，アルゴリズムによる交絡，汚染，センシティブさなど，一般に研究にとって不都合とだと考えられる特徴の多くは，データが研究者によって研究者のために集められたものではないことによる。ここまで，政府データと企業データを一緒に論じてきたけれども，両者には違いもある。私の経験では，政府データでは非代表性や，アルゴリズムによる交絡，ドリフトといった問題は生じにくい。他方で，企業の管理記録はより常時オン的である。これら10の一般的特徴を理解することは，ビッグデータから学ぶための有益な第一歩となる。そこで次にこうしたデータを使って実行可能な研究戦略について論じることにしよう。

2.4 研究戦略

以上，ビッグデータの10個の特徴と，どんなに完全なデータであっても，観

察データである以上存在する限界をふまえると，ビッグデータから学ぶための主要な戦略は以下の3つに区別できる．事物を数えること，事物を予測すること，実験に近づけること，だ．このアプローチ——「研究戦略」ないし「研究レシピ」といってもよい——について，以下で実際の研究例を用いて，それぞれ説明していくことにする．なお，3つの戦略は相互に排他的でも網羅的でもない．

2.4.1 事物を数える

> 優れた問いと優れたデータを結びつけられれば，単純な数え上げでも興味深い結果を生むことは可能だ．

洗練された言葉で表現されているけれども，社会調査の大半は実は，単純な事実の数え上げだ．ビッグデータ時代には，研究者にはかつてないほど数え上げの機会がある．ただ，やみくもに数え上げることから始めるべきだというわけではない．研究者が問うべきなのは，数え上げる価値のあるものとは何か，ということだ．こういうと，結局，その人の価値観次第だといっているように聞こえるかもしれない．だが，いくつかの一般的パターンは存在するのだ．

しばしば，学生は数え上げ調査を次のような理由で始める．今まで誰も数えたことのないものを数えたい，と．たとえば，ある学生はこういうかもしれない．これまでたくさんの人が移民を研究したし，双子を研究した人も多い．でも，今まで移民の双子を研究した人はいないはずだ．私の経験では，この**誰もやっていないからという動機づけ**は，優れた研究には結びつかない．

誰もやっていないからという動機づけではなく，もっとよい戦略は，**重要**または**興味深い**（理想としては両方）研究上の問いをみつけることだ．どちらの言葉も定義するのが少し難しいが，重要な研究かどうかを決めるための1つの方法は，その研究が政策立案者が重大な決定を下すときに参考になりそうかどうかを考えることだ．たとえば，失業率の測定は重要だ．政策決定の根拠となる経済指標だからだ．たいていの場合，研究者は何が重要かに関してはかなりよいセンスをもっていると思う．そこで，以下では，数え上げが興味深い仕方で行われている2つの研究例を取り上げることにしよう．どちらの場合も，研究者はやみくもに数え上げているわけではない．社会システムの仕組みに関するより一般的な理解を得るために，その具体的な現象について数え上げを行っているのだ．言い換えると，ある具体的な数え上げが興味深いものになるのは，多くの場合，デ

ータそれ自体が面白いからではなく，より一般的な理解をもたらすからだ。

　数え上げのシンプルな力を示す好例は Henry Farber（2015）のニューヨーク市のタクシー運転手の行動に関する研究だ。タクシー運転手はそのものとしては興味深い研究対象ではないと思うかもしれない。だが，実は労働経済学の2つの競合する理論を検証する**戦略的調査対象**となっているのだ。Farberの研究目的からいえば，タクシー運転手をとりまく労働環境の2つの特徴が重要だ。①タクシー運転手の時給は，天候などの要因に部分的に影響され，日々変動すること。②運転手の意思決定に応じて，労働時間も日ごとに変動すること。こうした特徴から，時給と労働時間の関係について興味深い問いが導かれる。経済学の新古典派モデルによれば，タクシー運転手は時給が高い日により多く働くことになるだろう。これに対して，行動経済学のモデルでは，正反対の予測が立てられる。もし運転手が具体的な所得目標を，たとえば1日100ドルなどとしているなら，時給の高い日はより短時間で仕事を終えるだろう。目標を達成したら早々に仕事を切り上げるからだ。たとえば，時給の高い日（時間あたり25ドル）は4時間働き，時給の低い日（時間あたり20ドル）は5時間働くというように。では，運転手は実際のところ，（新古典派モデルが予測するように）時給の高い日の方がより働くのだろうか，それとも（行動経済学モデルが予測するように）時給の低い日の方がより働くのだろうか。

　この問いに答えるべく，Farberは2009年から2013年までのニューヨーク市のすべてのタクシー乗車のデータを入手した。現在，このデータは公開されている。データは，市が使用を義務づけている電子メーターから収集された。各乗車について，乗車時間，乗車場所，降車時間，降車場所，運賃，チップ（クレジットでチップが払われた場合）に関する情報が含まれている。このタクシーメーターデータを用いて，Farberが発見したのは，ほとんどの運転手は時給が高いと多く働く，という新古典派理論の予想と一致する行動だった。

　この主たる発見に加えて，Farberはデータの大きさを活用して，不均質性とダイナミクスの理解を深めることができた。彼の発見によれば，経験を積むにつれて，新米の運転手は，稼ぎのよい日により長い時間働けばよい，ということを徐々に学ぶようになる（つまり，新古典派モデルの予測に従って行動するようになる）。そして，所得目標を設定しているかのようにふるまう新米運転手はタクシー運転手をやめやすい傾向がある。この2つのより詳しい発見は，今働いている運転手の行動をうまく説明しているが，これはデータセットが大きいからこそできた発見だ。少数のタクシー運転手について，短い期間の行動だけを検討した，

紙の領収書に依拠する先行研究では，この発見は不可能だった（Camerer et al. 1997）。

　Farber の研究はビッグデータを用いた研究としては最善のシナリオに近い。市の集めたデータは Farber が集めたいと考えたデータとほぼ一致しているからだ（違いとしては，Farber は運賃とチップからなる全賃金のデータが欲しかったのだが，市のデータにはクレジットカードで支払われたチップのデータしかなかった）。しかし，データがよいからといってよい研究になるとは限らない。Farber の研究の鍵は，データに向けて興味深い問い，単に具体的な状況がどうなっているかというだけではない，より大きな意義のある問いを突き合わせたことにあるのだ。

　事物を数え上げることに関する第 2 の研究例は Gary King, Jennifer Pan, Molly Roberts（2013）による中国政府のオンライン検閲に関する研究だ。第 1 の研究例と異なり，この事例では，研究者自身がビッグデータを集める必要があった。そこで，データが不完全であることに何らかの対応をしなければならなかった。

　King たちが興味をもったのは，中国でのソーシャルメディア投稿が，推定数万人が関わる巨大な国家装置によって検閲されているという事実だった。検閲が行われているということ以外には，研究者も市民も，検閲がどのように行われ，どんな内容が削除対象になるのかほとんどわかっていなかったのだ。実際，どのような投稿が削除されやすいのかについて中国研究者たちの見解は一致していない。検閲は国家に批判的な投稿に対して行われるのだという考えもあれば，抗議運動のような集合行動を促す投稿が検閲されるのだとする見方もある。どちらの見方が正しいかを明らかにすることは，研究者の中国理解，ひいては検閲を行う権威主義的政府をどのように理解するかにとって重要だ。だから，King たちはいったん公開された後に削除された投稿と，公開された後も削除されなかった投稿とを比較しようと考えたのだ。

　これらの投稿を収集するためには，それぞれが異なるページレイアウトをもっている 1000 以上の中国のソーシャルメディアサイトをクローリングし[11]，関連する投稿をみつけ，その後削除されたかどうかを確認するために再び投稿をチェックするという大変な技術上の工夫が必要だった。大規模ウェブクローリングにつきものの技術上の問題に加えて，きわめて迅速にクローリングしなければならないという課題まで存在した。検閲される投稿の多くは 24 時間未満で削除される

訳注
11) プログラムによってウェブサイト上の情報を自動的に取得する仕組みのこと。

からだ。つまり，クローラーが遅いと検閲された多くの投稿をみつけることができないのだ。さらに，クローラーはデータ収集を行う一方で，調査されていることを検知されてソーシャルメディアサイトにブロックされたり，ポリシーの変更がされないように，検知の目をかいくぐる必要があった。

このように技術面で大変な努力を払いながら，Kingたちは事前に定めた85の異なるトピックに関する1100万の投稿を収集した。それぞれには彼らの想定したセンシティビティレベルがつけられていた。たとえば，高センシティビティなものとしては，反政府アーチストの艾未未（アイウェイウェイ）についてのトピックがある。中程度のセンシティビティのものとしては中国通貨価値の上昇や切り下げに関するトピックがあり，低センシティビティのものとしては，ワールドカップのトピックがある。これら1100万投稿のうち，200万が検閲されていた。やや意外なことに，Kingたちによれば，高度にセンシティブなトピックについての投稿は，中程度もしくは低センシティビティのトピックよりも検閲されるものの，その差はわずかだった。言い換えると，中国では，艾未未に関する投稿もワールドカップに関する投稿もほぼ同程度に検閲されるのだ。この発見によれば，政府がセンシティブなトピックについての投稿を軒並み検閲しているという考えは支持されない。

しかし，このトピックごとの検閲率を単純計算しただけでは，間違った結論を下してしまうかもしれない。たとえば，政府は艾未未を支持する投稿だけ検閲し，彼に批判的な投稿はそのままにしているかもしれない。投稿をより慎重に区別するためには，各投稿の**センチメント**（sentiment）[12]を測定する必要がある。残念ながら，多くの研究がなされているにもかかわらず，既存の辞書を用いた完全自動のセンチメント検出法は，今のところうまくいかない場合が多い（2.3.9節で説明した2001年9月11日の感情の時系列を分析するときに生じた問題について思い出そう）。そこで，Kingたちは1100万のソーシャルメディア投稿に対して，①国に批判的か，②国を支持しているか，③どちらでもない，あるいは単なる事実報告か，をラベル付けする方法を必要としていた。これは一見すると膨大な仕事量にも思えるが，これを解決できたのは，データサイエンスでは一般的に使われるが，社会科学では滅多に使われない強力な方法，つまり**教師付き学習**を用いることによってであった。図**2.5**を参照してほしい。

まず，普通**前処理**と呼ばれるステップがある。そこでソーシャルメディア投

訳注
12) 感情だけでなく，意見や態度も含まれる。

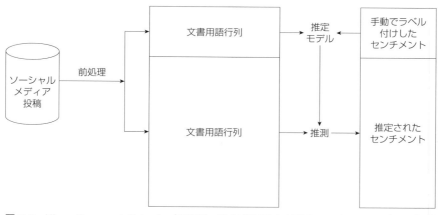

図 2.5 King, Pan, and Roberts（2013）が1100万の中国のソーシャルメディア投稿のセンチメントを推定するために用いた手続きを単純化した図式　第1の，前処理段階では，ソーシャルメディア投稿が**文書用語行列**（より詳細な情報は Grimmer and Stewart〔2013〕）に変換される．第2に，投稿の小規模サンプルの示すセンチメントが手動でコード化される．第3に，教師付き学習モデルを訓練してすべての投稿のセンチメントを推定する．より詳細な説明は King, Pan, and Roberts（2013）の付録 B を参照．

稿が**文書用語行列**に変換される．各行が各文書に相当し，列は投稿が特定の単語（たとえば，抗議や交通）を含むかどうかを記録する．次に，リサーチアシスタントのグループで投稿のサンプルにセンチメントを手動でラベル付けする．この手動でラベル付けされたデータを用いて，投稿の特徴からセンチメントを推測する機械学習モデルが作られる．最後に，このモデルを用いて1100万すべての投稿のセンチメントが推定される．

このように，1100万の投稿をすべて読んで手動でラベル付けする——それはロジスティック上不可能だろう——のではなく，King たちは少数の投稿を手動でラベル付けしたうえで，教師付き学習を用いて，すべての投稿のセンチメントを推定したのだ．以上の分析に基づいて，彼らがたどり着いた結論は，やや意外なことに，投稿が削除される確率は，国家に対して批判的か支持的かに無関係だという結論だった．

最終的に King たちが発見したのは，ポルノ，検閲批判，集合行為を起こす可能性（つまりは大規模な抗議運動にいたる可能性）のあるものという3種類の投稿だけが定期的に検閲されるということだった．King たちは，削除された投稿とされなかった投稿を大量に観察することで，検閲がどのように機能しているかを，単純な観察と数え上げだけを用いて明らかにすることができた．さらに，本書の

48　第 2 章　行動を観察する

各所で扱うテーマを予告すれば，彼らの用いた教師付き学習アプローチ——いくつかの結果を手動でラベル付けしてから機械学習モデルを作って残りのラベルをつける方法——はデジタル時代の社会調査においてきわめて常套的な手段だということが以後，明らかになるだろう。図 2.5 によく似た図を第 3 章（質問をする）や第 5 章（マスコラボレーションを生み出す）で目にすることになるはずだ。このアイデアは本書では珍しく，複数の章にわたって登場するアイデアなのだ。

　これらの研究例——ニューヨークのタクシー運転手の勤務行動と中国政府のソーシャルメディアに対する検閲行動——は，ビッグデータの比較的単純な数え上げが，状況次第で興味深く重要な研究を生み出すことを明らかにしている。とはいえ，どちらのケースでも研究者がビッグデータに興味深い問いを突き合わせる必要があった。データだけでは十分ではないのだ。

2.4.2　将来予測と現在予測

将来予測は難しいが，現在予測はそれより簡単だ。

　観察データで利用できる主要戦略の 2 番目は**予測（将来予測）**（forecasting）だ。将来について予測することは，よく知られているように大変難しい。おそらくそのこともあって，予測は現在のところ，社会調査では主たる役割を担っていない（とはいえ，人口学，経済学，疫学，政治学では，小さいながら重要な役割を担っている）。そこでここでは，いわゆる**現在予測**（nowcasting）——now と forecasting を組み合わせた用語——という特殊なタイプの予測に焦点をあてることにしよう。現在予測は，将来を予測するのではなく，予測という形式で現在の世界状態を測定する試みだ。「現在を予測」（Choi and Varian 2012）するのだ。現在予測は，世界について，タイムリーでかつ正確な測定を必要とする政府や企業にとって非常に有益な技術になる可能性がある。

　タイムリーでかつ正確な測定が明らかに必要な分野としては疫学が挙げられる。インフルエンザの場合を考えよう。毎年，季節性インフルエンザの流行により世界中で数百万の症例と数十万の死亡例が出ている。さらに，毎年，数百万の死亡例を生み出しうる新型インフルエンザが出現する可能性がある。たとえば，1918 年のインフルエンザの大流行では，5000 万から 1 億人が死亡したと推定されている（Morens and Fauci 2007）。インフルエンザの大流行の可能性を追跡し，万一の場合に対応するため，世界各国の政府はインフルエンザ監視システムを構

築している。たとえば，米国疾病予防管理センター（CDC）は国内の注意深く選別された医師から規則的かつ体系的に情報を収集している。このシステムにより高品質なデータが生み出されるが，報告ラグの問題もある。つまり，医師からのデータをクリーニングし，検討し，公表するまでに時間がかかるため，CDCシステムの公表する推定値は2週間前のインフルエンザの流行度合いに関するものとなる。しかし，新たに生じる流行に対処するために，公衆衛生の担当者が知りたいのは，2週間前にインフルエンザがどのくらい流行したかではない。今現在どのくらい流行しているか，が知りたいのだ。

　CDCがインフルエンザを追跡するデータを収集しているのと同時並行で，Googleもまた，きわめて異なる形式のデータではあるが，インフルエンザ流行に関するデータを収集している。世界中の人々がGoogleで絶えず検索をしているが，そのうちのいくつかは，「インフルエンザ　治療法」「インフルエンザ　症状」のように，検索した人がインフルエンザにかかっている可能性を示す検索履歴を残す。だがこうした検索履歴を利用してインフルエンザの流行を推定するのは一筋縄ではいかない。インフルエンザの人がみな，インフルエンザ関連の検索をするわけではないし，インフルエンザ関連の検索がみな，インフルエンザの人によるわけでもないからだ。

　Googleの研究者とCDCの研究者が混在したJeremy Ginsbergらのチーム（Ginsberg et al. 2009）は，この2つのデータソースを結びつける巧妙で有意義なアイデアを思いついた。おおまかにいうと，高速だが不正確な検索データと低速だが正確なCDCデータを，一種の統計学的錬金術により組み合わせ，高速かつ正確なインフルエンザ流行の測定値を生み出したのだ。別の言い方をするなら，検索データを使ってCDCデータを高速化したといってもよい。

　より具体的には，2003年から2007年のデータを用いて，GinsbergたちはCDCデータにおけるインフルエンザの流行と5000万の異なる語の検索数との関係を推定した。このプロセスは完全にデータだけを使うもので，専門的な医学的知識を必要としなかった。結果，CDCのインフルエンザ流行データをもっともよく予測する45の異なる検索履歴がみつかった。この2003-07年のデータから学習した関係を用いて，Ginsbergたちは2007-08年のインフルエンザ流行期についてモデルを検証した。すると，この手続きを用いて，正確で役に立つ現在予測が可能そうだということがわかった（図2.6）。この結果は『ネイチャー』誌に掲載され，メディアからの賞賛も受けた。「Googleインフルエンザトレンド」と呼ばれたこのプロジェクトは世界を変えるビッグデータの力を示すものとして

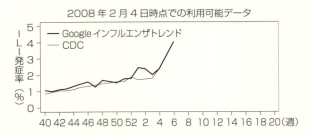
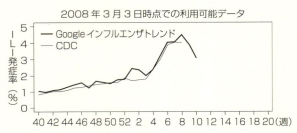
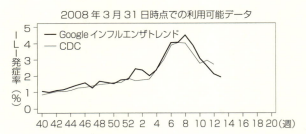
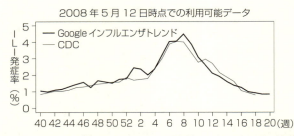

図 2.6 Jeremy Ginsberg ら（Ginsberg et al. 2009）による Google 検索データと CDC データを組み合わせて作り出した Google インフルエンザトレンドの図　これはインフルエンザ様疾患（ILI）の発症率を現在予測することができるとされていた。この図は 2007-2008 年のインフルエンザシーズンの米国中西部に関する結果を示している。当初は非常に期待できる成果を上げたが，Google インフルエンザトレンドのパフォーマンスは次第に衰えていった（Cook et al. 2011; Olson et al. 2013; Lazer et al. 2014）。Ginsberg et al.（2009）の図 3 より。

頻繁に言及される寓話となったのだ。

　これは当初はサクセスストーリーのように思えた。だが，最終的には不面目な結果となってしまった。研究者たちは次第に，Googleインフルエンザトレンドの性能が，当初思われたほどすばらしいものでもないことに気づき始めたのだ。2つの重大な限界がみつかった。第1に，Googleインフルエンザトレンドのパフォーマンスは，直近2時点のインフルエンザ流行の程度についての測定から，線形外挿に基づいて推定する単純なモデルに比べて，それほど優れていないということがわかった (Goel et al. 2010)。ある期間については，Googleインフルエンザトレンドはむしろこの単純なアプローチよりも劣っていた (Lazer et al. 2014)。言い換えると，すべてのデータを利用し，機械学習と強力な計算を用いたGoogleインフルエンザトレンドは，単純でわかりやすいヒューリスティックに比べて劇的に優れているわけではなかったのだ。ここからわかることは，将来予測なり現在予測なりを評価するためには，ベースラインとの比較が重要だということだ。

　Googleインフルエンザトレンドについての第2の重大な問題は，ドリフトとアルゴリズムによる交絡により，CDCのインフルエンザデータを予測する性能が，短期間の予測でもしばしば失敗するだけでなく，長期的にも衰えていく傾向があることだ。たとえば，2009年のスイスでのインフルエンザ大流行のときには，Googleインフルエンザトレンドはインフルエンザの量を劇的に過大評価してしまったが，これはおそらく多くの人々が大流行への不安にかられて検索行動を変えてしまう傾向があったからだろう (Cook et al. 2011; Olson et al. 2013)。この短期の問題に加えて，Googleインフルエンザトレンドのパフォーマンスは次第に低下していった。Google検索のアルゴリズムは企業秘密なので，この長期的な性能低下の原因を探るのは難しいが，2011年にGoogleは，「熱」や「せき」などのインフルエンザの症状について検索した際に，関連する検索語を示唆するということを始めたようだ（この示唆もいまや行われていないようである）。このような工夫は，検索エンジンを走らせることを考えればまったく正当だ。ただ，このアルゴリズムの変化が健康関連の検索をより増やす効果をもち，Googleインフルエンザトレンドによるインフルエンザの流行の過大評価を招いたこともまた事実だ (Lazer et al. 2014)。

　この2つの問題を考えると，今後の現在予測の試みについてより慎重なやり方が求められるだろうが，現在予測にはまったく将来性がないというわけではない。事実，より注意深い方法を用いることで，Lazer et al. (2014) と Yang,

Santillana and Kou (2015) はこの2つの問題を回避できたのだ。今後，ビッグデータと研究者の収集したデータを組み合わせる現在予測の研究により，企業や政府は，どうしてもラグのともなう定期的な測定を抜本的に高速化し，よりタイムリーで正確な推定値を生み出すことができるようになると思う。Google インフルエンザトレンドのような現在予測のプロジェクトは，研究目的で作られたより伝統的なデータとビッグデータを組み合わせることで何ができるようになるかを示すものでもある。第1章の芸術のアナロジーを思い出すならば，現在予測はデュシャン的なレディメイドとミケランジェロ的なカスタムメイドを組み合わせて，より迅速かつ正確な現在の測定と近未来の予測を生み出す可能性をもつのだ。

2.4.3　実験に近づける

実験をできない場合でもそれに近づけることはできる。デジタル時代になって特にやりやすくなるのは，自然実験とマッチングという2つのアプローチだ。

ある種の重大な科学上，政策上の問いは因果に関するものだ。たとえば，賃金に対する職業訓練プログラムの効果はどのくらいか，といった問いだ。この問いに答えるためには，訓練を受けた人と受けていない人の収入を比較する必要があるだろう。しかし，集団間の賃金の差のどの程度が訓練によるもので，どの程度が訓練を受ける人と受けない人の間の，もともと存在する差によるものだろうか。この問いに答えるのは難しく，データを多く手に入れれば自動的に解決するような問いではない。言い換えると，あなたがどれだけ多くの労働者のデータをもっていても，2つの集団の間にもともと差が存在していたのか，それともしていなかったのかを知ることはできないのだ。

多くの場合，職業訓練のような処置の因果効果を推定する最強の方法は，研究者がランダムに割付けた一方の人々に処置を施し，他方の人々には施さないというランダム化統制実験を実施することだ。ただ，第4章はすべて実験にあてる予定なので，ここでは非実験データで用いることのできる2つの戦略に焦点をあてることにしよう。第1の戦略は，ランダムに（ないしランダムに近い仕方で）処置をある人々に与え，別の人々に与えないということが生じるような自然発生的な出来事を探すことだ。第2の戦略は，処置を受けた人と受けない人の間の事前の差を考慮するべく，非実験データを統計的に調整することだ。

疑い深い人は、どちらの戦略も強い仮定が必要になるため、採用すべきでないと主張するかもしれない。用いられる仮定は、検討が難しく、現実にはしばしば満たされてないことは事実だ。この主張に同意するところもあるが、ただやはり少し言い過ぎだと思う。たしかに、非実験データから信頼できる因果推定を行うのは難しい。だが、だからといって決してしてはならないとは思わない。とりわけ、ロジスティック上の理由により実験ができない場合や倫理上の理由により実験すべきでない場合には、非実験的アプローチは役に立つはずだ。さらに、ランダム化統制実験を設計するために既存のデータを利用しようとする場合にも非実験データは役に立つ。

先に進む前に、因果推定は社会調査上のもっとも複雑なトピックの1つで、ときには激しい感情的な論争になってしまう、ということにも注意を促しておきたい。以下では、直観を養うためにそれぞれのアプローチについて楽観的なトーンで説明し、その後でそれらアプローチを用いる際に生じる課題についていくつか述べる。それぞれのアプローチについてのさらなる詳細はこの章末尾の数学ノートで説明する。もし自分自身の研究でこれらのアプローチのどちらかを使う予定があるならば、因果推論について書かれた多くの優れた書籍の中から1冊読むことを強くすすめておく (Imbens and Rubin 2015; Pearl 2009=2009; Morgan and Winship 2014)。

非実験データから因果推定を行う1つのアプローチは、ランダムにある人々に処置を与え、別の人々に与えないような出来事を探すことだ。こうした状況は**自然実験**と呼ばれる。自然実験の力を示すきわめて明快な研究例としては、Joshua Angrist (1990) が収入に対する兵役の効果を測定した研究が挙げられる。ベトナム戦争の最中、米国では徴兵により兵を増員した。兵役に召集する市民を決めるために、米国政府はくじを用いた。図 **2.7** にあるように、若年男子を兵役に召集する順番（若年女子は徴兵対象ではなかった）を決めるために、すべての誕生日を紙に記し、そこから一度に1枚が引かれた。この結果に基づいて、9月14日生まれの男子が最初に召集され、次に4月24日生まれが召集され、というように決まった。最終的には、このくじにより、195の異なる誕生日の男子が召集され、171の誕生日の男子が召集されなかった。

一見自明ではないかもしれないが、徴兵くじは、ランダム化統制実験とよく似ている。どちらの状況でも、参加者はランダムに処置を割付けられるのだ。このランダム化処置の効果を検討するため、Angrist はある常時オンのビッグデータシステムの性質を利用した。ほぼすべてのアメリカ人の労働収入についての情報

図 2.7 1969 年 12 月 1 日に選抜徴兵の最初のカプセルくじを引く Alexander Pirnie 議員　Joshua Angrist（1990）は徴兵くじと社会保障局の収入データを組み合わせて，収入に対する兵役の効果を推定した。これは自然実験を用いた研究例の 1 つである（出典：US. Selective Service System〔1969〕/Wikimedia Commons）。

を集めている米国社会保障局のデータだ。Angrist は，徴兵くじでランダムに選ばれた人の情報と政府行政記録により収集された収入データを組み合わせることにより，退役兵の収入は兵役経験のない人の収入と比較して 15% 低かった，と結論づけたのだ。

この例が示しているように，社会的，政治的，自然的力が研究者の利用可能な実験を生み出すことがあり，また常時オンのビッグデータを用いてその実験の効果を捉えることができる場合がある。この研究戦略は次のようにまとめられる。

ランダムな（またはランダムであるかのような）ばらつき（variation）＋ 常時オンのデータ ＝ 自然実験

デジタル時代にこの戦略を用いた例として，生産的な同僚と働くことが労働者の生産性に対して与える効果の推定を試みた Alexandre Mas と Enrico Moretti (2009) の研究を取り上げよう。結果をみる前に，この結果について相反する 2 つの予想が成り立つと指摘しておきたい。一方で，生産的な同僚と働くことからくるピアプレッシャーで労働者の生産性が向上すると予想することができる。他方で，勤勉な同僚がいる場合，いずれにせよその同僚が仕事をしてくれるので，自分の仕事を手抜きするだろうという予想もまた可能だ。生産性に対するピア効果を研究する最善の方法は，それぞれ生産性レベルが異なる同僚たちとの仕事の

シフトを労働者にランダムに割付け，その後の生産性について全員分を測定するというランダム化統制実験を実施することだろう．しかし，研究者が現実のビジネスの労働者のスケジュールをコントロールすることはできない．そこでMasとMorettiはスーパーマーケットのレジ係を対象とした自然実験を利用する必要があった．

このスーパーマーケットでは，レジ係たちはスケジュールの組み方やシフトの重なり具合に応じて，1日のシフトの別々の時間に違う同僚たちと働くことになっていた．さらに，このスーパーマーケットでは，レジ係のシフトはいっしょに働くレジ係の生産性や店の繁忙度合いとは無関係であった．言い換えると，レジ係のスケジュールはくじで決められているわけではないが，労働者が生産性の高い（低い）同僚との労働をランダムに割付けられているかのようにみなしうるスケジュールだった．幸い，このスーパーマーケットはデジタル時代の勘定システムを採用していて，各レジ係のスキャンした商品を常時記録していた．この勘定データから，MasとMorettiは，秒あたりにスキャンされた商品数という，個人の生産性に関する正確かつ常時オンの指標（measure）を作り出すことができた．この2つ——同僚の生産性の自然なばらつきと常時オンの生産性指標——を組み合わせることで，MasとMorettiは，レジ係が平均より10%高い生産性をもつ同僚とともに働くように割付けられるとき，自身の生産性が1.5%上昇すると推定した．さらに彼らは大規模で詳細なデータセットの特質を活かして2つの重要な問題を検討した．この効果の**不均質性**（どのような労働者について効果がより大きいのか）と効果を生み出す**メカニズム**（生産性の高い同僚と仕事をすることがなぜ高い生産性をもたらすのか）の問題だ．第4章で実験についてより詳しく議論する際に，この2つの重要な問題——処置効果の不均質性とメカニズム——について再び論じることとする．

この2つの研究から一般化して，**表2.3**では同じ構造をもつその他の研究についてまとめておいた．常時オンデータを用いてランダムに生じたばらつきの効果を測定するタイプの研究だ．実際のやり方としては，研究者が自然実験をみつけるための戦略は2つあり，どちらも有効だ．一方は，常時オンデータから出発して世界で生じたランダムな出来事を探すという戦略，他方は世界で生じたランダムな出来事から出発して，その影響を捉えたデータを探すという戦略だ．

自然実験に関する以上の議論で言い残した重要なポイントがある．自然が与えてくれるものからあなたがほしいものを得ようとすると，ときにとてもややこしい問題が生じうるということだ．ベトナム戦争の徴兵の例をもう一度考えよう．

表 2.3　ビッグデータを用いた自然実験の例

研究対象	自然実験のもと	常時オンデータソース	文献
生産性に対するピア効果	スケジュールの組み方	勘定データ	Mas and Moretti (2009)
友人関係の形成	ハリケーン	Facebook	Phan and Airoldi (2015)
感情の伝播	雨	Facebook	Coviello et al. (2014)
ピアトゥーピアの経済取引	地震	モバイル・マネーデータ	Blumenstock, Fafchamps, and Eagle (2011)
個人の消費行動	2013年の米国政府閉鎖	個人の金融データ	Baker and Yannelis (2015)
推薦システムの経済的影響	さまざま	Amazonでの検索データ	Sharma, Hofman, and Watts (2015)
胎児へのストレスの影響	2006年のイスラエル – ヒズボラ戦争	出生記録	Torche and Shwed (2015)
Wikipedia上の閲覧記録	Snowdenによる暴露	Wikipediaのログ	Penney (2016)
運動（エクササイズ）に対するピア効果	天気	運動記録装置	Aral and Nicolaides (2017)

このケースでは，Angrist は収入に対する兵役の効果を推定することに関心があった。だが残念ながら，兵役はランダムに割付けられてはいない。ランダムに割付けられていたのは召集である。だが，召集されたすべての人が兵役に就いたわけではないし（さまざまな免除措置があった），兵役に就いた人がすべて召集を受けたわけでもない（志願して兵役に就く人もいた）。召集されるかどうかはランダムに割付けられるので，徴兵対象となるすべての男性に対する召集の効果は推定可能だ。だが Angrist が知りたかったのは召集の効果ではなく，兵役の効果だった。しかし，この推定を行うためには，仮定を追加する必要があり，そこからややこしい問題が出てくる。第1に，召集されたことが収入に影響を与える唯一の経路は兵役を通じてであると仮定する必要がある。これを**除外制約**（exclusion restriction）と呼ぶ。この仮定は，たとえば召集を受けた男性が兵役を避けるために学校に長く在籍するとか，雇用者が召集された男性を雇用しにくくなるということがあれば，成り立たない。除外制約は決定的に重要な仮定であるが，たいていの場合，検証することは困難だ。さらに，除外制約が正しいとしても，なおすべての男性に対する兵役の効果を検証するのは不可能だ。その代わり，研究

者が推定できるのは，従順者（compliers）（召集されたら兵役に就き，召集されなければ兵役に就かないという行動パターンをとる男性）と呼ばれる男性の特定のグループに対する効果だけだ（Angrist, Imbens, and Rubin 1996）。だが，従順者のグループは，そもそも興味のあった母集団の全体ではない。徴兵くじのような比較的クリーンなケースでさえこうした問題が生じるということに注意しよう。処置が物理的くじで割付けられるのではない場合，さらに複雑な問題が生じる。たとえば，レジ係に対する Mas と Moretti の研究では，同僚の割付が完全にランダムであるという仮定に対しても疑問が生じる。もしこの仮定がほとんど成り立ってないならば，推定にバイアスが生じてしまうだろう。結論としては，自然実験は非実験データから因果推定を行う強力な戦略だし，ビッグデータによって，自然実験を活用する機会は広がっている。だが，自然の与えてくれるものからあなたのほしいものを推定するためには相当の注意深さ——とときには強い仮定——が要求されるのだ。

　非実験データから因果推定を行うための第2の戦略は，処置を受けた人と受けていない人の事前の差を考慮するために非実験データに統計的調整を行うことだ。調整方法は多くあるが，ここでは**マッチング（対応付け）**といわれる調整法に的を絞ることにする。マッチングでは，研究者は非実験データを分析して，一方が処置を受け，他方が受けていないという点を除いて類似する人々のペアを作り出す。対応付けの過程で，**刈り取り**（pruning）も行われる。つまり，対応付け（match）できる対象の存在しないケースを除外するのだ。だから，この方法はマッチングと刈り取りという方がより正確なのだが，ここでは伝統的な用語法であるマッチングという言い方を引き続き使うことにしたい。

　大規模な非実験データを用いたマッチング戦略の有効性を示す研究例として，Liran Einav らの消費者行動に関する研究がある（Einav et al. 2015）。彼らの興味は，eBay でのオークションにあった。以下の説明では，落札価格や取引成立確率などのオークション結果に対する開始価格の効果に注目したい。

　落札価格に対する開始価格の効果を推定するためのもっとも素朴な方法は，異なる開始価格から始まったオークションの最終価格を単純に計算することだろう。もし与えられた開始価格に対して落札価格を予測したいということであれば，この方法でもよい。だが開始価格の効果に関心があるならば，この方法はうまくない。公平な比較に基づいていないからだ。低い開始価格から始まるオークションは高い開始価格から始まるオークションとはまったく別物かもしれない（たとえば，異なる種類の財を扱ったり，異なる販売者によって行われているかもしれな

い)。

　非実験データから因果推定を行うことで生じうる問題を知っている人は，素朴なやり方を避けて，フィールド実験を試してみようと考えるかもしれない。特定の商品（たとえばゴルフクラブ）についてオークションのその他の条件（たとえば，配送無料で 2 週間のオークションとする）を一定にして，開始価格だけをランダムに割付けるような実験だ。このようにして市場で生じた複数の結果を比較すれば，落札価格に対する開始価格の効果をきわめて明確に測定できることだろう。しかし，この測定値はある特定の商品とオークション条件の組み合わせについてしかあてはまらない。たとえば，商品のタイプが異なれば，結果も異なるだろう。強力な理論がなければ，このただ 1 つの実験結果を，本来できたはずだが行わなかった多くの実験結果に外挿することは難しい。加えて，フィールド実験は非常に費用がかかるので，あなたの試したいと思うすべてのバリエーションについて実施することは不可能だ。

　素朴なアプローチと実験アプローチに対して，Einav たちは第 3 のアプローチを採用した。マッチングである。この戦略の秘訣は eBay ですでに生じていることからフィールド実験に類似するものをみつけることだ。たとえば，図 **2.8** には完全に同一のゴルフクラブ（テーラーメイドバーナー 09 ドライバー）が完全に同一の販売者（「バジェットゴルファー」）によって出品されている 31 のオークションの一部が示されている。しかし，これら 31 のオークションは細部の特徴が異なる。開始価格，落札日時，送料などだ。言い換えると，これはあたかも「バジェットゴルファー」が研究者のために実験をしてくれたかのようなリストになっているのだ。

　テーラーメイドバーナー 09 ドライバーが「バジェットゴルファー」によって出品されているこれらのオークションの集まりは，完全に同一の商品が完全に同一の販売者によって出品されているが，それぞれ細部の特徴が異なるという，対応付けされたセットの一例となっている。eBay の巨大なログ上には何百万のオークションからなる文字通り数十万の対応付け可能なセットが存在している。そこで，Einav たちは，ある開始価格から始まるすべてのオークションの最終価格を比較するのではなく，対応付けできたセットに絞って比較を行った。この数十万の対応付けされたセット内での比較結果をまとめて示すため，Einav たちは各商品の参照価値（たとえば，平均落札価格）を用いて開始価格と落札価格を表現し直した。たとえば，テーラーメイドバーナー 09 ドライバーには（その売却実績に基づく）100 ドルの参照価値があり，10 ドルの開始価格は 0.1，120 ドルの落札

2.4 研究戦略

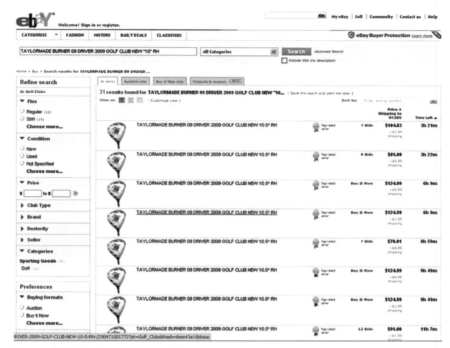

図 2.8 **対応付けされたセットの例** これは完全に同一の販売者(「バジェットゴルファー」)が出品した完全に同一のゴルフクラブ(テーラーメイドバーナー 09 ドライバー)であり,異なる条件下(例:異なる開始価格)で売り出されているものである。Einav et al. (2015) 図 1b よりアメリカ経済学会の厚意により再掲。

価格は 1.2 となる。

　Einav たちの関心はオークション結果に対する開始価格の効果にあったことを思い出そう。最初に,彼らは線形回帰を用いて,開始価格が高くなるほど取引成立確率は下がること,(取引が成立したという条件のもとで)最終落札価格は上昇することを推定した。この推定値は――すべての商品を平均して線形の関係を表現したものだが――それ自体としてはそれほど興味深いわけではない。そこで Einav たちは大規模なデータの性質を利用して,より詳しいさまざまな推定値を推定した。たとえば,さまざまな開始価格についてそれぞれ効果を別々に推定することで,開始価格と落札価格の関係が非線形であることを見出した(図 2.9)。特に,0.05 から 0.85 までの開始価格の差は落札価格にはほとんど影響を与えない。これは最初の分析では完全に見逃されていた発見だ。さらに,すべての商品の平均をとるのではなく,23 の異なる商品カテゴリー(たとえば,ペット用品,電

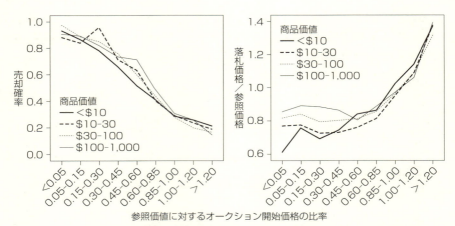

図 2.9 オークションの開始価格と落札確率（a）および落札価格（b）との関係　開始価格と落札確率とはおおまかな線形の関係が存在するが，開始価格と落札価格の関係は非線形である。開始価格が 0.05 から 0.85 の間では落札価格にほとんど影響しない。どちらの場合でも，関係は基本的に商品価値と独立である。Einva et al.（2015）の図 4a と図 4b より。

化製品，スポーツ記念品）（図 2.10）の開始価格の影響について推定を行った。この推定の結果，たとえば記念品のようなより個別性の高い商品に関しては，開始価格は，取引成立確率により小さな効果しかもたず，落札価格により大きな効果をもつことが明らかになった。さらに，DVD のようなより大量生産的な商品の場合，開始価格は落札価格にほとんど何の影響も与えなかった。つまり，23 の異なる商品カテゴリーの結果をひとまとめにした平均ではこれらの商品カテゴリー間の重要な差異がみえなくなってしまうのだ。

もしあなたが eBay オークションに特別興味をもたない場合であっても，商品の多数の異なるカテゴリーをまとめて線形の関係を記述しただけの単純な推定値より，図 2.9 と図 2.10 の方が eBay についてより豊かな理解をもたらしてくれることを認めるべきだろう。また，フィールド実験でこれらの推定値を得ることは科学的には可能だが，コスト上の理由により事実上は不可能だろう。

自然実験と同じく，マッチングによる推定値にバイアスがかかる可能性も多々ある。私の考えでは，マッチングの推定値の最大の問題は，対応付けに用いられていない変数によりバイアスが生じる可能性が存在することだ。たとえば，Einav たちは，主たる結果を得る際に，販売者の ID 番号，商品カテゴリー，商

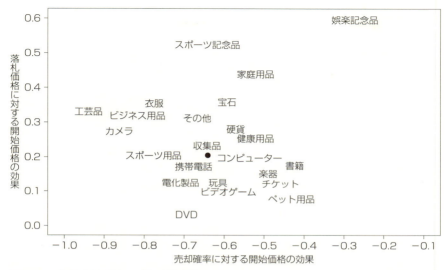

図 2.10 商品カテゴリーごとの推定値 点はすべてのカテゴリーをプールした場合の推定値（Einav et al. 2015）。この推定値が明らかにしているのは，記念品のようにより個別性の高い商品であるほど，開始価格が落札確率（x 軸）に与える影響は小さく，落札価格（y 軸）に与える影響は大きいということだ。Einav et al.（2015）の図 8 より。

品タイトル，商品サブタイトルという 4 つの特徴に基づいて厳密マッチングを行った。そこでもし対応付けに用いられていない部分で商品が異なる特徴をもっていた場合，比較は公平ではなくなる可能性がある。たとえば，もし「バジェットゴルファー」は（ゴルフクラブの売れ行きの落ちる）冬期にテーラーメイドバーナー 09 ドライバーの価格を引き下げているのだとしたら，実際には季節によって需要がばらつくことで生まれた人工的な結果であるにもかかわらず，見かけ上，開始価格を下げると落札価格が低くなるようにみえるかもしれない。この懸念に対処する 1 つの方法は，さまざまな対応付けを試すことだ。たとえば，Einav たちは対応付けに使う時間幅（time window）を変化させながら（売り出された時期の違いが 1 年以内の商品，1 カ月以内の商品，そして同時期に売り出された商品という異なる時間幅で対応付けされたセットを使って）複数の分析を行った。幸い，すべての時間幅においてよく似た結果が得られている。マッチングのさらなる問題は解釈に関わる。マッチングから得られた推定値は対応付けできたデータにのみあてはまる。対応付けできなかったケースにあてはめることはできない。た

訳注
13) ここでは 4 つの特徴が完全に一致するような商品だけを対応付けてマッチングすること。

表 2.4 ビッグデータ内部で比較対象を見出しマッチングを用いた研究例

研究対象	ビッグデータ	文献
銃撃事件の警察の暴力への効果	「停止と捜検」報告	Legewie（2016）
家族と近隣に対する 2001 年 9 月 11 日の効果	投票記録・寄付記録	Hersh（2013）
社会的伝染	コミュニケーションと製品採用データ	Aral, Muchnik, and Sundararajan（2009）

とえば，Einav たちは複数出品されている商品に分析を限定したが，これはつまり，専門的または準専門的販売者の商品に分析を限定したということにもなる。したがって，彼らの比較結果を解釈する際には，その結果が eBay 上のこのタイプの商品にのみあてはまるものだということを念頭におくべきだ。

マッチングは非実験データの公平な比較をみつける強力な戦略だ。多くの社会科学者にとっては，マッチングは実験に対する次善の策にすぎないと思われるかもしれない。だが，もしそう思うなら，少し考え直してもらいたい。①効果の不均質性が重要であって，②マッチングに必要な重要な変数が測定されている場合，大規模データでのマッチングは，小規模なフィールド実験よりも望ましいかもしれないのだ。表 2.4 にビッグデータを用いたマッチングに関する他の研究例を載せておいた。

結論としては，非実験データからの因果効果の推定には困難がともなうが，自然実験や統計的調整（たとえば，マッチング）などの方法を用いることができる。場合によっては，こうした方法はひどい誤りを生み出しかねないが，慎重に用いれば，第 4 章で説明する実験的方法の有益な補完戦略たりうるだろう。さらにいえば，この 2 つのアプローチは常時オンのビッグデータシステムの普及からとりわけ恩恵を受けやすいアプローチだといえる。

2.5 結 論

ビッグデータはいたるところにある。だが，これを社会調査で使うためには，こつが必要だ。私の経験では，データについてのある種の「ノーフリーランチ」[14]ルールのようなものが成り立つ。データ収集の苦労が少なければ，そのかわり，

訳 注
14) 機械学習におけるノーフリーランチ定理からきているが，ここでは，データ収集とデータ分析のどちらにとっても最適な都合のよい戦略は存在しないということ。

データの検討や分析で苦労することになるだろう。

　今日の――そしておそらく近い将来の――ビッグデータは10の特徴をもつ傾向にある。これらのうち，巨大，常時オン，非反応的，の3つは一般的には（だが常にではない）研究にとって有益だ。他の，不完全，アクセス不能，非代表的，ドリフト，アルゴリズムによる交絡，汚染，センシティブの7つの特徴は一般的には（だが常にではない）研究に用いる際の課題となる。こうした特徴の多くは，つきつめれば，ビッグデータが社会調査のために作られたものではないことからきている。

　この章で議論したように，私は，ビッグデータが社会調査にきわめて役立つのは，次の3つの場合だと思う。第1に，ビッグデータを用いて，研究者が競合する理論的予測のどちらが正しいかを決定できる場合がある。このタイプの研究例としては，（ニューヨークのタクシードライバーに関する）Farber (2015)，（中国の検閲に関する）King, Pan, and Roberts (2013) が挙げられる。第2に，ビッグデータにより，現在予測を用いて政策のための測定を改善することができる。この種の仕事の例は，Ginsberg et al. (2009)（Googleインフルエンザトレンド）だ。最後に，ビッグデータにより，実験を実施することなく因果推定を行うことができる場合がある。研究例としては，（生産性に対するピア効果を分析した）Mas and Moretti (2009) や（eBayオークションの開始価格の効果を分析した）Einav et al. (2015) がある。とはいえ，どのアプローチをとっても研究者が，推定すべき量を定義したり，競合する予測を行う2つの理論をみつけるなど，データに対して働きかけることが必要だ。このように，ビッグデータのできることは，研究者が興味深くてしかも重要な問いを問うために役立つことだ，と考えるのが一番だと思う。

　結びの前に，ビッグデータがデータと理論の関係について大きな影響を与える可能性について考えておきたい。ここまで，この章では，理論主導的な経験的研究アプローチを採用してきた。だが，ビッグデータは，**経験的データ主導の理論化**も可能としてくれる。つまり，経験的事実やパターン，パズルを注意深く積み上げることにより，新たな理論を作り上げることができるのだ。この代替案，理論に対するデータ主導アプローチは，新しいものではなく，Barney Glaser and Anselm Strauss (1967=1996) によって「グラウンデッドセオリー (grounded theory)」として力強く定式化されている。ただし，このデータ主導アプローチは，デジタル時代の研究に関するある種のジャーナリズムが唱えるような「理論の終わり」(Anderson 2008) を意味しない。むしろ，データ環境の変化

に応じて，データと理論のバランスが変化することを考えておくべきなのだ。データ収集が高くついた世界では，理論にとって有効なデータだけを集めるべきだというのも納得できた。だが，大量のデータがすでに無料で利用可能な世界では，データ主導アプローチを試みることも理にかなっている（Goldberg 2015）。

この章で示したように，研究者は人々を観察することから多くを学ぶことができる。次の3つの章では，質問をする（第3章），実験を行う（第4章），さらには直接研究プロセスに関わってもらう（第5章）等，人々との直接のやりとりを組み込んだデータ収集を設計することで，さらに多くのさまざまな事柄について，いかに学びうるか説明したい。

数学ノート
Mathematical notes

この付録では，非実験データから因果推論を行う際の考え方について，少しだけより数学的な形でまとめることにする。主要なアプローチは2つあって，Judea Pearl らによる因果グラフアプローチと Donald Rubin らによる潜在的結果アプローチだ。ここでは潜在的結果アプローチを紹介したい。第3章と第4章の章末の数学ノートで説明する考え方とより関連が深いからだ。因果グラフアプローチについてより詳しくは，Pearl, Glymore, and Jewell（2016）（入門的），Pearl（2009=2009）（上級向け）をおすすめする。潜在的結果アプローチと因果グラフアプローチを組み合わせた1冊まるごとの因果推論の解説については Morgan and Winship（2014）をおすすめする。

この付録の目標は読者に潜在的結果アプローチの記法とスタイルになじんでもらうことだ。そうすれば，このトピックについてより専門的な文献をも読むことができるようになるはずだ。最初に，潜在的結果アプローチについて説明する。次に，このアプローチを用いて，Angrist（1990）の，収入に対する兵役の効果の分析のような自然実験について議論する。この付録は，Imbens and Rubin（2015）に多くを負っている。

潜在的結果アプローチ

潜在的結果アプローチには3つの主要素がある。単位，処置，潜在的結果だ。これらの要素を説明するために，Angrist（1990）の問いを単純化したものについて考えてみよう。収入に対する兵役の効果はどのくらいだろうか。このケースでは，単位は米国における1970年の徴兵適格者だ。彼らに $i = 1, \ldots, N$ のインデックスを付与する。このケースにおける処置は「兵役に就くこと」，あるいは「兵役に就かないこと」だ。これらをそれぞれ処置条件，統制条件としよう。人物 i が処置条件にある場合 $W_i = 1$ とし，統制

表 2.5 潜在的結果の表

人物	処置条件での所得	統制条件での所得	処置効果
1	$Y_1(1)$	$Y_1(0)$	τ_1
2	$Y_2(1)$	$Y_2(0)$	τ_2
⋮	⋮	⋮	⋮
N	$Y_N(1)$	$Y_N(0)$	τ_N
Mean	$\bar{Y}(1)$	$\bar{Y}(0)$	$\bar{\tau}$

条件にある場合 $W_i = 0$ とする。最後に,潜在的結果だが,これは概念としては少し難しい。「潜在的」結果,つまり生じえたかもしれないのに実際には生じなかったことが含まれるからだ。1970 年徴兵の適格者に関して,兵役に就いたならば 1978 年に得ただろう収入について考えることができる。これを $Y_i(1)$ と書こう。兵役に就いていなかったならば 1978 年に得ただろう収入については $Y_i(0)$ とする。潜在的結果アプローチでは,$Y_i(1)$ と $Y_i(0)$ は固定量とみなされる。これに対して W_i は確率変数だ。

単位,処置,結果をどう選ぶかは重大だ。研究から何を知りうるか——そして何を知りえないのか——を左右するからだ。単位の選択(1970 年の徴兵適格者)に女性は含まれないので,さらなる仮定をおかずには,この研究から女性に対する兵役の効果について知ることはできない。処置と結果をどう定めるかもまた同じく重要だ。たとえば,分析では,兵役に就くことに焦点を合わせるのか,それとも戦闘を経験することに焦点をあてるのか。関心のある結果は収入か,それとも仕事満足度か。究極的には,単位,処置,結果の選択は研究の科学的,政策的目標によって定められるべきだ。

単位,処置,潜在的結果の選択を所与とすると,人物 i への処置の効果,τ_i は,

$$\tau_i = Y_i(1) - Y_i(0) \tag{2.1}$$

となる。言い換えると,兵役に就いた場合に i が得ただろう収入と兵役に就かなかった場合に i が得ただろう収入とを比較するのだ。私にとっては,式 2.1 は因果効果を定義するもっとも明快なやり方だ。きわめてシンプルであるにもかかわらず,このアプローチは多くの重大かつ興味深い点において一般化可能であることがわかっている(Imbens and Rubin 2015)。

潜在的結果アプローチを用いる場合,すべての単位について潜在的結果と処置効果を表示する表(表 2.5)を書き出すと,便利なことが多い。もし自分の研究でこのような表をイメージできないとしたら,単位,処置,潜在的結果の定義についてもっと正確にする必要があるだろう。

しかしながら,因果効果を以上のように定義すると,ある問題に突き当たることになる。ほとんどすべての場合において,2 つの潜在的結果の両方を観察することはできない。つまり,ある人物は兵役に就いたか就かなかったかのどちらかだ。だから,観察で

表 2.6　観察可能データの表

人物	処置条件での所得	統制条件での所得	処置効果
1	?	$Y_1(0)$	?
2	$Y_2(1)$	?	?
⋮	⋮	⋮	⋮
N	$Y_N(1)$	?	?
平均	?	?	?

きるのは潜在的結果のどちらか1つ——$Y_i(1)$ か $Y_i(0)$——であって，両方を観察することはできない．両方の潜在的結果を観察できないというのが一番の問題であり，Holland (1986) はこれを**因果推論の根本問題**と名付けているほどだ．

幸い，私たちが調査をする場合，ただ1人の人物だけを調査するわけではなく，多数の人物について調査するわけだが，ここから，因果推論の根本問題を回避する道が開ける．個人レベルの処置効果を推定しなくても，すべての単位に関する**平均処置効果**を推定することができるのだ．すなわち，

$$ATE = \bar{\tau} = \frac{1}{N}\sum_{i=1}^{N}\tau_i \tag{2.2}$$

この式はいまだ τ_i を用いて表されていて，これは観察できないのだが，一定の代数操作によって（Gerber and Green〔2012〕の式 2.8），

$$ATE = \frac{1}{N}\sum_{i=1}^{N}Y_i(1) - \frac{1}{N}\sum_{i=1}^{N}Y_i(0) \tag{2.3}$$

を得る．

この式が示しているのは次のことだ．つまり，もし処置条件における母集団平均結果（$N^{-1}\sum_{i=1}^{N}Y_i(1)$）と統制条件における母集団平均結果（$N^{-1}\sum_{i=1}^{N}Y_i(0)$）が推定できれば，ある特定の個人の処置効果を推定せずとも，平均処置効果を推定できる，ということだ．

以上で推定対象——推定しようとしている値——を定義できたので，では実際にデータを用いてどのように推定するかという問いに移ろう．ここでは各人物について1つの潜在的結果しか観察できないという問題に直接，ぶち当たることになる．$Y_i(0)$ か $Y_i(1)$（表 2.6）のどちらかしかみることができないのだ．とはいえ，平均処置効果であれば，兵役に就いた人たちの所得と就いていない人たちの所得を比べることで，次のように推定できる可能性がある．

$$\widehat{ATE} = \underbrace{\frac{1}{N_t}\sum_{i:W_i=1} Y_i(1)}_{\text{平均所得，処置条件}} - \underbrace{\frac{1}{N_c}\sum_{i:W_i=0} Y_i(0)}_{\text{平均所得，統制条件}} \tag{2.4}$$

ここで N_t と N_c はそれぞれ処置条件と統制条件の人たちの数だ。このアプローチがうまくいくためには処置の割付が潜在的結果と独立している必要がある。この条件はときに**無視可能性条件**と呼ばれている。残念ながら，実験の場合以外には，無視可能性条件は満たされないことが多い。その場合，式2.4 の推定量は偏った推定値を生み出す可能性が高い。この点を理解するためには次のように考えればよい。処置のランダムな割付が行われていないので，式2.4 は同じもの同士を比べていることにはならない。異なるタイプの人たちの所得を比べているのだ。あるいは少し別の言い方をすれば，処置のランダムな割付なしには，処置の有無（allocation）が潜在的結果と相関している可能性が高いということだ。

第4章で，ランダム化統制実験を用いることでいかにして因果推論を行うかについて説明するので，ここでは徴兵くじのような自然実験をどのように活用できるかについて説明しよう。

自然実験

実験を行わずに因果推定をする1つの方法は，あなたの関心にかなう処置をランダムに割付けているような，世界で発生した何らかの出来事を探し出すことだ。このアプローチを**自然実験**という。残念ながら，自然が，あなたの望む処置を，関心のある母集団にランダムに割付けてくれていることなどめったにない。だが，ときには，自然が何らかの関係する処置をランダムに割付けてくれていることがある。特にここでは，主たる関心のある処置そのものではないが，その主たる処置を受けるよう人々を促す（encourage）ような，2次的処置が存在するケースを考えよう。たとえば，徴兵くじは，兵役に就くという主たる処置を引き受けるよう，一定の人たちに促す2次的処置と考えられる。このデザインはときに**エンカレッジメントデザイン**といわれる。また，以下で説明するこうした状況に対応するための分析手法は**操作変数法**と呼ばれることがある。この状況では，いくつかの仮定をおくことで，エンカレッジメントを用いて，単位のうちの特定の部分集団について，主たる処置の効果を知ることができる。

エンカレッジメントと主たる処置という2つの異なる処置を扱うために，新たな記法が必要になる。召集される人（$Z_i=1$），されない人（$Z_i=0$）がランダムに割付けられるとする。この状況において，Z_i を**操作変数**という。

召集された人の中で，兵役に就く人（$Z_i=1, W_i=1$）と就かない人（$Z_i=1, W_i=0$）がいる。同様に，召集されなかった人の中で，兵役に就く人（$Z_i=0, W_i=1$）と就かない人（$Z_i=0, W_i=0$）がいる。それぞれの人の潜在的結果はここでは

表 2.7 人物の 4 タイプ

タイプ	召集された場合に兵役に就く	召集されなかった場合に兵役に就く
従順な人	Yes, $W_i(Z_i=1)=1$	No, $W_i(Z_i=0)=0$
絶対拒否の人	No, $W_i(Z_i=1)=0$	No, $W_i(Z_i=0)=0$
あまのじゃく	No, $W_i(Z_i=1)=0$	Yes, $W_i(Z_i=0)=1$
常に受ける人	Yes, $W_i(Z_i=1)=1$	Yes, $W_i(Z_i=0)=1$

拡張されていて,エンカレッジメントと処置の両方の状態を示すものになる.たとえば,$Y(1, W_i(1))$ を,召集されたときの i の所得とする.ここで,$W_i(1)$ は召集された場合に兵役に就くか就かないかという状態を示している.さらに,母集団を 4 つのグループに分けることができる.従順な人（compliers),絶対拒否の人（never-takers),あまのじゃく（defiers),常に受ける人（always-takers)（表 2.7) だ.

処置（つまり,兵役に就くこと)効果の推定について議論する前に,エンカレッジメント（つまり,召集されること)の 2 つの効果を定義しておこう.第 1 に,主たる処置へのエンカレッジメントの効果が定義できる.第 2 に,結果に対するエンカレッジメントの効果も定義できる.これからみるように,これら 2 つの効果を組み合わせて,ある特定のグループに対する処置の効果を推定することができる.

まず,人物 i について処置に対するエンカレッジメントの効果（intent to treat ともいう）は,

$$\text{ITT}_{W,i} = W_i(1) - W_i(0) \tag{2.5}$$

と定義できる.

さらに,この量を母集団全体について定義して,

$$\text{ITT}_W = \frac{1}{N}\sum_{i=1}^{N}[W_i(1) - W_i(0)] \tag{2.6}$$

を得る.

最後に,データを用いて ITT_W を次のように推定できる.

$$\widehat{\text{ITT}_W} = \widehat{W}_1^{obs} - \widehat{W}_0^{obs} \tag{2.7}$$

ここで,$\widehat{W}_1^{obs}$ はエンカレッジメントを受けた人の観測された処置率,$\widehat{W}_0^{obs}$ はエンカレッジメントを受けていない人の観測された処置率である.ITT_W は受容率（update rate）という.

次に,人物 i の結果に対するエンカレッジメントの効果は,

$$\text{ITT}_{Y,i} = Y_i(1, W_i(1)) - Y_i(0, W_i(0)) \tag{2.8}$$

として定義できる。

さらにこの量は母集団全体について定義できて，

$$\mathrm{ITT}_Y = \frac{1}{N}\sum_{i=1}^{N}[Y_i(1, W_i(1)) - Y_i(0, W_i(0))] \tag{2.9}$$

が得られる。

最後に，データを用いて，ITT_Y を推定できて，

$$\widehat{\mathrm{ITT}_Y} = \widehat{Y}_1^{obs} - \widehat{Y}_0^{obs} \tag{2.10}$$

となる。ここで $\widehat{Y}_1^{obs}$ はエンカレッジメントを受けた（たとえば，召集された）人の観測された結果，$\widehat{Y}_0^{obs}$ はエンカレッジメントを受けていない人の観測された結果だ。

最後に，最終的な関心のある効果に目を向けよう。結果（たとえば，所得）に対する主たる処置（たとえば，兵役）の効果だ。残念ながら，一般的にはすべての単位についての処置効果を推定することはできない。しかし，いくつかの仮定をおけば，従順な人（つまり，召集されれば，兵役に就き，されなければ就かない人たち）への処置の効果は推定できる。これを**従順者平均因果効果**（complier average causal effect; CACE）と呼び（これを**局所平均処置効果**〔local average treatment effect; LATE〕ということもある），

$$\mathrm{CACE} = \frac{1}{N_{co}}\sum_{i:G_i=co}[Y_i(1, W_i(1)) - Y_i(0, W_i(0))] \tag{2.11}$$

となる。[15]

ここで G_i は i の属するグループタイプ（表 **2.7** を参照）を表し，N_{co} は従順な人の数だ。言い換えると，式 2.11 は従順な人の中で，召集された人の所得 $Y_i(1, W_i(1))$ とされていない人の所得 $Y_i(0, W_i(0))$ を比べているわけだ。式 2.11 の推定値を観察データから推定するのは一見すると難しいように思える。観察データだけから従順な人を特定するのは不可能だからだ（ある人が従順かどうか知るためには，召集された場合に兵役に就くかどうか，そして召集されなかった場合に兵役に就くかどうかの両方を観察する必要がある）。

だが実は，従順な人が存在するのであれば，3つの仮定を付け加えることで，観察データから CACE を推定できる。第1に，エンカレッジメントの割付がランダムであると仮定しなければならない。徴兵くじの場合には，これはもっともらしい。けれども，くじのような物理的なランダム化手段に基づかない自然実験の場合には，この仮定が問題となることもあるだろう。第2に，あまのじゃくがいないという仮定が必要だ（この仮定を単調性の仮定ということもある）。徴兵の場合には，召集されたら兵役に就かず，召集されなかったら兵役に就くような人はほとんどいないと仮定してもよいだろう。第3に，最後の，もっとも重要な仮定がある。いわゆる**除外制約**（exclusion restriction）だ。除外

訳 注
15) co は従順な人 complier を意味する。

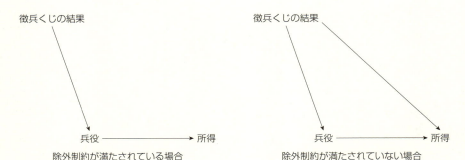

図 2.11　除外制約　除外制約を満たすためには，エンカレッジメント（徴兵くじ）が処置（兵役）を通じてのみ結果（収入）に効果をもつということが成り立たなければならない．たとえば，徴兵に召集された人が兵役を回避するために在学期間を延ばし，それにより高収入を得るようになったという場合，除外制約は満たされていない．

制約のもとでは，エンカレッジメントを割付けた際の効果が処置経由でだけ生じると仮定されなければならない．言い換えると，結果に対するエンカレッジメントの直接効果はないという仮定が必要だ．たとえば，徴兵くじの場合，召集されたという状態が兵役以外のルートを通じて収入に影響することはないと仮定する必要がある（図 2.11）．たとえば，召集された人が兵役を避けるために就学期間をより長くしたり，雇用者が召集された人を雇用しにくくなるといったことがあれば，除外制約は満たされているとはいえない．

この 3 つの仮定（エンカレッジメントのランダムな割付，あまのじゃくがいないこと，除外制約）が満たされているならば，

$$\mathrm{CACE} = \frac{\mathrm{ITT}_Y}{\mathrm{ITT}_W} \tag{2.12}$$

となり，CACE を推定できて，

$$\widehat{\mathrm{CACE}} = \frac{\widehat{\mathrm{ITT}_Y}}{\widehat{\mathrm{ITT}_W}} \tag{2.13}$$

となる．

CACE については，受容率の分だけ割増された，エンカレッジメントを受けた人と受けてない人との差だと考えることもできる．

2 つの点を注意しておきたい．第 1 に，除外制約は強い仮定なので，ケースバイケースで正当化する必要があり，そのためには当該分野についての専門的知識が必要となることが多いということだ．除外制約は，エンカレッジメントのランダム化によって正当化されるわけではないのだ．第 2 に，操作変数分析は，エンカレッジメントが処置の受容率にほとんど効果をもたない場合（ITT_W が小さい場合），応用面での課題を抱えることになる．これは**弱操作変数**といい，さまざまな問題を生じさせることが知られている（Imbens and Rosenbaum 2005; Murray 2006）．弱操作変数の問題は次のように考え

るとわかりやすい。つまり，$\widehat{CACE}$ が――除外制約が満たされていないことから生じうる――$\widehat{ITT_Y}$ の小さなバイアスに敏感に反応してしまう可能性がある。バイアスが小さな $\widehat{ITT_W}$ によって増幅されてしまうからだ（式 2.13 を参照）。おおまかにいうと，自然の割付ける処置が，あなたの関心のある処置にそれほど大きな影響を与えない場合，関心のある処置について何かを学ぶことはより難しくなるということだ。

以上の議論のよりフォーマルな扱いについては Imbens and Rubin（2015）の 23 章と 24 章を参照してほしい。操作変数に関する伝統的な計量経済学のアプローチは通常，潜在的結果ではなく，方程式群の推定という形で表現されている。このもう 1 つのアプローチの入門書としては，Angrist and Pischke（2009=2013）を参照のこと。2 つのアプローチの比較については，Imbens and Rubin（2015）の 24 章 6 節を読むこと。別の，もう少しフォーマルでない操作変数法の説明は Gerber and Green（2012）の 6 章にある。除外制約について詳しくは Jones（2015）を参照してほしい。Aronow and Carnegie（2013）は CACE ではなく ATE を推定するために用いられるさらなる仮定について説明している。回帰不連続デザインのような操作変数以外のアプローチも扱っている，自然実験についてのより一般的なイントロダクションについては，Dunning（2012）を参照。

読書案内

What to read next

- **イントロダクション（2.1 節）**

  本書で扱っていない観察法として，エスノグラフィがある。デジタル空間のエスノグラフィについては，Boellstorff et al.（2012），デジタル空間と物理空間が混ざった対象についてのエスノグラフィについては Lane（2016）を参照してほしい。

- **ビッグデータ（2.2 節）**

  「ビッグデータ」については単一の誰もが認める定義はないが，多くの定義が「3V」，量（volume），多様性（variety），速度（velocity）に注目している（e.g., Japec et al.〔2015〕）。定義のレビューについては De Mauro et al.（2015）をみてほしい。

  ビッグデータのカテゴリーに政府行政データを含めるのは少し例外的だが，同じような考えとして，Legewie（2015），Connelly et al.（2016）と Einav and Levin（2014）などが挙げられる。調査研究にとっての政府行政データの価値についてより詳しくは，Card et al.（2010），Administrative Data Taskforce（2012），Grusky, Smeeding, and Snipp（2015）を参照してほしい。

  政府統計システムの内側，具体的には米国国勢調査局からの行政調査についての見方としては，Jarmin and O'Hara（2016）を読むべきだ。スウェーデン統計局での行政

記録を用いた調査について1冊すべてをあてた単行本として，Wallgren and Wallgren（2007）がある。

　この章では，総合社会調査（GSS）のような伝統的サーベイとTwitterのようなソーシャルメディアデータとを簡単に比較した。伝統的サーベイとソーシャルメディアデータとのもっと詳しくて慎重な比較としては，Schober et al.（2016）を参照してほしい。

● ビッグデータに関する10の特徴（2.3節）

　ビッグデータの10の特徴はさまざまな論者によってさまざまに説明されている。この問題について私が影響を受けた著作は，Lazer et al.（2009），Groves（2011），Howison, Wiggins, and Crowston（2011），boyd and Crawford（2012），Taylor（2013），Mayer-Schönberger and Cukier（2013），Golder and Macy（2014），Ruths and Pfeffer（2014），Tufekci（2014），Sampson and Small（2015），K. Lewis（2015b），Lazer（2015），Horton and Tambe（2015），Japec et al.（2015），Goldstone and Lupyan（2016）などだ。

　本書では，比較的中立的と思われるデジタルトレースという用語を用いる。デジタルトレースのよく用いられる別名としてデジタルフットプリント（Golder and Macy 2014）があるけれども，Hal Abelson, Ken Ledeen, and Harry Lewis（2008）が指摘するように，おそらくデジタルフィンガープリントといった方がより適切だ。フットプリント（足跡）を残すとき，あなたは何が起きているのか気づいているし，普通は，フットプリントがあなたを個人的に特定するために使われることはない。デジタルトレースについてはこのことは成り立たない。実際，あなたはいつもトレースを残しているし，そのうえ，それについてほとんど何も知らないのだ。トレースにあなたの名前そのものが書かれているわけではないにしても，あなたの情報に結びつけることはしばしば可能だ。言い換えると，それはよりフィンガープリント（指紋）に近い。目にはみえないが，それを使って個人を特定できるからだ。

● 巨大さ（2.3.1節）

　なぜ大規模なデータセットで統計的検定を使うことに問題があるのかについてより詳しくは，Lin, Lucas, and Shmueli（2013）とMcFarland and McFarland（2015）を読んでほしい。こうした問題があるので，研究者は統計的有意性よりも，実際の重要性により焦点をあてるべきだ。

　Raj Chettyらが納税記録にどうやってアクセスしたかについてより詳しくは，Mervis（2014）をみてほしい。

　大規模なデータセットはまた，1つのコンピュータでは太刀打ちできないような計算上の問題を生み出す場合がある。そこで，大規模データセット上で計算をする研究者はしばしば，多数のコンピュータに仕事を分散する。このプロセスを**並列プログラミング**ともいう。特にHadoopという言語を用いた並列プログラミングへの入門としては，Vo and

Silvia（2016）を参照。

● 常時オン（2.3.2 節）

常時オンデータを検討する場合には，まったく同じ人々の時間を通じた変化を比較しているのか，それとも入れ替わりのあるグループの人々を比較しているのか，どちらなのかを考えておくことが重要だ。たとえば，Diaz et al.（2016）を参照してほしい。

● 非反応性（2.3.3 節）

非反応的な測定法についての古典は Webb et al.（1966）だ。この本の例はデジタル時代より前のものだが，今でも啓発的だ。大衆監視があることによって人々が行動を変えてしまうという例については，Penney（2016）と Brayne（2014）を参照。

反応性は，いわゆる要求効果（Orne 1962, Zizzo 2010）やホーソン効果（Adair 1984; Levitt and List 2011）と深く関連している。

● 不完全性（2.3.4 節）

レコードリンケージについてより詳しくは，Dunn（1946）と Fellegi and Sunter（1969）（歴史的議論），Larsen and Winkler（2014）（現代的議論）を参照してほしい。同じような方法がコンピュータサイエンスでも開発されており，データ重複除去，インスタンス同定，名寄せ，重複検出，重複レコード検出などと呼ばれている（Elmagarmid, Ipeirotis, and Verykios 2007）。個人特定可能情報の送信を必要とせず，プライバシーの保護に適したレコードリンケージのアプローチもある（Schnell 2013）。Facebook もレコードを投票行動に結びつけるプロセスを開発しているが，これは第 4 章で紹介する実験を評価するために行われたものだ（Bond et al. 2012; Jones et al. 2013）。

構成概念妥当性についてより詳しくは，Shadish, Cook, and Campbell（2001）の第 3 章を読んでほしい。

● アクセス不能性（2.3.5 節）

AOL の検索ログに関する大失態についてより詳しくは Ohm（2010）を参照してほしい。実験について説明する第 4 章で，企業や政府と提携する場合の私なりのアドバイスをするつもりだ。多くの論者がアクセス不能データに基づいて研究を進めることに懸念を表している。Huberman（2012）と boyd and Crawford（2012）を参照すること。

大学の研究者がデータアクセスを得るためのよい方法は，インターンや客員研究員として企業で働くことだ。データアクセスだけでなく，データがどのように生み出されているかについてより深く学ぶ機会にもなる。これは分析にとって重要なことだ。

政府データへのアクセスを得ることについては，Mervis（2014）が，Raj Chetty らがどのようにして彼らの社会移動の研究で用いている納税データにアクセスできたかを論じている。

● 非代表性（2.3.6 節）

概念としての「代表性」の歴史についてより詳しくは，Kruskal and Mosteller（1979a, b, c, 1980）を参照。

Snow および Doll と Hill の仕事についての私の要約は手短だった。コレラに関する Snow の仕事についてより詳しくは，Freedman（1991）を読んでほしい。イギリス人医師研究については，Doll et al.（2004）と Keating（2014）を参照するべきだ。

Doll と Hill が女性医師や 35 歳以下の医師のデータを集めたのに，最初の分析では意図的に使わなかったと知ったら，多くの研究者たちは驚くことだろう。彼らがいうには，「女性と 35 歳以下の男性に関しては肺癌は比較的まれなので，これらのグループについては，数年後でなければ，有益な数字を得られる見込みが低い」。Rothman, Gallacher, and Hatch（2013）は，「なぜ代表性は避けられるべきか」という挑発的なタイトルのもと，意図をもって生み出された非代表的データの利点についてより一般的に論じている。

母集団全体について何かを述べたい研究者や政府にとっては，非代表性は重大な問題だ。企業にとってはそこまでの問題にはならない。通常，企業の関心は自分たちのユーザーに限定されているからだ。オランダ統計局がビジネスビッグデータの非代表性の問題をどのように論じているかについてより詳しくは，Buelens et al.（2014）を参照してほしい。

ビッグデータの非代表性について懸念を表している研究者の例としては，boyd and Crawford（2012），Lewis（2015b），Hargittai（2015）がある。

社会サーベイと疫学的研究の目的に関するより詳細な比較については，Keiding and Louis（2016）をみてほしい。

Twitter を用いて投票行動に関するサンプル外一般化を行う試み，特に，2009 年のドイツでの選挙の事例については Jungherr（2013, 2015）を参照してほしい。Tumasjan et al.（2010）の研究以後，世界中の研究者が，さまざまな選挙を予測するための Twitter データの性能を高めるべく，より高度な方法——政党への肯定的な言及と否定的な言及を区別するためのセンチメント分析の援用など——を用いている（Gayo-Avello 2013; Jungherr 2015, 7 章）。Huberty（2015）は選挙予測についてのこうした試みの結果について以下のようにまとめている。

> ソーシャルメディアを利用したこれまでの予測法は，本当にまだ起こっていない選挙の結果を予測しようとした場合，すべて失敗に終わっている。失敗の原因は，方法論上の，あるいはアルゴリズムの難しさというより，ソーシャルメディアの基本的な特性によるものだろう。簡単にいうと，ソーシャルメディアは，現在，おそらく将来にわたっても，安定して，バイアスもなく，代表性も満たされた，有権者の写し鏡とはならないだろう。また，ソーシャルメディアから得られる便宜的サンプルではこの問題を事後的に補正するだけの十分なデータが得られない。

第 3 章で，サンプリングと推定についてより詳しく説明する。データが非代表的であっても，一定の条件下では，重み付けをすることでよい推定を行うことができるのだ。

- ドリフト（2.3.7 節）

システムドリフトを外部からみつけるのは非常に難しい。しかし，MovieLens プロジェクト（第 4 章で詳しく論ずる）は 15 年以上もの間，学術的な研究グループにより運営されてきた。そこで，研究者たちは，システムが時間にともなって変化する様子とそれが分析にどのような影響を与えるかについて記録し，情報提供することができる（Harper and Konstan 2015）。

多くの研究者は Twitter でのドリフトに注目してきた。このことについては，Liu, Kliman-Silver, and Mislove（2014）と Tufekci（2014）を参照してほしい。

母集団ドリフトに対処する 1 つの方策としては，ユーザーのパネルを作って，同じ人々を長期間研究できるようにするというものがある。Diaz et al.（2016）をみてほしい。

- アルゴリズムによる交絡（2.3.8 節）

私が最初に「アルゴリズムによる交絡」という用語を聞いたのは，John Kleinberg の講演だったが，残念ながらそれがいつどこでのことだったのかは覚えていない。この用語を印刷物で最初にみたのは，Anderson et al.（2015）の文中だ。この論文では，デートサイトで使われているアルゴリズムのために，これらのウェブサイトを用いた社会的選好の研究が一筋縄ではいかなくなるということが，興味深い仕方で議論されている。この懸念は Anderson et al.（2014）への応答の中で Lewis（2015a）が提起したものだ。

Facebook だけでなく，Twitter もトライアド閉包の考えに基づいてユーザーにフォローをすすめるようになっている。Su, Sharma, and Goel（2016）を参照してほしい。Twitter のトライアド閉包の程度は，トライアド閉包を生み出す人間の傾向とトライアド閉包を促進するアルゴリズムの傾向が組み合わさって決まっているのだ。

遂行性——特に社会科学理論は「カメラでなくエンジン」だ（つまり，単に世界を記述するだけでなく世界を形作るのだ）とする考え——については Mackenzie（2008）が論じている。

- 汚染（2.3.9 節）

政府統計機関はデータクリーニングのことを統計的データ編集と呼んでいる。De Waal, Puts, and Daas（2014）はサーベイデータ向けに開発された統計的データ編集技術を解説して，ビッグデータにどの程度適用可能か検討している。Puts, Daas, and Waal（2015）はその同じアイデアのいくつかをより一般向けに紹介している。

ソーシャルボットについての概観としては，Ferrara et al.（2016）を参照してほしい。Twitter 上のスパムを発見することに焦点をあてたいくつかの研究事例について

は，Clark et al.（2016）と Chu et al.（2012）がある。最後に，Subrahmanian et al.（2016）は DARPA（国防高等研究計画局）の Twitter Bot Challenge の結果を紹介している。これは，Twitter 上のボット検出方法を比較検討するために設計されたマスコラボレーションだ。

- センシティブ（2.3.10 節）

  Ohm（2015）はセンシティブ情報という考えについてのこれまでの研究をレビューし，複数因子による検証を提案している。彼の提案する 4 つの因子とは，危害の程度，危害の確率，信任関係の存在，リスクが多数派の関心に沿っているか，である。

- 事物を数える（2.4.1 節）

  ニューヨークのタクシーに関する Farber の研究は，紙の領収書に基づく 3 つの異なる便宜的サンプルを用いた Camerer et al.（1997）の先行研究に基づいていた。先行研究では，運転手は所得目標設定者のように思えた。賃金が高い日には労働時間を減らしていたのだ。

  その後，King たちは中国のオンライン検閲についてさらに研究を進めた（King, Pan, and Roberts 2014, 2017）。中国のオンライン検閲を測定するための関連するアプローチについては，Bamman, O'Connor, and Smith（2012）がある。1100 万の投稿のセンチメントを推定するために King, Pan, and Roberts（2013）が用いたものと類似の統計的手法についてより詳しくは，Hopkins and King（2010）を参照してほしい。教師付き学習についてより詳しくは，James et al.（2013=2018）（技術的ではない）と Hastie, Tibshirani, and Friedman（2009=2014）（より技術的）を読むべきだ。

- 将来予測と現在予測（2.4.2 節）

  将来予測は産業データサイエンスの大きな部分を占めている（Mayer-Schönberger and Cukier 2013; Provost and Fawcett 2013）。社会調査者がよくするタイプの将来予測としては，人口学的な将来予測がある。たとえば，Raftery et al.（2012）を参照。

  Google インフルエンザトレンドは，インフルエンザの流行を現在予測するために検索データを用いるプロジェクトとして最初のものではなかった。実際には，米国（Polgreen et al. 2008; Ginsberg et al. 2009）やスウェーデン（Hulth, Rydevik, and Linde 2009）の研究者が，ある種の検索語（たとえば「インフルエンザ」）を用いて，国の公衆衛生監視データを公開前に予測できることを発見していた。その後，非常に多くのプロジェクトが疾病監視・検出のためにデジタルトレースデータを用いようと試みている。レビューとしては Althouse et al.（2015）をみてほしい。

  デジタルトレースを用いて健康状態を予測する研究の他に，Twitter データを用いて選挙結果を予測する大量の研究がある。レビューとしては，Gayo-Avello（2011），Gayo-Avello（2013），Jungherr（2015, chapter 7）と Huberty（2015）がある。国内総生産

表 2.8　ビッグデータを用いて出来事を予測する研究

デジタルトレース	アウトカム	文献
Twitter	米国での映画興行収入	Asur and Huberman（2010）
検索ログ	米国での映画，音楽，書籍，ビデオゲームの売り上げ	Goel et al.（2010）
Twitter	ダウ平均株価（米国株式市場）	Bollen, Mao, and Zeng（2011）
ソーシャルメディアと検索ログ	米国，英国，カナダ，中国における投資センチメントと株式市場のサーベイ	Mao et al.（2015）
検索ログ	シンガポールとバンコクにおけるデング熱の広がり	Althouse, Ng, and Cummings（2011）

（GDP）のような経済指標の現在予測も中央銀行がよく行っている。Bańbura et al.（2013）を参照のこと。表 2.8 はデジタルトレースを用いて，世界の何らかの出来事を予測する研究の若干例を紹介している。

　最後に，Jon Kleinberg ら（2015）は，将来予測問題は 2 つの微妙に異なるカテゴリーに分けられるが，社会科学者はどちらかのみに注目し他方を無視しがちであると指摘している。Anna という政策立案者を想像してみよう。干ばつにみまわれ，降雨の可能性を増やすために雨乞踊りをすべくシャーマンを雇うかどうか決めなければならないとする。さらにもう 1 人，Betty という政策立案者がいて，帰宅途中に雨に濡れないよう職場に傘をもっていくかどうかを決めなければならないとする。Anna も Betty も天候についてわかればよりよい決定を行うことができるが，彼女たちはそれぞれ別のことを知る必要がある。Anna は雨乞踊りが雨を降らすかどうかを知る必要がある。他方で，Betty は因果関係について何かを知る必要はない。単に，精確な将来予測ができればよいのだ。社会科学者は Anna のものと似た問題——Kleinberg たちのいう「雨乞踊り的な」政策的問題——に注目することが多い。因果に関する問いが絡んでくるからだ。Betty のものと似た問題——Kleinberg たちのいう「雨傘的な」政策問題——もまたきわめて重要なのだが，社会科学の研究者からはあまり注意を払われていない。

- **実験に近づける（2.4.3 節）**

　『PS——政治科学と政治（*Political Science & Politics*）』誌はビッグデータ，因果推論，フォーマルセオリーについてシンポジウムを開き，Clark and Golder（2015）が各報告を要約している。『米国科学アカデミー紀要（*Proceedings of National Academy of Sciences*）』誌は因果推論とビッグデータのシンポジウムを開き，Shiffrin（2016）が各報告を要約している。ビッグデータ内にある自然実験を自動的にみつけるための機械学習アプローチについては，Jensen et al.（2008）と Sharma, Hofman, and Watts（2015, 2016）を参照してほしい。

自然実験については，Dunning（2012）が多くの応用例を用いた入門的書籍を書いている。自然実験に対する懐疑的見方については，Rosenzweig and Wolpin（2000）（経済学）や Sekhon and Titiunik（2012）（政治学）をみてほしい。Deaton（2010）と Heckman and Urzúa（2010）は自然実験に目を奪われることで，些末な因果効果にだけ注目することになってしまうと論じている。Imbens（2010）はこれらの議論に反論して，自然実験の価値についてもっと楽観的な見解を示している。

　召集されたことの効果から兵役に就くことの効果をどのように推定するかを説明した際，その方法を**操作変数法**として説明した。Imbens and Rubin（2015）の 23, 24 章に徴兵くじを例とした入門的な解説がある。従順者に対する兵役の効果は従順者平均因果効果（complier average causal effect; CACE）とも，局所平均処置効果（local average treatment effect; LATE）ともいう。Sovey and Green（2011），Angrist and Krueger（2001）と Bollen（2012）は政治学，経済学，社会学における操作変数の利用についてレビューをしている。Sovey and Green（2011）は操作変数を用いた研究を評価するための「読者用チェックリスト」を作っている。

　1970 年の徴兵くじは，実際には適切にランダム化されていなかったことがわかった。純粋なランダム性から若干外れていたのだ（Fienberg 1971）。Berinsky and Chatfield（2015）はこの若干のズレはそれほど重大ではないと述べ，適切なランダム化の重要性について議論している。

　マッチングについては，Stuart（2010）が楽観的なレビューを，Sekhon（2009）が悲観的なレビューを行っている。刈り取りの一種としてのマッチングについてより詳しくは，Ho et al.（2007）を参照してほしい。各個人に対して完全に一致する対応付け対象をみつけるのは多くの場合難しく，さまざまな複雑な問題が生じる。第 1 に，完全に一致する対応付け対象をすべての人に割り当てることができない場合，研究者は 2 つの単位の距離を測定する方法を決め，対応付けするためにどのくらい近ければよいかを決める必要がある。処置群で各ケースに複数の対応付け対象を用いて，より精確な推定値を得ようとする場合，2 つ目の複雑な問題が生じる。この 2 つの，およびその他の問題については Imbens and Rubin（2015）の 18 章で詳細に説明されている。Rosenbaum（2010）の第 2 部もみてほしい。

　マッチング法からランダム化統制実験に近い推定値が得られることの例としては Dehejia and Wahba（1999）がある。これに対して，マッチング法が実験で得られるベンチマークを再現できなかった例については，Arceneaux, Gerber, and Green（2006, 2010）がある。Rosenbaum（2015）と Hernán and Robins（2016）はビッグデータの内部で有益な比較対象を見つけ出すためのさらなるアドバイスを行っている。

課題

Activities

| 難易度 | やさしい | 普通 | 難しい | とても難しい |
| データ収集 | 要数学 | 要プログラミング | お気に入り |

1. アルゴリズムによる交絡こそが Google インフルエンザトレンドの抱える問題だった。Lazer et al.（2014）を読んで，Google の技術者に問題を説明して，その解決法を提案する簡潔な電子メールを書こう。

2. Bollen, Mao, and Zeng（2011）は Twitter データを用いて株式市場を予測できると主張している。この発見から，Twitter から集めたデータに基づいて株式市場の投資をする Derwent Capital Markets なるヘッジファンドが生まれた（Jordan 2010）。このファンドにお金を預ける前にどのようなエビデンスをみたいと思うだろうか。

3. 公衆衛生の推進者には電子タバコを禁煙の効果的な手段と考える人がいる一方，高レベルのニコチンのような潜在的リスクを警告する人もいる。ある研究者が電子タバコに関する Twitter の投稿を集めセンチメント分析をすることで，電子タバコに関する世論を研究しようとしていると想像しよう。
    a) この研究でもっとも憂慮すべきバイアスの可能性を 3 つ挙げてみよう。
    b) Clark et al.（2016）は実際にこの種の研究を行った。まず，2012 年 1 月から 2014 年 12 月まで電子タバコに関連するキーワードを含む 85 万のツイートを収集した。よく吟味してみると，これらのツイートの多くが自動で（つまり人間によるものではない）ツイートされていて，自動化されたツイートは基本的にコマーシャル的なものだとわかった。彼らは人検出アルゴリズムを開発して，自動化されたツイートと人間のツイートを区別しようとした。このアルゴリズムを用いると，ツイートの 80% が自動的なものだとわかった。この発見を知って，あなたは（a）の回答を変えたいと思うか。
    c) 人間のツイートと自動化されたツイートのセンチメントを比べた結果，自動化されたツイートは人間のツイートよりもポジティブ，つまり，電子タバコに好意的（6.17 対 5.84）だとわかった。この発見を知って，あなたは（b）の回答を変えたいと思うか。

4. 2009年11月にTwitterはツイートボックスの問いかけを「今何してる（What are you doing?）」から「今どうしてる（What's happening?）」に変更した（https://blog.twitter.com/2009/whats-happening）。
   a) この変更で，誰が，何をツイートするかにどのような影響があると思うか。
   b) 「今何してる（What are you doing?）」の方が適切であるような研究プロジェクトを考え，その理由を説明してみよう。
   b) 「今どうしてる（What's happening?）」の方が適切であるような研究プロジェクトを考え，その理由を説明してみよう。

5. 「リツイート」はTwitter上の影響力や影響の広がりを測定するためにしばしば用いられる。初期の頃は，ユーザーが気に入ったツイートをコピー・アンド・ペーストして，ツイート主のハンドル名をタグ付けし，ツイートの前に「RT」と手動でタイプして，これがリツイートであることを示さなければならなかった。その後，2009年に，Twitterは「リツイート」ボタンを加えた。2016年6月には，Twitterはユーザーが自分のツイートをリツイートすることを可能にした（https://twitter.com/twitter/status/742749353689780224）。この変更により，研究での「リツイート」の解釈の仕方に影響があると思うか。あるかないかを答え，その理由を説明してみよう。

6. 広く議論された論文の中で，Michelたち（2011）は長期的な文化トレンドを突き止めようと500万冊以上のデジタル化された書籍の内容を分析した。彼らの用いたデータは現在，Google NGramデータセットとして公開されているので，彼らの研究の再現や拡張のためにデータを利用することができる。

   論文には多くの結果が記載されているが，その1つとして，Michelたちは私たちのものごとを忘れる速さがどんどん速くなっていると論じている。彼らは，たとえば，「1883」という特定の年について，1875年から1975年の間に印刷された「1883」という1グラム[16]の各年ごとの比率を計算した。この比率が，その年に生じた出来事への関心の程度を測定していると考えたのだ。その論文の図3aで，1883年，1910年，1950年という3つの年に関して，それぞれの年を表す数字の利用の軌跡をプロットしている。3つの年に共通してみられるパターンがある。最初はあまり用いられず，その後利用の急増があり，そして減衰していくというパターンだ。次に，Michelたちは年ごとの減衰比率を定量化し，1875年から1975年の間のすべての年に関してその「半減期」を計算した。図3a（差し込み図）には，年ごとの半減期が短くなっている様子が示されている。これは私たちのものごとを忘れる速さがどんどん速くなっていること

訳注
16) 一般に，グラムとは，あらかじめ定められたテクスト内である分析単位（文字，単語その他）のこと。ここでの1グラムとは，たとえば「1883」のような一単語のこと。

を意味している，と彼らは論じている．彼らは英語コーパスのバージョン1を用いたが，その後 Google は英語コーパスのバージョン2を公開した．コーディングを始める前に，すべての質問を読んでおくこと．

この課題では，再利用可能なコードを書くこと，結果の解釈，そしてデータ処理（不整形なファイルの扱いや欠損データの処理など）の練習をする．この課題はまた，内容豊かで興味をそそるデータセットの使い方を身につけるのにも役立つだろう．

a) Google Books NGram Viewer のウェブサイトから生データを入手しよう（http://storage.googleapis.com/books/ngrams/books/datasetsv2.html）．英語コーパスのバージョン2を用いること．これは2012年の7月1日に公開されている．このファイルは圧縮なしで 1.4 GB ある．

b) Michel et al. (2011) の図 3a の主な部分を再現してみよう．図を再現するには，ファイルが2つ必要だ．1つは，(a) でダウンロードしたファイル，もう1つは，「総カウント数」ファイルで，これはカウントを比率に変換するために用いる．総カウントファイルは読み込みがやや面倒な構造になっていることに注意．バージョン2の NGram データはバージョン1に基づく Michel et al. (2011) と類似の結果を示すだろうか．

c) あなたの作ったグラフを NGram Viewer の作ったグラフと比べよう（https://books.google.com/ngrams）．

d) 図 3a を再現してみよう．ただし，y 軸は比率ではなく，カウント数に変更すること．

e) (b) と (d) の違いをみて，Michel et al. (2011) の結果の評価を変える気になっただろうか．どちらか答え，理由を説明しよう．

f) 比率を使って，3a の差し込み図を再現してみよう．1875年から1975年の年ごとに，その年の半減期を計算しよう．半減期は，比率がピークの半分になるまでに経過した年数として定義される．Michel et al. (2011) は半減期を推定するのにより複雑な方法を使っている——彼らのオンライン付録の III.6 節を参照——が，どちらのアプローチも同様の結果になると述べられている．NGram データのバージョン2はバージョン1のデータに基づく Michel et al. (2011) と同様の結果を示すだろうか（ヒント：そうならなくても驚いてはいけない）．

g) 忘れられるスピードが，特に速い，あるいは遅いような，外れ値となる年はあっただろうか．なぜこのパターンがみられるかについてありそうな理由を考察し，外れ値をどのように特定したか説明しよう．

h) 中国語，フランス語，ドイツ語，ヘブライ語，イタリア語，ロシア語，スペイン語のバージョン2の NGram データを用いてこれまでの結果を再現してみよう．

i) すべての言語を比べて，忘れられるスピードが，特に速い，あるいは遅いような，外れ値となる年はあっただろうか．なぜこのパターンがみられるかについてありそうな理由を考えよう．

7. Penney（2016）は 2013 年 6 月の米国国家安全保障局による監視プログラム PRISM に関する大規模な暴露（つまり，Snowden による暴露）が，プライバシー上の懸念を生むようなトピックに関する，ウィキペディア記事のトラフィックの急激な減少と関連しているかどうかを検討した。もしそうなら，こうした行動変化は大衆監視の萎縮効果によるということができる。Penney（2016）のアプローチはときに**中断時系列デザイン**（interrupted time series design）と呼ばれるが，これは 2.4.3 節で説明した方法と関係している。

　トピックのキーワードを選ぶため，Penney は国土安全保障省がソーシャルメディアを追跡し監視するために用いたリストを利用した。国土安全保障省のリストは，検索語を「健康上の懸念」「インフラの安全性」「テロリズム」などさまざまな問題にカテゴリー化している。Penny は「テロリズム」関連の 48 のキーワードを，研究対象の記事グループを選び出すのに用いた（付録表 8 を参照）。それから，2012 年 1 月はじめから 2014 年 8 月終わりまでの 32 カ月間の月ごとに該当する 48 のウィキペディア記事の閲覧数を集計した。説得力を増すため，別のトピックの閲覧数も記録して，さまざまな比較対象となる記事グループも作られた。

　では，これから Penney（2016）を再現し，拡張してみよう。この課題のために必要な生データはすべて Wikipedia から入手可能だ（https://dumps.wikimedia.org/other/pagecounts-raw/）。wikipediatrend という R パッケージから入手することもできる。答えを書くときには，どのデータソースを使ったかも書いてほしい（同じ課題を第 6 章でも行う）。この課題では，データ処理とビッグデータから自然実験をみつけるための考え方について学ぶ。また，将来のプロジェクトのために，分析次第で興味深い結果を引き出すことのできる可能性があるデータと取り組むための準備となるだろう。

a) Penney（2016）を読み，彼の図 2 を再現してみよう。図 2 では，Snowden の暴露以前・以後の「テロリズム」関連ページ閲覧数が示されている。結果を解釈しよう。

b) 次に，研究対象の記事グループ（「テロリズム」関連記事）と比較対象の記事グループ（国土安全保障省のリスト〔表 10，脚注 139 を参照〕で「国土安全保障省とその他機関」としてカテゴリー化されたキーワードを用いているグループ）とを比較した，図 4A を再現してみよう。また結果を解釈しよう。

c) (b)では研究対象の記事グループと比較対象の記事グループを比較した。Penney は別の 2 つの比較対象の記事グループとの比較もしている。「インフラの安全性」関連記事（付録表 11）と人気のある Wikipedia ページ（付録表 12）だ。別の比較対象の記事グループを考え，(b)の結果が比較対象の記事グループの選択に影響されるかどうか検証しよう。どの選択がもっとも有意義か。理由も説明してほしい。

d) Penney は，米国政府がオンライン監視行動の正当化のためにテロリズムを持ち出していたため，「テロリズム」関連キーワードを用いて Wikipedia 記事を選別し

たのだと述べている。この 48 の「テロリズム」関連キーワードのチェックとして，Penney（2016）は Amazon Mechanical Turk を用いたサーベイを行い，回答者に各キーワードを「政府の問題」「プライバシーの問題」「無効」との関連でレイティングさせた。Amazon Mechanical Turk でのサーベイを再現し，あなたの結果と比較してみよう。

e) （d）の結果と論文を読んだうえで，Penney が研究対象の記事グループとしたトピックキーワードの選び方について賛成できるだろうか。賛成か反対の理由を説明しよう。あなたならどうするか。

8. Efrati（2016）は，内部情報に基づいて，Facebook 上の「シェア総数」は対前年比 5.5% 減少したのに対し，「オリジナルな投稿（自分で書いた投稿）のシェア総数」は対前年比 21% 減少した，と報告している。シェアの減少は 30 歳以下の Facebook ユーザーで特に急激だった。報告はこの減少の要因を 2 つ挙げている。1 つは，Facebook 上の「友達」の数が増大したこと。もう 1 つは，シェア行動がメッセージで行われたり，Snapchat などの競合メディアに移ったこと。報告では，Facebook がシェア行動を増やそうといくつかの戦略を試みていることを明らかにしている。ニュースフィードのアルゴリズムをいじってオリジナルな投稿をより目立つようにしたり，「過去のこの日（On This Day）」としてオリジナルな投稿の定期的なリマインダを行うなどだ。Facebook をデータソースとして利用しようとする場合，ここで報告された変更の影響は，もしあるとしたら，どのようなものだろうか。

9. 社会学者と歴史家の違いは何か。Goldthorpe（1991）によると，主たる違いはデータ収集に対するコントロールにあるという。歴史家は過去の遺物を用いざるをえないが，社会学者は特定の目的に適うようにデータ収集を設計できるというのだ。Goldthorpe（1991）を読もう。カスタムメイドとレディメイドという考えに関連付けて，社会学と歴史学がどう違うか説明してみよう。

10. 先ほどの問いの続きである。Goldthorpe（1991）はさまざまな批判を受けたが，その中に Nicky Hart（1994）の批判がある。彼女は Goldthorpe が設計されたデータに固執しすぎていると批判した。「設計されたデータ」のありうる限界を明らかにするために，Hart は「豊かな労働者プロジェクト」という 1960 年代半ばに Goldthorpe たちによって実施された，社会階級と投票行動との関係を測定する大規模サーベイ調査を取り上げた。「発見したデータ」より「設計されたデータ」をよしとする研究者の調査だということから予想されるかもしれないが，豊かな労働者プロジェクトでは，生活水準が上昇する時代における社会階級の将来を論じた当時の最新理論を検討するという目的で設計され，データ収集が行われた。だが Goldthorpe たちは，とにもかくにも，女性の投票行動の情報を収集し「忘れていた」。以下は Nicky Hart

(1994) による全エピソードの要約だ。

> 「設計された」データセットが女性の経験を排除するようなパラダイムに拘束されていたために、女性が無視されたのだという結論を避けることは難しい。階級意識や階級行動を男性の専売とする理論的見方に突き動かされたために、Goldthorpe たちは自分たちの理論的仮定の適切性を妥当な形で検証する代わりに、その理論的仮定に有利なような経験的証明を作り上げたのだ。

Hart は続ける。

> 豊かな労働者プロジェクトの経験的知見は、階層、政治、経済的生活の過程を明らかにするというよりもむしろ、20 世紀中葉の社会学の男性中心的価値観を表すものだ。

設計されたデータ収集にデータ収集者のバイアスが組み込まれている別の例を思いつくことができるだろうか。これとアルゴリズムによる交絡とを比較して考えるとどうなるか。この事例から、いつレディメイドデータを用いるべきで、いつカスタムメイドデータを使うべきかについてどんな含意が得られるだろうか。

11. 🕐 この章では、研究者が研究のために収集したデータと企業や政府の作り出した行政・管理記録を対比した。行政・管理記録を「発見したデータ」と呼んで、「設計された」データと対比する人もいる。とはいえ、行政・管理記録はたしかに研究者によって発見されたデータではあるが、相当程度設計されてもいる。たとえば、現代のテック企業はデータの収集加工にかなりの力を割いている。これらの管理記録を発見されたとみるか設計されたとみるかは、単に見方次第だ（図 2.12 を参照）。

研究で利用する際に発見したデータでもあり設計されたデータでもあると考えることが有益なデータソースの例を挙げてみよう。

12. 🕐 よく考えられたエッセイの中で、Christian Sandvig と Eszter Hargittai (2015) はデジタル調査を、デジタルシステムが「道具」なのか「研究対象」なのかに応じて、2 つの大きなカテゴリーに区分している。システムが道具である例としては、2010 年のハイチ地震の後、携帯電話データを用いて移住を追跡した Bengtsson たち (2011) の研究がある。システムが研究対象となっている例としては、インドのケララ州で携帯電話が普及したことが魚市場にどう影響したかを研究した Jensen (2007) がある。私はこの区別はとても有益だと思う。同じデジタルデータを用いた研究でもまったく異なる目的でデータが使われることがあるという点を明確にしてくれるからだ。この区別をさらに詳しくみていくために、あなたの知っている研究を、デジタルシステ

課題　85

図 2.12　あひるとうさぎの反転図　この絵はあひるにもうさぎにもみえる。どうみえるかは見方次第だ。ビッグデータは発見したデータでもあり設計されたデータでもある。これもまた，どうみえるかは見方次第だ。たとえば，携帯電話企業の収集した通話データ記録は研究者視点からは発見したデータだ。だが，まったく同じデータが電話会社の経理部で働く人の目からみれば設計されたデータになる（出典：『月刊ポピュラーサイエンス *Popular Science Monthly*』〔1899〕／Wikimedia Commons）

　ムを道具とするもの 2 つ，デジタルシステムを研究対象とするもの 2 つとして，計 4 つ説明してみよう。必要ならこの章の例を用いてもよい。

第3章
質問をする

3.1 イントロダクション

　イルカの研究者はイルカに質問できない。だからイルカについて研究するには行動を観察するしかない。他方，人を対象とする研究者はもっと簡単だ。回答者は話すことができるからだ。人に話しかけることは従来の社会調査の重要な一部であったし，私が思うに将来もそうであり続けるだろう。

　社会調査で人と話をすることには普通，2つの形式がある。サーベイとインデプスインタビューだ。おおまかにいうと，サーベイを使った調査では，大量の回答者を系統的に募集したり，構造化度合いの高い質問紙を用いたり，統計的手法によって回答者のサンプルからより大きな母集団へ一般化したりする。他方で，インデプスインタビューでは，通常，回答者は少数で，半構造化された会話を用いることで，回答者に関する豊かで定性的な記述が得られる。サーベイもインデプスインタビューも強力な方法だが，アナログ時代からデジタル時代への移行によってはるかに大きな影響を受けるのはサーベイの方だ。したがって，この章ではサーベイ調査に焦点をあてることにしよう。

　この章で示すように，デジタル時代になって，データを素早く安価に収集すること，従来とは異なるタイプの質問をすること，ビッグデータを使ってサーベイデータの価値を高めることなど，多くの刺激的な機会がサーベイ調査者の前に開けている。とはいえ，技術革新によってサーベイ調査が変革しうるという発想は新しいものではない。1970年前後には，今論じているのとは別のコミュニケーション技術により，今と類似の変化が生じた。その技術とは電話のことだ。幸い，電話がいかにサーベイ調査を変革したかを理解することは，デジタル時代が

いかにサーベイ調査を変革しうるかを想像するのに役立つはずだ。

　私たちが今日それと認めるところのサーベイ調査は1930年代に始まった。サーベイ調査の第1期には，研究者は（街区のような）地理上の区画をランダムにサンプルして，その地域に出向き，ランダムにサンプルされた世帯の人と面と向かって会話を交わしたことだろう。その後，技術の発展——豊かな国で固定電話が広く普及したこと——により，サーベイ調査の第2期が開かれることになった。この第2期では，人々をどのようにサンプルするか，そして人々とどのように会話するか，この両方の点で第1期とは違っていた。第2期には，ある地理的区画の世帯をサンプルするのではなく，ランダムデジットダイヤリングという方法で電話番号をランダムにサンプルしたのだ。また，研究者が出向いていって面と向かって話すのではなく，電話越しに人々と話すことになった。これらはささいなロジスティック上の変化に思えるかもしれない。けれどもこの変化によりサーベイ調査はより速くより安価に，そしてより柔軟になったのだ。この変化はよいことばかりでなく論争的な点もあった。多くの研究者が，サンプリングとインタビューの手続きの変化によりさまざまなバイアスが生じることを懸念したのだ。しかし結果的には，多くの努力が費やされたおかげで，ランダムデジットダイヤリングと電話インタビューを用いても信頼性の高いデータを収集する方法を解明することができた。こうして，社会の技術的インフラをいかにうまく用いるか理解することで，サーベイ調査の方法を現代化することが可能になった。

　いまやもう1つの技術的発展——デジタル時代——により，私たちはサーベイ調査の第3期に入りつつある。この移行が生じたのはある部分，第2期のアプローチが次第に機能しなくなったことによる（Meyer, Mok, and Sullivan 2015）。たとえばさまざまな技術的，社会的理由から無回答率——つまりサンプリングの対象となったがサーベイに答えなかった回答者の比率——は何十年もの間，増え続けている（National Research Council 2013）。この長期トレンドにより標準的な電話サーベイでは無回答率はいまや90％を超えることもある（Kohut et al. 2012）。

　他方で，第3期への移行は，デジタル時代のもたらす新たな刺激的な機会に促されて生じてもいる。この機会のいくつかをこの章で説明することにしよう。まだ今後の成り行きは不確かであるが，私の予想ではサーベイ調査の第3期は，非確率サンプリング，コンピュータ記入式によるインタビュー，サーベイとビッグデータの組み合わせによって特徴づけられることになるだろう（表3.1）。

　サーベイ調査の第2期から第3期への移行は完全にスムーズであるわけでは

表 3.1　Groves (2011) によるサーベイ研究の 3 期

	サンプリング	インタビュー	データ環境
第 1 期	エリア確率サンプリング	対面	自足型サーベイ
第 2 期	ランダムデジットダイヤリング確率サンプリング	電話	自足型サーベイ
第 3 期	非確率サンプリング	コンピュータ記入式	ビッグデータリンク型サーベイ

ない。調査をいかに進めていくべきかについて激しい論争が生じているのだ。第1期から第2期への移行を振り返ってみると，私たちには1つの重要な教訓が残されていると思う。**始まりは終わりではない**ということだ。つまり第2期の電話による方法も当初は場当たり的でうまく働かなかった。しかし苦労の末，研究者たちはこれらの課題を解決していった。たとえば，何十年にもわたってランダムデジットダイヤリングの実践を積み重ねた後，Warren Mitofsky と Joseph Waksberg が応用面でも理論面でも望ましい性質をもったランダムデジットダイヤリングのサンプリング法を開発することができたのだ (Waksberg 1978; Brick and Tucker 2007)。したがって，第3期のアプローチの現状をその最終的な姿と考えるべきではない。

　サーベイ調査の歴史が示しているように，この分野は技術と社会の変化とともに進化している。この進化を止める術はない。むしろこれを受け入れながら，過去からの教訓を活かし続けるよう努めるべきだ。これがこの章で採用するアプローチである。まず，ビッグデータはサーベイに取って代わるものではなく，ビッグデータの拡大はサーベイの価値を低めるのではなくかえって高めるだろうと論じたい (3.2 節)。このような動機に基づいて，サーベイ調査の最初の2期に発展してきた総調査誤差 (total survey error) というフレームワークを説明しよう (3.3 節)。このフレームワークによって，代表性の問題に対する新たなアプローチ——具体的には非確率サンプル (3.4 節) ——と測定の問題に対する新たなアプローチ——具体的には回答者に質問する新たな方法 (3.5 節) ——を理解することができるようになる。最後に，サーベイデータをビッグデータに結びつける研究テンプレートを2つ解説したい (3.6 節)。

3.2 質問すること vs. 観察すること

質問をする必要はいつでも生じるものだ。

　私たちの行動が，政府の行政データや民間のデータなどのビッグデータにますます記録されるようになった以上，質問することは過去の遺物だと考える人もいるかもしれない。だが，そう単純ではない。これからも研究者たちは人々に質問し続けるだろうと私が考える主たる理由は2つだ。第1に，第2章で議論したように，多くのビッグデータは，正確性，完全性，アクセス可能性の点で現に問題を抱えている。第2にこれらの実際上の理由に加えてより原理的な理由がある。行動データ，それも完全な行動データからさえ知ることのきわめて難しい事柄が存在するのだ。たとえば，感情，知識，期待，意見のような**内的状態**は，社会現象に関わる説明対象や説明変数としてきわめて重要だ。内的状態は人々の頭の中にあるのだから，質問することが，しばしば内的状態を知るための最善の方法となる。

　ビッグデータの実際上・原理上の限界とサーベイでそれをいかに克服しうるかという点について説明するために，友情の強さがFacebookでのやりとりによってどれだけ影響を受けるかを調べたMoria BurkeとRobert Kraut（2014）の研究についてみてみよう。当時，BurkeはFacebookで働いていたので，史上もっとも巨大で詳細な人間行動の記録の1つに完全にアクセスすることができた。しかしその場合でさえBurkeとKrautが彼らの研究上の問いに答えるためにはサーベイを用いる必要があった。彼らの関心は回答者とその友人との主観的な親密感にあった。これは，回答者の頭の中だけに存在する内的状態だ。さらに自らの関心対象についての情報を集めるためにサーベイを使っただけではなく，潜在的な交絡因子を検討するためにもサーベイを用いる必要があった。具体的には，Facebookでのコミュニケーションの影響を他のチャンネル（つまり，e-mailや電話，対面）を通じたコミュニケーションの影響から区別する必要があったのだ。たとえe-mailや電話でのやりとりが自動的に記録されているとしても，BurkeとKrautにはそのデータは入手できなかったので，サーベイでその情報を集め

訳注

1) この場合，結果変数である主観的な親密感と説明変数であるFacebookでのコミュニケーションの双方に相関している変数（たとえば，e-mailや電話でのコミュニケーション）のこと。交絡因子が存在する場合，結果変数と説明変数の相関は疑似的である可能性がある。

なければならなかった。BurkeとKrautは，友情の強さおよびFacebook以外でのやりとりに関するサーベイデータとFacebookのログデータを組み合わせることによって，Facebookを介したコミュニケーションが実際，親密感を増大させると結論した。

BurkeとKrautの研究が示しているように，ビッグデータがあるからといって人に質問をする必要が消えてなくなるわけではない。むしろ，私はこの研究から正反対の教訓を引き出したい。この章で以後示すように，ビッグデータは実際には質問することの価値を増大させうるのだ。したがって，質問することと観察することとの関係について考えるもっともよい方法は，両者が代替物であるというより補完物だと考えることだ。ピーナッツバターとジャムのようなものなのだ。ピーナッツバターが多くあればジャムがもっと欲しくなるだろう。同じように，ビッグデータが多くあればサーベイがもっと欲しくなるだろうと私は思う。

3.3 総調査誤差フレームワーク

総調査誤差 = 代表誤差 + 測定誤差

サンプルサーベイから得られる推定値はしばしば不完全だ。つまり，普通はサンプルサーベイで得られる推定値（たとえば，ある学校の生徒の平均身長の推定値）と母集団の真の値（たとえば，ある学校の生徒の実際の平均身長）の間には違いが存在する。これらの誤差が小さく無視してもよい場合もあるが，ある場合には，残念ながら，誤差が大きく重大な帰結をもたらすこともある。誤差について理解し，測定し，軽減する試みを重ねる中で，研究者たちは次第に，サンプルサーベイで生じる誤差に関する統一的で包括的な概念フレームワークを生み出していった。それが総調査誤差フレームワークだ（Groves and Lyberg 2010）。このフレームワーク自体は1940年代から開発が始まっているが，デジタル時代のサーベイ調査に関しても役立つ2つのアイデアを提供してくれるだろう。

第1に総調査誤差フレームワークは，バイアスとバリアンスという2種類の誤差が存在することを明確化してくれる。おおまかにいえば，バイアスは系統的誤差のことで，バリアンスはランダムな誤差のことだ。言い換えよう。同じサンプルサーベイを1000回繰り返し，1000回の再現から得られる推定値の分布をみる。バイアスとはこの再現実験の推定値の平均と真の値との差のことだ。バリアンスはこの推定値の変動量のことだ。他の事情が等しければ，私たちとしては

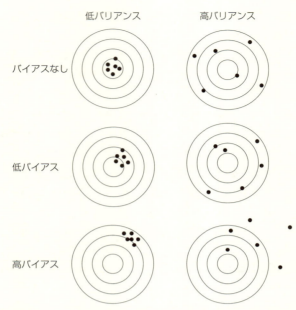

図 3.1 バイアスとバリアンス　　理想としては，バイアスがなく，バリアンスの少ない推定手続きを使いたい。現実には，バイアスとバリアンスのトレードオフを引き起こす決定を迫られることが多い。研究者の中には本能的にバイアスのない手続きを好む人もいるが，低バイアス・低バリアンスの手続きの方が，バイアスはないがバリアンスの大きい手続きよりもより正確な推定値が得られることもある。

バイアスがなくバリアンスの小さい手続きを採用したいはずだ。残念ながら，さまざまな現実的な問題により，そのようなバイアスがなくバリアンスの小さい手続きは存在しない。こうして研究者たちはバイアスとバリアンスのもたらす問題についてどうバランスをとるかを決めるという難しい立場を迫られることになる。本能的にバイアスのない手続きを好む研究者たちもいるが，バイアスだけに視野狭窄することが間違いになることもある。もし目標が真の値にできるだけ近い推定値を得ること（つまり，生じうる誤差を最小にすること）にあるなら，バイアスはないがバリアンスの大きい手続きよりも，バイアスもバリアンスも小さい手続きを選ぶ方がうまくいくこともあるのだ（図 **3.1**）。言い換えると，総調査誤差のフレームワークが明らかにしているのは，サーベイ調査の手続きを評価する際には，バイアスとバリアンスの**両方**を考慮すべしということだ。

　総調査誤差フレームワークから得られる 2 番目の主たる知見は，この章の大部分のテーマとなるものだが，誤差には 2 つの要因が存在するというものだ。

すなわち,あなたが誰に語りかけるかに関する問題(代表性)とあなたがその会話から何を得るかに関する問題(測定)だ。たとえば,あなたがフランス在住の成人のオンラインプライバシーに関する態度の推定に関心があるとしよう。これを推定するためには2つの異なる推測が必要となる。第1に,回答者の寄せた回答からオンラインプライバシーに関する彼らの態度を推測しなければならない(これが測定の問題だ)。第2に回答者の推測された態度から,母集団全体の態度を推測しなければならない(これが代表性の問題だ)。完璧なサンプリングを用いたダメなサーベイ項目はダメな推定値を生み出すし,ダメなサンプリングを用いた完璧なサーベイ項目もダメな推定値を生み出す。言い換えれば,よい推定値を得るためには測定と代表性**両方**について理にかなったアプローチをとる必要があるのだ。以上を背景として,以下ではまず,サーベイ調査者たちが過去,代表性と測定についてどのように考えてきたかをレビューしよう。そのうえで,代表性と測定についてどのように考えるかがデジタル時代のサーベイ調査のあり方を定めるのだということを示していきたい。

3.3.1 代表性

代表性とは回答者から目標母集団への推測に関するものだ。

回答者からより大きな母集団への推測を行う際にどのような誤差が生じるかを理解するために,1936年の米国大統領選挙の結果予測を試みた『リテラリーダイジェスト』誌の世論調査について考えてみよう。これは80年以上前のことになるが,ここで生じた大失敗はなお今日の研究者たちにとっての重要な教訓となっている。

リテラリーダイジェストは当時,人気のある一般向け雑誌で1920年に大統領選挙の結果予測のための世論調査をはじめた。予測をするために,彼らはたくさんの人々に投票用紙を送り,返ってきた投票を単純に数え上げた。リテラリーダイジェストが誇らしげに報告しているように,受け取った投票は「重み付けも調整も解釈もされていなかった」。この手続きは1920年,1924年,1928年,1932年の選挙の勝者を正しく予測した。1936年は大恐慌の真っ只中で,リテラリーダイジェストは投票用紙を1000万人に送りつけた。対象者は大半が電話帳と自動車登録記録から得られたものだった。以下は,彼らの方法を説明した文章だ。

ダイジェスト社のスムーズな機械が30年間の経験に基づく確固とした正確さで単なる推測を厳然たる事実に変えるのです。……今週は，500本のペンが1日あたり，25万以上の住所をこなしました。毎日，ニューヨークの4番街の自動車の喧騒から高く離れた大部屋で，400人の労働者が黙々と100万の印刷物——40個の街区を敷き詰めるのに十分なほどの量——を住所が書かれた封筒に差し込んでいくのです。毎時間，ダイジェスト社専用の小郵便局にて，郵便メーターマシンが白地の長方形の紙を封に閉じ，切手を貼っていきます。熟練した郵便配達員がそれを巨大な郵便袋に投げ込みます。隊となったダイジェスト社のトラックが郵便列車に届け，特急で運びます。……次の週に1000万のうちの最初の回答が届くと，回答済みの投票用紙が波の如く押し寄せ，それらはトリプルチェックされ，検証され，5度分類され，合計されます。最後の数字が足されてチェックされれば，過去の経験に照らすと，この国は4000万人の実際の投票の結果を1%単位で知ることになるでしょう（1936年8月22日）。

リテラリーダイジェストのサイズへの執着は一瞬でわかるように，今日の「ビッグデータ」研究者にそっくりだ。配られた1000万の投票用紙のうち，驚くべきことに240万が返ってきた——現代の政治に関する世論調査のざっと1000倍以上だ。240万の回答者から得られる審判は明確だった。アルフ・ランドンは現職のフランクリン・ルーズベルトを打ち負かすだろう，と。しかし実際には，ルーズベルトはランドンに地すべり的大勝をおさめたのだ。これだけ多くのデータがあってリテラリーダイジェストはなぜ失敗してしまったのだろうか。サンプリングについての現代版の理解をもってすれば，リテラリーダイジェストの失敗を明らかにし，将来の同様の失敗を避けるために役立つはずだ。

サンプリングについてきっちり考えるためには，4種類の異なる人々のグループを考える必要がある（図3.2）。最初のグループは**目標母集団**だ。これは研究者が関心のある母集団として定めたグループのことだ。リテラリーダイジェストの場合は，目標母集団は1936年の大統領選挙の投票者にあたる。

目標母集団を定めたら，サンプリングに使う人々のリストを作る必要がある。このリストをサンプリングフレームと呼び，リスト上の人々は**フレーム母集団**という。理想的には目標母集団とフレーム母集団は厳密に同じであることが望ましいが，実際にはしばしばそうはならない。たとえばリテラリーダイジェストの場合には，フレーム母集団は，大半が電話帳と自動車登録記録から得られた

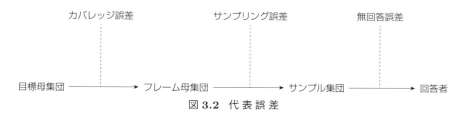

図 3.2 代表誤差

1000万の人々だった。目標母集団とフレーム母集団の差は**カバレッジ誤差**と呼ばれる。カバレッジ誤差それ自体が必ずしも問題となるわけではない。しかしながら、フレーム母集団に含まれる人々がフレーム母集団に含まれていない目標母集団の人々と系統的に異なっている場合には、**カバレッジバイアス**が生じうる。実際、まさにこれがリテラリーダイジェストの世論調査で生じたことなのだ。そこでのフレーム母集団に含まれた人々は、より裕福である（電話も自動車も1936年には比較的新しくかつ高価なものだったことを思い出そう）ということもあり、アルフ・ランドンをより支持しやすい傾向にあった。こうして、リテラリーダイジェストの世論調査では、カバレッジ誤差からカバレッジバイアスが生じたのだ。

フレーム母集団を定めた後の次のステップは**サンプル集団**を選び出すことだ。これは研究者がインタビューを試みる人々のことだ。サンプルがフレーム母集団と異なる性質をもっている場合、サンプリングにより**サンプリング誤差**が生じうる。しかしながら、リテラリーダイジェスト騒動の場合には、サンプリングは行われなかった——フレーム母集団の全員に接触すべく試みた——のでサンプリング誤差は存在しなかった。研究者たちの多くはサンプリング誤差に注目しがちだ——これは通常、サーベイで報告される誤差の範囲について計算に入れられている唯一の誤差だ——が、リテラリーダイジェストの騒動が思い起こさせるのは、私たちは、ランダムな誤差も系統的な誤差も、あらゆる誤差の原因を考える必要がある、ということだ。

最後に、サンプル集団を選び終えたら研究者はサンプルの人々全員にインタビューを試みる。首尾よくインタビューをできた人を**回答者**と呼ぶ。理想としては、サンプル集団と回答者は厳密に一致することが望ましい。しかし実際には無回答が存在する。つまりサンプルに選ばれた人々の中には調査に参加しない人もいるのだ。もし回答した人々が回答しない人々と異なるのであれば**無回答バイアス**が生じうる。無回答バイアスは、リテラリーダイジェストの世論調査に関する、2つ目の主たる問題だった。投票用紙を受け取った人々の24%しか回答しなかったのだが、ランドンを支持した人々はより回答を返す傾向にあることが

後でわかったのだ。

リテラリーダイジェストの世論調査は，代表性というアイデアを説明するための単なる例としてだけではなく，行き当たりばったりのサンプリング（hapazard sampling）の危険性について研究者に警鐘を鳴らすため，繰り返し語られてきた寓話だ。残念ながら，このストーリーから多くの人が引き出す教訓は間違っていると思う。このストーリーから引き出される教訓でよくみられるのは，研究者は非確率サンプル（つまり，調査参加者を選択する厳密な確率的規則なきサンプル）から何も知ることができないというものだ。だがこの章で後に示す通り，この考えは不適切だ。そうではなくて，このストーリーから得られる本当の教訓は次の2つだ。そしてそれらの教訓は1936年と同様，今日にもあてはまる。第1に大量のデータであっても，行き当たりばったりに集められたものでは，よい推定値を得られるとは限らないということだ。一般に回答者を大量に集めることで推定値のバリアンスは減少するが，バイアスが減少するとは限らないのだ。大量のデータによってときに研究者は，的はずれな事柄について精確な推定値を得ることもある。**精確に不正確**（precisely inaccurate）たり得るのだ[2]（McFarland and McFarland 2015）。リテラリーダイジェストの騒動から得られる主たる教訓の2番目は，推定を行う際にはサンプルがどのように集められたかを考慮する必要があるということだ。言い換えると，リテラリーダイジェストによる世論調査のサンプリングプロセスは特定の回答者に対して系統的に偏っていたため，一部の回答者を他の回答者よりも重み付けるより複雑な推定プロセスが用いられる必要があった。この章の後半で，行き当たりばったりのサンプルからよりよい推定を得るための重み付け手続きの1つ——事後層化——について説明することにしよう。

3.3.2 測　　定

測定とは回答者が述べたことから彼らの考えや行いを推測することに関わるものだ。

代表性の問題に加えて総調査誤差のフレームワークが明らかにするのは誤差

訳注
[2] ここでの精確（precise）とは，バリアンスが低いことで，正確（accurate）とはバイアスが少ないことを意味する。

の主たる要因の第2が測定にあるということだ。つまり、回答者が私たちの質問に与えた回答からどのように推測するかという問題だ。実は以下で明らかにするように、私たちの受け取る回答は、したがって、私たちの推測は、決定的に——またときに予期せぬ仕方で——私たちがどのように質問するかにかかっている。この重要な点を明らかにするのに『質問をする（*Asking Questions*)』という Norman Bradburn, Seymour Sudman, Brian Wansink（2004）による素晴らしい本の中のジョークに勝るものはあるまい。

　　　ドミニコ会とイエズス会の2人の神父がタバコを吸うことと祈りを捧げることを同時に行うのは罪かどうかを議論していた。決着がつかなかったので2人はそれぞれ上司に尋ねに行った。ドミニコ会の神父が、「上司は何て言った？」と聞くと、イエズス会の神父が答えて、「大丈夫だとおっしゃった」。
　　「それは変だな」とドミニコ会の神父が答える。「私の上司はそれは罪だとおっしゃった」。
　　　イエズス会の神父は言った。「何て聞いたんだ？」
　　　ドミニコ会の神父が答える。「祈りを捧げている間にタバコを吸うのは大丈夫でしょうかと聞いたのだ」。
　　　「ああ」、イエズス会の神父は言う「私が聞いたのは、タバコを吸っている間に祈りを捧げても大丈夫でしょうか、ということだった」。

このジョークだけでなくサーベイ調査者は、得られる知見が質問の聞き方によって変わってくることについて、たくさんの体系的な証拠を集めてきた。事実、このジョークの扱っている現象はサーベイ調査コミュニティで名前までつけられている。**質問形式効果**（question form effects）だ。質問形式効果が現実のサーベイでどのように働いているかを確認するため、2つのよく似たサーベイ上の質問項目について考えてみよう。

・あなたは以下の考えにどのくらい賛成しますか。
　わが国では犯罪や違法行為について**社会状況**よりも**個人**により責任がある。
・あなたは以下の考えにどのくらい賛成しますか。
　わが国では犯罪や違法行為について**個人**よりも**社会状況**により責任がある。

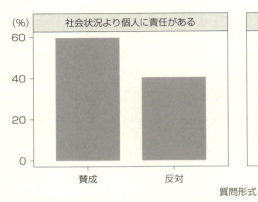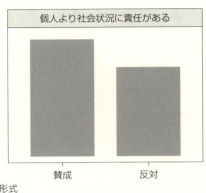

図 3.3 研究者が質問を具体的にどのように聞くかによって得られる回答が変化することを示すサーベイ実験の結果 図の左のグラフでは，回答者の過半数は，犯罪や違法行為について社会状況より個人に責任があるということに同意している。右のグラフでは，回答者の過半数が正反対のことに同意している。つまり，社会状況が個人よりも責任があるというのだ。Schumann and Presser（1996）の表 8.1 より。

2つの質問項目は同じものを測定しているように思えるけれども，現実のサーベイ実験では両者で異なる結果が得られている（Schuman and Presser 1996）。最初の聞き方で聞くと，回答者の約 60％が，**個人**が犯罪についてより責任があると答えるのに対して，2番目の聞き方で聞くと約 60％が，**社会状況**がより責任があると答えるのだ（図 3.3）。言い換えると，2つの質問項目のわずかな差によって，研究者は異なる結論を下してしまう可能性があるということだ。

質問の構造に加えて，使われる言葉のいかんによっても，回答者は異なる回答を与える可能性がある。たとえば，政府のすべきことの優先順位について意見を測定するため，回答者に下記のリード文を読んでもらう。

> わが国は多くの問題を抱えており，どれもたやすく，費用をかけずに解決できる問題ではありません。これからそのいくつかの問題を挙げますので，それぞれについてあなたのお考えをお聞かせください。私たちはその問題にお金をかけすぎだと思いますか，お金をかけなさすぎだと思いますか，あるいは適切にお金を使っていると思いますか。

次に回答者の半数が「福祉」について聞かれ残り半数が「貧困者への援助」について聞かれた。これらは同じことの異なる2つの言い回しのように思えるけれども，回答結果は大きく異なっていた（図 3.4）。アメリカ人は福祉よりも貧困

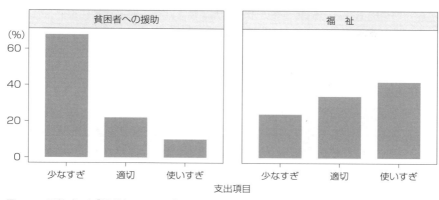

図 3.4 回答者が「福祉」よりも「貧困者への援助」をはるかに支持することを示したサーベイ実験の例　これは研究者が質問項目で具体的にどの言葉を使うかによって回答が変わってくるというワーディング効果の例である。Huber and Paris (2013) の表 A1 より。

者への援助に対してはるかに多くの支持を表明したのだ (Smith 1987; Rasinski 1989; Huber and Paris 2013)。これを**ワーディング効果**という。

　質問形式効果とワーディング効果に関する以上の例が示しているように，研究者の受け取る回答はどのように質問するかによって変わりうる。こうした事例を目にすると，サーベイで質問をする「正しい」方法とは何かを考えたくなるかもしれない。だが，私も明らかに誤った質問法というのはあると思うが，常に唯一の正しい方法があるとは思わない。すなわち，福祉か貧困者への援助かどちらかの聞き方が明らかに正しいということはないのだ。両者は回答者の態度について2つの異なる事柄を測定する異なる質問なのである。こうした例を考えると，サーベイなどするべきではないと結論づけたくなるかもしれない。しかし残念ながら，他に選択肢がないこともあるのだ。そうではなくて，この例から引き出すべき正しい教訓は，私たちは質問項目を慎重に作るべきであり，またその回答を無批判に受け取るべきではないということだ。

　もっと具体的にいうと，このことが意味するのは，もしあなたが誰か別の人が収集したサーベイデータを分析しようとするなら，実際の調査票を必ず読まなければならない，ということだ。もし自分で調査票を作りたいと考えているならば，4 点示唆を与えておこう。第 1 に，調査票設計についてより多く学んでおくこと（たとえば，Bradburn, Sudman, and Wansink〔2004〕）。これについては私がここで説明しきれない点がまだ多くある。第 2 に，質のよいサーベイから質問項目を言葉通りコピーすること。たとえば回答者に人種／エスニシティについて

尋ねたいのであれば，国勢調査のような大規模な政府のサーベイに用いられている項目をコピーすることができるだろう。剽窃に思えるかもしれないが，質問項目のコピーはサーベイ調査では（元になったサーベイを引用する限りは）推奨されている。質のよいサーベイから質問項目をコピーすれば，それがすでに検証済みだと考えていいし，あなたのサーベイの回答を他のサーベイの回答と比較することも可能だ。第3に，もしあなたが調査票に重大なワーディング効果や質問形式効果が含まれている可能性があると感じるなら，**サーベイ実験**を行うことができる。半分の回答者が質問項目のあるバージョンを，残り半分の回答者が質問項目の別のバージョンを答えるのだ（Krosnick 2011）。最後に，フレーム母集団から何人かを選んで質問項目のパイロットテストをすること。サーベイ調査者はこのプロセスを**プリテスト**と呼んでいる（Presser et al. 2004）。私の経験ではサーベイのプリテストはきわめて有用だ。

3.3.3 コスト

サーベイはタダではない。そしてこれは現実の制約条件となる。

　ここまで総調査誤差フレームワークについて手短に説明したが，本来はこれ自体1冊の本を必要とする主題だ（Weisberg 2005; Groves et al. 2009=2011）。このフレームワークは包括的であるけれども，これだけだとある重要な因子が見逃されてしまう可能性がある。それはコストだ。コスト——時間的なコストも金銭的なコストも——はアカデミックな研究者によってはめったに明示的に議論されないけれども，無視すべきでない現実の制約条件となる。実際，コストはサーベイ調査の全過程にとって基本的要素だ（Groves 2004）。コストがあるからこそ全母集団ではなく，特定のサンプルにインタビューするわけだ。コストをまったく無視して誤差の最小化だけに心血を注ぐのは必ずしも最善の利益にかなうわけではない。

　誤差を減少させるのに執着しすぎることの問題を例示するために，Scott Keeterら（2000）の記念碑的研究プロジェクトをみてみよう。これは，費用をかけた実地作業が電話サーベイの無回答率の減少に，どの程度，効果があるかに関する研究だ。Keeterたちは次の2つの調査を同時に行った。一方は「標準的な」募集手続きを用いる調査，他方は「厳密な」募集手続きを用いる調査だ。2つの調査の違いは回答者に接触して参加を促すために費やされる労力の量にあ

る。たとえば，「厳密な」募集手続きを用いた調査では研究者はサンプルされた世帯への電話をより頻繁にし，より長い時間をかけ，参加者が当初参加を拒んでもさらに電話をかけ直す，ということを行った。このように労力を増すことで確かに無回答率は低下したが，かなりの程度，コストは増した。「厳格な」手続きによる調査は2倍の費用と8倍の時間がかかったのだ。さらに結局のところ，どちらの調査でも実質的に同じ推定値が得られた。この研究プロジェクトやその後の再現研究でも同様の結果が得られていること（Keeter et al. 2006）をふまえれば，次のようなことを考えてみるべきだろう。ほどほどのサーベイ2回と厳密なサーベイ1回ではどちらが望ましいだろうか。ほどほどのサーベイ10回と厳密なサーベイ1回ではどうか。ほどほどのサーベイ100回と厳密なサーベイ1回ではどうだろうか。ある時点でコスト面での有利さが，質に対する漠然とした懸念を上回るに違いない。

この章の残りの部分で示すように，デジタル時代の生み出す機会の多くは，従来よりも推定上の誤差をずっと小さくできるといった類のものではない。むしろその機会は，もしかしたら誤差がより大きいかもしれないが，従来とは異なる推定量を推定すること，そしてより速くよりコストをかけずに推定することに関わっている。誤差の最小化にひたすら執着してサーベイの質に関する他の次元を無視してしまうならば，刺激的な機会を失うことになるだろう。この総調査誤差のフレームワークを背景として，これからサーベイ調査の第3期における3つの主要な領域に向かうことにする。代表性への新たなアプローチ（3.4節），測定への新たなアプローチ（3.5節），そしてサーベイをビッグデータと結びつける新たな戦略（3.6節）だ。

3.4 誰に質問するか

デジタル時代には確率サンプリングをすることが実際的には難しくなり，非確率サンプリングの新たな機会が生み出される。

サンプリングの歴史上，2つの競合するアプローチが存在している。確率サンプリング法と非確率サンプリング法だ。どちらのアプローチもサンプリングの初期の時代から用いられていたけれども，やがて確率サンプリングが支配的となり，現在では社会調査の研究者の多くは非確率サンプリングをおおいに懐疑的にみるよう教育されている。しかし私が以下で説明するように，デジタル時代の生

み出す変化が意味するのは，いまや非確率サンプリングを再考すべきときにきているということだ。具体的にいえば，確率サンプリングは現実に遂行することがますます難しくなり，非確率サンプリングはより速く，より安価に，よりうまく実行できるようになってきている。より速くより安価なサーベイはそれ自体が目的なだけではない。これにより，より大きなサンプルサイズでより多くの回数サーベイできるようになる等，新しい機会が生じるということでもあるのだ。たとえば「共同議会選挙調査」(Cooperative Congressional Election Survey; CCES) は非確率法を用いることで，確率サンプリングを用いた従来の調査よりもおよそ10倍もの参加者を集めることができるようになった。このはるかに大きなサンプルにより，政治学者は下位集団間や社会的文脈間での態度や行動のばらつきを研究できるようになる。さらにこれだけ規模が増えても推定の質は低下しなかった (Ansolabehere and Rivers 2013)。

現在，社会調査のサンプリングについて支配的なアプローチは**確率サンプリング**だ。確率サンプリングでは目標母集団のすべての人が既知のゼロでない確率で抽出され，抽出された人はみなサーベイに回答することになっている。これらの条件が満たされたとき，美しい数学的結果によって，サンプルを用いて目標母集団について推測をしてもよいことが証明され保証される。

しかし現実の世界ではこの数学的結果のために満たされるべき条件は滅多に満足されることはない。たとえば，カバレッジ誤差と無回答は頻繁に生じる。こうした問題があるので，しばしばサンプルから目標母集団への推測を行うためにさまざまな統計的調整を援用する必要が生じる。そこで**理論上の確率サンプリング**と**実際上の確率サンプリング**を区別することが重要だ。前者には強力な理論的保証があるが，後者にはそのような保証はなくさまざまな統計的調整に依存している。

時代を経るにつれて，理論上の確率サンプリングと実際上の確率サンプリングとの相違は広がっている。たとえば無回答率は高品質で費用をかけたサーベイにおいてさえ持続的に上昇している（図 **3.5**）(National Research Council 2013; Meyer, Mok, and Sullivan 2015)。無回答率は商業的な電話サーベイでははるかに高くなっている——ときに 90% にいたるほどだ (Kohut et al. 2012)。このような無回答率の上昇により推定値の質が脅かされている。推定値は研究者が無回答を調整するために用いる統計モデルに，ますます依存するようになってきているからだ。さらにこうした質の低下は，高回答率を維持しようとするサーベイ調査者のますます費用のかかる努力にもかかわらず生じているのだ。質の低下とコス

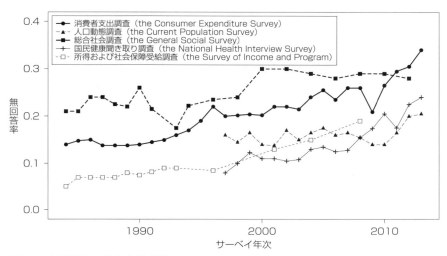

図 3.5 無回答率の上昇を示す図 高品質で費用をかけたサーベイでさえ無回答率は着実に上昇している (National Research Council 2013; Meyer, Mok, and Sullivan 2015)。無回答率は商業的電話サーベイではるかに高く,ときに 90% 近くに達する (Kohut et al. 2012)。無回答率のこのような長期トレンドにより,データ収集はより費用がかかり,推定値はより信頼できないものになるだろう。Meyer, Mok, and Sullivan (2015) の図 1 より。

トの増大という 2 つのトレンドにより,サーベイ調査の基礎が脅かされていると考える人もいる (National Research Council 2013)。

確率サンプリング法の困難が増大すると同時に,**非確率サンプリング法**の刺激的な発展が生じつつある。これらの方法のスタイルはさまざまであるが共通しているのは,それが確率サンプリングの数学的フレームワークには容易になじまないということだ (Baker et al. 2013)。言い換えると,非確率サンプリング法ではすべての人に既知でゼロでない参加確率があるわけではない。非確率サンプリングは社会調査者たちの間ではきわめて評判が悪い。(先に論じた) リテラリーダイジェストの騒動や「デューイ,トルーマンを破る」という 1948 年の米国大統領選挙についての誤った予測を想起させもする (図 **3.6**)。

デジタル時代に特に合う非確率サンプリングの 1 つがオンラインパネルの使用だ。オンラインパネルを用いる場合,特定のパネル提供者——通常は企業や政府,あるいは大学——の協力を得て,サーベイの回答者としての参加に同意してくれる多様な人々を多数集める。パネル参加者はオンラインバナー広告のようなさまざまな場当たり的な方法で募集されることが多い。こうして研究者はパネル提供者にお金を払って望ましい属性 (たとえば全国の成人を代表するなど) を

図 3.6　ハリー・トルーマン大統領が，間違って彼の敗北を報じた新聞の見出しを掲げている写真　この見出しは，部分的に非確率サンプルによる推定値に基づいて作成されたものだった（Mosteller 1949; Bean 1950; Freedman, Pisani, and Purves 2007）。「デューイ，トルーマンを破る」という見出しの事件が生じたのは1948年だったが，今でも多くの研究者が非確率サンプルからの推定値に懐疑的である理由の1つになっている。（出典：Harry S. Truman Library and Museum）

もった回答者のサンプルにアクセスするのだ。このオンラインパネルは非確率法である。すべての人に既知でゼロでない被抽出確率があるわけではないからだ。非確率オンラインパネルはすでに社会調査の研究者（たとえば，CCES）に用いられているけれども，その推定値の質についてはまだ議論がある（Callegaro et al. 2014）。

　議論はあるけれども私は2つの理由からいまや社会調査の研究者が非確率サンプリングを再考すべきときだと考えている。第1に，デジタル時代において，非確率サンプルの収集・分析は大きく発展しつつある。これらの新たな方法は過去に問題を起こした方法とはかなり異なるため，新しい方法を「非確率サンプリング2.0」といってもよいと思う。研究者が非確率サンプリングを再考すべき第2の理由は，現実の確率サンプルがますます困難になりつつあるからだ。いまや現実のサーベイでそうであるように，無回答率が高いときには，回答者の本当の被抽出確率はわからない。だから，確率サンプルと非確率サンプルは多くの研究者が思っているほど違いはないのだ。

　すでに述べたように非確率サンプルは多くの社会調査の研究者に，強い懐疑の目でみられている。部分的にはその理由はサーベイ調査の初期の時代に，いくつかのきわめて恥ずかしい失敗を引き起こす原因となったからだ。そこで，現在では，非確率サンプルを使ってどこまでのことができるかを示す明確な研究例を

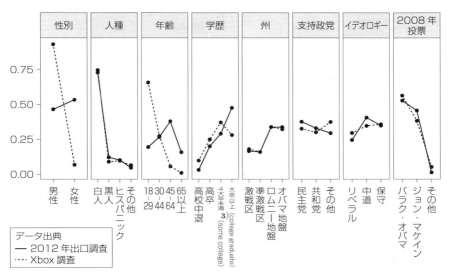

図 3.7 Wang et al. (2015) における回答者の人口学的変数 回答者は Xbox から募集されたため，2012 年の選挙の有権者に比して，より若年で，男性に偏っていた。Wang et al. (2015) の図 1 より。

紹介したい。たとえば，Wei Wang, David Rothschild, Sharad Goel, Andrew Gelman（2015）の研究で，これは米国の Xbox ユーザー――どう考えてもアメリカ人のランダムでないサンプルだ――という非確率サンプルを用いて 2012 年の米国の選挙結果を正しく再現したものだ。研究者たちは Xbox のゲーミングシステムから回答者を募集した。予想される通り，サンプルは男性と若年層に偏っていた。18〜29 歳の若者は，有権者としては 19% だが，Xbox のサンプルでは 65% で，男性は，有権者としては 47% だが，Xbox のサンプルでは 93% だった（図 3.7）。この大きな人口学的変数のバイアスのために，そのままの Xbox データでは選挙結果をうまく予測できない。その予測ではバラク・オバマに対してミット・ロムニーが大勝することになっていた。これもそのままの調整していない非確率サンプルの危険を示す例で，リテラリーダイジェストの騒動を思い起こさせる。

だが，Wang たちはこれらの問題に気づいていた。そこで，推定の際に，この非ランダムなサンプリングプロセスを調整をしようと試みた。具体的には，**事**

訳注
3) 米国のコミュニティカレッジその他の 2 年制の大学で准学士号（associate degree）を取得したが，学士号（bachelor degree）は取得していない人々などが含まれる。日本の学歴では，短大・高専レベルにあたる。

後層化 (post-stratification) を用いたのだ。これは，カバレッジ誤差と無回答のある確率サンプルを調整するためにも広く用いられている方法だ。

事後層化の主たるアイデアはサンプルからの推定を改善するため，目標母集団についての付加的な情報を用いることだ。Wangたちは，非確率サンプルから事後層化を用いて推定を行う際に，母集団を異なる集団に分解して，それぞれの集団内でのオバマへの支持率を推定し，その後で各集団の推定値の重み付き平均をとることで全体の推定値を得た。たとえば，母集団を2つの集団（男性と女性）に分けて，男性と女性それぞれのオバマへの支持率を推定し，有権者の53%が女性で47%が男性であることを考慮して，重み付き平均をとることで，オバマへの全体の支持率を推定することができる。簡単にいうと，事後層化とは，集団サイズに関する付加的情報を用いることでサンプルのアンバランスを補正するものだ。

事後層化の鍵は正しく集団分けをすることだ。各集団内の人々の回答傾向が同じになるように母集団を同質な集団へと分解できれば，事後層化は不偏（バイアスのない）推定値 (unbiased estimate) を生み出す。言い換えると，もしすべての男性が同じ回答傾向をもち，かつすべての女性が同じ回答傾向をもっている場合，ジェンダーによる事後層化は不偏推定値を生み出すということだ。これは**集団内同質回答傾向** (homogeneous-response-propensities-within-groups) の仮定と呼ぶことができる。これについては章末の数学ノートでもう少し説明しよう。

もちろん，回答傾向がすべての男性とすべての女性についてそれぞれ同一だというのはありそうもない。しかしながら，集団の数が増えるほど，集団内同質回答傾向の仮定はもっともらしくなる。簡単にいうと，集団を多くすればそれだけ同質な集団に母集団を分解するのも簡単になるということだ。たとえば，すべての女性が同一の回答傾向をもつというのはもっともらしくないが，18-29歳で，大学を卒業し，カリフォルニアに住んでいるすべての女性には同一の回答傾向があるというのはよりもっともらしく聞こえるだろう。このように，事後層化で用いられる集団の数が大きくなるほど，この方法に必要な仮定はよりもっともらしくなる。それゆえ，研究者としては事後層化に用いる集団の数を大量にしたい。しかし集団の数が増えると，別の問題が生じてくる。データがまばらになることだ。各集団にほんの少しの人かいない場合，推定値は不安定になるし，極端な場合，回答者が誰もいない集団があれば，事後層化は完全に失敗する。

集団内同質回答傾向仮定をもっともらしくすることと各集団にそれなりのサンプルサイズが必要であることとの間に存在する矛盾から逃れるための2つの方

策がある．第1に，より大規模でより多様なサンプルを集めることで，各集団にそれなりのサンプルサイズを保証することだ．第2に，集団内の推定値を得るためのより洗練された統計モデルを使うことだ．そして実際には研究者たちはこの両方を行っている．WangたちもXboxの回答者を用いた選挙結果の研究でこの両方を用いた．

彼らは非確率サンプル法とともにコンピュータ記入式インタビューを用いた（コンピュータ記入式インタビューについては3.5節でさらに説明する）ので，きわめて安価にデータを収集することができた．こうして34万5858人の異なる回答者から情報を得ることができた．これは選挙世論調査の標準からすれば巨大な数だ．この巨大なサンプルサイズのおかげで，莫大な数の事後層化集団を作ることができた．通常，事後層化では，母集団を数百の集団に分解するのだが，Wangたちは母集団を17万6256の集団に分解したのだ．用いられたカテゴリーはジェンダー（2カテゴリー），人種（4カテゴリー），年齢（4カテゴリー），教育（4カテゴリー），州（51カテゴリー），政党ID（3カテゴリー），イデオロギー（3カテゴリー），2008年の投票先（3カテゴリー）である．言い換えると，低コストのデータ収集で可能になった巨大なサンプルサイズのおかげで，推定プロセスでよりもっともらしい仮定をおくことができたのだ．

とはいえ，34万5858人の異なる回答者がいたとしてもなお，ほとんど回答者のいない集団はまだまだ多くあった．そこで彼らは各集団の支持率を推定するために**マルチレベル回帰**という方法を用いた．マルチレベル回帰は，基本的には，特定の集団内のオバマ支持率を推定するために，その集団と密接に関係する他の多くの集団の情報をプールするものだ．例えば18歳から29歳の大学卒で，民主党員として登録し，自分は中道だと考え，2008年にはオバマに投票したヒスパニック女性のオバマ支持率を推定しようとしているところを考えよう．これは非常に特殊な集団なので，この属性をもつ人がサンプル内に誰もいないということもありうる．そこでこの集団に関して推定するために，よく似た集団からの推定をまとめてプールする統計モデルを用いるのだ．

このように，Wangたちはマルチレベル回帰と事後層化を組み合わせたアプローチを用いて，この戦略を**事後層化付きマルチレベル回帰**（multilevel regression with post-stratification），あるいはより感情を込めて「ミスターP（Mr.P）」[4]と呼んだ．WangたちはミスターPを用いてXboxの非確率サンプルから推定

訳注

4) マルチレベルのM，回帰のr，事後層化のPをとっている．

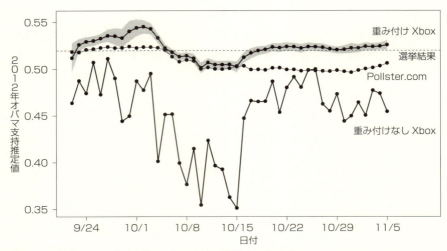

図 3.8 Wang et al.（2015）によるオバマ支持率の推定値 未調整の Xbox サンプルからの推定値は不正確だ。だが，重み付けされた Xbox のサンプルは，確率に基づく電話調査の平均値よりも正確な測定値を生み出した。Wang et al.（2015）の図 2, 3 より。

することで，オバマが 2012 年の選挙で獲得した全体の支持率に非常に近い推定値を得ることができた（図 3.8）。実際この推定値はさまざまな伝統的世論調査を集計して算出した推定値よりも正確だったのだ。かくして，この場合，統計的調整——具体的にはミスター P——は非確率データのバイアスを補正するという仕事をうまくこなしたようだ。ここで補正されたバイアスの大きさは，未調整の Xbox データからの推定値をみれば一目瞭然だ。

Wang たちの研究から得られる主たる教訓は 2 つだ。1 つは未調整の非確率サンプルは誤った推定値を生み出す可能性があること。これは多くの研究者にはおなじみの教訓だ。しかし第 2 の教訓は，非確率サンプルは適切に分析すれば，実際にはよい推定値を生み出しうるということだ。非確率サンプルだからといって，自動的にリテラリーダイジェスト騒動のようなことが生じるとは限らないのだ。

将来，あなたが確率サンプリング法か非確率サンプリング法か，どちらを用いるかの選択の機会が与えられたときには，困難な選択に直面することになる。研究者たちはときに手軽でかつ信頼できるルール（たとえば，常に確率サンプリング法を用いよ，など）をほしがるが，そのようなルールを与えることはますます難しくなるだろう。研究者たちが直面する困難な選択とは，実際の確率サンプリング法か——ますます費用がかかりその利用を正当化する理論的結果からはますますかけ離れてきている——非確率サンプリング法か——安価で迅速だが，よりなじ

みがなくさまざまなやり方がある——の間の選択だ。しかし1つ明らかなのは，もしあなたが非確率サンプルや，非代表的なビッグデータを扱う必要に迫られた場合（第2章を思い出そう），事後層化やその他関連テクニックを用いた推定の方が，未調整のそのままの推定よりも優れていると信ずべき強い理由があるということだ。

3.5 新しい質問の仕方

> 伝統的サーベイは閉鎖的で退屈で生活からかけ離れている。いまや私たちはより開かれた，より楽しい，より生活に組み込まれた仕方で質問をすることができる。

　総調査誤差のフレームワークでは研究者はサーベイ調査を2つの過程からなるものと考える。回答者の募集と彼らへの質問だ。3.4節では，デジタル時代には回答者を集める方法がいかに変わるかを論じた。以下では，新しい方法で質問をすることがどのように可能になるかを議論しよう。ここでの新しい方法は確率サンプルにも非確率サンプルにも適用できる。

　サーベイのモードとは，質問が出される環境のことであり，これは測定に重大な影響を与えうる（Couper 2011）。サーベイ調査の第1期には，もっともよく用いられたモードは対面であり，第2期は電話であった。研究者の中にはサーベイ調査の第3期は単にサーベイモードが拡大してコンピュータと携帯電話が含まれるようになるだけだと考える人もいる。しかしデジタル時代は質問と回答の流れるパイプの変化にとどまるものではない。そうではなくて，アナログからデジタルへの移行によって研究者は質問の仕方を変えることもできる——また，おそらくそうすることが必要となるはずだ。

　Michael Schoberらの研究（Schober et al. 2015）は，伝統的アプローチをデジタル時代のコミュニケーションシステムにうまく適合させることで，いかに調査の質が改善されるかを示している。この研究でSchoberたちは携帯電話を用いた質問について異なる2つのアプローチを比較した。彼らが比較したのは，声による会話を用いたデータ収集と，テキストメッセージで送信されたたくさんのマイクロサーベイを用いたデータ収集だ。前者は第2期のアプローチの，携帯電話を用いた調査の延長線上にあるものだ。だが後者には明らかな前例がない。彼らはテキストメッセージで送信されたマイクロサーベイの方が声によるインタ

ビューよりも質のよいデータを生み出すことを発見した。言い換えると，古いアプローチを単純に新しいメディアに移行させるだけでは質のよいデータは得られない。そのかわり，Schober たちは携帯電話の潜在的可能性とそれを取り巻く社会規範を明確に考慮することにより，より質のよい回答を得られる，より優れた質問法を開発することができたのだ。

　サーベイモードを分類する軸はたくさんあるが，デジタル時代のサーベイモードのもっとも決定的な特徴は，それが（電話や対面式のサーベイのような）**インタビュアー記入式**ではなく**コンピュータ記入式**だという点にあると私は思う。データ収集過程から人間のインタビュアーを取り除くことにはたくさんの利点といくつかの欠点がある。利点については，人間のインタビュアーを取り除くことで**社会的望ましさバイアス**を軽減することができる。これは回答者が，たとえば，スティグマ化された行動（非合法ドラッグの利用など）を過少報告したり，推奨される行動（投票行動など）を過大報告したりすることにより，自分を最大限よくみせようとする傾向のことだ（Kreuter, Presser, and Tourangeau 2008）。人間のインタビュアーを取り除くことで**インタビュアー効果**もなくすことができる。これは人間のインタビュアーの属性によって微妙な点で回答が影響を受ける傾向のことだ（West and Blom 2016）。特定のタイプの質問がより正確になるという可能性に加えて，人間のインタビュアーを取り除くことによってコストが劇的に削減され——インタビュー時間はサーベイ調査の最大の支出項目の1つだ——，回答者はインタビュアーがいなくてもいつでも好きなときに参加できるので，柔軟性も増すことになる。とはいえ，いくつかの課題も生じる。具体的には，インタビュアーは回答者とラポール[5]を形成することで参加率を上げたり，わかりにくい質問を明確にしたり，長い（場合によっては退屈な）調査票を苦労して答えている間の回答者のやる気を維持したりすることができる（Garbarski, Schaeffer, and Dykema 2016）。このように，**インタビュアー記入式**モードから**コンピュータ記入式**モードに切り替わることには，好機と課題の両方がともなうといえる。

　次に研究者がデジタル時代のツールを使って従来とは異なる仕方で質問する2つのアプローチを解説しよう。**生態学的経時的評価法**（ecological momentary assessment）を用いてより適切な時間・場所で内的状態を測定する方法（3.5.1節），**ウィキサーベイ**を用いて自由回答式と選択式の質問項目の強みを組み合

訳注
5) 相互の信頼関係のこと。

わせる方法（3.5.2 節）である。しかしながら，コンピュータ記入式によりいつでも答えられるようになったため，参加者がより楽しく答えられるような質問法を設計する必要も生じる。そのようなプロセスはしばしばゲーミフィケーション（3.5.3 節）と呼ばれる。

3.5.1 生態学的経時的評価法

大規模なサーベイを細かく切り刻んで個々人の生活に組み入れることができる。

生態学的経時的評価法（EMA）は伝統的なサーベイを細切りにして参加者たちの生活に組み込むものだ。こうして，サーベイの質問項目を，出来事が生じた何週間も後の長いインタビューの中でではなく，適切な時間と場所において尋ねることができる。

EMA には4つの特徴がある。①実世界の環境でのデータ収集，②個々人の現在ないし直近の状態や行動に焦点を合わせた評価，③（研究上の問いに応じて）出来事ベースの，あるいは時間ベースの，あるいはランダムな時間と場所での評価，④経時的な複数の評価の実行（Stone and Shiffman 1994）。EMA は人々が1日中頻繁に操作するスマートフォンのおかげで手軽にできるようになった質問法だ。さらにスマートフォンは GPS や加速度計などのセンサーを備えているので，特定の行動がとられたタイミングで測定を開始するということも可能になりつつある。たとえば回答者がある近隣地域に足を踏み入れたときに質問項目が発せられるように，スマートフォンをプログラムできる。

EMA の可能性を実感するには，Naomi Sugie の博士論文研究をみるとよい。1970 年代以降，米国では収監される人の数が劇的に増大している。2005 年現在，アメリカ人 10 万人につき約 500 人が刑務所におり，収監率は世界のどの国よりも高い（Wakefield and Uggen 2010）。刑務所に入る人の数が激増したため刑務所から出る人の数も激増している。毎年約 70 万人が刑務所から出ている（Wakefield and Uggen 2010）。これらの人々は刑務所を出ても厳しい問題を抱え，残念ながら多くの人がまた戻ってくる。なぜ累犯が生じるかを理解して，それを減らすためにも，社会科学者や政策立案者は社会復帰の際の人々の経験を理解する必要がある。しかし，そうしたデータは通常のサーベイ法では集めることが難しい。前科のある人の調査は基本的に難しいし，彼らの生活はきわめて不安定だからだ。数カ月ごとのサーベイを用いた測定では彼らの生活のダイナミクスの大

部分を捉え損なってしまう (Sugie 2016)。

　Sugie はもっとずっと正確なデータを用いて社会復帰過程を研究するため，ニュージャージー州のニューアークの刑務所から出所した個人の完全なリストを使って，131人からなる標準的な確率サンプルを得た。それから彼女は参加者にスマートフォンを渡したのだが，これが行動記録と質問双方のための強力なデータ収集プラットフォームとなる。Sugie はスマートフォンを使って2種類のサーベイを行った。1つは，午前9時から午後6時の間のランダムな時間に送られる「経験サンプリングサーベイ」だ。ここでは参加者の現在の行動と気持ちが聞かれる。2つ目は「一日 daily サーベイ」で，これは午後7時に送られその日の活動をすべて聞き出す。さらにこうしたサーベイの質問項目に加えて，スマートフォンにより，一定の間隔で地理情報が記録され，暗号化された通話記録とテクストのメタデータも保存されていた[6]。質問と観察を組み合わせたこのアプローチによって，Sugie は社会復帰する人々に関する詳細かつ高頻度の測定を行ったデータセットを作り出すことができた。

　研究者たちは人々が安定した質の高い仕事をみつけることで社会復帰が促されると信じている。しかし Sugie が見出したのは，平均すると，調査参加者の労働経験は非正規で，一時的で，不安定なものだということだった。とはいえこのような平均的パターンを記述するだけでは，内部の大きな多様性を見過ごしてしまうことになる。具体的には，Sugie は参加者の集団に4つの異なるパターンが存在することを見出した。「早期退出者」（仕事を探し始めるが，その後労働市場から出て行ってしまう人），「持続的求職者」（大半の期間，職探しをしている人），「定職従業者」（大半の期間働いている人），「低回答者」（サーベイに定期的には回答しない人）である。「早期退出者」グループ――仕事を探し始めるがみつからず職探しをやめてしまう人――は特に重要だ。このグループがおそらくもっとも社会復帰に成功しにくいからだ。

　刑務所を出た後の職探しは難しく，それで憂鬱になって労働市場から身を引いてしまうのだと思われるかもしれない。そこで Sugie はサーベイを用いて参加者の感情状態――行動データからは容易に推定できない内的状態――についてのデータを収集した。驚くべきことに，彼女は「早期退出者」のグループがよりストレスがあるとか不幸せだなどと回答するわけではないということを発見した。むしろ逆だった。職探しを続けている人の方がより感情的苦痛を報告していた

訳注
6) ここではショートメッセージサービス（SMS）のこと。

のだ。前科のある人々の行動や感情状態に関する，このきわめて詳細な時系列データのすべてが，彼らの抱える障害を理解し，社会復帰を手助けするうえで重要である。さらにこの詳細なデータのすべてが，標準的なサーベイでは得難いものだ。

　Sugie が行ったのは弱い立場にある人々を対象とし，かつ回答者が受け身になりがちなデータ収集だった。そこで，ある種の倫理的懸念が生じるかもしれない。だが，Sugie はこの懸念をあらかじめ予想して，調査設計の中で対応を考えていた (Sugie 2014, 2016)。彼女の手続きは第三者——彼女の所属する大学の倫理審査委員会——により審査されたし，既存のルールはすべて遵守していた。さらに，Sugie の方法は，既存の規制が要求するレベルのはるか上をいくものであり，これは第6章で提唱する原理ベースのアプローチにかなうものだ。たとえば，彼女は各参加者から実質的なインフォームドコンセントを取得し，参加者が地理情報による追跡を一時的にオフにすることができるようにもした。さらに，収集したデータの秘密保持についても通常以上の努力をした。しかるべき暗号化とデータ保存に加えて，連邦政府から秘密保持証書（a Certificate of Confidentiality）を獲得したのだ。これにより，警察にデータを譲渡するよう強いられる恐れがなくなった (Beskow, Dame, and Costello 2008)。彼女のアプローチは配慮が行き届いていて，だからこそ，このプロジェクトは他の研究者にとっての価値あるモデルたりえているのだと私は思う。倫理上のグレーゾーンに盲目的に入り込むことなく，かといって倫理的に複雑だからという理由で重要なはずの調査を差し控えることもなかった。そうではなく，彼女は慎重に考え，適切なアドバイスを求め，回答者に敬意を表し，調査のリスク便益プロファイルを改良するための手続きを踏んだのだ。

　私が思うに，Sugie の仕事から得られる一般的教訓は3つある。1つは，問うことに対する新たなアプローチは伝統的サンプリング法と完全に両立可能だということ。Sugie が明確に定義されたフレーム母集団からの標準的確率サンプリングを行ったことを思い出そう。第2に，高頻度かつ時系列的な測定は，不規則かつダイナミックな社会的経験の研究にとってとりわけ有益だということ。第3に，サーベイによるデータ収集とビッグデータを組み合わせる——この章で後に議論するようにこれからますます一般的になると思うが——際には，これまでにない倫理的問題が生じるということ。調査倫理については第6章でより詳細に議論するが，Sugie の仕事は，これらの倫理的問題には，良心的かつ慎重な研究者であれば，対応可能だということを示している。

3.5.2 ウィキサーベイ

ウィキサーベイにより，選択式と自由回答式の質問項目の新たなハイブリッドを作ることができる。

より自然な時と文脈で質問することに加えて，新たな技術により，質問項目の形式を変えることもできるようになる。ほとんどのサーベイの質問項目は選択式である。回答者は，研究者の用意した定まった選択肢の中から選択をするのだ。ある著名なサーベイ研究者はこれを称して「人々の口に言葉を押し込む」過程だといっている。たとえば，以下が選択式の質問文である。

> 次の質問は仕事に関する質問です。このカードを御覧ください。このリストにあるものの中であなたが仕事にもっとも望むものは何ですか。
> 1. 高収入
> 2. 解雇の恐れがないこと
> 3. 労働時間が短く，自由時間が多いこと
> 4. 昇進のチャンス
> 5. 大事な仕事でやりがいを感じられること

しかしありうる回答はこれだけだろうか。この5つに回答を限ってしまうことで何か重要なことを見逃してしまわないだろうか。選択式の質問項目とは異なる別のオプションとしては自由回答式の質問項目がある。以下が同じ質問を自由回答式で問うたものだ。

> 次の質問は仕事に関する質問です。人は仕事にたいしてさまざまなものを望みます。あなたが仕事についてもっとも重視するものは何ですか。

この2つの質問はよく似てみえるけれども，Howard Schuman と Stanley Presser (1979) のサーベイ実験により，両者がかなり異なる結果を生み出すことが明らかになった。自由回答式の質問への回答のうち，60%近くが研究者の指定した5つの回答には含まれていなかったのだ（図 **3.9**）。

自由回答式と選択式の質問項目の生み出す情報はそれぞれまったく異なる可能性があるため，サーベイ調査の初期には両方の形式がともによく用いられたが，

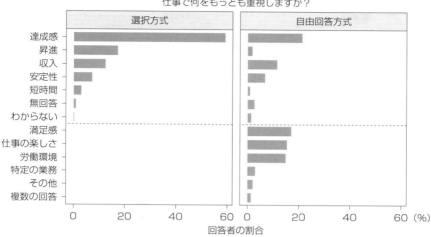

図 3.9 質問が自由回答式か選択式かで解答が変わってくることを示したサーベイ実験の結果　Schuman and Presser（1979）の表 1 より．

やがて選択式の質問項目の方が広く普及した．それは選択式の質問項目の方がよりよい測定を生み出すと証明されたからというのではなく，はるかに使いやすいからという理由による．自由回答式の質問項目を分析するプロセスは間違いやすいしコストもかかるのだ．自由回答式が利用されなくなったのは残念なことである．研究者が前もって予期しない情報こそがもっとも価値あるものだからだ．

だが，人間記入式からコンピュータ記入式のサーベイに移行することにより，この古典的な問題からの新たな脱出口が開けつつある．自由回答式と選択式の質問項目それぞれの最良の特徴を組み合わせたらどうだろうか．つまり，新しい情報に開かれていてかつ分析の容易な回答を生み出すサーベイができたらどうなるだろうか．これがまさに Karen Levy と私（Salganik and Levy 2015）が作り出そうとしたサーベイだ．

具体的には，Karen と私はユーザーの生み出したコンテンツ（user-generated content）を収集・整理し公開するウェブサイトを用いて，新たなサーベイを設計できるのではないかと考えた．特に Wikipedia——ユーザーの生み出したコンテンツに駆動されるオープンかつダイナミックなシステムの素晴らしい実例——から発想を得ていたので，私たちの新たなサーベイをウィキサーベイと名付けた．Wikipedia が参加者の発想に基づいて時々刻々と進化していくように，サーベイの参加者の発想に基づいて時々刻々と進化していくサーベイを考えたの

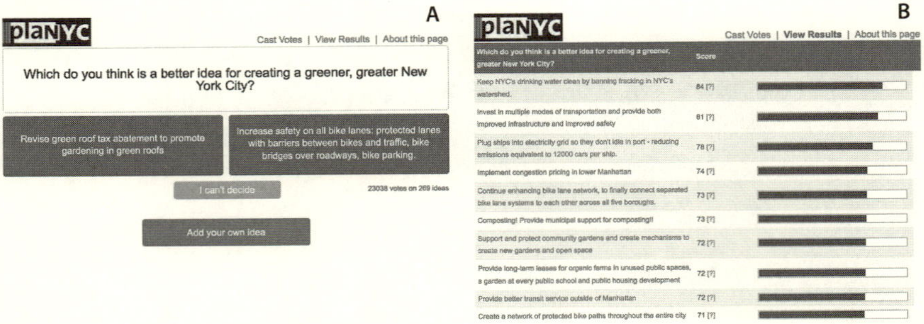

図 3.10　ウィキサーベイのインターフェイス　　パネル A は回答画面，パネル B は結果画面である。Salganik and Levy（2015）の図 2 より許可を得て再掲。

だ。Karen と私はウィキサーベイの満たすべき 3 つの性質を考えた。貪欲で協調的で適応的であることだ。その後，ウェブ開発者のチームとともに，ウィキサーベイを実施できるウェブサイトを作成した。アドレスは http://www.allourideas.org だ。

　ウィキサーベイでのデータ収集過程について，ニューヨーク市長オフィスと行ったプロジェクトの事例を用いて説明しよう。これは PlaNYC2030 なるニューヨーク市の持続可能性プランに住民の考えを組み込むため行われたものだ。プロセスを始めるにあたり，市長オフィスは過去のアウトリーチ活動に基づいて，25 のアイデアリストを用意した。たとえば，「すべての巨大建造物にエネルギー効率について一定の改善を求めること」や「学校のカリキュラムの一環として環境問題を子どもに教えること」など，だ。この 25 のアイデアをシード（種）として，市長オフィスは次の質問を問うた。「より環境に優しく素晴らしいニューヨーク市を作り出すのに，あなたはどちらのアイデアがより適していると思いますか」。回答者はアイデアのペア（たとえば，「市内の校庭を公の運動場として開放する」，「高喘息率の地域に計画的な植林を増やす」）を提示され，どちらかを選ぶよう促される（図 3.10）。選択すると，回答者はただちにランダムに選択された次のアイデアのペアを提示される。彼らは，投票するか，「決められない」を選ぶことにより，心ゆくまで自分の選好についての情報を提供し続けることができる。決定的な点は，任意の時点で，回答者は自分自身のアイデアを伝えることができ，それが——市長オフィスの承認を待って——他者に提示されるアイデアのプールに組み込まれるということだ。こうして参加者の受け取る質問項目は，自由回答式でもありかつ同時に選択式でもあるということになる。

　市長オフィスは，住民のフィードバックを得るための一連のコミュニティミー

ティングと併せて，2010年10月にウィキサーベイを立ち上げた。約4カ月間で1436人の回答者が3万1893の回答をし，464の新たなアイデアを寄せた。決定的なのは，トップスコア10のアイデアのうち8つが，市長オフィスが種とした当初のアイデアではなく，参加者のアップロードしたアイデアだったということだ。そして，私たちの論文で説明しているように，これと同じパターン，種としたアイデアよりアップロードされたアイデアの方がよいスコアを上げるというパターンは，多くの他のウィキサーベイでもみられる。言い換えると，研究者は，新奇な情報にオープンになることにより，より閉じた選択式のやり方では知りえなかった事柄を知ることができるということだ。

　この特定のサーベイ事例の結果だけでなく，私たちのウィキサーベイプロジェクトは，デジタル調査のコスト構造によって，研究者が世界と向き合う仕方がある意味で変化しつつあることをも示している。大学の研究者が多くの人々の利用可能な現実のシステムを構築することがいまやできるのだ。私たちは1万以上のウィキサーベイを取り仕切り，1500万以上の回答を集めてきた。このように，大規模に利用可能にできるのは，いったんウェブサイトを構築してしまえば，コストは基本的にかからず，世界中の人が自由にタダで利用できるようになるからだ（もちろん，人間記入式のインタビューではこうはいかない）。さらに，これだけの規模になると，従来とは異なる調査を行うことも可能となる。たとえば，この1500万の回答と大量の参加者は，将来の方法論的研究に向けた価値ある試験台となる。第4章で実験について議論する際に，デジタル時代のコスト構造の作り出すその他の研究機会——特に，変動費用ゼロのデータ——についてより詳細に説明することにする。

3.5.3 ゲーミフィケーション

> 標準的なサーベイは参加者には退屈だ。これは変えうるし，変えなければならない。

　ここまでコンピュータ記入式インタビューによって容易になる新しい質問法について述べてきた。しかしコンピュータ記入式インタビューのよくないところは，参加を促し続けるのを手助けする人間のインタビュアーがいないことだ。これは問題である。サーベイというのはたいてい時間がかかるし退屈だからだ。そこで将来的には，サーベイの設計者は参加者の方を向いた設計をし，質問に答え

るプロセスをより楽しくゲームのようにする必要が出てくるだろう。このプロセスをゲーミフィケーションという。

　楽しいサーベイがどのようなものかをみるために，「フレンドセンス」というFacebookのゲームパッケージになっていたサーベイについて考えてみよう。Sharad Goel, Winter Mason, Duncan Watts (2010) が推定しようとしたのは，人々が自分がどの程度彼らの友人に似ていると思っているのかということ，そして彼らが実際にどの程度友人に似ているかということだ。現実の態度の類似性と認知上のそれとの関係についてのこの問いは直接，人々が自らの社会環境をどの程度，正確に認識しているかに関わってくるし，政治的分極化や社会変動のダイナミクスにも関連してくる。概念的には現実の態度の類似性も認知上の態度の類似性も容易に測定できると考えられる。たくさんの人々にまず自分自身の意見を聞き，それからその友人たちの意見を聞いてみればいい（こうして現実の態度の一致の程度を測定できる）。また，たくさんの人々に自分の友人の態度を推測してもらうこともできる（これにより認知上の態度の一致について測定できるだろう）。残念ながら，回答者とその友人の両方にインタビューすることは，ロジスティック上の問題で大変難しい。そこでGoelたちはサーベイを楽しく遊べるFacebookアプリにしたのだ。

　対象者が調査への参加に同意すると，アプリは回答者のFacebookアカウントから友達を1人選び出してその友達の態度について質問を行う（図3.11）。ランダムに選択された友達についての質問項目に交えて，自分自身についての質問項目にも答えてもらう。友達についての質問項目に答えてもらった後，回答者にその答えが正しいかどうかが明かされる。あるいはもし友達が答えていない場合，回答者は友達に参加するよう促すこともできる。このようにサーベイは部分的にはバイラル[7]な募集を通じて広がっていく。

　態度に関する質問項目は「総合社会調査」(General Social Survey)[8]からとられている。たとえば，「[あなたの友達は] 中東の現状でパレスチナ人よりイスラエル人に共感を寄せていますか」。あるいは「[あなたの友達は] 国民皆健康保険のために政府にもっと税金を払っていいと考えていますか」。こうした重めの問いに加えてより軽めの問いも混ぜられている。「[あなたの友達は] ビールよりワインが好きですか」。あるいは「[あなたの友達は] 空を飛ぶ超能力よりも心を読む

訳 注

7) もともとは「ウィルス性の」という意味だが，この文脈では，話題や情報が口コミやソーシャルメディアを通じて広まっていくことをいう。

8) 前章訳注2を参照。

3.5 新しい質問の仕方　119

図 3.11　フレンドセンスサーベイのインターフェイス（Goel, Mason, and Watts 2010）
　研究者たちは標準的な態度調査を愉快なゲームのような体験に変えた。アプリは参加者に真面目な質問と，この画面にある「Sharad Goel はもし無料券があればスパイスガールズの再結成ツアーを観に行くと思いますか」のような，より軽めの質問両方を聞いた。友人の顔は意図的にぼやかしてある。Sharad Goel の許可を得て再掲。

超能力の方をもちたいと思っていそうですか」。このような軽めの問いによって参加者はプロセスをより楽しめるようになるし，興味深い比較もできるようになる。真面目な政治的問いと飲酒や超能力に関する軽めの問いとを比べると，回答者と友人との態度の一致の程度は同じになるだろうか。

　この研究の主たる結果は次の3つだ。第1に友人同士は他人よりは同じ回答を寄せる確率が高いが，親友同士でさえ質問項目の約30%は答えが食い違っている。第2に回答者は友人との意見の一致の程度を過大に見積もっている。言い換えると，友人同士の間に存在する意見の多様性は気づかれていない。最後に友人との不一致に関して気づいている度合いは，政治のような深刻な話題でも飲酒や超能力のような軽い話題でも同じ程度である。

　残念ながら現在はもうこのアプリでは遊べないけれども，これは研究者が，どうやって標準的な態度調査を楽しめるものにするかについての好例だ。もっと一般的にいえば，少しの創造性とデザインの工夫によって，サーベイ参加者のユーザー体験を向上させることが可能だ。そこで，次にサーベイを設計する際には，参加者がよりよい体験を得るために何ができそうか，少し時間をとって考えてみてほしい。ゲーミフィケーションの工夫をすることでデータの質が損なわれるかもしれないと考える人もいるかもしれない。しかし参加者が退屈することの方がデータの質にとってはるかに大きなリスクだと私は思う。

　Goel たちの仕事はまた次節のテーマにも関わっている。サーベイとビッグデータを結びつけることだ。今回の場合，サーベイと Facebook を結びつけることで，研究者は自動的に参加者の友達リストにアクセスすることができた。次節では，もっと詳しくサーベイとビッグデータの結びつけ方について考えていくこと

にしよう。

3.6 ビッグデータにサーベイを結びつける

ビッグデータにサーベイを結びつけることでどちらかのデータ単独では不可能だった推定を行うことができるようになる。

ほとんどのサーベイは単独で，それだけで完結するようにして行われる。異なるサーベイの結果を相互に利用して結果を積み上げていくことはしないし，世界中にある他のデータをすべて利用するということもない。この点は今後，変わっていくことだろう。第2章で議論したようにサーベイデータとビッグデータを結びつけることで計り知れない恩恵が得られる。2種類のデータを結びつけることで，どちらか単独では不可能だったことがしばしば可能になるのだ。

サーベイデータとビッグデータはさまざまな方法で結びつけることが可能だ。この節では，それぞれ異なる有益な2つの方法について説明しよう。これらを**測定項目増加法**（enriched asking），**調査対象拡張法**（amplified asking）（図 **3.12**），とそれぞれ呼びたい。これからそれぞれの方法を詳細な研究例に基づいて説明しようと思うが，両者はさまざまなタイプのサーベイデータ，ビッグデータに適用可能な一般的レシピだということは理解しておいてほしい。さらにいえば，ここで取り上げる例はそれぞれ2つの別の見方でみることができることに注意されたい。第1章のアイデアを思い出してみよう。こうした研究を「レディメイド」のビッグデータの価値を「カスタムメイド」のサーベイデータによって高める事例とみることもできるし，「カスタムメイド」のサーベイデータの価値を「レディメイド」のビッグデータによって高める事例とみることもできる。どちらの見方もできるようになってほしい。そうすれば，これらの事例によりサーベイとビッグデータが代替物というより補完物だということが明らかになるはずだ。

3.6.1 測定項目増加法

測定項目増加法とは，ある種の重要な測定値を含む一方で，別の重要な測定値を欠いているビッグデータのために，サーベイデータで文脈を補うことである。

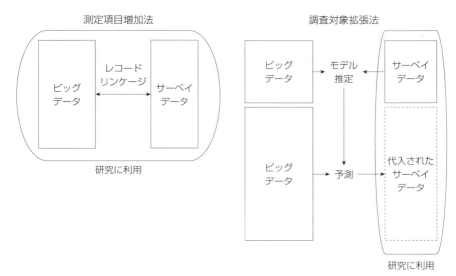

図 3.12 ビッグデータとサーベイデータを結びつける 2 つの主たる方法 測定項目増加法（3.6.1 節）では，ビッグデータの方に主たる関心の対象となる測定項目が含まれていて，サーベイデータはその理解に必要な文脈を提供する。調査対象拡張法（3.6.2 節）では，ビッグデータに主たる関心の対象となる測定項目が含まれているのではなく，サーベイデータから対象を拡張するために用いられる。

　サーベイデータとビッグデータを結びつける方法の 1 つは，私がいうところの**測定項目増加法**というやり方である。その意味はこうだ。ビッグデータには重要な測定値が含まれているが，別の測定値を欠いているということがある。そこでサーベイを使ってこの欠損した測定値を収集することで，2 つのデータを結びつけるのだ。測定項目増加法を用いた研究例として，3.2 節で紹介した Facebook でのやりとりが友情を強めるか否かに関する Burke and Kraut（2014）の研究がある。この研究では，Burke と Kraut はサーベイデータを Facebook のログデータと結びつけた。

　しかし，Burke と Kraut の研究が行われた状況では，測定項目を増やそうとする場合，通常直面する 2 つの大きな問題に対処する必要がなかった。第 1 に個人レベルのデータセットを実際に結びつけるプロセスを**レコードリンケージ**というが，ユニークな識別子が，データセットのどちらかで欠けている場合，レコードリンケージは難しくなる。ユニークな識別子は，一方のデータセットの正しい記録を，他方のデータセットの正しい記録に対応付けるためのものだからだ。2 番目の問題は，ビッグデータの質を研究者が評価するのは難しい場合が

多いということである。データの生み出される過程が企業秘密であったり，第2章で説明した多くの問題が生じうるからだ。言い換えれば，測定項目を増やすためには，多くの場合，サーベイを品質不明のブラックボックスデータに結びつけなければならないし，その過程で間違いが起こりやすい。しかし，こうした問題にもかかわらず，測定項目を増やすことで，有意義な研究を行うこともできる。その例が Stephen Ansolabehere と Eitan Hersh（2012）の米国の投票パターンに関する研究である。

投票率は政治学で広く研究されてきた主題であり，従来，一般的には，誰がなぜ投票するかについての研究者の知見はサーベイデータの分析に基づいていた。しかし米国での投票というのは，政府が個々の市民が投票したか否かを記録している（もちろん政府は個々の市民が誰に投票したかは記録していない）という点で特異な行動だといえる。かなり以前から，政府の投票記録は紙の形で入手可能だったが，国中のさまざまな地方の役所に散在していた。このため，政治学者が有権者についての完全な知見を得，人々がサーベイで投票について行った回答と実際の投票行動とを比較することは，不可能でないにせよきわめて難しかった（Ansolabehere and Hersh 2012）。

だがいまや投票行動はデジタル化され，多くの企業がこれを体系的に収集・統合し，すべてのアメリカ人の投票行動を含む包括的な「マスター投票記録」を作り出している。Ansolabehere と Hersh は，マスター投票記録を用いて有権者についてのより妥当な知見を生み出すべく，「Catalist LCC」というこうした企業の1つと提携を結んだ。加えて，彼らの利用したデジタル記録は，データの収集と統合に多くの資源を投資している企業が収集・整理したものなので，企業の支援なしにアナログ記録を用いて行われた過去の研究より多くのアドバンテージがあった。

第2章で論じたビッグデータの多くと同様，Catalist のマスターファイルには Ansolabehere と Hersh が必要とした態度や行動，人口学的情報の多くが含まれていなかった。実のところ，彼らの具体的な興味はサーベイで報告された投票行動と実際に確認された投票行動（つまり，Catalist データベースに存在する情報）を比較することにあった。そこで Ansolabehere と Hersh は，この章の前半で述べた CCES という大規模社会サーベイの一部を用いて必要なデータを収集した。その後，彼らはデータを Catalist に渡し，Catalist は（Catalist のデータ上の）実際に確認された投票行動，（CCES のデータ上の）自己申告の投票行動，（CCES のデータ上の）回答者の人口学的変数と態度変数を統合したデータファイルを彼ら

3.6 ビッグデータにサーベイを結びつける **123**

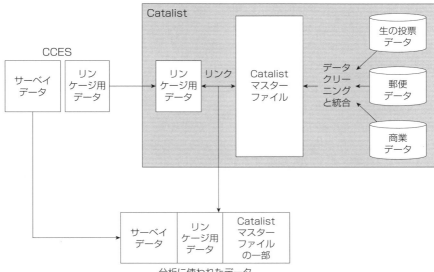

図 3.13　Ansolabehere and Hersh（2012）の研究の図式　マスターファイルを生み出すために，Catalist は多数のさまざまなデータソースからの情報を組み合わせ統合している。この過程をどれだけ慎重に行ったとしても，元のデータソースの間違いが広がったり，新たな間違いが生まれる可能性がある。間違いの 2 つ目の要因はサーベイとマスターデータとのレコードリンケージだ。もし安定したユニークな識別子が全員分，両方のデータソースにあれば，リンケージは簡単だ。だが，Catalist が用いなければならなかったのは不完全な識別子だった。名前，ジェンダー，誕生年，住所である。残念ながら，多くの場合，情報は不完全だったり，不正確だったりする。Homer Simpson という名前の有権者は Homer Jay Simpson や Homie J Simpson あるいは Homer Sampsin でさえあるかもしれない。Catalist のマスターファイルに間違いが含まれている可能性もあるし，レコードリンケージにともなう間違いの可能性もある。にもかかわらず，Ansolabehere と Hersh はさまざまなチェックを通じて自分たちの推定値の正しさについて自信をもつことができた。

に返した（図 3.13）。言い換えると，投票記録データとサーベイデータを結びつけることで個々のデータ単独では不可能だった調査が可能となったのだ。

　Ansolabehere と Hersh はこの統合データファイルから 3 つの重要な知見を得た。第 1 に投票の過大報告が蔓延していること。投票に行かなかった人のほぼ半数が投票したと答えており，投票したと答えた人で実際に投票したのは 80%程度に過ぎなかった。第 2 に過大報告はランダムではないということ。過大報告は高所得・高学歴で，公共的問題に興味のある党派的な人の間でより一般的だった。言い換えると，投票所にもっとも足を運びやすい人々が投票に関してもっとも嘘をつきやすいということだ。第 3 に，これがもっとも重要だが，過大報

告が系統的に行われているために，投票者と非投票者の実際の差はサーベイのみから受ける印象よりも小さいということだ．たとえば学士の学位をもつ人は投票したと答える確率が学位をもたない人より約 22% 高いが，実際に投票する確率はたかだか 10% 程度高いにすぎない．おそらく驚くべきことではないが，資源の差によって投票行動を説明する既存の理論は，実際に誰が投票するかよりも，誰が投票したと報告するか（これが従来研究者の利用できたデータだ）を予測することにはるかに長けているということが判明した．かくして Ansolabehere と Hersh（2012）の経験的発見によって，投票行動を理解し予測する新たな理論の必要性が明らかになったのだ．

　ではこの結果はどの程度信頼すべきだろうか．思い出してほしい．この結果はブラックボックスのデータに紐付けするという，間違いが起きやすいやり方に依存していて，どのくらい誤差があるかもわからない．より具体的にいえば，この結果は 2 つの主要なステップに依存している．それらのステップで必要とされるのは，①多数の異なるデータを集め合わせて，1 つの正確なマスターファイルを作り出す Catalist の技能，②サーベイデータをマスターファイルに結びつける技能だ．それぞれのステップがきわめて難しく，そこで生じる間違いによって研究者は誤った結論に到達してしまう可能性がある．とはいえ，データ処理とデータ統合は Catalist が企業として存続していくうえで不可欠な能力であって，この問題を解決するために，しばしば大学の研究者ではとてもかなわない規模の資源を投資しているはずだ．Ansolabehere と Hersh は論文で，この 2 つのステップの結果を——そのうちいくつかは企業秘密であるにせよ——多くの段階を踏んでチェックしている．彼らの行ったチェックはサーベイデータとブラックボックスのビッグデータを結びつけたいと考えている他の研究者にとっても有益だろう．

　この研究から引き出すことのできる一般的な教訓とは何だろうか．第 1 に，ビッグデータをサーベイデータによって拡張すること，サーベイデータをビッグデータによって拡張すること，この双方に（この研究はどちらともみることができる）莫大な価値があるということだ．2 つのデータを結びつけることで，単独のデータではできなかったことができるようになるのである．一般的な教訓の 2 番目は，Catalist のデータのような集約的商業データを，「グランドトゥルース[9]」

訳注
9) 推測などで得られた情報と比べて，直接的に観察されたなど，より確からしいと考えられる情報のこと．

と考えるべきではないけれども，場合によっては有益たりうるということだ。疑い深い人は，この集約的商業データを「絶対的真理」と比べて，不十分だと指摘することがある。だがこの場合，間違った比較をしているのだ。研究者の用いるどんなデータでも絶対的真理と比べれば不十分だ。そうではなくて集計的商業データと比べるべきは入手可能な別のデータ（たとえば投票行動の自己申告）である。それらのデータにもまた必ず誤りはあるはずである。最後にAnsolabehereとHershの研究の第3の一般的教訓は，場合によっては，多くの民間企業が複雑な社会的データを収集し統合するために行っている巨大な投資から，研究者も恩恵を被りうるということだ。

3.6.2 調査対象拡張法

> 調査対象拡張法とは予測モデルを使って少数の人から得られたサーベイデータを多数の人のビッグデータに結びつけることだ。

サーベイとビッグデータを結びつけるもう1つの方法は私のいう**調査対象拡張法**というプロセスだ。調査対象を広げる際には少数のサーベイデータをビッグデータに結びつける予測モデルを使用する。こうしてそれぞれのデータ単独では不可能であった規模や粒度[10]を備えた推定値を得ることができる。調査対象拡張法の重要な研究例として，貧困国の発展に資するデータを集める目的でなされたJoshua Blumenstockの研究を挙げたい。従来，一般に研究者はこうしたデータを集めるに際して2つの方法のどちらかを用いる必要があった。サンプルサーベイか全数調査かだ。サンプルサーベイはインタビュー対象が少数なので，柔軟に，必要なときに，比較的安価に実行できる。しかしこれらのサーベイはサンプルに依拠しているのでその解像度に限界があることが多い。サンプルサーベイでは，ある特定の地域や特定の人口学的特徴をもった集団に関して推定値を得ることがしばしば困難になる。他方で全数調査はすべての人にインタビューすることをめざしているので，小規模な地域や人口学的集団に対する推定値を得るために用いることができる。しかし全数調査は一般に費用がかかるので調査項目を限定せざるをえず（少数の質問項目しか含まれない），いつでもできるというわけではない（10年ごとなどの定まったスケジュールで行われる）（Kish 1979）。サンプルサーベ

訳 注
10) データの細かさを表す指標のこと。

イか全数調査かにこだわるよりも，両者のもっともよい点を組み合わせることができたらどうなるか考えてみよう．研究者が毎日，あらゆる人にあらゆる質問をできたら，どうなるだろうか．もちろん，このあらゆる場面で常時オンでできるサーベイというのは，一種の社会科学上のファンタジーだ．しかし少数の人々を対象とするサーベイ質問を多数の人のデジタルトレースに結びつけることで，これに近いことが可能になり始めているのだ．

Blumenstock の研究は，ルワンダ最大の携帯電話会社と提携することから始まった．その会社が 2005 年から 2009 年にかけての 150 万人の匿名化された通話記録を提供してくれたのだ．これらの記録には通話とテクストメッセージの開始時間と持続時間の情報，発信者と受信者の近似的な地理情報などが含まれていた．統計学的問題について述べる前に，この最初のステップが多くの研究者にとっては一番難しいだろうと指摘しておきたい．第 2 章で説明したように，ほとんどのビッグデータは研究者にはアクセス不能だからだ．電話のメタデータはとりわけアクセス困難である．というのは，基本的に匿名化が不可能だし利用者がセンシティブと考える情報がほぼ確実に含まれているからだ（Mayer, Mutchler, and Mitchell 2016; Landau 2016）．この事例では，研究者がデータ保護に慎重を期し研究は第三者（つまり，IRB）によって監視されることとした．これら倫理上の問題については第 6 章で詳細に議論することとする．

Blumenstock の関心は富と幸福度を測定することだった．だがこれらは通話記録では直接得られない．言い換えると，この問題関心からすれば通話記録は**不完全**なのだ．第 2 章で詳細に論じたように，これはビッグデータの一般的特徴である．ただし，通話記録が，富と幸福度に関する間接的な情報を含んでいるというのはおそらくありそうなことだ．この可能性を念頭において，Blumenstock は通話記録を用いて人がサーベイにどう答えるかを予測するための機械学習モデルを訓練できないか，と考えた．もしこれが可能なら Blumenstock はこのモデルを用いて，150 万人の携帯電話利用者のサーベイの回答を予測することができるわけだ．

このようなモデルを構築し訓練するために，Blumenstock とキガリ科学技術大学の研究助手は約 1000 人の携帯電話利用者のランダムサンプルに電話をした．プロジェクトの目標について参加者に説明し，サーベイの回答と通話記録を結びつけることについて承諾を請い，「あなたはラジオをもっていますか」とか「あなたは自転車をもっていますか」といった富と幸福度を測定する一連の質問を行った（そのリストの一部については図 3.14 を参照）．サーベイの参加者たちはみ

な，金銭的報酬を受けた。

次に Blumenstock は機械学習で一般的な 2 段階の手続きを用いた。特徴量エンジニアリングと教師付き学習だ。1 番目の**特徴量エンジニアリング**（feature engineering）の段階では，インタビューされた全員について Blumenstock は通話記録をそれぞれの個人に関する特徴の集まりに変換した。データサイエンティストはこれらの特徴を「特徴量」と呼び社会科学者は「変数」という。たとえば，それぞれの個人について，Blumenstock は通話を行った全日数，連絡をとった人の総数，通話にかけた金額などを計算した。重要なのは特徴量エンジニアリングをうまく行うためには調査対象についての知識が必要となるということだ。たとえば国内通話と国際通話を区別することが重要であるとすれば（国際通話をする人はより裕福であると考えられるかもしれない），これは特徴量エンジニアリングの段階で区別されなければならない。ルワンダについてあまり知識のない研究者ではこの特徴量を組み込むことができず，モデルの予測能力が低下することになるかもしれない。

次の**教師付き学習**の段階で Blumenstock は特徴量に基づき個々人のサーベイの回答を予測するためのモデルを構築する。今回の場合，Blumenstock はロジスティック回帰を用いたが，さまざまな他の統計的ないし機械学習のアプローチを用いることもできただろう。

さて，ではこれはどのくらいうまくいったのだろうか。Blumenstock は通話記録から得られた特徴量を用いて「あなたはラジオをもっていますか」とか「あなたは自転車をもっていますか」といったサーベイの質問の回答を予測することができたのだろうか。予測モデルの性能を評価するために，Blumenstock が用いたのは**クロスバリデーション**だ。これはデータサイエンスでは一般的だが，社会科学では滅多に用いられない手法である。クロスバリデーションの目標は，それぞれ異なる部分データを用いて，モデルの訓練と検証を別々に行うことで，モデルの予測能力を公平に評価することにある。具体的には，Blumenstock はデータを 100 人ごとの 10 のかたまりに分割した。それからモデルの訓練に 9 個のかたまりを使い，残りの 1 つで訓練モデルの予測性能を評価した。そして，この手続きを 10 回繰り返し——10 分割されたデータの 1 つずつが一度は検証用データとなる——結果を平均したのだ。

特定の項目については予測の正確性は高かった（図 **3.14**）。たとえば，Blumenstock はある人がラジオをもっているかどうかを 97.6% の正確性で予測できた。これはすごいことに聞こえるかもしれないが，複雑な予測法の性能は単

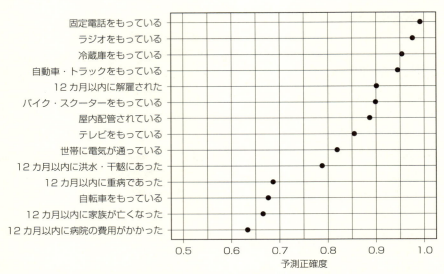

図 3.14 通話記録で訓練された統計モデルの予測正確度　Blumenstock（2014）の表 2 より。

純な方法と比較して考えることが常に重要だ．たとえば 97.3% の回答者がラジオをもっていると答えているので，もし Blumenstock が全員がラジオをもっていると答えると予測すれば，正確度は 97.3% となり，より複雑な方法の性能と驚くほど近いということになる．言い換えると，高度なデータとモデリングを駆使しても予測の正確度は 97.3% から 97.6% に上がっただけだ．しかし「自転車をもっていますか」のような別の質問だと予測は 54.4% から 67.6% に改善される．より一般的には，図 3.15 が示しているように，ある種の項目については単純なベースライン予測を大して上回っていないが，ある種の項目ではある程度の改善がみられた．だがこの結果だけをみると，この方法が特別うまくいく見込みがあるとは思えないかもしれない．

　しかし1年後に Blumenstock と2人の共同研究者，Gabriel Cadamuro と Robert On が『サイエンス』誌に載せた論文（Blumenstock, Cadamuro, and On 2015）では，結果が明確に改善していた．この改善には主たる技術上の理由が2つある．①より洗練された方法を使ったこと（すなわち，特徴量エンジニアリングについての新たな方法と特徴量から回答を予測するためのより洗練されたモデル），②個別の質問項目（たとえば，「あなたは何をもっていますか」）の回答の推測ではなく，総合的な富の指標を推測しようとしたこと，である．この技術的改善により彼らは通話記録を用いてサンプル内の人々の富をうまく予測できるようになったとい

図 3.15　通話記録によって訓練された統計モデルと単純なベースライン予測の予測正確度の比較　点は重なりを防ぐため若干散らばしてある。Blumenstock（2014）の表 2 より。

うことだ。

　だがサンプル内の人々の富の予測は研究の最終目標ではなかった。思い出してほしい。彼らの最終目標はサンプルサーベイと全数調査のもっともよい点を組み合わせて発展途上国の貧困について正確かつ高解像度の推定値を得ることだった。この目標を達成できるかどうかを検討するために，Blumenstock たちは彼らのモデルとデータを用いて通話記録のある 150 万の人々の富を予測した。さらに彼らは通話データに埋め込まれた地理空間情報を用いて（データには個々の通話のもっとも近い基地局の場所が含まれていたことを思い出そう）各個人の居住地の近似地点を推定した（図 3.16）。この 2 つの推定値を合わせることで，Blumenstock たちはきわめて細かな空間的粒度で，携帯電話利用者の富の地理的分布の推定値を得ることができた。たとえば，ルワンダの 2148 セル（この国の最小の行政単位）のそれぞれにおける平均的富が推定可能となった。

　この推定値はこれらの地域の実際の貧困レベルとどのくらい一致しているだろうか。この問いに答える前に，疑いをもつべきたくさんの理由があるということを強調しておきたい。たとえば個人レベルの予測を行う性能はかなりノイズをはらんでいる（図 3.17）。そしておそらくもっと重要なのは，携帯電話をもつ人々は携帯電話をもたない人々と系統的に異なっている可能性があるということだ。

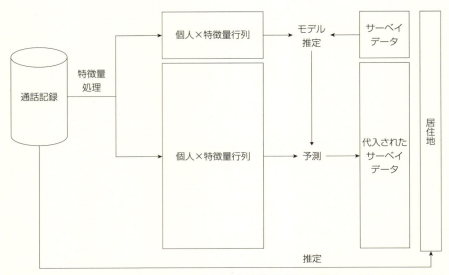

図 3.16 Blumenstock, Cademuro, and On（2015）の研究の図式　　携帯電話会社の通話記録は各人を行，各特徴量（つまり，変数）を列とする行列へと変換された。次に，研究者たちは個人特徴量行列からサーベイ回答を予測する教師付き学習モデルを作成した。そして，教師付き学習モデルを用いて，150 万人の携帯電話利用者のサーベイ回答を代入した。通話位置に基づいて 150 万人の利用者の居住地の近似的地点も推定した。この 2 つの推定値——富の推定値と居住地の推定値——を組み合わせた結果は，参照基準たる伝統的サーベイの調査から得られた推定値と近似していた。

　つまり，Blumenstock たちの研究には前に述べた 1936 年のリテラリーダイジェストのサーベイと同じようなカバレッジ誤差が存在するかもしれない。

　推定値の質について感触を得るためには，Blumenstock たちはこれを別の何かと比較する必要があった。幸い，彼らの調査と同時期に別の研究者たちのグループがルワンダでより伝統的な社会サーベイを行っていた。このサーベイは——広く定評のある「人口保健調査」プログラムの一部であったので——大規模な予算がついており，質の高い伝統的方法を用いることが可能だった。そのため，「人口保健調査」から得られる推定値は参照基準となる推定値と考えてもよい。2 つの推定値を比較すると両者はきわめて近似していた（図 3.17）。言い換えると，小規模のサーベイデータと通話記録を結びつけることで，Blumenstock たちは参照基準となる方法から得られたものに匹敵する推定値を得ることができたのだ。

　疑い深い人はこの結果を期待はずれだと思うかもしれない。結局のところ，1 つの見方としては，Blumenstock たちがビッグデータと機械学習を用いてでき

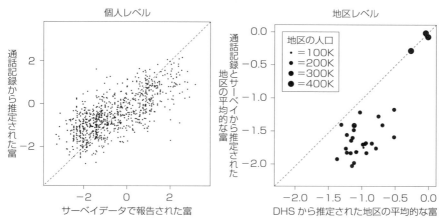

図 3.17 Blumenstock, Cademuro, and On (2015) の結果　個人レベルでは，通話記録からの人々の富の予測はそれなりという程度だった。ルワンダの30の郡レベルの富の推定値——富と居住地の個人レベルの推定値に基づいた推定値——は参照基準たる伝統的サーベイの人口保健調査（DHS）と近似していた。Blumenstock, Cademuro, and On (2015) の図1aと3cより。

たことといえば，より信頼性の高い既存の方法で得られるはずのものと同じ推定を得ただけだという見方もありうる。だが，私はこの研究についてそのように考えるのは間違っていると思う。2つ理由がある。1つは Blumenstock たちの推定は10倍速く50倍安価（コストを変動費用で測った場合）だ。この章の最初で述べた通り，コストの問題を無視するのは危険である。たとえばこの場合，コストの劇的な削減が意味するのは，「人口保健調査」の基準である数年に一度ではなく，毎月こうしたサーベイを行うことができるということだ。これは研究者と政策立案者にとって莫大な便益をもたらすだろう。懐疑的な見方をとるべきでない第2の理由としては，この研究にはさまざまな異なる研究状況に適用可能な基本的レシピが含まれているということだ。このレシピに含まれるのは2つの要素と2つのステップだけである。要素としては①大きいけれど薄いビッグデータ（つまり，多くの人の情報はあるが個々人についての必要な情報がない），②小さいけれど濃いサーベイ（つまり，少数の人々しか参加していないがその人々に対する必要な情報が含まれている），の2つだ。この要素が2つのステップで組み合わされる。最初に，両方のデータに存在する人々について，サーベイの回答を予測するために，デジタルトレースデータを用いて機械学習モデルを作る。次にそのモデルを用いてビッグデータに含まれるすべての人のサーベイの回答を推定する。このように，もしあなたがたくさんの人に尋ねたい質問があるなら，その回答を予測す

るために利用できるかもしれないビッグデータを探すことだ。たとえあなたがそのビッグデータそれ自体に興味がないとしてもだ。つまり，Blumenstockたちは通話記録そのものに関心があるわけではなかった。彼らが通話記録に関心をもったのは，彼らの知りたいサーベイの回答の予測に利用可能だったからにすぎない。この点——ビッグデータに間接的な関心しかもたないこと——が，先に説明した測定項目増加法との相違だ。

　結論として，Blumenstockたちの調査対象拡張法ではサーベイデータと通話データが結びつけられて参照基準のサーベイに匹敵する推定が得られた。この具体的事例から，調査対象拡張法と伝統的サーベイ法との間に存在するいくつかのトレードオフも明らかになる。調査対象拡張法を用いた推定では，調査時期をより自由に設定でき，かなりの程度安価でしかも粒度も高い。しかし他方でこの種の調査対象拡張法については強力な理論的裏付けがまだない。この単独の事例だけではこの方法がどんな場合にうまくいき，どんな場合にうまくいかないのかを明らかにすることはできないし，この方法を用いる研究者はビッグデータに誰を含め——そして誰を含めないか——によって生じうるバイアスについて特に注意する必要がある。さらに調査対象拡張法には推定値の不確実性を量的に見積もるためのよい方法がまだ存在しない。幸いにも，調査対象拡張法は統計学の3つの大きな領域と深い関係がある。小地域推定（Rao and Molina 2015），代入（Rubin 2004），モデルによる事後層化（これ自体，この章の前半で論じたミスターPの方法と密接に関係している）（Little 1993），だ。このような深い関係性があるために，調査対象拡張法の基礎づけの多くはまもなく提供されると私はみている。

　最後に，Blumenstockの最初の研究を2番目の研究と比較することでもデジタル時代の社会調査について重要な教訓が得られる。はじまりは終わりではないということだ。つまり多くの場合，はじめにとられるアプローチはベストではない。だが引き続き努力すれば事態は改善しうる。より一般的には，デジタル時代の社会調査に関する新たなアプローチを評価するに際しては，2つの異なる評価を行うことが重要だ。①この研究は現在どのくらいうまくいっているか，②データについての見込みが変化したり，研究者がこの問題により注意を向けるようになった場合に，将来この研究はどのくらいうまくいくか。研究者は1番目の（ある具体的な研究がどのくらいうまくいってるかという）評価を行うよう訓練されているものだが，2番目の評価の方がより重要であることが多い。

3.7 結論

アナログ時代からデジタル時代への移行によりサーベイ調査を行う研究者にとって新たな機会が生じつつある。この章ではビッグデータはサーベイに取って代わるものではないし，大量のビッグデータはサーベイの価値を——減少させるのではなく——増大させるのだ，と論じた（3.2節）。次に，サーベイ調査の最初の2期を通じて開発された総調査誤差のフレームワークを説明し，これが第3期のアプローチを発展させ評価するのにも役立ちうるとした（3.3節）。私が刺激的な機会があると考えている3つの領域とは，①非確率サンプリング（3.4節），②コンピュータ記入式インタビュー（3.5節），③サーベイとビッグデータのリンク（3.6節）である。サーベイ調査は技術と社会の変化に応じて，常に進化している。私たちは過去の知恵から学び続けつつ，この進化を肯定的に受け入れるべきなのだ。

数学ノート
Mathematical notes

この付録では，この章の議論のいくつかを少しだけ数学的な形で説明しよう。目的は，サーベイ研究者の用いる記法や数学的枠組みになじんでもらって，あなたがこのトピックに関する専門的文献に移れるようにすることだ。まず確率サンプリングについて紹介し，次に無回答のある確率サンプリング，最後に非確率サンプリングについて論じよう。

確率サンプリング

例として，米国の失業率を推定することを考えよう。$U = \{1, \ldots, k, \ldots, N\}$ を目標母集団とし，y_k を個人 k の結果変数の値とする。この例では，y_k は個人 k が失業しているかどうかを表している。失業していれば1，していないと0となる。最後に，$F = \{1, \ldots, k, \ldots, N\}$ をフレーム母集団とする。単純のため，フレーム母集団は目標母集団と同一と仮定しよう。

基本のサンプリングデザインは非復元単純ランダムサンプリングだ。この場合，各個人はサンプル $s = \{1, \ldots, i, \ldots, n\}$ に等確率で含まれることになる。データがこのサンプリングデザインで収集された場合，研究者はサンプル平均から母集団失業率を推定できる。つまり，

$$\hat{\bar{y}} = \frac{\sum_{i \in s} y_i}{n} \tag{3.1}$$

で，ここで $\bar{y}$ は母集団失業率で $\hat{\bar{y}}$ は失業率の推定値である（＾は普通，推定量を示すために使われる）。

実際には，非復元単純ランダムサンプリングが用いられることはめったにない。いろいろな理由（そのうちの1つはすぐに説明する）から，研究者は包含確率が等しくないサンプルを作ることが多い。たとえば，カリフォルニア住民よりもフロリダ住民の方が高い確率で含まれるようにするなどだ。包含確率が等しくない場合，

$$\hat{\bar{y}} = \frac{1}{N} \sum_{i \in s} \frac{y_i}{\pi_i} \tag{3.2}$$

が用いられる。ここで，$\hat{\bar{y}}$ は失業率の推定値で π_i は個人 i の包含確率である。標準的なやり方に従って，式 3.2 を Horvitz-Thompson 推定量と呼ぼう。Horvitz-Thompson 推定量は，どんな確率サンプリングデザインでも不偏推定値を算出してくれるのでたいへん便利だ。Horvitz-Thompson 推定量はたびたび現れるので，次のように書き換えておくとよい。

$$\hat{\bar{y}} = \frac{1}{N} \sum_{i \in s} w_i y_i \tag{3.3}$$

ここで $w_i = 1/\pi_i$ である。式 3.3 からわかるように，Horvitz-Thompson 推定量は重みが選択確率の逆数となる重み付きサンプル平均だ。言い換えると，サンプルに入る確率の低い個人は，推定でより大きな重み付けを得ることになる。

先ほど述べたように，研究者は包含確率が等しくないサンプルをしばしば作る。包含確率が等しくないデザインの例としては，**層化サンプリング**がある。これは**事後層化**という推定手続きと密接に関係しているため，理解しておくことが重要だ。層化サンプリングでは，目標母集団が相互に排他的で網羅的な H 個の集団に分けられる。これらの集団を**層**といい，$U_1, \ldots, U_h, \ldots, U_H$ で表す。この例では，層は州だ。集団のサイズは $N_1, \ldots, N_h, \ldots, N_H$ で表す。層化サンプリングを用いるのは，各州について十分な量の住民がサンプルに含まれるようにして，州ごとの失業推定ができるようにするためだ。

母集団が層に分けられた後に，それぞれの層から独立に，サイズ n_h の非復元単純ランダムサンプルが選ばれると仮定しよう。さらに，サンプルに選ばれる個人はみな回答者になる（次節で無回答の扱いをみる）と仮定しよう。この場合，包含確率は，

$$\text{すべての } i \in h \text{ に関して，} \pi_i = \frac{n_h}{N_h} \tag{3.4}$$

となる。この確率は個人ごとに異なりうるため，このサンプリングデザインで推定するときには，Horvitz-Thompson 推定量（式 3.2）を用いて，各回答者を包含確率の逆数で重み付けする必要がある。

Horvitz-Thompson 推定量は不偏推定量であるが，サンプルと付加情報を組み合わせることで，より正確な（すなわち，分散が小さい）推定値を得ることができる。完全な確率サンプリングであってもこのことが可能だということに驚く人もいるかもしれない。この付加情報を使う方法はとりわけ重要だ。後で説明するように，無回答のある確率サンプルや非確率サンプルから推定値を得るためには，付加情報が決定的となるからだ。

付加情報を活用するためによく使われる方法が**事後層化**だ。たとえば，50 州それぞれの男女の数を知っているとしよう。その集団のサイズを $N_1, N_2, \ldots, N_{100}$ で表す。この付加情報をサンプルと組み合わせるため，サンプルを H 個の集団（この場合は 100）に分割して，各集団について推定をし，これら集団平均の重み付き平均を計算すると，

$$\hat{\bar{y}}_{post} = \sum_{h \in H} \frac{N_h}{N} \hat{\bar{y}}_h \tag{3.5}$$

となる。おおまかにいえば，式 3.5 の推定量はより正確である可能性が高い。バランスのとれていないサンプルが選ばれてしまった場合に既知の母集団情報（N_h）を使って，推定値を修正できるからだ。事後層化はデータがすでに集まった後で層化を近似するようなものだとも考えられる。

結論しよう。この節では，いくつかのサンプリングデザインを説明した。単純な非復元ランダムサンプリング，包含確率の異なるサンプリング，層化サンプリングだ。推定について 2 つの主なアイデアについても説明した。Horvitz-Thompson 推定量と事後層化だ。よりフォーマルな確率サンプリングデザインの定義については，Särndal, Swensson, and Wretman（2003）の第 2 章を参照してほしい。層化サンプリングのよりフォーマルで完全な議論については，Särndal, Swensson, and Wretman（2003）の 3.7 節を読むといい。Horvitz-Thompson 推定量の性質についての専門的説明は，Horvitz and Thompson（1952），Overton and Stehman（1995），ないし Särndal, Swensson, and Wretman（2003）の 2.8 節にある。事後層化のよりフォーマルな議論については，Holt and Smith（1979），Smith（1991），Little（1993），あるいは Särndal, Swensson, and Wretman（2003）の 7.6 節を参照のこと。

無回答のある確率サンプリング

ほぼすべての現実のサーベイには無回答がある。つまり，サンプル集団の全員がすべての質問に答えてくれるわけではないのだ。無回答には主に 2 種類ある。**項目無回答**と**単位無回答**だ。ある回答者がある項目に答えていない場合（たとえば，回答者がセンシティブだと感じる質問には答えたくない場合），項目無回答となる。サンプル集団に選ばれた人がサーベイにまったく回答しない場合が，単位無回答だ。単位無回答のよくある理由の 2 つは，サンプルされた個人にコンタクトできなかったか，またはコンタクトできたが参加を拒まれたかである。この節では，単位無回答に焦点をあてる。項目無回答に興味のあ

る読者は Little and Rubin (2002) を参照してほしい。

　研究者はしばしば，単位無回答のあるサーベイを 2 段階のサンプリング過程として考える。第 1 段階では，研究者は各個人が包含確率 π_i（ここで $0 < \pi_i \leq 1$）をもつようにサンプル s を選択する。そして，第 2 段階では，サンプルに選ばれた個人が確率 ϕ_i（ここで $0 < \phi_i \leq 1$）で回答する。この 2 段階過程により，回答者 r の集合が最終的に得られる。この 2 つの段階の大きな違いは，サンプルの選択過程はコントロールできるが，サンプルされた個人のうち誰が回答者になるかはコントロールできないという点にある。この 2 つの過程を合わせると，誰かが回答者になる確率は，

$$\Pr(i \in r) = \pi_i \phi_i \tag{3.6}$$

となる。単純のため，元のサンプルデザインが単純な非復元ランダムサンプリングの場合を考えよう。n_r 人の回答者を生み出すことになるサイズ n_s のサンプルを選択し，無回答を無視して回答者の平均を用いた場合，推定値のバイアスは，

$$\text{サンプル平均のバイアス} = \frac{cor(\phi, y) S(y) S(\phi)}{\bar{\phi}} \tag{3.7}$$

となる。ここで $cor(\phi, y)$ は回答傾向と結果（たとえば，失業状態）との母集団相関，$S(y)$ は結果（たとえば，失業状態）の母集団標準偏差，$S(\phi)$ は回答傾向の母集団標準偏差，$\bar{\phi}$ は母集団平均回答傾向である（Bethlehem, Cobben, and Schouten 2011, 2.2.4 節）。

　式 3.7 は，次の条件のどれかが満たされる場合のみ，無回答はバイアスをもたらさないということを示している。その条件とは，

・失業状態についてばらつきが存在しない（$S(y) = 0$），
・回答傾向にばらつきが存在しない（$S(\phi) = 0$），
・回答傾向と失業状態の間に相関がない（$cor(\phi, y) = 0$），

のどれかである。

　残念ながら，これらの条件のどれも満たされそうにない。失業状態や回答傾向にばらつきがないというのはおそらくありえないだろう。そこで，式 3.7 の鍵となる項は相関 $cor(\phi, y)$ の項となる。たとえば，失業者の方がより回答する傾向があるとすれば，推定された失業率は上方にバイアスがかかることになる。

　無回答があるときに推定を行うコツは付加情報を使うことだ。たとえば，付加情報を使う 1 つの方法は事後層化である（上の式 3.5 を思い出そう）。事後層化推定量のバイアスは，

$$bias(\hat{\bar{y}}_{post}) = \frac{1}{N}\sum_{h=1}^{H}\frac{N_h cor(\phi,y)^{(h)}S(y)^{(h)}S(\phi)^{(h)}}{\bar{\phi}^{(h)}} \qquad (3.8)$$

となる。ここで $cor(\phi,y)^{(h)}$, $S(y)^{(h)}$, $S(\phi)^{(h)}$, $\bar{\phi}^{(h)}$ は上で定義したものと同様だが,集団 h の人々に限定している (Bethlehem, Cobben, and Schouten 2011, 8.2.1 節)。ここからわかるように,各事後層化集団のバイアスが小さければ,全体のバイアスも小さくなる。各事後層化集団のバイアスを小さくするには2つの方法が考えられる。第1に,回答傾向と結果のばらつきがほとんどないような ($S(\phi)^{(h)} \approx 0$ かつ $S(y)^{(h)} \approx 0$) 同質な集団を作り出すようにすること。第2に,回答してくれる人と回答してくれない人がよく似ている ($cor(\phi,y)^{(h)} \approx 0$) 集団を作り出すこと。式3.7と3.8を比べれば,事後層化で無回答のバイアスを小さくするための条件がわかるはずだ。

結論しよう。この節では,無回答のある確率サンプリングのモデルを説明し,事後層化調整がある場合とない場合それぞれで,無回答が生み出すバイアスがどうなるかについて示した。Bethlehem (1988) はより一般的なサンプリングデザインでの無回答の生み出すバイアスについて導出している。事後層化を使って無回答を調整する方法についてより詳しくは,Smith (1991) と Gelman and Carlin (2002) を参照してほしい。事後層化はカリブレーション推定量というより一般的な方法の一部である。これについては,論文として Zhang (2000),書籍として Särndal and Lundström (2005) がある。無回答を調整するその他の重み付け法についてより詳しくは,Kalton and Flores-Cervantes (2003),Brick (2013),Särndal and Lundström (2005) を参照してほしい。

非確率サンプリング

非確率サンプリングのデザインには,膨大なバリエーションがある (Baker et al. 2013)。Wang たちによる (Wang et al. 2015) Xbox ユーザーのサンプルを特に取り上げると,このサンプルは,サンプリングデザインの中心を π_i (研究者が決める包含確率) ではなく,ϕ_i (回答者の回答傾向) としたサンプルとみなすことができる。もちろん,ϕ_i については知りようがないので,これは理想的なやり方ではない。だが,Wang たちが明らかにしているように,この種のオプトインサンプルは——大きなカバレッジ誤差のある抽出枠組みから得られた場合でさえ——,研究者が問題にうまく対処できるよう,適切な付加情報を利用して適切な統計モデルを用いれば,必ずしもひどい結果になるとは限らない。

Bethlehem (2010) は,無回答誤差とカバレッジ誤差の双方を含めるために,事後層化についての先の結果の多くを拡張している。事後層化に加えて,非確率サンプル——そ

訳注 ●

11) Xbox のゲーミングシステムなどのシステム上で広く募集をし,応じた回答者だけがサーベイに参加するという形で得られたサンプルのこと。

してカバレッジ誤差と無回答のある確率サンプル——に対処するための方法として，サンプルマッチング（Ansolabehere and Rivers 2013; Bethlehem 2016），傾向スコア重み付け（Lee 2006; Schonlau et al. 2009），カリブレーション（Lee and Valliant 2009）などがある。これらの方法に共通するのは，付加情報の利用だ。

読書案内
What to read next

- **イントロダクション（3.1 節）**

  この章の多くのテーマは Dillman（2002），Newport（2011），Santos（2014），Link（2015）など，米国世論調査学会（AAPOR）の最近の会長講演でも扱われている。

  サーベイ調査とインデプスインタビューとの違いについてより詳しくは Small（2009）をみてほしい。インデプスインタビューと関連するアプローチとしてエスノグラフィがある。エスノグラフィでは，研究者は通常，自然な環境で対象者とはるかに多くの時を過ごすことになる。エスノグラフィとインデプスインタビューの違いについて詳しくは，Jerolmack and Khan（2014）を参照のこと。デジタルエスノグラフィについては，Pink et al.（2015）を読んでほしい。

  サーベイ調査の歴史についての私の説明は短すぎたので，歴史上生じたたくさんの刺激的な展開について含めることができなかった。より詳しい歴史的背景については，Smith（1976），Converse（1987），Igo（2008）を参照してほしい。サーベイ調査を画する 3 つの時代という考えについては，Groves（2011）と Dillman, Smyth, and Christian（2008）（3 つの時代をやや違う形で分けている）をみてほしい。

  Groves and Kahn（1979）は，対面式サーベイと電話サーベイとを細かく突き合わせて比較しており，サーベイ調査の第 1 時代から第 2 時代への移行の内幕を垣間見せてくれる。Brick and Tucker（2007）はランダムデジットダイヤリングによるサンプリング法の歴史的発展を振り返っている。

  社会の変化に対応してサーベイ調査が過去どのように変化してきたかについてより詳しくは，Tourangeau（2004），Mitofsky（1989），Couper（2011）をみてほしい。

- **質問すること vs. 観察すること（3.2 節）**

  質問することと観察することそれぞれの長所と短所については心理学者（たとえば Baumeister, Vohs, and Funder 2007）や社会学者（たとえば，Jerolmack and Khan 2014; Maynard 2014; Cerulo 2014; Vaisey 2014）による論争がある。質問することと観察することとの違いは経済学でも問題となる。経済学者はこれを表明選好と顕示選好といっている。たとえば，これは，アイスクリームを食べるのとジムに行くのとどちらがよいかを回答者に聞く（表明選好）のと人々がどのくらいアイスクリームを食べ，どのくら

いジムに行くかを観察すること（顕示選好）の違いだ。Hausman (2012) に説明されているように，経済学では，ある種の表明選好に非常に懐疑的である。

以上の論争の主たるテーマは，報告された行動は常に正確とは限らないということだ。だが，第2章で説明したように，ビッグデータだって正確とは限らない。興味対象のサンプルについて集められたものではないかもしれないし，研究者がアクセスできないかもしれない。だから，私としては，状況次第では，報告された行動も役に立つと思う。さらに，論争の2つ目のテーマは，感情，知識，期待，意見についての報告は常に正しいとは限らないということだ。だが，行動を説明するためにせよ，説明すべき対象とするにせよ，これらの心の中の状態について情報が必要なら，質問することが適切な手段であろう。もちろん，質問することで心の中の状態について知ることがうまくいかない場合もある。ときに回答者自身が自分の心の中の状態について気づいていないこともあるからだ (Nisbett and Wilson 1977)。

● 総調査誤差フレームワーク（3.3節）

Grove (2004) の第1章は，サーベイ調査者がときに一貫せずに用いている用語法をうまくまとめて総調査誤差フレームワークを解説した素晴らしい仕事だ。総調査誤差フレームワークについての1冊まるごとの解説は，Groves et al. (2009=2011) を，歴史的概観は，Groves and Lyberg (2010) を参照してほしい。

誤差をバイアスとバリアンスに分解するという考え方は機械学習でも言及されている。たとえば，Hastie, Tibshirani, and Friedman (2009=2014) を参照のこと。そこで，「バイアス-バリアンス」トレードオフという考え方も出てくる。

代表性に関しては，「社会科学的調査での無回答に関する全米研究評議会報告——リサーチアジェンダ（National Research Council 2013）」が，無回答とそこから生じるバイアスの問題について素晴らしい入門となっている。Groves (2006) も全体を概観するのに役立つ。『公的統計（*Journal of Official Statistics*）』雑誌，『季刊世論（*Public Opinion Quarterly*）』，『政治社会科学米国アカデミー年報（*Annals of the American Academy of Political and Social Science*）』の全号特集でも無回答について扱われている。最後になるが，回答率を計算する方法は実はさまざまである。これらの方法は，米国世論調査学会（AAPOR）(2016) の報告書で詳しく解説されている。

1936年のリテラリーダイジェストの世論調査については，Bryson (1976)，Squire (1988)，Cahalan (1989)，Lusinchi (2012) をみてほしい。この世論調査を便宜的データ収集に対して警告する寓話として扱う別の議論については，Gayo-Avello (2011) を参照してほしい。1936年に George Gallup はより洗練されたサンプリング法を使って，はるかに小さいサンプルでより正確な推定値を得ることができた。リテラリーダイジェストに対する Gallup の勝利は，Converse (1987) の第3章，Ohmer (2006) の第4章，Igo (2008) の第3章で説明されている通り，サーベイ調査の発展の一里塚となった。

140　第3章　質問をする

　測定については，Bradburn, Sudman, and Wansink（2004）が調査票を設計するにあたって最初に参照すべき優れた資料だ。より進んだ議論については，態度に関する質問に特に焦点をあてた Schuman and Presser（1996）やもっと一般的な Saris and Gallhofer（2014）がある。心理統計では，Rust and Golombok（2009）の説明にあるように，測定について少し異なったアプローチがとられている。プリテストについてより詳しくは，Presser and Blair（1994），Presser et al.（2004），Groves et al.（2009=2011）の第 8 章で学ぶことができる。サーベイ実験についてより詳しくは，Mutz（2011）を読んでほしい。

　調査コストについては，サーベイコストとサーベイ誤差とのトレードオフを扱った古典的な 1 冊として Groves（2004）を挙げておきたい。

● 誰に質問するか（3.4 節）

　標準的な確率サンプリングと推定については古典的な著書を 2 つ挙げたい。Lohr（2009）（より入門的）と Särndal, Swensson, and Wretman（2003）（より上級者向け）だ。事後層化とそれに関連する方法論についての古典的な本は Särndal and Lundström（2005）である。デジタル時代には，無回答者の情報をかなりの程度知ることができるが，これは以前はほとんどできなかったことだ。Kalton and Flores-Cervantes（2003）や Smith（2011）が説明している通り，無回答者の情報があれば，いろいろな無回答の調整法が可能になる。

　Wang et al.（2015）の Xbox を使った研究では，マルチレベル回帰と事後層化（「ミスター P」）を組み合わせた方法が用いられている。これにより，非常にたくさんの集団がある場合でも集団平均を推定できる。この方法の推定値の質については議論があるが，将来性のある研究の方向性だといえよう。この方法は当初，Park, Gelman, and Bafumi（2004）で使われて，以後も使用例が続き，論争になった（Gelman 2007; Lax and Phillips 2009; Pacheco 2011; Buttice and Highton 2013; Toshkov 2015）。個人の重み付けと集団の重み付けとの関係についてより詳しくは，Gelman（2007）をみてほしい。

　ウェブサーベイの重み付けについて別のアプローチについては，Schonlau et al.（2009），Bethlehem（2010），Valliant and Dever（2011）を参照してほしい。オンラインパネルは確率サンプリングのことも非確率サンプリングのこともある。オンラインパネルについてより詳しくは，Callegaro et al.（2014）をみてほしい。

　確率サンプルと非確率サンプルから同じくらいの質の推定値が得られるとの知見もあれば（Ansolabehere and Schaffner 2014），非確率サンプルの方が劣っているという知見もある（Malhotra and Krosnick 2007; Yeager et al. 2011）。このような違いが生まれる理由として考えられるのは，非確率サンプルが次第に改良されつつあるということだ。非確率サンプリング法のより悲観的な見方としては，非確率サンプリングに関する AAPOR タスクフォースの報告（Baker et al. 2013）を読んでほしい。この報告書につ

けられたコメンタリも読むことをおすすめする。

- **新しい質問の仕方（3.5 節）**

『サーベイインタビューの未来を構想する（*Envisioning the Survey Interview of the Future*）』（Conrad and Schober 2008）という編著では，質問するという方法の今後についていろいろな観点から議論されている。Couper（2011）も同様のテーマを扱っている。Schober et al.（2015）は新たな状況に応じたデータ収集法がどのようにして質の高いデータを生み出しうるかについての好例だ。Schober and Conrad（2015）は社会の変化に合わせてサーベイ調査のプロセスを調整していくことに関して，より一般的な見地から議論している。

Tourangeau and Yan（2007）はセンシティブな質問での社会的望ましさバイアスの問題をレビューしている。Lind et al.（2013）は，人がコンピュータ記入式インタビューではよりセンシティブな情報を提供してくれるのはなぜかについて，ありそうな理由のいくつかを考えている。サーベイへの参加率を上げるための人間のインタビュアーの役割についてより詳しくは，Maynard and Schaeffer（1997），Maynard, Freese, and Schaeffer（2010），Conrad et al.（2013），Schaeffer et al.（2013）を参照してほしい。混合モードを用いたサーベイについては，Dillman, Smyth, and Christian（2014）をみてほしい。

Stone et al.（2007）は 1 冊まるごと生態学的経時的評価法とその関連手法について説明をしている。

サーベイを参加者にとってより楽しく価値ある体験とするためのアドバイスについては調整設計法（Tailored Design Method）に関する研究（Dillman, Smyth, and Christian 2014）を参照してほしい。社会科学のサーベイに Facebook アプリを使う別の興味深い例として，Bail（2015）がある。

- **ビッグデータにサーベイを結びつける（3.6 節）**

Judson（2007）はサーベイと行政記録を組み合わせるプロセスを「情報統合（information integration）」として説明して，この方法の利点を論じ，いくつかの例を挙げている。

測定項目増加法については，投票行動の妥当性を確かめる試みが以前から多くあった。文献のレビューについては，Belli et al.（1999），Ansolabehere and Hersh（2012），Hanmer, Banks, and White（2014），Berent, Krosnick, and Lupia（2016）がある。Berent, Krosnick, and Lupia（2016）は，Ansolabehere and Hersh（2012）の結果についてより懐疑的な見方を示している。

Ansolabehere and Hersh（2012）は Catalist のデータの質の高さに鼓舞されて研究を進めたが，商用業者のデータの質についてはより冷めた見方もある。Pasek et al.（2014）はサーベイデータと比べると，Marketing Systems Group の消費者ファイル

（それ自体，Acxiom, Experian, InfoUSA という3つの業者のデータを統合したもの）の質はあまりよくないことを発見した．データファイルは研究者が正しいと考えるサーベイの回答と一致していなかったし，消費者ファイルにはたくさんの質問項目で無回答が含まれていたし，無回答のパターンは回答された項目の値と相関していた（言い換えると，データ欠損はランダムではなく，系統的だった）．

サーベイと行政データのレコードリンケージについてより詳しくは，Sakshaug and Kreuter（2012）と Schnell（2013）を参照してほしい．レコードリンケージ一般については，Dunn（1946）と Fellegi and Sunter（1969）（歴史的），Larsen and Winkler（2014）（現代的）がある．同じような方法がコンピュータサイエンスでも開発されており，データ重複除去，インスタンス同定，名寄せ，重複検出，重複レコード検出などと呼ばれている（Elmagarmid, Ipeirotis, and Verykios 2007）．個人特定情報を伝送する必要のない，プライバシーを保護するレコードリンケージの方法もある（Schnell 2013）．Facebook の研究者は Facebook の記録と投票行動を確率的に結びつける方法を開発した（Jones et al. 2013）．この方法は第4章で説明するある実験を評価するために使われた（Bond et al. 2012）．レコードリンケージの同意を得ることについてより詳しくは，Sakshaug et al.（2012）を参照してほしい．

大規模社会サーベイと政府行政記録を結びつける別の例としては，「健康と退職に関する調査（Health and Retirement Survey）」と社会保障局の記録を結びつけたものがある．同意を得る手続きに関する情報も含め，この研究についてより詳しくは Olson（1996, 1999）を読んでほしい．

さまざまな行政記録を1つのマスターデータファイルにまとめるプロセス——Catalist の用いたプロセス——は政府の統計局でよく用いられている．スウェーデン統計局の2人の研究者がこのトピックについて詳しく論じた本を書いている（Wallgren and Wallgren 2007）．米国のとある郡（メイヨー病院のあるミネソタ州，オルムステッド郡）でこの方法が使われた事例については，Sauver et al.（2011）をみてほしい．行政記録に含まれうる誤りについてより詳しくは，Groen（2012）を参照のこと．

サーベイ調査でビッグデータを活用しうるもう1つの方法は，ある特定の属性をもつ人々に対するサンプリングフレームとして使うことだ．残念ながら，この方法にはプライバシーに関する疑念がある（Beskow, Sandler, and Weinberger 2006）．

調査対象拡張法については，私の説明を読んで，最新の手法だと思われたかもしれないが，実際はそうでもない．この方法は，統計学の3つの大きな研究分野と深い関係がある．モデルに基づく事後層化（Little 1993），代入（Rubin 2004），小地域推定（Rao and Molina 2015）だ．医学研究での代理変数の利用（Pepe 1992）とも関係している．

Blumenstock, Cadamuro, and On（2015）の研究のコストと時間の見積もりでは，変動費用（追加的サーベイ1回あたりのコスト）は含まれているが，通話データをクリーニングし処理するコスト等の固定費用は含まれていない．一般的にいって，調査対象拡張法ではデジタル実験（第4章を参照）と同じように，固定費用は高く，変動費用

は低くなるだろう。発展途上国での携帯電話を用いたサーベイについてより詳しくは，Dabalen et al. (2016) をみてほしい。

　調査対象拡張法をうまく行うために，多重代入法についてもっと知っておくことをおすすめする（Rubin 2004）。さらに，調査対象拡張法を行うにあたり，個人レベルの特性よりも集計値に関心があるなら，King and Lu（2008）と Hopkins and King（2010）の方法が役に立つかもしれない。最後に，Blumenstock, Cadamuro, and On（2015）の機械学習法についてより詳しくは，James et al.（2013=2018）（より入門的）か Hastie, Tibshirani, and Friedman（2009=2014）（より上級者向け）を読むとよい。

　調査対象拡張法に関わる倫理上の問題としては，Kosinski, Stillwell, and Graepel（2013）で説明されているように，サーベイで回答を拒否したセンシティブな属性を推測するために利用できてしまうという問題がある。

課題

Activities

| 難易度 | やさしい　普通　難しい　とても難しい |
| データ収集　要数学　要プログラミング　お気に入り |

1. , この章では，事後層化をかなり楽観的なトーンで紹介した。だが，事後層化で常に推定の質が上がるとは限らない。事後層化が推定の質を下げるような状況を考えよう（ヒント：Thomsen (1973) を参照）。

2. , Amazon Mechanical Turk を使って，銃所持と銃規制に関する態度を尋ねる非確率サーベイを設計し実施してみよう。あなたの推定結果を確率サンプルから得た推定結果と比べるため，Pew Research Center の調査のような高品質のサーベイから質問文と選択肢を直接コピーすること。
   a) サーベイにはどのくらい時間がかかるか。費用はどうか。あなたのサンプルの人口統計的特徴と全米母集団のそれとを比較するとどうだっただろうか。
   b) あなたのサンプルでは銃所持の割合の推定結果はどのようなものか。
   c) 事後層化やその他の方法であなたのサンプルの非代表性を補正しよう。銃所持割合の推定結果はどうなったか。
   d) あなたの推定結果は Pew Research Center の最新の推定結果と比べてどうだった

か。もし違いがあるとしたら，それはどうやって説明できると思うか。
e) (b)-(d)を，銃規制に関する態度についても同じようにやってみよう。結果はどのように違うか。

3. 🎛. 💰. </> Goelたち（2016）は総合社会調査（GSS）から49個の態度に関する複数選択式質問項目とPew Research Centerのサーベイを選び出して，Amazon Mechanical Turkから得た回答者の非確率サンプルに対して同様のサーベイを実施した。その後，モデルに基づく事後層化を用いてデータの非代表性を補正し，補正済み推定結果と確率サンプルに基づくGSSおよびPewサーベイの結果とを比べた。Amazon Mechanical Turkで同様のサーベイを実施し，あなたの補正済み推定結果とGSSおよびPewサーベイの最新の推定結果とを比較して，図2aと図2bとを再現してみよう（49個の質問項目のリストについては付表A2を参照）。
a) あなたの結果をPewサーベイおよびGSSの結果と比較しよう。
b) あなたの結果をGoel, Obeng, and Rothschild（2016）のMechanical Turkサーベイの結果と比較しよう。

4. 🎛. 💰. </> 多くの研究は携帯電話使用について自己申告による測定法を用いている。そこで自己申告行動とログに記録された行動とを比較してみるのも面白いだろう（たとえば，Boase and Ling〔2013〕を参照）。質問項目でよく尋ねられる行動は，電話をかけることとテキストメッセージを送ることの2つであり，よく用いられる期間は「昨日」と「過去1週間」の2つだ。
a) データを集める前に考えよう。自己申告の測定法でより正確なのはどのような測定法だと思うか。それはなぜか。
b) あなたのサーベイに協力してくれる友人を5人集めよう。この5人をどのようにサンプルしたか簡単に説明してほしい。このサンプリング手続きはあなたの推定結果に何らかのバイアスをもたらすだろうか。
c) 友人に小サーベイで次の項目を尋ねよう。
・「昨日，携帯電話で誰かに電話をかけた回数は何回ですか。」
・「昨日，テキストメッセージを送った回数は何回ですか。」
・「過去7日間で，携帯電話で誰かに電話をかけた回数は何回ですか。」
・「過去7日間で，テキストメッセージやSMSを送ったり受け取ったりした回数は何回ですか。」
d) この小サーベイを終えてから，携帯電話会社やサービスプロバイダのログに記録された利用データを確認するよう頼んでみよう。自己申告の利用数とログデータを比べてどうなっているか。どの項目が一番正確で，どれが一番不正確だったか。
e) （もしあなたがクラスでこの課題に取り組んでいるなら）あなたの集めたデータをクラスの別の人のデータと統合しよう。大きくなったデータセットで（d）の課題を

もう一度やってみよう。

5. 🎯 🧱 Schuman and Presser（1996）によれば，順序が影響するのは次の2種類の質問だという。2つの質問が同じくらい具体的であるような部分 – 部分（part-part）質問（たとえば，2人の大統領候補をレイティングする場合），そして具体的な質問の後により一般的な質問がくるような部分 – 全体（part-whole）質問（たとえば，「あなたはあなたの仕事にどのくらい満足していますか」と尋ねてから，「あなたはあなたの生活にどの程度満足していますか」と尋ねる場合）だ。

彼らはさらに2種類の質問順序効果を区別した。一貫性効果は，最初の質問の回答に後の質問の回答が（そうではなかった場合よりも）似てくることをいう。対比効果は2つの質問の回答間の違いがより大きくなる場合のことをいう。

a) 大きな質問順序効果をもつとあなたが予想する部分 – 部分質問のペアと部分 – 全体質問のペアをそれぞれ作ろう。また，順序が影響しないだろうとあなたが予想する質問のペアを作ろう。MTurk でサーベイ実験をしてあなたの質問について検証しよう。
b) あなたの作った部分 – 部分効果はどのくらい大きかったか。それは一貫性効果か対比効果か。
c) あなたの作った部分 – 全体効果はどのくらい大きかったか。それは一貫性効果か対比効果か。
d) あなたが順序が影響しないだろうと考えたペアに質問順序効果はあっただろうか。

6. 🎯 🧱 Schuman と Presser の議論に基づきつつ，Moore（2002）はまた別の次元にある質問順序効果として，加算効果と減算効果を挙げている。対比効果と一貫性効果は回答者が2つの項目を互いに関係づけて考えることで生じるのに対し，加算効果と減算効果は回答者が質問の背景にあるより大きな枠組みに敏感になることで生じる。Moore（2002）を読んで，加算効果と減算効果の存在を実証するための MTurk でのサーベイ実験を設計し，実施してみよう。

7. 🎯 🧱 Christopher Antoun ら（2015）は，MTurk，Craigslist，Google AdWords，Facebook という4つの異なるオンライン募集サイトから得た便宜的サンプルを比較する研究を行った。単純なサーベイを設計して，少なくとも2つの異なるオンライン募集サイト（これらは Antoun et al.〔2015〕の4つのサイトとは違っていてもかまわない）から参加者を募ろう。

a) 異なるサイトからの募集1回あたりの，金銭的および時間的コストを比較しよう。
b) 異なるサイトから得られたサンプルの構成を比較しよう。
c) サンプル間でデータの質を比較しよう。回答者から得られたデータの質を測定する方法に関するアイデアについては，Schober et al.（2015）を参照。
d) あなたが一番望ましいと思うサイトはどこか。それはなぜか。

146   第3章   質問をする

8. 　2016年のEU国民投票（つまり，ブレクジット〔Brexit〕）の結果を予測する試みとして，YouGov（インターネット市場調査企業）は英国の約80万の回答者にオンラインパネル世論調査を行った。

YouGovの統計モデルの詳細はhttps://yougov.co.uk/news/2016/06/21/yougov-referendum-model/で確認できる。おおまかにいえば，YouGovは投票者のタイプを，2015年の総選挙での投票選択，年齢，学歴，ジェンダー，インタビュー日時，選挙区に基づいて区分した。まず，彼らはYouGovパネルから集めたデータを用いて，投票した人の中で，離脱に投票する意図をもった各投票者タイプの比率を推定した。各投票者タイプの投票率は2015年の英国選挙調査（BES）を用いて推定した。この調査は選挙後に対面で行われたサーベイで，選挙世論調査の投票率の妥当性を保証している。最後に，彼らは最新の国勢調査と年次人口動態調査（それに他のデータ源から得た付加情報）に基づいて，有権者のうちで各投票者タイプがどのくらいいるのかを推定した。

投票の3日前に，YouGovは離脱が2ポイント上回っていることを示した。投票日の前日には，世論調査は，結果が接近しすぎてどちらともいいがたい状況であることを示唆していた（49/51で残留）。当日の最後の予測では，48/52で残留が有利だった（https://yougov.co.uk/news/2016/06/23/yougov-day-poll/）。実際には，この推定結果は最終結果（52/48で離脱）と4ポイント異なっていた。

a) この章で論じた総調査誤差フレームワークを用いて，何が問題だったのかを考えよう。

b) 選挙後，YouGovは次のように釈明している（https://yougov.co.uk/news/2016/06/24/brexit-follows-close-run-campaign/）。「これは大部分，投票率のためだと思われる。私たちがずっと述べてきたように，これだけ均衡した勝負では投票率が勝敗の決定打となるだろう。私たちの投票率モデルの一部は，前回の総選挙で回答者が投票したかどうかに基づいていて，特に北部でみられたように，投票率が総選挙時を上回るとモデルが覆ってしまうのだ。」この回答を読んで，あなたは（a）に対する回答を変えようと思うだろうか。

9. 　図3.2の代表誤差のそれぞれを再現するシミュレーションを書こう。
a) 誤差が互いに打ち消し合うような状況を作ってみよう。
b) 誤差が混ぜ合わさって増大してしまうような状況を作ってみよう。

10. 　Blumenstockたちの研究では，デジタルトレースデータを用いてサーベイの回答を予測する機械学習モデルが作られた。では，違うデータセットで同じことをやってみよう。Kosinski, Stillwell, and Graepel（2013）はFacebookの「いいね」を用いて個人の性質や属性を予測可能であることを発見した。驚くべきことに，この予測は友人や同僚の予測より正確な場合さえあった（Youyou, Kosinski, and

Stillwell 2015)。
a) Kosinski, Stillwell, and Graepel（2013）を読んで図2を再現しよう。データは以下で手に入る。http://mypersonality.org/[12]。
b) 次に図3.3を再現しよう。
c) 最後に，あなた自身のFacebookデータでモデルを試してみよう（http://applymagicsauce.com/）。どのくらいうまくいっただろうか。

11. Toole et al.（2015）は携帯電話の詳細通話記録（CDRs）を使って，失業率集計のトレンドを予測しようとした。
a) Toole et al.（2015）とBlumenstock, Cadamuro, and On（2015）の研究デザインを比べて，対比してみよう。
b) 詳細通話記録は，政府の政策立案者が失業率を追跡するうえで伝統的サーベイに取って代わるだろうか，あるいはそれを補完するものだろうか，もしくは一切利用すべきではないものだろうか。
c) あなたは，どんな証拠があれば，詳細通話記録が失業率の伝統的測定法に完全に取って代わりうると信じられるだろうか。

訳 注
12) 2018年4月にデータ提供を停止している．

第4章
実験を行う

4.1 イントロダクション

　この本でこれまで扱ってきた方法——行動を観察する（第2章），質問をする（第3章）——では，調査をするときに，意図的かつ体系的に世界を変えることなくデータを収集していた。しかしこの章で扱う実験は，それらとは根本的に異なる。実験を行う際には，体系的に世界に介入することになる。というのも，因果関係についての問いに答えるためには，このような方法によって収集されたデータが理想的だからだ。

　因果関係に関する問いは，社会調査では非常に一般的な問いだ。たとえば次のような問いがその例だ。教師の給与が上がることによって，生徒の成績が上がるのか？　最低賃金を引き上げることは，就業率を高めるのに効果があるのか？　職を求めている人の人種は，職を得るのにどのように影響するのか？　これらは明らかに因果関係に関する問いだが，何らかの成果指標を最大化するというような，より一般的な問いの中に因果関係が隠れていることもある。たとえば，あるNGOのウェブサイト上にある「寄付する」というボタンは何色にすべきか？　という問いには，それぞれの色のボタンが寄付行動にどれくらい影響を与えるのか，という複数の因果関係についての問いが隠れている。

　因果関係に関する問いに答える方法の1つは，データの中からパターンを見つけ出すことだ。たとえば，先ほどの「教師の給与が上がることによって，生徒の成績が上がるのか？」という問いについて考えてみよう。このとき，教師の給与が高い学校の生徒ほど成績がよいということがわかったとする。しかしこの相関は，教師の給与が高いことが**原因**となって，生徒の成績がよくなっている，

ということを示しているのだろうか。もちろんそうではない。教師の給与が高い学校は，それ以外にもさまざまな点で他の学校と異なっているかもしれないからだ。たとえば，教師の給与が高い学校の生徒は，裕福な家庭の出身かもしれない。ようするに，教師の効果にみえたものは，生徒のタイプの違いから生じているにすぎないこともあるのだ。このような測定されない生徒の差異のことを**交絡要因**という。一般的に交絡要因は，データからパターンを見つけ出すことで因果関係を主張しようとするときに，混乱をもたらす厄介なものだ。

　交絡要因に対する1つの解決方法は，グループ間の観測できる差異を調整することによって，適切な比較を行うことである。たとえば，固定資産税に関するデータを政府のウェブサイトからダウンロードできたとしよう。このとき，住宅価格は似ている（家庭の裕福さが同程度）が，教師の給与が異なっている学校の間で生徒の成績を比較したら，やはり教師の給与が高い学校の生徒の方が，成績がよいことがわかったとする。しかし，まだここにも交絡要因が考えられる。たとえば，生徒の両親が受けた教育の程度が異なっているかもしれない。あるいは公共の図書館との距離が違っているかもしれない。あるいは，教師の給与が高い学校では校長も給与が高いかもしれない。そして，本当は教師ではなく校長の給与が生徒の成績を高めている要因になっているかもしれない。上と同じように，これらの交絡要因を測定して調整しようとしても，ありえる交絡要因は無数に存在して終わりがないのである。多くの場合には，ありえるすべての交絡要因を測定することすらできず，調整することはできないのである。この問題に対する対処法として，研究者は非実験データから因果関係を推定する数々の方法——たとえば第2章で論じたもの——を編み出してきたが，こうした方法が通用しない問いもある。それに対して，実験は有効な解決策を提示できるのである。

　実験は，自然発生データから相関関係を見つけ出すということを超えて，因果関係に関する問いに確かな答えを出すことを可能にしてくれる。アナログ時代においては，ロジスティック上の難しさが存在し，費用もかかった。しかし，現在のデジタル時代では，ロジスティック上の難しさは解消されつつある。従来行われていたような実験が簡単に行えるようになったというだけではなく，新しいタイプの実験を行うこともいまや可能になったのである。

　これまでは，やや大雑把に言葉を使ってきたが，以降では，実験とランダム化統制実験という2つの言葉を区別することが重要だ。**実験**では，調査する人が世界に介入し，結果を測定する。この方法はこれまで，「変化を与えて観察する（perturb and observe）」ことだ，ともいわれてきた。**ランダム化統制実**

験では，ある人々には介入を行い，残りの人には介入を行わないという方法をとる。しかも，どの人が介入を受けるかは，ランダムに（たとえばコイントス）決める。ランダム化統制実験では，介入を受けた人々と，受けていない人々という2つのグループ（群）を適切に比較することができるようになる。いうなれば，ランダム化統制実験は，交絡要因の問題を解決してくれるのである。しかし，介入して観察するタイプの実験では，介入を受けるグループしか存在しない。そのため，このタイプの実験の結果から間違った結論を導いてしまうこともある（これに関しては後にすぐに触れる）。実験とランダム化統制実験にはこのような重要な違いが存在しているのに，社会調査をする人の中には，両者を区別せずに使ってしまっている人もいる。私も一部はこの慣例を踏襲するが，ランダム化統制実験が，ランダム化しておらず統制群のないただの実験よりも優れているということを強調するときには，両者を区別することにする。

ランダム化統制実験は，社会について知るのに強力な方法だということがすでに証明されている。この章では，研究の中にどうやって実験を取り入れたらよいかということについて説明しよう。4.2節ではWikipediaでの実験を例としながら，実験のロジックを紹介していく。そして4.3節では，ラボ実験とフィールド実験の違い，アナログな実験とデジタルな実験の違いについて説明していく。さらに，アナログなラボ実験（厳密な統制）やアナログなフィールド実験（リアリズム〔現実との近さ〕）と比べると，デジタルなフィールド実験は，かつてないほどの規模で実施できるという点で，もっとも優れていることを説明していく。そして次の4.4節では，実り多い実験をデザインするのにきわめて重要な3つの概念——妥当性，処置効果の不均質性（heterogeneity），メカニズム——について説明する。そのうえで，デジタルな実験を行ううえでの2つの主要な戦略（自分だけでやるか，頼りになる人〔企業〕と協力してやるか）の間でトレードオフが存在することも論じよう。そして最後には，デジタルな実験の真の力を使いこなすためのアドバイスを行い（4.6.1節），このような力にともなう責任に関して論じよう（4.6.2節）。

4.2　実験とは何か？

ランダム化統制実験は，次の4つの主要な構成要素からなっている：被験者の募集，処置のランダム化，処置の実施，結果の測定

ランダム化統制実験は，次の4つの主要な構成要素からなっている。被験者の募集，処置のランダム化，処置の実施，結果の測定だ。デジタル時代においても実験の基本的な性格は変わらないが，ロジスティック上，かなり簡単に行えるようになった。たとえば，かつては何百万もの人々の行動を測定することは難しかったが，今ではさまざまなデジタルシステムを使って日常的に行われている。こうした新しいチャンスを活かす技を習得した人は，かつては不可能だったような実験を行うことができるようになるだろう。

このこと——何がかつてと同じであり，何が変わったのか——をもう少し具体的に考えるために，Michael Restivo と Arnout van de Rijt (2012) が行った実験についてみていこう。彼らの実験は，仲間内でのインフォーマルな報賞が，Wikipedia の編集行動に与える影響を明らかにしようとしたものだ。特に彼らは，バーンスター (Barnstar) という，書き込みや内容のチェックに貢献した人に対して，編集者同士で送りあうことができる報賞の効果に焦点をあてた。まず Restivo と van de Rijt は，しかるべき 100 人の編集者にバーンスターを贈った。そして，バーンスターを贈られた人々の Wikipedia での貢献を，90 日間にわたって観察した。結果は驚くべきもので，バーンスターを与えられた人々は，その後の編集行動が減る傾向にあったのだ。つまりバーンスターは，貢献を促すというよりも，やる気を削いでしまうようだ，ということである。

幸いなことに Restivo と van de Rijt は「変化を与えて観察する」タイプの実験ではなく，ランダム化統制実験を行った。彼らは，貢献度がトップクラスの編集者の中からバーンスターを贈る人を 100 人選んだだけではなく，貢献度がトップクラスの編集者の中からバーンスターを贈らない人も 100 人選んだのである。この後者のグループは統制群として使うためのものである。そして決定的に重要なことは，処置群と統制群は，ランダムに選び出すということだ。

Restivo と van de Rijt が統制群の行動をみたところ，彼らも同様に貢献度は下がっていた。さらに，処置群（バーンスターを贈られたグループ）の人々と統制群の人々を比較したところ，処置群の人々の貢献度は統制群の人々よりも 60％ 高かったのである。言い換えると，両方の群の貢献度は下がっていたが，統制群の貢献度の方が減りやすかったのだ。

この研究が示すように，やや直感に反しているように聞こえるが，実験には統制群は決定的に重要なのである。つまり，バーンスターの効果を正確に測定するためには，バーンスターを贈らない人々も観察しなければならない。実験に詳しくない研究者は統制群の驚くべき価値を評価し損ねてしまうこともよくある。し

かし Restivo と van de Rijt が統制群を用意しなかったら，彼らは間違った結論を導いてしまっただろう．統制群はかなり重要であり，カジノを運営している大企業の CEO の次のような言葉もあるくらいだ．「労働者を解雇できる理由は 3 つしかない．盗みを働いたか，セクハラをしたか，あるいは統制群のない実験を行ったかだ．」(Schrage 2011)

Restivo と van de Rijt の研究は，実験における 4 つの主要な構成要素を示している．それは，募集，ランダム化，介入，結果である．これらの 4 つの要素があることで，研究者は相関関係を超えて，処置の因果効果を測定することができるのだ．特に，ランダム化は処置群と統制群を似たようなグループにしてくれる．これは重要なことだ．なぜなら，両群の結果の違いは，処置によるものであって，交絡要因によるものではない，ということになるからだ．

Restivo と van de Rijt の研究は，実験のメカニズムを見事に示してくれているだけではなく，デジタルな実験のロジスティクスがアナログな実験とは完全に異なっていることも示してくれている．彼らの実験では，バーンスターを贈ることも簡単だし，その後の期間における結果——編集の回数——を記録することも簡単だ（というのも，Wikipedia では編集の履歴は自動的に記録されるからだ）．このように処置の実施と結果の測定に費用がかからないということは，従来の実験とは**質的**に異なるものだ．彼らの実験では，200 人しか使っていないが，やろうと思えば 2000 人でも 2 万人でもできただろう．被験者を 100 倍にすることを妨げる主な原因は費用ではない．倫理である．すなわち彼らは，バーンスターを贈るべきではない人たちに贈りたくはなかったし，Wikipedia のコミュニティを壊したくはなかったのだ (Restivo and van de Rijt 2012, 2014)．実験にともなうこのような倫理的な懸念についてはあらためて，この章の後半と第 6 章で論じることにする．

結論として，Restivo と van de Rijt の実験が示してくれたのは，実験の根幹にあるロジックは変わらないが，デジタル時代の実験ではロジスティクスが根本的に異なっている，ということだ．次に，こうした変化によって何ができるようになったのかを明確に示すために，従来行われてきたタイプの実験と，現在できるようになった実験を比較していこう．

4.3 実験の2つの次元：
ラボ／フィールドとアナログ／デジタル

> ラボ実験は統制を可能にし，フィールド実験はリアリズムを提供してくれる。そしてデジタルなフィールド実験は，統制とリアリズムという2つの利点を併せ持った大規模な実験を可能にしてくれる。

　実験はさまざまな形態や規模で行われている。それらの実験は，かつては「ラボ実験／フィールド実験」という軸の上に位置付けていくのが，わかりやすいまとめ方だった。しかし現在は，「アナログな実験／デジタルな実験」という第2の軸も導入してまとめ直す必要が出てきた。この2つの軸で描かれた図を使って考えれば，それぞれの方法の長所や短所も理解しやすくなるし，新しく可能になった最高の機会がどのあたりに位置するのかが一目でわかるようになるだろう（図4.1）。

　実験における1つの軸は，ラボ／フィールドとしてまとめられる。社会科学で行われている実験の多くは，**ラボ実験**である。こうした実験では，単位取得のために学部生が，ラボでおかしな作業をやらされる。心理学の研究で行われる実験のほとんどはこのタイプのものだ。というのも，高度に統制が効いたセッティングが可能であり，社会行動に関する特定の理論を正確に検証することができるからだ。しかし，このような普通でない人々が，普通でないセッティングで，普通でない作業の結果として行われた行動から強い主張を行うのは，ある種の問題に対しては，おかしく感じてしまう。こうした懸念が，**フィールド実験**が行われるようになった背景にある。フィールド実験は，ランダム化統制実験の強力なデザインと，より代表性のある人々に，自然なセッティングで普通の作業を行わせるという点を組み合わせたものだ。

　ラボ実験とフィールド実験は対立する方法だと考える人も多いが，異なる長所と短所をもった補完的な方法だと考えた方がよい。たとえば，Correll, Benard, and Paik（2007）は，「**母親ペナルティ（motherhood penalty）**」の原因を特定するために，ラボ実験とフィールド実験を組み合わせて行った。米国では，同じような職場で働いている同じようなスキルをもった女性同士を比べても，母親の賃金は，そうでない女性よりも低い。こうした傾向を説明できそうな論理は，雇用者が母親に対してもつ偏見など，数多く挙げられる（おもしろいことに，父親に対

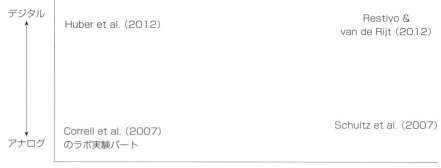

図 4.1 **実験の位置関係を示した図**　かつては，実験はラボ／フィールドの次元で考えられた。しかし今は，アナログ／デジタルという次元も追加しなければならない。この 2 次元の図には，この章で論じる 4 つの実験が位置付けられている。私の意見では，この中のベストはデジタルなフィールド実験だ。

しては逆のことがあてはまっているようだ。父親であれば，それ以外の点では同じような子のいない男性よりも収入が多い傾向にある）。母親に対する偏見を評価するために，Correll たちは，ラボ実験とフィールド実験という 2 つの実験を行った。

　まずラボ実験では，ある会社に新しくできた東海岸マーケティング部門を率いるための人材を 1 人探している，と被験者になった学部生に教示した。そして彼らは，会社は採用過程で手助けをしてほしい状況にある，と告げられた。具体的には，候補者の履歴書を精査し，能力，人柄，やる気などさまざまな面からその人たちに点数をつけていくというものである。さらに彼らは，各応募者を企業に推薦するか否かを決め，その際の適切な初任給も教えてほしいと頼まれた。しかし学生には気づかれないように，彼らが見た履歴書は，その人が母親かどうかを匂わせている（PTA に加入している）という 1 点を除いては非常に似通ったものになっていた。Correll たちは，学生が母親を採用者として推薦しにくく，初任給も低く提示することを発見した。さらに，評価と採用に関する意思決定について統計分析を行ったところ，母親の被る不利益の多くは，能力とやる気に低い点数がつけられていることで説明ができることもわかった。こうして，Correll たちは，ラボ実験によって因果効果を測定し，その効果に関する可能な説明を提示することができた。

　もちろん，フルタイムで働いたことも，ましてや誰かを雇ったこともないような数百人の学部生の意思決定から，全米の労働市場についての結論を導くのに懐疑的な人もいるだろう。そこで Correll たちは補完的にフィールド実験も行っ

た。彼らは募集されている何百もの職に，偽のカバーレターと履歴書を送った。送った履歴書は，学生たちにみせられたのと同様に，母親であることを匂わせたものとそうでないものを混ぜていた。母親は，同じような能力をもった子どものいない女性よりも面接に進むことができないことを Correll たちは発見した。言い換えると，実際の採用担当者は自然なセッティングにおいても，学生と同じような意思決定を行うことがわかったのだ。しかし彼らは同じ理由に基づいて，学生と同じような意思決定をしたのだろうか。残念なことにそこまではわからない。研究者は，評価の点数や意思決定を雇用者に聞くことができなかったのだ。

　こうした実験のコンビネーションから，ラボ実験とフィールド実験一般について，多くのことを知ることができる。ラボ実験によって，被験者が意思決定を行っている環境をほぼ完全に統制することができる。だから Correll たちは，ラボ実験によって，被験者に静かな状況ですべての履歴書をきちんと読ませることができた。フィールド実験では，読まれない履歴書も出てきてしまっただろう。さらにラボ実験では，被験者は自分が今，実験されていることを自覚している。そのため，被験者がなぜその意思決定を行ったかを明らかにするために，追加的なデータを収集することもできる。たとえば Correll たちは，さまざまな側面から，候補者を評価するように頼むことができた。このような**プロセスデータ**によって，履歴書情報の処理の仕方に違いを生むメカニズムを明らかにすることができるのだ。

　他方で，これまで述べてきたまさにこの長所が，ときとして短所になってしまうこともある。フィールド実験の方がよいと考えている研究者は，ラボ実験でみられる被験者の行動は，日常での行動とは異なっていると批判する。というのも，ラボ実験においては，被験者は自分が今，実験されているということを自覚しているからである。たとえば，ラボ実験では，被験者は実験の目的を推測し，偏見のないふるまいをするように行動を変えたかもしれない。さらに，フィールド実験の方がよいと考えている研究者は次の点も批判する。きれいな無菌状態のラボ実験では，履歴書の小さな違いだけが目立ってしまい，その結果，母親であることが実際の採用の意思決定に与える効果を過大に評価してしまうことになる，というものだ。さらには，フィールド実験の方がよいと考えている研究者の多くは，ラボ実験が WEIRD な被験者に依存していることも批判している。WEIRD とは，欧米の (Western)，教育水準が高く (Educated)，産業化が進んだ (Industrialized)，裕福で (Rich)，民主主義的な (Democratic) 国々の学生ばかりを被験者として使っているというものだ (Henrich, Heine, and Norenzayan

2010a)。Correll たちの実験（2007）は，ラボ／フィールドという軸の両端の点をうまく示している。両端の点の間には，ラボ実験で学生でない被験者を使ったり，フィールドで普通でない作業をやってもらったりするなど，数多くのハイブリッドな実験デザインが存在する。

　従来から存在したラボ／フィールドという軸に加えて，現在では，実験に大きな違いを生むアナログ／デジタルという第2の主要な軸が存在する。純粋なラボ実験があり，純粋なフィールド実験があり，その間にさまざまなハイブリッドが存在するように，純粋なアナログ実験があり，純粋なデジタル実験があり，その間にさまざまなハイブリッドが存在する。この軸を厳密に定義するのは厄介だが，役に立つ作業的定義をしておこう。**完全にデジタルな実験**とは，デジタルなインフラを使って，被験者を募集し，ランダム化し，処置を行い，結果を測定するものである。たとえば，Restivo and van de Rijt（2012）の，バーンスターと Wikipedia に関する実験は，完全にデジタルな実験である。というのも，この実験では上の4つのステップすべてにおいてデジタルシステムを使っているからだ。同様に，**完全にアナログな実験**とは，上の4つのステップすべてでデジタルなインフラを使っていないもののことだ。心理学で行われている古典的な実験の多くは，完全にアナログな実験だ。この両極の間に，**部分的にデジタルな実験**が存在する。これはアナログな実験とデジタルな実験を組み合わせて行うものだ。

　デジタルな実験というと，すぐにオンライン実験を思い浮かべる人が多いが，これは残念なことだ。というのも，デジタルな実験を行う機会は，何もオンラインに限らないからだ。処置を施したり，結果を測定したりするために，物理的な環境でデジタルデバイスを使って，部分的にデジタルな実験を行うこともできる。たとえば，スマートフォンを使って処置を施したり，結果を測定するために作られた環境にセンサーを取り付けたりすることもできるのである。この章の後半でみるように，850万世帯の電力消費を調べる実験で，ホームパワーメーターを使って結果を測定している研究も実際にすでに行われている（Allcott 2015）。デジタルデバイスが人々の生活に浸透し，作られた環境にセンサーが組み込まれるにつれ，物理的な環境で部分的にデジタルな実験を行う機会は劇的に増加する。要するに，デジタルな実験は，オンライン実験だけではないのだ。

　デジタルシステムは，ラボ／フィールド実験の軸上のどこにでも，新たな実験の可能性を作り出す。たとえば，純粋なラボ実験で，被験者の行動を測る優れた測定値を得るために，デジタルシステムを使うことができる。目線の動きを測

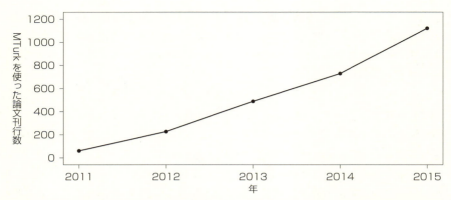

図 4.2 Amazon Mechanical Turk（MTurk）で得たデータを使って刊行された論文の数
MTurk やその他のオンライン労働市場は，実験の被験者を募集するのに便利な方法を提供してくれる。Bohannon（2016）より。

定する装置がその例だ。これを使えば，被験者がどこをみているのかを常に正確に測定することができるようになる。デジタル時代には，オンラインでラボ実験のような実験を行える可能性も開かれる。たとえば，Amazon Mechanical Turk（MTurk）を使えば，オンライン実験を行うための被験者を素早く募集することができる（図 4.2）。MTurk は，やってほしい作業がある「雇用者」と作業を行ってお金を得たい「労働者」をマッチングするものだ。しかし従来の労働市場とは違って，たいていやってもらう作業はわずか数分で終わるものだし，雇用者と労働者のやりとりはすべてオンラインで行われる。MTurk は古典的なラボ実験の特徴――お金を払うべき作業をしてくれた人にきちんと謝金を支払う――を模しているため，ある種の実験には自然と適するようになっている。基本的に，MTurk は被験者プールを運営する――被験者を募集し，謝金を支払う――インフラを提供してくれる。そのため，研究者は，いつでも使うことのできる被験者プールを利用するためのインフラを活用することができるようになったのだ。

デジタルシステムは，フィールド実験のような実験を行うための可能性をも切り開いてくれた。デジタルシステムを使うことで，厳格な統制とプロセスデータというラボ実験の利点と，多様な被験者と自然なセッティングというフィールド実験の利点を結びつけることができる。さらに，デジタルなフィールド実験は，アナログな実験では困難だった次の3つの機会を提供してくれる。

第1に，ほとんどのアナログなラボ実験とフィールド実験は数百人規模で行われているが，デジタルなフィールド実験では数百万人規模で行うことができ

る。このような規模の変化は，デジタルな実験ではデータを増やすのに変動費用がかからないことによる。いわば，いったん実験のインフラを整えれば，被験者を増やしても費用は増えないのだ。被験者が100倍かそれ以上に増えることは，たんなる**量的**な変化ではなく，**質的**な変化である。というのも，それくらいの規模の被験者を使えば，小規模な実験ではわからなかった別の事柄（処置効果の不均質性など）がわかるようになるし，まったく異なる実験デザイン（たとえば，大集団実験）を実施することも可能になる。これは非常に重要なことなので，デジタルな実験を実施するためのアドバイスをするこの章の後半でまた論じようと思う。

第2に，多くのアナログなラボ実験とフィールド実験は，被験者をどれも同じ部品のように扱ってきたが，デジタルなフィールド実験では，実験のデザインや分析の段階で，被験者の背景情報を使うことがよくある。この背景情報は，**処置前情報**（pre-treatment information）と呼ばれるが，デジタルな実験では利用可能な場合が多い。というのも，常時オンの測定システム（第2章参照）上で実施されているからである。たとえば，Facebookでデジタルなフィールド実験をする研究者は，大学でアナログなラボ実験をする研究者よりも，はるかに多くの処置前情報を保持している。この処置前情報によって，効率的な実験のデザイン——ブロック化[1]（Higgins, Sävje, and Sekhon 2016）や被験者の的を絞った募集（Eckles, Kizilcec, and Bakshy 2016）——が可能になるし，洞察に富んだ分析——処置効果の不均質性の推定（Athey and Imbens 2016a）や精度を上げるための共変量調整[2]（Bloniarz et al. 2016）——も可能になる。

第3に，多くのアナログなラボ実験とフィールド実験では，比較的短い時間で処置を行って結果を測定するが，デジタルなフィールド実験では，かなり長いタイムスケールで実験を行うこともできる。たとえば，Restivoとvan de Rijtの実験では，90日間毎日結果を測定していた。またそれ以外にもこの章の後半で紹介する実験（Ferraro, Miranda, and Price 2011）では，基本的に費用をかけることなく，3年間にわたって結果を追跡した。これらの3つの機会——規模，

訳注
1) ここで言及されている閾値ブロック化デザインとは，被験者を割付ける際に特徴に偏りが生じないように，似たような特徴をもつ被験者のユニット（ブロック）を用意するのだが，その際にブロックのサイズがある閾値以上になるように，被験者の共変量ベクトルの距離の最大値を最小化するブロックを決める方法のことである。
2) ここで言及されているLASSO（the least adjustment shrinkage and selection）とは，線形回帰式のパラメータを共変量を使って調整する手法である。この方法は，共変量の数が多く，サンプルサイズが大きくないときに精度の高い推定値を得ることができる。

処置前情報，時系列的な処置と結果のデータ——は，常時オンの測定システム上——常時オンの測定システムに関する詳しい説明は第2章を参照してほしい——で実施すれば，普通に享受することができる。

デジタルなフィールド実験は，多くの可能性を開いてくれる一方で，アナログなラボ実験やアナログなフィールド実験と共通する弱点ももっている。たとえば，実験では過去についての研究を行うことができないし，操作可能な処置の効果しか推定することができない。また，実験は政策を提言するのに間違いなく役に立つのだが，正確な提言を行うには制約が存在する。というのも，実験には環境依存性，処置実施（compliance）の問題，均衡効果という問題が存在するからだ（Banerjee and Duflo 2009; Deaton 2010）。さらに，デジタルなフィールド実験は，フィールド実験以上に，倫理的懸念が問題となる。このトピックに関しては，この章の後半と第6章で触れることにする。

4.4 シンプルな実験を超えて

シンプルな実験を超えていこう。妥当性，処置効果の不均質性，メカニズムという3つの概念が，実り多い実験を行うために役に立つ。

新しく実験を始める人は，この処置にはきちんと「効果がある」のかという，限定的で狭い問いに目を向けがちである。たとえば，ボランティアからの電話によって，投票が促されるのか。ウェブサイトのボタンを緑から青に変えると，クリック率が上がるのか，といった問いだ。しかし，たんに「効果がある」とだけいうようなルーズな表現はよくないだろう。というのも，射程の狭い実験では，一般的な水準で，処置に「効果がある」かはわからないのだが，その事実が曖昧になってしまうからだ。むしろ，射程の狭い実験は，次のようなかなり限定的な問いに答えるものだ。今現在，この被験者の母集団に対して，この特定の実験環境では，この特定の処置は平均的にどのような効果をもっているのか，というも

訳 注

3) 複数市場における問題なので一般均衡効果とも呼ばれる。これにより，小規模の実験で効果が確認されたものを大規模に行った場合に効果がみられなくなるなどの問題が生じる。たとえば，小規模実験で，ある職業訓練により被験者の賃金上昇がみられたとする。そしてその結果を受けて大規模にこの施策を実施したとき，期待されたよりも賃金上昇がみられない可能性がある。なぜなら労働需要に対して，その能力をもった労働者（供給）が増え，均衡価格が低くなる可能性があるからである。

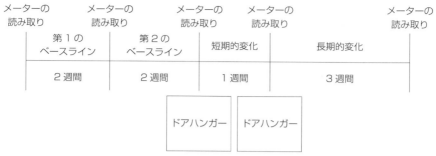

図 4.3 Schultz et al.（2007）の実験デザインに関する図 フィールド実験では，カリフォルニア州サンマルコスの 300 世帯を訪問した。これは，8 週間の間 5 回にわたって行われた。訪問時には毎回，手作業で家庭の電力計を読み取った。5 回の訪問のうち 2 回では，家庭の電力消費量を教えるドアハンガーを各世帯においてきた。このメッセージの内容が，電力消費量にどのような影響を与えるのか，というのがリサーチクエスチョンだった。

のだ。このような射程の狭い問いに焦点をあてた実験を，**シンプルな実験**と呼ぶことにしよう。

シンプルな実験によって，価値のある情報がわかるようになるが，重要かつ興味深い問いに答えることはできない。たとえば，処置の効果が大きく出る人や小さく出る人がいるのか，より効果の大きい処置はあるのか，この実験はより射程の広い社会理論と関連しているのか，といったものだ。

シンプルな実験を超えることの利点を示すために，P. Wesley Schultz たちによって行われた，社会規範と電力消費の関係を明らかにするためのアナログなフィールド実験をみてみよう（Schultz et al. 2007）。Schultz たちは，カリフォルニア州のサンマルコスにある 300 世帯の玄関にドアハンガーをかけた。なお，このドアハンガーは，省エネを促すための異なるメッセージが書かれたものであった。その後，Schultz たちは，これらのメッセージが電力消費に与える効果を，実施から 1 週間後と 3 週間後に測定した。より詳細な実験のデザインについては図 4.3 を参照してほしい。

この実験では，2 つの条件が設定された。第 1 の条件は，一般的な省エネの豆知識（エアコンよりも扇風機を使うといい，など）と，自分の世帯と近隣の世帯の平均的な電力消費量を比較した情報を受け取る条件である。Schultz たちはこの条件を，**記述的規範**（descriptive norm）条件と呼んだ。というのも，近隣の電力消費に関する情報は，典型的な行動（すなわち，記述的規範）についての情報を与えてくれるからである。Schultz たちがこの群の電力消費量をみたところ，短期でも長期でも処置は効果をもっていないようにみえた。言い換えると，処置には

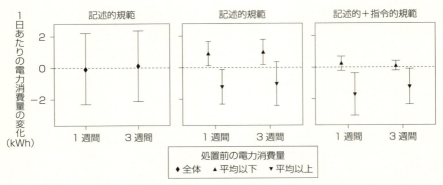

図 4.4 Schultz et al.（2007）の結果　一番左の図は，記述的規範条件では平均処置効果がゼロだと推定されたことを表している。しかし中央の図で示しているように，この平均処置効果は，実際には相殺する 2 つの効果が混じっていた。処置によって，ヘビーユーザーは消費量を減らし，ライトユーザーは消費量を増やしていた。最後の右端の図は，第 2 の条件（記述的規範と指令的規範）では，ヘビーユーザーに対しては同様の効果をもっている一方，ライトユーザーへのブーメラン効果は抑制されたことを表している。Schultz et al.（2007）より。

「効果がない」ようにみえたということだ（図4.4）。

　幸いなことに，Schultz たちはこのシンプルな分析では満足しなかった。実験開始前に，彼らが考えていたのは，ヘビーユーザー——消費量が平均より多い人たち——は電力消費を減らす一方で，ライトユーザー——消費量が平均より少ない人たち——は電力消費を増やすだろうということだった。そこでデータをみたところ，まさにこの傾向がみられた（図4.4）。要するに，効果がないようにみえたものは，実は 2 つの効果が相殺された結果だったのだ。ライトユーザーの間で逆に電力消費量が増えてしまったことは，処置が意図されたのとは逆の効果を与えてしまうという**ブーメラン効果**の一例だ。

　Schultz たちは，第 1 の条件と同時に，第 2 の条件も実施していた。第 2 の条件に割付けられた世帯は，第 1 の条件とまったく同じ処置——一般的な省エネの豆知識と，自分の世帯と近隣の世帯の平均的な電力消費量を比較した情報を与えられる——に加えてもう 1 つ追加的な処置が施された。その情報は，消費量が平均以下の人たちには☺，平均以上の人たちには☹というものだ。このような顔文字は，**指令的規範**（injunctive norm）を喚起するためにデザインされたものだ。指令的規範は，何が一般的に認められるか（認められないか）という認知に関するものであり，記述的規範は何が一般的に行われているかという認知に関するものだ（Reno, Cialdini, and Kallgren 1993）。

　このような顔文字を加えるだけで，ブーメラン効果を劇的に減らすことができ

た（図 4.4）。こうして，ちょっとした 1 つの変更——抽象的な社会心理学（Cialdini, Kallgren, and Reno 1991）に基づいた変更——を加えただけで，うまくいかないかにみえた施策がうまくいくことを示せたし，同時に社会規範がいかにして人間の行動に影響を与えるかについての理論的発展にも貢献することができた。

しかし，ここでややおかしなことに気づいた人もいるかもしれない。それは具体的には，Schultz たちの実験には，ランダム化統制実験のように，統制群が存在しないということだ。この実験デザインと Restivo と van de Rijt の実験デザインを比べることで，2 つの主要な実験デザインの違いを知ることができる。Restivo と van de Rijt が行った**被験者間デザイン**[4]（between-subjects designs）では，処置群と統制群を用意していた。他方，**被験者内デザイン**[5]（within-subjects designs）では，処置の前後を比較するのだ（Greenwald 1976; Charness, Gneezy, and Kuhn 2012）。被験者内デザインでは，それぞれの被験者が，自分の統制群であるかのようにふるまう。被験者間デザインの強みは，先ほど述べたように，交絡要因の影響をブロックしてくれることだ。一方，被験者内デザインの強みは，推定の精度を向上させてくれることだ。最後に，のちにデジタルな実験をデザインするためのアドバイスをするときに説明するアイデアを先取りして提示しておこう。それは**混合デザイン**（mixed design）だ。これは，被験者内デザインの精度の向上という強みと被験者間デザインの交絡要因のブロックという強みを組み合わせたものだ（図 4.5）。

全体として，Schultz たちが行った研究（2007）のデザインと結果は，シンプルな実験を超えることの価値を示してくれている。幸いなことに，このような実験をデザインするのに，あなたが創造性豊かな天才である必要はない。実り豊かな実験をガイドするために，社会科学者はこれまで①妥当性，②処置効果の不均質性，③メカニズムという 3 つの概念を発展させてきた。いってしまえば，実験をデザインするときに，これら 3 つの概念を頭に入れておけば，より興味深く役に立つ実験を普通に行うことができるようになるのだ。これらの 3 つの概念を説明するために，Schultz たちの見事なデザインと刺激的な結果（2007）を元にして行われた，部分的にデジタルな実験についてみていこう。より注意深く，デザイン，実施，分析，解釈を行うことで，シンプルな実験を超えることができるのがわかるだろう。

訳 注
4） 心理学分野では，通常，参加者間要因計画と訳されることが多い。
5） 心理学分野では，通常，参加者内要因計画と訳されることが多い。

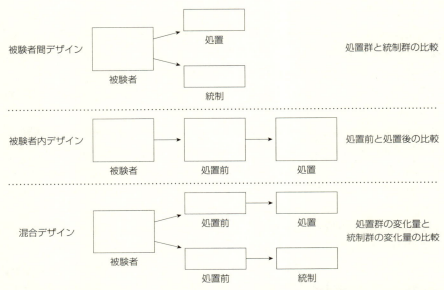

図 4.5　3 つの実験デザイン　標準的なランダム化統制実験は，被験者間デザインだ。被験者間デザインの例は，Restivo and van de Rijt (2012) が行った Wikipedia における貢献とバーンスターに関する実験だ。この実験では，被験者を処置群と統制群にランダムに分け，処置群の被験者にだけバーンスターを贈って，両群の結果を比較した。実験の 2 つ目のタイプは**被験者内**デザインだ。Schultz たち (2007) が行った社会規範と電力消費に関する 2 つの実験がその例だ。これらの実験では，処置を受ける前と受けた後の被験者を比較した。被験者内デザインは統計的な精度を向上させるが，交絡要因の影響を受けてしまう可能性がある（処置前と処置中で天候が異なるなど）(Greenwald 1976; Charness, Gneezy, and Kuhn 2012)。被験者内デザインは，反復測定デザインとも呼ばれる。最後に，混合デザインは，被験者内デザインがもつ精度の向上という利点と，被験者間デザインがもつ交絡要因のブロックという利点と組み合わせたものだ。混合デザインでは，処置群と統制群両方の変化を比較する。処置前情報をすでにもっている場合（多くのデジタルな実験にあてはまる），混合デザインは，推定の精度を向上させてくれるという点で，一般に被験者間デザインよりも好ましい。

4.4.1　妥 当 性

妥当性は，その実験の結果が，より一般的な結論をどの程度支持しているか，ということに関するものだ。

　完璧な実験など存在しない。そのため，起こりえる問題を表現するための新しい言葉がこれまでたくさん生み出されてきた。妥当性は，ある特定の実験の結果がより一般的な結論をどの程度支持しているか，に関するものだ。妥当性という

概念は，統計的結論の妥当性，内的妥当性，構成概念妥当性，外的妥当性という4つの主要な概念に分解して考えると役に立つ（Shadish, Cook, Campbell 2001, 第2章）。これらの概念についてマスターすれば，頭の中のチェックリストを使って，実験のデザインや分析を批判したり向上させたりすることができるようになるし，他の研究者と対話する助けにもなる。

統計的結論の妥当性には，実験の統計的分析が正しく行われているかどうか，という問題が中心にある。Schultzたち（2007）の研究の文脈でいうと，p値が正しく計算されているかどうか，ということが中心的な問題となる。実験のデザインと分析に必要な統計手法について論じることは本書の射程を超えるが，それは基本的に，デジタル時代になっても変わらない。そうではなく変わったことは，デジタルな実験のデータ環境が，機械学習の手法を使って処置効果の不均質性を推定するなどの新たな機会を生んだことだ（Imai and Ratkovic 2013）。

内的妥当性には，実験の手続きが正しく行われているか，という問題が中心にある。Schultzたちの実験（2007）に戻って考えてみると，内的妥当性の問題は，ランダム化，処置の実施，結果の測定という点が中心的な問題となる。たとえば，彼らの研究において，リサーチアシスタントがきちんと電力計を読み取らなかったのではないかと，心配になった人もいたかもしれない。実際，Schultzたちもこの問題を心配していた。そのため，彼らは電力計の読み取りを2回行っており，幸いなことに，結果は完全に一致していた。一般的にいって，Schultzたちの実験は高い内的妥当性をもっているように思うが，こうしたことがいつでもできるわけではない。複雑なフィールド実験やオンライン実験では，適切な人々に対して適切な処置を行ったり，全員分の結果を測定したりする際に，問題が起きてしまうことがよくある。幸いなことに，デジタル時代の到来によって，内的妥当性に関する心配は減らせるようになった。というのも，現在では，処置を施すべき人にきちんと処置を施せているかを確認することも全被験者の結果を測定することも，簡単にできるようになったからだ。

構成概念妥当性には，データと理論的構成概念が一致しているかどうか，という問題が中心にある。第2章で説明したように，構成概念は，社会科学者があれやこれや考えている抽象的な概念である。残念なことに，こうした抽象的な概念は，必ずしも明確な定義や指標をもっているわけではない。Schultzたちの研究（2007）に戻って考えてみると，指令的規範によって電力消費量が下がるようになるという主張には，「指令的規範」（たとえば絵文字）を操作する処置と「電力消費量」を測定することが必要である。アナログな実験では，処置の実施や結

果の測定を自分自身で行っていた。この方法ならば，自分の実験と調べたい抽象的な構成概念をできる限り一致させることが保証される。企業や政府と共同で処置を行ったり，結果の測定に常時オンのデータシステムを使ったりするようなデジタルな実験では，実験と理論的構成概念との結びつきは弱くなってしまう。それゆえ，構成概念妥当性は，アナログな実験よりもデジタルな実験の方が大きな問題となってしまいがちだろう。

　最後に，**外的妥当性**には，1つの実験の結果が他の状況にまで一般化できるかどうか，という問題が中心にある。Schultzたちの研究（2007）に戻って考えてみよう。彼らと同じアイデア——被験者に，近隣の人と比較した自分の電力消費量を教えたうえで指令的規範のシグナル（たとえば，顔文字）を提示する——を異なるセッティングと異なる方法で実施したら，同じように電力消費量は減るのだろうかと疑問に思う人がいるだろう。よく練られたデザインできちんと実施された実験であっても，たいていの場合，外的妥当性の問題を解決するのはもっとも難しい。かつては，外的妥当性の議論といったら，異なる方法や異なる場所，異なる被験者で実験を行ったらどういう結果になるだろうと，研究者が集まって椅子に腰掛けながらあれやこれやと思いをめぐらせるというのが関の山だった。幸いなことにデジタル時代では，実際のデータがない状態であれやこれや推測するだけの状態を超えて，経験的に外的妥当性を評価できるようになった。

　Schultzたちの研究（2007）の結果はかなり刺激的なものだったので，Opowerという企業がアメリカの電力会社と協力して，より大規模に処置を実施した。Opowerは，Schultzたちの研究（2007）をベースにして，カスタマイズされた「ホームエネルギーレポート」（Home Energy Report）を作成した。それには，近隣と比較したその家庭の電力消費量と顔文字を提示するモジュールと，電力消費量を下げるための豆知識を教えるモジュールという2つの主要なモジュールがあった（図4.6）。そして，Opowerは研究者と協力して，ホームエネルギーレポートの効果を評価するためのランダム化統制実験を行った。実験の処置は，物理的な方法——郵送という古風な方法——で行われたが，結果の測定は，デジタルデバイス（たとえばホームパワーメーター）を使って行われた。さらに，測定した結果を収集するのにリサーチアシスタントがそれぞれの世帯を訪問して手作業で行うのではなく，Opowerは電力会社と連携して，ホームパワーメーターの情報に簡単にアクセスできるようにしておいた。そのため，こうした部分的にデジタルなフィールド実験は，大規模にもかかわらず，低い変動費用で行うことができたのだ。

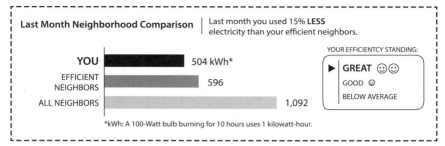
社会的比較モジュール

アクションステップモジュール

図 4.6 ホームエネルギーレポートに搭載されていた社会的比較モジュールとアクションステップモジュール　Elsevier の許可を得て Allcott（2011）の図 1・2 より再掲。

　最初の実験は 10 の異なる地域で計 60 万世帯を対象に行われたが，この結果から Allcott（2011）は，ホームエネルギーレポートは電力消費量を下げる効果があることを明らかにした。言い換えると，Schultz たちの研究（2007）よりはるかに大規模で，しかも地理的にもさまざまな地域で実施された実験でも，彼らと質的に同様の結果が得られたということである。さらに後続の実験では，101

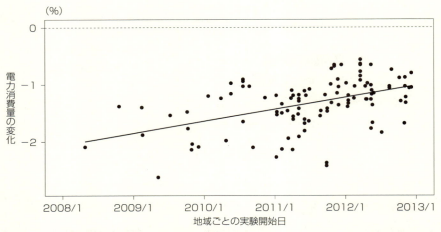

図 4.7 111 の実験から得られた電力消費量に対するホームエネルギーレポートの効果
この企画を採用するのが遅かった地域では，効果が小さいことがわかる。この傾向の主な原因は，環境に配慮するタイプの人ほど企画に参加するのが早かったからだと，Allcott（2015）は述べている。Allcott（2015）の図 3 より。

の異なる地域で 800 万世帯を含めて行われたが，その実験でも Allcott（2015）は，ホームエネルギーレポートは電力消費量を下げるという結果を明らかにした。こうしたはるかに大規模な実験を何回も実施することによって，1 回の実験ではわからないような興味深い新たなパターンも明らかになった。それは，後の実験の方が，効果が小さかったということだ（図 4.7）。この原因として，実験が進むにつれて異なるタイプの被験者が含まれるようになったからではないかとAllcott（2015）は推測した。もう少し詳しくいうと，環境に配慮するタイプの消費者を抱えている電力会社ほど企画に参加するのが早く，消費者も処置に反応しやすかったということだ。そのため，環境にそれほど配慮しないタイプの消費者が被験者に含まれるにつれ，効果が下がったのだ。それゆえ，実験におけるランダム化が処置群と統制群の同質性を保証しているのとちょうど同じように，調査地のランダム化が，被験者からより広い一般的な母集団に，推定結果を一般化することを保証してくれる（第 3 章のサンプリングの議論を思い出そう）。もし調査地がランダムに抽出されていないならば，一般化——たとえ完璧に計画され，完璧に実施された実験であっても——には問題が生じる可能性がある。

これらの 111 の実験——Allcott（2011）での 10 の実験と Allcott（2015）での 101 の実験——は，全米の 850 万世帯を対象に行われた。これらの結果は一貫して，ホームエネルギーレポートは平均的な電力消費量を下げることを明らかに

していた。このことは，Schultzたちが行ったカリフォルニアでの300世帯を対象にしたオリジナルの実験結果を支持した。オリジナルの結果を単に追試するのではなく，後続の実験では，場所によって効果の大きさが異なることも明らかにした。これらの一連の実験は，部分的にデジタルなフィールド実験に関する2つの一般的なポイントも示してくれている。第1に，実験を実施する費用が低いときに，外的妥当性を経験的に検討できるようになるということだ。そしてこの費用を低減できるのが，常時オンのシステムによってすでに結果が測定されている時だ。したがって，すでに測定されている興味深い行動を見つけ出して，すでにある測定のインフラを元にして実験をデザインするのが，おすすめだ。第2に，これらの一連の実験は，デジタルなフィールド実験は単にオンラインだけで行われるのではない，ということを思い出させてくれる。作られた環境の中でセンサーを使って結果を測定するという状況は，これからますます増え，いたる所でみられるようになるだろう。

　4つの妥当性——統計的結論の妥当性，内的妥当性，構成概念妥当性，外的妥当性——は，チェックリストとして頭の中にとどめておくのがよいだろう。このチェックリストは，特定の実験がより一般的な結論を支持するかどうかを評価するための助けになる。アナログ時代の実験と比べてデジタル時代の実験では，外的妥当性を経験的に検討したり，内的妥当性を確保したりするのが簡単になったはずだ。他方でデジタル時代の実験，特に企業と連携したデジタルなフィールド実験において，構成概念妥当性の問題はおそらく，より困難な課題になっていくだろう。

4.4.2　処置効果の不均質性

　実験では通常，処置の平均的な効果を測定するが，処置の効果は全員にとって同じではないだろう。

　シンプルな実験を超えるための重要な概念の2つ目は，処置効果の不均質性だ。Schultzたちの実験（2007）は，どのようにして同じ処置が人それぞれに異なる効果をもつのかを強固に示してくれている（図4.4）。しかしほとんどのアナログな実験では，平均的な処置効果に焦点があてられてきた。というのも，被験者の数が少なく，彼らがどんな人かはほとんどわからないからだ。しかし，デジタルな実験では，被験者の数は十分に多く，彼らについてより多くのことがわか

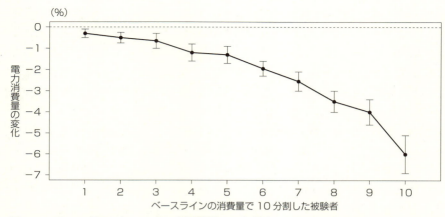

図 4.8　Allcott（2011）における処置効果の不均質性　電力消費の減少量は，ベースラインの消費量によって 10 分割した被験者のグループごとに異なっている。Allcott（2011）の図 8 より。

る。処置効果の不均質性は，処置がどのように作用するのか，どのようにしたら処置を改善できるのか，どのようにしたらもっとも効果のある人々をターゲットにできるのか，といったことを知るための手がかりを与えてくれる。しかし，データ環境が変化しているにもかかわらず，平均処置効果しか推定しようとしないならば，こうしたことを知る道を閉ざしてしまう。

　ホームエネルギーレポートに関する追加的な 2 つの研究は，処置効果の不均質性について理解するのによい例だ。まず Allcott（2011）は，大規模なサンプル（60 万世帯）を使い，さらに処置前の電力消費量に基づいてサンプルを 10 分割して，ホームエネルギーレポートの効果を推定した。Schultz たちの研究（2007）では，ヘビーユーザーとライトユーザーの違いを明らかにしたが，Allcott（2011）はヘビーユーザーとライトユーザーのそれぞれの群の中における違いも明らかにした。たとえば，もっともヘビーなユーザー（10 分割した 1 番目）は，中程度のヘビーユーザーの 2 倍も電力消費量を下げた（図 4.8）。さらに，処置前の行動ごとに効果を推定したことにより，もっともライトなユーザーにおいてもブーメラン効果はみられないこともさらに明らかになった。

　関連する研究を行った Costa and Kahn（2013）は，ホームエネルギーレポートの効果は被験者の政治的イデオロギーによって異なり，ある特定のイデオロギーをもった人々には電力消費量を増やす効果があるかもしれないと考えた。要するに，ホームエネルギーレポートは，ある特定のタイプの人々に対してブーメラ

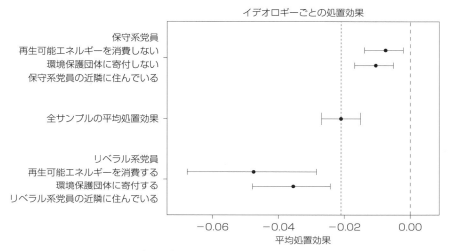

図 4.9 Costa and Kahn (2013) における処置効果の不均質性 　全サンプルの平均処置効果の推定値は −2.1％［−1.5％, −2.7％］だった。実験のデータと世帯に関する情報を組み合わせた後，Costa and Kahn〔2013〕は，統計分析を行い，特定の人々に対する処置効果を明らかにした。2 つの推定値はそれぞれの群の 2 つの推定値を示している。というのも推定値は統計モデルにどの共変量を投入するかによって異なるからだ（モデルについては Costa and Kahn〔2013〕の表 3・4 のモデル 4・6 を参照してほしい）。この例が示しているように，処置効果は人によって異なっているし，推定された処置効果の値は，モデルの詳細に依存している（Grimmer, Messing, and Westwood 2014）。Costa and Kahn (2013) の表 3・4 より。

ン効果をもつのではないか，と考えたということだ。この可能性を明らかにするために，Costa と Kahn は，Opower のデータと別のデータ会社から買ったデータ（政党への参加，環境団体への寄付，再生可能エネルギー企画への参加などを含む）を統合した。この統合データによって，Costa と Kahn は，ホームエネルギーレポートは異なるイデオロギーをもつ人々に対して同様の効果をもつことを明らかにした。要するに，どのタイプの人々にもブーメラン効果はみられなかったのだ（図 4.9）。

　この 2 つの例が示すように，デジタル時代には，平均処置効果を超えて処置効果の不均質性を推定することが可能になった。というのも，かつてよりもはるかに多くの被験者を使うことができるようになり，被験者についてより多くのことを知ることができるようになったからだ。処置効果の不均質性を明らかにすることで，処置がもっとも効果をもつ人々をターゲットにすることもできるし，新たな理論的展開を刺激するための知見を得られるようにもなる。さらには，メカニズムに関するヒントを得られるようになる。この最後の点に関して次に説明し

ていこう。

4.4.3 メカニズム

> 実験は，何が起きているのかを測定する。メカニズムは，それがなぜ，どのようにして起きているのかを説明する。

シンプルな実験を超えるための重要な概念の3つ目は，メカニズムである。メカニズムは，なぜあるいはいかにして，処置が結果を引き起こすのか，ということを教えてくれるものである。メカニズムを探るための過程はときとして，**仲介変数**ないしは**媒介変数**をみつけることだ，といわれる。実験は因果効果を推定するにはよい方法だが，メカニズムを明らかにするようにデザインされていないことが多い。しかしデジタルな実験は，メカニズムを特定するうえで，①より多くのプロセスデータの収集を可能にする，②関連する多くの処置を検証することができる，という2つの意味で役に立つ。

メカニズムという概念をフォーマルに定義するのは非常に厄介なので（Hedström and Ylikoski 2010），まずは，ライムと壊血病という簡単な例を使って説明していこう（Gerber and Green 2012）。18世紀の医者は，ライムを食べた船乗りは壊血病にかからないということを感覚的に理解していた。壊血病は深刻な病気なので，これは頼りになる情報だった。しかし医者たちは，なぜライムが壊血病を防いでくれるのか，ということについてはわかっていなかった。ほぼ200年後の1932年になってようやく，ビタミンCこそが壊血病を防いでくれる要因だと科学的に明らかになった（Carpenter 1988: 191）。この事例では，ライムが，ビタミンCという**メカニズム**を通して，壊血病を防いでいる（図4.10）。もちろん，メカニズムを特定するのは科学的に非常に重要なことであり，多くの科学はなぜそれが生じるのかを理解するものだが，実践的にも非常に重要だ。なぜ，処置が作用するのかがわかれば，よりよく作用する新たな処置を考えることも潜在的には可能なのだ。

残念なことに，メカニズムを抽出すること（isolating mechanisms）は非常に難しい。ライムと壊血病の例と違って，多くの社会的状況では，処置は相互に関連するさまざまな経路を通じて効果をもつ可能性がある。しかし社会規範と電力消費の例では，プロセスデータを収集したうえで，関連する処置を検証することによって，メカニズムを抽出する努力がなされた。

 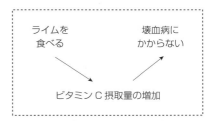

図 4.10　ビタミン C が，ライムが壊血病を防ぐメカニズムになっている

考えられるメカニズムを検証する 1 つ目の方法は，処置がどのようにしてそのメカニズムに影響を及ぼすのかを示すプロセスデータを収集することだ。たとえば，ホームエネルギーレポートが人々の電力消費を減らすことを示した Allcott（2011）を思い出してみよう。しかし，なぜこのレポートによって電力消費量を下げることができたのだろうか。メカニズムは何だろうか。電力会社と協力して行った後続の Allcott and Rogers の研究（2014）では，リベートプログラムを通じて，どの消費者がよりエネルギー効率のよい装置にアップグレードしたのかがわかる情報を取得した。それにより Allcott と Rogers は，ホームエネルギーレポートを受け取った人の方が，装置をアップグレードする人が若干多かった，ということを明らかにした。しかしこの違いはとてもわずかなもので，処置を受けた世帯が減らした電力消費量の 2% を占めるにすぎないものだ。すなわち，装置のアップグレードは，ホームエネルギーレポートが電力消費量を引き下げるための主要なメカニズムではなかったということだ。

メカニズムを明らかにする 2 つ目の方法は，処置がわずかに異なる複数の実験を行うことである。たとえば，Schultz たちの実験（2007）と後続のホームエネルギーレポートに関する実験では，被験者は①省エネに関する豆知識，②近隣と比べた自分の電力消費量の情報という 2 つの主要な処置を受けた（図 4.6）。そのため，変化を引き起こしているのが，近隣の情報ではなく，省エネの豆知識である可能性もある。省エネ行動を引き起こすのに豆知識だけで十分なのではないかという可能性を調べるために，Ferraro, Miranda, and, Price（2011）は，ジョージア州のアトランタ近郊にある水道会社と協力して，10 万世帯を対象に，節水に関する似たような実験を行った。彼らの実験には次の 4 つの条件があった。

・節水の豆知識を受け取った群
・節水の豆知識 + 節水することの道徳的な説得を受けた群
・節水の豆知識 + 節水することの道徳的な説得 + 近隣と比較した自分の水の

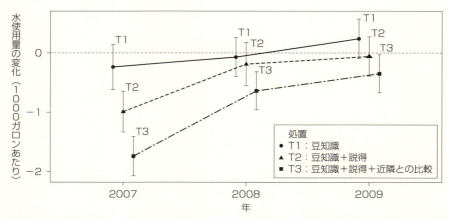

図 4.11 Ferraro, Miranda, and Price（2011）の結果 処置は 2007 年 5 月 21 日に行われ，効果の測定は 2007，2008，2009 年の夏の間中行われた。メカニズムを特定するために，処置が細分化して実施された。その結果，豆知識のみの処置には，短期（1 年）でも中期（2 年）でも長期（3 年）でもまったく効果がないことがわかった。豆知識＋説得の処置では，節水の効果があったが，短期だけだった。豆知識＋説得＋近隣情報の処置では，短期でも中期でも長期でも節水の効果がみられた。なお，垂直に伸びる線は，推定された信頼区間を表している。この研究の実際の資料は，Bernedo, Ferraro, and Price（2014）をみてほしい。Bernedo, Ferraro, and Price（2011）の表 1 より。

使用量に関する情報を受け取った群
・統制群

その結果，豆知識だけの処置を受けた群には，短期（1 年）でも中期（2 年）でも長期（3 年）でも，節水の効果はみられないことがわかった。豆知識＋道徳的説得の処置を受けた群には，節水の効果がみられたが，効果は短期間だけだった。最後の節水の豆知識＋節水することの道徳的な説得＋近隣と比較した自分の水の使用量に関する情報を受け取る処置を受けた群には，短期でも中期でも長期でも，節水の効果がみられた（図 4.11）。このように細分化した処置を施す実験を行うことは，処置のどの部分——あるいは複数の部分が関連して——が，結果を引き起こしているかを明らかにするのによい方法だ（Gerber and Green 2012: 10.6 節）。たとえば，Ferraro たちの実験によって，節水の豆知識を与えられただけでは，被験者は水を節約しないということがわかったのだ。

理想的には，要因を階層的に調べる（豆知識，豆知識＋説得，豆知識＋説得＋近隣情報）のではなく，3 つの要因のありえる組み合わせのすべてを調べる完全実施要因計画——2^k 要因計画とも呼ばれる——によって検証するのがよい（表 4.1）。要因のすべての組み合わせを検証することで，それぞれの要因が単独でも

表 4.1 3要因（豆知識・説得・近隣情報）の場合の完全実施要因計画の処置例

群	要因
1	統制
2	豆知識
3	説得
4	近隣との比較
5	豆知識 + 説得
6	豆知識 + 近隣との比較
7	説得 + 近隣との比較
8	豆知識 + 説得 + 近隣との比較

つ効果や組み合わせによってもつ効果などすべてを調べることができる。たとえば，Ferraro たちの実験では，行動を長期間にわたって変化させるのに，近隣の人との比較だけで十分なのかどうかがわからない。かつてであれば，このような完全実施要因計画を行うのは困難だった。というのも，これには多くの被験者が必要であり，統制と数多くの処置を正確に遂行する能力が必要だったからである。しかしデジタル時代には，このようなロジスティック上の制約はもはや存在しない場合もある。

ここでまとめておこう。メカニズム——それを通じて，処置が効果をもつような経路——はきわめて重要である。デジタル時代の実験は，①プロセスデータの収集と，②完全実施要因計画を可能にすることで，メカニズムを明らかにする助けとなりうる。こうした方法によって示唆されたメカニズムを，その後，要因を限定したデザインの実験によって，直接検証すればよい（Ludwig, Kling, and Mullainathan 2011; Imai, Tingley, and Yamamoto 2013; Pirlott and MacKinnon 2016）。

3つの概念——妥当性，処置効果の不均質性，メカニズム——は，実験をデザインしたり，解釈したりするための強力なアイデアを提示してくれる。これらの概念は，何が「効果をもつ」のかを明らかにするだけのシンプルな実験を超えて，実り多い実験を行うために役にたつものである。実り多い実験は，理論と密接に結びつき，処置がなぜ，どのようにして作用するのかを明らかにし，ひいてはより効果的な処置をデザインするのに役に立つ可能性もある。このような実験の概念的な背景を前提にして，今度は，実際に実験を行うための手引きをすることにしよう。

4.5 自分でやってみる

もしあなたが，テック系の大企業に勤めていなかったとしても，デジタルな実験を行うことは可能だ。自分1人でやることもできるし，自分に協力してくれる（あるいは自分が協力する）人と組んでやることもできる。

これまでの説明で，あなたは，自分でデジタルな実験を行うことができるかもしれないとワクワクしていることだろう。もしあなたが，テック系の大企業に勤めていたら，すでにデジタルな実験をたくさんやっているかもしれない。しかしもしあなたがテック系の企業に勤めていなかったら，自分にはデジタルな実験などできないだろうと思うかもしれない。幸いなことに，それは間違っている。少しの創造性とがんばりで，誰でもデジタルな実験を行うことはできる。

最初に，2つの主要な方法を区別しておくことが役に立つだろう。1つは，あなた1人で行う方法で，もう1つは頼りになる人と組んで行う方法だ。さらに，あなた1人で行う場合は，いくつかの方法に分けられる。それは，すでにある環境を利用する方法，自分自身で実験環境を構築する方法，繰り返し実験を行うための製品を自分で開発する方法である。後の例でわかるように，あらゆる状況において最良の方法があるわけではない。もっともよいのは，これらのどの方法を用いても，費用，統制，リアリズム，倫理という4つの次元の間で，トレードオフが生じることを自覚することだ（図4.12）。

4.5.1 すでにある環境を利用する

プログラムを作成したり，誰かと組んだりしなくても，すでにある環境の中で実験を行うことができる。

ロジスティック上，デジタルな実験を行うもっとも簡単な方法は，すでにある環境の中で，自分の実験を構築することである。このような実験は，適度に大きな規模で行えるし，企業と連携したり大掛かりなソフトウェアの開発をしたりする必要がない。

たとえば，Jennifer Doleac and Luke Stein（2013）は，人種差別を測定する実

	費用	統制	リアリズム	倫理
既存のシステムを使う	低	低	高	潜在的に複雑
実験環境を構築する	中	高	中	比較的安心
製品を開発する	高	高	高	比較的安心
頼りになるパートナーと連携する	低	中	高	潜在的に複雑

実験を行う → 自分1人で行う → 既存のシステムを使う／実験環境を構築する／製品を開発する
実験を行う → 頼りになるパートナーと連携する → 頼りになるパートナーと連携する

図 4.12 それぞれの方法のトレードオフ関係を示した図　費用は，あなたが自分で実験を行うときに必要な時間やお金を意味している．統制は，あなたが望むように被験者の募集，ランダム化，処置の実施，結果の測定を行うために必要な能力を意味している．リアリズムは，実験環境が日常生活の場面とどれくらい近いかを意味している．ただし，理論を検証するのにかならずリアリズムの高さが重要なわけではない（Falk and Heckman 2009）．倫理は，善意の研究者が，起こりえる倫理的問題に対処するための能力を意味している．

験を行うために，「クレイグリスト[6]（Craiglist）」に似たオンライン市場を利用した．彼らは，何千ものiPodの広告を出して，系統的にそれぞれの売り手の特徴を変えておくことによって，商取引に対する人種の効果を調べることができた．さらに彼らは，実験の規模を利用して，いつ効果が大きくなるか（処置効果の不均質性）を推定し，なぜそのような効果がみられるのかに関するアイデア（メカニズム）を提示した．

　Doleac and Stein (2013) のiPodの広告は，3つの主要な次元で変えられていた．第1に変えたのは，売り手の特徴であり，売り手がiPodを手にもって撮った写真［白人，黒人，タトゥーのある白人］でそれを示した（図 4.13）．第2に変えたのは，提示額［90ドル，110ドル，130ドル］だ．第3に変えたのは，広告テキストの質［質が高い，質が低い（大文字の使い方やスペルのミス）］だ．このように，3×3×2のデザインで，小さな町（たとえば，インディアナ州のココモやネブラスカ州のノースプラットなど）から大都市（ニューヨークやロサンゼルスなど）まで含む300以上の地方市場で実験を行った．

　すべての条件で平均して，黒人の売り手よりも白人の売り手の方が，結果がよかった．ちなみにタトゥーのある白人はその中間である．結果がよかったとは，

訳注
[6] 米国を中心に世界各地に展開するオンライン市場．生活必需品などの物品だけでなく，住宅，求人などの取引が可能である．

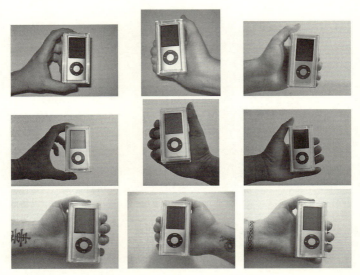

図 4.13　Doleac and Stein（2013）で使われた手の写真　　オンライン市場での差別を測定するために，異なる特徴をもつ売り手によって iPod が売りに出された。Doleac and Stein（2013）より John Wiley and Sons の厚意により再掲。

たとえば，白人の方が多くのオファーを受け取ったり，最終的な売値も高かったりした，ということである。このような平均的な効果だけではなく，Doleac と Stein は，処置効果の不均質性も推定した。たとえば，既存の理論に基づいた予測は，買い手の間で競争の激しい市場ほど，差別は少ない，というものだ。その市場におけるオファーの数を，買い手の競争の指標として用いたところ，確かに黒人は，競争が激しくない市場の方が，より条件の悪いオファーを受け取っていたことがわかった。さらに，質の高い広告テキストと質の低い広告テキストの結果を比較したところ，広告テキストの質は，黒人やタトゥーのある白人の不利益の程度に影響しないこともわかった。最後に，300 以上の市場に広告が出されたことを利用して，犯罪率が高く，人種ごとの住み分けが進んだ町の方が，黒人は不利益を被るということもわかった。これらの結果では，なぜ黒人の売り手の方が悪い結果になったのかを正確に理解することはできない。しかし，他の研究結果と組み合わせたとき，さまざまなタイプの商取引で人種差別が生じる原因があることを示したことは，理論に対する貢献の一歩になったといえるだろう。

　すでにあるシステムを使って行うデジタルなフィールド実験で何ができるのかを示した別の研究として，Arnout van de Rijt たち（2014）が行った成功の秘

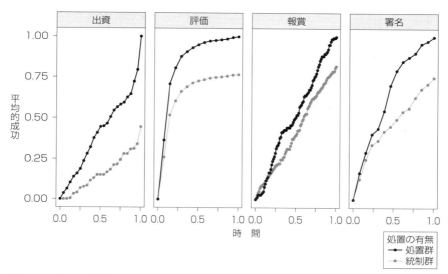

図 4.14 4つの異なるシステムで，ランダムに成功を与えた際に生じた長期的結果
Arnout van de Rijt たち (2014) では，① Kickstarter（クラウドファンディングのウェブサイト）で，ランダムにプロジェクトを選んで資金を提供する約束をする，② Epinion（商品レビューサイト）で，ランダムにレビューを選んで高評価をつける，③ Wikipedia で，ランダムに貢献者を選んで報賞を与える，④ change.org で，ランダムに請願を選んで署名に協力する，という処置を行った。van de Rijt et al. (2014) の図2より。

訣に関する研究がある。日常生活のさまざまな面で，似たような人たちでも全然違った結果に終わることが多いようにみえることがある。このパターンのありえる1つの説明は，小さな——そして基本的にランダムな——優位性が固定され，時間を通じて拡大していくというものである。この過程は，**累積的優位**（cumulative advantage）と呼ばれる。最初の小さな成功が固定されるのか，それとも消えてしまうのかを理解するために，van de Rijt (2014) たちは4つの異なるシステム上で，ランダムに選ばれた被験者に恣意的に成功を与えるという介入を行い，その後の影響を測定した。

もう少し詳しくいうと，van de Rijt たちが行ったのは，① Kickstarter（クラウドファンディングのウェブサイト）で，ランダムにプロジェクトを選んで資金を提供する約束をする，② Epinion（商品レビューサイト）で，ランダムにレビューを選んで高評価をつける，③ Wikipedia で，ランダムに貢献者を選んで報賞を

表 4.2　すでにあるシステムを使った実験の例

トピック	文献
Wikipedia での貢献に対するバーンスターの効果	Restivo and van de Rijt（2012, 2014）; van de Rijt et al.（2014）
人種差別的ツイートに対する反ハラスメントメッセージの効果	Munger（2016）
売値に対するオークション方式の効果	Lucking-Reiley（1999）
オンラインオークションの売値に対する評判の効果	Resnick et al.（2006）
eBay での野球カードの販売に対する売り手の人種の効果	Ayres, Banaji, and Jolls（2015）
iPod の販売に対する売り手の人種の効果	Doleac and Stein（2013）
Airbnb レンタルにおける客の人種の効果	Edelman, Luca, and Svirsky（2016）
Kickstarter のプロジェクトの成功に対する寄付の効果	van de Rijt et al.（2014）
賃貸住宅に対する人種・民族の効果	Hogan and Berry（2011）
Epinion の将来の評価に対する肯定的評価の効果	van de Rijt et al.（2014）
請願の成功に対する署名の効果	Vaillant et al.（2015）; van de Rijt et al.（2014）; van de Rijt et al.（2016）

与える，④ change.org[7)]で，ランダムに請願を選んで署名に協力するというものだ。彼らは，こうした4つの異なるシステムで似たような結果になるということを明らかにした。それぞれの例で，ランダムに選ばれて最初に小さな成功を得た被験者は，区別できないほどよく似ているが最初に小さな成功を与えられなかった被験者よりも，より大きな成功を獲得したのである（図4.14）。いろいろなシステムで同じパターンがみられたという事実は，この結果の外的妥当性を高めてくれる。というのも，その事実によって，このパターンは特定のシステムで生じた人工的な結果にすぎないという可能性を減らしてくれるからだ。

　これら2つの事例は，企業と組んだり複雑なデジタルシステムを構築したりしなくても，デジタルなフィールド実験を行うことができるということを示してくれている。さらに表4.2には，処置を行って結果を測定するために，すでにあるインフラを使ってできることの範囲を示す研究例を挙げている。これらの実験は比較的安く行え，高度なリアリズムも備えている。しかし，被験者に対する統制や処置，測定できる結果には制約がある。さらに，1つのシステムだけで実

訳注 ●
7)　さまざまなキャンペーンや請願の署名をオンラインで集めるプラットフォーム。

験を行うなら，システムに特有のダイナミクスによって引き起こされる効果に気をつけなければいけない（たとえば，Kickstarterでのプロジェクトのランク付けの方法やchange.orgでの請願のランク付けの方法など。詳細は，第2章のアルゴリズムによる交絡に関する議論を参照してほしい）。最後に，すでにあるシステムに介入する場合，被験者や被験者でない人，システムに対して害を及ぼす可能性という厄介な倫理的問題が生じる。こうした倫理的問題については第6章で詳しく論じることにするが，van de Rijt et al.（2014）の付録にもすばらしい議論が載っているので参照してほしい。すでにあるシステムを使うときに生じるトレードオフによって，すべてのプロジェクトが理想的な形で行えるわけではないし，そのことは自分自身で実験環境を構築する十分な理由になる。このことについて次にみていこう。

4.5.2　自分自身で実験環境を構築する

自分自身で実験環境を構築するのは，費用がかかるかもしれないが，自分の望む実験を行えるようにもなる。

　すでにあるシステムを使って実験を行うだけではなく，自分自身で実験環境を作り出すこともできる。この方法の主要な利点は，統制だ。もし自分で実験環境を構築するなら，自分の望むように実験環境や処置を用意することができる。自分好みにあつらえた実験環境によって，自然に存在している環境では検証できなかったような理論を検証する機会を作り出すことができるのだ。他方，自分自身で実験環境を構築することの短所は，費用がかかるということと，自分で作れる環境が自然に存在するシステムのようなリアリズムを備えていないかもしれない，ということだ。また，自分自身で環境を構築する場合は，被験者を募集するお膳立てもしなければならない。すでにあるシステムを使う場合は，基本的に実験を被験者のいる側に持ちこむことになる。しかし自分自身で環境を構築する場合，被験者を実験の方に連れてくる必要がある。幸いなことに現在では，Amazon Mechanical Turk（MTurk）のようなサービスが，被験者を実験の方に連れてくる便利な方法を提供してくれるが。

　抽象的な理論を検証するために，自分自身で実験環境をあつらえることの利点を示してくれている例を1つ紹介しよう。それは，Gregory Huber, Seth Hill, and Gabriel Lenz（2012）が行ったデジタルなラボ実験だ。彼らがこの実験で明

らかにしたのは，民主的な政府が機能するのに，何らかの具体的な制限が存在するかもしれないということだ．選挙に関する初期の非実験的研究では，投票者は，現職の政治家の働きぶりを正確に評価することができない，とされていた．具体的には，投票者は次の3つのバイアスに毒されている，と考えられていた．①過去から積み上げてきた成果よりも直近の成果をみがちである，②レトリックやフレーミング，マーケティングによって操作されることがある，③地元のスポーツチームの成功や天気など，現職議員の働きぶりとは無関係なイベントに影響されることがある，というものだ．しかしこれらの既存の研究では，実際のごちゃごちゃした選挙で生じるあらゆる事柄から，これらの要因を切り離して考えることが難しかった．したがって Huber たちは，これらの3つのバイアスを個別に切り離して考えるために，実験研究を選択し，かなり単純化した投票環境を構築した．

実験の設定に関しては後に述べるように，これはかなり人工的な設定かと思われる．しかしリアリズムは，ラボで行う実験の目標ではないということを思い出してほしい．むしろ目標は，研究しようとしている過程を，他の要因から明確に切り離すことである．この厳格な分離は，リアリズムを追求した研究ではできないことがある（Falk and Heckman 2009）．さらにこの事例では，研究者たちが述べているように，もし投票者が，かなり単純な設定でもきちんと成果を評価できないならば，もっと現実的で複雑な設定ではなおさらできない，と考えることもできる．

Huber たちは，MTurk を使って被験者を募集した．まず被験者は事前同意書にサインして，短いテストをクリアした．そのうえで，彼女らは，32 ラウンドのゲームに参加して本物のお金に交換できるトークンを稼いでください，と説明された．ゲームの開始時点には，被験者は，「あなたには『分配者』が割り当てられており，彼女は各ラウンドに自由にトークンをあなたに分配します．なお，寛大に分配する人もいるし，そうではない人もいます」という教示を受けた．さらには，「16 ラウンド終了後には，あなたはその分配者を別の人と変えるか変えないかを選ぶ機会があります」とも教示された．Huber たちの研究の目的を知っていれば，分配者が政府で，選択が選挙を表しているとわかるだろう．しかし被験者は，この研究の大きな目的を知らなかった．最終的に Huber たちは，4000 人の被験者を募集して，8 分で終わる作業をやってもらい，各人に 1.25 ドル払った．

既存の研究では，投票者は，地元のスポーツチームの成功や天気など自分では

制御できない結果に基づいて，現職議員に賞罰を与えている，と考えられていたことを思いだそう。被験者の投票行動が，実験の設定の中で生じる純粋にランダムなイベントに影響されることがあるのかどうかを評価するために，Huberたちは，実験システムにくじ引きを導入した。8ラウンドか16ラウンド終了後——分配者を変えられるタイミングの直前——に，被験者はランダムにくじ引きに参加することになった。そのくじ引きは，5000ポイント得られるか，0ポイント得られるか，それとも5000ポイント失う，というものだった。このくじ引きは，政治家の成果とは無関係なよいニュース（あるいは悪いニュース）を真似るように意図されたものだ。くじ引きは分配者の分配の仕方と無関係であると，被験者たちは明示的に教えられていたにもかかわらず，くじ引きの結果は，被験者の意思決定に影響を及ぼした。くじ引きでポイントを獲得した被験者ほど，分配者を変えない傾向にあったのだ。さらにこの効果は，8ラウンド終了後より，16ラウンド終了後（つまり分配者変更の直前）にくじ引きをした方が，より大きいということもわかった（図4.15）。これらの結果と，この論文にある他のいくつかの実験から，単純な設定でさえも投票者は賢い選択をするのが難しいと，Huberたちは結論づけた。またこの結果は，投票者の意思決定に関する後続の研究に影響を与えることになった（Healy and Malhotra 2013）。Huberたちの実験からわかるのは，かなり限定的な理論を正確に検証するためのラボ実験でも，被験者を募集するのにMTurkが使えるということだ。また，自分自身で実験環境を構築することの利点も示してくれている。他のセッティングでは，これと同じ過程をこれほど綺麗に分離することは難しかっただろう。

　ラボのような実験を構築するだけではなく，もっとフィールドで行うような実験を構築することもできる。Centola (2010) は，ある行動の拡散に対して社会ネットワーク構造が与える影響を研究するために，デジタルなフィールド実験の環境を構築した。このリサーチクエスチョンに答えるためには，社会ネットワーク構造だけが異なっており，それ以外の要因はまったく同じような母集団において，同一の行動が拡散していく様子を観察する必要があった。これを可能にする唯一の方法は，自分の望むようにあつらえた特注の実験を用意することだった。この例では，Centola は，ウェブベースのヘルスコミュニティを構築した。

　Centola は，健康関連のウェブサイトに広告を載せて，1500人ほどの被験者を募集した。オンラインコミュニティ——「健康生活ネットワーク（Healthy Lifestyle Network）」と呼ばれている——に被験者が訪れたとき，インフォームドコンセントを得たうえで，彼らには「ヘルスバディー（health buddies）」が割

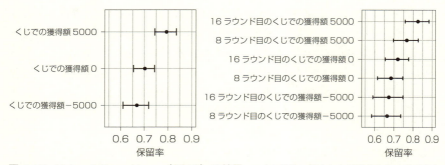

図 4.15 Huber, Hill, and Lenz (2012) の結果 くじ引きで得をした被験者たちは分配者を変更しにくい傾向にあった。また、この効果は、くじ引きを 8 ラウンド終了後に行うよりも、16 ラウンド終了後(分配者変更の直前)に行う方が強かった。Huber, Hill, and Lenz (2012) の図 5 より。

り当てられた。このヘルスバディーの割り当て方を工夫することで、それぞれの群に、異なる社会ネットワーク構造を組み込むことができた。ランダムネットワーク(全員が等確率で繋がる)からなる群もあれば、クラスター化されたネットワーク(局所的に密度が高くなるような繋がり)からなる群もあった。その後 Centola は、それぞれのネットワークに、新しい行動を導入した。健康に関する情報が載った新しいウェブサイトに登録するかどうかという機会を与えたのだ。そして、誰かが新しいウェブサイトに登録したら、その人のヘルスバディー全員に e-mail で知らせが届くようになっていた。Centola は、この行動——新しいウェブサイトに登録する——は、ランダムネットワークよりもクラスター化されたネットワークの方が、広く早く広がる、ということを明らかにした。この発見は、既存の理論とは真逆の結果だった。

　全般的に、自分自身で実験環境を構築する方が、ずっと統制しやすい。自分が研究したいことをさまざまな要因から分離するための実験環境はさまざまに考えられるが、そのうち最良の環境を選んで構築することができる。紹介した2つの実験が、すでにある実験環境で行えたとはとうてい思えない。さらに、自分自身で実験環境を構築すれば、すでにあるシステムを使う場合に生じるような倫理的懸念は少なくてすむ。しかし、自分自身で実験環境を構築する場合、ラボ実験で生じるような多くの問題(被験者の募集やリアリズムの問題)に直面することにもなる。ここで紹介した例は、比較的単純な実験環境(Huber, Hill, and Lenz〔2012〕の投票の研究)から比較的複雑な実験環境(Centola〔2010〕の行動の伝播に関する研究)まであったが、これらの例が示すように、最後の問題点として、自

分自身で実験環境を構築するには，費用も時間もかかる場合がある，ということが挙げられる．

4.5.3　自分自身で製品を開発する

> 自分自身で製品を作るのは，ハイリスク&ハイリターンな方法である．しかし，それがうまくいけば，好循環が生まれ，卓越した研究を行うことが可能になるだろう．

　自分自身で実験環境を構築する方法から一歩進めて，自分自身で製品を開発するという方法もある．作った製品はユーザーに利用されるとともに，実験のプラットフォームとしての機能も果たす．たとえば，ミネソタ大学の研究者グループは，MovieLensという製品を開発した．これは無料でユーザーに提供された非商業的な製品で，パーソナライズされた映画レコメンデイションを行うものだ．MovieLensは1997年からずっと使われており，この間に25万人の登録されたユーザーに対して，3万本以上の映画の2000万件以上のレイティングを提供してきた（Harper and Konstan 2015）．MovieLensにはユーザーの活発なコミュニティがあり，それを使って，公共財への貢献に関する社会科学理論の検証（Beenen et al. 2004; Cosley et al. 2005; Chen et al. 2010; Ren et al. 2012）から，レコメンデイションシステムのアルゴリズム開発（Rashid et al. 2002; Drenner et al. 2006; Harper, Sen, and Frankowski 2007; Ekstrand et al. 2015）にまでわたる素晴らしい研究が行われてきた．これについての網羅的なレビューに関してはHarper and Konstan (2015) を参照してほしい．これらの実験の多くは，実際に稼働している製品を完全にコントロールすることなしに行うことはできなかっただろう．

　残念なことに，自分自身で製品を開発することは信じられないくらい難しい．ハイリスク&ハイリターンであり，スタートアップ企業を立ち上げるくらいのものだと考えるべきだろう．もし成功すれば，自分自身で構築したことによる厳格な統制が可能になる．なおかつそれは，リアリズムを備えておりかつ稼働させたシステムにいる被験者を使うことができるという利点まである．さらにこのやり方なら，研究の進展がよりよい製品開発を促し，その製品がさらにユーザーを呼び寄せ，そのユーザーが新たな研究者を呼び寄せるという，好循環を作り出せる可能性がある（図4.16）．要するに，いったんこの好循環に入ってしまえば，研

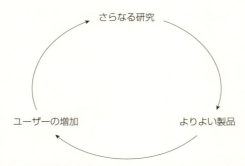

図 4.16　もし自分で製品の開発を成功させられたら，好循環から多くのものを得られるだろう　研究がよりよい製品開発を促し，その製品がユーザーを呼び寄せ，そのユーザーがさらに研究を促す。このような好循環を作り出すことは信じられないくらい難しい。しかし，こうしたやり方でしか行えないような研究が可能になることもある。MovieLens は好循環を作り出すことに成功した研究プロジェクトの例だ（Harper and Konstan 2015）。

究はますますやりやすくなるはずだ。この方法は，現時点では非常に難しい方法だが，技術の進展にともなって，今よりも実用的になることが望まれる。しかしそれまでは，製品をコントロールしたければ，どこかの企業と連携することが，より素直な戦略だろう。このトピックに関しては次の節で論じよう。

4.5.4　頼りになるパートナーと組む

> パートナーと組むことにより，コストを下げ，規模を大きくすることができる。しかしその場合，利用することのできる被験者，処置，結果が，自分が望んでいたものとは違ってくる可能性もある。

あなた自身で実験を行うもう 1 つの方法は，企業や政府，NGO などの頼りになる組織と連携することである。パートナーと組んで行うことの利点は，あなた 1 人ではできなかったような実験ができるようになるという点である。たとえば，後に説明する実験では 6100 万人の被験者を使った——こんな規模の実験を行えた研究者はそれまで誰もいなかった——。パートナーと組むことで，できることが増えるのと同時に，制約も受けることになる。たとえば，たいていの企業は，あなたがビジネス環境や評判を傷つけることを認めないだろう。パートナーと組むことで，論文を発表するときになって，結果を「フレームしなおす (re-frame)」ようにという圧力を受けるかもしれない。さらに，もし企業の評判を下げてしまいそうな結果が出た場合，論文の掲載を止めようとすることさえあ

	動機が実践的か？	
	いいえ	はい
根本的な理解をめざすか？　はい	純粋基礎研究 （ボーア）	実用性を考慮した基礎研究 （パスツール）
いいえ		純粋応用研究 （エジソン）

図 **4.17** パスツールの象限（Stokes 1997）　研究を，「基礎研究」か「応用研究」かの二者択一で考えるのではなく，研究の動機が，実践的（かそうでないか）という次元と，基礎的な理解を志向している（かそうでないか）という2つの軸を元に考えた方がよい。実践的でありかつ基礎的な理解を志向した研究の例が，パスツールの研究だ。この研究は，ビートの絞り汁をアルコールに発酵させるという実践的プロジェクトであるが，細菌理論を展開するきっかけにもなった。この種の研究は，有力企業と連携するのにもっとも適している。一方，実践的動機をもってはいたが，基礎的な理解を志向していなかった例が，トーマス・エジソンで，実践的動機はもっていないが，基礎的な理解を志向した例がニールス・ボーアだ。この枠組みとそれぞれの事例に関する詳細な議論については Stokes（1997）を参照してほしい。Stokes（1997）の図3・5より。

るかもしれない。最後の点として，パートナーと組むことで，コラボレーションを発展させたり，維持したりするための費用も必要になる。

　パートナーとの連携を成功させるために解決すべき中心的な課題は，両者の利害のバランスをとる方法を見つけ出すことだ。そしてこのバランスを考える上で，役に立つのが「**パスツールの象限**（Pasteur's Quadrant）」だ（Stokes 1997）。実践的な課題——パートナーの利益になること——に取り組んでいる場合，純粋な科学的活動ができない，と考える人が多い。しかしこのような考え方は，パートナーとの連携を困難にするし，完全に間違っている場合もあるだろう。この考え方の問題点を見事に示してくれているのが，生物学者のルイ・パスツールの先駆的研究だ。彼は，ビートの絞り汁を発酵させてアルコールにするための商業的なプロジェクトに取り組んでいたとき，細菌理論を思いつくきっかけとなった新しい種類の微生物を発見した。この発見は，実践的な問題を解決してくれた——発酵過程の改善に寄与した——だけでなく，大きな科学的発展にも寄与したのだ。そのため，実践的な応用のための研究を，真の科学的研究と対立するものだ，と考えるのではなく，それらは2つの別々の次元に位置するものだ，と考える方がよい。研究の動機が実践的（かそうでないか）という次元と，基礎的な理解を志向している（かそうでないか）という次元だ。パスツールの研究のように，実践的な動機をもち，基礎的理解を志向する研究もある（図 **4.17**）。パ

スツールの象限に位置する研究——基本的に2つの目標をめざした研究——は，研究者とパートナーがコラボレーションするうえで理想的だ。こうした背景を前提にして，パートナーと連携した2つの実験的研究（1つは企業と，もう1つはNGOと連携したものである）を説明していこう。

　大企業，特にテック系の企業は，複雑な実験を行うための驚くほど洗練されたインフラを発展させてきた。情報産業においては，こうした実験はA/Bテストと呼ばれることも多い。というのも，AとBという2つの処置の効果を比較するからだ。この手の実験は，広告のクリック率を向上させるためによく行われる。しかし，これと同じ実験インフラは科学的な理解を発展させるための研究にも使うことができる。このタイプの研究のもつ潜在能力を示した例は，Facebookの研究員とカリフォルニア大学サンディエゴ校の研究者が連携して行った，異なるメッセージが投票に与える効果についての研究である（Bond et al. 2012）。

　2010年の11月2日——米国の議会選挙の日——，米国在住で18歳以上の6100万人すべてのFacebookユーザーは，投票に関する実験に参加していた。ユーザーがFacebookに訪れたとき，彼らは3つの群にランダムに割付けられた。それぞれの群は，ニュースフィードの上に表示されるバナー（図4.18）が次のように異なっていた。

- 統制群
- 投票に関するメッセージに，「投票した」というボタンとそのボタンをクリックした人の人数が表示される群（Info条件）
- 投票に関するメッセージに，「投票した」というボタンとそのボタンをクリックした人の人数が表示される＋そのボタンをすでにクリックした友達の名前と顔が表示される群（Info＋Social条件）

Bondたちが明らかにしたのは，報告された投票行動と実際の投票行動という2つの結果である。まず彼らは，Info＋Social条件の人たちは，Info条件の人たちよりも，2%多く「投票した」というボタンをクリックしたことを明らかにした（前者が約20%なのに対して，後者は約18%）。さらに彼らは，そのデータと，当該の6100万人に関する公的に利用可能な投票記録を統合して，Info＋Social条件の人たちは，統制群の人たちよりも，0.39%実際に投票に行く傾向にあり，またInfo条件の人たちは統制群の人たちと同じくらい投票に行く傾向にあるということを明らかにした（図4.18）。

　この実験の結果が示しているのは，オンラインでの「投票に行こう」というメッセージは，条件によってより効果的な場合があるということだ。また効果の推

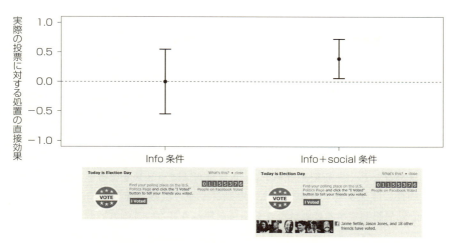

図 4.18 Facebook 上で行われた「投票に行こう」実験の結果 (Bond et al. 2012)
Info 条件の被験者が投票に行った割合は，統制条件の被験者のそれと同じくらいだったが，Info + Social 条件の被験者の投票率はそれよりも若干高かった。図の棒は推定された 95% 信頼区間を表している。グラフ上の結果は，投票記録と照合できた約 600 万人の被験者の結果を示している。Bond et al.（2012）の図 1 より。

定は，測定した結果が報告された投票か実際の投票かに依存するということだ。残念なことに，この実験からはソーシャルな情報——遊び心から face pile フェイスパイルと呼ぶ人もいる——が投票を増やすメカニズムについてのヒントは得られない。ソーシャルな情報によって，バナーに気づきやすくなるのか，それともバナーに気づいた人が実際に投票に行きやすくなるのかはわからないし，あるいはその両方が起きているということだってありうるのだ。それゆえにこの実験は，研究者がさらなる探求を行いたくなるような興味深い知見を提示してくれたともいえる（Bakshy, Eckles, et al.〔2012〕も参照してほしい）。

この実験は，研究者の目標を前進させただけではなく，連携している組織（Facebook）の目標も前進させた。この研究を，投票行動ではなく石鹼の購買行動に変えてみれば，オンライン広告の効果を測定する実験という点で，それらはまったく同じ構造をもった研究であることがわかるだろう（Lewis and Rao〔2015〕を参照してほしい）。こうした広告の効果に関する研究では，オンライン広告——Bond たち（2012）の研究の場合は，投票の広告——にさらされることがオフラインの行動に与える効果を測定している。そのためこの研究は，Facebook がオンライン広告の効果に関する研究を行うための能力を向上させることができたし，Facebook の広告が行動を変化させるのに効果をもっていると広告

主に知らしめるのにも寄与することができた。

　この研究では，研究者と企業の利害はほとんど一致していたが，一部には緊張をはらんでいる部分もあった。具体的には，3つの群——統制群，Info条件群，Info + Social条件群——に対する被験者の割付が，きわめてバランスを欠いていた点だ。サンプルの98%がInfo + Social条件群に割付けられたのだ。この不釣り合いは統計的には非効率的で，研究者にとっては，それぞれの群に3分の1ずつ被験者を割付けた方がずっとよかった。しかし，不釣り合いな割付が行われたのは，Facebookがすべての被験者をInfo + Social条件に割付けたかったからだ。幸いなことに，研究者はFacebookを説得して，1%をInfo条件群に，1%を統制群に確保することができた。統制群がなければ，基本的にInfo + Social条件の効果を測定することはできなかっただろう。というのも，統制群がなければ，ランダム化統制実験ではなく「変化を与えて観察する」実験になってしまうからだ。この例は，パートナーと組んで実験するための実践的な価値ある教訓を与えてくれている。それは，ときには，処置を施すようにパートナーを説得して実験を行う場合もあり，ときには処置を施さないようにパートナーを説得して実験を行う（たとえば，統制群を作る）場合もある，ということだ。

　パートナーとして組む相手は，常にテック系の企業である必要はないし，数百万人規模の被験者にA/Bテストを行う必要もない。たとえば，Alexander Coppock, Andrew Guess, and John Ternovski (2016) は，環境NGO——「環境保全有権者連盟（League of Conservation Voters）」——と連携して実験を実施して，運動への参加を促進するためのさまざまな戦略を検証した。彼らは，そのNGOのTwitterアカウントを使って，パブリックなツイートとプライベートなダイレクトメッセージの両方を送った。その後，どのメッセージが請願への署名行動を促したり，請願に関する情報をリツートさせたりするのにもっとも効果があるのかを測定した。

　総じて，頼りになるパートナーと連携することで，そうでなければ困難だった規模の実験を行うことができるようになる，といえる。**表4.3**には，研究者と組織との連携研究の例が載せてあるので参考にしてほしい。パートナーと組む方法は，自分自身で実験環境を構築するよりも簡単な方法である。しかしこの長所は短所と表裏一体だ。連携によって，自分が研究したい被験者，処置，結果に制限がかかってしまう可能性もあるのだ。さらに，こうした連携は倫理的な課題に直面することもありうる。連携の機会を活かすもっともよい方法は，興味深い科学的研究をしている間にも，自分が解決できる現実の問題を意識することだ。こ

表 4.3 研究者と組織の連携がうまくいった研究例

トピック	文献
情報共有に対するニュースフィード（Facebook）の効果	Bakshy, Rosenn, et al.（2012）
出会い系サイトでの行動に対する匿名性の効果	Bapna et al.（2016）
電力消費量に対するホームエネルギーレポートの効果	Allcott（2011, 2015）; Allcott and Rogers（2014）; Costa and Kahn（2013）; Ayres, Raseman, and Shih（2013）
情報拡散に対するアプリデザインの効果	Aral and Walker（2011）
普及に対する拡散メカニズムの効果	Taylor, Bakshy, and Aral（2013）
広告におけるソーシャルな情報の効果	Bakshy, Eckles, et al.（2012）
さまざまな顧客に対するカタログとオンラインでの売り込み頻度の効果	Simester et al.（2009）
求人募集に対する人気情報の効果	Gee（2015）
人気に対する初期の評価の効果	Muchnik, Aral, and Taylor（2013）
政治的動員に対するメッセージ内容の効果	Coppock, Guess, and Ternovski（2016）

注）いくつかの事例では，組織で働いている研究者が行っているものもある。

うした世界の見方に慣れていない人には，パスツールの象限の中にある問題を発見することは難しいだろう。しかし実際に自分でやってみて，徐々に意識できるようにすればよいのである。

4.6 アドバイス

　自分1人でやるかパートナーと組んでやるかについて，私自身の研究の過程で，特に役に立ったと思うアドバイスを4つ教えよう。最初の2つはどんな実験にもあてはまるアドバイスで，残りの2つはデジタル時代に特化したアドバイスだ。

　実験を行うときのための最初のアドバイスは，データを集める前に，できうる限りさまざまなことを考えておくべき，ということだ。これはおそらく，実験に慣れている研究者には自明なことに思えるが，ビッグデータの扱いに慣れている研究者にとっても非常に重要なことだ（第2章を参照）。ビッグデータにおいては，ほとんどの作業は，データを収集した後に行われるが，実験はその逆で，データを収集する前に，ほとんどの作業を終わらせておかないといけない。データを収集する前にさまざまなことを注意深く検討しておくようにするための

もっともよい方法の1つは，これから行う分析の基本的な部分を書いた分析前計画（pre-analysis plan）を作って登録しておくことだ（Schulz et al. 2010; Gerber et al. 2014; Simmons, Nelson, and Simonsohn 2011; Lin and Green 2016）。

私からの一般的なアドバイスの2つ目は，1つの実験で完璧にうまくいくことなどないということだ。だからこそ，互いに補強し合うような一連の実験をデザインしておくべきだ。一隻の巨大戦艦を建造するよりも，互いの弱みを補いあう小型の戦艦をたくさん建造した方がよいという意味で，このことを**艦隊戦略**（armada strategy）ということがあるらしい。複数の実験を行うこの手の研究は，心理学ではルーティーンとなっているが，それ以外の分野では珍しい。幸いなことに，安く行えるデジタル実験もあるので，複数の実験を行う研究は，以前よりも簡単になった。

こうした一般的なアドバイスを下敷きに，デジタル時代の実験に特化した残りの2つのアドバイス（変動費用ゼロのデータを作る〔4.6.1節〕とデザインに倫理を組み込む〔4.6.2節〕）をしていこう。

4.6.1 変動費用ゼロのデータを作る

> 大規模な実験を行うための鍵は，変動費用をゼロにすることだ。そのためのもっともよい方法は，自動化（automation）と楽しい実験をデザインすることだ。

デジタルな実験によって，これまでとは劇的にコスト構造を変えられる。そのため，従来では不可能だったような実験を実施することもできるようになった。この変化を理解するためには，まず実験には一般に，固定費用と変動費用という2つのタイプの費用があるということを知っておくことが必要だ。**固定費用**とは，被験者がどんな数になろうとも変わらない費用のことだ。たとえば，ラボ実験における固定費用には，場所を借りたり設備を購入したりすることが含まれる。他方，**変動費用**とは，被験者の数に依存して変動する費用のことだ。たとえばラボ実験における変動費用には，スタッフの人件費や被験者に対する謝金が含まれる。一般に，アナログな実験は固定費用が安くて変動費用が高い一方，デジタルな実験は固定費用が高くて変動費用が安い（図 **4.19**）。デジタルな実験では変動費用が安いのだが，変動費用をゼロにまで減らせれば，刺激的な実験をたくさん行うことができるだろう。

変動費用は2つの構成要素——スタッフの人件費と被験者に対する謝金——

4.6 アドバイス 193

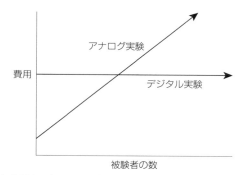

図 4.19　アナログな実験とデジタルな実験のコスト構造の概念図　　一般に，アナログな実験は固定費用が安く変動費用が高い．その一方で，デジタルな実験は固定費用が高く変動費用が安い．このコスト構造の違いが意味しているのは，デジタルな実験では，これまでアナログ実験では行うことができなかったような大規模な実験ができるようになるということだ．

からなっており，それぞれの方法でゼロにすることもできる．スタッフの人件費は，被験者の募集，処置の実施，結果の測定などの作業をしてくれたリサーチアシスタントに対するものだ．たとえば，電力利用に関する Schultz たち（2007）のアナログなフィールド実験には，各家庭を訪問して処置を実施し，電力計を読み取るリサーチアシスタントが必要だった（図 4.3）．こうした作業をリサーチアシスタントにやってもらう場合，世帯を 1 つ増やしたら，その分の費用が増えてしまっただろう．一方で，Wikipedia の編集者に対する報賞の効果を調べた Restivo と van de Rijt（2012）のデジタルなフィールド実験では，被験者をさらに増やしても，ほとんど費用は増えなかっただろう．変動する管理費用を減らす一般的な戦略は，人にやってもらう（費用がかかる）ことを，コンピュータ（費用が低い）に代わりにやらせることだ．まずは大雑把に，次のように考えてみればよい．自分の研究チームのみなが寝ている間に，この実験はできるだろうかと．もし答えがイエスなら，うまく作業を自動化できるということだ．

　変動費用の主なタイプの 2 つ目は，被験者への謝金だ．すでに Amazon Mechanical Turk やそれ以外のオンライン労働市場を使って，被験者に渡すべき謝金を減らしている人もいる．しかし，変動費用をゼロにまでするには別の方法が必要だ．これまで長い間，実験が退屈で，参加してもらうには謝金を払わなければならなかった．だがもし，みなが参加したいと思うような実験を作れたらどうだろう．とっぴなことに聞こえるかもしれないが，私がやった実験を例として後に紹介しよう．さらに表 4.4 にもそれ以外の例を載せておく．楽しい実験をデザインするというアイデアは，第 3 章で述べた楽しいサーベイをデザインしよ

表 4.4 価値あるサービスや楽しい経験を被験者に提供することで変動費用をゼロにした実験の例

提供したもの	文献
健康情報に関するウェブサイト	Centola（2010）
運動プログラム	Centola（2011）
無料音楽	Salganik, Dodds, and Watts（2006）; Salganik and Watts（2008, 2009b）
楽しいゲーム	Kohli et al.（2012）
映画レコメンデイション	Harper and Konstan（2015）

うという話や第5章で述べるマスコラボレーションをデザインしようという話と関連しあっている。そのため，被験者を楽しませる——場合によってはユーザー体験といってもいいかもしれない——ことは，デジタル時代にはますます重要になってくるだろう。

もし変動費用なしで実験を行おうと思うなら，すべての作業を完全に自動化して，被験者が謝金を欲しいと思わないようにする必要がある。これがどうやったら可能になるかをみせるために，私の学位論文で扱った文化作品の成功と失敗に関する研究について説明していこう。

私の学位論文での関心は，文化作品が成功する秘訣を明らかにすることだった。ヒットする曲やベストセラーの本，大ヒットする映画は，平均と比べて，かなり成功している。このことから，こうした市場は，「勝者総獲り（winner-take-all）」の市場だとよくいわれる。しかし同時に，特定の曲，本，映画が成功するかどうかは，まったく予測ができない。脚本家のWilliam Goldman（1989）は，膨大な学術研究を見事にまとめ，「成功を予測することに関しては，誰にも何もわからない」と述べている。勝者総獲りの市場の予測不可能性に私は興味をもった。成功のどれくらいがその作品の質によるもので，どれくらいが単なる運によるものなのだろうかと。あるいは少し別の言い方をすると，もしそれぞれが独立に進行するパラレルワールドを作ったら，同じ作品はどの世界でも人気を獲得するのだろうか。もし，どの世界でも同じように人気を獲得できないとしたら，違いを生んだメカニズムは何だろうかと。

こうした問いに答えるために，私たち——Peter Dodds, Duncan Watts（私の指導教員），そして私——は，一連のオンラインフィールド実験を実施した。具体的にいうと，人々が新しい曲をみつけられるミュージック・ラボというウェブサイトを作って，それを使って一連の実験を実施したのだ。私たちは，10代の

4.6 アドバイス 195

listen ★ rate ★ download ★ MUSIC LAB

図 4.20 ミュージック・ラボ実験の被験者を募集するために私たちが使ったバナーの例 (Salganik, Dodds, and Watts 2006) Salganik (2007) の図 2.12 より許可を得て再掲.

若者が興味をもちそうなウェブサイトにバナー広告を出して被験者を募集した (図 4.20). 私たちのウェブサイトに来た人たちからインフォームドコンセントを得て, 被験者の背景情報に関する短い質問をした後, 彼らを2つの実験条件——独立条件・社会的影響条件——のうちの1つにランダムに割付けた. 独立条件では, バンド名と曲名だけ教えられた状態で, どの曲を聴くかを決めることになっていた. また, 被験者は曲を聞いている間, その曲を評価してほしいと頼まれ, 評価をするとその曲がダウンロードできるようになった (強制ではない). 一方, 社会的影響条件では, 被験者は先ほどと基本的に同じ経験をするようになっていたが, 自分より前の被験者がどれくらいその曲をダウンロードしたかをみられるという点だけ異なっていた. さらに社会的影響条件の被験者は, それぞれ独立に進行する8つのパラレルワールドのうちの1つにランダムに割付けられていた[8] (図 4.21). こうしたデザインを使って, 私たちは2つの関連する実験を行った. 1つ目は, 特別な規則なく曲を並べ, その曲の人気がわかりにくくなっていた. 2つ目は, 曲が人気順に並べてあり, その曲がどれくらい人気なのかがよくわかるようになっていた (図 4.22).

その結果, 私たちは, 世界によって曲の人気に違いが出ることを明らかにした. このことは, 曲が成功するのに運がかなり重要な役割を果たしていることを示唆していた. たとえば, 52Metro の「Lockdown」という曲は, ある世界では48曲中の1番人気だったが, 別の世界では40位だった. まったく同じ曲で, 競争している他の曲も全部同じなのに, ある世界では運を与えられ, 別の世界では運を与えられなかったことでこうした結果になったのだ. さらに, 2つの実験結果を比較すると, 社会的影響力によって, 勝者総獲りという性質が増すこともわかった. このことはおそらく曲の良し悪しの重要性を示唆しているのだろう. し

訳注
[8] 被験者は, サイトに訪れた際, ランダムに社会的影響条件か独立条件のサイトに割付けられた. さらに社会的影響条件のサイトは, 同じものが複数存在し, 社会的影響条件に割付けられた被験者は, そのどれかのサイトに割付けられた. なお, 被験者は自分が訪れたサイト以外のサイトがあることを知らず, みることはできなかった.

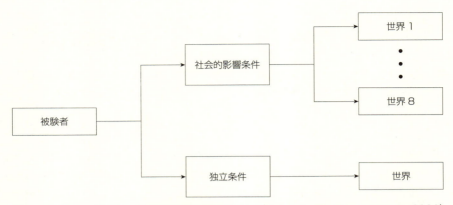

図 4.21　ミュージック・ラボ実験の実験デザイン（Salganik, Dodds, and Watts 2006）　被験者は，独立条件と社会的影響条件という 2 つの条件にランダムに割付けられた。独立条件の被験者は，他の人がどのような選択をしたのかがわからない状態で選択するようになっていた。社会的影響条件の被験者は，8 つのうちの 1 つのパラレルワールドにランダムに割付けられた。彼らは，それぞれの曲がその世界でどれくらい人気があるか——自分より前の被験者がダウンロードした数で測定——を知ることができた。しかし彼らは，自分とは違う世界のことは何も知らされていなかった（それどころか他の世界の存在すら知らない）。Salganik, Dodds, and Watts（2006）の図 s1 より。

図 4.22　ミュージック・ラボ実験における社会的影響条件のスクリーンショット（Salganik, Dodds, and Watts 2006）　実験 1 の社会的影響条件では，曲とそのダウンロード数は，16 × 3 の長方形のグリッド上に表示され，曲の順番はそれぞれの被験者ごとにランダムに与えられるようになっていた。実験 2 では，曲とダウンロード数は一列の表で表示され，その時点での人気に基づいて上から順に並べられた。Salganik（2007）の図 2.7・2.8 より許可を得て再掲。

かし，パラレルワールド全体を見渡してみると（パラレルワールド実験の外でこんなことはできない），社会的影響力によって運の重要性が実際に増していることもわかった。さらに驚くべきことに，もっとも魅力的な曲（社会的影響のない独立条

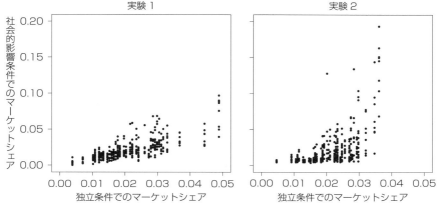

図 4.23 曲の魅力と成功の関係を表したミュージック・ラボ実験の結果（Salganik, Dodds, and Watts 2006） x 軸は独立条件の世界でのある曲のマーケットシェア（曲の魅力の指標）を，y 軸は社会的条件の 8 つの世界におけるその曲のマーケットシェア（曲の成功の指標）を表している。被験者が受けた社会的影響が増すことで（具体的には，実験 1 から実験 2 へレイアウトを変更する〔図 4.22〕），その曲の成功はますます予測できないものになった。これは特にもっとも魅力的な曲で顕著だった。Salganik, Dodds, and Watts（2006）の図 3 より。

件でもっとも人気が高かった曲）こそが，もっとも強く運の影響を受けたのだ（図 4.23）。

　ミュージック・ラボは，基本的に変動費用なしで運用することができた。というのも，そのようにデザインしたからなのだが。第 1 に，すべてを完全に自動化したので，私が寝ている間にも運用できた。第 2 に，報酬は無料で音楽をあげるというものだったので，被験者の増加にともなう変動費用の増加は発生しなかった。報酬として音楽をあげることは，固定費用と変動費用の間にトレードオフが存在する場合もあることを示している。音楽を使うことで固定費用は上ってしまうのだ。というのも，バンドから許可を取り付けたり，その曲に被験者がどのような反応をしたのかを彼らに報告したりするための時間がかかるからだ。しかしこの場合，変動費用を減らすための固定費用の増加は，やるべきことだったのだ。これにより，標準的なラボ実験の 100 倍近い規模の実験が可能になったのだから。

　さらに，ミュージック・ラボ実験が示しているのは，変動費用をゼロにすること自体が目的ではないということだ。むしろそれは，新しいタイプの実験を行うための手段なのだ。社会的影響力に関する標準的なラボ実験を 100 回行うために，被験者を使ったのではない。そうではなく，心理学的実験から社会学的な実

験への転換を行ったのだ（Hedström 2006）。個人の意思決定に焦点をあてるのではなく，むしろ人気という集合的な結果に焦点をあてたのだ。こうした集合的結果への転換が意味しているのは，1つのデータポイントを生みだすためには700人余りの被験者が必要になる，ということだ（それぞれのパラレルワールドには700人ずついる）。実験のコスト構造から考えて，この規模が唯一可能な規模だ。一般に，個人の意思決定からいかにして集合的結果が現れるかを研究したいなら，ミュージック・ラボのようなグループ実験をやるととてもおもしろいだろう。かつてならロジスティック上の制約でこのような実験は難しかったが，変動費用なしでデータ収集ができる可能性が出てきたことで，こうした制約は取り除かれつつある。

変動費用なしのデータの利点を説明するだけでなく，ミュージック・ラボ実験は，このアプローチの課題も示している。それは高い固定費用だ。私の場合，とても幸運なことに，優秀なウェブ開発者のPeter Hauselが6カ月間一緒に仕事をしてくれ，実験環境を構築してくれた。これが可能だったのはひとえに，この手の研究をサポートするさまざまの研究費を獲得した指導教官のDuncan Wattsのおかげだ。私たちがミュージック・ラボを開発した2004年よりも技術が発達したので，このような実験を行うのは，現在ではもっと簡単になった。しかし高い固定費用がかかる実験を行うことができるのは，この費用をいくらか自分で負担できる研究者に限られる。

ここでまとめておこう。デジタルな実験は，アナログな実験と比べて，劇的にコスト構造を変えることができる。かなり大規模な実験をしたいのであれば，変動費用を可能な限り低くする努力をすべきで，理想的にはゼロにまでするべきだ。実験のメカニクスを自動化し（たとえば，人の時間をコンピュータの時間に置き換える），人々が参加したくなるような実験をデザインすることで，これは可能だ。こうした特徴をそなえた実験をデザインできれば，かつては行えなかったような斬新な実験を行うことができるだろう。しかし，変動費用なしの実験を行えることは，新たな倫理的な問題を喚起する可能性がある。このことについて次に説明していこう。

4.6.2　実験デザインに倫理を組み込む：置き換える（replace）・洗練させる（refine）・減らす（reduce）

倫理的な実験を行うには，実験を非実験研究に置き換える（replacing），処置

を洗練させる（refining），被験者の数を減らす（reducing）のがよい。

　デジタルな実験をデザインするうえでの私からの2つ目のアドバイスは，倫理に関することだ。Wikipediaのバーンスターに関するRestivoとvan de Rijtの実験が示しているように，費用を節約することによって，倫理が研究デザインの中でますます重要な部分を占めるようになる。第6章で述べる人間を対象にした研究の倫理的枠組みに加えて，デジタルな実験をデザインする人は，別の分野で論じられている倫理的概念も参考にすることができる。それは，動物を使った実験の指針として発展した倫理原則だ。具体的には，Russel and Burch (1959=2012) の記念碑的な著作である『人道的な実験技術の原理（*The Principle of Humane Experimental Technique*)』で，動物実験の指針となるべき3つの原則が提案されている。それは，置き換える（replace），洗練させる（refine），減らす（reduce）というものだ。この3Rは，――少し修正を加えれば――人間を対象にした実験の指針にもなりうる。

・置き換える：可能なら，より介入の少ない実験に置き換える
・洗練させる：可能な限り，害の少ない処置に洗練させる
・減らす：可能な限り，被験者の数を減らす

　まず3Rを具体的に説明する。そして，それらがどのようにして，より優れておりかつ倫理的にもより望ましい実験をデザインするのに役に立ちうるのかを示していこう。そのために，倫理的議論を巻き起こしたオンラインのフィールド実験について説明する。その後，この3Rが，どのように実験のデザインを具体的かつ実践的に変えることを示しているのかをみていこう。
　もっとも大きな倫理的な議論を巻き起こしたデジタルなフィールド実験のうちの1つに，Adam Kramer, Jamie Guillory, and Jeffrey Hancock (2014) の行った「感情伝染（Emotional Contagion)」と呼ばれている実験がある。この実験はFacebook上で行われ，目的には科学的な問いと実践的な問いが入り混じっていた。その当時，ユーザー同士がFacebook上でやりとりする主な場所はニュースフィードだった。これは，アルゴリズム的に収集されたFacebook上での活動記録をもとに，友達の投稿などを順次表示していくものだ。Facebookに対する批判でいわれているのは，ニュースフィードには楽しそうな投稿――友達が最近のパーティをみせびらかすなど――ばかり表示されるため，ユーザーが嫌な気持ち

になってしまう可能性があるのではないかというものだ。というのも，自分の生活をそういうのと比べてしまうと，楽しくないように思えてしまうからだ。その一方で，楽しそうな友達をみると，自分も楽しくなってくる，といったまったく逆の効果が生じるという可能性もある。こうした対立する仮説のどちらが正しいかを明らかにするために——ひいては，人々の感情が友達の感情にどのように影響されるのかをより理解するために——，Kramer たちは実験を行った。70 万人のユーザーを 1 週間，次の 4 つのグループに振り分けた。負感情語（悲しいなど）を含んだ投稿をランダムにブロックしてニュースフィードに表示させないようにする「負感情語削減（negativity-reduced）」群，正感情語（楽しいなど）を含んだ投稿をランダムにブロックしてニュースフィードに表示させないようにする「正感情語削減（positivity-reduced）」群，そして 2 つの統制群である。負感情語削減群に対する統制群は，負感情語削減群と同じ割合でランダムに投稿をブロックしたが，ブロックする投稿は内容の感情的要素によらないようにした。また，正感情語削減群に対する統制群も，それと同じように統制した。この実験のデザインが示しているのは，適切な統制群はかならずしも変化を加えないグループではないということだ。むしろ，リサーチクエスチョンに基づいた正確な比較ができるように，統制群に処置を施すこともあるのだ。ちなみに，すべてのグループで，ニュースフィードからブロックされた投稿は，Facebook の別の場所に行けばみられるようになっていた。

　Kramer たちは，正感情語削減条件の被験者たちが更新する内容から，正感情語の割合が減り，負感情語が増えたことを明らかにした。その一方で，負感情語削減条件の被験者たちが更新する内容からは，正感情語の割合が増え，負感情語が減ったことも明らかになった（図 4.24）。しかしこれらの効果は，かなり小さかった。正感情語と負感情語の差を，処置群と統制群の間で比較すると，1000 語あたり 1 語しか差がなかったのだ。

　この実験が喚起した倫理的問題について論じる前に，この章の序盤で論じたような概念を使って 3 つの科学的な問題についてみていこう。第 1 に，この実験のどの部分が理論と関連しているのかが定かでない。つまり，構成概念妥当性の問題があるということだ。正感情語／負感情語の数が，被験者の感情の状態を実際に測るためのよい指標といえるだろうか。というのも，①人々が投稿した言葉が，その人の感情を表すよい指標かどうかが定かでないし，②これまで使われてきた感情分析のテクニックで，信頼できる感情の推測が可能なのかも定かではないからだ（Beasley and Mason 2015; Panger 2016）。いってしまえば，これは偏っ

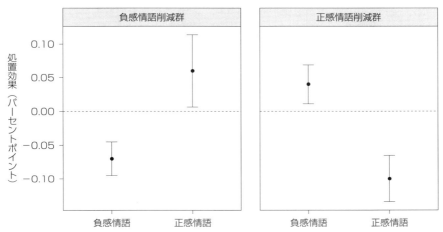

図 4.24 感情伝染の結果（Kramer, Guillory, and Hancock 2014） 負感情語削減条件の被験者は負感情語を使う割合が減り，正感情語を使う割合が増えた。一方で，正感情語削減条件の被験者は負感情語を使う割合が増え，正感情語を使う割合が減った。縦棒は推定された標準誤差を表している。Kramer, Guillory, and Hancock（2014）の図 1 より。

たシグナルを測った悪い指標かもしれないのだ。第 2 に，この実験のデザインや分析からでは，どの人にもっとも影響があったかがわからない（要するに，処置効果の不均質性について分析していない）し，どのようなメカニズムが働いているかもわからない。この例では，彼らは被験者について多くの情報をもっているのに，被験者を分析のための部品としてしかみていないのだ。第 3 に，この実験の効果の規模は非常に小さい（処置群と統制群の差は，1000 語あたり 1 語程度）。論文で彼らは，何億人もの人々が毎日ニュースフィードにアクセスしているのだから，小さい効果だったとしても，それがあったということが重要なのだ，と述べている。要するに，1 人ひとりの効果は小さくても，集計すれば大きなインパクトになる，といいたいわけだ。たとえこの主張を受け入れたとしても，感情の拡散に関する一般的な科学的問いの観点からみて，この程度の効果がなぜ重要なのかは，依然としてはっきりしない（Prentice and Miller 1992）。

これらの科学的問題に加えて，この論文が『米国科学アカデミー紀要（*Proceedings of the National Academy of Science*)』に掲載された直後から，研究者とメディアの双方からおびただしい非難が浴びせられた（この論争の詳しい内容は第 6 章で論じる）。この論争が喚起した問題はその後発展し，彼らの論文を掲載した雑誌が，研究の倫理審査プロセスに関して述べた「編集委員会からの懸念の表明」を発行するにまでいたった（Verma 2014）。これは異例の事態だ。

Kramer たちの感情伝染の研究が引き起こしたこうした波紋を前提にして，今度は，3R がどのように実際の研究を，具体的かつ実践的に改善してくれるのかをみていこう（この実験の倫理的側面について読者が個人的にどのように考えていたとしても）。第 1 の R は **置き換える** だ。これは，可能なら介入がより少なく危険のより少ない技術を使った実験に置き換えるように努めるべき，というものだ。たとえば，ランダム化統制実験をするよりも，可能なら **自然実験** を活用するのがよい。第 2 章で論じたように，自然実験は，まるで処置のランダム割付が行われたかのような状況が自然とできあがっている場合に利用できるものだ（たとえば，その人が軍に召集されるかどうかがくじで決まる，など）。自然実験の倫理的な利点は，環境がやってくれるので，研究者自身が処置を施す必要がないということだ。たとえば，感情伝染の実験とほぼ同時期に，Coviello et al. (2014) は，感情伝染の自然実験と呼べるような状況を活用した。Coviello たちが発見したのは，雨の日には，より多くの負感情語が投稿され，より少ない正感情語が投稿されるということだ。したがって，天気というランダムな変動を使うことで，まったく介入を行うことなく，ニュースフィードが変化することの効果を明らかにすることができたのだ。天気はまさに，彼らが実験を行っているかのような状況を作り出してくれたのだ。実際の実験手続きはもっと複雑なのだが，ここでもっとも重要なポイントは，自然実験を活用したということだ。Coviello たちは，自分自身の実験を行う必要なく，感情の拡散について研究することを可能にしたのだ。

3R の 2 番目の R は，**洗練させる** だ。これは，可能な限り危害を加えない処置に洗練させる努力をすべき，というものだ。たとえば，正感情語を含む／負感情語を含む投稿をブロックするのではなく，そのような投稿を優先表示するということができたはずだ。このようなデザインによって，被験者のニュースフィードの感情的な内容が変化するだろうが，先の実験に対してなされた「ニュースフィードの重要な情報を被験者がみられなくなってしまった」という批判に対しては対処できるだろう。Kramer たちの実験デザインでは，重要なメッセージであっても関係なく，等確率でブロックされてしまった。しかし，優先表示する実験デザインでは，相対的に重要度の低いメッセージだけ，表示される場所が変わることになる。

最後になるが，3 番目の R は，**減らす** だ。これは，科学的目的を達成するのに必要最低限の被験者の数まで減らすように努力すべき，というものだ。アナログな実験においては，変動費用が高かったため，このことは自然に行われてい

た。しかしデジタルな実験，特に変動費用がかからない実験では，実験規模の制約に直面しないし，そのことで不必要に大規模な実験になってしまう潜在的な可能性がある。

たとえば Kramer たちは，被験者の処置前情報——処置を施す前の投稿行動——を使って，分析の効率性を高めることもできた。もっと具体的にいうと，処置群と統制群の間で正感情語の割合を比較するのではなく，両群の間で，処置前と処置後の正感情語の割合の**変化**を比較すればよかったのだ。このような方法は，ときに混合デザインと呼ばれたり（図 4.5），差分の差推定法（difference-in-difference estimator）とも呼ばれたりする。要するに，それぞれの被験者について，変化量（処置後の行動 − 処置前の行動）を計算し，そのあとで，処置群と統制群の間で変化量を比較すればよいのだ。差分の差アプローチは，同じ統計的信頼性を得るのに，ずっと少ないサンプルサイズですむという意味で，統計的に効率的だ。

生データがない状態では，この例で差分の差推定を行った場合に，正確にどれくらい効率的に行えたかを知るのは難しい。しかし大雑把にでも推測するために，関連する別の実験を参考にしてみよう。Deng et al.（2013）は，差分の差推定を行うことで，異なる 3 つのオンライン実験で 50% 近く推定値の分散を減らすことができたと報告している。同様の報告は，Xie and Aurisset（2016）でもなされている。50% も分散を減らせたということは，Kramer たちの感情伝染の研究では，少し違う分析方法を使うだけで，サンプルサイズを半分に減らすことができたかもしれない，ということだ。言い換えると，少し分析方法を変えるだけで，実験の 35 万人の被験者を減らせたかもしれないということだ。

ここで，なぜ，Kramer たちの感情伝染の研究で 35 万人は必要でなかったということに気を遣わないといけないのかと疑問に思ったかもしれない。彼らの感情伝染の研究には，過大な規模の実験を適正な規模にしなければならない理由となる懸念が具体的に 2 つあり，しかもそれらは多くのデジタルなフィールド実験にあてはまる。①その実験が，少なくとも一部の被験者であっても，危害を加えてしまうかどうか不確実だということ，②参加が本人の意志によるものではないということだ。こうした特徴をもっている実験は，可能な限り規模を小さくする努力をすべきだ，ということは納得がいくだろう。

ここではっきりさせておきたいのは，実験の規模を小さくするのが望ましいというのは，大規模で変動費用のかからない実験をやるべきではない，といっているわけではないということだ。そうではなく，科学的目的を達成するのに

必要な規模より大きくすべきではない，といっているだけだ．適正な規模の実験になっているかどうかを確かめる重要な方法に，**検定力分析**というのがある（Cohen 1988）．アナログ時代には，実験規模が小さくなりすぎない（つまり検定力不足〔under-powered〕にならない）ように確かめるために，一般的に行われていた．しかしいまや，実験規模が大きくなりすぎない（つまり検定力過剰〔over-powered〕にならない）ように検定力分析を行わなければならない．

ここでまとめをしよう．3R——置き換える，洗練させる，減らす——は，倫理に配慮した実験をデザインするうえで，非常に役に立つ原則となりえる．もちろん感情伝染の研究に対するこれらの変更によって，倫理的にはよくなる一方で別の点では悪くなるというトレードオフをもたらす．たとえば，自然実験の結果はかならずしもランダム化統制実験ほどきれいでないし，投稿を優先表示するデザインはブロックするデザインよりも，ロジスティック上，困難かもしれない．だから，これらの変更を示す目的は，あとからあれやこれやと批判するためではない．むしろ現実の状況に応じて3Rをどうやって適用したらよいかを示すためだ．実際，研究デザインにこうしたトレードオフはつきものだし，デジタル時代にはますます倫理的な懸念をはらむようになるだろう．のちに第6章で，このトレードオフについて理解し議論するのに役に立つ原則と倫理的枠組みについて論じることにする．

4.7 結　論

デジタル時代には，かつては行えなかったような実験を行うことが可能になる．大規模な実験が可能になるというだけでなく，デジタルな実験に特有の利点（妥当性を向上させる，処置効果の不均質性を推定する，メカニズムを取り出す）を備えている．こうした実験は完全なデジタル環境で行うこともできるし，あるいは物理的世界でデジタルデバイスを使って行うこともできる．

この章でみてきたように，これらの実験は，頼りになる企業と連携して行うこともできるし，全部自分1人で行うこともできる．なにもデジタルな実験を行うために，テック系の大企業に勤めている必要はないのだ．もし1人でやるなら，変動費用をゼロにしたり，3R——置き換える，洗練させる，減らす——を使って倫理に配慮した実験デザインにしたりすることもできる．何百万人もの人々の生活に介入するほどの力を得たということは，それだけ倫理的な研究デザインに注意を払わないといけないということだ．大きな力には，大きな責任がと

もなうのだ。

数学ノート

Mathematical notes

　実験の仕組みを理解するためのもっともよい方法は，潜在的結果アプローチに沿って学ぶことだろう（これについてはすでに第 2 章で触れた）。潜在的結果アプローチは，第 3 章で説明したデザインベースのサンプリングと，考え方が非常に似ている（Aronow and Middleton 2013; Imbens and Rubin 2015，第 6 章）。このノートは，両者の関係がよくわかるように書いてある。このような書き方は，通常の方法とやや異なるが，サンプリングと実験の関係を理解することは役に立つだろう。というのも，サンプリングについて学べば，実験についても学んだことになるし，その逆もありえるからだ。このノートでみていくように，潜在的結果の枠組みは，因果効果を推定するのにランダム化統制実験が強力な力をもつことだけでなく，完璧に実施された実験であってもできることに限界があることを明らかにしてくれる。

　この章のノートで，潜在的結果アプローチについて説明するが，第 2 章の数学ノートですでに説明したことも，また説明する場合がある。というのも，これらのノートを別々に読んでもわかるようにしたいからだ。そして，最適割当法（optimal allocation）と差分の差推定法に関する議論にも触れながら，平均処置効果の推定値の精度に関して役に立つ結果を説明していく。なおこの付録は，Gerber and Green（2012）に大きく負っている。

潜在的結果アプローチ

　潜在的結果アプローチを説明するために，バーンスターをもらったことが Wikipedia での将来的な貢献に及ぼす影響を推定した Restivo and van de Rijt の実験の例に戻ってみよう。潜在的結果アプローチには，単位，処置，潜在的結果という 3 つの主要な要素がある。Restivo と van de Rijt の例では，単位は，まだバーンスターをもらっていないが，それに値する編集者――貢献度のもっとも高い 1% の編集者――だった。これらの編集者を $i = 1 \ldots N$ と表そう。この実験での処置は「バーンスターを贈る」か「バーンスターを贈らない」かだったので，個人 i が処置群に割付けられる場合を $W_i = 1$ と，そうでない場合を $W_i = 0$ と表すことにする。そして潜在的結果アプローチでもっとも重要なのが 3 つ目の**潜在的結果**だ。これは他の要素より若干難しい概念だ。というのも，それが「潜在的な」――起こりえたかもしれない――結果を含んでいるからだ。つまり，それぞれの Wikipedia の編集者について，もし処置群に割付けられた場合の編集回数（$Y_i(1)$）と，もし統制群に割付けられた場合の編集回数（$Y_i(0)$）の両方の場合が考

表 4.5　潜在的結果の表

人	処置条件の場合の編集回数	統制条件の場合の編集回数	処置効果
1	$Y_1(1)$	$Y_1(0)$	τ_1
2	$Y_2(1)$	$Y_2(0)$	τ_2
⋮	⋮	⋮	⋮
N	$Y_N(1)$	$Y_N(0)$	τ_N
平均	$\bar{Y}(1)$	$\bar{Y}(0)$	$\bar{\tau}$

えられるのだ。

　このように単位，処置，結果を決めてはじめて，実験からわかることが定義される，ということには注意が必要だ。たとえば，Restivo と van de Rijt は，他に何の仮定も付け加えることなしに，すべての Wikipedia 編集者に対するバーンスターの効果について述べることも，編集の質などの結果に対するバーンスターの効果について述べることもできないのだ。一般的にいって，単位，処置，結果の選択は，研究の目的に基づいて行われなければならない。

　上のように潜在的結果を定義しておくと——表 4.5 にまとめておいた——，個人 i に対する処置の因果効果は，

$$\tau_i = Y_i(1) - Y_i(0) \tag{4.1}$$

と定義できる。

　この式は，かなり単純だが，因果効果を定義するのにもっともわかりやすいものだと思う。さらに，この枠組みが，数多くの重要で興味深い方法によって一般化可能であることもわかっている（Imbens and Rubin 2015）。

　しかしこのやり方で因果性を定義すると，すぐに問題に直面する。ほとんどすべてのケースにおいて，両方の潜在的結果を観察することはできないのだ。すなわち，ある特定の Wikipedia 編集者は，バーンスターを贈られたか，そうでないかのどちらかだ。そのため，観察できるのはどちらか一方の潜在的結果——$Y_i(1)$ か $Y_i(0)$——であり，両方を観察することはできない。両方の潜在的結果を観察できないことは，大きな問題であり，Holland（1986）はそれを，「**因果推論の根本問題**」と呼んだほどだ。

　幸いなことに，調査を行うときは，たった 1 人を対象にするのではなく，多くの人を対象にする。このことにより，「因果推論の根本問題」を回避することができる。つまり，個人レベルの処置効果を推定しようとするのではなく，下の式のような平均処置効果を推定することができるのだ。

$$\text{ATE} = \frac{1}{N} \sum_{i=1}^{N} \tau_i \tag{4.2}$$

この式はまだ，観察できない τ_i で表現されているが，別の代数的操作によって，次の

ように表現することができる（Gerber and Green 2012 の 2.8 式）。

$$\text{ATE} = \frac{1}{N}\sum_{i=1}^{N} Y_i(1) - \frac{1}{N}\sum_{i=1}^{N} Y_i(0) \tag{4.3}$$

この式が示しているのは，処置が行われた場合の結果の母集団平均（$N^{-1}\sum_{i=1}^{N} Y_i(1)$）と，処置が行われなかった場合の結果の母集団平均（$N^{-1}\sum_{i=1}^{N} Y_i(0)$）を推定することができれば，特定の個人に対する処置効果がどれ 1 つわからなくても，平均処置効果が推定できるということだ。

推定対象——今，私たちが推定しようとしているもの——を定義したところで，データから実際に推定する方法に話を進めよう。私は，この推定をサンプリングの問題として考えたい（第 3 章の数学ノートを思い出してほしい）。次のように想像してみよう。何人かをランダムに取り出してその人が処置を受けた場合の結果を観察し，また何人かをランダムに取り出してその人が処置を受けなかった場合の結果を観察する。すると，それぞれの条件における平均的結果を次のように推定できて，平均の差の推定量は，

$$\widehat{\text{ATE}} = \underbrace{\frac{1}{N_t}\sum_{i:W_i=1} Y_i(1)}_{\text{処置条件の場合の平均編集回数}} - \underbrace{\frac{1}{N_c}\sum_{i:W_i=0} Y_i(0)}_{\text{統制条件の場合の平均編集回数}} \tag{4.4}$$

となる。ただし，N_t と N_c はそれぞれ処置条件と統制条件の人の数を表している。4.4 式は平均の差推定量を表している。サンプリングデザインから，第 1 項は処置条件における結果の平均の不偏推定量だとわかるし，第 2 項も統制条件における結果の平均の不偏推定量だとわかる。

ランダム化によって可能になることを別の仕方で考えることもできる。それは，ランダム化によって処置群と統制群の比較が公平なものになるというものだ。というのも，ランダム化は，2 つの群が互いに似たような集団になることを保証してくれるのだ。これは，測定したもの（たとえば，実験の 30 日前の編集回数）にも測定していないもの（たとえば性別）にもあてはまる。**観察した要因も観察していない要因もともに両群でのバランスを保証してくれるこの性質は決定的に重要だ**。観察していない要因のバランスを自動的にとってくれるこの性質を考えるために，ある研究によって男性は女性よりも報賞に反応しやすいということがわかったという場合を想像してみよう。この結果によって，Restivo と van de Rijt の実験結果が否定されるだろうか。答えは No だ。というのも，ランダム化によって，すべての観察できない要因も，期待値として，バランスが保たれるように保証されているのだ。観測していない要因に対する耐性は非常に強力であり，重要なものだ。この点が，実験と第 2 章で説明した非実験研究のテクニックとの重要な違いだ。

母集団全体についての処置効果の定義に加えて，母集団の一部の人についての処置効果も定義することができる。これはよく**条件付き平均処置効果**（conditional average treatment effect; CATE）と呼ばれている。たとえば Restivo と van de Rijt の研究で

考えてみよう。X_i を，実験開始前の 90 日間における編集回数の中央値より多いか少ないかを表す記号としよう。すると，編集回数の少ない人と多い人に対する処置効果を別々に計算することができる。

潜在的結果プローチは因果推論と実験について考えるための強力な方法だ。しかし心得ておくべき次の 2 つの厄介なことがらがある。この 2 つのことがらは，安定的単位処置効果の仮定（Stable Unit Treatment Value Assumption; SUTVA）という 1 つの言葉でいっしょくたに語られることがよくある。SUTVA の 1 つ目の要素は，個人 i の結果は，その人が割付けられた条件（処置条件か統制条件か）にのみ依存するという仮定だ。言い換えれば，個人 i の結果は，他の人に与えられた処置に影響を受けないと仮定するということだ。これはよく，「非干渉（no interference）」や「波及効果がない（no spillovers）」といわれ，次のように書くことができる。

$$Y_i(W_i, \mathbf{W}_{-i}) = Y_i(W_i) \quad \forall \mathbf{W}_{-i} \tag{4.5}$$

なお，$\mathbf{W}_{-i}$ は，個人 i を除いた全員について処置の有無を表したベクトルである。これに違反する 1 つの場合は，効果の正負に関わらず，ある個人から別の個人に処置が波及していく場合である。Restivo と van de Rijt の実験に戻って考えてみよう。友人関係にある 2 人 i と j がおり，i はバーンスターをもらったが，j はもらっていないとする。もし i がバーンスターをもらったことによって，j の編集回数が増えたり（競争意識による），編集回数が減ったり（失望感による）した場合，SUTVA に違反していることになる。また，他に処置を受けた人の総数に処置の影響力が依存する場合も，違反していることになる。たとえば，もし Restivo と van de Rijt が 100 ではなく，1000 ないしは 1 万のバーンスターを贈っていたら，バーンスターをもらうことの効果は，その数の多さによって影響を受けていたかもしれない。

SUTVA という言葉で語られている 2 つ目の要素は，研究者が実施した処置のみが何らかの影響を与えるという仮定だ。この仮定はよく，**隠れた処置が存在しない**（no hidden treatments）とか，**除外可能性**（excludability）といわれる。たとえば，Restivo と van de Rijt の例だと次のようなことがこれにあたる。もし，彼らがバーンスターを贈ったことによって，その編集者たちが人気編集者のページに載るということが起きたとする。そしてまさにそのことによって——バーンスターをもらったことではなく——，編集行動が変化したかもしれないというものだ。もしこうしたことが起きたら，バーンスターの効果を人気編集者のページに載ったことの効果から分離することができない。もちろん，科学的な観点からは，これが望ましいことだと考えるべきなのかそうでないのかは明らかではない。つまり，バーンスターが引き起こすあらゆる一連の処置を含めてバーンスターを受け取ったことの効果を調べたい研究者もいるだろう。あるいは他のあらゆる要因からバーンスターの効果を分離したいという研究もあるだろう。この問題を考える 1 つの方法は，Gerber and Green (2012: 41) が「対称性の崩れ（breakdown in symmetry）」と呼んだものを引き起こす要因があるかどうかを考えてみることだ。言い

換えると，研究者が施した処置以外に，処置条件と統制条件の人に対して別々に作用する要因があるかどうかということだ。対称性が崩れないように，医療試験においては統制群の患者に偽薬（プラセボ薬）を服用させる。この方法によって，2つの条件の違いを，薬を服用したという経験の有無ではなく，本当の薬を服用したかどうかだけにすることができる。

SUTVA に関する詳細な説明は，Gerber and Green（2012）の 2.7 節，Morgan and Winship（2014）の 2.5 節，Imbens and Rubin（2015）の 1.6 節を参照してほしい。

精度（Precision）

前節では，どのように平均処置効果を推定するかを説明した。この節では，この推定値の応用に関するアイデアを説明していこう。

2つのサンプル平均の違いを推定することによって，平均処置効果を推定しようとする場合，下の式のように平均処置効果の標準誤差を考えることができる（Gerber and Green 2012: 3.4 式）。

$$\mathrm{SE}(\widehat{\mathrm{ATE}}) = \sqrt{\frac{1}{N-1}\left[\frac{m\mathrm{Var}\left(Y_i(0)\right)}{n-m} + \frac{(N-m)\mathrm{Var}\left(Y_i(1)\right)}{m} + 2\mathrm{Cov}\left(Y_i(0), Y_i(1)\right)\right]} \tag{4.6}$$

ただし，m は処置群に割付けられた人の人数を，$N-m$ は，統制群に割付けられた人の人数を表している。この式から考えると，何人を処置群に割付け，何人を統制群に割付けたらよいかがわかる。もし，$\mathrm{Var}(Y_i(0)) \approx \mathrm{Var}(Y_i(1))$ なら，処置と統制の費用が変わらない限り，$m \approx N/2$ にするのがよい。4.6 式から，ソーシャルな情報が投票に与える影響を研究した Bond たち（2012）の実験デザイン（図 **4.18**）が，なぜ統計的に効率的ではないかがわかる。その実験では，98% の被験者が処置群に割付けられていたことを思い出そう。この状態だと，統制条件の平均的行動を，最適な割当を行った場合ほどには正確に推定することができない。それはすなわち処置条件と統制条件の違いを，最適な割当を行った場合ほどには正確に推定することができないということでもある。条件間で費用が異なる場合の最適割当法については，List, Sadoff, and Wagner（2011）を参照してほしい。

最後に差分の差推定量について触れておこう。これは混合デザインのときによく使われるもので，被験者間デザインのときによく使われる平均の差推定量よりも分散を小さくすることができる，ということを本文ですでに述べた。差分の差アプローチで推定したい統計量は，次のものだ。

$$\mathrm{ATE}' = \frac{1}{N}\sum_{i=1}^{N}\left((Y_i(1) - X_i) - (Y_i(0) - X_i)\right) \tag{4.7}$$

また，この統計量の標準誤差は次のようになる（Gerber and Green 2012: 4.4 式）。

$$\mathrm{SE}(\widehat{\mathrm{ATE}'})$$
$$= \sqrt{\frac{1}{N-1}\left[\mathrm{Var}\left(Y_i(0) - X_i\right) + \mathrm{Var}\left(Y_i(1) - X_i\right) + 2\mathrm{Cov}\left(Y_i(0) - X_i, Y_i(1) - X_i\right)\right]} \tag{4.8}$$

4.6 式と 4.8 式を比べてみると，次の場合には，差分の差アプローチの場合の方が，標準誤差が小さくなることがわかる（Gerber and Green 2012: 4.6 式）。

$$\frac{\mathrm{Cov}\left(Y_i(0), X_i\right)}{\mathrm{Var}(X_i)} + \frac{\mathrm{Cov}\left(Y_i(1), X_i\right)}{\mathrm{Var}(X_i)} > 1$$

大雑把にいうと，$Y_i(1)$ と $Y_i(0)$ に対する X_i の説明力が高いとき，平均の差アプローチよりも差分の差アプローチの方が，精確な推定値を得ることができる。Restivo と van de Rijt の実験の文脈でいうと次のように考えることができる。彼らの実験では，それぞれの人の編集回数には自然なばらつきが存在するため，処置条件と統制条件を比較することは難しい。というのも，ノイズが多い結果のデータで比較的小さな効果を検出することは難しいからだ。しかしもし，自然発生的なばらつきの差をとって消してしまえば，ばらつきをかなり小さくすることができ，小さな効果を検出するのも簡単になる。

平均の差，差分の差，共分散分析（ANCOVA）の正確な比較については，Frison and Pocock（1992）を参照してほしい。処置前と処置後の測定値が複数あるようなより一般的な場合について書いてある。特に彼らは，ここでは扱わなかった共分散分析を強くすすめている。また，処置後の結果の測定値を複数用意することの重要性については，McKenzie（2012）を参照してほしい。

読書案内
What to read next

- **イントロダクション（4.1 節）**

  社会調査における因果性の問題は，しばしば複雑で入り組んでいる。因果グラフに基づいて因果性を理解するアプローチについては Pearl（2009=2009）を，潜在的結果によって理解するアプローチについては Imbens and Rubin（2015）を参照してほしい。これら 2 つのアプローチの比較については Morgan and Winship（2014）を参照してほしい。交絡要因を定義するフォーマルなアプローチについては VanderWeele and Shpitser（2013）を参照してほしい。

  この章で，実験データと非実験データの間で，因果推論を行うための能力に明確な違いがあるかのように話をしてきた。しかし私の意見では，現実には両者の違いはもっと曖昧

なものだ。たとえば，人々に強制的にタバコを吸わせるようなランダム化統制実験が行われていない場合でさえ，喫煙が癌の原因になるということを，誰もが受け入れている。非実験データから因果推論を行う方法について書籍1冊まるまる使って説明している優れたものとして，Rosenbaum（2002），Rosenbaum（2010），Shadish, Cook, and Campbell（2001），Dunning（2012）がある。

Freedman, Pisani, and Purves（2007）の第1章と第2章では，実験，統制実験，ランダム化統制実験の違いに関するわかりやすい説明がなされている。

Manzi（2012）では，ランダム化統制実験の哲学的・統計的基礎についての魅力的で読みやすい優れた紹介が行われているので一読の価値がある。さらにこの本では，ビジネスにおける実験の力に関する興味深い現実の例も紹介されている。Issenberg（2012）では，政治的キャンペーンにおける実験の活用についての優れた紹介がなされている。

● 実験とは何か？（4.2節）

Box, Hunter, and Hunter（2005），Casella（2008），Athey and Imbens（2016b）では，実験のデザインと分析に関する統計的な側面についての優れた紹介がなされている。さらにさまざまな分野での実験の活用について優れた議論がある。たとえば，経済学では Bardsley et al.（2009），社会学では Willer and Walker（2007），Jackson and Cox（2013），心理学では Aronson et al.（1989），政治学では Morton and Williams（2010），社会政策では Glennerster and Takavarasha（2013）がある。

実験研究では，被験者の募集（サンプリングなど）の重要性は，過小評価されがちである。しかし，母集団において処置効果の不均質性がある場合，サンプリングは決定的に重要だ。Longford（1999）は，この点を明確にして，実験を行き当たりばったりのサンプリングを行った母集団サーベイ（population survey with haphazard sampling）として考えることに同意している。

● 実験の2つの次元：ラボ／フィールドとアナログ／デジタル（4.3節）

私は，ラボ実験とフィールド実験を連続的なものとして考えるべきだと説明したが，それよりも細かい分類の仕方を提示している研究者もいる。特にフィールド実験をさまざまなタイプに分けているものとして，Harrison and List（2004），Charness, Gneezy, Kuhn（2013）がある。

ラボ実験とフィールド実験を，抽象性の観点から比較した論文（Falk and Heckman 2009; Cialdini 2009），実験の結果という観点から比較した政治学分野の論文（Coppock and Green 2015），経済学分野の論文（Levitt and List 2007a,b; Camerer 2011; Al-Ubaydli and List 2013），心理学分野の論文（Mitchell 2012）がある。Jerit, Barabas, and Clifford（2013）は，ラボ実験とフィールド実験の結果を比較するための優れた研究デザインを提示している。Parigi et al.（2017）では，いかにしてオンラインフィールド実験が，ラボ実験とフィールド実験の双方の特徴を組み合わせたものとなり

うるかについて論じている。

詳細に観察されていることで被験者が行動を変えてしまう懸念は，しばしば**要求効果**（demand effects）と呼ばれることがあるが，それについては心理学（Orne 1962）や経済学（Zizzo 2010）で研究がなされている。ラボ実験の場合について論じられているものがほとんどであるが，同じ問題はフィールド実験でも同様にあてはまる。事実，**要求効果はときにホーソン効果とも呼ばれることがある**。これは，ウェスタン・エレクトリック社のホーソン工場で 1924 年に始められた有名な照明に関する実験からつけられた名前である（Adair 1984; Levitt and List 2011）。**要求効果もホーソン効果もともに，第 2 章で論じた反応測定のアイデアと密接に関係している**（Webb et al.〔1966〕も参照してほしい）。

フィールド実験は，経済学（Levitt and List 2009）でも政治学（Green and Gerber 2003; Druckman et al. 2006; Druckman and Lupia 2012）でも心理学（Shadish 2002）でも公共政策（Shadish and Cook 2009）でも長い歴史がある。フィールド実験がいっきに広まった社会科学の分野は，国際開発である。こうした研究の好意的なレビューとしては Banerjee and Duflo（2009）を，批判的な評価については Deaton（2010）を参照してほしい。政治学におけるレビューについては Humphreys and Weinstein（2009）を参照してほしい。フィールド実験によって生じる倫理的課題については，政治学（Humphreys 2015; Desposato 2016b）や開発経済学（Baele 2013）ですでに指摘されている。

この節では，処置効果の推定の精度を向上させるために処置前情報を利用すべきだと説明したが，これには論争がある。この論争についての詳細は，Freedman（2008），Lin（2013），Berk et al.（2013），Bloniarz et al.（2016）を参照してほしい。

社会科学で行われる実験でラボ／フィールド実験の軸にうまくあてはまらないタイプの実験が 2 つある。1 つはサーベイ実験で，もう 1 つは社会実験だ。**サーベイ実験は，既存のサーベイのインフラを使って行われる実験で，別の仕方で尋ねられた同じ質問の回答を比較するものである**（サーベイ実験のいくつかは第 3 章で触れた）。サーベイ実験の詳細については Mutz（2011）を参照してほしい。**社会実験は，政府のみが実施できる社会政策が処置として行われる実験である**。社会実験はプログラム評価と密接に関連している。政策実験の詳細については，Heckman and Smith（1995），Orr（1998），Glennerster and Takavarasha（2013）を参照してほしい。

● シンプルな実験を超えて（4.4 節）

妥当性，処置効果の不均質性，メカニズムという 3 つの概念について焦点をあててきた。実はこれらの概念は，分野によってさまざまな言葉で語られている。たとえば心理学者は，**媒介変数や調整変数**（moderators）に着目することによって，シンプルな実験を超えようとする傾向がある（Baron and Kenny 1986）。媒介変数というアイデアは，私がメカニズムという言葉で説明してきたことを表している。また調整変数というアイデ

アは，私が外的妥当性（たとえば，異なる状況で実施したら，異なる結果が得られるかどうか）という言葉や処置効果の不均質性（たとえば，人によって効果の大小が違っているか）という言葉で説明してきたものを表している。

Schultz et al.（2007）の実験は，社会理論を用いてどのように効果的な介入をデザインすることができるのかを示している。効果的な介入をデザインするうえで理論の果たす役割について，より一般的に説明したものとして Walton（2014）がある。

● 妥当性（4.4.1 節）

内的妥当性・外的妥当性という概念は，Campbell（1957）によって最初に導入された。より詳細な歴史や統計的結論の妥当性，内的妥当性，外的妥当性についてのより詳しい説明については，Shadish, Cook, and Campbell（2001）を参照してほしい。

実験における統計的結論の妥当性に関わる諸々の問題を概観したいなら，Gerber and Green（2012）（社会科学的な観点から）や Imbens and Rubin（2015）（統計学的観点から）を参照してほしい。特にオンラインのフィールド実験で生じる統計的結論の妥当性に関する問題には，独立でないデータの信頼区間を求める効率的な計算方法のような問題が含まれている（Bakshy and Eckles 2013）。

複雑なフィールド実験では，内的妥当性を保証することが難しい。これに関してはたとえば，Gerber and Green（2005），Imai（2005）を参照してほしい。なお，Gerber and Green（2005）には，投票に関する複雑なフィールド実験の実施方法についての論争も紹介されている。Kohavi et al.（2012, 2013）では，オンラインフィールド実験における内的妥当性の課題が紹介されている。

内的妥当性に対する1つの大きな脅威は，ランダム化に失敗する可能性だ。このような問題をチェックする1つのありうる方法は，観察可能な特性について，処置群と統制群を比較することだ。この種の比較法はバランス・チェックと呼ばれている。バランス・チェックの統計的な方法については，Hansen and Bowers（2008）を，バランス・チェックに関する懸念事項については Mutz and Pemantle（2015）を参照してほしい。たとえば Allcott（2015）は，バランス・チェックを行って，Opower 実験のうちの3つで正確なランダム化が行われていないことを知ることができた（表2の地点2, 6, 8）。他の方法については，Imbens and Rubin（2015）の第21章を参照してほしい。

内的妥当性に関するその他の懸念事項には，①1群処置不完全実施（one-sided non-compliance）（処置群の全員が実際に処置を受けたわけではない場合），②両群処置不完全実施（two-sided non-compliance）（処置群の全員が実際に処置を受けたわけではなく，統制群の一部の人が処置を受けた場合），③欠落（attrition）（一部の人の結果が測定できなかった場合），④干渉（interference）（処置群に施した処置が統制群に波及効果をもつ場合）がある。これらの問題について詳しく知りたい人は，Gerber and Green（2012）の第5, 6, 7, 8章を参照してほしい。

構成概念妥当性についての詳細は Westen and Rosenthal（2003）を，ビッグデータ

における構成概念妥当性についての詳細は Lazer（2015）とこの本の第2章を参照してほしい。

外的妥当性を考える1つの観点は，介入効果を検証するセッティングについて考えることだ。Allcott（2015）は，調査地点のセレクション・バイアスについて，慎重な理論的・経験的議論を行っている。この問題は，Deaton（2010）でも論じられている。外的妥当性の別の観点は，同じ介入の別の操作化が，同様の効果をもつかどうかを調べることだ。これについては，Schultz et al.（2007）と Allcott（2011）を比較すればよくわかる。Opower 実験では，Schultz らが行った元の実験より，推定された処置効果が小さかった（1.7% と 5%）。Allcott（2011）は，後続の調査で効果が小さかったのは，処置の仕方が違うためなのではないかと考えた。すなわち，元の実験では，大学の研究助成の一環として作られた手書きの絵文字だったのに対して，後続の実験では，大量生産された電力会社の報告書にある印刷された絵文字だったのだ。

● 処置効果の不均質性（4.4.2 節）

Gerber and Green（2012）の第12章に，フィールド実験における処置効果の不均質性に関する素晴らしいまとめがあるので詳しく知りたい人はそれを参照してほしい。また，医療試験における処置効果の不均質性に関する紹介が Kent and Hayward（2007），Longford（1999），Kravitz, Duan, and Braslow（2004）にあるので，そちらを参照してほしい。処置効果の不均質性は，一般的に処置前の特性の違いに着目して考えられる。処置後の結果に基づいた不均質性に興味がある場合，主要層化法（principal stratification）のようなより複雑な方法が必要になる（Frangakis and Rubin 2002）。これについて概観したものとして Page et al.（2015）を参照してほしい。

多くの研究者は処置効果の不均質性を推定するのに線形回帰を用いる。しかし，近年では機械学習による方法が使われるようになっている。たとえば，Green and Kern（2012），Imai and Ratkovic（2013），Taddy et al.（2016），Athey and Imbens（2016a）がある。

多重比較問題と，「釣り（fishing）」[9]の問題があるため，処置効果の不均質性を発見することについてはいくつかの懐疑的な見方が存在する。しかし多重比較の懸念に対処する助けとなりうる統計的方法はたくさんある（Fink, McConnell, and Vollmer 2014; List, Shaikh, and Xu 2016）。また，「釣り」の懸念に対処する1つの方法は，事前登録（pre-registration）だ。この方法は，心理学（Nosek and Lakens 2014）や政治学（Humphreys, Sierra, and Windt 2013; Monogan 2013; Anderson 2013; Gelman 2013; Laitin 2013）や経済学（Olken 2015）で，近年急速に普及している。

Costa and Kahn（2013）の研究では，実験に参加した世帯の半分だけしか，人口学的

訳注
9）潜在的には複数存在する分析モデルのうち，統計的に有意な結果が得られる分析モデルのみが選択され，報告されることで科学的結果全体に生じうる結果報告に関するバイアスのこと。

情報と結びつけられなかった。この詳細について興味のある人は元の論文を参照してほしい。

- **メカニズム（4.4.3 節）**

メカニズムはきわめて重要だが，それをきちんと研究するのはとても難しいことがわかっている。メカニズムに関する研究は，心理学における媒介変数の研究と密接に関連している（ただし，両者の正確な違いについては VanderWeele〔2009〕を参照してほしい）。統計的にメカニズムを明らかにする Baron and Kenny（1986）が開発したような手法は，かなり普及している。ただ残念なことに，この手法はいくつかの強い仮定をおかなければならないことがわかっているし（Bullock, Green, and Ha 2010），多くの場合そうであるように，複数のメカニズムが存在するときには，この手法はうまく使えない（Imai and Yamamoto 2013; VanderWeele and Vansteelandt 2014）。Imai et al.（2011）と Imai and Yamamoto（2013）は，この点を改良した統計的手法を提案している。さらに，VanderWeele（2015）は，1冊まるごとこの問題を扱っていて，感度分析の包括的な方法論をはじめ重要な知見が多数含まれている。

それとは異なり，メカニズムを直接操作しようとする実験法に焦点をあてたものもある（たとえば，船乗りにビタミン C を与えるなど）。残念なことに社会科学が想定する多くの状況では，メカニズムが複数ある場合が多く，他方には何も変化を加えず一方だけ変化を加える処置をデザインすることは難しい。実験によってメカニズムに変化を加えるいくつかの方法については，Imai, Tingley, and Yamamoto（2013），Ludwig, Kling, and Mullainathan（2011），Pirlott and MacKinnon（2016）で論じられている。

完全実施要因計画を行おうとするなら，多重仮説検定について考慮しなくてはならない。これについては，Fink, McConnell, and Vollmer（2014），List, Shaikh, and Xu（2016）で詳しく論じられている。

最後に，メカニズムは Hedström and Ylikoski（2010）で論じられているように，科学哲学の分野でも長い歴史がある。

- **すでにある環境を利用する（4.5.1 節）**

差別を測定する監査調査の実際のやり方について詳しく知りたい人は Pager（2007）を参照してほしい。

- **自分自身で実験環境を構築する（4.5.2 節）**

自分で実施する実験に被験者を募集するのにもっともよく使われているツールは，Amazon Mechanical Turk（MTurk）だ。MTurk は古典的なラボ実験の特徴を模している——お金を払うべき作業をしてくれた人にきちんと謝金を支払う——ため，多くの研究者はすでに Turkers（MTurk の中の労働者）を，実験の被験者として使い始めている。それにより，キャンパス内で実施される古典的なラボ実験よりも，迅速かつ安価に

データを集められるようになった（Paolacci, Chandler, and Ipeirotis 2010; Horton, Rand, and Zeckhauser 2011; Mason and Suri 2012; Rand 2012; Berinsky, Huber, and Lenz 2012）。

概して，MTurk から募集した被験者を使うことの最大の利点は，ロジスティック上のものだ。ラボ実験では実験を実施するのに数週間，フィールド実験では実験を始める準備をするのに数カ月かかる可能性がある一方で，MTurk で被験者を募集する実験では，実施するのに数日しかかからなくてすむ場合もある。たとえば，Berinsky, Huber, and Lenz (2012) では，8分の実験に参加してもらうための被験者400人をたった1日で集めることができた。さらにいうと，このような被験者は，実際にはどんな目的でも集めることができる（第3章と第5章で論じたようなサーベイやマスコラボレーションなど）。募集が簡単になったことで，研究者は，関連する実験を素早く連続して実施することができるようになった。

自分の実験で，MTurk から被験者を募集する前に，知っておくべき重要なことが4つある。1つ目は，Turker を使った実験に対して漠然とした懐疑をもっている研究者が多いということだ。この懐疑は何か特定のものではないので，証拠をもって反論することが難しい。しかし Turker を使った研究が行われるようになって数年が経ったので，現在ではこの懐疑は杞憂だったということができる。これまで Turker と他の母集団の人口学的な特徴を比較した研究や，Turker と他の母集団で行われた実験結果を比較する研究が行われてきた。これらの研究を総合的にみると，Turker を便利で適切なサンプル（その意味で，まさに学生と同じ特徴をもっているが，それよりも若干多様）だと考えるのがもっともよいように思う（Berinsky, Huber, and Lenz 2012）。したがって，学生がすべての研究ではないにしてもいくつかの研究にとっては適切な母集団であるのとちょうど同じように，Turker もすべての研究ではないにしてもいくつかの研究にとっては適切な母集団なのだ。もし Turker を使って研究をやるなら，これら多くの比較研究を読んで，それらの微妙な違いを理解するのがよいだろう。

2つ目は，MTurk を使った実験の内的妥当性を改善するための方法論が発展してきたので，こうした方法論を学んで使うべき，ということだ（Horton, Rand, and Zeckhauser 2011; Mason and Suri 2012）。たとえば，Turker を使う研究者はスクリーニングを行って不真面目な被験者を除くことが望ましい（Berinsky, Margolis, and Sances 2014, 2016）（ただし，D. J. Hauser and Schwarz〔2015a, b〕も参照してほしい）。もし不真面目な被験者を除かなければ，彼らが引き起こしたノイズによってどんな処置効果でも打ち消されてしまう可能性があり，実験を行うときに多くの不真面目な被験者の存在は，実質的な問題となりうる。Huber らの実験 (2012) では，約30% の被験者が基礎的なスクリーニングで除かれた。Turker を使う際に生じるよく知られた他の問題には，すでに実験の内容を知っている被験者（non-naïve participants）（Chandler et al. 2015）や欠落（Zhou and Fishbach 2016）がある。

3つ目は，他のデジタルな実験と比べて，MTurk 実験は規模を大きくできないという

ことだ。Stewart et al.（2015）は，任意の時点で MTurk にいる人は，推定で 7000 人にすぎないとしている。

最後の点は，MTurk は，固有のルールと規範をもったコミュニティだと自覚すべき，ということだ（Mason and Suri 2012）。自分が実験を行おうとする国の文化について事前によく調べておくのと同じように，Turker のもつ文化や規範を事前によく調べて知っておくべきなのだ（Salehi et al. 2015）。また，もし不適切な実験や非倫理的な実験をやろうものなら，Turker はそれを人に話してしまうということも知っておくべきだ（Gray et al. 2016）。

MTurk は，実験の被験者を募集するきわめて便利なツールだ。それは Huber, Hill, and Lenz（2012）のような準ラボの実験であれ，Mason and Watts（2009），Goldstein, McAfee, and Suri（2013），Goldstein et al.（2014），Horton and Zeckhauser（2016），Mao et al.（2016）のような準フィールド実験であれいえることだ。

- **自分自身で製品を開発する（4.5.3 節）**

もしあなたが，自分自身で製品を開発しようと考えているなら，MovieLens グループの Harper and Konstan（2015）で提示されているアドバイスを読むことをすすめる。彼らの経験からみえてくる重要なポイントは，プロジェクトを成功させるためには，おびただしい数の失敗を経なければならないということだ。たとえば，MovieLens グループは GopherAnswers のような他の製品もリリースしていたが，これは完全に失敗だった（Harper and Konstan 2015）。製品を開発しているときに研究者が経験した失敗の別の例は，Arden というオンラインゲームを開発しようとした Edward Castronova の例だ。25 万ドルの資金を投じたにもかかわらず，彼のプロジェクトは失敗に終わった（Baker 2008）。MovieLens のように成功したプロジェクトよりも，GopherAnswer や Arden のように失敗したプロジェクトの方が，残念ながら圧倒的に多い。

- **頼りになるパートナーと組む（4.5.4 節）**

パスツールの象限は，テック系の企業でよく議論されているようで，Google で研究体制を組織するのに役に立っている（Spector, Norving, and Petrov 2012）。

Bond ら（2012）も，処置を受けた人々の友人に対する効果を検出しようとした。しかしその実験デザインゆえに，こうした波及効果をきれいに検出することは難しかった。興味をもった人は，Bond et al.（2012）を読んでみてほしい。細部まで詳細な議論が載っている。Jones ら（2017）も，2012 年の選挙期間中に，非常に似た実験を行った。これらの実験は，長きにわたって政治学で行われている，投票を促す仕組みについての実験研究に位置付けられる（Green and Gerber 2015）。こうした「投票へ行こう」実験はよく行われているが，その 1 つの理由はパスツールの象限だ。要するに，投票を増やすことに関心をもつ人は多いだけでなく，行動変容と社会的影響に関する一般理論を検証するのに，投票は興味深い対象になりうるのだ。

政党，NGO，企業などの組織と協働してフィールド実験を行うためのアドバイスに関しては，Loewen, Rubenson, and Wantchekon（2010），List（2011），Gueron（2002）を参照するとよい。組織との協働が研究デザインに与えうる影響が知りたいなら，King et al.（2007），Green, Calfano, and Aronow（2014）を参照してほしい。また，協働が倫理的な問題も引き起こしてしまう可能性については，Humphreys（2015）と Nickerson and Hyde（2016）を参照してほしい。

● アドバイス（4.6 節）

　もしあなたが，実験前に分析計画を作成しようとしているなら，報告に関するガイドラインを読むことをすすめる。試験報告についての強化された基準 CONSORT（Consolidated Standard Reporting of Trials）ガイドラインは，薬学の分野で発展し（Schultz et al. 2010），社会科学用に修正されたものだ（Mayo-Wilson et al. 2013）。同じようなガイドラインが，『実験政治学雑誌（*Journal of Experimental Political Science*)』の編集委員会によってまとめられている（Gerber et al. 2014）（Mutz and Pemantle〔2015〕や Gerber et al.〔2015〕も参照）。最後に，心理学でも報告に関するガイドラインは整えられている（APA Working Group 2008）。これについては，Simmons, Nelson, and Simonsohn（2011）を参照してほしい。

　もし分析計画を作成するつもりなら，事前登録を検討してほしい。それをやることで，他の研究者が分析結果に対して抱く信頼が高まるだろう。さらにパートナーと協働しているなら，結果をみた後でパートナーが分析を変更することを止められるかもしれない。事前登録は心理学（Nosek and Lakens 2014）でも，政治学（Humphreys, Sierra, and Windt 2013; Monogan 2013; Anderson 2013; Gelman 2013; Laitin 2013）でも，経済学（Olken 2015）でも普及しつつある。

　オンラインフィールド実験に特化したアドバイスとして，Konstan and Chen（2007）や Chen and Konstan（2015）があるので，これらも参照してほしい。

　私が艦隊戦略と呼んだものは，ときにプログラム化された研究（programmatic research）と呼ばれることもある。これについては Wilson, Aronson, and Carlsmith（2010）を参照してほしい。

● 変動費用ゼロのデータを作る（4.6.1 節）

　ミュージック・ラボ実験について詳しく知りたい人は，Salganik, Dodds, and Watts（2006），Salganik and Watts（2008, 2009a, b），Salganik（2007）を参照してほしい。勝者総獲り市場について詳しく知りたい人は，Frank and Cook（1996=1998）を参照してほしい。運とスキルがどのように成功に関連しているかを知りたい人は，Mauboussin（2012=2013），Watts（2012=2012），Frank（2016=2017）を参照してほしい。

　被験者へ支払わなくてすむ別の方法は強制的な参加（conscription）だ。だがこれは注意して行わなくてはならない。多くのオンラインフィールド実験では，被験者は基

本的に，有無をいわさず参加されられ，補償が行われることはない。この方法の例には Wikipedia の報賞について行った Restivo and van de Rijt（2012）の実験や，Bond ら（2012）による投票を促す実験が含まれる。これらの実験は，本当に変動費用がゼロだったわけではない——むしろ研究者が負担する変動費用がゼロだったのだ——。この手の実験では，たとえ1人ひとりの被験者にかかる変動費用が著しく低かったとしても，合計するときわめて大きな額になりうる。大規模なオンライン実験を行う研究者は，小さな処置効果の重要性を正当化するのに，「小さな効果でも多くの人にあてはまれば大きなインパクトをもちうる」と主張しがちだ。研究者が被験者に対して課す負担についても，これとまさに同じ考え方があてはまる。もし100万人の被験者の時間を1人あたり1分無駄にさせるなら，1人ひとりに対してはそれほどの損害をもたらさないが，合計すると2年近くの時間を無駄にさせていることになるのだ。

　被験者への支払いによって生じる変動費用をゼロにする別の方法は，くじを使うことだ。この方法は，サーベイ調査でも使われてきた方法だ（Halpern et al. 2011）。楽しいユーザー体験をデザインする方法について詳しく知りたい人は，Toomim et al.（2011）を参照してほしい。ボットを使って変動費用ゼロの実験を実施する方法について詳しく知りたい人は，Krafft, Macy, and Pentland（2017）を参照してほしい。

● 実験デザインに倫理を組み込む：置き換える・洗練させる・減らす（4.6.2 節）
　3つの R は，下のように Russell and Burch（1959=2012）によって初めて提示された。

　　　置き換えるということが意味しているのは，意識をもっている生きた高等動物を知覚のないモノに取り替えるということだ。減らすということが意味しているのは，決められた量と質を備えた情報を得るために使う動物の数を減らすということだ。洗練させるということが意味しているのは，まだ実験に使わなくてはならない動物に対して行われる非人道的な手続きによる事故や過酷さを減らすどんな手段も講じるということだ。

私が提示した3Rは，第6章で論じる倫理原則を変更するようなものではない。むしろそのうちの1つ——善行——を，特に人を使った実験において，より洗練されたものにする。

　1つ目の R（「置き換える」）の観点から，感情伝染の実験（Kramer, Guillory, and Hancock 2014）と感情伝染の自然実験（Coviello et al. 2014）を比較すると，実験から自然実験（さらには，非実験データを使って実験に近似させようとするマッチングなどの別の方法も含む〔第2章参照〕）に置き換えることによって生じるトレードオフに関する一般的な教訓が得られる。倫理的な利点に加え，実験から非実験研究に変更することによって，ロジスティック上，実験では与えることのできない処置について研究することが可能になるという利点もある。しかし，こうした倫理上・ロジスティック上の利点

によって犠牲になるものもある。自然実験では，被験者の募集，ランダム化，処置の特性のようなものに対する統制がうまくできないこともあるのだ。たとえば，降雨という処置の制約を考えてみると，降雨は正感情語を増やし負感情語を減らすという両方の効果をもってしまう。しかし実験研究において，Kramer らは正感情語と負感情語をそれぞれ独立に調整することができた。ただし，Coviello et al.（2014）で使われた手法は，今では Coviello, Fowler, and Franceschetti（2014）によって改良されている。Coviello et al.（2014）で使われた操作変数については，Angrist and Pischke（2009=2013）（よりくだけた説明）ないしは Angrist, Imbens, and Rubin（1996）（よりフォーマルな説明）を参照してほしい。操作変数に関する懐疑的な見解については Deaton（2010）を，弱操作変数（降雨は弱操作変数にあたる）については Murray（2006）を参照してほしい。自然実験に関するより一般的な説明については Dunning（2012）が参考になる。また，Rosenbaum（2002），Rosenbaum（2010），Shadish, Cook, and Campbell（2001）は実験を使わずに因果効果を推定する優れたアイデアを提示している。

2つ目の R（「洗練させる」）という観点からすると，感情伝染の実験を，投稿をブロックするデザインから優先表示するデザインに変更したときに生じる，科学と実現可能性の間でのトレードオフがあることがわかる。たとえば，ニュースフィード上で投稿をブロックする技術的な操作を行うことは投稿を促す操作を行うよりもずっと簡単かもしれない（実験において，投稿をブロックする操作は，ニュースフィードに表面的な変更を加えたにすぎず，基盤にあるシステムに何らの変更も加えていない）。しかし科学的には，実験で検討しようとしている理論に照らして，どちらのデザインが適しているか判断することは難しい。

残念ながら，ニュースフィードの内容をブロックするデザインと優先表示するデザインの相対的な利点に関する先行研究を私は知らない。それだけではなく，より損害の少ない処置に洗練させることについての先行研究についてもよく知らない。唯一知っているのは，インターネットでの検閲を測定する場合について議論している Jones and Feamster（2015）だ（アンコール研究に関連して第 6 章で議論する内容だ〔Burnett and Feamster 2015; Narayanan and Zevenbergen 2015〕）。

3つ目の R（「減らす」）については，古典的な検定力分析の優れた紹介は，Cohen（1988）（書籍）と Cohen（1992）（論文）で行われている。また Gelman and Carlin（2014）では，やや違った観点から紹介がされている。処置前の共変量は実験デザインや分析の段階で導入することができるが，この両方について Gerber and Green（2012）の第 4 章で素晴らしい紹介がなされている。また Casella（2008）で精密処置（in-depth treatment）についてより詳しく述べられている。処置前情報を使ったランダム化は，ブロック化された実験デザインや層化された実験デザインと呼ばれることも多い（用語は研究コミュニティによって異なる）。これらの方法は，第 3 章で論じた層化サンプリングの技法と密接に関連している。大規模な実験でこの方法を用いたものに，Higgins, Sävje, and Sekhon（2016）があるので，詳細を知りたい人はこれを参照してほしい。処置前の

共変量は分析の段階でも導入することができる。McKenzie（2012）は，フィールド実験を分析するための差分の差アプローチについてより詳しく検討している。処置効果の推定精度を向上させるさまざまな方法の間でのトレードオフを説明したものに，Carneiro, Lee, and Wilhelm（2016）がある。最後に，処置前の共変量を，実験デザインないしは分析（あるいは両方）に導入しようとしたとき，気をつけなければいけない問題がいくつかある。「釣り」（Humphreys, Sierra, and Windt 2013）ではないことを示したいのであれば，処置前の共変量を実験デザインの段階で導入するのが役に立つことがある（Higgins, Sävje, and Sekhon 2016）。しかし特にオンラインフィールド実験のように被験者が順に訪れる状況であれば，実験デザインの段階で処置前情報を使うことは難しいかもしれない（たとえば，Xie and Aurisset〔2016〕を参照）。

なぜ差分の差アプローチが平均の差アプローチよりもずっと効果的になる可能性があるのかについて直観的な説明を加えておいたほうがよいだろう。オンラインの結果はかなりばらつきが大きく（たとえば，Lewis and Rao〔2015〕やLamb et al.〔2015〕），時間を通じて比較的安定している。こうした場合，変化量のばらつきはかなり小さくなるだろう。それにより検定力が向上するのだ。この方法があまり使われない1つの理由は，デジタル時代以前は，処置前の結果を収集することが一般的ではなかったからだろう。これをもっと具体的に考える方法としては，ある運動習慣によって体重が減るかどうかを測定する実験を想像してみるとよいだろう。もし平均の差アプローチを使ったら，推定値に，母集団における体重のばらつきが含まれることになるだろう。しかし差分の差アプローチを使えば，自然発生的な体重のばらつきは取り除かれ，処置によって生じた差異をより簡単に検出できるようになる。

最後に，4つ目のRを付け加えたい。それは「転用（repurpose）」だ。もし元のリサーチクエスチョンに答えるのに必要なデータより多くの実験データが得られたなら，その場合は新たな問いに答えるためにデータを転用するべきだ。たとえば，Kramerらが差分の差推定法を使い，自分たちがリサーチクエスチョンに答えるのに必要な量以上のデータをもっていることがわかったという場合を想像しよう。この場合，データを全部使わないというよりも，効果の大きさが処置前の感情表現によってどう異なるかを調べることができた可能性がある。ちょうどSchultz et al.（2007）が，処置効果がライトユーザーとヘビーユーザーで違うことを発見したように，おそらくニュースフィードの効果も，処置前の時点ですでに楽しい（あるいは悲しい）投稿をする傾向のある人の間で違っていたかもしれない。転用は，「釣り」（Humphreys, Sierra, and Windt 2013）や「p-ハッキング」[10]（Simmons, Nelson, and Simonsohn 2011）に陥る可能性もある。しかし多くの場合では，正直な報告（Simmons, Nelson, and Simonsohn 2011），事前登録（Humphreys, Sierra, and Windt 2013），過学習を回避するための機械学習を組み合わせることで，こ

訳 注
10） 統計的に有意な結果を導くために，都合よく分析モデルを選択する（分析に使用する共変量・測定指標・分布の選択や外れ値の扱いなど）こと。

うした問題を克服することができる。

課題
Activities

難易度　　　やさしい　　普通　　難しい　　とても難しい
データ収集　　要数学　　要プログラミング　　お気に入り

1. Berinskyら（2012）は，3つの古典的な実験を再現することでMTurkを部分的に評価した。Tversky and Kahneman（1981）による，アジア疫病フレーミング実験（Asian Disease framing experiment）を再現しよう。Tversky and Kahnemanの結果と一致しているか，またBerinskyの結果と一致しているか，確認しよう。それを踏まえて，サーベイ実験にMTurkを使うことに関して何を学ぶことができるだろうか。

2. いくらか冗談を込めたタイトルの論文「お別れのときが来た（We Have to Break Up）」において，社会心理学者のCialdini（Schultz et al.〔2007〕の著者の1人）は，早期に教授職を辞すると述べている。それは，ラボ実験を主にやっている分野（心理学）においてフィールド実験を行うことの壁に直面したことが1つの理由であるという（Cialdini 2009）。Cialdiniのこの論文を読み，デジタル実験の可能性という観点から，辞職を考え直すように説得するメールを書いてみよう。その際には，彼の懸念を払拭するような特定の研究例を挙げること。

3. 最初の小さな成功が増幅するか消滅するかということを明らかにするために，van de Rijtら（2014）は，4つのシステムに介入を行い，ランダムに選んだ被験者に成功を与え，この成功の長期的な影響を測定した。同じような実験を行えるとしたら，他にどのようなシステムが思いつくだろうか。また，そのシステムを，科学的な価値，アルゴリズムによる交絡（第2章参照），倫理の観点から評価してみよう。

4. 一般に実験の結果は，その被験者に依存する。2つの異なる募集方法を用いて，MTurk上で実験を準備し，実施してみよう。その際，可能な限り結果が異なりそうな実験と募集方法を選択しよう。たとえば，募集を朝と夜に行ったり，謝金に差

をつけたりする方法が考えられる。募集方法のこうした違いによって，異なる被験者のプールから被験者を獲得することになるし，結果も異なってくるかもしれない。結果にどんな違いがみられるだろうか。また，そのことから MTurk 上で実験を実施することについて何がわかるだろうか。

5. あなたが，感情伝染実験（Kramer, Guillory, and Hancock 2014）を計画しているとしよう。それより前に行われた Kramer（2012）の観察データを使って，それぞれの条件に何人の被験者を用意すればよいか考えよう。この2つの研究の結果は完全には一致しない。そのため，あなたが下記の計算を行うときに用いた仮定をすべて明示的に列挙しておこう。
   a) $\alpha = 0.05$，$1 - \beta = 0.8$ として，Kramer（2012）と同じくらいの効果を検出するのに必要な被験者の数を決めるシミュレーションをしてみよう。
   b) 解析的に，同じ計算をしよう。
   c) Kramer（2012）の結果を所与としたとき，感情伝染実験（Kramer, Guillory, and Hancock 2014）は検定力過剰（必要な数よりも多く被験者を使った）だっただろうか。
   d) あなたがおいた仮定のうちで，もっとも計算結果に大きな影響を及ぼしたのは何だろうか。

6. 前の問題にもう一度答えてみよう。しかし今回は，前に行われた Kramer（2012）の観察データではなく，Coviello et al.（2014）の自然実験の結果を使ってみよう。

7. Margetts et al.（2011）と van de Rijt et al.（2014）はともに，人々が請願に署名するプロセスを明らかにするために実験を行った。これらの研究のデザインと知見を比較しよう。

8. Dwyer, Maki, and Rothman（2015）は，社会規範と環境配慮行動の関係を調べるためのフィールド実験を行った。次の文章は，彼らの論文の要旨だ。

> 環境配慮行動を促進するために心理学は何ができるだろうか。2つの研究では，公衆トイレで節電を促すための介入を行い，記述的規範と個人の責任感の影響を調べた。研究1では，照明の状態（オンかオフ）を，無人の公衆トイレに誰かが入る前に操作しておいて，この状態によって記述的規範を表現した。被験者は，入る前に照明が消えている場合の方が，顕著に照明を消す傾向にあった。研究2では条件を追加し，サクラが照明を消すという規範に従って行動する一方で，被験者は自分で照明をつける責任を負わない状況にした。個人の責任感は，行動に対する社会規範の影響を

低減させた。被験者に照明をつける責任がないとき，規範の影響は下がった。これらの結果は，記述的規範と個人の責任感が，環境配慮行動に関する介入の効果に影響していることを示している。

彼らの論文を読み，研究 1 を再現する実験をデザインしてみよう。

9. 前の問題に関して，今度はあなたが考えたデザインを実行に移してみよう。
    a) 結果を比べるとどうなるか。
    b) 結果の違いがあった場合，それは何によるものだろうか。

10. MTurk から被験者を募集して行った実験について，これまでかなり多くの議論がなされてきた。それと同様に，学部生の母集団から被験者を募集して行われた実験に関しても多くの議論がなされてきた。研究の被験者として使うという観点から，Turker と学部生を比較・対比して 2 ページのレポートを書こう。ただし，必ず科学的問題とロジスティック上の問題の両方に言及しよう。

11. Jim Manzi の本『統制してない（*Uncotrolled*）』（2012）は，ビジネスにおける実験の威力を紹介した素晴らしい本だ。この本で彼は下のような話をしている。

> 私はかつてビジネス界の本物の天才というべき人に会議であったことがある。彼は，一代で億万長者になった人で，実験の威力について深く直観的な理解をもっていた。彼の会社では，客の目を惹きつけ，売り上げを伸ばすために，莫大な資源を使って見事な店頭のウィンドウ・ディスプレイを作っていた。このことは，その業界では行うべき一般的な常識として考えられていた。専門家が慎重に，数々のデザインを検証したり，数年間にわたる客の感想をもとにした検証を行ったりした結果，新しいデザインのどれも売り上げに対して有意な因果効果はないことがわかった。マーケティングと広告の上級管理者が CEO に会い，過去の検証結果を総括して報告した。すべての実験データを提示した後で，彼らは一般常識が間違っていたと結論づけた——ウィンドウ・ディスプレイは売り上げを伸ばさなかったのである——。彼らは，この分野の費用と人員を減らすように進言した。彼らは，一般常識を覆す実験の威力を見事にみせつけたのである。しかし CEO の返事はシンプルだった。「君の使ったデザイナーがよくなかったんだろう」彼の解決策は店内のディスプレイデザインにもっと努力を向けること，そうするために新しい人を雇うことだった。

CEO の懸念は，どの妥当性のタイプに関わっているだろうか，考えてみよう。

12. 前の問題に関連して，実験結果を議論する会議にあなたも同席していると想像しよう。このとき，あなたが聞くべき 4 つの質問はなんだろうか——それぞれの質問は，妥当性のタイプ（統計的，構成概念，内的，外的妥当性）に対応している——。

13. Bernedo, Ferraro, and Price (2014) は，Ferraro, Miranda, and Price (2011)（図 **4.11** 参照）によって提示された節水に関する介入の 7 年にわたる効果について研究した。この論文で，Bernedo らは，処置が施された後，引っ越した世帯とそうでない世帯を比較して，効果の背後にあるメカニズムを明らかにしようとした。大雑把にいうと要するに，彼らは，家とそこに住んでいる人のどちらに処置の効果があったのかみようとしたのだ。
    a) 論文を読み，彼らのデザインを説明し，知見を要約しよう。
    b) 彼らの知見は，あなたが似たような介入の費用対効果をどう評価するかに影響を与えるだろうか。もしそうなら，なぜそうなのか，もしそうでないなら，なぜそうでないのか説明しよう。

14. Schultz et al. (2007) に対する追加調査で，Schultz らは，2 つの状況（ホテルとタイムシェアタイプのコンドミニアム）において，前の調査とは別の環境配慮行動（タオルの再利用）に対する記述的規範と指令的規範の影響を明らかにするための 3 つの関連する実験を行った（Schultz, Khazian, and Zaleski 2008）。
    a) 3 つの実験のデザインと知見を整理しよう。
    b) あなたの Schultz et al. (2007) についての解釈はどのように変わるだろうか。

15. Schultz et al. (2007) に対して，Canfield, Bruine de Bruin, and Wong-Parodi (2016) は，電気料金請求書のデザインに関する一連の準ラボ実験を行った。次の文章は，要約に記された実験の概要だ。

> サーベイベースの実験において，それぞれの被験者は，比較的電気使用量の多い家庭に対する仮の電気料金の請求書をみせられた。その請求書には，(a) 使用履歴，(b) 近隣家庭との比較，(c) 電化製品ごとに明細化した使用履歴という情報が含まれていた。被験者はすべての情報を，(a) 表，(b) 棒グラフ，(c) グラフのアイコンの 3 つのうちの 1 つの形式でみせられた。その結果，3 つの知見が得られた。1 つ目は，消費者は表形式で提示されたとき，電気使用量に関するすべての情報をもっともよく理解できた。これはおそらく，表によってみるべき場所がすぐわかるようになったからかもしれない。2 つ目は，節電に対する選好と意図は，形式に関わらず，使用履歴の情報にもっとも強く反応した。3 つ目は，もともと電気に関する理解が乏しい人ほど，すべての情報に対する理解が劣っていた。

他の後続する研究と違って，Canfield, Bruine de Bruin, and Wong-Parodi（2016）で扱われた主な結果変数は，実際の行動ではなく，報告された行動だった。節電を促すための数々の研究プログラムにおいて，このタイプの研究がもつ強みと弱みは何だろうか。

16. Smith and Pell（2003）は，パラシュートの効果に関する研究の風刺めいたメタアナリシスを提示した。そして彼らは次のように結論づけた。

> 病気を防ぐための多くの介入と同様に，パラシュートの効果は，ランダム化統制実験を用いた厳格な評価の対象にされてこなかった。証拠に基づいた医学を擁護する人は，観察データのみによって評価された介入研究を批判してきた。私は，証拠に基づいた医学のもっともラディカルな主唱者が，二重盲検の，ランダム化され，プラセボ統制群を用いた交差試験を準備してパラシュート実験に参加すれば，みなにとってよい結果になると思う。

『ニューヨーク・タイムズ』のような一般向けの新聞に適した署名入りの記事を書いて，実験的証拠のフェティシズムを批判しよう。ただしその際は，特定の具体的な例を用いよう。（ヒント：Deaton〔2010〕と Bothwell et al.〔2016〕を参照。）

17. 処置効果の差分の差推定量は，平均の差推定量よりも精確だ。新興のソーシャルメディア企業で A/B テストを担当しているエンジニアに対して手紙を書き，オンライン実験を実施するにあたって差分の差アプローチの価値を説明しよう。ただし，解くべき問題についての説明，差分の差推定量が平均の差推定量よりも優れたものになる条件についての直観的な説明とシンプルなシミュレーション研究にも触れよう。

18. Gary Loveman は，世界的でもっとも成功したカジノ会社の 1 つであるハラーズの CEO になる前は，ハーバード・ビジネススクールの教授だった。彼がハラーズに転職したとき，飛行機のマイレージのような特典企画を使って膨大な量の顧客の行動データを集め，会社を改革した。そして，この常時オンの測定システム上で，会社は実験を始めた。たとえば，特定のギャンブル行動をとった顧客に無料宿泊券を与えたときの効果を評価するための実験を行ったりした。次の言葉は，Loveman が，ハラーズの日頃のビジネスで実験がいかに重要であるかを語ったときの言葉だ。

> あなたが，女性にハラスメントをしたり，盗みを働いたりしないのと同じように，統制群は用意しておかなければならない。それ——統制群を使わないこと——は，他の 2 つと同様にハラーズでは職を失う理由の 1 つだからだ。

なぜ Loveman が統制群は重要だと考えるのかを，新入社員に教えてあげるメールを書こう．ポイントをきちんと説明するために，例——実際の例ないしは架空の例——を含むようにしよう．

19. 🕐．🔢　新しい実験は，予防接種受診についてのテキストメッセージのリマインダーを受けることの効果を調べるためのものだ．150 の診療所（それぞれ被験者として使える患者が 600 人いる）が参加を承諾した．1 つの診療所で実験を行うのに 100 ドルの固定費用がかかり，テキストメッセージを送るのに 1 人あたり 1 ドルの費用がかかる．さらに診療所が結果（予防接種を受けたかどうか）を測定するのに費用はかからない．今，あなたには 1000 ドルの予算があるとする．
   a）あなたが少数の診療所で重点的に実験を実施した方がよくなる条件は何だろうか．また診療所の数をさらに増やした方がよくなる条件は何だろうか．
   b）予算内で，確実に検出可能な最小の効果量の大きさはどのような要因で決まるだろうか．
   c）これらのトレードオフを，潜在的な出資者に説明するためのメモを書こう．

20. 🕐．🔢　オンライン講義の大きな問題は脱落だ．講義を受講し始めた多くの学生が，結局途中で脱落してしまうのだ．あなたが，オンライン学習のプラットフォームを管理する部署で働いていると想像してほしい．そのプラットフォームのデザイナーが，学生が途中で脱落しないように進捗度グラフを表示するようなレイアウトにしたとする．そこであなたは，計算社会科学の大規模講義の学生に対する進捗度グラフの効果を検証したいと思っている．この実験で生じうる倫理的な問題に対処した後で，あなたたちは，進捗グラフの効果を確実に検出するための学生の数がこの講義には足りないのではないかと心配になった．下記の計算において，半分の学生には進捗度グラフをみせ，残りの半分にはみせないという仮定をおいてよい．さらに処置に干渉するものが存在しないとも仮定してよい．言い換えると，被験者は，その本人が処置群に割付けられるか統制群に割付けられるかにのみ影響を受けるのであって，他の被験者に対する割付には影響を受けないということだ．より厳密な定義については，Gerber and Green (2012) の第 8 章を参照してほしい．なお，下記の計算をする際にあなた自身でおいた追加的な仮定があれば，それも明記するようにしてほしい．
   a）進捗度グラフによって，講義を最後まで受講した学生の割合が 1% 増えると予想される場合，確実に効果を検出するために必要なサンプルサイズはどれくらいだろうか．
   b）進捗度グラフによって，講義を最後まで受講した学生の割合が 10% 増えると予想される場合，確実に効果を検出するために必要なサンプルサイズはどれくらいだろうか．
   c）今度は，実験を行って，すべての講義課題をこなした学生が最終試験を受けたとい

う状況を考える。進捗度グラフをみせられた学生の最終試験の成績とそうでない学生の成績を比較したとき，驚くべきことに，進捗度グラフをみせられていない学生の最終試験の成績の方が実際に高かったということを発見した。このことは，進捗度グラフによって，学生の勉強時間が減ってしまったということを意味するだろうか。またこの結果データから何を知ることができるだろうか。（ヒント：Gerber and Green〔2012〕の第 7 章を参照。）

21. あなたが，テック系の企業でデータサイエンティストとして働いていると想像してほしい。新しいオンラインの広告キャンペーンの費用対効果（ROI）を測定するために計画した実験を評価する手伝いをしてほしいと，マーケティング部門の人から頼まれた。なお ROI とは，キャンペーンの純利益をその費用で割ったものとして定義される。たとえば，売り上げ効果のないキャンペーンは，ROI が -100% になり，純利益が費用と同じだけあるキャンペーンの場合に ROI は 0 になる。また，純利益が費用の 2 倍あるキャンペーンの ROI は 200% となる。

実験を行う前に，マーケティング部門は先立つ調査で得られた次のような情報をあなたに提示してきた（実際この値は，Lewis and Rao〔2015〕で報告されている本当のオンラインの広告キャンペーンの典型的な値だ）。

・顧客 1 人あたりの平均売り上げは，平均 7 ドル，標準偏差 75 ドルの対数正規分布に従う。
・キャンペーンは，顧客 1 人あたり 0.35 ドルの売り上げ増加が見込める。この値は，顧客 1 人あたり 0.175 の利益増加に相当する。
・実験の計画サンプルは 20 万人で，半分を処置群に，半分を統制群に割付ける。
・キャンペーンの費用は，被験者 1 人あたり 0.14 ドルである。
・キャンペーンで見込まれる ROI は 25% [$(0.175 - 0.14)/0.14$] である。言い換えると，マーケティング部門では，広告に 100 ドルを使って，追加的に 25 ドルの利益を得ると見込んでいるということである。

提示された上の実験の評価に関するレポートを書いてみよう。ただし，シミュレーションを行った結果と次の 2 つの問題に触れよう。①計画通りに実験を実施すべきかどうか。もしそうなら，なぜそうなのか。もしそうでないなら，なぜそうでないのか。また，そのように考えるにいたった基準も明確にしよう。②実験の被験者数はどれくらいが望ましいか。繰り返しになるが，その際，その数を決めるのに用いた基準を明確にすることを忘れずにやること。

よいレポートは，特定の事例に対処するようなもので，よりよいレポートはその事例をある 1 つの点に焦点をあてて一般化する（たとえば，キャンペーンの効果量に応じて，どのように決定を変えるかを示すなど）ようなもので，素晴らしいレポートは，あらゆる点で十分に一般化するようなものだ。あなたのレポートでは，結果を示すのに役立つようにグラフを使おう。

2つのヒントを出しておこう。1つ目は，マーケティング部門は，不要な情報まで提示しているかもしれないし，必要な情報を提示しそこねているかもしれない。2つ目は，Rを使うなら，rlnorm関数は多くの人が予想する通りには動かないことに気をつけるということだ。

この課題は，検定力分析，シミュレーション分析，言葉とグラフを使った説明の練習になる。また，ROIを推定する実験だけでなく，どんな実験の検定力分析を行うにも役に立つことになる。ただし，この課題は統計的検定と検定力分析の前提知識を多少なり必要とする。もし検定力分析に詳しくないなら，Cohen（1992）の「検定力分析入門（A Power Primer）」を読んでおこう。

この課題は，大規模実験でも抱える根本的な統計的制約について鮮やかに論じたLewis and Rao（2015）の面白い論文に触発されたものだ。彼らの論文は，元は「ほとんど無理な広告効果の測定（On the Near-Impossibility of Measuring the Returns to Advertising）」という挑発的なタイトルがついていた——何百万人もの顧客を使ったデジタルな実験であっても，オンライン広告の投資効果を測定することが難しいことを示している。もう少し一般的にいうなら，デジタル時代の実験にとって特に重要な，統計的に根本的な事実を示している。それは，ノイズの多い結果のデータから，小さな処置効果を推定することは困難だ，ということだ。

22. 前の問題と同じことをやろう。ただし今回は，シミュレーションではなく解析的な結果を用いよう。

23. 前の問題と同じことをやろう。ただし今回は，シミュレーションと解析的な結果の両方を用いよう。

24. 上のレポートをすでに書いたとしよう。そこにマーケティング部門の人がやってきて次のような新たな情報を提示してきた。実施前と後の売り上げの相関係数は0.4を見込んでいると。これによって，どのようにあなたの提案は変わるだろうか。（ヒント：差分の差推定量と平均の差推定量の違いについては4.6.2節を参照。）

25. 新しいウェブベースの就職支援プログラムの効果を評価するために，ある大学のキャリア支援課が，最終学年にいる学生1万人を使ってランダム化統制実験を行った。ランダムに選ばれた5000人の学生に対して，無料購読サービスと固有のログイン情報をメールで送り，残りの統制群の5000人の学生には，無料購読サービスへの招待はつけずにメールを送った。12カ月後，追跡調査（無回答はなかった）によって，処置群と統制群ともに，彼らが選んだ分野では70%の学生が安定した正社員の職を得ていたことがわかった（**表4.6**）。したがって，ウェブサービスは効果がないかのようにみえた。

表 4.6　キャリア支援実験の単純集計データ

群	規模	就職率
ウェブサイトへのアクセスが認められた	5,000	70%
ウェブサイトへのアクセスが認められなかった	5,000	70%

表 4.7　キャリア支援実験のより詳細なデータ

群	規模	就職率
ウェブサイトへのアクセスが認められて，サイトを訪問した	1,000	60%
ウェブサイトへのアクセスが認められて，サイトを訪問せず	4,000	72.5%
ウェブサイトへのアクセスが認められなかった	5,000	70%

表 4.8　キャリア支援実験の完全なデータ

群	規模	就職率
ウェブサイトへのアクセスが認められて，サイトを訪問した	1,000	60%
ウェブサイトへのアクセスが認められて，サイトを訪問せず	4,000	72.5%
ウェブサイトへのアクセスが認められず，有料購読した	500	65%
ウェブサイトへのアクセスが認められず，有料購読しなかった	4,500	70.56%

　しかし，大学の優秀なデータサイエンティストはデータをより詳細にみて，メールを送った後，少なくとも1回ウェブサイトを訪問した学生は，処置群の20%しかいなかったことを発見した．さらに驚いたことに，ウェブサイトを訪問した60%の学生しか，彼らが選んだ分野では安定した正社員の職を得ていなかった．この数字は，サイトを訪問していない処置群の学生よりも，また統制群の学生よりも低い値だ（表4.7）．

a）　何が起きたと考えられるか説明しよう．
b）　この実験で処置の効果を計算する2つの方法は何だろうか．
c）　この結果を所与として，大学のキャリア支援課は，このサービスをすべての学生に行うべきだろうか．はっきりいっておくが，これは単純に答えられる問題ではない．
d）　彼らは次に何をするべきだろうか．

（ヒント：この課題は，この章で扱った範囲を超えているが，実験に一般的に生じる問題だ．このタイプの実験デザインは，ときにエンカレッジメント・デザインと呼ばれる．というのも，被験者は処置を受けるように促されるからだ．この問題は，**1群処置不完全実施**と呼ばれる〔Gerber and Green［2012］の第5章を参照してほしい〕）．

26.　さらなる調査の後，前の問題の実験は，さらに複雑であることがわかった．統制群の学生の10%がサイトにアクセスするために料金を支払ったのだ．そしてこの

学生の就職率は 65% だった（表 4.8）。

何が起きているか，またどうすべきかをまとめたメールを書こう。
（ヒント：この課題は，この章で扱った範囲を超えているが，実験に一般的に生じる問題だ。この問題は，**両群処置不完全実施**と呼ばれる〔Gerber and Green［2012］の第 6 章を参照してほしい〕。）

第5章
マスコラボレーションを生み出す

5.1 イントロダクション

　Wikipediaは素晴らしい。ボランティアたちのマスコラボレーションが，すべての人に利用可能な，途方もない百科事典を生み出したのだから。Wikipediaの成功の鍵は，新しい知識にあったのではない。むしろ，その鍵は新しい形のコラボレーションにあった。幸運なことに，デジタル時代は，多くの新たな形のコラボレーションを可能にしてくれる。したがって，私たちは，今次のように問うべきだろう。今日，私たちは，どのような巨大な科学的問題——これまで私たちが個々人では解決できなかったような問題——にともに挑むことができるのだろうか。

　研究におけるコラボレーションは，もちろん，何ら新しいものではない。新しいのは，デジタル時代では，ずっと大規模で，ずっと多様な人々の集まりによって，コラボレーションを行えることだ。つまり，インターネットに接続できる世界中の何十億の人々によるコラボレーションだ。私が思うに，こうした新たなマスコラボレーションは，単に人々の数だけではなく，こうした人々の多様な技術とものの見方によって，素晴らしい結果をもたらしてくれるだろう。それでは，私たちは，インターネットに接続できるすべての人をどのようにして研究の過程に関与させることができるのだろうか。100人のリサーチアシスタントがいるとして，あなたは何ができるだろうか。10万人の熟練した協力者がいる場合はどうだろうか。

　マスコラボレーションには多くの形があり，コンピュータサイエンティストたちは，これらを各々の技術的な特徴に基づいて多数の類型に分類している

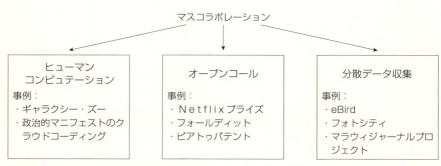

図 5.1 マスコラボレーションの概念図 この章は，ヒューマンコンピュテーション，オープンコール，分散データ収集の3つの主要なマスコラボレーションの形式に基づいて構成されている。より一般的には，マスコラボレーションは，市民科学，クラウドソーシング，集合知[1]といった分野からの考えを統合したものといえる。

(Quinn and Bederson 2011)。けれども，この章では，私はマスコラボレーションのプロジェクトを，これらを社会調査にいかに活用できるのかという観点から分類するつもりだ。とりわけ，3つの類型のプロジェクトに大雑把に類別するのが有益だと思う。つまり，**ヒューマンコンピュテーション，オープンコール，分散データ収集**の3つである（図5.1）。

この章で後ほど，これら類型のそれぞれを詳しく説明していくが，とりあえず各類型について簡単にまとめておこう。まず，ヒューマンコンピュテーションのプロジェクトは，理想的には，たとえば100万の画像をラベル付けするといった，「大規模単純作業（easy-task-big-scale）」型の課題に適している。これらは，過去において学部生のリサーチアシスタントが担ってきたようなプロジェクトだ。プロジェクトへの貢献にあたって，作業に関連した技術はそれほど求められず，最終的な成果は，典型的には，すべての貢献の平均をとったものになる。ヒューマンコンピュテーションのプロジェクトの古典的な例といえば，「ギャラクシー・ズー（Galaxy Zoo）」であろう。そこでは，10万人のボランティアたちが，天文学者たちを手伝って，100万もの銀河を分類したのである。他方，オープンコールのプロジェクトが最適なのは，明確に定式化された問いに対して，あなたが斬新で思いもよらない答えを求めているような状況だ。これらは，

訳注

1) 「市民科学（citizen science）」は，非専門家である市民を積極的に関与させる科学研究のこと。「クラウドソーシング（crowdsourcing）」は，不特定多数の「群衆（crowd）」に業務や作業を委託すること。「集合知（collective intelligence）」は，多くの人々の集合的な相互作用や意思決定を通じて生まれてくる知的能力のことで，「集団的知性」と訳されることもある。

以前なら同僚に尋ねていたかもしれない類のプロジェクトだ。プロジェクトへの貢献は，典型的には，作業に関連した特別な技術をもつ人々からなされ，最終的な成果は，通常，すべての貢献の中から最良のものが選ばれる。オープンコールの古典的な例は，「Netflix プライズ（Netflix Prize）」だ。そこでは，何千人もの科学者やハッカーが，顧客の映画に対するレイティングを予測する新たなアルゴリズムの開発に力を注いだ。最後に，**分散データ収集**のプロジェクトは，大規模なデータ収集に最適だ。これらは，過去においては，学部生のリサーチアシスタント，あるいは世論調査会社によって担われてきたようなプロジェクトになる。プロジェクトへの貢献は，典型的には，研究者がアクセスできない場所にアクセスできる人々からなされ，最終的な成果は，こうした貢献を単純に集めたものになる。分散データ収集の古典的な例は，「eBird」であろう。そこでは，何十万人ものボランティアたちが，自分たちが目にした鳥に関する報告をもたらしたのであった。

マスコラボレーションは，天文学（Marshall, Lintott, and Fletcher 2015）や生態学（Dickinson, Zuckerberg, and Bonter 2010）といった分野では，長く豊かな歴史をもっているが，社会調査においては，まだまだ広まっていない。だが，他分野の成功事例を紹介し，いくつかの鍵となる構成原理を示すことで，私は，あなたに2つのことを説得したいと思っている。1つ目は，マスコラボレーションは，社会調査に活用**できる**という点。そして2つ目は，マスコラボレーションを使う研究者は，以前なら不可能に思えた問題を解決することができるだろうという点。マスコラボレーションはときにお金を節約するための手法として推奨されることがあるが，実際にはそれをはるかに超えるものだ。私がここで示すように，マスコラボレーションは，単に私たちが研究をより**安く**行うことを可能にするだけではなく，研究をより**よく**行うことも可能にしてくれるのである。

これまでの各章で，あなたは，人々と3つの異なるやり方で関わることで何が学べるかをみてきた。つまり，彼らの行動を観察すること（第2章），彼らに質問をすること（第3章），そして彼らを実験に参加させること（第4章）の3つだ。この章では，私はあなたに，人々を研究協力者として関与させることで何が学べるかを明らかにしていきたいと思う。上で述べた3つの主要な形態のマスコラボレーションの各々について，典型的な研究事例を1つ紹介し，さらなる事例によって重要な追加事項を説明したうえで，最後にその形態のマスコラボレーションを社会調査にいかに活用しうるかについて論じていく。この章の結びには，あなたが自身のマスコラボレーションのプロジェクトをデザインしていくう

えで助けになる5つの原理も示すつもりだ。

5.2 ヒューマンコンピュテーション

ヒューマンコンピュテーションのプロジェクトでは，大きな問題を扱い，それを単純な部分に分解して，多くの作業者に送り，最後に結果を集約する。

ヒューマンコンピュテーションのプロジェクトは，1人では解決不能な大きな問題を解決するために，単純な「マイクロタスク（microtasks）」に従事する多くの人々の努力を結集する。「もしリサーチアシスタントが1000人いれば，きっとこの問題を解決できるだろうに」——もしあなたがこれまでそう考えたことがあるなら，すでにあなたはヒューマンコンピュテーションに適した研究課題を抱えていたのかもしれない。

ヒューマンコンピュテーションのプロジェクトの典型的な事例は，ギャラクシー・ズーだ。このプロジェクトでは，10万人以上ものボランティアが，およそ100万に上る銀河の画像を，プロの天文学者による先行の——そしてかなり規模の小さい——試みと同程度の正確さで分類したのであった。マスコラボレーションが可能にしたスケールの増大により，銀河がいかに形成されるかに関して新たな発見が得られたほか，「グリーンピース」と名付けられた，まったく新たな銀河のクラスの存在が明らかになったのである。

ギャラクシー・ズーは社会調査からかけ離れたものに思われるかもしれないが，実際には，社会調査をする人が，画像やテキストをコード化したり，分類したり，ラベル付けしたりしようとする状況はたくさんある。こうした分析は，場合によってはコンピュータで遂行することもできるだろうが，コンピュータにとって困難でも人々にとっては容易であるような，ある種類の分析がそれでも存在している。こうした「人にやさしくコンピュータに難しい（easy-for-people yet hard-for-computer）」マイクロタスクこそ，私たちがヒューマンコンピュテーションのプロジェクトに解決を委ねることができる仕事なのだ。

ギャラクシー・ズーにおけるマイクロタスクが，とても一般的であるというだけではなく，このプロジェクトの構造そのものもごく一般的だ。ギャラクシー・ズーにせよ，あるいは他のヒューマンコンピュテーションのプロジェクトにせよ，そこで典型的に使われているのは，**分割，適用，結合（split-apply-combine）** という戦略になる（Wickham 2011）。この戦略を理解してしまえば，

あなたはそれを数多くの問題の解決に活用することができるようになるだろう。まず，大きな問題を多くの小さな問題のかたまりに**分割**する。それから，この小さな問題のかたまりそれぞれに，人間による作業を，他のかたまりとは独立した形で**適用**する。そして最後に，この作業の結果を**結合**して，「コンセンサス解 (consensus solution)[2]」を生み出すわけである。以上のことを念頭において，この分割，適用，結合戦略がギャラクシー・ズーの中で実際にどのように用いられたのかをみていくことにしよう。

5.2.1 ギャラクシー・ズー

ギャラクシー・ズーは，多くの素人のボランティアの努力を結集して，100万もの銀河を分類した。

ギャラクシー・ズーは，2007年当時オックスフォード大学の天文学の大学院生であったKevin Schawinskiが抱えていた問題から生まれた。かなり単純化してまとめると，まずSchawinskiが関心をもったのは銀河であり，そして銀河は，各々の形態——楕円か渦巻か——と色——青か赤か——とで分類することができる。当時，天文学者の間の通説は，渦巻銀河は，私たちの天の川がそうであるように，青みをおびており（若い銀河であることを示す），楕円銀河は赤みをおびている（年老いた銀河を示す），というものだった。Schawinskiはこの通説を疑ったのである。彼の考えでは，このパターンは一般的には真実であるかもしれないが，そこにはおそらく相当数の例外が存在しているのであり，こうした普通でない銀河——想定されるパターンに適合しない銀河——をたくさん調べることで，銀河の形成過程に関して何がしかを学ぶことができるはずであった。

したがって，Schawinskiが通説を覆すために必要としていたのは，形態学的に分類された銀河，つまり渦巻か楕円かのいずれかに分類された銀河の大きな集合であった。けれども問題は，こうした分類のための既存のアルゴリズム的な手法が，科学的な研究の用途に耐えられるようなものではないという点だった。言い換えると，銀河の分類は，当時，コンピュータにとって困難な問題であった。そのため，必要とされたのは，人間によって分類された多数の銀河であっ

訳注
[2] 「コンセンサス (consensus)」は一般に「合意」を意味するが，この文脈では分散的，並列的に行われた多くの作業の結果を何らかの仕方で集約することを意味している。後出する「コンセンサス分類」「コンセンサス評価」の「コンセンサス」も同様である。

た。Schawinski は，この分類問題に大学院生特有の熱意でもって取り組んだ。1 日あたり 12 時間，7 日間ぶっ通しの作業により，彼は 5 万の銀河を分類することができた。5 万の銀河というと相当な数に思えるかもしれないが，実際には，「スローン・デジタル・スカイサーベイ」³⁾で撮像されたおよそ 100 万の銀河の約 5% にすぎない。Schawinski は，もっと大規模に展開できるアプローチが必要だということを悟らざるをえなかった。

　幸運なことに，銀河を分類するという作業は，天文学の高度な訓練を必要としていないことがわかる。それは，わりと簡単に誰かに教えられるものなのだ。言い換えると，銀河の分類がコンピュータにとって困難な作業であるとしても，人間にとってはかなりたやすいということだった。そうして，オックスフォードのパブで話しているうちに，Schawinski と仲間の天文学者の Chris Lintott は，ボランティアが銀河の画像の分類を行うウェブサイトを考えついたのであった。数カ月後，ギャラクシー・ズーは誕生した。

　ギャラクシー・ズーのウェブサイトでは，たとえば渦巻銀河と楕円銀河の違いを学ぶといった具合に，ボランティアたちが数分間の訓練を受ける（図 5.2）。この訓練の後，各ボランティアは，比較的簡単な小テスト——類型があらかじめわかっている 15 の銀河のうち 11 を正確に分類するというもの——に合格しなければならず，それから，単純なウェブ上のインタフェイスを介して，類型が未知の銀河に対する「本番の」分類を開始するのであった（図 5.3）。ボランティアから天文学者へのこの変身は，10 分足らずで起きるのであり，しかもそれは，簡単な小テストというごく低いハードルを越えることを要するのみだった。

　プロジェクトがニュース記事で取り上げられて以降，ギャラクシー・ズーにはボランティアが集まり始め，およそ 6 カ月のうちに，プロジェクトは 10 万人以上の市民科学者が参加するまでに成長した。これらの人々は，ただ作業を楽しみ，天文学の発展に力を貸したいがためにプロジェクトに参加したのだった。足し合わせると，これら 10 万人のボランティアたちは，総計 4000 万回以上もの分類を行ったが，これら分類の大部分は，参加者たちの比較的小規模なコアグループに由来する（Lintott et al. 2008）。

訳　注

3）「スローン・デジタル・スカイサーベイ（Sloan Digital Sky Survey）」は，専用の光学望遠鏡による広範囲の天体観測を通じて，詳細な宇宙の三次元地図を作成することを目的に始まった国際的な研究プロジェクトである。データ収集は 2000 年に始まり，今日にいたるまで，撮像された膨大な数の銀河等の画像が公表されている。名称は，プロジェクトのスポンサーであるアルフレッド・P. スローン財団にちなむ。

楕円銀河　　　　　　渦巻銀河

図 5.2　2 つの主要な類型の銀河，渦巻銀河と楕円銀河の例　ギャラクシー・ズーのプロジェクトでは，10 万人以上のボランティアを使って，90 万以上の画像を分類した。http://www.GalaxyZoo.org およびスローン・デジタル・スカイサーベイの許可を得て再掲。

図 5.3　ボランティアが 1 つの銀河の分類を求められる入力画面　スローン・デジタル・スカイサーベイの画像に基づき，Chris Lintott の許可を得て再掲。

　学部生のリサーチアシスタントを雇った経験がある研究者なら，データの質をすぐさま疑ってかかるかもしれない。この疑念はもっともなものだが，ギャラクシー・ズーが示したのは，ボランティアたちが寄せた成果を，正しくクリーニングしバイアスを取り除いて集約するならば，これら成果は質の高い結果をもたらしうるということだった (Lintott et al. 2008)。群衆にプロ品質のデータを作ってもらうための重要な仕掛けが，**冗長性**，つまり多数の異なる人々に同じ作業をさせることだ。ギャラクシー・ズーでは，1 つの銀河あたりおよそ 40 回分類を行った。学部生のリサーチアシスタントを使っている研究者では，これだけの水準の冗長性をとても達成する余裕はないだろう。そのため，これらの研究者は，逆に 1 つひとつの分類の質にはるかにこだわることになる。ボランティアたちが訓練を欠いていたとしても，彼らはそれを冗長性で補うことができるので

ある。

　だが，1つの銀河に対してたくさん分類を行ったとしても，これらボランティアたちの分類結果を合わせてコンセンサス分類を生み出すのは，やっかいなことだ。同じような困難はヒューマンコンピュテーションのプロジェクトの大半で起こるので，ギャラクシー・ズーの研究者たちがコンセンサス分類を生み出すために使った3つのステップを，ここで簡単に振り返っておくのが有益だろう。第1に，研究者たちは，いんちきの分類を除去することで，データを「クリーニング」した。たとえば，繰り返し同じ銀河を分類するような人々——結果を操作しようとする場合に起こることだが——については，彼らのすべての分類結果を破棄した。こういった処理や他の同様のクリーニングによって，すべての分類結果のおよそ4％が除外されることとなった。

　第2に，クリーニングの後，研究者たちは，分類における系統的バイアスを除去しなければならなかった。オリジナルのプロジェクトの中に組み込まれていたバイアス検出のための一連の調査——たとえば一部のボランティアにカラーではなくモノクロで銀河をみせるなど——を通じて，研究者たちは，遠くの渦巻銀河を楕円銀河と取り違えて分類するバイアスなど，いくつかの系統的バイアスを発見したのであった（Bamford et al. 2009）。これら系統的バイアスに対する調整はきわめて重要だ。というのも，冗長性があっても，系統的バイアスは自動的に取り除かれないからである。冗長性は，ただランダム誤差を取り除くのに役立つにすぎない。

　最後に，バイアス除去の後，研究者たちは，個々の分類を結合してコンセンサス分類を生み出すための方法を必要とした。それぞれの銀河に対して分類を集約するもっとも単純なやり方は，もっとも典型的な分類を1つ選ぶことだ。だが，このアプローチでは，各ボランティアに同じ重みが与えられることになってしまっただろう。研究者たちは，一部のボランティアは，別のボランティアに比べてよりうまく分類ができると考えていたのである。そのため，より複雑な反復重み付けの処理が考案され，最善の分類者を見出し，彼らにより多くの重みを与えることが試みられるようになった。[4]

　こうして，3つのステップ——クリーニング，バイアス除去，そして重み付け——を経て，ギャラクシー・ズーの研究チームは，ボランティアによる4000

訳　注
[4]　分類の集約にあたって，各ボランティアによる分類に与える重みを逐次的に決定していくこと。ギャラクシー・ズーの場合，他のボランティアと異なる分類をしがちなボランティアの重みが低く設定されるアルゴリズムが採用された。

万の分類結果をコンセンサスの形態分類の集合へとまとめ上げたのである。そして，ギャラクシー・ズーのこれらの分類を，プロの天文学者による，先行のより小規模な3つの分類の試み——その中にはギャラクシー・ズーの着想の元となったSchawinski自身による分類も含まれる——と比較すると，強い一致がみられた。つまり，ボランティアたちは集団として，質の高い分類を，プロの研究者たちがかなわないほどの規模で成し遂げることができたのだ（Lintott et al. 2008）。実際，これほど多くの銀河に対して人間による分類を行うことで，SchawinskiとLintottたちは，想定されているパターン——青い渦巻と赤い楕円——に従っているのが，約80%の銀河にすぎないことを示すことができた。そして，この発見については，その後数多くの論文が書かれている（Fortson et al. 2011）。

　ここまでみれば，ギャラクシー・ズーが，分割，適用，結合という，ほとんどのヒューマンコンピュテーションのプロジェクトで使われるレシピに，どのように従っているのかがはっきりするはずだ。まず，大きな問題が，小さなかたまりに**分割**された。この事例では，100万の銀河を分類するという1つの問題が，1つの銀河を分類する問題100万個に分割されることになる。次に，各々のかたまりに独立して処理が**適用**される。この事例の場合，ボランティアたちは個々の銀河を渦巻か楕円かに分類していった。最後に，結果を**結合**して，コンセンサスの結果を導き出す。この事例では，結合のステップはクリーニング，バイアス除去，重み付けから構成され，これらによってそれぞれの銀河に対するコンセンサス分類を導出したのである。もっとも，大半のプロジェクトがこうした一般的なレシピを使っているにしても，各ステップは，取り組んでいる具体的な問題に応じてカスタマイズしていく必要があるだろう。たとえば，この後紹介するヒューマンコンピュテーションの別のプロジェクトでは，同じレシピが踏襲されるものの，適用および結合の2つのステップは，かなり違ったものになる。

　さて，ギャラクシー・ズーのチームにとって，この最初のプロジェクトは，あくまではじまりにすぎなかった。メンバーたちは，100万近い銀河を分類できても，この規模では，より新しいデジタル観測には十分対応できないことにすぐに気づいた。これら新たな観測では，およそ100億もの銀河の画像を生成できるからだ（Kuminski et al. 2014）。100万から100億への増加——1万倍——に対応するためには，ギャラクシー・ズーは，大雑把にいって1万倍多くの参加者をリクルートしなければならない。インターネット上のボランティアの数が多いとはいっても，無尽蔵ではない。研究者たちは，増加し続けるデータを扱っていく

ために，規模の拡大に一層対応できる新たなアプローチが求められていることを痛感したのである。

こうして，Manda Banerji は——Schawinski, Lintott およびギャラクシー・ズーの他のメンバーと共同で——コンピュータに銀河の分類を教え始めた。より具体的には，ギャラクシー・ズーが生み出した人間による分類を使って，Banerji は，画像の特徴から人間による銀河の分類を予測できる機械学習モデルを構築したのだ。もしこのモデルが高い確度で人間による分類を再現できるならば，ギャラクシー・ズーの研究者たちは，このモデルを使って，実質無限の銀河を分類できるようになるだろう。

Banerji たちのアプローチの中核は，一見したところはっきりわからないかもしれないが，実際には社会調査でよく用いられる技法とかなり似ている。まず，Banerji らは各画像を，その性質をうまく要約する**特徴量**（features）の集合に変換した。たとえば，銀河の画像については，各画像における青色の量，ピクセルの輝度の分散，白でないピクセルの割合といった3つの特徴が考えられるだろう。適切な特徴量の選択は，取り組むべき問題の重要な部分をなしており，そこでは一般的に，その分野に関わる専門知識が求められる。**特徴量エンジニアリング**と一般にいわれるこの最初のステップによって，各行が各画像に対応し，3つの列がその画像を特徴付けるような，データ行列が得られる。そして，このデータ行列と望まれる出力（例：各画像が人間によって楕円銀河と分類されたか否か，など）を使って，研究者は，画像の特徴量に基づいて人間の分類を予測する統計モデルや機械学習モデル——たとえばロジスティック回帰——を作るのである。最後に，この統計モデルのパラメータを使って，新たな銀河の推定された分類を導き出す（図5.4）。機械学習では，このアプローチ——ラベル付けされた事例を用いて，新たなデータをラベル付けできるモデルを生み出すアプローチ——を**教師付き学習**（supervised learning）と呼ぶ。

Banerji たちの機械学習モデルで使われた特徴量は，私の簡略な例における特徴量よりもずっと複雑——たとえば彼女は「ドボークルール則から求めた軸比（de Vaucouleurs fit axial ratio）」なる特徴量を用いている——であったし，そもそも彼女が使ったモデルはロジスティック回帰ではなく，人工ニューラルネット

訳注 ●

5)「ドボークルール則」は，銀河の画像の輝度と銀河の中心からの距離との量的関係を記述する法則。「軸比」とは楕円の長軸と短軸の比のこと。与えられた銀河の画像にこの法則を適合（fit）して得られる軸の長さから算出した軸比が，ここでいう「ドボークルール則から求めた軸比」である。

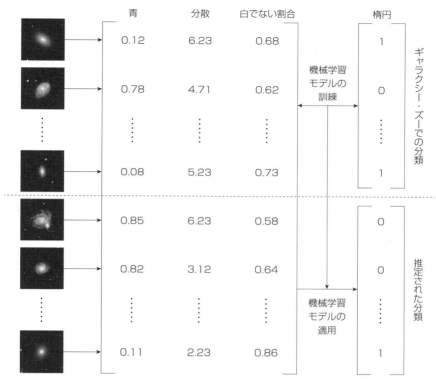

図 5.4 Banerji et al.（2010）の研究の略図　彼女たちがどのようにギャラクシー・ズーの分類を使って，銀河の分類を行う機械学習モデルを訓練したかを示している．まず，銀河の画像を，特徴量行列の形式に変換する．図で示した単純化された例では，3つの特徴量（画像中の青色の量，ピクセル輝度の分散，白でないピクセルの割合）が取り上げられている．続いて，画像の部分集合に対し，ギャラクシー・ズーの分類ラベルを使って，機械学習モデルを訓練する．最後に，残りの銀河に対し，この機械学習モデルを使って，それぞれの分類を推定する．私は，これをコンピュータ支援型ヒューマンコンピュテーションと呼んでいる．なぜなら，人間に直接問題を解かせるのではなく，人間に作らせたデータセットを使うことで，コンピュータを訓練して問題を解かせるからである．このコンピュータ支援型ヒューマンコンピュテーション・システムの利点は，有限の量の人間の労力を使って，本質的に無限の量のデータを扱えるようになる点だ．銀河の画像は，スローン・デジタル・スカイサーベイの許可を得て再掲．

ワークだった[6]．彼女が使った特徴量，モデル，そしてギャラクシー・ズーのコンセンサス分類を用いて，彼女は，各特徴量に対する重みを導出し，さらにこれら

訳注●

6）機械学習モデルの一種であり，ニューロンのシナプス結合が構成する脳のネットワークを近似したモデルを使って，入力（ギャラクシー・ズーの場合は銀河の特徴量）と出力（銀河の分類）との関係を学習していく．

の重みを使って，銀河の分類に対する予測を行うことができたのである。たとえば，彼女の分析が明らかにしたところによると，ドボークルール則から求めた軸比が低い画像は，そうでない場合に比べ，渦巻銀河である可能性がより高い。こうした特徴量に重みを与えることで，彼女は，人間による銀河の分類を，それなりの正確さで予測することができた。

Banerji たちの成果は，ギャラクシー・ズーを，私が呼ぶところの**コンピュータ支援型ヒューマンコンピュテーション・システム**へと変えたといえる。このハイブリッドなシステムは，人間に直接問題を解決させるのではなく，まず人間にデータセットを構築させて，それを使ってコンピュータを訓練することで問題を解決させていると考えるのがいいだろう。コンピュータを訓練して問題を解決させるには，ときに膨大な数の事例が必要になることがあり，十分な数の事例を生み出す唯一の方法が，マスコラボレーションというような状況がある。このコンピュータ支援型のアプローチの利点は，有限の量の人間の労力を使って，本質的に無限の量のデータを扱えるようになる点にある。たとえば，人間によって分類された 100 万の銀河の画像をもっている研究者が，予測モデルを構築し，これを使って，10 億さらには 1 兆もの銀河を分類できるようになるといったことである。実際，銀河が途方もない数に上る場合，人間とコンピュータとの間のこの種のハイブリッドが，実現可能な唯一の解決策であろう。だが，この無限の規模拡張性（scalability）は，タダで得られるものではない。人間による分類を正確に再現できる機械学習モデルを構築することが，それ自体難題であるからだ。幸いなことに，この話題を正面から取り扱った優れた書籍がすでにいくつもある（Hastie, Tibshirani, and Friedman 2009=2014; Murphy 2012; James et al. 2013=2018）。

ギャラクシー・ズーは，多くのヒューマンコンピュテーションのプロジェクトがいかに進化していくかを示す，よい例だ。まず，研究者は，彼女自身，あるいは少数のリサーチアシスタントのチームとともに，プロジェクトを立ち上げようとする（例：Schawinski による最初の分類の取り組み）。もしこれがうまく規模拡大に対応できない場合，その研究者は，多くの参加者を得てヒューマンコンピュテーションのプロジェクトに移ることができる。だが，ある程度の分量のデータに対しては，純粋に人間だけの取り組みでは，やがて十分ではなくなる。その段階において，研究者は，コンピュータ支援型ヒューマンコンピュテーションのシステムを構築する必要に迫られる。そこでは，人間による分類を使って機械学習モデルを訓練する。そしてこのモデルは，ほとんど際限のない大きさのデータに適用することが可能だ。

5.2.2 政治的マニフェストのクラウドコーディング

政治的マニフェストのコード化は，これまで典型的には専門家によってなされてきたが，ヒューマンコンピュテーションのプロジェクトとして遂行することで，より高い再現可能性と柔軟性を達成することができる。

ギャラクシー・ズーと同様に，社会調査をする人が，画像やテキストをコード化したり，分類したり，ラベル付けしたりしようとする状況はたくさんある。この種の研究の1つの例が，政治的マニフェストのコード化だ。選挙中，政党は，各々の政策上の立場や指導理念を記したマニフェストを世に出す。たとえば，2010年からの英国労働党のマニフェストの一部は次の通りだ。

> わが国の公的部門で働く何百万人もの人々は，英国の最良の価値を体現しているのであり，人々が人生から最大限のものを得るべく能力を高めるのを助け，同時に人々が自らで負うべきではないリスクから彼らを保護している。市場の適正な働きを実現するための政府の役割に対して，われわれがより大胆でなければならないのと同様に，われわれはまた政府の大胆な改革者でなければならない。

こうしたマニフェストは，政治学者，特に選挙や政策討論のダイナミクスを研究している研究者にとって，貴重なデータを含んでいる。これらマニフェストから系統的に情報を抽出するために研究者が立ち上げたのが，「マニフェストプロジェクト」だ。このプロジェクトは，50カ国の1000近い政党から4000に上るマニフェストを収集し，政治学者を組織してこれらを系統的にコード化していった。それぞれのマニフェストのそれぞれのセンテンスが，56類型のコード体系を使って専門家によってコード化された。この共同作業の成果が，これらのマニフェストに埋め込まれた情報を集約した巨大なデータセットであり，このデータセットは，これまで200以上の科学論文で用いられてきた。

Kenneth Benoitたち（2016）は，これまで専門家が行ってきたマニフェストのコード化の作業を取り上げ，それをヒューマンコンピュテーションのプロジェクトとして展開することにした。結果として彼らは，より安くより速いのはいうに及ばず，より再現可能性が高くより柔軟でもあるコード化の過程を作り上げたのであった。

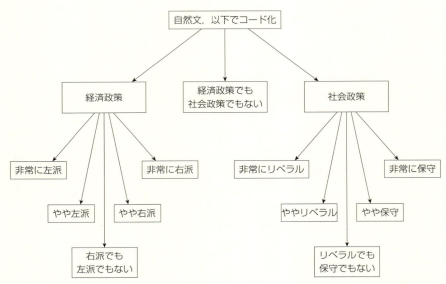

図 5.5 Benoit et al.（2016）のコード体系 読み手たちは，各センテンスを，経済政策（左派か右派か）に言及しているのか，社会政策（リベラルか保守か）に言及しているのか，あるいはどちらにも言及していないのかに分類することを求められた。Benoit et al.（2016）の図 1 より。

英国における直近 6 回の選挙において出された 18 のマニフェストに対して，Benoit たちは，マイクロタスク労働市場で調達した人々を使って（Amazon Mechanical Turk や CrowdFlower がマイクロタスク労働市場の例だ。詳しくは第 4 章を参照），分割，適用，結合の戦略を活用した。研究者たちは各マニフェストを取り上げ，それぞれをセンテンス単位に**分割**した。次に，読み手がコード体系を各センテンスに**適用**した。具体的には，読み手たちは，各センテンスを，経済政策（左派か右派か）に言及しているのか，社会政策（リベラルか保守か）に言及しているのか，あるいはどちらにも言及していないのかに分類することを求められた（図 5.5）。センテンスあたりおよそ 5 人の異なる読み手がコード化を行った。最後に，これらのコード評価は，評価者の個人差に関する効果とセンテンスの難しさに関する効果の双方を考慮した統計モデルを使って，**結合**された。すべて合わせると，Benoit たちは約 1500 人の人々から 20 万に上るコード評価を集めたのであった。

この「クラウドコーディング」の質を検証するため，Benoit たちはまた，約 10 名の専門家——政治学の教授や大学院生——に同じ手続きに従って同じマニ

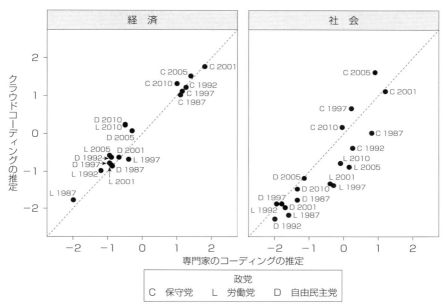

図 5.6 英国の 18 の政党マニフェストのコード化 専門家の推定（x 軸）とクラウドの推定（y 軸）とは驚くべき一致を示した。コード化されたマニフェストは，3 つの政党（保守，労働，自由民主）と 6 つの総選挙（1987，1992，1997，2001，2005，2010 年）から得たものである。Benoit et al. (2016) の図 3 より。

フェストを評価してもらった。クラウドのメンバーのコード評価は専門家に比べるとよりばらついていたが，クラウドのコンセンサス評価は，専門家のコンセンサス評価と驚くほど一致していた（図 5.6）。この比較は，ギャラクシー・ズーがそうであったように，ヒューマンコンピュテーションのプロジェクトが，質の高い結果をもたらしてくれることを示している。

この結果を踏まえ，Benoit たちは，彼らのクラウドコーディングのシステムを利用しながら，マニフェストプロジェクトで使われたような専門家によるコーディングシステムではとてもできないような研究を行った。たとえば，マニフェストプロジェクトでは，移民の話題に関するマニフェストはコード化されなかった。それは，1980 年代半ばにプロジェクトのコード体系が開発された当時，移民は際立った話題ではなかったからだ。そして，今の時点において，マニフェストプロジェクトが時間をさかのぼり，この情報を捉えるべくマニフェストを再コード化することは，ロジスティックス面で実現不可能である。となると，移民をめぐる政治の研究に関心をもつ研究者たちは，ついていなかったということにな

ってしまうかもしれない。だが，Benoitたちは，彼らのヒューマンコンピュテーション・システムによって，このようなコード化を——彼らの研究上の問いにカスタマイズする形で——速やかに，かつたやすくやってのけたのであった。

　移民政策の研究のため，彼らは，英国の2010年総選挙における8つの政党のマニフェストをコード化した。それぞれのマニフェストにおけるそれぞれのセンテンスは，移民に関係するか否か，関係する場合親移民か，中立か，反移民かによって，コード化された。プロジェクトを立ち上げて5時間も経たないうちに，すべての結果がもたらされた。彼らは，総費用360ドルで2万2000に上る回答を集めたのであった。さらに，こうしてクラウドから得られた推定は，先に実施された専門家への調査と驚くほど一致していた。続いて2カ月後，最終テストとして，研究者たちはクラウドコーディングを再度実行した。数時間のうちに彼らが生み出したクラウドコーディングされた新たなデータセットは，彼らの元々のデータセットと非常に似通ったものであった。つまり，ヒューマンコンピュテーションによって，彼らは，専門家の評価と一致し，かつ再現可能な政治文書のコーディングを生み出すことができたのである。加えて，ヒューマンコンピュテーションは迅速かつ安価であるため，移民に関する特定の研究上の問いに沿ってデータ収集をカスタマイズすることは，彼らにとってたやすいことであった。

5.2.3　結　　論

ヒューマンコンピュテーションによって，あなたは1000人のリサーチアシスタントを手にすることができる。

　ヒューマンコンピュテーションのプロジェクトは，多数の非専門家の働きを結集し，コンピュータでは簡単に解決できないような大規模単純作業型の問題を解決する。これらのプロジェクトでは，分割，適用，結合の戦略を使って，大きな問題を，専門的な技術をもたない人々でも解決できるような，たくさんの単純なマイクロタスクへと分解する。さらに，コンピュータ支援型ヒューマンコンピュテーションのシステムでは，人間の取り組みを増幅すべく，機械学習も活用する。

　社会調査においてヒューマンコンピュテーションのプロジェクトは，研究者が，画像や動画あるいはテキストを分類したりコード化したりラベル付けしたりしようとする状況で，もっとも活用されることになるだろう。これらの分類は，

表 5.1 社会調査におけるヒューマンコンピュテーションのプロジェクト例

概　要	データ	参加者	文　献
政党マニフェストのコード化	テキスト	マイクロタスク労働市場	Benoit et al.（2016）
米国 200 都市の「占拠せよ」抗議活動に関するニュース記事からのイベント情報の抽出	テキスト	マイクロタスク労働市場	Adams（2016）
新聞記事の分類	テキスト	マイクロタスク労働市場	Budak, Goel, and Rao（2016）
第一次大戦時の兵士の日記からのイベント情報の抽出	テキスト	ボランティア	Grayson（2016）
地図の変化の検出	画像	マイクロタスク労働市場	Soeller et al.（2016）
アルゴリズムのコーディングの検証	テキスト	マイクロタスク労働市場	Porter, Verdery, and Gaddis（2016）

通常，研究の最終的な成果物ではない。むしろ，それらは，さらなる分析のための原材料になるものだ。たとえば，政治的マニフェストのクラウドコーディングは，政治的討議のダイナミクスの分析の一部として活用することができるだろう。こうした種類の分類のマイクロタスクがもっとも機能しやすいのは，これらが専門的な訓練を要せず，かつ正しい答えに関して大筋で合意が成立しているような時だ。仮に，分類タスクがより主観的なものであった場合——たとえば「このニュース記事は偏っているか」といったような分類の場合——誰が参加者で，その結果どのようなバイアスがもたらされうるのかを理解することが，より重要になってくるだろう。最終的には，ヒューマンコンピュテーションのアウトプットの質は，人間の参加者がもたらすインプットの質に依存するようになる。ガラクタを入れるとガラクタが出てくるといった具合である。

あなたの直観を一層養うために，表 5.1 に，社会調査においてヒューマンコンピュテーションがどのように活用されてきたかを示す追加的な研究事例を提示しておいた。この表が示すように，ギャラクシー・ズーとは違って，他の多くのヒューマンコンピュテーションのプロジェクトは，マイクロタスク労働市場（例：Amazon Mechanical Turk）を活用し，ボランティアよりもむしろ賃金労働者の働きに頼っている。私は，後ほどあなた自身のマスコラボレーションのプロジェクトを生み出すにあたってのアドバイスをする際に，参加者の動機に関わるこの論点に戻ってくるつもりだ。

最後に，この節で取り上げた事例は，ヒューマンコンピュテーションが科学を民主化するという影響を及ぼしうることも示している。ギャラクシー・ズーを始

めたとき，SchawinskiとLintottが大学院生であったことを思い出そう。デジタル時代の前までは，100万の銀河を分類するプロジェクトなど，ただただ時間と費用がかかったため，潤沢な資金と忍耐力をもつ大学教授にとってしか現実的ではなかったであろう。それはもはや成り立たない。ヒューマンコンピュテーションのプロジェクトが，数多の非専門家の力を結集して，大規模単純作業型の問題を解決していくだろう。次に私が示すのは，専門性，それも当の研究者自身がもっていないかもしれないような専門性を要する問題に対しても，マスコラボレーションが適用できるということだ。

5.3　オープンコール

> オープンコールは，はっきりと特定された目標に対する新たなアイデアを募る。それは，答えを導くよりも正解を検証することが容易な問題に対して力を発揮する。

　前節で説明したヒューマンコンピュテーションの問題では，研究者たちは，十分な時間さえあれば，各々の問題をどう解くかがわかっただろう。つまり，Kevin Schawinskiは，もし無尽蔵に時間があれば，自身で100万の銀河すべてを分類できたであろう，ということだ。けれども，ときに研究者は，その困難さが規模ではなく，求められる作業そのものの本来的な難しさに由来するような問題にも出会う。過去において，こうした知的に困難な問題に直面した研究者は，おそらく同僚に助言を求めたであろう。今日では，こうした問題には，オープンコールのプロジェクトを立ち上げることでも対処することができる。「この問題をどのように解くか自分にはわからないが，誰か他の人が知っているのは間違いない」――もし今までこう考えたことがあるなら，あなたはオープンコールに適した研究課題を抱えていたのかもしれない。

　オープンコールのプロジェクトでは，問題を提示し，多くの人々から答えを募り，そしてそこから最善のものを選び出す。あなたにとって困難な問題をそのままクラウドに投げてしまうなんて，奇異に思われるかもしれない。だが，これから私は，3つの例――コンピュータサイエンス，生物学，法学から1つずつ――でもって，このアプローチがうまくいくことがあることをあなたに納得してもらおうと思う。これら3つの事例が示すのは，成功するオープンコールのプロジェクトを生み出す鍵は，答えの導出が困難でも，その当否を簡単に検証できるよ

うな形で質問を投げかけるということだ。そして、この節の最後では、こうした考えを社会調査にいかに適用するのかについて、より詳しく説明したい。

5.3.1 Netflix プライズ

Netflix プライズは、オープンコールを使って、人々がどの映画を好むかを予測する。

もっともよく知られたオープンコールのプロジェクトは、Netflix プライズであろう。Netflix は、オンラインの映画レンタル会社であり、2000 年に「シネマッチ（Cinematch）」と呼ばれる、顧客に映画を推薦するサービスを立ち上げた。たとえば、シネマッチが、あなたが「スター・ウォーズ」と「帝国の逆襲」が好きだと気づいたとしよう。すると、シネマッチは「ジェダイの帰還」を観るようあなたにすすめてくるのだ。最初のうち、シネマッチはうまく機能しなかった。だが、その後何年もの間、顧客が楽しむ映画を予測するシネマッチの能力は改善し続けた。けれども、2006 年までにシネマッチの進歩はすっかり停滞してしまったのである。Netflix の研究者たちは、その頃までに思いつくおよそすべてのことは試し尽くしていたが、同時に彼らのシステムの改善に役立つかもしれない、他のアイデアがどこかにあるはずだとも考えていた。そこで、研究者たちは、その当時としては相当急進的な解決法に行き着いたのである。それがオープンコールだった。

Netflix プライズの最終的な成功にとって決定的だったのは、オープンコールがどのようにデザインされたかであり、このデザインこそが、社会調査にオープンコールをいかに活用できるかについての重要な教訓を含んでいる。Netflix は、多くの人がオープンコールと聞いて最初に思い浮かべるような、アイデアを求める漫然としたリクエストをただ発したわけではない。そうではなく、Netflix は、明確な問題を、ごく単純な評価手続きとともに提示したのであった。つまり、Netflix は、人々に、1 億に上る映画のレイティングのセットを用いて 300 万の評価用に留保されたレイティング（ユーザーが実際につけたものの、Netflix が公表しなかったレイティング）を予測するよう挑戦を促したのだ。留保分の 300 万のレイティングを、シネマッチよりも 10％ 以上うまく予測するアルゴリズムを作った最初の人が、100 万ドルを勝ち取ることになっていた。この明確で、適用が容易な評価基準——予測されたレイティングと留保されたレイティングとの比

表 5.2　Netflix プライズのデータの概略図

	映画 1	映画 2	映画 3	...	映画 20,000
顧客 1	2	5		...	?
顧客 2		2	?	...	3
顧客 3		?	2	...	
⋮	⋮	⋮	⋮		⋮
顧客 500,000	?		2	...	1

較——が意味していたのは，Netflix プライズが，答えを生成するよりもその当否を検証することの方が容易になるように作られていたということだ。それは，シネマッチの改善という挑戦を，オープンコールに適した問題にうまく組み替えたのだった。

2006 年 10 月に，Netflix は，およそ 50 万人の顧客から集めた 1 億点の映画レイティングを収めたデータセットを公表した（このデータ公表のプライバシー上の含意については，第 6 章で考える）。Netflix のデータは，約 50 万人の顧客と 2 万点の映画から構成された巨大な行列と考えることができる。この行列の中には，1 つ星から 5 つ星までの尺度でつけられた 1 億個のレイティングが並んでいた（表 5.2）。求められたのは，この行列の中の観察データを使って，300 万個の留保分のレイティングを予測することだった。

世界中の研究者やハッカーたちが，この挑戦に引き寄せられ，2008 年時点で 3 万人以上の人たちがそれに挑んでいた（Thompson 2008）。コンテストの期間中，Netflix は，5000 以上のチームから 4 万以上の解答案を受け取った（Netflix 2009）。当然のことながら，Netflix は，これら解答案のすべてを逐一読んで理解することなどできなかった。だが，これらの解答は検証が容易であったために，すべては順調に進んだのであった。Netflix は，所定の指標を使って（使われた指標は，具体的には平均二乗誤差の平方根であった），ただコンピュータにレイティングの予測値と実際の留保分のレイティングとを比較させるだけでよかったのだから。すぐさま答えを評価できるこの能力によって，Netflix は，あらゆる人々から答えを受け取ることができた。そして，それはとても重要なことだったのである。というのも，いいアイデアは，しばしば驚くような場所からもたらされたからだ。実際，勝利を収めた解答は，映画の推薦システムの構築経験がまったくない，3 人の研究者が立ち上げたチームによって提出されたものだった（Bell, Koren, and Volinsky 2010）。

Netflix プライズの 1 つの美点は，すべての解答案が公正に評価されたという

ことだ。つまり，人々が各々予測したレイティングをアップロードした際，彼らは，自身の学歴，年齢，人種，ジェンダー，性的指向，その他自身に関するどのようなこともアップロードする必要はなかった。スタンフォードの有名な教授が予測したレイティングは，寝室にいるティーネイジャーが予測したレイティングと，まったく同じように扱われたのである。残念ながら，こういったことは，社会調査においてほとんどみられない。大半の社会調査では，評価は非常に時間がかかり，多少とも主観的になってしまうからだ。そのため，多くの研究上のアイデアは決して真剣に評価されることはなく，仮に評価の対象となるにしても，これらの評価をアイデアの作者から切り離して行うことは難しくなる。これに対して，オープンコールのプロジェクトでは，簡単で公正な評価を行えるため，他の状況では見落とされていたようなアイデアを発見することができるのである。

　たとえば，Netflix プライズのある時期に，Simon Funk なるスクリーンネームをもつ人物が，自身のブログに解答案を投稿した。その解答案は，特異値分解という，これまで他の参加者が使ったことのない線形代数のアプローチに基づくものだった。Funk のこのブログ投稿は，専門的であると同時に，奇妙なほどくだけていた。このブログ投稿は，筋のいい解答を示すものだったのであろうか，それとも単なる時間の浪費にすぎなかったのであろうか。オープンコールのプロジェクトの外では，この解答は，決して真剣な評価の対象とはならなかったであろう。結局のところ，Simon Funk は MIT の教授ではなく，当時バックパッカーとしてニュージーランドを放浪していたソフトウェア開発者にすぎなかったのだから (Piatetsky 2007)。仮に彼がこのアイデアを Netflix の技術者に電子メールで送っていたのなら，それはほぼ確実に読まれることはなかったであろう。

　幸運なことに，Netflix プライズの評価基準が明瞭で，簡単に適用できたことから，Funk が予測したレイティングは，実際に評価されることになった。そして，彼のアプローチが非常に強力であることが，すぐさま明らかになったのだ。彼は，コンペティションの第 4 位にたちまち急浮上した。これは，他のチームが同じ問題にすでに何カ月も取り組んでいたことを考えると，とてつもない結果である。最終的に，彼のアプローチのさまざまな部分は，ほぼすべての有力な競争者によって活用されることとなった (Bell, Koren, and Volinsky 2010)。

　また，Simon Funk が，彼のアプローチを秘匿しようとせず，かえってこれを説明するブログ投稿を書くことを選んだという事実は，Netflix プライズの多くの参加者が，100 万ドルの賞金にのみ動機づけられていたわけではないことを，よく物語っている。むしろ，多くの参加者は知的な挑戦を楽しみ，そして課題を

めぐって形成されたコミュニティに参加することを楽しんでいるようにも思われた（Thompson 2008）。こうした感情は、実際、多くの研究者にとって理解できるものであろう。

Netflix プライズは、オープンコールの古典的な事例だ。Netflix は、具体的な目標（映画のレイティングの予測）をともなった問いを投げかけ、多くの人から答えを募った。こうして集めた答えは、導出するよりもその当否を検証する方が容易であったため、Netflix は、これらすべてを評価することができ、最終的に最良の解答を選んだのであった。次に私があなたに示すのは、この同じアプローチを生物学と法の分野において、しかも 100 万ドルの賞金なしで、どのように活用できるかということだ。

5.3.2　フォールディット

フォールディットは、素人が楽しみながら参加できる、タンパク質フォールディングのゲームである。

Netflix プライズは、想像力が刺激される、わかりやすい事例であったが、オープンコールのプロジェクトのすべてのあり方を示すものではない。たとえば、Netflix プライズでは、有力な参加者の大半は、統計や機械学習の訓練を多年にわたって積んできた人々であった。だが、オープンコールのプロジェクトには、こうした正式の訓練をまったく受けていないような参加者も関与させることができる。それをよく示すのが、「フォールディット（Foldit）」と呼ばれるタンパク質フォールディングのゲームだ。

タンパク質フォールディングとは、アミノ酸の鎖が形作られる過程のことだ。この過程についての理解がさらに深まれば、生物学者は、薬としても利用可能な、一定の形状をもったタンパク質をデザインすることができるようになる。かなり単純化して説明すると、タンパク質には、もっともエネルギーの低い配置、つまりタンパク質の中の諸々の押し引きをうまくバランスさせるような配置へと形を変える傾向がある（図 5.7）。したがって、もし研究者が、あるタンパク質がどのような形状に折り畳まれていくのかを予測したい場合、その解決法はいたって単純なものに思われるかもしれない。可能な配置をかたっぱしから試し、それらのエネルギーを計算し、最後に当該のタンパク質は最小エネルギーの配置に折り畳まれると予測すればいいだけだ、と。残念ながら、可能な配置をかたっぱし

図 5.7 タンパク質フォールディング　"DrKjaergaard"/WikimediaCommons の厚意により画像を転載。

から試すことは，潜在的な配置が莫大にあるため，計算的に不可能だ．今日——近い将来も含め——入手可能なもっとも強力なコンピュータでもってしても，力ずくの計算ではうまくいかないだろう．そのため，生物学者たちは，最小エネルギー配置を効率的に探索するための賢いアルゴリズムをたくさん編み出してきた．だが，膨大な量の科学上そして計算上の労力にもかかわらず，これらのアルゴリズムは，依然完璧とはほど遠い状態にある．

　David Baker とワシントン大の彼の研究グループは，タンパク質フォールディングに対する計算的アプローチの開発に取り組む科学者コミュニティに属していた．あるプロジェクトにおいて，Baker たちは，ボランティアたちがコンピュータの未使用時間を提供して，タンパク質フォールディングのシミュレーションを支援できるシステムを開発した．引き換えに，ボランティアたちは，自身のコンピュータ上で展開するタンパク質フォールディングの様子をみせるスクリーンセーバを観賞することができた．これらボランティアのうちの何人かが Baker たちに知らせてきたのは，もし自分たちを計算に直接関与させてくれたら，コンピュータのパフォーマンスをさらに改善できるはずだ，ということだった．そこで始まったのが，フォールディットだ (Hand 2010)．

　フォールディットは，タンパク質フォールディングの過程を，誰でも遊べるゲームに変えてしまう．プレイヤーの側からすると，フォールディットはさながらパズルのようだ (図 5.8)．プレイヤーは，タンパク質構造の立体的なもつれを前にして，その形状を変化させるいくつかの操作——「つまむ」「くねくねさせる」「組み直す」——を実行することができる．これらの操作を実行することで，タンパク質の形状が変化し，それによってプレイヤーのスコアが上がったり下がったりしていく．ここで重要なのは，このスコアが，その時点でのタンパク質の配

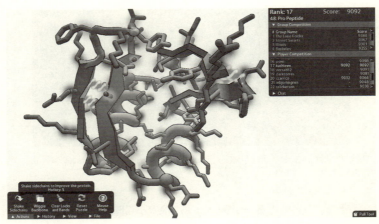

図 5.8 フォールディットのゲーム画面　フォールディットの許可を得て再掲。

置のエネルギー水準に基づいて計算される点だ。つまり，配置のエネルギーが低ければ低いほど，スコアはより高いものになる。言い換えると，プレイヤーたちはスコアに導かれて，低エネルギーの配置を探索することになる。このゲームが成立するのは，タンパク質フォールディングが，Netflix における映画のレイティングの予測とちょうど同じように，答えの導出よりも正解の検証の方が容易な状況であるからにほかならない。

　フォールディットの洗練されたデザインによって，生化学の本格的な知識がほとんどないプレイヤーでも，専門家が考案した最良のアルゴリズムと争うことができる。大半のプレイヤーは特にこの作業が得意というわけでもないが，中には例外的な個人のプレイヤーや小さなチームがわずかながら存在する。実際，フォールディットのプレイヤーと最先端のアルゴリズムとのガチンコ勝負では，プレイヤーたちが，10 個のタンパク質のうち 5 個で，より優れた解答を生み出したのであった（Cooper et al. 2010）。

　フォールディットと Netflix プライズは多くの点で異なっている。けれども，両者とも，導出よりも検証が容易な答えを求めて，オープンコールを利用している。さて，次に私たちは同じような構造を，特許法というかなり異なる別の文脈の中に見出すことになる。このオープンコールの問題の最後の例が示すのは，このアプローチが，一見定量化になじまないような状況においても利用できるということだ。

5.3.3　ピアトゥパテント

ピアトゥパテントは，特許審査官が先行技術をみつけるのを助けるオープンコールである。それは，オープンコールが，定量化になじまない問題にも活用できることを明らかにしてくれる。

特許審査官の仕事は大変だ。彼らは，新たな発明に関する無味乾燥とした，いかにも法律家的な明細書を受け取って，記載された発明が「新規（novel）」かどうかを決定しなければならない。つまり，審査官は，申請された特許を無効にしてしまうような「先行技術（prior art）」——同じ発明の，以前に別の明細書に記載されたバージョン——があるか否かを決定しなくてはならないのだ。この過程が実際にどう展開するかを理解するために，ある特許審査官の立場から考えてみよう。スイス特許局で人生をスタートさせたアルバート・アインシュタインに敬意を表して，この審査官をアルバートと名付けておく。アルバートは，たとえば「米国特許20070118658」のような申請を受け取るはずだ。「ユーザーが選択可能な管理アラートフォーマット（User-selectable management alert format）」の登録のために Hewlett Packard が出したこの申請は，Beth Noveck の本『ウィキ政府（*Wiki Government*）』（2009）において詳述されている。[7] 以下は，この申請の最初の請求項の内容だ。

> 以下より構成されるコンピュータシステム：プロセッサ；左記プロセッサにより実行されると以下を行うためにプロセッサを構成する論理命令を含んだ基本入出力システム（BIOS）：コンピューティングデバイスの基本入出力システムにおけるパワーオンセルフテスト（POST）処理の開始；ユーザーインタフェースにおける1つかそれ以上の管理アラートフォーマットの提示；左記ユーザーインタフェースからの同ユーザーインタフェースで提示された管理アラートフォーマットのうちの1つを特定する選択信号の受信；コンピューティングシステムに結合されたデバイスの特定された管理アラートフォーマットによる構成

訳注

[7] 同書においてピアトゥパテントが実際にどう機能するかを示す事例として，この特許申請が取り上げられている。コンピュータに接続されたさまざまな機器（デバイス）の管理のためのフォーマットをリスト化して表示することで，コンピュータへのリモートアクセスの効率の改善に役立つとされる。

アルバートは，この特許に 20 年間の独占権を与えるべきだろうか。それとも先行技術が存在しているのだろうか。多くの特許権の決定に絡む利害は大きいが，残念なことに，アルバートは，必要としている情報を十分にもたないままにこの決定を行わなければならないだろう。膨大な量の未処理の特許申請に追われて，アルバートは厳しい時間的制約の中で働いており，わずか 20 時間そこそこの作業に基づいて決定を行わなければならない。しかも，申請された発明を秘匿する必要から，アルバートは，外部の専門家の助言を仰ぐことも許されていないのだ（Noveck 2006）。

この状況に，法学の教授 Beth Noveck はまったくうんざりした。2005 年 7 月，Wikipedia に部分的に着想を得て，彼女は「ピアトゥパテント：控えめな提案」と題するブログ投稿を執筆し，その中で特許に対する公開のピアレビュー・システムの構築を呼びかけた。米国特許商標庁および IBM など大手技術企業との協力を経て，ピアトゥパテントは 2007 年 6 月に立ち上げられた。200 年近い歴史をもつ官僚機構と法律家集団というと，イノベーションがもっとも見出しがたい場所に思えるかもしれないが，ピアトゥパテントは，みなの利害をうまく調整する見事な仕事を行っているのである。

具体的には，ピアトゥパテントは以下のようにして機能する（図 5.9）。発明者が自分の申請をコミュニティによる評価に付すことに同意すると（なぜ発明者が同意するのかについては後で述べる），その申請はウェブサイトに投稿される。次に，申請はコミュニティの評価者によって議論され（なぜ評価者たちが参加するのかについても後で述べる），ありうる先行技術の例が見出され，注釈が付され，ウェブサイトにアップロードされていく。この議論，調査，アップロードの過程は，最終的に評価者のコミュニティが，投票によって上位 10 の先行技術と思われる技術を選ぶまで続けられる。そしてこれら技術は，審査のため特許審査官のもとに送られる。特許審査官は，その後自らの調査を行い，ピアトゥパテントからのインプットも加味して，最終的な決定を下すというわけだ。

ここで再び米国特許 20070118658 の「ユーザーが選択可能な管理アラートフォーマット」に戻ろう。この特許申請は，2007 年 6 月にピアトゥパテントにアップロードされ，そこで IBM の上級ソフトウェアエンジニアの Steve Pearson の目に触れることとなった。Pearson はこの分野に通じており，ある 1 つの先行技術を特定した。それは，「アクティブ管理技術：クイックレファレンスガイド」と題した Intel のマニュアルであり，2 年前に刊行されたものであった。この文書や他の先行技術，さらにはピアトゥパテントのコミュニティでの議論を武

図 5.9 ピアトゥパテントのワークフロー　　Bestor and Hamp（2010）より再掲。

器に，特許審査官はこのケースの徹底的な審査を開始し，最終的に，Pearson がみつけた Intel のマニュアルを 1 つの理由に，この特許申請を却下したのであった（Noveck 2009）。実際，ピアトゥパテントを経た 66 のケースのうち，30％ 近くが，ピアトゥパテントを通じて発見された先行技術を主な理由として，却下されている（Bestor and Hamp 2010）。

　ピアトゥパテントのデザインが特に洗練されている点は，多くの背反する利益をもつ人々をうまく協力させる，そのやり方だ。発明者の側からすると，特許庁がピアトゥパテントを通じた特許申請の方を，伝統的な非公開の審査過程よりも早く審査してくれるため，参加する動機が生まれることになる。評価者の側からすれば，ひどい特許が生まれるのを回避するために参加する動機があるし，多くの評価者はピアトゥパテントの過程そのものも楽しんでいるようだ。最後に，特許庁と特許審査官にとっては，このアプローチが自分たちの成果をただ改善するだけのものであるがゆえに，参加する動機をもつのである。どういうことかというと，仮にコミュニティの評価プロセスが，10 点の助けにならない先行技術しか見出さなかったとしても，特許審査官は，こうした役立たずの先行技術を単に無視すればいい。言い換えると，ピアトゥパテントと特許審査官による協働は，特許審査官単独の労働と比べて，少なくとも同等か，あるいはより優れているのである。したがって，オープンコールは常に専門家を代替するだけではない。時にそれは，専門家がよりよい仕事をするのを助けるのだ。

　ピアトゥパテントは，Netflix プライズやフォールディットと異なっているようにみえるかもしれないが，答えを導出するよりもその当否を検証する方が簡単だという点で，やはり似たような構造をもっているのである。ひとたび誰かが，「アクティブ管理技術：クイックレファレンスガイド」なるマニュアルをみつけてくれると，この文書が先行技術だと検証するのは——少なくとも特許審査官にとって——比較的たやすい。けれども，このマニュアルをみつけることは，それ

自体とても難しいのだ。また，ピアトゥパテントは，オープンコールが，一見定量化になじまないような問題に対しても活用できることを教えてくれる。

5.3.4 結論

> オープンコールによって，あなたが明確に発することはできるが，あなた自身が解くことができないような問題に対して，答えをみつけることが可能になる。

ここで説明した3つのオープンコールのプロジェクト——Netflixプライズ，フォールディット，ピアトゥパテント——のすべてにおいて，研究者は明確な形の問いを発し，答えを募り，そしてその中から最良の答えを1つ選び出した。研究者は，頼るべき最良の専門家を知る必要すらなかった。ときに優れたアイデアは思いもよらない場所からやってきた。

ここで，オープンコールのプロジェクトとヒューマンコンピュテーションのプロジェクトとの2つの重要な違いを浮き彫りにすることもできる。第1に，オープンコールのプロジェクトでは，研究者は目標（例：映画のレイティングの予測）を特定するのに対して，ヒューマンコンピュテーションでは，マイクロタスク（例：銀河の分類）を特定する。第2に，オープンコールでは，研究者たちが求めるのは最良の貢献——映画のレイティングを予測する最良のアルゴリズム，タンパク質の最低エネルギー配置，もっとも関連がある先行技術など——であって，すべての貢献の単純な足し合わせといったようなものではない。

オープンコールの一般的な枠組みとこれら3つの事例を踏まえるならば，社会調査におけるどのような問題が，このアプローチに適しているのであろうか。現時点において，うまくいった先例がまだそれほど多くないことは認めないといけないだろう（その理由については後で説明する）。直接的な適用という点では，ピアトゥパテント型のオープンコールを使って歴史の研究者が，ある特定の人物や考えに言及した最古の文書を探し出すといった状況を想像できるかもしれない。この種の問題に対するオープンコールを使ったアプローチは，潜在的に関連する文書がすべて単一のアーカイブの中にあるのではなく，広範に分散しているような場合に，特に重宝するはずだ。

より一般的に，多くの政府や企業は，オープンコールになじみやすい問題を抱えているといえる。なぜなら，オープンコールは予測に使えるアルゴリズムを生成するのであり，こうした予測は行動のための重要な指針となりうるからである

(Provost and Fawcett 2013; Kleinberg et al. 2015)。たとえば，Netflix が映画のレイティングの予測を欲したのとちょうど同じように，政府は，査察のための資源をより効率的に配分するため，どのレストランが保健条例違反をもっとも起こしやすいのかといった結果の予測を欲するかもしれない。実際，こうした問題に動機づけられ Edward Glaeser たち（2016）は，オープンコールを使って，ボストン市が「イェルプ（Yelp）[8]」のレビューと歴史的な査察データに依拠してレストランの公衆衛生違反を予測するのを支援した。彼らの推定によると，オープンコールで勝利した予測モデルは，レストランの査察官の生産性をおよそ50％も改善したという。

　オープンコールはまた，理論の比較や検証に活用することもできそうだ。たとえば「脆弱な家庭と子どもの幸福に関する研究（Fragile Families and Child Well-being Study）」では，米国の20都市に住む約5000人の子どもを誕生時から追跡調査してきた（Reichman et al. 2001）。研究者たちは，これらの子どもたちとその家族，取り巻く環境に関するデータを，誕生時，1歳，3歳，5歳，9歳，15歳の各時点において集めている。これらの子どもたちに関する情報がすべて与えられたとして，研究者たちは，たとえば誰が大学を卒業するのかといった結果を，どの程度うまく予測できるのだろうか。あるいは，一群の研究者にとってもう少し面白い形で言い換えてみると，こうした結果を予測するうえでどのデータと理論がより効果的なのだろうか。これらの子どもの誰もが現時点で大学に通う年齢に達していないので，これこそまさに前向きの（forward-looking）予測というべきであり，この予測のために研究者がとりうる戦略としてはさまざまなものが考えられよう。人生の結果を形成するうえで育った近隣地域が決定的だと考える研究者はあるアプローチをとり，家族に注目する研究者はそれとはまったく別のことをする，といった具合である。これらのアプローチのうちどれがよりうまくいくのだろうか。私たちは答えを知らない。そして答えを見出そうとする中で，私たちは，家族，近隣地域，教育，社会的不平等といった事柄に関して，何か重要なものを学ぶことになるかもしれない。さらに，こうした予測は，将来のデータ収集の指針にもなりうるかもしれない。たとえば，いずれのモデルでも大卒になるとは予測されなかった大卒者が少数いたとしよう。こうした人々は，質的なインタビューやエスノグラフィックな観察による追跡調査の理想的な候補者

訳　注
8)　米国サンフランシスコに本拠をおく Yelp, Inc. が運営するローカルビジネスの検索・レビューサイト。

となるはずだ．したがって，この種のオープンコールでは，予測すること自体は目的ではない．むしろ，予測は，さまざまな理論的な伝統を比較し，豊かにし，結びつけるための新たな方法をもたらしてくれるのである．この種のオープンコールは，もちろん，脆弱な家庭と子どもの幸福に関する研究のデータを利用して大学に行く人間を予測するといった用途にのみ限定されるわけではない．それは，時系列の社会データの中に最終的に収まる，どのような結果を予測するうえでも活用することができるのである．

この節の少し前で書いたように，これまで社会調査をする人がオープンコールを用いた例はそれほど多くない．私の考えでは，これはオープンコールが，社会科学者の典型的な問いの立て方とうまく適合していないからだ．Netflix プライズに戻ると，社会科学者は普通，嗜好の予測について問いを発したりはしない．むしろ，社会科学者が問うのは，どのように，そしてなぜ，文化的な嗜好が，異なる社会階層の人々の間で異なるのかといったことだ（たとえば，Bourdieu〔1987〕を参照）．このような「どのように」「なぜ」といった問いは，簡単に検証可能な答えにいたることはないため，オープンコールにはあまりなじんでいないように思えるかもしれない．したがって，オープンコールは，**説明**の問いではなく，**予測**の問いにこそ，よりふさわしいようにみえるだろう．けれども，最近の理論家は，社会科学者にこの説明と予測の二分法を再考するように迫っているのだ（Watts 2014）．予測と説明との境界が曖昧になるにつれて，私は，オープンコールが社会調査の中で徐々に広まっていくと考えている．

5.4 分散データ収集

マスコラボレーションはデータ収集も助けてくれるが，データの質と体系的なサンプリングのアプローチを保証するのがやっかいである．

ヒューマンコンピュテーションとオープンコールに加えて，研究者はまた分散データ収集のプロジェクトを生み出すこともできる．実際，定量的な社会科学のかなりの部分が，すでに有給のスタッフを活用した分散データ収集に依存している．たとえば，総合社会調査のデータを集めるために，会社はインタビュアーを雇って回答者から情報を集めている．だが，もし私たちがどうにかしてボランティアをデータ収集者にできるとすればどうだろう．

以下の例——鳥類学とコンピュータサイエンスからの事例——が示すように，

分散データ収集によって研究者は，これまで可能であったよりもずっと頻繁に，またずっと多くの場所でデータを集めることができるようになる。さらに，適切な手続きに従うことで，こうしたデータは，科学的な研究に十分使用可能な水準の信頼性ももつことができる。実際のところ，ある種の研究上の問いに対しては，分散データ収集は，有給のデータ収集者で現実的に実現可能などのようなことよりもはるかに優れているのだ。

5.4.1 eBird

> eBird は鳥に関するデータをバーダーたちから集める。ボランティアたちによって，どのような研究チームもかなわないようなスケールの研究が可能になる。

鳥はどこにだっている。鳥類学者は，すべての鳥がすべての瞬間どこにいるのかを知りたがっている。そのような完璧なデータセットがあるなら，鳥類学者は，自分たちの分野の多くの根本的な問いに取り組むことができるはずだ。もちろん，こうしたデータを集めるのは，個々の研究者の手には負えないだろう。鳥類学者がより豊かでより完璧なデータをほしがる一方で，「バーダー」たち（birders）——趣味でバードウォッチングに行く人々——は常に鳥を観察し，自分たちがみていることを書き留めている。これら2つのコミュニティには，長い協力の歴史がある。だが，こうした協力は，デジタル時代の中でさらなる変化を遂げた。「eBird」は，世界中のバーダーから情報を募る分散データ収集のプロジェクトであり，すでに 25 万人の参加者から 2 億 6000 万件以上もの鳥の目撃情報を集めている（Kelling, Fink, et al. 2015）。

eBird が立ち上がる前までは，バーダーによって生み出されたデータの大半は，研究者の手の届かないところにあった。

> 世界中にある何千もの押入れの中には，今日，数えきれないほどのノート，索引カード，注釈付きのチェックリスト，日記が眠っている。われわれ，野鳥観察の研究機関に関わる人間は，「わが叔父の生前の野鳥記録」について何度も聞かされるフラストレーションをよくわかっている。われわれは，それらがどれだけ価値のあるものかを知っている。悲しいかな，われわれは，それらを自分たちが活用できないこともまた知っているのだ。
>
> (Fitzpatrick et al. 2002)

これら価値あるデータを活用しないまま放置することなく，eBird は，バーダーたちがこうしたデータを，集中管理されたデジタルデータベースにアップロードすることを可能にする。eBird にアップロードされるデータは，6つのフィールドをもつ。「誰が」「どこで」「いつ」「どの種を」「何回」，そして「エフォート」の6つだ。野鳥観察をしない読者に説明すると，「エフォート」とは，観察をする際に用いる方法を指している。データの品質チェックは，データのアップロード前からすでに始まっている。めずらしい報告――非常に希少な種の報告，極端に多数の目撃情報，あるいは季節外の目撃報告など――を上げようとするバーダーにはフラグが立てられ，自動的にウェブサイトが写真などの追加的な情報の提出を要求するのだ。この追加的な情報を集めたのち，フラグがついた報告は，さらなる検討のため，何百人といるボランティアの地域の専門家の1人のもとに送られることになる。この地域の専門家による精査――当のバーダーとの追加的なやりとりの可能性も含め――を経て，フラグ付きの報告は，信頼できないとして棄却されるか，あるいは eBird のデータベースに入力されるかするわけである（Kelling et al. 2012）。このようにして選別された観察から成るデータベースは，インターネット接続がある世界では誰にでも利用可能になっており，今日まで，およそ100もの査読付き論文が，実際にこれを活用してきた（Bonney et al. 2014）。eBird は，ボランティアのバーダーたちが，本格的な鳥類学研究にとって有用なデータを集められることを，はっきりと示している。

eBird の1つの美点は，すでに行われている「仕事」――この場合はバードウォッチング――をうまく取り込んでいる点だ。この特性によって，プロジェクトは，とてつもないスケールでデータを集めることができるのである。けれども，バーダーたちが行った「仕事」は，鳥類学者たちが必要としているデータにぴったりと符合しているわけではない。たとえば，eBird では，データ収集は鳥の位置ではなく，バーダーの位置で決定される。これはたとえば，大半の観察が，道路の近くで発生する傾向があることを意味している（Kelling et al. 2012; Kelling, Fink, et al. 2015）。空間上における活動のこの不均等な分布に加えて，バーダーによる実際の観察は，常に理想的というわけではない。たとえば，バーダーたちの中には，観察したすべての種に関する情報ではなく，自分たちが面白いと考える種に関する情報だけをアップロードする者もいる。

これらのデータの質に関わる問題に対して，eBird の研究者たちは，主に2つの解決法――他の分散データ収集のプロジェクトにおいても役立つかもしれない解決法――をもっている。第1に，eBird の研究者たちは，バーダーたちが送

ってくるデータの質の向上に常に努力している。たとえば，eBird は参加者に訓練を提供したり，各参加者のデータを視覚化したりしてきた。この視覚化は，バーダーたちが，自分たちにとって一番関心がある種だけではなく，すべての種に関する情報をアップロードするように促す仕組みになっている（Wood et al. 2011; Wiggins 2011）。第 2 に，eBird の研究者たちは，統計モデルを使って，元データの雑音混じりで不均質な性質を補正しようとしている（Fink et al. 2010; Hurlbert and Liang 2012）。実際のところ，これらの統計モデルが，データからバイアスを完全に除去しているのかどうかはいまだに明らかではない。だが，鳥類学者は，補正された eBird のデータの質に十分な自信をもっており，そのため，先に述べたように，このデータは 100 近い査読付き科学論文の中で用いられてきたのである。

　鳥類学者でない多くの人は，初めて eBird のことを聞くと，きわめて懐疑的になる。私の意見では，この懐疑心の一部は，eBird についての誤った考え方に由来しているように思う。多くの人は最初，「eBird のデータは完璧だろうか」と考える。そうなると答えは，「絶対違う」だ。けれども，それは正しい問い方ではない。正しい問いは，「ある研究上の問いに対して，eBird のデータは，既存の鳥類学のデータより優れているか」だ。この問いに対しては，答えは「確かにイエス」となるだろう。その理由の 1 つは，多くの興味深い問い——たとえば大規模な季節移動に関する問いなど——に対して，分散データ収集のほかに現実的な選択肢がないことだ。

　eBird のプロジェクトが明らかにしてくれるのは，重要な科学的データの収集にボランティアを関与させることができるという点だ。だが同時に，eBird および関連のプロジェクトは，サンプリングやデータの質に関する課題が，分散データ収集のプロジェクトにとって懸案となりうることも示している。けれども，次節においてみるように，巧みな設計と技術をもってすれば，こうした懸念もある状況下では最小化できるのである。

5.4.2　フォトシティ

フォトシティは，分散データ収集におけるデータの質とサンプリングの問題を解決する。

「フリッカー（Flickr）[9]」やFacebookといったウェブサイトでは，人々が友達や家族と写真を共有できる。また，これらのサイトは，他の用途に使える巨大な写真のレポジトリも作っている。たとえば，Sameer Agarwalたち（2011）は，こうした写真を使って「ローマは1日にして成る」を実現させようとした。15万枚のローマの写真を転用（repurpose）してこの街の三次元復元を生成しようとしたのである。頻繁に撮影されるいくつかの建造物——たとえばコロッセウム（図5.10）など——については，研究者たちは部分的には成功した。けれども，大半の写真は，同じような典型的な角度から撮影されていたため，撮影されていない建物の部分が残り，復元はなかなかうまくいかなかった。つまり，写真のレポジトリからの画像だけでは，十分ではなかったのである。だが，もしボランティアを募って必要な写真を集めることで，すでにある写真を補完できるとすればどうであろうか。第1章の芸術のアナロジーに戻って考えると，もしレディメイドの画像をカスタムメイドの画像で増強できるならばどうなるか，ということだ。

的を絞った多数の画像の収集を可能にすべく，Kathleen Tuiteたちは，「フォトシティ（PhotoCity）」という写真のアップロードのゲームを開発した。フォトシティは，面倒になりがちなデータ収集の作業——写真のアップロード——を，チーム，城，旗といった要素を盛り込んだゲームのような活動へと変えた（図**5.11**）。最初それは，コーネル大とワシントン大という2つの大学の三次元復元を生成するために活用された。研究者たちは，いくつかの建造物を撮ったシードとなる写真をアップロードすることから始めた。それから，それぞれのキャンパスのプレイヤーたちは，現在の復元状態をチェックしたうえで，それを改善するような画像をアップロードすることで，ポイントを稼いだのである。たとえば，（コーネル大における）ウリス図書館の現在の復元の程度が非常にまばらだとすると，プレイヤーはこの図書館の新しい写真をアップロードすることでポイントを稼ぐことができた。このアップロードの過程にみられる2つの側面が，ここで非常に重要だ。第1に，プレイヤーが受け取るポイントの数は，写真が復元の改善に貢献した大きさに基づいていた。第2に，アップロードされる写真は，その妥当性が検証できるように，既存の復元部分と重複していなければならなかった。こうして研究者たちは，最終的に，両方のキャンパスにおける建造物の高

訳注
9) 写真・動画のアップロードと共有を目的にしたコミュニティサイト。もともとはカナダで設立されたが，2018年10月現在韓国サムソンの傘下にある。

図 5.10 「ローマは1日にして成る」プロジェクト　多数の二次元画像から得たコロッセウムの三次元復元。多数の三角印はそれぞれの写真が撮影された地点を示す。Association for Computing Machinery, Inc. の許可を得て Agarwal et al.（2011）より再掲。

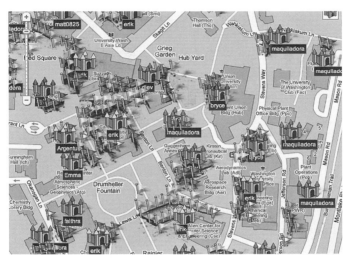

図 5.11　フォトシティ　面倒になりがちなデータ収集の作業（写真のアップロード）がゲームになった。Association for Computing Machinery, Inc. の許可を得て Tuite et al.（2011）の図 2 より再掲。

解像度三次元モデルを作ることができたのであった（図 5.12）。

　フォトシティの設計は，データの妥当化とサンプリングという，分散データ収集においてしばしば出てくる2つの問題を解決した。第1に，アップロードされた写真は既存の写真と比較することで妥当化され，さらに既存の写真はそれ以前の写真と比較されるといった具合に続いていき，最終的には研究者たちがアップロードしたシードの写真に行き着いたのである。言い換えると，この埋め込まれた冗長性によって，誰かが，偶然にせよ故意にせよ誤った建物の写真をアップ

a. ルイスホール（ワシントン大）　b. セージチャペル（コーネル大）　c. ウリス図書館（コーネル大）

図 5.12　フォトシティのゲームの成果　参加者がアップロードした写真を使って，研究者と参加者が建造物の高解像度三次元モデルを作り出した。Association for Computing Machinery, Inc. の許可を得て Tuite et al.（2011）の図 8 より再掲。

ロードすることは，非常に困難であった。この設計上の特徴が意味したのは，システムが，悪いデータから自らを守ることができたということにほかならない。第 2 に，フォトシティの採点システムによって，参加者たちは，もっとも価値のある——もっとも手軽な，ではなく——データを集めるように自然に訓練された。実際，以下に挙げるのは，プレイヤーたちが，より多くのポイントを稼ぐために——つまりは，より価値あるデータを集めるために——使ったと説明する戦略のいくつかである（Tuite et al. 2011）。

　　（私は）いくつかの写真が撮られた時間帯や採光を再現（しようとした。）そうすれば，ゲームで写真がはねられることが起こりにくくなるはずだ。とはいっても，コーナーを扱うときには曇りの日が絶対にいい。コントラストが少ないために，ゲームが，私の写真から撮影物の形状を識別しやすくなるからだ。

　　晴れた日には，私は，カメラの手振れ防止機能を使って，特定の場所を歩き回りながら写真を撮り続けた。そうすることで，足を止める必要がないまま，鮮明な写真を撮ることができた。それにおまけもあった。ジロジロみてくる人が減ったのだ！

　　5 メガピクセルのカメラで 1 つの建物の写真をたくさん撮り，その後家に戻って送信する——週末の撮影ではときにその量は 5 ギガに達した——というのが，撮影のための主な戦略だった。外付けのハードディスクのフォルダを使って，写真を，キャンパス内の場所，建物，そして建物の面ごとに整理することで，うまく階層付けられ，系統的にアップロードを行うことができた。

これらの発言が明らかにするのは，適切なフィードバックが与えられれば，参加者は，研究者が関心をもつデータの収集に熟達した，かなりの専門家になりうるということだ。

まとめると，フォトシティのプロジェクトは，サンプリングとデータの質が分散データ収集において克服不能な課題ではないことを示している。さらに，それは，分散データ収集のプロジェクトが，たとえば鳥類の観察といった，人々がすでに行っている作業に限定されないことも示している。正しい設計さえあれば，ボランティアたちにほかのことを行うよう促すこともできるのだ。

5.4.3　結　論

分散データ収集は実現可能だ。そして将来，それは技術と受動的な参加を取り込んだものとなるであろう。

eBird が明らかにするように，分散データ収集は科学的研究に使うことができる。さらに，フォトシティは，サンプリングやデータの質に関わる問題が潜在的に解決可能であることを示す。それでは，分散データ収集は社会調査においてどう機能するのであろうか。1つの例は，「マラウィジャーナルプロジェクト（Malawi Journals Project）」に関する Susan Watkins たちの業績に見出せる（Watkins and Swidler 2009; Kaler, Watkins, and Angotti 2015）。このプロジェクトでは，22名の地域住民——「ジャーナリスト」と呼ばれた——が，自分たちが日常生活の中で耳にしたエイズに関する会話を詳細に記録した「おしゃべりジャーナル（conversational journal）」を書き記した（プロジェクトが始まった当初，マラウィでは成人の約15％が HIV に感染していた〔Bello, Chipeta, and Aberle-Grasse 2006〕）。これらジャーナリストたちは，内部者としての立場のおかげで，Watkins や西洋人である彼女の研究協力者たちの耳には届かないような会話も耳にすることができたのである（この章の後で，あなた自身のマスコラボレーション・プロジェクトを設計するにあたってのアドバイスをするときに，私は，このことに関わる倫理について議論するつもりだ）。マラウィジャーナルプロジェクトで得られたデータによって，多くの重要な知見がもたらされている。たとえば，このプロジェクトが始まる前，多くの外部者は，サハラ以南アフリカではエイズに関して沈黙が支配していると信じていた。だが，おしゃべりジャーナルは，これが明らかに事実ではないことを証明したのだった。ジャーナリストは，葬式や酒場，教会

といったさまざまな場所で，何百回とこのトピックに関する議論を耳にしたのである。さらに，これらの会話の内容から，研究者たちは，コンドームの使用に対する住民の抵抗感についてよりよく理解できるようになった。公衆衛生のメッセージにおけるコンドーム使用の表現のされ方が，人々の日常生活における議論のされ方と整合的ではなかったのである（Tavory and Swidler 2009）。

　もちろん，eBird のデータと同様，マラウィジャーナルプロジェクトのデータは完璧ではない。この点については，Watkins たちも詳しく議論しているところだ。たとえば，記録された会話は，あらゆる可能な会話の無作為なサンプルではない。むしろ，それらは，エイズに関する会話の不完全な全数調査にすぎない。データの質については，研究者たちは，自分たちのジャーナリストが質の高いレポーターであると信じており，この点はジャーナル内とジャーナル間における一貫性が証明している。つまり，十分な数のジャーナリストを，十分狭い範囲に展開させ，かつ特定の話題に集中させたため，冗長性を利用したデータの質の検証と保証が可能だったのである。たとえば，「ステラ」という名のセックスワーカーは，4人の異なるジャーナリストのジャーナルの中で何度か登場している（Watkins and Swidler 2009）。あなたの直観をさらに豊かにするため，**表 5.3** に社会調査における分散データ収集のその他の例を挙げておく。

　この節で取り上げたすべての事例は，能動的な参加をともなっていた。つまり，ジャーナリストは自分たちが聞いた会話を文字に起こし，バーダーはバードウォッチングのチェックリストをアップロードし，プレイヤーは自分たちの写真をアップロードした。だが，参加が自動的で，特定の技術や時間を何ら要しないものであるとしたら，どうだろうか。これこそが，「参加型センシング（participatory sensing）」や「人間中心型センシング（people-centric sensing）[10]」といったものが約束することだ。たとえば，MIT の科学者たちのプロジェクト「穴ぼこパトロール（Pothole Patrol）」では，ボストン地区を走る7台のタクシーの内部に，GPS が備わった加速度計を搭載した（Eriksson et al. 2008）。くぼみの上を運転すると加速度計上特異な信号が生じるため，これらの装置を動き回るタクシーの中に設置することで，ボストンにおける路面のくぼみの地図を作ることができるのだ。もちろん，タクシーは無作為に道路をサンプルするわけではないが，十分な数のタクシーがあれば，十分な範囲がカバーされることになり，街のかな

訳 注

10) ともに人々が，各々携行可能なセンサー（たとえばスマートフォンに内蔵されている GPS など）を使って自律分散的にセンシングデータを集めてくる状況を指している。環境にセンサーが埋め込まれ固定化された伝統的なセンシングと対置される。

表 5.3　社会調査における分散データ収集の例

収集されたデータ	文献
マラウィでの HIV/AIDS に関する議論	Watkins and Swidler (2009); Kaler, Watkins, and Angotti (2015)
ロンドンの路上での物乞い	Purdam (2014)
コンゴ東部における紛争イベント	Windt and Humphreys (2016)
ナイジェリアとリベリアにおける経済活動	Blumenstock, Keleher, and Reisinger (2016)
インフルエンザの監視	van Noort et al. (2015)

りの部分に関する情報が得られるだろう。技術を活用した受動的システムの第2の利点は、データを提供する過程が非熟練化（de-skill）されることだ。つまり、eBird に貢献するには技術が必要であるが（なぜなら、確実に鳥の種を同定できる必要があるから）、穴ぼこパトロールに貢献するために特別な技術は何も必要ではないのである。

さらに進めると、私は、多くの分散データ収集のプロジェクトが、世界中の何十億もの人々がすでに持ち歩いている携帯電話の能力を利用し始めるだろうと考えている。これらの電話には、マイク、カメラ、GPS 装置、時計といった、測定に重要なセンサーがすでに多数搭載されている。さらに、それらはサードパーティー製のアプリもサポートしており、研究者が、背後にあるデータ収集のプロトコル[11]をある程度制御することを可能にする。最後に、これらの電話にはインターネット接続も備わっているのであり、集めたデータをその場で「降ろす（off-load）」こともできる。センサーの精度の欠如からバッテリー寿命の限界まで、技術的な難題はまだ多数存在するが、こうした問題は、技術の発達にともなってやがて消滅していくだろう。他方で、プライバシーや倫理に関わる問題は、より複雑になっていくかもしれない。倫理の問題には、あなた自身のマスコラボレーションの設計に関するアドバイスをする際に、また戻ってくるつもりだ。

分散データ収集のプロジェクトでは、ボランティアたちが、世界についてのデータを提供する。このアプローチはすでにうまく活用されてきており、今後の活用にあたっては、サンプリングやデータの質への懸念に対処する必要があるだろう。幸いなことに、フォトシティや穴ぼこパトロールといった既存のプロジェクトは、こうした問題に対する解決法を教えてくれる。今後、より多くのプロジ

訳注

11)「プロトコル」とは、コンピュータやスマートフォンなど電子機器間でデータをやりとりする際の通信上の取り決めを指す。

ェクトが，非熟練化された受動的参加を可能にする技術を利用するにつれ，分散データ収集のプロジェクトは劇的に規模を拡大させるはずだ。そして研究者たちは，過去においては踏み込めなかったようなデータをも集めることができるようになるだろう。

5.5 あなた自身のものをデザインする

マスコラボレーションのプロジェクト設計のための5つの原則。参加者を動機づけること，不均質性を利用すること，集中させること，驚きを可能にすること，そして倫理的であること。

今あなたは，マスコラボレーションがあなたの科学的な問題を解決するうえでもっている可能性に興奮していることだろう。そこで私は，それを実際にどう実現するかについて，あなたにいくつかアドバイスをしたいと思う。マスコラボレーションは，サーベイや実験といった，前の章で説明してきた手法に比べればなじみが薄いかもしれないが，だからといって，本来的に実行するのがより難しいというわけではない。あなたが今後利用できるようになる技術は，今まさに急速に発展しているため，私ができるもっとも有益なアドバイスは，ステップバイステップの指示というよりは，一般的な原則を使って表現されることになる。具体的にいうと私は，次の5つの一般的な原則が，あなたがマスコラボレーションのプロジェクトを設計するうえで助けになると考えている。参加者を動機づけること，不均質性を利用すること，集中させること，驚きを可能にすること，そして倫理的であることの5つだ。

5.5.1 参加者を動機づける

科学的なマスコラボレーションを設計するうえでの最大の難関は，意義ある科学的問題を，それを解決する意志と能力をもつ人々の集団にうまく引き合わせることだ。ときに，ギャラクシー・ズーのように，問題が先にくることがある。この場合，銀河を分類する仕事を前提に，研究者たちはこれを手伝ってくれる人々をみつけたのであった。だが，別のときには，人々が先にきて，問題がこれに続くということもある。たとえばeBirdは，人々がすでに行っている「仕事」を利用して，科学的な調査の役に立てようとするものだ。

参加者を動機づけるもっとも単純なやり方はお金だ。たとえば，マイクロタス

表 5.4　この章で紹介された主要なプロジェクトにおける参加者のありうる動機

プロジェクト	動　機
ギャラクシー・ズー	科学への貢献，楽しさ，コミュニティ
政治的マニフェストのクラウドコーディング	金銭
Netflix プライズ	金銭，知的挑戦，競争，コミュニティ
フォールディット	科学への貢献，楽しさ，競争，コミュニティ
ピアトゥパテント	社会への貢献，楽しさ，コミュニティ
eBird	科学への貢献，楽しさ
フォトシティ	楽しさ，競争，コミュニティ
マラウィジャーナルプロジェクト	金銭，科学への貢献

ク労働市場（例：Amazon Mechanical Turk）においてヒューマンコンピュテーションのプロジェクトを生み出そうとする研究者は誰でも，参加者をお金で動機づけようとする。こうした金銭的動機は，いくつかのヒューマンコンピュテーションの問題に対しては十分かもしれないが，この章で扱ったマスコラボレーションの多くの例は，お金を使わずに参加者を動機づけていた（ギャラクシー・ズー，フォールディット，ピアトゥパテント，eBird，フォトシティ）。お金の代わりに，より複雑な多くのプロジェクトが頼るのは，個人的価値と集合的価値の組み合わせだ。大雑把にいって，個人的価値は，楽しさや競争といったことから生じ（フォールディットとフォトシティ），集合的価値は，あなたの貢献がより大きな善に寄与しているとわかることで生じる（フォールディット，ギャラクシー・ズー，eBird，ピアトゥパテント）（表 5.4）。あなたが自身のプロジェクトを立ち上げるときには，何が人々を参加へと動機づけるのかについて考え，さらにこうした動機によって引き起こされる倫理的問題についても考えなければならない（倫理については，本節の後でもっと詳しく述べる）。

5.5.2　不均質性を利用する

ひとたび多くの人々を動機づけ，本格的な科学の問題に取り組んでもらうことができたとして，次にあなたは，こうした参加者が主に 2 つの点で不均質なことに気づくはずだ。つまり，参加者たちは，技術と努力水準の両面でばらばらなのである。社会調査を行う多くの人の最初の反応は，この不均質性に対して正面から戦いを挑むというものであり，彼らは，質の低い参加者を除外したうえで，残されたすべての参加者から一定量の情報を集めようとする。これは，マスコラボレーションのプロジェクトを設計する誤ったやり方だ。不均質性と戦う代わり

に，あなたはそれを利用しなければならない。

第1に，技術の低い参加者を除外しなければならない理由はない。オープンコールでは，技術の低い参加者は何も問題を起こさない。こうした参加者は誰も害しないし，彼らの評価において時間を要することもない。さらに，ヒューマンコンピュテーションや分散データ収集のプロジェクトでは，最良の品質管理は，冗長性を通して得られるのであって，参加に高いハードルを設定することを通してではない。実際のところ，よりよいアプローチは，低技術の参加者を排除するのではなく，むしろ，eBird の研究者たちが行ったように，こうした参加者によりよい貢献をしてもらえるように支援することであろう。

第2に，それぞれの参加者から一定量の情報を集めなければならない理由もない。多くのマスコラボレーションのプロジェクトへの参加は，わずかな人が多くを貢献し——ファットヘッド (fat head) と呼ばれることもある——多くの人がわずかしか貢献していない——ロングテール (long tail) と呼ばれることもある——といった具合に，信じられないくらい不均質だ (Sauermann and Franzoni 2015)。もしあなたがファットヘッドとロングテールから情報を集めないなら，あなたは大部分の情報を収集しないままにすることになる。たとえば，Wikipedia が1編集者あたりちょうど10件の編集しか認めないとしたら，およそ95％の編集が失われてしまう計算になる (Salganik and Levy 2015)。そのため，マスコラボレーションのプロジェクトにおいては，不均質性を消し去るのではなく，むしろ活用するのが最善だ。

5.5.3 集中させる

あなたが参加者を動機づける方法を見出し，さらに参加者のさまざまな関心と技術を利用することができるようになったとして，次にあなたが設計者として直面する大きな困難は，参加者の注意を，それがもっとも必要な箇所に集中させることだ。この点は，Michael Nielsen の著作『オープンサイエンス革命 (*Reinventing Discovery*)』(2012=2013) において広範に議論されているところである。ギャラクシー・ズーのようなヒューマンコンピュテーションのプロジェクトにおいては，研究者たちが参加者の作業を明白に統制しているため，集中を持続させるのがもっともたやすい。たとえば，ギャラクシー・ズーの研究者たちは，形状

訳注

12) ここでは，横軸に参加者を貢献量に従って左から降順に並べ，縦軸に各参加者の貢献量をプロットしたグラフが想定されている。グラフの横軸左端付近が「ファットヘッド」，右端方向に伸びるのが「ロングテール」である。

について合意が得られるまで，それぞれの銀河を表示し続けることができた。さらに分散データ収集では，フォトシティにおいてそうであったように，採点システムを使ってもっとも有益なインプットを提供するよう個人の注意を集中させることもできる。

5.5.4 驚きを可能にする

いまやあなたは，有意義な科学的問題に対して不均質な人々を協働させ，さらにこうした人々の注意を，それがもっとも必要な箇所に集中させることもできるようになった。となると，彼らがあなたを驚かせることができる余地もしっかり残しておかないといけない。市民科学者が，ギャラクシー・ズーで銀河にラベルをつけ，フォールディットでタンパク質を折りたたむといったことは，かなりすごいことだ。だがこうしたことは，当然ながら，これらのプロジェクトがもともと実現をめざしていたことであった。むしろ私の考えでは，一層すごいのは，これらのコミュニティが，プロジェクトの創設者でさえ想定していなかったような科学的な結果を生み出したことだ。たとえば，ギャラクシー・ズーのコミュニティは，彼らが「グリーンピース」と呼ぶ，新たなクラスの天体を発見している。

ギャラクシー・ズーの最初期において，すでに何人かの人たちが珍しい緑色の天体の存在に気づいていたが，こうした天体への関心が結晶化するのは，オランダの学校教師のHanny van Arkelが，ギャラクシー・ズーのディスカッションフォーラムに，「エンドウ豆にチャンスを (Give Peas a Chance)」という目を引くタイトルがついたスレッドを立ち上げてからのことである。2007年8月12日に始まったこのスレッドは，最初，「夕食のためにエンドウ豆を集めているの？」「それはやめてくれ（ピース・ストップ）[13]」といったジョークから始まった。だが，すぐに「ズーイティーズ (Zooites)[14]」は，自分たち独自の豆について投稿し始めたのである。時間がたつにつれ，スレッドへの投稿はより専門的かつ詳細になり，ついには次のような投稿まで出始めた。「あなたがフォローしている[OIII]輝線（「エンドウ豆」輝線，5007オングストローム）は，zの値が増えるにつれて赤色光へと変化し，$z = 0.5$あたりで赤外領域に消失，つまり不可視になってしま

訳注 ●
13) 原文「Peas stop」。「Please stop」をもじったものと思われる。
14) ギャラクシー・ズー，さらに今日ではこれを包摂する市民科学のポータルサイト「ズーニバース (Zooniverse)」に参加するボランティアたちをまとめてこう呼ぶ。

う」(Nielsen 2012=2013)。

やがてズーイティーズは，自分たちのエンドウ豆の観察を徐々に理解し，体系化するようになっていった。そしてついに，2008 年 7 月 8 日——ほぼまる 1 年後——に，イェールの天文学の大学院生でギャラクシー・ズー・チームの一員でもある Carolin Cardamone が，スレッドに参加し，「豆狩り（Pea Hunt）」の組織を手助けするようになったのである。一層熱のこもった取り組みが続き，2009 年 7 月 9 日までに，「ギャラクシー・ズーのグリーンピース：コンパクトで非常に活発な星形成銀河のクラスの発見」というタイトルの論文が，『王立天文学会月報（Monthly Notices of the Royal Astronomical Society）』に掲載されるにいたった（Cardamone et al. 2009）。だが，グリーンピースへの関心はそこで止まらなかった。その後，それは世界中の天文学者によるさらなる研究の対象になっている（Izotov, Guseva, and Thuan 2011; Chakraborti et al. 2012; Hawley 2012; Amorín et al. 2012）。そして，2016 年，ズーイティーズによる最初の投稿から 10 年弱を経て，『ネイチャー』誌に掲載された論文が，宇宙の電離における重要かつ謎めいたパターンの可能な説明要因として，グリーンピースを提示したのであった。Kevin Schawinski と Chris Lintott がオックスフォードのパブで最初にギャラクシー・ズーを議論したとき，こうしたことはまったく想像もされなかったはずだ。幸運なことに，ギャラクシー・ズーは，参加者同士が自由にコミュニケーションをとることを許容することで，こうした種類の想定外の驚きを可能にしたのである。

5.5.5　倫理的であること

倫理的たれとの訓戒は，この本で説明するあらゆる研究についてあてはまることだ。倫理をめぐるより一般的な問題——これらは第 6 章で議論する——に加えて，マスコラボレーションのプロジェクトの場合，いくつかの特別な倫理上の問題が浮上する。そして，マスコラボレーションは社会調査にとってあまりに新しいため，こうした問題ははじめ十分に明らかではないかもしれない。

すべてのマスコラボレーションのプロジェクトにおいて，報酬とクレジットをめぐる問題は複雑だ。たとえば，何千人もの人々が何年もの間 Netflix プライズに取り組んだのに，最終的に何も報酬を受け取らなかったことは，人によっては

訳注 ●
15）　宇宙誕生後数億年後に始まる「再電離（reionization）」のことを指していると思われる。それまで中性状態にあった宇宙のガス（水素）が最初の天体の誕生を経て光電離された。「宇宙の夜明け」ともいわれる。

5.5 あなた自身のものをデザインする 277

非倫理的に思えるだろう。同様に，マイクロタスク労働市場で労働者にごくわずかなお金しか払わないことを，非倫理的と考える人もいるはずだ。こうした報酬をめぐる問題に加えて，これと密接に関連したクレジットの問題もある。マスコラボレーションのすべての参加者は，最終的な科学論文の著者として認められるべきであろうか。これについては，プロジェクトごとにさまざまなアプローチがとられている。プロジェクトの中には，著者としてのクレジットをマスコラボレーションのすべてのメンバーに与えているものもある。たとえば，フォールディットの最初の論文の最後の著者は「フォールディットのプレイヤーたち」であった（Cooper et al. 2010）。ギャラクシー・ズーの関連プロジェクトでは，きわめて活動的で重要な貢献を行った者は，ときに論文の共著者として声をかけられることもある。たとえば，「ラジオ・ギャラクシー・ズー」[16]の2人の参加者，Ivan TerentevとTim Matornyは，このプロジェクトから生まれた論文の1つの共著者となった（Banfield et al. 2016; Galaxy Zoo 2016）。あるいは，プロジェクトが共著者の立場を与えずに，参加者の貢献を単に謝辞で言及するだけといったこともある。共著者に関する決定は，事例ごとに明らかに異なってくるだろう。

　オープンコールや分散データ収集では，同意とプライバシーに関する複雑な問題も起こりうる。たとえば，Netflixは，顧客の映画のレイティングをすべての人に公表した。映画のレイティングというと，センシティブな情報には思われないかもしれないが，実際にはこれらのレイティングによって，顧客の政治的な選好や性的指向など，顧客が公開に同意していないような情報が明らかになってしまう可能性がある。Netflixは，データを匿名化して，レイティングが特定の個人と結びつけられないように努めたが，Netflixのデータの公表からわずか数週間後，Arvind NarayananとVitaly Shmatikov（2008）によって（第6章を参照），データは部分的に再同定されたのであった。さらに分散データ収集では，研究者が人々に関するデータを同意なく集めてしまうことも起こりうる。たとえばマラウィジャーナルプロジェクトでは，センシティブな話題（エイズ）に関する会話が，参加者の同意なく文字に書き起こされた。これらの倫理的な問題のいずれも克服不可能なものではないが，こうした問題はプロジェクトの設計段階で検討されるべきだ。あなたの「クラウド」は人間からなっていることを，常に頭

訳注●
16) さまざまな銀河の中心に存在する超巨大ブラックホール（supermassive black hole）を特定するため，観測された電波（radio wave）の中からブラックホールより高速で放出される物質（宇宙ジェット）を探し出し，放出元の銀河と関連付けるマスコラボレーション・プロジェクト。2013年12月に運用が始まった。

に入れておこう。

5.5.6 デザインに関する最後のアドバイス

これら5つの一般的な設計原則に加えて，2点ほど別のアドバイスもしておきたい。第1に，あなたがマスコラボレーションのプロジェクトを提案するときに出会うかもしれない即座の反応は，「誰もそんなものに参加しない」というものだ。もちろん，それで正しいかもしれない。実際，参加が得られないことは，マスコラボレーションのプロジェクトが直面する最大のリスクといっていい。だがこうした反対は，通常，状況を誤った方法で考えることに由来している。多くの人は，自分自身のことから始め，次のように考えを進める。「私は忙しい。自分でそんなことをやろうとは思わないし，やろうとする人など他に誰も知らない。なので，誰もそんなことはやろうとしないのだ」と。けれども本当は，あなた自身から始めて考えるのではなく，インターネットにつながったすべての人々から始めて，考えを進めていくべきなのだ。もしこれらの人々のうち，100万人に1人しか参加しなかったとしても，あなたのプロジェクトは成功する可能性がある。だが，もし10億人に1人の人しか参加しないなら，あなたのプロジェクトはおそらく失敗に終わるだろう。私たちの直観は，100万人に1人と10億人に1人とを識別するのがそれほど得意ではないから，プロジェクトが十分な参加者を得るかどうか前もって知ることが非常に難しいことを，私たちは認識する必要があるのだ。

この点についてもう少し具体的に考えるため，ギャラクシー・ズーに再び戻るとしよう。Kevin Schawinski と Chris Lintott，2人の天文学者がオックスフォードのパブに座って，ギャラクシー・ズーについて考えているところを思い浮かべてみる。彼らは，プエルトリコ在住の2人の子をもつ専業主婦，Aida Berges が毎週何百もの銀河を分類することになろうとは，そのとき想像すらしなかった――そして想像できなかった――はずだ（Masters 2009）。あるいは，シアトルの生化学者でフォールディットを開発した David Baker についても考えてみよう。彼も次のようなことは想定できなかったはずだ。テキサス州マッキニーの Scott "Boots" Zaccanelli なる人物が，昼間はバルブ工場のバイヤーとして働きながら，夜はひたすらタンパク質を折り畳み，最終的には，フォールディット全体で第6位の順位まで登りつめることとなった。さらに，Zaccanelli がゲームを

通して送ってきた，より安定的な型のフィブロネクチンのデザインが，Bakerと彼のグループにとって非常に有望なものであったため，彼らはこれを実験室において合成することにしたのであった（Hand 2010）。もちろん，Aida BergesやScott Zaccanelliのような参加者はあまりいないだろうが，むしろそれこそがインターネットの力であるともいえる。つまり，何十億と人間がいる中では，あまりないもの（the atypical）を見出すことはよくある（typical）ことなのである。

第2に，参加に対する予測のこの困難を踏まえて，私があなたに気づいてもらいたいのは，マスコラボレーションのプロジェクトを生み出すことは危険をともなうということだ。あなたが多大な努力を投じて作り出したシステムを，誰も使いたがらないといったことが起こりうる。たとえば，Edward Castronova——仮想世界の経済学の分野を主導する研究者であり，マッカーサー財団からの助成金25万ドルで武装し，デベロッパーのチームによって支えられていた——は，2年近くかけて経済実験を行える仮想世界を構築しようとした。最終的に，Castronovaの仮想世界でプレイしたがる者は誰もいなかったため，すべての努力は水泡に帰したのであった。それは単純に，それほど面白い代物ではなかったのである（Baker 2008）。

参加に関するこの不確実性は，なかなか消せるものではない。そこで，私はあなたに，リーンスタートアップ（lean start-up）の技法を試してみることをおすすめする（Blank 2013）。つまり，カスタムソフトウェアの開発に大きな投資を行う前に，単純な試作品を既製のソフトウェアを使って構築し，実現可能性があるかどうかをみてみるのである。言い換えると，あなたが予備テストを始める際，あなたのプロジェクトは，ギャラクシー・ズーやeBirdのように洗練されたものにはみえないだろうし，そうみえてはならないということである。これら既存のプロジェクトの現在の姿は，大きなチームによる多年の努力の結果にほかならない。もしあなたのプロジェクトが失敗するなら——それは現実に十分起こりうることである——，それが早く起きるに越したことはないだろう。

訳注

17) 糖タンパク質の一種であり，細胞表面にあって細胞接着を担う。
18) 米国のシリコンバレーで発達した起業の方法論。「リーン（lean）」は「無駄のない」，「スタートアップ（start-up）」は「起業」を意味する。

5.6 結論

マスコラボレーションによって研究者は，これまで解決できなかった科学的問題を解決できるようになるだろう。

　デジタル時代には，科学研究におけるマスコラボレーションが可能になる。過去のように，少数の同僚やリサーチアシスタントとだけ協働するのではなく，私たちはいまやインターネットに接続している世界中のすべての人たちと協働できるのである。この章における例が示すように，こうした新たな形のマスコラボレーションは，すでにいくつかの重要な問題においてかなりの前進をもたらしてきた。疑い深い人は，マスコラボレーションの社会調査に対する適用可能性について疑念を抱くかもしれないが，私は楽観的だ。ごく単純に，世界にはたくさんの人がいるのであり，もし私たちの能力や活力をうまく活用できるなら，私たちは一緒に素晴らしいことができるだろう。言い換えるなら，人々の行動を観察したり（第2章），彼らに質問をしたり（第3章），実験に参加してもらったりする（第4章）ことで，人々について学べるだけではなく，私たちは，人々を研究協力者に変えてしまうことでも学ぶことができるのである。

　社会調査の目的上，私は，マスコラボレーションのプロジェクトを大づかみに次の3つのグループに分けるのが有益だと思う。

- ヒューマンコンピュテーションのプロジェクトでは，研究者は，単純なマイクロタスクに取り組む多くの人々の努力を結合して，1人の人間にはありえないくらいの大きな問題を解決しようとする。
- オープンコールのプロジェクトでは，研究者は，検証が容易な答えをもつ問題を提示し，多くの人々から答えを募って，最後に最良のものを選び出す。
- 分散データ収集のプロジェクトでは，研究者は，参加者に世界の新たな計測を行ってもらうことができる。

　社会調査を進展させるだけではなく，マスコラボレーションのプロジェクトには，民主化をもたらす潜在力もある。これらのプロジェクトは，大規模なプロジェクトを組織できる人々の範囲と，こうしたプロジェクトに貢献する人々の範囲

をともに広げてくれる。ちょうどWikipediaが，私たちが可能だと思っていたことを変えてしまったように，未来のマスコラボレーションのプロジェクトは，私たちが科学研究において可能だと考えていることを変えていくはずだ。

読書案内

What to read next

● **イントロダクション（5.1 節）**

　マスコラボレーションは，市民科学，クラウドソーシング，集合知といった領域からのアイデアをブレンドしたものだ。市民科学とは通常，科学の過程に「市民」（つまり非科学者）を関与させることを意味する。より詳しくは，Crain, Cooper, and Dickinson（2014）およびBonney et al.（2014）を参照されたい。クラウドソーシングは通常，普段組織の中で解決されるような問題を，かわりにクラウドにアウトソーシングすることを意味する。詳細については，Howe（2009=2009）を参照のこと。集合知は通常，一群の人々が，さもそれ自体知能をもっているかのごとく集合的に行為することを意味している。さらに知りたい場合は，Malone and Bernstein（2015）を読むといいだろう。Nielsen（2012=2013）は，科学的研究に対してマスコラボレーションがもつ力を教えてくれる入門書だ。

　私がここで提示した3つのカテゴリーにきれいに収まりきらない，多くの種類のマスコラボレーションがある。中でも次の3つが社会調査で役に立つ可能性があり，特に注目に値すると思う。最初の例は，予測市場（prediction markets）だ。そこでは，参加者が，現実世界で起こる事象の結果に基づいて償還される契約を購入したり交換したりする。予測市場は，しばしば企業や政府によって予測のために用いられるほか，心理学における既発表研究の再現性の予測といった目的で，社会調査を行う研究者によっても活用されてきた（Dreber et al. 2015）。予測市場について概観したい場合は，Wolfers and Zitzewitz（2004）やArrow et al.（2008）を参照するといいだろう。

　私が提示した分類法にうまく収まりきらない第2の例は，研究者たちがブログやウィキを活用しながら協働して新たな数学の定理の証明を試みたPolyMathプロジェクトだ。いくつかの点でPolyMathプロジェクトはNetflixプライズと似ているが，このプロジェクトでは，参加者はよりアクティブに他者が提示した部分的な解法を活用した。PolyMathプロジェクトについてさらに知りたいなら，Gowers and Nielsen（2009），Cranshaw and Kittur（2011），Nielsen（2012=2013），Kloumann et al.（2016）を読むといい。

　私の分類法にうまく収まらない第3の例は，米国国防高等研究計画局（DARPA）の

ネットワーク・チャレンジ（いわゆるレッドバルーン・チャレンジ[19]）のような時間依存型の（time-dependent）動員だ。これら時間依存の動員についてさらに知りたい場合は、Pickard et al.（2011）、Tang et al.（2011）、Rutherford et al.（2013）を参照するといいだろう。

● ヒューマンコンピュテーション（5.2節）

「ヒューマンコンピュテーション」という言葉は、コンピュータサイエンティストたちの仕事に由来しているため、こうした研究の背景を理解することで、ヒューマンコンピュテーションに適した問題を選び出す勘を養うことができるだろう。ある種の作業に対しては、コンピュータは信じられないほど強力で、熟達した人間さえも凌駕する力を発揮することがある。たとえば、チェスでは、コンピュータは最強の名人さえも打ち負かすことができる。だが——そしてこの点は社会科学者にはあまり理解されていないのだが——他の作業に対しては、実際のところコンピュータは人間よりもずっとひどい。言い換えると、今この時点においても、画像、動画、音声あるいはテキストの処理をともなうようなある種の作業を、あなたは、もっとも精巧なコンピュータよりもずっとうまくこなすことができるのだ。そのため、こうした「コンピュータに難しく人にやさしい」作業に取り組むコンピュータサイエンティストたちは、自分たちの計算の過程に人間を関与させられるのではないかと考えるようになった。かくして、Luis von Ahn（2005）は、彼の博士論文においてこの言葉を最初に使ったときに、ヒューマンコンピュテーションを次のように言い表したのだった。「コンピュータがいまだ解決できない問題を解決するために、人間の処理能力を活用するパラダイム」と。もっとも一般的な意味におけるヒューマンコンピュテーションを本一冊で取り扱った研究として、Law and von Ahn（2011）を参照するといい。

von Ahn（2005）で提示された定義によると、フォールディット——私はオープンコールを扱った節で説明したが——はヒューマンコンピュテーションのプロジェクトと考えられるかもしれない。けれども私は、それが特別な技術を要し（ただし必ずしも正規のトレーニングを要するわけではない）、かつ分割、適用、結合戦略を使うのではなく寄せられた最良の解答をそのまま受け入れる点で、フォールディットをオープンコールに分類することにした。

「分割、適用、結合」という言葉は、もともとWickham（2011）によって統計計算の戦略を記述するために用いられたものだが、それは多くのヒューマンコンピュテーションのプロジェクトの過程を完璧に捉えた言葉にもなっている。分割、適用、結合戦略は、

訳注

[19] 2009年12月にDARPAが4万ドルの賞金で実施したコンペティション。全米10カ所に設置した赤い気球を、迅速なコミュニケーションとコラボレーションを通して、できるだけ早く見つけ出すというもの。MITのチームが、9時間足らずですべて見つけ出し優勝した。

Googleが開発したMapReduceフレームワーク[20]と似通っている。MapReduceの詳細については，Dean and Ghemawat（2004）およびDean and Ghemawat（2008）を参照されたい。その他の分散コンピューティングのアーキテクチャについてさらに知りたい場合は，Vo and Silvia（2016）を読むとよい。Law and von Ahn（2011）の第3章では，ここで扱ったよりもさらに複雑な結合ステップをもつプロジェクトが議論されている。

　私がこの章で論じたヒューマンコンピュテーションのプロジェクトでは，参加者は何が起きているかを理解していた。だが，他のプロジェクトの中には，参加者に知られないまま，（eBirdと同様に）すでに行われている「仕事」を取り込もうとするものもある。例としては，ESPゲーム（von Ahn and Dabbish 2004）[21]やreCAPTCHA[22]（von Ahn et al. 2008）が挙げられる。また，これらのプロジェクトは，参加者たちが自分たちのデータがいかに使われていたかを知りえなかった点で，いずれも倫理的な問題を投げかけるものだ（Zittrain 2008; Lung 2012）。

　ESPゲームに触発されて，多くの研究者は，他のさまざまな問題の解決に活用できる「目的のあるゲーム（games with a purpose）」（von Ahn and Dabbish 2008）（あるいは「ヒューマンベースのコンピュテーションゲーム」〔Pe-Than, Goh, and Lee 2015〕）の開発を試みてきた。これら「目的のあるゲーム」に共通するのは，ヒューマンコンピュテーションの作業をより楽しいものへと変えようとしている点だ。そのため，ESPゲームはギャラクシー・ズーと同様の分割，適用，結合の構造をもっている一方で，参加者の動機づけ——面白さか，科学への貢献の願望か——が異なっているのである。目的のあるゲームの詳細については，von Ahn and Dabbish（2008）を読むとよい。

　ギャラクシー・ズーに関する私の記述は，Nielsen（2012=2013），Adams（2012），Clery（2011），Hand（2010）に依っている。さらにいうと，ギャラクシー・ズーの研究目的に関する私の説明はいささか単純化されていた。天文学における銀河の分類の歴史と，ギャラクシー・ズーがこの伝統をどのように引き継いでいるのかについては，Masters（2012）やMarshall, Lintott, and Fletcher（2015）を参照するといいだろう。ギャラクシー・ズーを踏まえ，研究者たちは「ギャラクシー・ズー2」も完了させている。そこでは，ボランティアたちから，6000万以上ものより複雑な形態分類が寄せられたの

訳 注

20) Googleが2004年に導入したプログラミングモデルで，巨大なデータセットに対して多数のコンピュータによる並列的な分散コンピューティングを支援する。

21) コンピュータが苦手とする画像分類を，人間に行わせるゲーム。ランダムにマッチングした2人のプレイヤーに，画像を順次提示していき，画像をうまく言い表す言葉を推量させる。コミュニケーションのない状況で2人が同じ言葉を言い当てたなら，次の画像に移る。2分半のうちに15枚の画像をラベル付けできたら成功である。「ESP」は「超感覚的知覚（Extra Sensory Perception）」を指す。

22) スキャンしたテキストなどで，コンピュータ（OCRソフト）がうまく認識できない文字を人間の力を借りて認識していくシステム。前出「ESPゲーム」同様von Ahnが開発したが，2009年9月にGoogleが技術を買い取った。今日では書籍等の電子化からボットに対するWebサイトの保護まで多方面で活用されている。

である（Masters et al. 2011）。さらに，研究者たちは，月面の探査，惑星の探索，あるいは古文書の複写といった，銀河の形態以外の問題へも手を広げてきた。これらすべてのプロジェクトは，「ズーニバース（Zooniverse）」のウェブサイト（Cox et al. 2015）に集められている。そのうちの1つ——「スナップショット・セレンゲティ[23]」——は，ギャラクシー・ズーのような画像分類のプロジェクトが，環境の研究に対しても行えることを例証するものだ（Swanson et al. 2016）。

　ヒューマンコンピュテーションのプロジェクトにマイクロタスク労働市場（たとえばAmazon Mechanical Turk）を活用することを計画している研究者にとって，Chandler, Paolacci, and Mueller（2013）と Wang, Ipeirotis, and Provost（2015）は，タスクの設計や関連する問題についてよい助言を与えてくれるはずだ。一方，Porter, Verdery, and Gaddis（2016）からは，彼らがいうところの「データ増強（data augmentation）」に対するマイクロタスク労働市場の活用に特化した事例や助言が得られるだろう。このデータ増強とデータ収集との間の区別は，いくぶん曖昧なものだ。最後に，テキストに対する教師付き学習で用いるラベルの収集と活用についての詳細は，Grimmer and Stewart（2013）を読むとよい。

　私が呼ぶところのコンピュータ支援型ヒューマンコンピュテーション・システム（たとえば，人間が作ったラベルを使って機械学習モデルを訓練するようなシステム）を作ることに興味がある研究者は，Shamir et al.（2014）（音声を用いた例）や Cheng and Bernstein（2015）に関心をもつかもしれない。また，これらのプロジェクトで使う機械学習モデルは，オープンコールによって募ることもできる。つまり，研究者たちに競わせて，最高の予測性能をもつ機械学習モデルを作ってもらうのだ。実際，ギャラクシー・ズーのチームは，こうしたオープンコールを実施し，Banerji et al.（2010）において開発されたものを凌駕する新たなアプローチを見出している。詳細については，Dieleman, Willett, and Dambre（2015）を参照されたい。

● オープンコール（5.3 節）

　オープンコールは新しいものではない。実際，もっとも知られたオープンコールの1つは，海洋上の船舶の経度の決定方法を開発した者に対して，英国議会が「経度懸賞（The Longitude Prize）」を設けた 1714 年にまでさかのぼる。この問題は，アイザック・ニュートンを含む，当時の多くの一級の科学者たちの頭を悩ませていたが，懸賞を獲得することになる解決法を最終的に提出したのは，John Harrison という地方の時計職人であった。彼は，何らかの形で天文学を用いる解法にこだわっていた科学者たちとは異なるアプローチで問題に取り組んだのだ。より詳細な情報については，Sobel（1996）を読むとよい。この例が示すように，オープンコールがうまくいくと考えられている1

訳注
[23] タンザニアのセレンゲティ国立公園に設置された 225 基のカメラで自動撮影された数百万枚の動物写真を分類するプロジェクト。

つの理由は，それが異なる視点や技術をもつ人々へのアクセスを可能にするという点だ（Boudreau and Lakhani 2013）。問題解決における多様性の価値についてさらに知りたいなら，Hong and Page（2004）や Page（2008=2009）が参考になる。

　この章でオープンコールとして取り上げた各事例については，それぞれがなぜこのカテゴリーに属するのかについて，もう少し説明しておいたほうがいいだろう。第1に，私がヒューマンコンピュテーションとオープンコールを区別する1つのやり方は，アウトプットがすべての答えの平均（ヒューマンコンピュテーション）なのか，それとも最良の答え（オープンコール）なのかという点にある。Netflix プライズは，この点でやや判断が難しい。というのも，そこでの最良の答えは，アンサンブル解とも呼ばれる，個々の答えの手の込んだ平均になっていたからだ（Bell, Koren, and Volinsky 2010; Feuerverger, He, and Khatri 2012）。けれども，Netflix の側からすると，必要だったのは，あくまで最良の答えを見出すことだけであっただろう。Netflix プライズについてさらに知りたい人は，Bennett and Lanning（2007），Thompson（2008），Bell, Koren, and Volinsky（2010），Feuerverger, He, and Khatri（2012）を読むといい。

　第2に，ヒューマンコンピュテーションの定義によっては（たとえば，von Ahn〔2005〕），フォールディットがヒューマンコンピュテーションのプロジェクトとされることもある。だが，私はこれをオープンコールに分類することにした。なぜなら，フォールディットは専門的な技術を要し（必ずしも専門的な訓練を要するわけではないが），しかも分割，適用，結合の戦略を用いることなく最良の答えを選び出すからだ。フォールディットについて詳しくは，Cooper et al.（2010），Khatib et al.（2011），Andersen et al.（2012）を参照されたい。フォールディットに関する私自身の説明は，Bohannon（2009），Hand（2010），Nielsen（2012=2013）の記述に多くを負っている。

　最後に，ピアトゥパテントを分散データ収集の例だという人もいるだろう。私がこれをオープンコールに含めたのは，ピアトゥパテントがコンテスト的な構造をもっており，もっとも優れた貢献だけが［特許審査において］活用されることになるからだ。一方，分散データ収集では，何がよい貢献で何が悪い貢献かはそれほどはっきりしていない。ピアトゥパテントについてさらに知りたいなら，Noveck（2006），Ledford（2007），Noveck（2009），Bestor and Hamp（2010）をあたってみるとよい。

　社会調査でのオープンコールの活用については，Glaeser et al.（2016）と類似の結果が，Mayer-Schönberger and Cukier（2013）の第10章で報告されている。それは，ニューヨーク市が予測モデルを使って住宅査察官の生産性を大幅に向上させることができたというものだ。ニューヨーク市ではこうした予測モデルは市の職員によって作られたが，他の状況では，オープンコールによってモデルの構築や改善がなされることも考えられるだろう（たとえば，Glaeser et al.〔2016〕）。だが，資源の配分にあたって予測モデルを使うことには1つ大きな懸念がある。それは，こうしたモデルが，すでにあるバイアスをいっそう増幅してしまう可能性をもっていることだ。多くの研究者は，「ガラクタを入れるとガラクタが出てくる」ということをよく知っている。予測モデルについては，

それが「バイアスを入れるとバイアスが出てくる」になりうるというわけだ。バイアスのある訓練データで構築された予測モデルがもつ危険性については，Barocas and Selbst（2016）と O'Neil（2016）を読むといいだろう。

行政機関をオープンコールの活用から遠ざける1つの問題は，オープンコールがデータの公表を必要としており，プライバシーの侵害に繋がりかねないという点だ。オープンコールにおけるプライバシーとデータの公表について，詳しくは Narayanan, Huey, and Felten（2016）および本書第6章の議論を参考にされたい。

予測と説明の異同に関する詳細は，Breiman（2001），Shmueli（2010），Watts（2014），Kleinberg et al.（2015）を参照。社会調査における予測の役割については，Athey（2017），Cederman and Weidmann（2017），Hofman et al.（2017），Subrahmanian and Kumar（2017），Yarkoni and Westfall（2017）を読むといい。

設計上のアドバイスも含む，生物学におけるオープンコールプロジェクトのレビューは，Saez-Rodriguez et al.（2016）が参考になる。

- **分散データ収集（5.4 節）**

eBird についての私の説明は，Bhattacharjee（2005），Robbins（2013），Sullivan et al.（2014）に多くを負っている。研究者がいかに統計モデルを使って eBird のデータを分析するのかについては，Fink et al.（2010）と Hurlbert and Liang（2012）を参考にされたい。eBird の参加者の技量の推定については，Kelling, Johnston, et al.（2015）に詳しい。鳥類学における市民科学の歴史についての詳細は，Greenwood（2007）を参照。

マラウィジャーナルプロジェクトについてさらに知りたい人は，Watkins and Swidler（2009）と Kaler, Watkins, and Angotti（2015）を読まれたい。南アフリカにおける関連のプロジェクトについては，Angotti and Sennott（2015）に詳しい。マラウィジャーナルプロジェクトのデータを活用した研究事例については，Kaler（2004）と Angotti et al.（2014）に詳しい。

- **あなた自身のものをデザインする（5.5 節）**

設計上のアドバイスをするにあたっての私のアプローチは，私がこれまでに聞いてきたマスコラボレーションのプロジェクトの成功事例と失敗事例に基づく，帰納的なものだった。これ以外にも，より一般的な社会心理学の理論をオンラインコミュニティの設計に適用することを試みる一連の研究が存在しており，マスコラボレーションのプロジェクトの設計にあたっても参考になる。たとえば，Kraut et al.（2012）を読むといい。

参加者の動機づけについては，人々がなぜマスコラボレーションのプロジェクトに参加するのかを正確に把握することは，実際のところかなり難しい（Cooper et al. 2010; Nov, Arazy, and Anderson 2011; Tuite et al. 2011; Raddick et al. 2013; Preist, Massung, and Coyle 2014）。もしあなたがマイクロタスク労働市場（たとえば，Amazon Mechanical Turk）での支払いで参加者を動機づけようと考えているなら，Kittur et al.（2013）からいくばくかのアドバイスが得られるだろう。

驚きを可能にするというテーマについては，Marshall, Lintott, and Fletcher（2015）に，ズーニバースのプロジェクトから生まれたさまざまな想定外の発見の事例を見出せる。倫理的であることについては，この点に関わる問題の一般的な入門書として，Gilbert（2015），Salehi et al.（2015），Schmidt（2013），Williamson（2016），Resnik, Elliott, and Miller（2015），Zittrain（2008）が優れている。クラウドの雇用に特に関わる法的な問題については，Felstiner（2011）が参考になる。O'Connor（2013）は，研究者と参加者との役割の境界が曖昧な状況での，研究の倫理面での監視に関する問題に取り組んでいる。市民科学のプロジェクトにおいて，参加者を保護しつつデータをいかに共有していくのかという課題については，Bowser et al.（2014）が詳しい。Purdam（2014）と Windt and Humphreys（2016）は，いずれも分散データ収集における倫理的問題について議論をしている。最後に，大半のプロジェクトは，参加者からの貢献に謝辞で言及するものの，参加者に著者としてのクレジットを与えることはない。だが，フォールディットでは，プレイヤーはしばしば著者として名前を連ねる（Cooper et al. 2010; Khatib et al. 2011）。他のオープンコールのプロジェクトでも，勝利を収めた参加者が自分たちの解決法を説明する論文を書くことがしばしばある（たとえば，Bell, Koren, and Volinsky〔2010〕や Dieleman, Willett, and Dambre〔2015〕）。

課題

Activities

難易度　　やさしい　　普通　　難しい　　とても難しい
データ収集　　要数学　　要プログラミング　　お気に入り

1. 政治的マニフェストのクラウドコーディングに関する Benoit たち（2016）の研究でもっとも素晴らしい主張の 1 つは，結果が再現可能であるというものだ。Merz, Regel, and Lewandowski（2016）から，「マニフェストコーパス（Manifesto Corpus）」を利用することができる。Amazon Mechanical Turk の労働者たちを募って，Benoit et al.（2016）の図 2 の再現を試みよう。あなたの結果はオリジナルにどこまで近かっただろうか。

2. 「インフルエンザネット（InfluenzaNet）」は，ボランティアの専門委員がインフルエンザ様疾患に関わる発生率，有病率，健康追求行動などを報告するプロジェクトだ（Tilston et al. 2010; van Noort et al. 2015）。
   a) インフルエンザネット，Google インフルエンザトレンド，そして伝統的なインフルエンザの追跡システムの三者について，設計，コスト，起こりうる誤差を比較対照してみよう。
   b) 新種のインフルエンザの大流行など不安定な状況を考えてみる。このときそれぞれのシステムにおいて起こりうる誤差を説明してみよう。

3. 『エコノミスト』は週刊のニュース雑誌だ。ヒューマンコンピュテーションのプロジェクトを立ち上げ，この雑誌の表紙に出てくる男性に対する女性の比率が，時間とともに変化してきたかどうかを調べてみよう。同誌は世界の 8 つの地域（アフリカ，アジア太平洋，ヨーロッパ，ヨーロッパ連合，ラテンアメリカ，中東，北米，英国）ごとに表紙が異なり，これら表紙のすべてを雑誌のウェブサイトからダウンロードできる。まずは 8 つの地域のうち 1 つを選び，分析を行おう。その際，あなたの分析を他の人が再現できるように，その手順を十分詳細に記述することを心がけよう。

   この問題は，クラウドソーシング企業 CrowdFlower のデータサイエンティスト Justin Tenuto の類似のプロジェクトに触発されたものだ。「タイム誌は大の野郎好き（Time Magazine Really Likes Dudes）」（http://www.crowdflower.com/blog/time-magazine-cover-data）を参考にしてほしい。

4. 前問を踏まえ，同じ分析を 8 つの地域すべてに対して行ってみよう。
   a) 地域間で何か違いはあっただろうか。
   b) あなたの分析を 8 つの地域すべてに拡張するうえで，どれだけ追加的な時間とお金がかかっただろうか。
   c) 『エコノミスト』が毎週 100 の異なる表紙で出版されているとしよう。毎週 100 の表紙に対してあなたの分析を拡張するうえで，どれだけ追加的な時間とお金がかかるかを見積もってみよう。

5. 「Kaggle[24]」などオープンコールのプロジェクトを主催しているウェブサイトはいくつかある。こうしたプロジェクトの 1 つに参加し，その特定のプロジェクトに

訳注
24) 企業などが公開で投稿した課題（予測モデルの構築など）に対し，データサイエンティストが機械学習モデルを構築してパフォーマンスを競うサイトとして始まった。2017 年 3 月に Google が取得。100 万人以上の会員数を誇る世界最大のデータサイエンティストのコミュニティである。

ついてあなたが学んだこと，そしてオープンコール一般についてあなたが学んだことをまとめてみよう。

6. 🔭 あなたの研究分野のジャーナルの最近の巻号に目を通してみよう。オープンコールのプロジェクトとしてアレンジできそうな論文は何かあるだろうか。その理由は？

7. 🔭 Purdam（2014）には，ロンドンの物乞いに対する分散データ収集の記載がある。この研究のリサーチデザインの長所と短所をまとめてみよう。

8. 🔭 冗長性は分散データ収集の質を評価する重要な方法だ。Windt and Humphreys（2016）は，コンゴ東部の住民から紛争イベントの報告を収集するシステムを開発し，テストした。まずはこの論文を読んでみよう。
   a) 彼らのシステムの設計では，冗長性はどのように担保されているだろうか。
   b) 彼らは，プロジェクトで収集されたデータを妥当化するアプローチをいくつか提示している。これらのアプローチを要約しよう。あなたにとって，どのアプローチが納得のいくものだっただろうか。
   c) 彼らのデータを妥当化する新たな方法を提案してほしい。提案では，あなたがデータに対してもつ信頼が，費用効率がよく，しかも倫理的な方法で高まるのが望ましい。

9. 🔭 Karim Lakhaniたち（2013）は，計算生物学上の問題を解決するためにオープンコールで新たなアルゴリズムを募った。彼らのもとには，600以上もの解決案が寄せられ，その中には89に上る新たな計算アプローチが含まれていた。これらの解決案のうち30は，米国国立衛生研究所の「MegaBLAST」[25]のパフォーマンスを凌駕し，最良のものにいたっては，これをはるかに上回る正確性と速度（1000倍もの速さ）を達成したのであった。

彼らの論文を読んで，同じようなオープンコールを使えそうな社会調査上の問題を提案してみよう。特にこの種のオープンコールでは，速度の向上と既存のアルゴリズムのパフォーマンスの改善が重視される。もしあなたの研究分野でこうした問題が思い浮かばないなら，なぜ思い浮かばないのかを考えてみよう。

訳注●

[25] 「BLAST」は「Basic Local Alignment Search Tool」のこと。DNAの塩基配列やタンパク質のアミノ酸配列を比較して，類似した領域を特定（これを「シーケンスアラインメント」という）するためのアルゴリズムを指す。MegaBLASTは非常に高速なBLASTとして知られる。

10. 🎚. ♥ 多くのヒューマンコンピュテーションのプロジェクトは，Amazon Mechanical Turk からの参加者によって成り立っている。Amazon Mechanical Turk に登録して労働者になり，1 時間ばかり働いてみよう。この経験は，ヒューマンコンピュテーションのプロジェクトの設計，質，倫理に対するあなたの考えにどのような影響をもたらすだろうか。

第6章 倫理

6.1 イントロダクション

　これまでの章で示したように，デジタル時代では社会データ（social data）を集めて分析する新たなチャンスが生まれるのだが，同時に，新たな倫理的課題もいくつか生じてくる。これに責任ある対応をするために必要なツールをこの章で紹介しよう。

　現在，デジタル時代の社会調査をどう行えばよいのかについて不確実性が広がっている。ここから2つの問題が生じているが，両者の注目度には大きな差がある。まず一方で，プライバシー侵害や被験者を非倫理的な実験に参加させたことで非難されている研究者がいる。これらの事例は多方面から議論されてきており，この章でも詳しく紹介していく。他方で，倫理面での不確実性が研究を萎縮させる効果をもってしまい，倫理的に問題のない重要な研究が行われなくなってもいる。この点はあまり認識されていないようだ。たとえば2014年のエボラ大流行で公衆衛生の当局者は，伝染をコントロールするために，もっとも伝染の広がった国での人々の移動に関する情報を集めたいと考えていた。携帯電話会社はこの種の情報を含む詳細な通話記録をもっていたのだが，倫理的・法的な面での懸念のため研究者はデータ分析しようにも身動きがとれなかった（Wesolowski et al. 2014; McDonald 2016）。もし，私たちが1つのコミュニティとして，研究者と一般の人々との間で共有できるような倫理面での規範と基準を確立できれば——私は可能だと思う——，デジタル時代のもつ潜在能力を，社会に対して責任ある仕方でかつ社会に利益をもたらすように利用できるだろう。

　共通の基準を確立するのに障壁となるのは，社会科学者とデータサイエンティ

ストが研究倫理について異なるアプローチをとりがちなことである。社会科学者が倫理について考えようとすると，どうしても研究倫理審査委員会（Institutional Review Board; IRB）とそれが任務として押し付けてくる規制の話になりがちだ。結局のところ，経験的社会科学者が倫理についての議論を経験するのは，IRB による官僚主義的な審査プロセスのときに限られているからである。一方，データサイエンティストには，研究倫理についての系統だった経験がほとんどない。コンピュータサイエンスや工学では普通そのような議論はなされないからだ。社会科学者のルールベースのアプローチも，データサイエンティストのアドホックなアプローチも，デジタル時代の社会調査に相応しいとはいえない。そうではなく，**原理ベースのアプローチ**を採用すれば，私たちはコミュニティとして前に進むことができると私は考えている。これは，研究者が自らの研究を既存のルール——これらは所与で，かつ従うべきものだと前提しておこう——に加えて，より一般的な倫理的原理によっても評価するというアプローチだ。原理ベースのアプローチなら，研究者は，まだルールが作られていないようなケースでも妥当な決定を行って，その論拠について科学者間で，また一般の人々に対してコミュニケートできるようになる。

　私がすすめようとしている原理ベースのアプローチは別に新しいものではなく，数十年にわたるこれまでの議論に依拠するものだ。その多くは，ベルモントレポートとメンロレポートという 2 つの画期的な報告書で具体化されている。これからみていくが，いくつかの事例について原理ベースのアプローチは明確で実行可能な解決策を提示してくれる。解決策にはいたらない場合でも，どのようなトレードオフが含まれているかを明確にし，適切なバランスをとれるようにしてくれる。さらに，このアプローチには十分な一般性があるので，研究の場（たとえば大学なのか，それとも政府，NGO，企業なのか）を問わず有益なのだ。

　この章は善意の個人研究者の助けとなるように書かれている。自分自身の研究の倫理性についてどう考えればいいのか？　それをより倫理的なものにするにはどうすればいいのか？　6.2 節で，倫理面での議論を引き起こしたデジタル時代の研究プロジェクトを 3 つ紹介する。ついで 6.3 節では，その特定事例から，倫理的な不確実性の根本的な理由だと私の考えるものを引き出す。それは，人々から同意を得ることなく，それどころか気づかれもしないまま，彼・彼女らを観察し実験対象とする能力を研究者が急速に高めているという事実だ。この能力は規範，ルール，法よりもずっと速いペースで変化している。続いて 6.4 節で，倫理について考えるための指針となる 4 つの原理——「人格の尊重」「善行」「正義」

図 6.1 研究のやり方を規制するルールは原理に由来し，その原理は倫理枠組みに由来する　この章で主張したいのは，研究者は自分の研究を現行のルールによって評価すべきであり（ここではルールを所与の従うべきものと前提しておく），同時に，より一般的な倫理的原理によっても評価すべきだということだ。「コモンルール」とは，米国における連邦政府資金の援助を受けたほとんどの研究に適用される諸規制のことである（詳しくはこの章の歴史に関する付録を参照）。4つの原理は，研究者への倫理的指針を提供するために作られた2つの有識者委員会の報告書「ベルモントレポート」と「メンロレポート」による（詳細については歴史に関する付録をみてほしい）。最後に，帰結主義と義務論は，数百年にわたって哲学者らが作り上げてきた倫理枠組みである。ごく粗っぽく2つを区別するなら，義務論は手段に注目し，帰結主義は目的に注目する。

「法と公益の尊重」——を説明する。その後6.5節では，帰結主義と義務論という2つの一般的な倫理枠組みを要約する。これらは，「倫理的に適切な目的を達成するために倫理的に問題のある手段を用いることは，どういう場合なら許されるか」という極めつきの難題に直面したとき手助けとなるだろう。4つの原理と2つの枠組み（図6.1に整理されている）によって，今の規制下で何が許されるかという問題からさらに進んで，他の研究者や一般の人々と自分の考え方についてコミュニケートすることが可能になるだろう。

以上を背景として6.6節で，デジタル時代の社会科学研究者にとって特に困難な4つの領域について論じる。すなわち，インフォームドコンセント（6.6.1節），情報リスクの理解と管理（6.6.2節），プライバシー（6.6.3節），不確実性のある状況で倫理的決定をどうやって下すか（6.6.4節）である。最後に6.7節では，倫理問題が未解決な領域で研究するときの実践的な秘訣を3つお伝えしたい。章末の歴史に関する付録で，米国における研究倫理監視の発展について，タスキーギ梅毒研究，ベルモントレポート，コモンルール，メンロレポートを中心に論じている。

6.2　3つの事例

デジタル時代の社会調査では，分別のある善意の人々の間でさえ倫理についての意見が分かれるような状況に遭遇する。

話を具体的にするため，倫理をめぐる論争を引き起こしたデジタル時代の研究例を3つ取り上げよう。これらの例を選んだのには2つの理由がある。まず，どの事例にも簡単な答えがない。分別のある善意の人々の間でも，その研究が行われるべきだったか，どうすれば改善できたかについて意見が一致しないのだ。さらに，この章で論じる原理，枠組み，未解決領域の多くがこれらの研究例に現れているのである。

6.2.1　感情の伝染

70万人のFacebook利用者を対象として，ある実験が行われた。これは利用者の感情を変化させる可能性のある実験だったが，対象者たちは同意していなかったし，研究自体も第三者による倫理的監視を受けていなかった。

2012年1月のある1週間に，およそ70万人のFacebook利用者が"感情の伝染（emotional contagion）"を研究するための実験対象とされた。ある人の感情が，交流する相手の感情にどれほど影響を受けるかを調べるものだ。この実験については第4章で扱ったが，ここでもう一度おさらいしておこう。感情伝染実験の対象者は4つのグループに分けられた。「負感情語削減（negativity-reduced）」群では，負感情語（「悲しい」など）を含む投稿がニュースフィードからランダムにブロックされる。「正感情語削減（positivity-reduced）」群では正感情語（「幸せ」など）を含む投稿がブロックされる。そして，負感情語削減群と正感情語削減群に対してそれぞれ統制群がおかれた。結果として，正感情語削減群の対象者は，統制群に比べてポジティブな言葉の使用がわずかに少なく，負感情語の使用がわずかに多いことを研究者は見出した。同様に，負感情語削減群では，ポジティブな言葉の使用がやや多く，ネガティブな言葉の使用がやや少なかった。こうして，研究者たちは感情が伝染する証拠を見出したのだ（Kramer, Guillory, and Hancock 2014）。実験デザインと結果についてより詳しくは第4章

をみてほしい。

　この論文が『米国科学アカデミー紀要（*Proceedings of the National Academy of Sciences*）』誌に掲載されると，他の研究者やマスメディアから猛烈な反発が巻き起こった。怒りの矛先は2点に向けられた。①対象者はFacebookの標準的な利用規約を超えていかなる同意も与えていない，②この研究は第三者によるいかなる実質的な倫理審査も受けていない（Grimmelmann 2015）。この論争で提起された倫理上の問題のため，同誌は，滅多にないことだが，この研究の倫理性と倫理審査プロセスについて「編集委員会からの懸念の表明（editorial expression of concern）」を素早く掲載した（Verma 2014）。続く数年にわたって，この実験は熱い議論の的になり，意見は分かれた。そしてこの実験に対する批判の意図せざる結果として，この種の研究が外からみえ難くなったかもしれない（Meyer 2014）。つまり，企業はこの種の実験を止めたのではなく，単に公にしなくなっただけともいわれているのだ。この論争が，Facebookにおける研究の倫理審査プロセス創設を後押しした可能性はある（Hernandez and Seetharaman 2016; Jackman and Kanerva 2016）。

6.2.2　嗜好，紐帯，時間

　ある研究者たちは，Facebookから学生のデータをスクレイプし，大学の記録と統合し，この統合データで研究を行い，他の研究者とデータを共有した。

　2006年分から年ごとに，大学教員とリサーチアシスタントのチームは"米国北東部にある多様性をもつ私立大学"の2009年卒業クラスに属する学生のFacebookプロフィールをスクレイプ（scrape）[1]した。研究者たちは，友人関係や文化的嗜好についての情報を含むこのFacebookデータと，それぞれの専攻とキャンパスでの居住場所情報を含む大学のデータとを統合した。この統合データは貴重なもので，実際それは，社会ネットワークがどうやって形成されるか（Wimmer and Lewis 2010），社会ネットワークと行動がどのように共進化するか（Lewis, Gonzalez, and Kaufman 2012）といったトピックについて新たな知識をもたらした。この「嗜好，紐帯，時間（Tastes, Ties, and Time）」研究の研究者は，自らこのデータを利用するだけでなく，学生のプライバシーを守るため

訳注
1) ウェブサイトから情報を（多くの場合，ソフトウェアによって自動的に）取り出すこと。

の措置をいくつか講じた後，他の研究者もそれを使えるようにした (Lewis et al. 2008)。

困ったことに，データ公開から数日で，問題の大学はハーバード大学ではないかと推測する研究者が現れた (Zimmer 2010)。「嗜好，紐帯，時間」の研究者は「研究倫理基準を遵守しなかった」として非難された (Zimmer 2010)。その理由の1つは，学生たちがインフォームドコンセントを与えていなかったことである（研究手続きそのものはすべて，ハーバード大学のIRBとFacebookの審査を経て承認されていた）。学界内での批判に加えて，「ハーバード大の研究者，学生のプライバシー侵害で非難される」(Parry 2011) といった見出しの記事が新聞にも掲載された。最終的にこのデータはインターネットから削除され，もはや他の研究者が利用することはできない。

6.2.3　アンコール

> 抑圧的な政府によってブロックされている可能性のあるウェブサイトを知らないうちに訪れるよう，研究者が人々のコンピュータに細工した。

2014年3月，ジョージア工科大学のSam BurnettとNick Feamsterは，インターネット上での検閲をリアルタイムかつグローバルに測定するシステム「アンコール（Encore）」を立ち上げた。この目的のために彼らは，次のようなちょっとしたコードをウェブページのソースファイルにインストールするようウェブサイトのオーナー達にすすめた。

```
⟨iframe src="//encore.noise.gatech.edu/task.html"
      width="0" height="0"
      style="display: none"⟩⟨/iframe⟩
```

この短いコードが仕込まれたサイトを閲覧すると，検閲の有無について研究者が監視している別のサイト（たとえば，活動を禁じられた政党のサイトなど）にブラウザが勝手にアクセスしようとする。そして，ブロックされている可能性のあるサイトにアクセスできたかどうかを，ブラウザが研究者側にレポートを送るという仕組みだ（図 **6.2**）。しかも，何が起こっているかは，ウェブページのHTMLソースファイルをチェックしない限りサイト閲覧者には気づかれないのである。

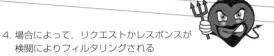

図 6.2 「アンコール」（Burnett and Feamster 2015）の実験デザイン図　元ウェブサイトには小さなコードが組み込まれている（ステップ 1）。受け手のコンピュータがウェブページを表示するとき，測定タスクも実行される（ステップ 2）。受け手のコンピュータが標的とするサイト（活動禁止されている政治的グループのサイトでもありうる）にアクセスを試みる（ステップ 3）。検閲者——たとえば政府——は標的とするサイトへのアクセスをブロックできる（ステップ 4）。最後に，受け手のコンピュータからこのアクセス要求の結果が研究者に返される（図には示していない）。Association for Computing Machinery, Inc. の許可を得て，Burnett and Feamster（2015）の図 1 より再掲。

インターネットでは，第三者によるウェブページへの表に現れないリクエストはよくあることだが（Narayanan and Zevenbergen 2015），検閲の測定のために行われるのは珍しい。

　このような仕方で検閲を測定することには，とても魅力的な技術的特徴がある。もし十分な数のウェブサイトにこの短いコードを仕込むことができたら，どのサイトが検閲されているかをアンコールはリアルタイムかつグローバルに測ることが可能になるはずだ。プロジェクトの立ち上げ前に研究者らが所属機関のIRBに相談したところ，プロジェクトの審査そのものを断られてしまった。「コモンルール（米国における連邦政府資金の援助を受けたほとんどの研究に適用される諸規制のこと。詳しくはこの章の歴史に関する付録を参照）」の想定している「人を被験者とする研究」ではないというのだ。

　アンコールが立ち上がってすぐ，プロジェクトが含む倫理問題について当時大学院生だった Ben Zevenbergen が研究者に問い合わせた。Zevenbergen が特に憂慮していたのは，もし要注意なサイトにコンピュータが勝手にアクセスしてしまうなら，ある種の国に住む人々は危険に晒される可能性があり，しかもその人々はこの研究に同意してもいないという点だった。このやりとりに基づいて

アンコールのチームは，Facebook，Twitter，YouTube に対する検閲だけを測るようにプロジェクトを修正した．これらのサイトへの第三者アクセスは普通のウェブブラウジングでもよくあることだからだ（Narayanan and Zevenbergen 2015）．

この修正後のデザインでデータを収集してから，実験方法といくつかの結果を報告した論文が SIGCOMM（コンピュータサイエンスの権威ある会議）に投稿された．プログラム検討委員会は論文の技術的貢献については認めたものの，対象者からインフォームドコンセントが得られていないことを問題視した．最終的に委員会は論文を刊行することに決めたが，倫理面での懸念を表す署名入り声明をつけた（Burnett and Feamster 2015）．署名入り声明は SIGCOMM で初めてのことだったが，これがきっかけとなり，コンピュータサイエンスの研究者の間で研究における倫理をめぐるさらなる議論が喚起された（Narayanan and Zevenbergen 2015; Jones and Feamster 2015）．

6.3 デジタルはこれまでと違う

デジタル時代の社会調査はこれまでと異なる特性を備えているので，倫理的問題も異なったものになる．

アナログ時代の社会調査はだいたい規模が限られたものだったし，それなりに明確なルールのもとで行われていた．だがデジタル時代では違う．研究者はしばしば企業や政府と協働することになり，これまでより大きな力を対象者に対してもっているのに，その力をどう使うべきかについてのルールはまだ明確になっていない．ここでいう力とは，同意を得ることなく，場合によっては気づかれることすらなく，人々に対して何ごとかをなす能力のことだ．たとえば研究者は，人々の行動を観察することができるし，実験の対象とすることもできる．観察したりかき回して変化を与える力は増大しているのに，その力をどう使うべきかに関しては曖昧なままなのである．実際のところ，研究者は整合的でもない重複したルール，法，規範に基づいて力の使い方を決めざるをえないのだ．強大な能力と曖昧なガイドラインとがあいまって，困難な事態が生じている．

研究者が手にした力の1つが，同意なく，気づかれもせず人々の行動を観察する能力だ．もちろんこれまでもそうすることは可能であったが，デジタル時代では規模が桁違いになった．それは多くのビッグデータファンたちが繰り返し熱

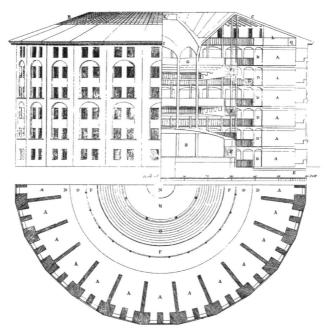

図 6.3 Bentham が最初に提案したパノプティコン監獄のデザイン図　中央にいる不可視の観察者は，監房にいる全員の行動を観察できるが自分は決して観察されない。図は Willey Reveley（1791 年）による。（出典：*The Works of Jeremy Bentham*, vol. 4/Wikimedia Commons）

心に宣伝してきた通りだ．特に，個々の学生や大学教員という規模ではなく，企業や政府——研究者がますます協働するようになってきた組織——の規模では，起こりうる倫理的問題も複雑になる．大衆監視をイメージするのに役立つメタファーが**パノプティコン**（一望監視施設）だ．これはもともとジェレミー・ベンサムが監獄の構造として提案したもので，中央の監視塔を取り巻くように監房が配置された円形の建物のことである（図 6.3）．監視塔からは，監房にいるすべての人間の行動を，自分はみられることなく観察することができる．監視塔にいる者はかくして**不可視の観察者**となる（Foucault 1995）．デジタル時代になって私たちはパノプティコン的監獄に収容されているのと同じで，テック企業や政府が私たちの行動を常に監視して記録していると警鐘を鳴らすプライバシー擁護論者もいる．

このメタファーをもう少し続けると，多くの社会科学者は，デジタル時代になれば自分たちが監視塔に陣取り，行動を観察して作ったマスターデータベースをもとに刺激的で重要な研究を何でもできると夢想しがちだ．しかしここでは，自

分が監視塔ではなく監房にいると想像してみてほしい。マスターデータベースが，非倫理的な仕方で利用されうる滅びのデータベース（ohm 2010）にみえてこないだろうか。

読者の中には，不可視の観察者がデータを責任ある仕方で利用し，それを敵対者から保護してくれるような国に住んでいる幸運な人もいるだろう。一方で，それほど幸運でない読者にとっては，大衆監視がもたらす問題はきわめて明確なものであるに違いない。しかし，前者の幸運な読者にとってさえも，大衆監視にともなう懸念材料は存在する。**予期されざる二次使用**，すなわち，たとえば広告のターゲティングのような1つの目的のために作られたデータベースが，いずれまったく別の目的のために使用されるかもしれないという問題である。予期されざる二次使用の恐ろしい例は，第二次世界大戦の最中に起きた。政府の国勢調査データが，ユダヤ人やロマなどの虐殺を容易にするために使われたのだ（Seltzer and Anderson 2008）。平時にデータを収集した統計学者たちは間違いなく善意で行ったのだろうし，市民はデータが責任ある仕方で使用されると信じていた。しかし世界が一変し，ナチ党が政権を掌握すると，データは誰も予期していなかった仕方で二次使用されることになった。端的にいって，一度マスターデータベースが作られてしまえば，誰がそれにアクセスできるようになり，それがどう使われることになるかを予想するのは難しい。実際，William Seltzer と Margo Anderson（2008）は，人口データシステムが人権侵害に関わっていたケースを 18 件報告している（表 6.1）。しかも，Seltzer と Anderson がいう通り，このリストはほぼ間違いなく実態を捉え切れていないだろう。人権侵害のほとんどは秘密裏に行われるからだ。

普通の社会科学者は，二次使用による人権侵害のようなものからはるか遠く離れたところにいる。それでもこの問題を論じておきたいのは，私たちの研究に対して人がどのように反応しうるかを理解する助けになると思うからだ。「嗜好，紐帯，時間」プロジェクトの例に戻ろう。Facebook とハーバード大学の完全で粒度が高い（granular）データを統合することで，研究者は学生の社会的・文化的生活について驚くほど豊かな見取り図を描くことができた（Lewis et al. 2008）。多くの社会科学者にとって，これはよい目的のために利用できるマスターデータベースである。しかし人によっては，非倫理的な仕方で利用されうる滅びのデータベースの始まりにみえるだろう。現実には，恐らくいずれもが真実を含んでいる。

大衆監視に加えて，研究者は，やはり企業や政府との協働によって，ランダム

表 6.1 人口データシステムが人権侵害と現実に，あるいは潜在的に関わっていた事例

場所	時期	ターゲットとされた個人・集団	データシステム	人権侵害・想定された国家の意図
オーストラリア	19世紀・20世紀初頭	アボリジニ	人口登録	強制移住，一部の虐殺
中国	1966-76	文化大革命時の"労働者の敵"階級の出身者	人口登録	強制移住，扇動された集団暴行
フランス	1940-44	ユダヤ人	人口登録，特別センサス	強制移住，虐殺
ドイツ	1933-45	ユダヤ人・ロマほか	多数	強制移住，虐殺
ハンガリー	1945-46	ドイツ国籍者・ドイツ語を母語とする者	1941年人口センサス	強制移住
オランダ	1940-44	ユダヤ人・ロマ	人口登録システム	強制移住，虐殺
ノルウェー	1845-1930	サーミ人・クヴェン人	人口センサス	エスニッククレンジング
ノルウェー	1942-44	ユダヤ人	特別センサス・提出された人口登録	虐殺
ポーランド	1939-43	ユダヤ人	主として特別センサス	虐殺
ルーマニア	1942-43	ユダヤ人・ロマ	1941年人口センサス	強制移住，虐殺
ルワンダ	1994	ツチ族	人口登録	虐殺
南アフリカ	1950-93	アフリカ人，「カラード」	1951年人口センサスと人口登録	アパルトヘイト，選挙権剥奪
米国	19世紀	ネイティブアメリカン	特別センサス・人口登録	強制移住
米国	1917	徴兵法違反の容疑者	1910年センサス	登録忌避者への捜査と訴追
米国	1941-45	日系アメリカ人	1940年センサス	強制移住と抑留
米国	2001-08	テロリストと疑われた者	国立教育統計センターサーベイと登録データ	国内・国際テロリストの捜査と訴追
米国	2003	アラブ系アメリカ人	2000年センサス	不明
ソ連	1919-39	マイノリティ	各種の人口センサス	強制移住，他の重罪に対する懲罰

(注) この表は Seltzer and Anderson (2008) が作成したものからの抜粋である．それぞれのケースの詳細と記載条件については同論文を参照．いくつかのケースは予期されざる二次使用を含んでいる．

化統制実験を行うためますます人々の生活に介入することができるようになってきている．たとえば「感情伝染」の事例では，同意を得ることも，気づかれることもなく70万人が実験に組み入れられた．第4章で述べたように，実験へのこのような秘密裏の組み入れは珍しいことではないし，大企業の協力も必要としない．実際，第4章ではそれを自分でやる方法を伝授したわけだ．

能力が増大するのにともない，研究者は**整合的でなく重複する**ルール，法，規範に従わなくてはならなくなる．整合的でなくなる理由の1つは，デジタル時代ではその能力がルール，法，規範よりも速いテンポで変化することだ．たとえば，「コモンルール（米国における政府資金の援助を受けたほとんどの研究を管理する諸規制）」は1981年以来ほとんど変わっていなかったが，それを現代化する作

業には5年半もの時間がかかった（Jaschik 2017）。2つ目の理由は，プライバシーのような抽象概念をめぐる規範はそれ自体なお研究者，政策立案者，運動家たちの間で議論の的になっていることである。この領域の専門家たちが合意に達することができないなら，実証研究をする研究者や対象者たちが合意できるとも期待できないだろう。最後に，デジタル時代の研究は異なる文脈にまたがって行われるようになっていることも，理由の1つだ。これは，規範とルールが互いに重複しうるという問題に繋がる。たとえば「感情伝染」の研究はFacebookのデータサイエンティストとコーネル大学の教員・大学院生たちとの協働だった。当時のFacebookでは，自社のサービス規約に則っている限り，第三者の監視を受けることなく大規模な実験を実施するのは普通のことだった。コーネル大学での規範とルールはまったく違っていた。事実上すべての実験はコーネル大学のIRBによる審査を受けなければならなかったのだ。となると，「感情伝染」プロジェクトはFacebookとコーネル大学どちらのルールで行われるべきか？ ルール，法，規範が互いに整合的でなく重複しているとき，善意の研究者にとっても，どれが正しいやり方かわからなくなりうる。それどころか，非整合性のために，正しいやり方が1つも存在しないかもしれないのだ。

　全体的にみて，調査能力が向上する一方，その能力をどう使うべきかに関する合意が存在しないため，デジタル時代の研究者はしばらくのあいだ倫理的な課題に直面し続けることになるだろう。幸いなことに，この難問に対処するのに一から始める必要はない。これまでに発展してきた倫理的原理と枠組みに学ぶことができるからだ。次の2つの節でこのテーマを論じよう。

6.4　4つの原理

倫理上の不確実性に直面した研究者の指針となる4つの原理とは，「人格の尊重」「善行」「正義」，そして「法と公益の尊重」である。

　研究者が直面する倫理上の問題は，デジタル時代になって従来とは少し異なったものになったが，それでも，これまでの倫理的考察は役に立つ。とりわけ，2つの報告書——ベルモントレポート（Belmont Report 1979）とメンロレポート（Dittrich, Kenneally, and others 2011）——で表明されている原理は，倫理上の問題を考える助けになると思う。詳細は歴史についての付録で論じているが，この2つの報告書は，さまざまな関係者から意見を聴取しつつ何年にもわたって専門

家が行った討議の成果である。

まず1974年に，研究者による倫理上の失態——たとえば悪名高い「タスキーギ梅毒研究」では，4万人ものアフリカ系アメリカ人が実際に研究者によって欺かれ，ほぼ40年もの間安全で効果的な治療を受けることができなかった（歴史についての付録をみてほしい）——を受けて米国議会は，人を対象とする研究倫理ガイドラインを策定するための委員会を設置した。ベルモント会議場での4年に及ぶ会合の末，委員会はベルモントレポートを提出した。厚さは薄いが非常に大きな影響を与えた文書だ。人を対象とした研究についてIRBが遵守するよう求めてくる一連の諸規制がコモンルールだが，その知的基礎となったのがこの報告書である（Porter and Koski 2008）。

そして2010年，コンピュータセキュリティ研究者の倫理的失態と，デジタル時代にベルモントレポートの思想を適用することの難しさを受けて，米国政府——特に国土安全保障省——は，情報・コミュニケーションテクノロジー（ICT）に関わる研究の指針となる倫理的枠組みを策定するため有識者委員会を組織した。その成果がメンロレポートである（Dittrich, Kenneally, and others 2011）。

この2つの報告書から，研究に関わる倫理的問題を考えるための指針となる4つの原理を引き出せる。**人格の尊重，善行，正義，そして法と公益の尊重**である。これらの原理をいつでも簡単に適用できるとは限らないし，バランスをとるのも容易ではない。それでもこれらの原理があれば，トレードオフ関係をはっきりさせ，調査デザインを改善し，研究者が自分の考え方を同僚や社会に向けて説明できるようになるのだ。

6.4.1　人格の尊重

人格の尊重とは，人を自律的な存在として扱い，その希望に応えることである。

ベルモントレポートによれば，「人格の尊重（Respect for Persons）」原理は2つの要素からなる。すなわち①個人は自律的な存在として扱われるべきであり，②自律性の弱っている個人には特別な保護が与えられるべきである。自律性とは，簡単にいえば，人が自分の人生を自分でコントロールすることを指す。つまりこの原理が求めているのは，研究者は本人の同意なくその人に何かを行ってはならないということだ。重要なのは，たとえ生じる結果が無害なものだと，ある

いは対象者の利益になるとさえ研究者が思っていたとしても，この原則に変わりはないということである。「人格の尊重」原理によれば，決めるのは研究者でなく対象者だということになる。

　実践上，この原理は，研究者は可能であれば対象者からインフォームドコンセントをとるべきだということを意味すると解釈されてきた。インフォームドコンセントの基礎にある考え方は，対象者は関連する情報を理解可能な形で提示されてから，自発的に参加に同意すべしというものだ。今のこの説明に含まれているすべての要素は，さらなる議論と学問的研究の対象とされてきた（Manson and O'Neill 2007）。インフォームドコンセントについては 6.6.1 節であらためて論じよう。

　この章の冒頭で挙げた事例にこの原理を適用してみれば，何が憂慮の対象となっていたかがはっきりする。それぞれのケースで，研究者は対象者に何ごとかを行っていた——対象者のデータを利用する（「嗜好，紐帯，時間」），測定作業のために対象者のコンピュータを使う（「アンコール」），実験に組み込む（「感情伝染」）——のだが，対象者は同意を与えておらず，あるいは気づいてさえいなかった。この原理に反したからといって，自動的にこれらの研究が倫理的に許容しがたいものになるわけではない。それはあくまで 4 つのうちの 1 つの原理にすぎないからだ。しかし，人格の尊重という面から考えれば，これらの研究を倫理面で改善する方法がみえてくる。たとえば，研究者は事前か事後かに対象者から同意を得ることもできたはずなのだ。この点にはインフォームドコンセントについて扱う 6.6.1 節でもう一度立ち返ろう。

6.4.2　善　　行

　善行は，研究におけるリスクと便益のあり方について理解し，改善していくこと，さらに最善のバランスを決定することに関わる。

　ベルモントレポートによれば，善行（Beneficence）の原理は研究者が対象者に対して負う義務に関わり，次の 2 つの部分からなる。①害を与えてはならない，②可能な便益を最大化し，起こりうる害を最小化せよ。レポートでは「害を与えるな」という考えの起源を医療倫理におけるヒポクラテス的伝統までさかのぼっているが，強い意味で表現すればそれは，研究者が「誰かを傷つけることは，それによって仮に他の誰かが便益を得ようとも，あってはならない」（Belmont

Report 1979）ということになろう．とはいえ同レポートは，何が便益になるかを知ろうとすることには，誰かをリスクに晒す可能性がともなうことも認めている．となると，「害を与えるな」という義務は，対象について知るべしとする義務と両立しない場合がありえる．これにより研究者はときとして，「ありうるリスクにもかかわらずある種の便益を追求することが，いつ正当化可能で，逆にリスクを理由として便益を断念すべきなのはいつなのか」（Belmont Report 1979）という困難な決定を下さなければならなくなる．

　実践上，善行の原理は研究者が2つの別個のプロセスを踏まえることを意味すると解釈されてきた．すなわち，リスク・便益分析と，両者の妥当な倫理的バランスの決定である．前者は，それぞれの領域における専門知識を必要とする，主として技術的な問題といっていい．しかし後者のような主として倫理に関わる問題については，専門知識はそれほど役に立たず，むしろ有害でさえありうる．

　リスク・便益分析は，研究がもたらすリスクと便益を理解することと，それを改善することの双方に関わっている．リスクの分析は，害をもたらす出来事の確率とその深刻さという2つの要素を含んでいなければならない．リスク・便益分析の結果を受けて，研究者は研究デザインを調整し，有害な出来事の確率を低下させ（たとえば，害を被りやすい対象者を除外するなど），仮に起きてしまった場合の深刻さを低下させる（たとえば，希望する対象者がカウンセリングを受けられるようにするなど）ことができるだろう．さらに，研究者はリスク・便益分析の間，対象者だけでなく，対象となっていない人々や社会システムに対する研究の影響を常に念頭においておく必要が出てくる．たとえば，第4章で扱った，Wikipedia編集者に報賞がもたらす影響に関するRestivo and van de Rijt (2012)の実験を考えてみよう．この実験ではまず，ふさわしい働きをしているとみなされた少数の編集者に報賞が与えられた．その後，報賞を受けた編集者たちのWikipediaへの貢献と，同じくらいふさわしい働きをしていたが報賞は与えられなかった編集者たち（統制群）の貢献とが追跡され，比較されたのだった．もし少数にだけ報賞を与えるのではなく，Wikipedia中に山ほどばらまいていたらどうだっただろうか？　この実験デザインが個人に害を与えることはないかもしれないが，Wikipediaの報賞エコシステムを崩壊させうる．つまり，リスク・便益分析をするとき，対象者だけでなく，より広く世界に対して研究が与える影響についても考えるべきなのだ．

　次に，リスクが最小化され便益が最大化されたら，研究者はそれが望ましいバランスになっているかを評価しなくてはならない．倫理学者は，単にコストと便

益を足し合わせることをすすめない。それは特に，たとえ便益がどのようなものであっても，研究自体を許容し難いものにするようなリスクがありえるからだ（たとえば，歴史についての付録で触れる「タスキーギ梅毒研究」を参照）。おおむね技術的なリスク・便益分析と異なり，この2つ目のステップはきわめて倫理的なものなので，特定領域に関する専門知識をもたない人々によっても深められうる。実際のところ，アウトサイダーはしばしばインサイダーとは異なる面に気づくので，米国のIRBは少なくとも1名の非研究者を含んでいなければならないとされている。IRBに関わった個人的な経験からしても，集団思考を防ぐのにアウトサイダーは有効だ。もし自分の研究プロジェクトで妥当なリスク・便益分析ができているかどうか自信がなかったら，同僚に尋ねるだけですまさず，非研究者にも相談してみよう。驚くような答えが返ってくるかもしれない。

　今取り上げている3つの事例に善行の原理を適用してみれば，リスクと便益のバランスを改善するための示唆がえられる。たとえば「感情伝染」の場合なら，18歳以下の若者や，処置に対して好ましくない反応をすると特に予想されるような対象者を除外できたはずだ。より効率的な（第4章で詳しく紹介したような）統計モデルを使うことで，対象者の数を最低限に抑えることも可能だっただろう。加えて，対象者をモニターし，害を被っていそうな人を援助することもできたはずだ。「嗜好，紐帯，時間」の場合は，データ公開時にさらなる予防措置を講ずることもできただろう（ただ，実験手続きはハーバード大学のIRBから承認されており，当時の慣行に即したものであった）。データ公開に関しては，後に情報リスクについて解説するとき（6.6.2節），より具体的な提案を述べよう。そして「アンコール」なら，このプロジェクトのために発生させられるアクセス要求のうちリスキーなものの数を最小限にし，抑圧的な政府による危険にもっとも瀕している対象者を除外することができただろう。これらのデザイン変更はプロジェクトにトレードオフを持ち込むことになるだろうし，私はここですべてこのように変更すべきだったといいたいわけではない。善行の原理を適用するとどのような選択肢がみえてくるかを示したかったのだ。

　最後に，デジタル時代では一般にリスクと便益の重み付けがより複雑になるが，研究のもたらす便益を増大させることは実際やりやすくなる。とりわけ，デジタル時代のツールがあれば，研究をよりオープンで再現可能なものとすることはきわめて容易になるのだ。たとえば，研究データとコードを他の研究者にも使えるようにし，オープンアクセス出版によって普通の人々が論文を読めるようにできる。研究をオープンで再現可能なものへと変えてゆくことは決して簡単な作

業ではないが，参加者をさらなるリスクに晒すことなく便益だけを高める手段になるのである（データ共有だけは例外なので，これについては情報リスクに関する6.6.2節で詳しく論じよう）。

6.4.3 正　　義

正義は，研究のリスクと便益の公平な配分を確保することに関わる。

　正義（Justice）の原理は，研究がもたらす負担と便益の配分に関わるとベルモントレポートは論じている。つまり，社会のあるグループだけが研究のコストを引き受け，別のグループがその便益を享受するということがあってはならないということだ。たとえば19世紀と20世紀初頭では，医療試験の被験者はほぼ貧困者である一方，改善された医療の恩恵を被るのは主として裕福な人々であった。

　実際には，正義の原理は当初，脆弱な人々は研究者から保護されるべきだという意味に解釈された。弱者を意図的に利用してはならないということだ。過去においては，多くの倫理的に問題のある研究がきわめて脆弱な人々を対象としていたのが1つの困ったパターンであった。たとえば，低い教育しか受けず市民権を剝奪された人々（Jones 1993），受刑者（Spitz 2005），施設に収容された精神障害のある子ども（Robinson and Unruh 2008），高齢で衰弱した入院患者（Arras 2008）などが対象とされてきたのである。

　しかし1990年頃を境に，正義の捉え方は**保護からアクセス**へと移行し始めた（Mastroianni and Kahn 2001）。たとえば，子ども，女性，エスニックマイノリティも，臨床試験から得られる知識の恩恵を受けられるように研究対象として含まれるべきだと運動家たちは主張している（Epstein 2009）。

　保護とアクセスの問題に加え，正義の原理は，対象者への適切な補償に関わる問題も提起するとしばしば解釈されている。この問題は医療倫理における熱い議論のテーマになっている（Dickert and Grady 2008）。

　正義の原理を3つの事例にあてはめてみることで，また別の見方も得られる。3つの研究では，対象者は誰も金銭的な補償を受けていなかった。この原理についてもっとも複雑な問題を提起するのが「アンコール」だ。善行の原理からすれば，抑圧的な政府の国に住む対象者を除外すべきだということになるかもしれないが，正義の原理からすると，むしろ実験に参加して，インターネットにお

ける検閲の正確な測定から利益を得るべきだと議論することも可能だろう。「嗜好，紐帯，時間」では，一群の学生だけが研究の負担を負い，全体としての社会だけが便益を得るという問題がある。最後に，「感情伝染」の場合だと，研究上の負担を課された対象者は，研究結果から便益をもっとも得そうな母集団（つまりFacebookの利用者）から抽出されたランダムサンプルなので，この実験デザインは正義の原理によく即したものであった。

6.4.4 法と公益の尊重

「法と公益の尊重」は善行の原理を拡張し，特定の対象者だけでなくすべての利害関係者を含むものとする。

　研究の指針となる4つ目の，そして最後の原理は「法と公益の尊重（Respect for Law and Public Interest）」だ。これはメンロレポートに由来するものなので，社会科学研究者にはあまりなじみがないかもしれない。メンロレポートによれば，この原理は善行の原理にも暗黙のうちに含まれているものだが，それ自体としても独立して考慮すべきものである。とりわけ，善行の原理が対象者に焦点を絞るのに対し，法と公益の尊重はもっと広い視野をとり，法を考慮に入れることを明確に要請するのだ。

　メンロレポートでは，法と公益の尊重には2つの異なる要素が含まれている。①法令遵守（compliance）と，②透明性を基礎とした説明責任である。**法令遵守**とは，関係する法令，契約，サービス規約などを確認し，それに従うことである。たとえばウェブサイトの内容をスクレイピングしようとするなら，そのサイトの利用規約同意書を読んで検討しなければならないということだ。ただ，利用規約に違反してもかまわない場合があるかもしれない。法と公益の尊重は4つある原理の1つにすぎないことを思い出そう。たとえば，ある時期，VerizonとAT&Tはともに利用者が同社を批判できないようにする利用規約を定めていた（Vaccaro et al. 2015）。そんな利用規約同意書に研究者が自動的に縛られるべきでないというつもりはない。理想的には，規約に反したことをするなら，研究者はその決定について，透明性を基礎とした説明責任が指示する通りオープンに説明すべきだろう（たとえばSoeller et al.〔2016〕をみよ）。しかしこの公開性によって法的リスクも上昇する。たとえば米国では，「コンピュータ詐欺および悪用に関する法律（the Computer Fraud and Abuse Act）」によって，利用規約同意書

に違反することは違法とされるのだ（Sandvig and Karahalios 2016; Krafft, Macy, and Pentland 2017）。以上の簡単な説明からもわかるように，倫理的な考慮に法令遵守も含めると問題は複雑になりうる。

　法と公益の尊重からは，法令遵守に加えて，**透明性を基礎とした説明責任**も導かれる。研究者は研究のすべての段階においてその目標，手法，結果について明確に認識し，自らの行為について責任を負わなければならないということだ。別の角度からいえば，研究者コミュニティが隠れてことを行わないようにするという意味である。同時に，透明性を基礎とした説明責任は，倫理的な議論において一般の人々がより広い役割を果たすことを可能にする。これは倫理的理由・実践的理由の双方からして重要なことだ。

　法と公益の尊重原理を3つの研究事例に適用してみると，問題が法に関わるときに生じる複雑さがよくわかる。たとえばGrimmelmann（2015）によると，「感情伝染」実験はメリーランド州なら違法とされた可能性がある。特にメリーランド州下院法案917（2002年可決）は，資金源を問わず，州内で行われるすべての研究にコモンルールによる保護が適用されるものとした（多くの専門家は，米国政府から研究資金を得ていない組織であるFacebookで行われた「感情伝染」実験は，連邦法におけるコモンルールの適用を受けないと考えている）。一方で，そもそもメリーランド州下院法案917が憲法違反だとする研究者もいる（Grimmelmann 2015: 237-38）。現場の社会科学研究者は裁判官ではないので，50州すべての法の合憲性を理解して見極める能力をもってはいない。国際プロジェクトではこの類いの複雑さに拍車がかかる。たとえば「アンコール」の参加者は170カ国にわたり，法令遵守はきわめて困難になる。曖昧な法的環境にある研究者は，法的条件についての助言を受けるため，また研究が意図せずして違法なものとなってしまったときの個人的な保護のため，第三者による審査を受けることが有益だろう。

　一方で，3つの研究では成果を学術雑誌で刊行しており，透明性を基礎とした説明責任を果たしている。実際，「感情伝染」の結果はオープンアクセス形式で出版されたので，研究者コミュニティだけでなくより広く一般の人々も（事後的にではあるが）実験のデザインと結果について情報を得ることができた。透明性を基礎とした説明責任を手早くざっと評価する1つの方法は，「自分の研究手順について地元の新聞第1面に書かれてもかまわないか」と自問してみることだ。もし答えが「それは困る」なら，デザインを変更する必要があるかもしれないというサインだ。

　まとめると，ベルモントレポートとメンロレポートの提案する4つの原理（人

格の尊重,善行,正義,法と公益の尊重)は,研究を評価するのに利用できる。実際の研究にこれを適用することはいつも簡単とは限らないし,バランスをとるのが難しい場合もありえる。たとえば「感情伝染」実験で対象者をデブリーフするか[2]どうかの決定について考えると,人格の尊重原理によればデブリーフすべきとなり,善行原理だと(もしデブリーフィングそれ自体が害となるなら)すべきでないとなる。競合する原理のバランスを自動的にとる方法は存在しないが,4つの原理によって,トレードオフ関係が明確になり,研究デザインの改善策が示唆され,研究者が自分たちの考え方について互いにまた社会に向けて説明することができるようになるのである。

6.5　2つの倫理枠組み

研究倫理をめぐるおおかたの議論は,要するに帰結主義と義務論との間の対立である。

人格の尊重,善行,正義,法と公益の尊重という4つの原理はそれ自体,より抽象的な2つの倫理枠組み (ethical frameworks)——**帰結主義** (consequentialism) と**義務論** (deontology)——に由来している。この枠組みを理解すれば,研究倫理をめぐるもっとも根本的な緊張関係の1つについて知り,論理的に考えることが可能となる。それは,倫理にかなった目的のために,倫理に反しうる手段を用いてよいかという問題である。

ベンサムとジョン・スチュアート・ミルに源流をもつ帰結主義は,世界のよりよい状態へと繋がる行為を行うかどうかに注目する (Sinnott-Armstrong 2014)。リスクと便益のバランスに注目する善行の原理は,帰結主義的な思考に根ざしているといっていい。これとは異なり,イマヌエル・カントを源流とする義務論は,帰結とは切り離された倫理的な義務に注目する (Alexander and Moore 2015)。参加者の自律性に注目する人格の尊重原理は義務論的思考に深く根ざしたものである。両者の相違をごく粗くまとめるなら,義務論者は**手段**に,帰結主義者は**目的**に焦点をおくということだ。

2つの倫理枠組みがどう働くのかをみるため,インフォームドコンセントについて考えよう。いずれの枠組みでもインフォームドコンセントは支持されるが,

---

訳注

2)「デブリーフ (debrief)」については,後の 6.6.1 節に説明がある。

その理由は異なっている。帰結主義者の議論によれば，リスクと予期される便益とのバランスを適切にとっていない研究を禁止することで，インフォームドコンセントは対象者への害を防ぐということになる。言い換えれば，帰結主義がインフォームドコンセントを支持するのは，それが対象者にもたらされる悪い帰結を防ぐからだ。一方で，義務論的な議論は対象者の自律性を尊重する研究者の義務に集中する。2つのアプローチを並べてみると，純粋な帰結主義者はリスクのない状況ならインフォームドコンセントの要請を無効とみなすかもしれないが，純粋な義務論者はそうはしないだろう。

いずれの立場も重要な倫理的洞察を与えてくれるが，極端に考えてしまうと馬鹿げたことになりうる。帰結主義についていえば，1つの例は**臓器移植**だ。臓器不全で死にかけている5人の患者と，その5人を救える臓器をもつ健康な1人の患者を診ている医者がいるとしよう。帰結主義からすると，一定の条件が揃えば医師は1人の健康な患者を殺して臓器を取り出してかまわないし，むしろそうすべきでさえある。しかし，目的のみに注視して手段をまったく顧みないこの論理は誤っている。

同様に，義務論も極端まで突き詰めると厄介なことになる。1つの例は次の**時限爆弾**だ。数百万人を殺す時限爆弾のありかを知っているテロリストを捕らえた警官がいるとしよう。義務論にのみ従う警官は，爆弾のありかをいわせるためであってもテロリストを嘘で騙すことはしない。目的を完全に無視して手段にのみ関心を向けるこの論理もやはり誤っている。

現実的には，ほとんどの社会科学研究者は2つの倫理枠組みがブレンドされた考え方を採用している。倫理的な論争の多くは帰結主義と義務論とにそれぞれ強く傾いた人々の間で闘わされがちだが，2つの倫理枠組みのブレンドという観点に立てば，なぜこの論争が大して進展しないのかがみえてくる。帰結主義者は目的についての議論を示してくれるが，手段を気にする義務論者にはあまり響かない。同じく，義務論者が展開する手段についての議論は，目的に関心をもつ帰結主義者には説得力がない。両者の論争は暗闇ですれ違う2隻の船のようだ。

この対立の1つの解決策は，首尾一貫した，道徳的に信頼できる，そして容易に応用可能なブレンドを研究者が作り上げることだろう。ただ残念ながら実現は難しそうだ。哲学者たちも同じ課題に長年取り組んできているのだ。とはいえ，2つの倫理枠組みとそれが含む4つの原理を使って，倫理的な難問について考え，トレードオフを明確にして，研究デザインの改善策を提案することは可能である。

6.6 特に難しい領域

4つの原理（人格の尊重，善行，正義，法と公益の尊重）と2つの倫理枠組み（帰結主義と義務論）は，直面する研究倫理上の問題について考えるための手引きとなってくれるだろう。とはいえ，この章の前半で触れたデジタル時代における研究の特徴と，ここまで考察してきた倫理的論争をもとに考えてみると，特有の難しさをもつ4つの領域に思い当たる。すなわち，インフォームドコンセント，情報リスクの理解と管理，プライバシー，不確実性下での意思決定である。以下の節でそれぞれについて詳しく解説し，対処の仕方をアドバイスしよう。

6.6.1 インフォームドコンセント

> 「研究では何らかの形で同意を得る」というルールに研究者は従うべきだし，従えるはずだし，実際従っている。

インフォームドコンセントは研究倫理の礎となる考えだ。それは強迫観念に近いという人さえいる（Emanuel, Wendler, and Grady 2000; Manson and O'Neill 2007）。研究倫理のもっとも単純なバージョンはこうだ――「すべてにインフォームドコンセントを」。しかしこの単純なバージョンは，現行の倫理的原理，倫理規制，研究慣行と整合的ではない。これに代えてもう少し複雑なルール，すなわち「研究の大部分について何らかの同意を」に従うべきで，それは可能であり，実際従われている。

まず，インフォームドコンセントの単純すぎる捉え方を乗り越えるために，雇用差別をテーマとしたフィールド実験について話しておきたい。この研究では，異なる属性（たとえば男性と女性）をもった人が応募者を装ってさまざまな職に応募する。もしあるタイプの応募者が他より採用されやすかったら，採用プロセスに差別があるかもしれないと結論づけることができる。この章の目的からしてもっとも重要なのは，この実験の対象者（雇い主）は決して実験に同意していないという点だ。むしろ，雇い主たちは積極的に欺かれている。それでも，雇用差別をテーマとするフィールド実験は17カ国で117件も行われている（Riach and Rich 2002; Rich 2014）。

フィールド実験を使って雇用差別を調査している研究者は，それを全体とし

ては倫理的に許容可能なものとする次のような4つの特性があると考えている。①雇い主への害は限定的である，②信頼できる方法で差別を測定することには多大な社会的便益がある，③差別を測定する他の方法は信頼性が低い，④雇い主を欺くことは，この状況で想定される規範に著しく反しているわけではない（Riach and Rich 2004）。この条件はいずれも重大なものなので，どれが欠けても，倫理的な正当化は難しくなるだろう。4条件のうち3つは，ベルモントレポートの倫理的原理から導くことができる。限定的な害は「人格の尊重」と「善行」から，多大な便益と他の方法の弱さは「善行」と「正義」からである。文脈が要請する規範に反していないことは，メンロレポートの「法と公益の尊重」から導けるだろう。言い換えると，職への応募は，何らかの欺きが行われる可能性があるとすでに予期されているような状況なのである。だから，この実験がまったく汚れのない倫理的状況を汚染したというわけではないのだ。

以上のような原理ベースの議論に加え，何十ものIRBは，これらの研究で同意を得ていないことは既存のルール，とりわけコモンルールの§46.116, part (d) に反しないと結論づけている。そして米国の裁判所も，差別を測定するフィールド実験で対象者から同意を得ずに欺くことを支持している（No.81-3029, 第七巡回区控訴裁判所）。このように，同意を得ていないフィールド実験は，現行の倫理的原理にも（少なくとも米国の）ルールにも反していない。この考え方は，広く社会科学研究者コミュニティでも，多くのIRBでも，米国の控訴裁判所でも認められているのだ。つまり，「すべてにインフォームドコンセントを」のような単純なルールは棄てるべきである。これは研究者が従っているルールでも，従うべきルールでもない。

「すべてにインフォームドコンセントを」を乗り越えたとしても，難しい問いは残っている。どのような研究で，どのような同意を得る必要があるのか？ 当然ながら，この問いをめぐってかなりの論争が闘わされてきた。ただそのほとんどは，アナログ時代の医学研究の文脈においてである。論争を要約してNir Eyal（2012）はこう書いている。

> 介入がリスキーなものであるほど，影響の大きい"人生の決定的な選択"であるほど，価値に関わる賛否両論なものであるほど，介入が直接影響するのが身体のプライベートな部分であるほど，医療従事者が矛盾を感じていて指導されていないほど，はっきりとしたインフォームドコンセントが必要になる。そうでない場合，明確なインフォームドコンセントも，いや，どんな

形の同意でも必要性は低下する。このとき，高いコストはその低い必要性をあっさりと凌駕するからである。［引用文内での引用は削除した］

　この議論から得るべき教訓は，インフォームドコンセントは1か0かではなく，強い同意と弱い同意とがあるということだ。明確なインフォームドコンセントがどうしても必要な状況もあれば，ゆるやかな同意の方が適切なこともある。以下では，研究者がインフォームドコンセントをとるのに苦労する3つの理由を説明し，いくつかのオプションを紹介しよう。

　まず，インフォームドコンセントを求めることが，対象者の負うリスクを上昇させる場合がある。たとえば「アンコール」でいえば，抑圧的政府のもとで暮らしている人々に，インターネットにおける検閲測定のためそのコンピュータを使用してもいいか同意を求めたら，同意した人々のリスクを高めてしまう。同意がリスク上昇に繋がるようなケースでは，研究方法に関する情報を公開し，対象者が離脱できるようにしておくのは1つの手だ。対象者を代表するグループ（たとえばNGOなど）から同意を得てもいい。

　次に，研究開始前に完全なインフォームドコンセントをとってしまうと，研究の科学的価値が損なわれてしまう場合がありうる。たとえば「感情伝染」実験でいえば，それが感情に関する実験だと対象者が知ってしまうと，行動もまた変わってしまう可能性がある。対象者に情報を知らせずにおいたり，さらには欺いたりすることは，社会調査，とりわけ心理学のラボ実験では珍しくない。事前にインフォームドコンセントが得られない場合，実験終了後に対象者をデブリーフ（debrief）することができるし，通常はそうしている。デブリーフィングには通常，実験で実際には何が行われたかを説明し，生じた害を修復し，事後的に同意を得ることが含まれる。ただ，デブリーフィング自体が対象者に害を与える可能性があるとき，フィールド実験でそれを行うのが適切かどうかについては議論がある（Finn and Jakobsson 2007）。

　3点目として，研究から影響を受けるすべての人からインフォームドコンセントを得るのが実際上は非現実的となるような場合がある。たとえば，ビットコインのブロックチェーン（ビットコインは暗号通貨であり，ブロックチェーンとはすべてのビットコイン取引の公開された記録である〔Narayanan et al. 2016=2016〕）を調べたい研究者がいるとしよう。残念ながら，ビットコイン利用者は基本的に匿名なので，すべての利用者から同意を得るのは不可能だ。この場合，利用者のサンプルにコンタクトをとりインフォームドコンセントを求めてもいいだろう。

以上の3つ（リスクの増大，研究目標の毀損，実際上の制約）だけが，インフォームドコンセントをとることが難しくなる理由ではない。また示唆した解決策（研究について人々に告知する，離脱を認める，第三者から同意を得る，デブリーフする，対象者のサンプルから同意を得る）がすべてのケースで可能とも限らない。さらに，たとえこの代替案が可能であったとしても，その研究にとって十分ではないかもしれない。これらの事例が示しているのは，インフォームドコンセントは0か1かの問題ではないということ，つまり，すべての関係者から完全なインフォームドコンセントを得ることができないタイプの研究でも，倫理面でのバランスを改善することは工夫次第で可能になるということである。

まとめておこう。「すべてにインフォームドコンセントを」という単純なルールではなく，「ほとんどの事柄について何らかの同意を」というもう少し複雑なルールに研究者は従うべきだし，それは可能であり，実際にそうされている。原理との関係でいえば，インフォームドコンセントは人格の尊重原理にとって必要でも十分でもない（Humphreys 2015: 102）。さらに，人格の尊重は研究倫理においてバランスをとられるべき原理の1つにすぎない。善行，正義，法と公益の尊重という他の原理より自動的に上位に来るべきではないのだ。これは過去40年にわたって倫理学者たちが繰り返し指摘してきた点である（Gillon 2015: 112-13）。倫理枠組みの観点からいえば，「すべてにインフォームドコンセントを」はあまりに義務論的な立場であり，**時限爆弾**の事例（6.5節）と同じことになってしまう。

最後に，実践上の問題として，もしいかなる同意も得ずに研究を進めようとしているなら，グレイゾーンに入り込んでいると自覚すべきだ。注意した方がいい。雇用差別の実験を同意なしで行うために組み立てられた倫理的議論を振り返っておこう。あれと同じくらい確固とした正当化が用意できているだろうか？インフォームドコンセントは普通の人々が考える研究倫理の中心を占めている。もしそれ抜きでやるなら，説明を求められる可能性が高いと覚悟しておかなければならない。

6.6.2　情報リスクの理解と管理

社会調査にともなうリスクでもっとも一般的なのが情報リスクだ。そのレベルは急速に高まっているが，それは理解するのがもっとも困難なリスクでもある。

デジタル時代の社会調査が直面する倫理的難問の2つ目は，**情報リスク**，すなわち情報の開示によって生じる損害の可能性である（National Research Council 2014）。個人情報が公になることに由来する情報損害は経済的なもの（たとえば職を失う），社会的なもの（たとえば当惑），心理的なもの（たとえば抑鬱），場合によっては犯罪に関わるもの（たとえば違法行為による逮捕）までありうる。困ったことに，デジタル時代になって情報リスクは桁違いに高まった。私たちの行動に関する情報が溢れているのだ。アナログ時代の社会調査で問題とされていたリスク（身体に関わるリスクなど）と比べて，情報リスクについて理解し管理することはきわめて難しいことがわかっている。

研究者が情報リスクを低減する1つの方法が，データの「匿名化」である。「匿名化」とは，氏名，住所，電話番号のように個人を容易に特定できる情報をデータから取り除くプロセスを指す。残念ながら，このアプローチは多くの人が思っているよりだいぶ効果が薄く，実際のところ，根本的な点で限定されたものである。それゆえ，ここでは「匿名化」とあえて括弧付きで表記して，このプロセスは見かけと違って実は本当の匿名性をもたらさないということに注意を促しておく。

「匿名化」の失敗がよくわかるのが，1990年代後半にマサチューセッツ州で起きた事例だ（Sweeney 2002）。団体保険委員会（GIC）は州政府雇用者の健康保険購入を担当する部署だ。この業務のためGICは，数千名の雇用者について詳細な健康記録を収集した。研究促進のため，GICはこの記録を研究者に公開することにしたが，すべてのデータを共有するのではなく，氏名や住所といった情報を取り除いてデータを「匿名化」した。ただ，研究者にとって便利であるように，人口学的情報（郵便番号，生年月日，エスニシティ，性別）と医療情報（通院データ，診断，処置）を残したのである（Ohm 2010）（図 **6.4** も参照）。残念ながら，このような「匿名化」ではデータ保護に十分でなかった。

GICによる「匿名化」の不十分さを示すため，Latanya Sweeney（当時はMITの大学院生）は20ドル払って，マサチューセッツ州知事William Weldのホームタウンであるケンブリッジ市から投票記録を手に入れた。投票記録には氏名，住所，郵便番号，生年月日，性別といった情報が含まれている。医療データと投票データに共通する項目（郵便番号，生年月日，性別）があるということは，Sweeneyは両者をリンクすることができるということだ。彼女はWeldの誕生日が1945年7月31日だと知っていたが，同市の投票記録に含まれる人で同じ日に産まれたのはたった6名だった。さらに，6名のうち男性は3名で，しかも，そのう

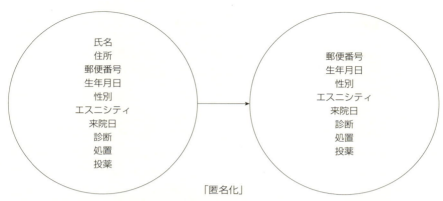

図 6.4　個人をはっきり特定できる情報を取り除くプロセスとしての「匿名化」　たとえば，州政府雇用者の医療保険記録を公開するにあたって，マサチューセッツ州の団体保険委員会（GIC）は氏名と住所をファイルから削除した。「匿名化」のように括弧付きにしているのは，見かけと違って実際には本当の匿名化ではないからである。

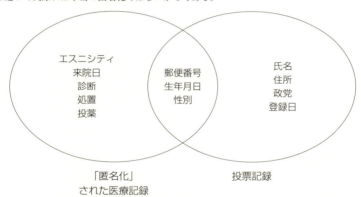

図 6.5　「匿名化」されたデータの再識別　Latanya Sweeney は「匿名化」された医療記録と投票記録を統合し，William Weld 知事の医療記録を特定した。Sweeney（2002）の図 1 より。

ち Weld と同じ郵便番号なのはたった 1 名だけであった。こうして，投票記録によって，医療記録に載っている人のうち Weld と同じ生年月日，性別，郵便番号であるのは Weld 本人しかいないことがわかった。要するに，これら 3 つの情報はデータにおいて彼を指す**固有の指紋**になっているのだ。以上をもとに，Sweeney は Weld の医療記録を特定することができた。彼女は自分の妙技の結果を知らせるため，Weld に本人の医療記録コピーを送った（Ohm 2010）。

　Sweeney のやったことは，コンピュータセキュリティ業界で**再識別攻撃**（reidentification attack）と呼ばれているものの基本構造を示している。2つのデータセットが，それぞれはセンシティブな情報を含んでいなくても，いったん互いにリンクされると，センシティブな情報が開示されてしまうのだ。

Sweeneyの事例や他の関連する研究を受けて，「匿名化」の過程では以前よりもかなり多くの情報——いわゆる「個人識別情報（personally identifying information; PII）のすべて——を取り除くようになっている（Narayanan and Shmatikov 2010）。さらに今では，ある種のデータ（医療記録，財務記録，違法行為に関するサーベイ調査への回答など）は「匿名化」を施してもなお公開するにはセンシティブ過ぎると多くの研究者は考えている。しかし，これから紹介していく事例は，研究者が考え方を変える必要性を示してくれる。最初のステップとして，あらゆるデータは潜在的には個人を識別可能であり，潜在的にはセンシティブだと前提しておくのがいいだろう。言い換えれば，情報リスクの問題は一部のプロジェクトにだけ生じるとみるのではなく，程度の差はあれ，すべてのプロジェクトで起こりうる問題だと想定しておくべきなのだ。

考え方を変えることの意味を知るには，Netflix プライズの事例がいい。第5章で紹介したように，Netflix は会員50万人による映画レイティングデータ1億件を公開し，映画のおすすめ機能を改善してくれるアルゴリズムを世界中から募集した。データ公開にあたって Netflix は，氏名のような明らかな個人識別情報はすべて削除した。のみならず，さらにもう一歩進めて，データの一部に多少の改変を加えた（レイティングを4つ星から3つ星に変更するなど）。それでも，これらの処理にもかかわらず，データは決して匿名になっていなかったことを Netflix はすぐに思い知らされることになる。

データ公開からちょうど2週間後，Arvind Narayanan と Vitaly Shmatikov (2008) は，特定個人の映画の好みを知ることが可能であると示した。この再識別攻撃の方法は Sweeney のものと似ている。つまり，潜在的にセンシティブな情報を含むが明らかに個人を特定する情報はもたない情報ソースと，個人情報を含む情報ソースとを統合したのである。単体でみるなら安全なデータも，組み合わされると情報リスクを発生させうる。Netflix の事例でそれがどう起こったかを説明しよう。たとえば，私が同僚にアクション映画とコメディ映画に関する自分の好みを教えたが，宗教的な映画と政治的な映画についての好みは教えなかったとする。その同僚は，映画の好みについて私が伝えた情報を使って Netflix データから私の記録を見つけ出すことができる。その情報は，William Weld の事例でいえば生年月日，郵便番号，性別のような，固有の指紋となりうるのだ。も

しデータに固有の指紋を見出せれば，教えずにおいたタイプの映画を含むあらゆる映画についての私の好みも知ることができてしまうのだ。このように特定個人に絞った**標的型攻撃**（targeted attack）に加え，NarayananとShmatikovは，多くの人々を含む**広範型攻撃**（broad attack）も可能であることを明らかにした。Netflixデータと，インターネット・ムービー・データベース（IMDb）に投稿された個人情報と映画レイティングについてのデータとを統合するのである。きわめて単純な話で，誰かの固有の指紋となるような情報はどんなものでも——映画レイティングのような情報でさえ——，それを使って個人を識別することができるのである。

　Netflixデータでは標的型攻撃でも広範型攻撃でも個人の再識別が可能だったわけだが，それでもリスクは低いようにみえるかもしれない。映画レイティングはさほどセンシティブな情報とも思えないからだ。一般論としてはそうかもしれない。しかし，データセットに含まれる50万人の中には，映画レイティングがきわめてセンシティブな情報となるような人が含まれている。実際，個人の再識別を受けて，性的指向を公にしていないレズビアンの女性がNetflixへの集団訴訟に加わった。訴えの中で問題はこのように表現されている（Singel 2009）。

> 映画とそのレイティングに関するデータは……高度に個人的かつセンシティブな情報を含む。会員の映画データには，セクシュアリティ，精神疾患，アルコール依存症からの回復，近親姦虐待・身体的虐待・家庭内暴力・不倫・レイプの被害など，Netflix会員の個人的関心かつ／あるいは高度に個人的な問題に対する取り組みについての情報が含まれる。

Netflixプライズデータにおける再識別で明らかになったのは，あらゆるデータから潜在的には個人を識別可能であり，それは潜在的にセンシティブな情報を含むということである。ここまで読み進めてきて，問題は人間に関するデータに限った話だろうと読者は思っているかもしれないが，驚くべきことに，実はそうではない。情報公開法（Freedom of Information Law）による求めに応じて，ニューヨーク市政府は，2013年の同市における乗車，降車の時間，場所，料金を含むタクシー運行歴データを公開した（第2章で紹介した，Farber〔2015〕が似たようなデータを使って労働経済学の重要な理論をテストした事例を思い出そう）。タクシーの運行に関するデータは，個人についての情報を含まないと思われるので，特に問題ないようにみえるかもしれない。しかしAnthony Tockarは，このタクシー

データが実際には人間に関する多くの潜在的にセンシティブな情報を含んでいると見抜いた。まず彼は，ハスラークラブ（ニューヨークにある大きなストリップクラブ）で深夜12時から朝の6時までの間に乗車した記録を探し，その降車地点を確認した。これは本質的には，ハスラークラブに出入りしている人々の住所一覧を手にしたのと同じことである（Tockar 2014）。データを公開したとき市政府がこれに気づいていたとは考えにくいが，同じテクニックを使えば市内のいかなる場所でも——診療所，政府庁舎，宗教施設でも——そこを訪れた人の住所がわかってしまうことは確かなのだ。

Netflix プライズとニューヨーク市タクシーデータの2事例からわかるのは，ある程度のスキルをもっていてさえ，公開するデータが孕む情報リスクを正確に見積もることができない場合があるということだ。そしてこの2事例は決して特別なものではない（Barbaro and Zeller 2006; Zimmer 2010; Narayanan, Huey, and Felten 2016）。さらに，同様な事例の多くでは，問題含みのデータはいまだにオンラインで利用可能な状態になっており，データは一度公開してしまうと取り返しがつかないことを示している。以上を（プライバシーに関するコンピュータ科学の研究を含め）まとめれば，重要な結論が得られる。あらゆるデータは**潜在的には個人を識別することが可能であり，潜在的にはセンシティブな情報を含んでいる**と研究者は想定すべきなのである。

残念ながら，この点に関する簡単な解決策は存在しない。それでもデータを扱う際に情報リスクを低減する1つの方法は，**データ保護計画**の策定と実行だ。この計画があれば，データ漏洩の確率は低下し，仮に多少の漏洩が起こっても損害を低く抑えることができるだろう。データ保護計画の細部（どの暗号化を使用するかなど）は時代によって変わるが，UKデータサービスはデータ保護計画の5要素を整理してくれている。それは**5つの安全**（five safes）からなる。安全なプロジェクト，安全な人々，安全なセッティング，安全なデータ，安全なアウトプットである（**表6.2**参照）（Desai, Ritchie, and Welpton 2016）。いずれも単体では完全なデータ保護にならないが，すべて合わせれば情報リスクを低下させる有効な手段となるだろう。

データを使用している間にそれをどう保護するかという点に加え，情報リスクが特に問題となるのはデータを他の研究者と共有するときである。データ共有は，科学の営みにおける中心的な価値であり，知識の進歩をおおいに促進してくれる。英国下院はデータ共有の重要性についてこう述べている（Molloy 2011）。

6.6 特に難しい領域

表 6.2 「5つの安全」はデータ保護計画の策定と実施のための原理である（Desai, Ritchie, and Welpton 2016）。

安　全	行　動
安全なプロジェクト	データを含むプロジェクトには倫理的な人々のみが携わるようにする
安全な人々	データへのアクセスを信頼できる人だけに制限する（倫理トレーニングを受けた人など）
安全なデータ	可能な限り，データを個人を識別できないようにし，1つにまとめる
安全なセッティング	適切な物理的保護（鍵付きの部屋など）とソフトウェア的保護（パスワードによる保護，暗号化など）を施したコンピュータにデータを保存する
安全なアウトプット	予期しないプライバシー侵害を防ぐため研究のアウトプットをチェックする

　　文献で報告された結果を再現し，検証し，今後に活かすためには，データへのアクセスが欠かせない。反対する強力な理由がない限り，データは完全に公開され誰にでも利用可能とされるべきだと考えなければならない。

　とはいえ，データを他の研究者と共有すれば，対象者にとっての情報リスクは上昇する可能性がある。そのため，データを共有すべしとする義務と，情報リスクを最小限にとどめるべしとする義務とが，根本的に対立しているようにみえるかもしれない。ただ幸いなことに，このジレンマは見かけほど重大ではない。データ共有をもっと連続なものとして，つまりそれぞれの段階で，社会への便益と対象者へのリスクの配合は異なっているものとして考えるのがいいだろう（図 **6.6**）。

　一方の極では，データを誰とも共有しないので，対象者のリスクは最小化されるが，社会が得る便益も最小化されてしまう。逆の極では，データを「匿名化」したうえで誰にでも利用可能なように**公開して放置**となる。非公開に比べて「公開して放置」は社会にもたらす便益は大きいが対象者へのリスクも大きい。この両極の間にはさまざまなハイブリッド段階があり，その中に**防壁庭園アプローチ**（walled garden approach）と呼びたいパターンがある。このアプローチでは，一定の基準をクリアし，決められたルール（IRBとデータ保護計画による監視など）に従うと同意した者にのみデータは公開される。このアプローチは「公開して放置」のもたらす便益を，より小さなリスクで与えてくれるのだ。もちろん，多くの問題（誰がどのような条件でどれだけの期間アクセスできるのか，防壁に守られた庭園を維持し警備するコストは誰が負担するのかなど）は残るが，解決不能ではない。実際，すでに実現していて研究者が今すぐ利用できる防壁庭園も

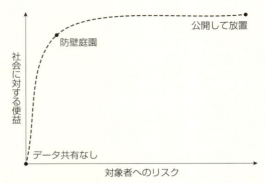

図 6.6　データの公開戦略は連続に変化しうる　この曲線上のどこが適切かはデータの中身によるが，第三者による審査はリスクと便益の適切なバランスを探る助けとなるかもしれない。曲線が厳密にどのような形になるかは，データと研究目標の詳細次第である（Goroff 2015）。

ある。ミシガン大学の「政治・社会研究のための大学間コンソーシアム（Inter-university Consortium for Political and Social Research）」データアーカイブはその一例だ。

　では，自分の研究データは非共有から防壁庭園，さらに公開して放置までのどこに位置すべきだと考えればいいだろうか。それはデータの中身による。研究者は人格の尊重，善行，正義，法と公益の尊重という4原理のバランスをとらなければならない。この観点からみれば，データ共有は特有の倫理的難問を含んでいるわけではない。データの公開は，研究において適切な倫理的バランスが要請されるポイントの1つにすぎないのだ。

　データ共有そのものに批判的な人もいるが，私の考えでは，それはリスクに気をとられて（リスクが現実のものであることは間違いないにしても）便益の方を無視しているからである。リスクと便益の両方を考慮に入れることができるよう，アナロジーを1つ紹介しよう。毎年，自動車のせいで数千人が死亡しているが，だからといって運転を禁止しようとはしない。運転禁止の呼びかけが馬鹿げているのは，運転は多くのすばらしいことを可能にしてくれるからだ。運転を禁止するかわりに，社会は誰が運転できるかについて制限を設けており（一定年齢に達して定められた試験に合格することなど），運転の仕方についても同様だ（速度制限など）。また社会にはこれらのルールが遵守されるように活動する任務を与えられた人々がおり（警察など），ルールを破って捕らえられた者には罰を与えている。車の運転に対するのと同じように，バランスのとれた仕方でのデータ共有についても考えることができる。つまり，データ共有に賛成でも反対でも原理主義的

な考え方をやめて，データ共有のリスクを減らし便益を増やすことに集中するのが，もっとも私たちを前に進めてくれる方向だと思う。

要するに，情報リスクは劇的に上昇しているが，それを予測し数量化するのは難しい。だから，あらゆるデータは潜在的に個人を識別できるものであり，潜在的にセンシティブなものだと想定しておくのがベストだ。研究における情報リスクを低減するためには，データ保護計画を立てて，それに従うのが1つの手だろう。さらにいえば，情報リスクは研究者のデータ共有を妨げるものではないのである。

6.6.3 プライバシー

プライバシーとは，情報の適切な流れへの権利である。

研究者が苦労する3つ目の領域がプライバシーである。Lowrance (2012) が簡潔に述べている通り，「人は尊重されるべきなのだから，プライバシーも尊重されるべきだ」。とはいえ，これほど議論が錯綜していて厄介な概念もない (Nissenbaum 2010, 第4章)。それゆえ，研究について具体的に何かを決定するときにプライバシー概念は使いにくいのだ。

プライバシーについてのよくある捉え方は，公的／私的という二分法を用いるものだ。この見方によれば，もし情報が誰にでもアクセス可能なものであるなら，プライバシーの問題を気にせずその情報を使うことができる。だがこのアプローチでは問題が生じる。2007年11月，Costas Panagopoulos は3つの町の住人すべてに，来る選挙に関する手紙を送った。うち2つの町――アイオワ州のモンティセロ (Monticello) とミシガン州のホランド (Holland) ――宛の手紙で Panagopoulos は，過去に投票した人のリストを新聞に掲載すると約束／脅迫した。残りの1つの町――アイオワ州のエリー (Ely) ――では逆に，過去に投票していない人のリストを新聞に載せると約束／脅迫した。これらの処置は，プライドと恥を引き起こすように意図されたものだ (Panagopoulos 2010)。これらの感情は投票率に影響を与えることが先行研究でわかっていたからである (Gerber, Green, and Larimer 2008)。米国では，誰が投票して誰がしていないかを示す情報は公開されており，誰でもアクセスできる。ということは，投票情報はすでに公開されているのだから，新聞に掲載しても問題ないはずだと論じることができそうに思える。しかし一方で，この議論にはどこか納得できないところ

があると感じる人もいるのではないだろうか。

　この例からわかるのは，公的／私的という区別はあまりにぼんやりしているということだ (boyd and Crawford 2012; Markham and Buchanan 2012)。プライバシーについて考えるには，デジタル時代がもたらす課題に対処するために提案された**文脈的誠実** (contextual integrity) (Nissenbaum 2010) という概念の方がいい。文脈的誠実は，情報が公的か私的かではなく，情報の流れに注目する。Nissenbaum (2010) によれば，「プライバシーの権利とは，情報の秘匿や管理の権利ではなく，個人的な情報の**適切な流れ**に対する権利のことである」。

　文脈的誠実という考えの基礎にあるのは，**情報に関する文脈に相対的な規範** (context-relative informational norms) である (Nissenbaum 2010)。これは特定の状況における情報の流れを規定するものであり，3つのパラメータで決まる。

- 行為者（対象者，送り手，受け手）
- 属性（情報のタイプ）
- 伝達原理（情報の流れに対する制約）

　研究者が許可をとらずにデータを使うかどうか決めるときには，「そうすると情報に関する文脈相対的な規範に反することにならないか？」と自問してみるといい。Panagopoulos (2010) の例に戻れば，外部の研究者が投票者・非投票者のリストを新聞に掲載することは，この規範に反しているように思える。これは人が期待する情報の流れ方ではないだろうからだ。Panagopoulos は手紙に書いた約束／脅迫を実行することはなかった。地元の選挙管理人 (election officials) が手紙の発信元をたどり，止めた方がいいと説得したからである (Issenberg 2012: 307)。

　情報に関する文脈相対的な規範という考えは，この章の冒頭で検討した事例（西アフリカでエボラ大流行期における人の移動を捕捉するため，携帯電話の通話記録を利用した例〔Wesolowski et al. 2014〕）を評価するのにも有効だ。この場合，2つの異なる状況を想像することができる。

- 状況1：完全な通話記録を送る［属性］；完全な正統性をもたない政府に向けて［行為者］；どのような目的にも利用可能［伝達原理］
- 状況2：部分的に匿名化した記録を送る［属性］；定評のある大学研究者に向けて［行為者］；エボラ大流行への対応としてのみ使用し，大学の倫理委員会

による監視を受ける［伝達原理］

電話会社から通話記録が持ち出されるという点で2つの状況に違いはないが，情報に関する規範は異なっている。行為者，属性，伝達原理が同じではないからである。1つのパラメータだけにこだわってしまうと，単純すぎる決定を下すことになる。Nissenbaum（2015）が強調するように，3つのパラメータはどれも他のパラメータに還元できないし，1つのパラメータだけで情報に関する規範を規定することもできない。情報に関する規範とはこの3つの次元を含むものなので，属性や伝達原理にだけ着目すると，プライバシーというものの良識にかなった意味を捉え損ねてしまうことになる。

情報に関する文脈相対的規範に基づいて決定しようとするときに直面するのは，研究者はその規範を前もって知らないし，それを評定するのも非常に難しいという問題である（Acquisti, Brandimarte, and Loewenstein 2015）。さらに，この規範に反した研究は行うべきではないとも言い切れない。Nissenbaum（2010）でも第8章はまるごと「よい目的のためにルールを破ること」に費やされている。こういった難しい局面はあるとしても，情報に関する文脈相対的規範はプライバシーをめぐる問題について考える役に立つ。

最後に論じたいのは，プライバシーをめぐって，人格の尊重を重視する研究者と善行を重視する研究者との間で誤解があるという問題だ。公衆衛生の研究者が，新しい感染症の拡大を防ぐため，人々がシャワーを浴びる様子をこっそり観察していたとしよう。善行優先の立場であれば，この研究がもたらす便益に注目して，気づかれず密かに調査できるなら対象者に害はないと論じるかもしれない。一方，人格の尊重優先論者なら，対象者が尊重されていないという事実に注目し，たとえ最後まで調査に気づかないとしてもプライバシー侵害による損害は発生していると論じるだろう。プライバシーを侵すことはそれ自体として害であるとみなす人がいるということだ。

要するに，プライバシーについて論理的に考えるには，公的か私的かという単純すぎる二分法を離れ，情報に関する文脈相対的な規範という観点に立つ方が有益なのだ。この規範を構成するのは3つの要素，つまり行為者（対象者，送り手，受け手），属性（情報のタイプ），伝達原理（情報の流通に対する制約）であった（Nissenbaum 2010）。プライバシーを，それが侵された場合に生じる損害によって評価する研究者もいれば，プライバシー侵害はそれ自体として損害だとみる研究者もいる。デジタルなシステムにおけるプライバシー概念は時代によ

って，人によって，状況によって変わっていくので（Acquisti, Brandimarte, and Loewenstein 2015），今後もプライバシーは研究者に難しい倫理的決定を迫ることになるだろう。

6.6.4 不確実な状況での意思決定

状況が不確実だからといって何もしなくてよいわけではない。

　研究者が苦労する4つ目の，そして最後の領域は，不確実な状況での意思決定である。あらゆる哲学的な考察と比較衡量の後，何をすべきで何をすべきでないか決めなければならないのが研究倫理である。残念ながら，この決定は多くの場合，不完全な情報に基づいて行われるしかない。たとえば「アンコール」を計画した研究者は，対象者が警察に調べられる確率がわかっていればと願ったかもしれない。「感情伝染」なら，対象者の抑鬱が引き起こされる確率がわかればと思っただろう。確率は恐らくいずれもきわめて低かったが，事前には知りえなかった。どちらのプロジェクトでも好ましくない出来事の情報を公式には調べていなかったので，今もって本当の確率は広くは知られていない。

　不確実性は，デジタル時代の社会調査に特有なものではない。ベルモントレポートでも，リスクと便益の系統立った評価においてそれを正確に数量化することは困難であると明確に認めていた。ただデジタル時代で不確実性がより深刻になるのは，この種の調査に関して私たちの経験がまだ浅いためであり，また調査の性質それ自体のせいでもある。

　この不確実性を背景として，「後で悔いるより，最初から安全に（better safe than sorry）」という方針，難しくいえば**予防原則**（Precautionary Principle）をすすめる人もいる。このアプローチはそれなりに理にかなったものにみえるし，賢明なやり方にさえ思えるだろう。しかし実際には害を引き起こす可能性がある。それは研究活動を萎縮させ，状況について過度に限定された見方をとりやすくさせてしまうのだ（Sunstein 2005）。予防原則の問題点を理解するため，「感情伝染」事例を取り上げよう。この実験には70万人が組み込まれる計画で，対象者の中で害を被る人が出る可能性は確かにあった。ただその一方で，Facebook利用者と社会全体の役に立つ知識を生み出す可能性もあったのだ。それゆえ，実験に（これまでたっぷり論じてきたような）リスクがあることは確かだとしても，実験そのものを止めてしまうことにもリスクがある。価値ある知識を生み出せたか

もしれないからだ。もちろん，選択肢は，実際に行われたように実験するか，まったくしないかの2つに限られない。異なる倫理的なバランスがとれるような実験デザインにするために可能な修正策はたくさんあったのだ。とはいえ，どこかの段階で研究者は，研究を進めるか中止するかの決定を迫られる。実験をしても，しなくても，いずれの選択肢にもリスクはある。実験をすることのリスクだけに囚われるのは適切でない。端的にいって，リスクゼロのアプローチなど存在しないのだ。

　予防原則を超えて不確実性下の意思決定について考えるために重要なのは，**最小リスク基準**（minimal risk standard）である。これは，特定の研究が含むリスクを，対象者が日常生活で引き受けているリスク（たとえばスポーツや自動車運転）との比較によって評価するものだ（Wendler et al. 2005）。このアプローチが優れているのは，ある活動が最小リスク基準を満たしているかどうかを見極めるのは実際のリスクレベルを見極めるのより容易だからだ。「感情伝染」実験でいえば，研究開始前に，実験で使うニュースフィードと，Facebookのそれ以外のニュースフィードのそれぞれの感情的内容を比較することができたはずだ。もしそれらが似通っていたら，この実験は最小リスク基準を満たしていると結論することができただろう（Meyer 2015）。しかもこれは**リスクの絶対的なレベルを知らなくても可能な決定**なのである。同じアプローチを「アンコール」にも適用できる。この実験では当初，抑圧的な政権の国々で活動を禁止された政治グループのウェブサイトのように，センシティブだとわかっているサイトへのアクセスを発生させるようにデザインされていた。だとするとこれは，ある種の国に住む対象者にとっては最小リスクではない。しかし，「アンコール」の修正版では，Twitter，Facebook，YouTubeへのアクセスだけを発生させるので，これは日常的なウェブブラウジングでも生じるアクセスである以上，最小リスクになっているわけだ（Narayanan and Zevenbergen 2015）。

　不確実なリスクをはらむ研究に関する意思決定で次に重要なのは，**検定力分析**（power analysis）である。これによって研究者は，事前に想定された大きさの効果を確実に検出するために必要なサンプルサイズを計算することができる（Cohen 1988）。もし実験が対象者をリスクに晒すなら，たとえそれが最小リスクであっても，全体として研究目的を実現するのに必要最小限のリスクに抑えるべきとするのが善行の原理である（第4章の「減らす」原則を思い出そう）。研究をできる限り**大規模**にしようと強迫的に考えている研究者もいるが，研究倫理の面からみれば，研究はできる限り**小規模**であるべきなのだ。もちろん検定力分

析そのものは昔からあるが，アナログ時代と現代とではその使われ方に重要な違いがある．アナログ時代の研究者が検定力分析を行うのは，通常，サンプルサイズが小さ過ぎないように（すなわち，検定力不足にならないように）したいからだった．現代では，サイズを大きくし過ぎないために（すなわち，検定力過剰にならないために）検定力分析を行うべきなのだ．

最小リスク基準と検定力分析は研究デザインについて考えるうえで助けになるが，対象者が実験についてどう感じるか，実験に参加することでどのようなリスクを経験することになるかについて新たな情報は与えてくれない．不確実性に対処するにはさらなる情報を集めることが必要だが，その方法が倫理反応サーベイ（ethical-response surveys）と段階的試験（staged trials）である．

倫理反応サーベイでは，研究プロジェクトの簡単な紹介文を示して，2つの質問をする．

- Q1：「あなたにとって大切な人がこの実験の対象者として選ばれる可能性があるとして，選ばれてほしいと思いますか？」：［思う］［どちらでもかまわない］［思わない］
- Q2：「この実験は進められるべきだと思いますか？」：［思う］［思う，ただし慎重に］［わからない］［思わない］

各問の後に空欄があり，回答者はなぜそう答えたかを説明できる．最後に，回答者（対象者となる可能性のある人，あるいは，Amazon Mechanical Turk などマイクロタスク労働市場から募集された人）は基本的な人口学的質問に答える（Schechter and Bravo-Lillo 2014）．

倫理反応サーベイにはきわめて魅力的だと思われる特徴が3つある．1つは，それが事前に行われることである．好ましくない反応が起きないかを監視するアプローチと違い，研究の開始前に問題を未然に防ぐことが可能なのだ．次に，通常このサーベイに回答するのは非研究者なので，一般の人々の観点から研究を捉えることができる．最後に，このサーベイでは，1つの研究プロジェクトについて複数のバージョンを提示して，それらがどのような倫理的バランスで受け止められるかを調べることができる．一方で限界もあり，たとえば，サーベイの結果をもとに異なる計画のうちどれを選べばいいのかは明確でない．とはいえ，限界はあるにせよ，倫理反応サーベイは役に立つと思われる．実際，Schechter と Bravo-Lillo（2014）は，サーベイで回答者から提起された懸念を受けて，計画さ

れていた1つの研究を断念したと報告している。

倫理反応サーベイは，提案された研究に対してどのような反応があるかを調べるには有用だが，好ましくない出来事が起こる確率やその深刻さを正確に測ることはできない。高リスク状況での不確実性に医学研究者が対処する1つの方法が，段階的試験である。これはある種の社会調査でも使えるアプローチだろう。新薬の効果をテストするときには，いきなり大規模なランダム化臨床試験を行うわけではない。先に2種類の研究を実施するのだ。まず，第1相では，とりわけ安全な摂取量を知ることに焦点がおかれるが，これは少数の被験者で行われる。安全量が決まったら，第2相で薬の有効性，つまり最適な状況できちんと作用するかどうかを調べる（Singal, Higgins, and Waljee 2014）。第1相と第2相が終わって初めて，新薬は大規模なランダム化統制試験にかけられるのだ。新薬開発で用いられる段階的試験をそのまま社会調査にあてはめるわけにはいかないかもしれない。だが，不確実性に直面したとき，安全性と有効性に特化した小規模な実験を行ってみるのは1つの手だろう。「アンコール」の例でいえば，法の支配が徹底した国でまず実験を始めてみることは可能だったはずだ。

ここで紹介した4つのアプローチ——最小リスク基準，検定力分析，倫理反応サーベイ，段階的試験——を使えば，不確実性下にあっても研究を賢明な仕方で進めることができる。状況が不確実だからといって研究を止めてしまう必要はないのだ。

6.7 実践のための秘訣

高尚な倫理的原理とは別に，研究倫理には実践的な課題もある。

この章では倫理的な原理や枠組みについて解説してきたが，デジタル時代の社会調査を実施，審査，検討してきた私の個人的な経験に基づいて，実践的な秘訣も授けたいと思う。IRBはゴールではなくスタートライン，関係する人全員の立場に立ってみよ，研究倫理は0か1かではなく連続的に考えよ，の3つだ。

6.7.1 IRBはゴールではなくスタートライン

IRBに対して互いに矛盾する捉え方をしている研究者は多い。一方では，IRBは何の役にも立たない官僚制的組織だと考えている。同時に，倫理的な決定の最

後の裁定者であるとみなしてもいるのだ。つまり，もし IRB が承認したならすべて OK という感覚である。しかし，現状のような IRB には深刻な限界が——少なからず（Schrag 2010, 2011; Hoonaard 2011; Klitzman 2015; King and Sands 2015; Schneider 2015）——あることを踏まえるなら，研究の倫理面に関して研究者自身がより大きな責任を負わなければならない。ここで IRB はゴールではなくスタートラインだというのには 2 つの意味がある。

まず，IRB 審査を条件としている組織で働いているなら，そのルールに従わなくてはならない。**IRB はスタートライン**とはそういう意味だ。当たり前じゃないかと思うかもしれないが，IRB 審査を免れたいと思っている研究者もたまにいる。しかし実際には，倫理的に難しい問題をはらむ領域で研究しているなら，IRB はむしろ心強い味方なのだ。きちんとルールに従っておけば，研究で何か問題が生じても IRB は支援してくれるはずである（King and Sands 2015）。もしルールに従っていなかったら，困難な状況に自分だけで立ち向かうことになるのだ。

つぎに，**IRB はゴールではない**とは，申請書に記入してルールに従ってさえおけば十分というわけではないという意味だ。多くの場面で，どうふるまえば倫理にかなうかを一番よく知っているのは研究者自身である。最終的には，研究者が倫理面での責任を負うほかない。書類に記載されているのは研究者の名前なのだ。

IRB をゴールではなくスタートラインとして確かに扱うための 1 つの方法は，倫理に関する付録を論文に追加することだ。研究を始める前に倫理的付録を書いておけば，それを同僚や社会に対してどう説明すればいいかをよく考えることができる。もし書いていて不安を感じたら，それは研究の倫理的なバランスが適切でないからかもしれない。自分の研究の問題点を見つけ出すことに加えて，倫理的付録を書くことには別のメリットもある。倫理的な課題について研究者コミュニティが議論をして，実際の経験的研究例に基づいて適切な規範を作り上げていく助けになるのだ。**表 6.3** に，研究倫理についてしっかりした議論を展開している論文を例示しておいた。すべての主張に同意できるわけではないが，著者らは Carter（1996）がいう意味での**誠実さ**をもって研究している。つまり①何が正しくて間違っているかを自分で判断し，②その判断に基づいて（場合によっては個人的なコストを費やしてでも）研究を行い，③状況に関する倫理的分析に基づいて研究を進めているということを人々に示しているのだ。

表 6.3 研究の倫理面について興味深い議論を展開している論文

論文	議論されている論点
van de Rijt et al.（2014）	同意なしでのフィールド実験 文脈的害を避ける
Paluck and Green（2009）	開発途上国でのフィールド実験 センシティブなテーマに関する研究 同意をめぐる複雑な問題 生じうる損害に対する補償
Burnett and Feamster（2015）	同意なしでの研究 リスクの数量化が難しい場合にリスクと便益のバランスをどうとるか
Chaabane et al.（2014）	研究の社会的なインプリケーション 漏洩したデータファイルを使うこと
Jakobsson and Ratkiewicz（2006）	同意なしでのフィールド実験
Soeller et al.（2016）	利用規約の違反

6.7.2 関係する人全員の立場に立ってみよ

　私たちは自分の研究の科学的目標に集中しすぎて，これを通してだけ世界をみがちである。こういった視野の狭さは倫理的に問題のある判断に繋がりかねない。だから研究について考えるときには，対象者や他の利害関係者，場合によってはジャーナリストたちがどのような反応を示すか想像してみよう。これは，もし自分がその立場だったらどう感じるかを想像するのとは違う。その人たちがどう感じるかを想像するのだ。このプロセスは共感を引き起こしやすい（Batson, Early, and Salvarani 1997）。自分とは異なった観点から研究を見直すことで，問題を予見して，研究をよりよい倫理的バランスに向かわせることが可能になる。

　さらに，他者の観点に立ってみると，ひとは強烈な最悪のシナリオにこだわりがちになることもわかってくる。たとえば「感情伝染」実験に対する批判の中には，それが自殺を引き起こすかもしれないという，確率は低いがきわめて鮮烈な印象を与える最悪のシナリオに基づいたものもあった。ひとたび感情が喚起され，最悪のシナリオに焦点が絞られると，そのシナリオが実現する確率はどうでもよくなってしまいがちだ（Sunstein 2002）。感情的な反応だからといって，それを情報に基づかない，非合理で，ばかげたものとして放置していいことにはならない。私たちの誰も倫理について完全に理解しているわけではないことを肝に銘じて，謙虚な姿勢を忘れないことが重要だ。

6.7.3 研究倫理は０か１かではなく連続的に考えよ

デジタル時代の社会調査に関わる倫理についての議論は，二分法に陥りやすい。「感情伝染」実験は倫理的かそうでないかのどちらかだ，というようにである。二分法に陥ると，議論が二極分化し，共通の規範を作り上げようとする努力は妨げられ，知的怠惰が蔓延り，自分の研究に「倫理的」というラベルを貼られた研究者はより倫理的であろうとする責任を免除されてしまう。もっとも生産的な議論は，この二分法を乗り越えて，研究倫理を連続的に考えようとするものだろう。

二分法的な見方がもたらす大きな実践的問題は，それが議論を二極に分化させてしまうことだ。「感情伝染」実験は "倫理に反する" と断じるだけの議論では，もっと酷い事例といっしょくたにされてしまい，役に立たない。そうではなく，研究のどこに問題があったかをより具体的に考える方がよほど有益であり適切だ。二分法と二極分化を乗り越えろというのは，ぼんやりした言葉で非倫理的なふるまいをごまかせという意味ではない。倫理について連続的に考えることは，より注意深く精密な言葉遣いへと繋がり，さらに，すでに "倫理的" というお墨付きを得た研究を行う研究者を含め，誰もがより望ましい倫理的バランスを求めて努力すべきであることを明らかにしてくれるのである。

連続的な思考はまた，知的な謙虚さも教えてくれる。これは倫理上の難問に対処するときに必要なものだ。デジタル時代の研究倫理は難しい問題なのであり，誰であれ，自分には正しいやり方を見つけ出す能力があると過信してはならない。

6.8 結論

デジタル時代の社会調査は新たな倫理的課題をもたらすが，それは決して克服できないものではない。一般の人々にも支持されるような共通の倫理的規範・基準を研究者コミュニティが作り上げられれば，社会に対して責任ある仕方で，また便益をもたらす仕方でデジタル時代がもつさまざまな能力をコントロールできるだろう。この章はその方向に進むための助けとなることをめざしてきた。鍵となるのは，適切なルールに従いつつも，原理をベースとして考えることである。

6.2節で，倫理性をめぐる議論を引き起こした３つのデジタル時代的研究プロジェクトを紹介した。6.3節では，デジタル時代の社会調査における倫理的不確実性の根本的な理由と考えられるものを説明した。すなわち，同意を得ずに，あ

るいは気づかれることさえなく、人々を観察や実験に組み込む能力が急速に高まっていることである。この能力は、規範、ルール、法よりも速いペースで変化している。続く 6.4 節で、考え方の指針となる 4 つの既存の原理を取り上げた。すなわち、人格の尊重、善行、正義、法と公益の尊重である。6.5 節は一般的な倫理枠組みとして帰結主義と義務論を扱った。この枠組みは、もっとも困難な課題の 1 つ、すなわち「倫理的に妥当な目的を実現するために、倫理的に問題のある手段を用いることが正当化されるのはどんなときか」に対処する助けとなるだろう。これらの原理と倫理枠組みによって、現状のルールで何が許されているのかに集中するのではなく、他の研究者や一般の人々とコミュニケートする能力を高めることができる。

以上を背景として 6.6 節では、デジタル時代の社会研究者にとって特に難所となる 4 つの領域について考えた。すなわちインフォームドコンセント（6.6.1 節）、情報リスクの理解と管理（6.6.2 節）、プライバシー（6.6.3 節）、不確実性下での意思決定（6.6.4 節）である。最後に 6.7 節は、倫理の問題が未だ解決していない領域で研究するための実践的秘訣を 3 つ示して締めくくった。

対象としている範囲でいえば、この章で念頭においてきたのは、一般化可能な知識を求める個人研究者の観点である。それゆえ、研究の倫理的監視システムをどう改善するかという重要な問題は脇においている。企業によるデータ収集と使用の規制や、政府による大衆監視などに関わる問題は、いうまでもなく複雑で難しいものだ。しかし、研究倫理をめぐる議論で生まれたアイデアが、そういった文脈でも役立つものとなることを望んでいる。

歴史についての付録

ここでは、米国における研究倫理の歴史を簡単に振り返っておこう。

研究倫理について論じようとするなら、これまで研究者は科学の名において酷いことをしてきたと認めなければならない。最悪の一例は、タスキーギ梅毒研究だ（表 6.4）。1932 年、米国公衆衛生局（PHS）の研究者は、梅毒に感染していた 400 人の黒人男性を調査対象として疾病の影響をモニターした。対象者はアラバマ州タスキーギ周辺で集められた。当初からこの研究は治療的なものではなかった。単に黒人男性における病気の進行を記録することだけを目的としていたのだ。被験者は研究の性質について本当のことを知らされていなかった。"悪い血" についての研究だと告げられ、効果のないニセの治療を受けていた。梅毒

表 6.4　タスキーギ梅毒研究の部分的時系列（Jones〔2011〕より）

年	出来事
1932	およそ400名の男性梅毒患者が研究対象とされるが，研究の性質について情報は与えられていない。
1937-38	米国公衆衛生局が当該地域に移動治療チームを送るが，研究対象の男性は治療を保留される。
1942-43	研究対象の男性が治療を受けられないようにするため，米国公衆衛生局は彼らが第二次世界大戦に徴兵されないよう介入する。
1950s	ペニシリンが広く用いられる有効な梅毒治療薬となるが，研究対象の男性はやはり治療を受けられない（Brandt 1978）。
1969	米国公衆衛生局はこの研究の倫理審査のため会議を招集するが，委員会は研究継続を推奨する。
1972	元米国公衆衛生局職員のPeter Buxtunがこの研究について記者に語り，マスメディアが広く報じる。
1972	米国上院が，タスキーギ研究を含めた，人を被験者とする実験について公聴会を開く。
1973	米国政府が正式に研究を終了させ，生存者への治療を許可する。
1997	米大統領ビル・クリントンがタスキーギ研究について公に謝罪する。

は致命的な病気であるにもかかわらずである。この研究が進んでいた頃には安全で効果的な治療法も開発されていたが，研究者たちは積極的に介入して被験者が他所で治療を受けることを妨害した。たとえば，第二次世界大戦中には，被験者が軍に入隊したら受けていたであろう治療を受けさせないため，研究チームは被験者に徴兵猶予を与えた。研究者たちは40年にもわたって被験者を騙し続け，適切な治療を与えなかったのである。

　タスキーギ梅毒研究が生じた背景には，人種主義と，当時の米国南部ではよくみられた極端な不平等があった。とはいえ，40年以上にわたる研究には多くの研究者が，黒人も白人も含め関わっていたのだ。直接関与していた人々に加え，医学文献で発表された15本の研究報告を1本でも読んだ人はもっとたくさんいたはずだ（Heller 1972）。研究が開始されてから30年後の1960年代中頃には，PHS職員のRobert Buxtunが，この研究は道徳的に許しがたいと考え，中止するよう局内で働きかけ始めた。これに応じて，PHSは1969年，研究の完全な倫理審査を行うための委員会を招集した。衝撃的なことに，委員会の決定は引き続き患者たちに治療を与えないというものだった。審議の過程で，ある委員会メンバーは次のように言い放ったという——「こんな研究はもう二度とできないんだから，活用しないと」（Brandt 1978）。全員が白人で，ほとんどが医者で

構成された委員会は，何らかのインフォームドコンセントはとるべきだとは結論づけていた。しかし，被験者本人は年齢と低い教育程度のため同意を与える能力がないと判断したのである。結果として委員会がすすめたのは，地元の医療当局者から"代理インフォームドコンセント"を得ることであった。要するに，詳細な倫理審査を経てもなお，治療の保留は続いたのである。結局，Buxtun はジャーナリストにこの話を持ち込み，1972 年，Jean Heller の書いた一連の新聞記事によってこの研究は白日の下に晒された。人々の怒りに火が点いてからようやく研究は中止され，生き残っていた被験者に治療が施されたのである。

この研究の犠牲者は，399 名の男性だけにとどまらない。家族もまた犠牲者なのだ。少なくとも 22 名の妻，17 名の子ども，2 名の孫たちは，治療が保留された結果，感染した可能性がある（Yoon 1997）。さらに，この研究のもたらした害は，研究が終了した後も長く残った。アフリカ系アメリカ人の医学コミュニティに対する信頼は当然ながら低下した。このため，アフリカ系アメリカ人たちが医療ケアを避けるようになってしまい，健康を損なう結果になったかもしれない（Alsan and Wanamaker 2016）。これに加え，信頼のなさが 1980・90 年代には HIV/AIDS 治療を妨げた（Jones 1993, 第 14 章）。

これほど酷い研究が今行われるとは想像しにくいが，デジタル時代の社会調査を実施しようとする人がタスキーギ梅毒研究から学ぶべき重要なポイントが 3 つあると思う。まず，端的に行われるべきでない研究というものがあることを再認識させてくれる。次に，対象者だけでなく，その家族やコミュニティ全体もまた，研究が終了した後も長い期間にわたって傷つけられることを教えてくれる。最後に，研究者は最悪の倫理的な決定を下してしまいうるということがわかる。実際，研究に関わったこれだけ多くの人がこれだけの長きにわたってこれほど許し難い決定を下し続けたということは，今日の研究者の胸にもいくらかの恐怖を芽生えさせるのではないかと思う。そして，残念ながら，タスキーギの例は決して特別ではない。この時期には，問題含みの社会・医学研究例が他にもいくつかある（Katz, Capron, and Glass 1972; Emanuel et al. 2008）。

1974 年，タスキーギ梅毒研究などを含む研究者による倫理上の怠慢を受け，米国議会は「生物医学・行動科学研究における被験者の保護に関する全国委員会（National Commission for the Protection of Human Subjects of Biomedical and Behavioral Research）」を立ち上げ，人を被験者とする研究の倫理的ガイドラインを策定するよう求めた。ベルモント会議場での 4 年に及んだ会議の末，委員会はベルモントレポートを提出した。このレポートは，生命倫理をめぐる理論

的論争と研究の日常的実践の双方に対して多大なインパクトを与えた。

ベルモントレポートは3つのセクションから成る。最初のセクション——「診療と研究との境界」——は，このレポートが対象とする範囲を明確にしている。特に強調しているのは，一般化可能な知識を求める**研究**と，日々の治療や活動を含む**診療**（practice）との区別である。そして，このレポートの打ち出す原理は研究にのみ適用されると論じている。このように両者を区別して扱ったため，ベルモントレポートはデジタル時代の社会調査にはあまりよくあてはまらないといわれてきた（Metcalf and Crawford 2016; boyd 2016）。

第2・第3のセクションで，ベルモントレポートは3つの倫理的原理——人格の尊重，善行，正義——を展開し，研究実践でどのように適用できるかを説明している。この原理についてはこの章の本文で詳しく論じた。

ベルモントレポートは幅広い目標を掲げているが，日々の活動を監視するのに簡単に応用できる文書というわけではない。そこで米国政府は，一般にコモンルールと呼ばれる一連の規則を策定した（正式名称は連邦規則集第45編第46章，A節-D節である）（Porter and Koski 2008）。これらのルールは研究の審査，承認，監視のプロセスについて述べており，研究倫理審査委員会（IRB）はこれを研究者に遵守させることが求められている。ベルモントレポートとコモンルールの違いは，インフォームドコンセントの扱い方にみてとれる。ベルモントレポートはインフォームドコンセントの哲学的理由と，真のインフォームドコンセントを表す多様な特徴を論じている。一方，コモンルールは，インフォームドコンセントの書類が備えるべき8つの要件と7つの任意要素を挙げている。法により，コモンルールは米国政府の資金助成を受けた研究のほぼすべてに適用される。さらに，政府の助成を受けている多くの組織は，組織内で行われる研究すべてに（研究資金の出所を問わず）コモンルールを適用するのが一般的だ。だが，政府の助成を受けていない企業に対しては自動的に適用されるわけではない。

ほとんどの研究者は，ベルモントレポートに示されている倫理的な研究の幅広い目標を尊重していると思うが，一方で，コモンルールやIRBとの作業プロセスに対する苛立ちを感じている人も多い（Schrag 2010, 2011; Hoonaard 2011; Klitzman 2015; King and Sands 2015; Schneider 2015）。正確にいえば，IRBに批判的な人は倫理に反対しているわけではない。むしろ，現行のシステムはバランスがとれていない，あるいは，他の方法でやった方がよりよく目標を達成できると考えているのだ。私自身はどうかといえば，IRBを所与と捉えたい。IRBのルールに従うよう求められているなら，そうすべきだ。それでも，自分の研究の

倫理面について考えるとき，原理をベースにしたアプローチも同時にとることをおすすめしたい。

簡単にいえば，米国ではこのような経緯で，ルールをベースとした IRB 審査のシステムができあがった。ベルモントレポートとコモンルールについて考えるとき，それらが異なる時代に，当然ながらその時代固有の問題への対応として，特に第二次世界大戦中・後の医療倫理分野で作られたものであることを思い起こすべきだろう（Beauchamp 2011）。

医学者，行動科学者による倫理コード作成の努力に加えて，小規模であまり知られていないが，コンピュータサイエンスの研究者による試みもあった。実際，デジタル時代の調査に特有の倫理的課題に最初に直面したのは，社会科学者ではなく，コンピュータサイエンス，特にコンピュータセキュリティの研究者だったのだ。1990 年代から 2000 年代，コンピュータセキュリティの研究者たちは，倫理的に問題のある研究を行っていた。ボットネット（botnet）[3]を乗っ取り，パスワードの弱い何千台ものコンピュータをハックするなどである（Bailey, Dittrich, and Kenneally 2013; Dittrich, Carpenter, and Karir 2015）。こういった研究への対応として，米国政府——特に国土安全保障省——は，情報とコミュニケーション技術（ICT）を含む研究のための倫理的ガイドラインを策定する有識者委員会を立ち上げた。その成果がメンロレポートである（Dittrich, Kenneally, and others 2011）。コンピュータセキュリティ研究者の抱いている関心事は社会科学者のそれとまったく同じではないが，メンロレポートは社会科学者にとっても重要な 3 つの教訓を与えてくれる。

まず，メンロレポートもベルモントレポートの 3 原理——人格の尊重，善行，正義——を確認したうえで，4 つ目として**法と公益の尊重**を付け加えている。この原理について，またそれを社会調査でどのように適用すべきかについては本文で述べた（6.6.4 節）。

メンロレポートでは次に，ベルモントレポートにある「人の被験者を含む研究」という狭い定義を超えて，より一般的な「人を害する可能性のある研究」という見方に進むよう求めている。ベルモントレポートの射程に限界のあることは，「アンコール」の例をみればよくわかる。プリンストン大学とジョージア工科大学の IRB はアンコールを「人の被験者を含まない研究」と判断し，結果と

訳注

3) ボット（悪意あるプログラム）によって操作されてしまっているコンピュータのネットワークのこと。

してコモンルールに基づく審査を受けることはなかった。しかし「アンコール」には明らかに人を害する可能性があった。極端な場合，抑圧的な政府によって無実の人々が投獄されてしまうこともありえたのだ。原理に基づいたアプローチに立てば，たとえIRBが認めたとしても，研究者は「人の被験者を含む研究」の狭い法的定義の背後に隠れるべきではないといえる。むしろ，「人を害する可能性のある研究」というより一般的な捉え方をして，そのようなタイプのすべての研究に倫理的検討を加えるべきなのだ。

最後に，メンロレポートは，ベルモントレポートの諸原理を適用するとき考慮に入れられる利害関係者の範囲を拡大するよう求めている。研究の対象が，生活のごく限られた領域から，日常的な活動に埋め込まれたものへと広がってきた以上，倫理的考慮の対象もまた，特定の被験者から直接の対象となってはいない人々や研究が実施される環境にまで拡大されねばならない。言い換えれば，被験者を超えて倫理的視野を広げるようメンロレポートは研究者に求めているのである。

この歴史についての付録では，社会科学，医学およびコンピュータサイエンスにおける研究倫理についてごく簡単に振り返ってみた。医学における研究倫理についての研究書としては，Emanuel et al. (2008) や Beauchamp and Childress (2012) をみてほしい。

読書案内

What to read next

- **イントロダクション（6.1 節）**

伝統的に，研究倫理は科学的不正や著者クレジット配分の問題も扱ってきた。この点は，米国医学研究所（the Institute of Medicine），米国科学アカデミー（the National Academy of Sciences），米国工学アカデミー（National Academy of Engineering）による『科学者をめざす君たちへ（*On Being a Scientist*)』(2009) で詳しく論じられている。

この章の記述は米国の状況に強く影響されている。他国における倫理審査手続きについて詳しくは Desposato (2016b) の第 6 章から第 9 章をみてほしい。この章に影響している生物医学の倫理的原理が過剰にアメリカ的だとする議論として Holm (1995) を，米国における研究倫理審査委員会の歴史については Stark (2012) を参照してほしい。『PS: 政治学と政治（*PS: Political Science and Politics*)』誌は，政治学者と IRB との関係についての専門家シンポジウムを開催した。Martinez-Ebers (2016) にその概要が

ある。

　ベルモントレポートとそれに続く米国での規制は，研究と実践とを区別して扱う傾向にある。この章で私はそのような区別をしなかったが，それは，倫理的原理や枠組みはいずれのセッティングでも適用されると考えるからだ。この区別とその問題点について，Beauchamp and Saghai（2012），Meyer（2015），boyd（2016），Metcalf and Crawford（2016）を参照のこと。

　Facebook における研究監視については Jackman and Kanerva（2016）を，また，企業や NGO での研究監視に関する考え方については Calo（2013），Polonetsky, Tene, and Jerome（2015），Tene and Polonetsky（2016）が詳しい。

　2014 年に起きた西アフリカでのエボラ大流行への対処で携帯電話データを利用した例（Wesolowski et al. 2014；McDonald 2016）と関連して，携帯電話データがもつプライバシーリスクについては Mayer, Mutchler, and Mitchell（2016）がある。危機に関連して行われた携帯電話データを利用した研究の先行例について，Bengtsson et al.（2011）と Lu, Bengtsson, and Holme（2012）を，危機に関連した研究の倫理について詳しくは Crawford and Finn（2015）をそれぞれ参照してほしい。

● 3 つの事例（6.2 節）

　「感情伝染」実験について書かれたものは多い。『調査倫理（*Research Ethics*）』誌 2016 年 1 月号はすべてこの実験の議論に割かれている。概観として Hunter and Evans（2016）をみてほしい。『米国科学アカデミー紀要』誌にもこの実験に関する論文が 2 編掲載されている。Kahn, Vayena, and Mastroianni（2014）と Fiske and Hauser（2014）だ。他にも同実験を扱った論文として Puschmann and Bozdag（2014），Meyer（2014, 2015），Grimmelmann（2015），Selinger and Hartzog（2016），Kleinsman and Buckley（2015），Shaw（2015），Flick（2016）がある。

● デジタルはこれまでと違う（6.3 節）

　大衆監視に関する広範な概観として Mayer-Schönberger（2009）と Marx（2016）がある。監視コスト変化の具体例としては，たとえば Bankston and Soltani（2013）の推定によれば，携帯電話を使った犯罪容疑者の追跡は物理的な追跡に比べてコストが 50 分の 1 になるという。実際の監視についての議論は Ajunwa, Crawford, and Schultz（2016）を参照してほしい。Bell and Gemmell（2009）は自己監視についてもう少し楽観的な見通しを示している。

　公開されている，あるいは部分的に公開されている観察可能な行動を（たとえば「趣味，紐帯，時間」実験のように）追跡できるだけでなく，多くの対象者がプライベートだと思っている事柄についても研究者は推論できる。たとえば，Michael Kosinski たち（2013）は，一見すると日常的な（Facebook のような）デジタルトレースから，性的指向や嗜癖物質の使用といったセンシティブな情報を推測しうることを示した。不思議な

ことに思えるかもしれないが、Kosinski らのアプローチ——デジタルトレースとサーベイ、教師付学習の組み合わせ——は、すでにこの本で説明したタイプのものだ。第3章で、Joshua Blumenstock ら (2015) がサーベイデータと携帯電話データを使ってルワンダにおける貧困をどうやって推定したか説明したことを思い出してほしい。開発途上国における貧困を効率的に測定するために用いられたまさにこの方法が、潜在的にはプライバシーを侵害しうるような推論をも可能にするのである。

健康データの意図されざる二次使用の可能性については O'Doherty ら (2016) をみてほしい。マスターデータベースの作成には、意図されざる二次使用以外の問題もある。たとえそれが不完全なものであっても、人々がある種の題材について読むのをいやがったり、ある種のテーマについて議論するのを避けるようになれば、社会生活や政治生活を抑制する効果を及ぼすことがありうるのである。これについては Schauer (1978) と Penney (2016) を参照しよう。

ルールが互いに重複しているような状況では、研究者はときに"規制ショッピング" (Grimmelmann 2015; Nickerson and Hyde 2016) をすることがある。特に、IRB の監視を逃れたいと考える研究者は、IRB の適用外にある研究者（企業や NGO の人々）と提携し、彼らにデータの収集と非識別化 (de-identify) をしてもらうこともできる。そうすれば、IRB の対象となる研究者でもその監視を受けることなくこの非識別化されたデータを分析することが可能となる。少なくとも現行ルールのある解釈によれば、この研究はもはや「人を対象とした研究」に該当しないことになるからだ。この手の IRB 逃れは、研究倫理に対する原理ベースのアプローチとは恐らく両立しない。

2011年、コモンルールを改訂する作業が始まり、2017年にようやくそのプロセスが終わった (Jaschik 2017)。この作業に関しては Evans (2013), National Research Council (2014), Hudson and Collins (2015), Metcalf (2016) をみてほしい。

● **4つの原理（6.4節）**

生物医学の倫理に対する原理ベースのアプローチとして、Beauchamp and Childress (2012) は古典である。そこでは、生物医学の倫理は4つの主要原理によって導かれるべきだと論じられている。すなわち「自律性の尊重」「無害 (Nonmaleficence)」「善行」「正義」である。無害原理は、他者に害を与えることを避けるよう求める。この概念はヒポクラテスの「害をなすなかれ」と深いところで繋がっている。研究倫理ではこの原理は善行原理としばしば組み合わされる。両者の区別について詳しくは Beauchamp and Childress (2012) の第5章を参照のこと。これらの原理は過剰にアメリカ的だとする批判として Holm (1995) を、原理同士が対立した場合のバランスについては Gillon (2015) をそれぞれみてほしい。

この章で論じた4つの原理は、企業や NGO における研究を倫理面から監視するための指針としても提案されてきた (Polonetsky, Tene, and Jerome 2015)。これは「消費者を対象とする研究審査委員会 (Consumer Subjects Review Boards; CSRBs)」と呼

ばれる組織を通じて行われる（Calo 2013）。

● 人格の尊重（6.4.1 節）

　自律性の尊重に加え，ベルモントレポートでは，すべての人が真の意味で自己決定できるわけではないこともまた認めている。たとえば，子ども，病気を患っている人，自由を著しく制限された状況にある人などは，完全に自律的な個人として行為することはできないかもしれず，それゆえ追加的な保護を必要としている。

　デジタル時代に人格の尊重原理を適用することには難しい面がある。たとえば，デジタル時代の研究では，限定された自己決定能力しかもたない人々に特別な保護を与えることは困難でありうる。というのも，対象者についてわずかな知識しかないことがしばしばだからである。さらに，デジタル時代の社会調査におけるインフォームドコンセントはとてつもない難関になる。場合によっては，真の意味でのインフォームドコンセントは，**情報**と**理解**が対立してしまう状況，すなわち**透明性のパラドクス**（Nissenbaum 2011）と呼ばれるものに陥ることがありえるのだ。簡単にいえば，データ収集，データ分析，データセキュリティの実践に関するすべての情報を提供してしまうと，対象者の多くにとってそれを理解するのが難しくなる。だからといって理解可能な情報だけを与えるなら，重要な技術的細部が疎かになる可能性が出てくる。アナログ時代の医学研究——これがベルモントレポートの想定していた主たる状況だった——では，医師が対象者と個人的に話すことで透明性のパラドクス解消の手助けをすると考えることができた。数千から数百万の人を対象としたオンライン研究では，そのような対面的アプローチは不可能だ。デジタル時代のインフォームドコンセントに関わる2つ目の問題は，研究によっては，たとえば巨大なデータベースの分析のような場合，すべての対象者からインフォームドコンセントをとることは事実上不可能になることだ。インフォームドコンセントに関わる問題については6.6.1 節で詳細に論じた。これらの困難にもかかわらず，インフォームドコンセントは人格の尊重原理にとって必要でも十分でもないということを銘記しておかなくてはならない。

　インフォームドコンセント以前の医学研究については Miller（2014）を，インフォームドコンセントの研究書としては Manson and O'Neill（2007）をそれぞれ参照のこと。また，インフォームドコンセントに関する以下の読書案内もみてほしい。

● 善行（6.4.2 節）

　特定の人々ではなく社会的な場に対して研究が与えうる害のことを，**状況**（context）**への害**という。この概念はやや抽象的なので古典的な事例であるウィチタ陪審研究（Vaughan 1967; Katz, Capron, and Glass 1972，第2章）——シカゴ陪審プロジェクト（Cornwell 2010）とも呼ばれる——を使って説明しよう。このプロジェクトでは，シカゴ大学の研究者らが，法システムの社会的側面に関するより大きな研究の一環として，カンザス州ウィチタでの6つの陪審における評議を密かに記録した。対象とされた

裁判の判事と弁護士は記録に同意し，プロセスに対する厳格な監視も行った。とはいえ，陪審員たちはそんな記録が進行中であるとは気づいていなかった。この研究が公になると，人々は激怒した。司法省は捜査を開始し，関わった研究者は議会での証言を求められた。最終的に，陪審での評議を密かに記録することを違法とする新法案が議会で可決された。

ウィチタ陪審研究を批判する人々の懸念は，対象者に生じる害のリスクではなく，陪審評議という状況に生じる害に向けられていた。つまり，陪審での議論は安全で保護された空間で行われていると陪審員が信じることができなかったら，この先，陪審評議そのものが難しいものになるだろうと考えたのだ。このほかにも，社会が追加的な保護を与えている社会的状況として，弁護士 – 依頼人関係やこころのケア（MacCarthy 2015）などがある。

状況に対する害のリスクや，社会システムの混乱は，政治学におけるフィールド実験でもいくつか生じている（Desposato 2016b）。政治学のフィールド実験に関する，より状況に配慮したコスト便益計算の例として Zimmerman（2016）がある。

- **正義（6.4.3 節）**

  対象者への補償はデジタル時代の研究に関連するいくつかの状況で議論されてきている。Lanier（2014）は，対象者にそのデジタルトレース分の支払いをすべきだと提案している。Bederson and Quinn（2011）は，オンライン労働市場における支払いについて論じている。最後に Desposato（2016b）はフィールド実験の対象者への支払いを提案している。彼は，仮に対象者本人に直接支払うことができなくても，その人々のために活動しているグループへの募金は可能だと指摘している。たとえば「アンコール」の場合であれば，インターネットへのアクセスを支援しているグループに募金することもできただろう。

- **法と公益の尊重（6.4.4 節）**

  利用規約への同意は，対等な当事者間で交渉された契約や，合法的な政府によって制定された法律よりも重視されるべきではない。過去に研究者が利用規約への同意に違反したケースでは，企業のふるまいを調べるため自動化されたクエリを用いていることが多かった（採用における差別を測定したフィールド実験と同じようなやり方である）。さらなる議論については Vaccaro et al.（2015）と Bruckman（2016a, b）を参照のこと。利用規約について論じている経験的研究の例として，Soeller et al.（2016）がある。利用規約に違反したとき研究者が直面する可能性のある法的問題については Sandvig and Karahalios（2016）をみてほしい。最後に，透明性の考え方としてやや異なるアプローチをとる Neuhaus and Webmoor（2012）も参照しよう。

● 2つの倫理枠組み（6.5節）

いうまでもなく，帰結主義と義務論については膨大な量の文献がある。デジタル時代の研究について考えるために2つの（さらには他の）倫理枠組みをどのように応用できるかについては Zenvenbergen et al.（2015）を，また開発経済学におけるフィールド実験への適用例については Baele（2013）をみてほしい。

● インフォームドコンセント（6.6.1節）

差別に関する監査研究（audit studies）については，Pager（2007）と Riach and Rich（2004）を参照しよう。これらの研究ではインフォームドコンセントをとっていなかっただけでなく，欺いたままデブリーフィングもしなかったのである。

Desposato（2016a）と Humphreys（2015）は，同意抜きのフィールド実験に関するアドバイスを与えてくれる。

Sommers and Miller（2013）は，対象者を欺いた後にデブリーフィングしないことをすすめる多くの議論を再検討したうえで，次のように論じている。すなわち，デブリーフィングなしですませるべきなのは

> デブリーフィングが実践上の大きな障害になるが，もしデブリーフィングすることになっても研究者が何の不安も感じないようなフィールド研究といった極く限られた場合においてのみである。研究者は，実態を知らされていない対象者の集団を維持して，自分たちがその怒りを買わないようにするため，あるいは対象者を害から保護することを目的として，デブリーフィングを避けるべきではない。

メリットよりデメリットの方が大きい場合などには，デブリーフィングを行うべきでないとする論者もいる（Finn and Jakobsson 2007）。善行より人格の尊重を優先させる研究者もいれば，その逆に考える研究者もいるのがデブリーフィング問題なのだ。ひとつの可能な解決策は，デブリーフィングが対象者にとって新たな学びの経験となるような方法を見つけ出すことだろう。つまり，害を生じさせうるものとしてではなく，対象者に便益をもたらす何かとしてデブリーフィングを捉えるのである。このような教育的デブリーフィングの例として Jagatic et al.（2007）がある。心理学者はデブリーフィングのテクニックを磨いてきており（Holmes 1976a, b; Mills 1976; Baumrind 1985; Oczak and Niedźwieńska 2007），いくつかはデジタル時代の研究への応用に役立つかもしれない。Humphreys（2015）は繰り延べ同意（deferred consent）に興味深い考察を加えている。これは私が説明したデブリーフィング戦略と密接に関連しているものだ。

対象者のサンプルに同意の有無を尋ねるというアイデアは，Humphreys（2015）が推定同意（inferred consent）と呼ぶものと関連している。

インフォームドコンセントに関連して提起されてきたアイデアは，オンライン実験への参加に同意した人々の集団（panel）を作り出すというものだ（Crawford 2014）。この

ような集団はランダムサンプルではないと論じる人もいる。しかし，第3章で示したように，これは事後層化によって対処できる問題だ。また，集団参加への同意は多様な実験をカバーできる。つまり，参加者は個々の実験それぞれで同意する必要がなくなるかもしれない。これは包括同意（broad consent）と呼ばれる（Sheehan 2011）。1度ですませる同意と，個々の研究への同意との区別（および両者の可能なハイブリッド）についてはHutton and Henderson（2015）をみてほしい。

● 情報リスクの理解と管理（6.6.2節）

　決して唯一の事例というわけではないが，Netflix プライズをみれば，人々の詳細な情報を含むデータセットの重要な技術的特性について，そして現代における社会データセットの「匿名化」可能性について重要な点を学ぶことができる。個人に関して多くの情報を含むファイルは，Narayanan and Shmatikov（2008）が形式的に定義した意味で疎（sparse）であることが多い。つまり，1件のデータ（record）に対して，まったく同じであるようなデータは他に存在しない。実際のところ，とても似通ったデータすら存在しないのである。データセットの中で，人はもっとも近い隣人からさえ遙か遠く離れているのだ。この意味で，Netflix データは疎だと考えることができる。なぜなら，2万本の映画を5段階で評価するとしたら，可能な評価の組み合わせは1人あたり$6^{20,000}$通りにもなるからだ（なぜ6かといえば，1つ星から5つ星の評価に加えて，その映画を評価していないというケースがありうるからである）。この数は膨大すぎて理解するのさえ難しい。

　疎性は2つのことを示唆している。1つは，データセットをランダムに改変することで「匿名化」しようとしても失敗するだろうということだ。Netflix が映画レイティングの一部をランダムに改変したとしても（実際したのだが）十分ではない。改変されたデータでさえ，攻撃者のもっている情報にやはりもっとも近いデータとなるからである。2つ目に，疎である場合，攻撃者のもつ知識がたとえ不完全あるいは部分的なものであったとしても，再識別化が可能になるということである。Netflix データの例でいえば，もし攻撃者がある人の2本の映画に対する評価とその作成日を±3日の範囲で知っていたとすると，その情報だけで Netflix データに含まれる68%のケースで個人を特定できてしまう。もし攻撃者が±14日の範囲内で評価された8本の映画を知っていたら，仮にそのうち2本分の評価が完全に間違っていたとしても，データセットのうち99%は完全に特定されてしまうのである。言い換えると，疎性はデータを「匿名化」しようとする作業にとって根本的な問題となる。現代ではほとんどの社会データセットは疎なので，これは困ったことなのだ。疎なデータの「匿名化」について詳しくは Narayanan and Shmatikov（2008）をみてほしい。

　電話のメタデータも「匿名」で，センシティブではないように思えるかもしれないが，実際はそうでない。それは個人を識別可能だし，センシティブなのだ（Mayer, Mutchler, and Mitchell 2016; Landau 2016）。

データ公開がもたらす，対象者にとってのリスクと社会にとっての便益とのトレードオフ関係が図 6.6 に描いてある。限定されたアクセスを認めるアプローチ（たとえば防壁庭園）と，データを限定するアプローチ（たとえばある種の「匿名化」）との比較として，Reiter and Kinney（2011）がある。データのリスクレベルを分類するシステムの提案として Sweeney, Crosas, and Bar-Sinai（2015）を，データ共有に関するより一般的な観点からの議論は Yakowitz（2011）をみてほしい。

データのリスクと効用のトレードオフに関するより詳細な分析として，Brickell and Shmatikov（2008），Ohm（2010），Reiter（2012），Wu（2013），Goroff（2015）がある。大規模に無料公開されているオンライン講義（$MOOC_s$）の実際のデータにおけるこのトレードオフについては，Daries et al.（2014）と Angiuli, Blitzstein, and Waldo（2015）をみてほしい。

差分プライバシー（differential privacy）[4]も，対象者にとっての小さいリスクと社会にとっての高い便益とを組み合わせるアプローチとなりうる。Dwork and Roth（2014），Narayanan, Huey, and Felten（2016）を参照してほしい。

個人識別情報という概念について，より詳しくは Narayanan and Shmatikov（2010）と Schwartz and Solove（2011）を参照のこと。これは調査倫理に関わるルールの多くにとって重要なものだ。潜在的にセンシティブなあらゆるデータについては Ohm（2015）をみてほしい。

この節では，別々のデータセットを組み合わせることが情報リスクをもたらしうると論じてきた。とはいえ，それは新たな研究のチャンスでもあるとする Currie（2013）も参照しよう。

「5 つの安全」について詳しくは Desai, Ritchie, and Welpton（2016）をみてほしい。アウトプットによって個人を識別できる事例について Brownstein, Cassa, and Mandl（2006）がある。これは疾病の広がりを表す地図が個人の特定に繋がりうることを示す例だ。Dwork et al.（2017）は，どれだけの人が特定の病気に罹っているかに関する統計のような集計データへの攻撃について考察している。

データ利用とデータ公開の問題は，データの所有に関する問題へと繋がる。データ所有については Evans（2011）と Pentland（2012）をみてほしい。

● プライバシー（6.6.3 節）

Warren and Brandeis（1890）はプライバシーに関する画期的な法学文献であり，プライバシーとは 1 人で放っておかれる権利であるとする見方にもっとも強く結びつけて考えられている。プライバシーに関する研究書として推薦したいのは，たとえば Solove（2010=2013）や Nissenbaum（2010）だ。

プライバシーについて人がどう考えているかを経験的に調査した研究のレビューと

訳 注 ●
4) 後の 7.2.3 節に詳しい説明がある。

して Acquisti, Brandimarte, and Loewenstein（2015）がある。Phelan, Lampe, and Resnick（2016）は二重システム論を提案している。これは，人があるときは直観的な懸念に焦点をおき，また別のときには熟慮された懸念に焦点をおくとするもので，なぜ人々がプライバシーについてみたところ矛盾しているような考えを表明するのかを説明してくれる。Twitter のようなオンライン状況でのプライバシーについて詳しくは Neuhaus and Webmoor（2012）をみてほしい。

『サイエンス』誌は「プライバシーの終わり」と題した特集を掲載し，そこでさまざまな観点からみたプライバシーと情報リスクの問題を扱っている。要約として Enserink and Chin（2015）がある。Calo（2011）は，プライバシー侵害に由来する害について考えるための枠組みを提供してくれる。デジタル時代黎明期にプライバシーについての懸念が表明された例として Packard（1964=1964）がある。

- **不確実な状況での意思決定（6.6.4 節）**

　最小リスク基準を適用するときの問題は，誰の日常生活を基準にすればよいかが明白でないことである（National Research Council 2014）。たとえば，ホームレスの人々は日々の生活でより高いレベルの不快感を経験しているだろうが，だからといって，リスクの高い研究に晒しても倫理的に問題ないということにはならない。このため，最小リスクの基準は一般の人々であるべきであって，特定の人々であってはならないという考え方が広がっているようだ。一般の人々を基準とすることに異論はないが，Facebook のように大規模なオンラインプラットフォームであれば，特定の人々を基準としても問題は少ないと考える。従って，「感情伝染」の場合なら，Facebook 利用者の日常的リスクを基準とすることは妥当だと思われる。このような場合に特定の人々を基準とすれば，リスク評価も容易になり，正義の原理——弱い立場にある人々（受刑者や孤児など）に研究の負担を不当に負わせるのを避けようとする原理——に抵触することもありそうにない。

- **実践のための秘訣（6.7 節）**

　論文にもっと倫理的付録をつけるよう求めている研究者もいる（Schultze and Mason 2012; Kosinski et al. 2015; Partridge and Allman 2016）。King and Sands（2015）も秘訣を与えてくれる。Zook ら（2017）は"信頼できるビッグデータ研究のための 10 のシンプルなルール"を授けてくれる。

課題

Activities

| 難易度 | やさしい | 普通 | 難しい | とても難しい |

データ収集　要数学　要プログラミング　お気に入り

1. 　「感情伝染」実験を批判する中で，Kleinsman and Buckley（2015）はこう書いている。

    > Facebook 実験のはらむリスクはたとえ低いものだったとしても，また，後からみれば研究結果は有益なものだったとしてさえ，遵守されるべき重要な原理が危険に晒されているのだ。金額がいくらであろうと盗みは盗みであるのと同じで，研究の内容がどうであれ，私たちには知識と同意なく実験対象とされない権利がある。

    a) この章で扱ってきた2つの倫理枠組み（帰結主義と義務論）のうち，この議論ともっとも明確に結びついているのはどちらだろうか。
    b) さて，もしこの立場に反論するとすれば，『ニューヨークタイムズ』紙の記者を相手に，あなたはどのように話を組み立てるだろうか。
    c) 同じ議論を同僚相手に行う場合は話の進め方が違ったものになるとしたら，どのように変わるだろうか。

2. 　Maddock, Mason, and Starbird（2015）は，削除されたツイートを研究で使用していいかという問題を検討している。まずこの論文を読んで，背景について学ぼう。
    a) この問題の判断について，義務論的観点から分析してみよう。
    b) まったく同じ判断について，帰結主義的観点から分析してみよう。
    c) あなたはどちらの議論により説得力があると思うか。

3. 　フィールド実験の倫理に関する論文で，Humphreys（2015）は次のような仮想実験を提案している。これは，関係する人の誰からも同意を得ることなく行われた介入が一部の人に害を与え，他の人を助けることになる場合に生じる倫理的問題を照らし出すものだ。

スラムに街灯を設置すれば暴力犯罪が減るかどうか調べてほしいと，地域の団体から研究者が頼まれたとしよう。この研究の被験者は犯罪者たちなので，インフォームドコンセントを得ようとすれば研究自体が成り立たなくなってしまうし，そもそも得られそうにない（「人格の尊重」違反）。犯罪者は研究のコストを負うことになるが，便益はない（「正義」違反）。さらに，研究のもたらす便益について意見の不一致が生じる。もし街灯に抑止効果があるなら，とりわけ犯罪者はそれを喜びはしないだろう（「善意」の評価が困難）。……ここで特に注意すべきは単に被験者に関わる問題だけではない。被験者でない人々にも，たとえば，犯罪者たちが道に電灯を設置した団体に復讐するといったリスクがある。団体もこういったリスクに気づいていても，論文を出すことがある程度目的になっている富裕な大学の研究者に根拠のない信頼をおいているせいで，そのリスクを引き受けようと考えるかもしれない。

a) この実験に関する倫理的評価を地域団体に知らせる手紙を書いてみよう。あなたはこの通りの実験をするようすすめるだろうか。その決断に影響する要因にはどんなものがあるだろうか。

b) 倫理的評価を向上させうるような改善案はあるだろうか。

4. 1970 年代，60 名の男性が参加したフィールド実験が米国中西部にある大学の男子トイレで行われた（大学名は伏せられている）(Middlemist, Knowles, and Matter 1976)。研究者の関心は，パーソナルスペースへの侵犯に対する人々の反応にあった。パーソナルスペースとは，Sommer (1969=1972) の定義によれば，「身体のまわりに張りめぐらされたみえない境界線をもつ領域で，その中への侵入は許されないもの」である。具体的には，近くに他者がいるとき男性の排尿がどんな影響を受けるかが研究対象とされた。純粋に観察的な研究の後，フィールド実験が実施された。対象者は，小便器が 3 つあるトイレでもっとも左にある便器を使うよう強制された（これが正確にどのようにして行われたのかは説明されていない）。次に，対象者は 3 つのレベルで異なる個人間距離を割り当てられる。すなわち，サクラ (confederate) が対象者のすぐ隣りの便器を使用するグループ，サクラが便器 1 つ分だけ離れた便器を使用するグループ，誰もトイレ内に入ってこないグループである。目的変数となる遅延時間，継続時間の測定は，対象者の使用する便器に隣接する個室内に配置されたリサーチアシスタントが行った。測定の手順は次のように説明されている。

　観察者は，被験者の使用する便器に隣接する個室内に配置された。パイロット試験の段階で，聴覚刺激を［排尿の］開始と停止を知らせる信号とするのは難しいことが判明したので，かわりに視覚刺激が使用された。個室の床に積み上げられた本に仕込まれた潜望鏡 (periscopic prism) を使って観察されたのである。11 インチ (28 cm) ある床と個室の壁のすき間から，潜望鏡によって対象者の胴体下半分と尿の流れ

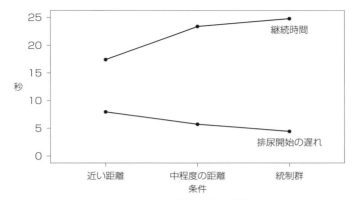

図 6.7 Middlemist, Knowles, and Matter（1976）の結果 トイレに入った男性は3つの条件のうちいずれかに割り当てられる：近い距離（サクラがすぐ隣の便器に配置），中程度の距離（サクラが便器1つ分離れたところに配置），統制群（サクラなし）。トイレの個室に観察者が配置され，特製の潜望鏡を使って排尿の遅れと持続を観察して時間を計る。推定値の標準誤差は報告されていない。Middlemist, Knowles, and Matter（1976）の図1より。

を直接に視認できた。ただ，観察者は被験者の顔をみることはできない。観察者は，被験者が便器に近づいたときストップウォッチをスタートさせ，排尿の開始と終了までの時間をそれぞれ測定した。

研究者らは，身体的距離が減少すると排尿開始の遅れが増大し，継続時間が減少することを発見した（**図 6.7**）。

a) 対象者はこの実験で害を被ったと思うか。
b) この実験は行われるべきものだったと思うか。
c) 倫理的バランスを向上させるために，どんな改善策がありうるだろうか。

5. 🕛，♥ 2006年8月，米大統領予備選挙の10日前，ミシガン州に住む2万人の人々は，自分と隣人の投票行動を記した郵便を受け取った（**図 6.8**）（この章で論じたように，米国では，誰がどの選挙で投票したかを州政府が記録しており，この情報は公開されている）。1つの郵便物で典型的には投票率は1%ポイント上昇するのだが，このときは8.1%ポイントも上昇した。これはそれまでに観測された中でもっとも大きな効果である（Gerber, Green, and Larimer 2008）。あまりに大きな効果だったので，Hal Malchow という政治活動家が Donald Green に対して，実験結果を発表しなければ10万ドル支払うと申し出た（恐らく，Malchow は自分でこの情報を利用しようと思ったのだろう）（Issenberg 2012: 304）。しかし Alan Gerber, Donald Green, Christopher Larimer の3人は論文を『アメリカ政治学論集（*American Political Science Review*）』誌で2008年に出版した。

30423-3

For more information: (517) 351-1975
email: etov@grebner.com
Practical Political Consulting
P.O. Box 6249
East Lansing, MI 48826

PRSRT STD
U.S. Postage
PAID
Lansing, MI
Permit #444

ECRLOT **C050
THE JACKSON FAMILY
9999 MAPLE DR
FLINT MI 48507

親愛なる投票有権者の皆さま

もしあなたが投票したかどうかを近隣の人々が知っているとしたらどうしますか？

どうしてこれほど多くの人が投票しないのでしょう。この問題について私たちは何年も議論してきましたが，事態は悪くなるばかりです。そこで今年は新しいアプローチをとることにしました。誰が投票して誰がしなかったかを広くお知らせするこの郵便を，あなたと近隣の方々にお送りしています。

下の表には，あなたの近隣に住む何人かの方々のお名前と，過去に投票したかどうかが示してあります。8月4日にある選挙の後に，情報を更新したものをまたお送りする予定です。あなたと近隣の方々はみな，誰が投票して誰がしなかったかを知ることになるでしょう。

市民としての義務を果たしましょう——投票を！

MAPLE DR	Aug 04	Nov 04	Aug 06
9995 JOSEPH JAMES SMITH	Voted	Voted	____
9995 JENNIFER KAY SMITH		Voted	____
9997 RICHARD B JACKSON		Voted	____
9999 KATHY MARIE JACKSON		Voted	____
9999 BRIAN JOSEPH JACKSON		Voted	____
9991 JENNIFER KAY THOMPSON		Voted	____
9991 BOB R THOMPSON		Voted	____
9993 BILL S SMITH			____
9989 WILLIAM LUKE CASPER		Voted	____
9989 JENNIFER SUE CASPER		Voted	____
9987 MARIA S JOHNSON	Voted	Voted	____
9987 TOM JACK JOHNSON	Voted	Voted	____
9987 RICHARD TOM JOHNSON		Voted	____
9985 ROSEMARY S SUE		Voted	____
9985 KATHRYN L SUE		Voted	____
9985 HOWARD BEN SUE		Voted	____
9983 NATHAN CHAD BERG		Voted	____
9983 CARRIE ANN BERG		Voted	____
9981 EARL JOEL SMITH			____
9979 DEBORAH KAY WAYNE		Voted	____
9979 JOEL R WAYNE		Voted	____

図 6.8　Gerber, Green, and Larimer（2008）で使われた隣人郵便　これによって投票率は8.1% ポイント上昇したが，これは1通の郵便による効果としては観測された中で最大であった。Cambridge University Press の許可を得て Gerber, Green, and Larimer（2008）の付録 A より再掲。

図 6.8 の郵便物をよくみるとわかるが，そこに研究者の名前は記されていない。返送先は Practical Political Consulting となっており，論文の謝辞で著者らはこう書いている：「本論文で用いた郵送プログラムを設計・管理してくれた Practical Political Consulting の Mark Grebner に特に感謝する」

a) この章で説明した4つの倫理的原理の観点から，この実験における処置を評価してみよう。
b) 文脈的誠実の観点から，この処置を評価してみよう。
c) この実験に変更を加えるとすれば，どのようなものがいいと思うか。
d) もし Mark Grebner がこの時点ですでに似たような郵便物を送っていたとしたら，上記の質問に対する答えは変わってくるだろうか。より一般的には，実務家によって行われた既存の介入への評価について研究者はどう考えるべきだろうか。
e) 処置群の人々からはインフォームドコンセントをとるよう努め，統制群からはとらないと決めたとしよう。この決定は，両群間の投票率の違いをもたらす原因を理解できるかどうかに対してどんな影響を与えるだろうか。
f) この論文に追加できる倫理的付録を書いてみよう。

6. 前問からの続きである。それほどセンシティブでない別の6万通と合わせて，この2万通の郵便（図6.8）が発送されると，対象者からの反発が生じた。実際，Issenberg（2012: 198）によれば，「Grebner [Practical Political Consulting の責任者] は，いったいどれほどの人が電話で苦情を入れようとしてきたかわからなかった。オフィスの留守番電話があっという間に満杯になるので，新規のメッセージを残せなくなってしまうからである」。もし処置群をより大きくとっていたとしたら反発はもっと大規模になっていただろうと Grebner と記している。彼は研究者の1人 Alan Gerber にこういった。「アラン，もし50万ドルかけて全米を対象にしていたら，われわれはサルマン・ラシュディ（Salman Rushdie）と一緒に住むことになっただろうな」（Issenberg 2012: 200）。

a) この情報によって，前問への解答は違ったものになるだろうか。
b) これに類似した研究を将来行うとしたら，不確実性に直面したときの意思決定ではどんな戦略をとるべきだと思うか。

7. 実践上，ほとんどの倫理的論争は，対象者から真の意味でのインフォームドコンセントをとっていないときに生じる（たとえばこの章で扱った3つの研究事例のように）。とはいえ，本当のインフォームドコンセントをとっていてさえ倫理上の論争は生じうる。対象者から真のインフォームドコンセントを得ているが，それでも非倫理的となるような仮想的な研究を設計してみよう。（ヒント：もし難しければ，Emanuel, Wendler, and Grady〔2000〕を読んでみるといい。）

訳注
5) インド生まれの英国人作家。その小説『悪魔の詩』はイスラム教徒からの激しい反発を引き起こした。宗教指導者による死刑宣告や関係者の殺害事件などがあり，ラシュディは当局の保護を受けた。

352　第 6 章　倫　理

図 6.9　イギリス，チェルトナムにある Banksy 作「Spy Booth」の写真　　Kathryn Yengel, 2014.（出典：Kathryn Yengel/Flickr）

8. 🔭．♥　倫理面での考察について，研究者同士で，あるいは一般の人々に向けて語るのに苦労する研究者は多い。「趣味，嗜好，紐帯」実験で個人が再識別されることが判明してから，研究チームリーダーの Jason Kauffman は，プロジェクトの倫理面についていくつかのコメントを公にした。Zimmer（2010）を読み，この章で説明した原理と倫理枠組みを使って Kauffman のコメントを書き直してみよう。

9. 🔭　Banksy は英国でもっとも有名な現代芸術家の 1 人で，とりわけ，政治的なメッセージをもったストリートグラフィティで知られている（図 6.9）。ただ，彼の素性についてはよくわかっていない。個人のウェブサイトをもっているので，自分の素性をそこで明らかにすることもできるはずだが，そうはしてこなかった。2008 年，『デイリー・メール（*Daily Mail*）』紙は，Banksy の本名を突き止めたとする記事を掲載した。その後 2016 年に，Michelle Hauge, Mark Stevenson, D. Kim Rossmo, and Steven C. Le Comber（2016）は，地理的プロファイリングのディリクレ過程混合モデル（Dirichlet process mixture model）という手法を使ってこの記事を検証した。具体的に何をしたかというと，ブリストルとロンドンで Banksy の描いたグラフィティの地理的位置情報を収集し，次に，古い新聞記事と投票記録を検索して，その名前をもつ個人とその妻，彼のサッカーチームの過去の住所を突き止めたのである。著者は論文の知見を次のように要約している。

　　他に調べるべき重要な「容疑者」［原文ママ］がないので，本論で行った分析に基づいて Banksy の身元について確定的に述べるのは難しい。ただ，ブリストルとロンドン両市における地理プロファイルのピークは，［名前は省略］と結びついていると

判明している住所を含んでいるとはいえる。

Metcalf and Crawford（2016）に従って，ここでは個人名を含めないことにした。
a) この章の原理と倫理枠組みを使ってこの研究を評価してみよう。
b) あなたならこの研究を実行しただろうか。
c) 論文の「要約」で，著者らは自分たちの研究を次の一文で正当化している。「より一般的には，軽微なテロ関連行為（グラフィティなど）の分析は，より重大な事件が生じる前にテロリストの位置を把握する助けになり，また複雑な現実世界の問題にモデルを適用する魅力的な事例になるというこれまでの指摘を，本研究は支持するものである。」これを読んで，論文への評価は変化しただろうか。もし変わったとしたら，どのように変わっただろうか。
d) 著者らは論文の末尾に次のような倫理的注釈を加えている。「われわれは，［氏名省略］とその縁者のプライバシー問題を意識しているし，尊重している。それゆえ，公開されているデータしか使用していない。また詳細な住所は意図的に除外した」。これを読んで，論文への評価は変化しただろうか。もし変化したとしたら，どのように変わっただろうか。またこのケースで，公的／私的という二分法に意味があると思うか。

10. 🕰️ Metcalf（2016）は「誰にでも利用可能な形で公開されているデータセットでプライベートな情報を含むものは，研究者にとってはもっとも関心を惹くものであり，被験者にとってはもっともリスキーなものだ」と論じている。
a) この主張の具体的な事例となるものを2つ挙げてみよう。
b) この論文でMetcalfは，「情報上の害はどんなものであれ，公開データセットによってすでに生じている」と前提するのは時代遅れだとも主張している。これがあてはまる事例を1つ挙げてみよう。

11. 🕰️, ♥ この章では，「すべてのデータは潜在的には個人を識別可能であり，すべてのデータは潜在的にセンシティブだ」という経験則を提案した。表6.5のリストは，明らかに個人を識別できるような情報は含んでいないのに，それでも特定の個人へと関係づけられうるデータの例である。
a) 表から2つのケースを選び，再識別攻撃が両者で似たような構造をもっていることを説明してみよう。
b) （a）で取り上げたケースのそれぞれにおいて，データがどのようにしてデータセットに含まれた個人のセンシティブな情報を顕わにしてしまうかを説明してみよう。
c) 表から3つ目の例を選び，そのデータを公開しようとしている人に向けて，それが潜在的には個人を識別可能でセンシティブでありうることを説明するメールを書いてみよう。

表 6.5 明らかに個人を特定するような情報は含んでいないが，なお特定の人々と結びつけられうる社会データの例

データ	出典
健康保険記録	Sweeney（2002）
クレジットカード取引データ	Montjoye et al.（2015）
Netflix 映画レイティングデータ	Narayanan and Shmatikov（2008）
電話通話メタデータ	Mayer, Mutchler, and Mitchell（2016）
検索ログデータ	Barbaro and Zeller（2006）
学生の人口学的・事務管理・社会データ	Zimmer（2010）

12. 研究者仲間だけでなく，調査の対象者，一般の人々を含めた全員の立場に立ってみよう。この区別は，ユダヤ慢性病病院（Jewish Chronic Disease Hospital）の事例によく表れている（Katz, Capron, and Glass 1972, chapter 1; Lerner 2004; Arras 2008）。

　医師 Chester M. Southam は，スローン-ケッタリング癌研究センター（Sloan-Kettering Institute for Cancer Research）に勤務する著名な医師・研究者であり，コーネル大学医学部の内科准教授であった。1963 年 7 月 16 日，Southam と 2 人の同僚は，ニューヨークにあるユダヤ慢性病病院の衰弱した患者 22 名に，生きた癌細胞を注射した。これは，癌患者の免疫システムを調べる Southam の研究の一環として行われた。それまでの研究で，健康な被験者は注入された癌細胞に対し 4〜6 週間くらいで拒絶反応を示すが，癌患者の場合にはより長い時間のかかることがわかっていた。癌患者の場合に反応が遅れるのは，癌に罹患しているからなのか，それとも高齢であったりすでに衰弱したりしているからなのかを Southam は知りたかった。この可能性を調べるため Southam は，高齢で衰弱しているが癌ではない人々に生きた癌細胞を注射することにしたのである。参加を求められた 3 名の医師が辞職したことを 1 つのきっかけにこの研究の噂が広まると，これをナチの強制収容所実験になぞらえる人が出る一方，Southam の言葉を信じて，問題ないとみなす人もいた。やがて，ニューヨーク州の評議委員会は，Southam に医療を続けさせるべきかどうか決定するため，この事例を調査した。Southam は自らを弁護して，自分は「責任ある臨床実践の最高の伝統」に従ったと論じた。彼の抗弁はいくつかの論点に基づいているが，そのすべてに関して，数人の著名な専門家が Southam を擁護する証言を行った。①彼の研究には高い科学的・社会的メリットがある，②対象者にとって大きなリスクはない（これは，600 人を対象とした 10 年に及ぶ Southam のそれまでの経験に基づいた主張だ），③情報をどこまで開示するかは，研究者のもたらすリスクのレベルに応じて決められるべきである，④この研究は，当時の医療実践の基準に合致している。最終的に評議委員会は，Southam には詐欺的行為，欺瞞，職業倫理に反する振るまいがあったとして，医師免許を 1 年間停止した。しかし，その数年後に Southam は米国癌学会（American Association of

Cancer Research）の会長に選出されている。
a) この章の 4 つの原理を使って Southam の研究を評価してみよう。
b) Southam は同僚研究者の視点に立ってみて，自分の仕事にどのような反応があるかを正確に予期していたといえそうだ。実際，多くの研究者が Southam の側に立って証言したのである。だが，一般の人々にとって自分の研究が懸念を引き起こすものになるかもしれないのはなぜか，Southam は理解できなかったし，しようとしなかった。対象者や同僚の意見とは異なる一般の世論は，研究倫理においてどのような役割を果たすべきだとあなたは考えるか。両者が異なっているときはどうすればいいだろうか。

13. 「東部コンゴにおけるクラウドシーディング（crowdseeding）[6]：携帯電話を使った紛争イベントデータのリアルタイム収集」というタイトルの論文（Windt and Humphreys 2016）に，東部コンゴで作られた分散型のデータ収集システム（第 5 章参照）の解説がある。対象者に生じるかもしれない害に研究者がどのように対処したかを説明してみよう。

14. 2014 年 10 月，3 名の政治学者が，モンタナ州に住む 10 万 2780 人の登録有権者——同州の登録有権者のおよそ 15％ にあたる（Willis 2014）——にある郵便物を送った。これは，多くの情報を与えられた有権者ほど投票しやすいかどうかを測る実験の一環であった。「2014 モンタナ州一般選挙有権者の情報ガイド」と題されたこの郵便では，非党派選挙（nonpartisan election）[7]で選ばれるモンタナ州最高裁判所判事の候補者が，リベラルから保守までのスケール上にランク付けしてあった。スケールには比較としてバラク・オバマとミット・ロムニーが添えてあり，モンタナ州の印章も付されていた（図 6.10）。

モンタナ州の有権者からは苦情が寄せられ，州務長官 Linda McCulloch は州政府に対して正式に苦情を申し立てざるをえなくなった。研究者を雇用していた大学（ダートマス大学とスタンフォード大学）は，郵便を受け取ったすべての人に手紙を送り，当惑を与えたことについて謝罪し，この郵便が「いかなる政党，候補者，組織とも提携したものではなく，いかなる選挙戦に対しても影響を与えようとするものではない」ことを明言した。また，候補者のランク付けは「いずれの選挙運動に献金していたかに関する公開情報に基づいたもの」だったと説明した（図 6.11）。

2015 年 5 月，モンタナ州の政治実践委員（Commissioner of Political Practices）であった Jonathan Motl は，研究者らがモンタナ州法に違反したと結論付けた：「ス

訳注
6) クラウドソーシング技術と，サーベイ調査・統計分析とを組み合わせたデータ収集のアプローチ。
7) 裁判官の選任において，裁判官候補が自らの支持政党を示さない公選方式。

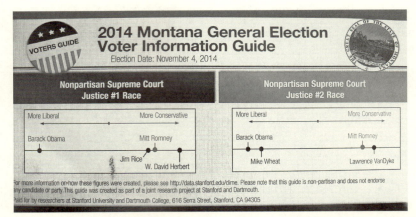

図 6.10 モンタナ州の登録有権者 10 万 2780 名に 3 人の政治学者が送付した郵便物
より多くの情報を与えられるほど，より投票しやすくなるかどうかを測る実験の一環として送られた。この実験のサンプルサイズは，州の有資格有権者のおよそ 15% にあたる（Willis 2014）。Motl（2015）より再掲。

タンフォード大学，ダートマス大学および・あるいはその研究者らが，モンタナ州の選挙運動法に違反したことを示す充分な事実がある。この法は，独立支出（independent expenditure[8]）の登録，報告，開示を義務づけている」（Motl〔2015〕の「充分な確認事項の第 3」）。Motl はまた，モンタナ州印章の無断使用がモンタナ州法に違反してないか郡検事が捜査するよう勧告した（Motl 2015）。

スタンフォード大学とダートマス大学は Motl の裁定に異議を唱えた。スタンフォード大学の広報担当者 Lisa Lapin は「いかなる選挙関連法に対する違反もなかったとスタンフォード大学は信じて」おり，また郵便物は「いずれかの候補者を支持ないし敵視する内容を含んでいない」と述べた。またこの郵便物ではそれが「非党派のものであり，いかなる候補者・政党を支持するものでもない」ことを明示しているとも指摘した（Richman 2015）。

a) この章で解説した 4 つの原理と 2 つの倫理枠組みを用いて，この研究を評価してみよう。
b) この郵便物が有権者のランダムサンプルに送付されたとしよう（この点にはすぐ立ち返る）。このとき，最高裁判事選挙が別の結果になりうるのはどんな条件の場合だろうか。
c) 実際のところ，送付された先はランダムサンプルではなかった。この件の調査に関わった政治学者 Jeremy Johnson の報告書によれば，郵便物は「民主党が優勢の選挙区に住む，リベラルから中道と目される有権者 6 万 4265 名と，共和党が優勢の選

訳 注
8) 候補者と連携せずに行われる選挙運動のためになされる支出のこと。

2014 年 10 月 28 日

モンタナ州有権者・市民への公開書簡

　学術研究の一環として最近送付された，選挙に関する郵便物が引き起こした混乱とご心配について，スタンフォード大学とダートマス大学を代表して深くお詫びします。それが送付された意図に沿って，研究の手段であることをもっと明確に示し，その目的や出所について曖昧さが残らないようにするべきでした。選挙の目的は民主主義のシステムがその役割を果たすようにすることであり，いかなる研究といえども選挙を混乱させるリスクを冒すべきではないということを，われわれは理解しております。**この郵便物が送付されたことを誠に遺憾に思います。ついては，モンタナ州の有権者のみなさまにこれを無視するようお願い致します。**

　選挙に関する情報を記載した郵便物は，政治学を担当する教員が独立に行った研究の一部でした。これは，より多くの情報を与えられた有権者はより投票しやすくなるかどうかを調べるための研究でした。この郵便物はいかなる政党，候補者，組織とも無関係であり，いかなる選挙戦にも影響を与えることを意図したものではありません。また，いかなる意味においても，モンタナ州政府によって承認・認可されたものでもありません。そのような印象を与えたことについてたいへん申し訳なく思います。

　この郵便物には，非党派選挙における裁判官候補を，リベラルから保守までのスケール上でランク付けしたグラフが含まれていました。このランキングは，候補者自身の決定や公職に基づいたものではなく，それぞれの選挙運動に誰が献金したかに関する公開情報に基づくものでした。郵便物には「いかなる党派とも関わりをもたず，どの候補者・政党を支持するものでもない」という文言も含まれてはいましたが，残念ながら，このグラフは候補者たちの党派上の配列を示したものとの印象を多くの方々に与えてしまいました。これはまったく本意ではありませんでした。

　スタンフォード大学とダートマス大学では，両校の研究ルールと規範が適切に守られていたかどうかを含め，事態のあらゆる側面を調査中です。また，モンタナ州の選挙管理人による捜査にも全面的に協力しております。現在，この研究はスタンフォード大学の倫理審査委員会に対し承認申請されていなかったことがわかっており，これは大学のポリシーに対する明確な違反です。

　問題の郵便物がモンタナ州の多くの方々に対して不安と混乱をもたらしていることを残念に思います。知識ある一般市民のみなさまの妨げになるのではなく貢献できる研究・教育活動を行う責任を，われわれは重く受け止めております。

Sincerely,

Philop Hanlon
（ダートマス大学学長）

John Hennessy
（スタンフォード大学学長）

cc: Linda McCulloch（モンタナ州州務長官）
　　Jonathan Motl（モンタナ州政治実践委員）

図 6.11　図 6.10 の郵便物を受け取ったモンタナ州の登録有権者 10 万 2780 名に送られた謝罪の手紙　郵便物を送付した研究者の所属していたダートマス大学とスタンフォード大学の学長が差出人となっている。Motl（2015）より再掲。

表 6.6　2014 年モンタナ州最高裁判事選挙の結果

候補者	得票数	得票率
最高裁判事 #1		
W. David Herbert	65,404	21.59%
Jim Rice	236,963	78.22%
最高裁判事 #2		
Lawrence VanDyke	134,904	40.80%
Mike Wheat	195,303	59.06%

（出典：モンタナ州州務長官のウェブページより）

挙区に住む，保守から中道と目される有権者 3 万 9515 名に送付されていた。民主党と共和党との間で数字が不均衡であることについて，当の研究者たちは民主党支持の有権者で投票率がかなり低いと想定したからだと説明した」という。これを読み，研究計画に対するあなたの評価は変化しただろうか。したとしたら，どのように変化しただろうか。

d)　調査を受けた研究者たちは，この選挙を選んだ理由について「予備選挙ではどの裁判官選挙も僅差の争いになってこなかった。モンタナ州の裁判官選挙に関する，2014 年の予備選挙結果に対する分析に基づいて，このような計画の研究はいずれの選挙戦についても結果を左右しないだろうと確認した」(Motl 2015) と語った。これを読み，研究に対するあなたの評価は変化しただろうか。したとしたら，どのように変化しただろうか。

e)　現実には，選挙結果はさほど僅差とならなかった（表 6.6）。この結果によって，研究に対するあなたの評価は変化しただろうか。したとしたら，どのように変化しただろうか。

f)　この研究に関わった研究者の 1 人がダートマス大学の IRB に申請を出していたが，実際のモンタナ州研究とは細部がまったく異なっていたことがわかった。モンタナ州で送付された郵便物は IRB に提出されていなかった。スタンフォード大学の IRB には一切申請がない。このことで，この研究に対するあなたの評価は変化しただろうか。したとしたら，どのように変化しただろうか。

g)　さらに，この研究者たちは，同様の選挙資料をカリフォルニア州の有権者 14 万 3000 人とニューハンプシャー州の有権者 6 万 6000 人にも送付していたことが判明した。私の知る限り，このおよそ 20 万通に及ぶ郵便物のために正式な苦情が申し立てられたことはない。これによって研究に対するあなたの評価は変化しただろうか。したとしたら，どのように変化しただろうか。

h)　あなたがこの研究の責任者だったら，異なるやり方を選んだだろうか。追加的な情報によって非党派の選挙戦で投票率が高まるかどうかを調べたいとしたら，あなたならどのような計画を立てるだろうか。

15. 🏁 2016年5月8日，2人の研究者 Emil Kirkegaard と Julius Bjerrekaer は，オンラインデートサイト OkCupid から情報をスクレイピングし，7万人分のデータセットを公開した。そこには，ユーザー名，年齢，ジェンダー，居住地域，宗教関連の意見，占星術関連の意見，デートへの関心，写真の数といった変数のほか，サイトの2600の質問に対する回答が含まれていた。公開データに添付されていた論文草稿で著者らは，「このデータを収集して公開したことの倫理性を問題にする人がいるかもしれないが，データセットに含まれているデータはすべて，現在あるいは過去において既に誰にでも利用可能だったものだ。つまり，データセットとして公開するのはより便利な形にしたということにすぎない」と述べている。

　データ公開への反応として，著者の1人は Twitter 上でこう尋ねられた——「このデータセットからはごく簡単に個人を再識別できる。ユーザー名まで含まれてるんだよ？匿名化のために何もしなかったの？」回答はこうだ。「してない。データは既に公開されていたものだからね。」（Zimmer 2016; Resnick 2016）

a) この章で解説した原理と倫理枠組みを用いて，このデータ公開について評価してみよう。
b) あなたは自分の研究のためにこのデータを使うだろうか。
c) 自分でスクレイピングしたのだとしたら，どうだろうか。

16. 🏁 2010年，米国陸軍の情報分析官が，25万件の極秘扱い外交電信を WikiLeaks に渡し，それはオンラインで公開された。Gill と Spirling（2015）は「WikiLeaks が暴露したものは，国際関係論の複雑な理論を検証するために利用できるかもしれないデータの宝庫」だと指摘し，流出した文書のサンプルを統計的に分析した。たとえば，著者らによれば，この電信は同期間に交わされたすべての外交電信のうち5%程度を占めると推定されるが，この比率は大使館によって異なるという（同論文の図1を見よ）。

a) 論文を読み，その倫理付録を書いてみよう。
b) 論文では，流出した文書の内容については分析されていない。この電信データを利用したプロジェクトで，あなたが実施したいものはあるだろうか。また，実施したくないものはあるだろうか。

17. 🏁 企業の苦情対応を調べるため，ある研究者がニセの苦情を綴った手紙をニューヨーク市にある高級レストラン240軒に送りつけた。以下はこの手紙からの抜粋である。

　この手紙をお送りするのは，最近そちらのレストランで経験したことに憤っているからです。先日，妻と私は1周年記念のお祝いをしました……食事の4時間後に症状が現れ始め，その晩は酷いものになりました。吐き気，嘔吐，下痢，激しい腹痛が

治まらず，これはすべて 1 つの原因を指していました．食中毒です．特別でロマンティックな夜となるはずが，私は嘔吐の合間に胎児のような姿勢でタイル敷きのトイレの床で身体を丸くしていて，妻はそれをみているしかなかったのですから，考えただけで怒りに身が震えます．……商業改善協会や保健省に報告するつもりはありませんが，そちらの［レストラン名］には，私の被った経験を踏まえ，適切に対応されることを望みます．

a) この章で解説した原理と倫理枠組みを用いて，この研究を評価してみよう．その評価を前提として，あなたならこの研究を実施するだろうか．
b) この手紙を受け取ったレストランの対応は下記のようであった（Kifner 2001）．

　それは料理をめぐるカオスだった．レストランのオーナー，店長，シェフはコンピュータで［氏名省略］の予約とクレジットカード記録を探し回り，傷んでいたかもしれない食材をみつけるべくメニューと青果の配達記録を見直し，厨房で働く人々にどんな不手際がありえたか問い詰めた．これらはすべて，大学と教員側が今となっては認めざるをえないように，地獄のビジネススクール研究によって引き起こされたのだ．

　この情報によってあなたの評価は変化しただろうか．
c) 私の知る限り，この研究は IRB あるいはその他の第三者機関による審査を受けていなかった．この事実によって，あなたの評価は変化しただろうか．その理由はどんなものだろうか．

18. 前問の研究を，レストランと関連するがまったく異なる別の研究と比較してみてほしい．この研究で Neumark et al.（1996）は，男子大学生 2 名と女子大学生 2 名分の架空の履歴書を作り，フィラデルフィアにあるレストラン 65 軒にウェイター・ウェイトレス職への応募として送りつけた．レストランの採用における性差別を調査するためである．130 件の応募に対し，面接が 54 件，採用が 39 件となった．この研究では，高価なレストランにおける女性差別を示す統計的に有意な証拠がみつかった．
a) この研究の倫理付録を書いてみよう．
b) この研究は，前問で説明した研究と倫理面で違いはあると思うか．あるとすれば，どのような違いだろうか．

19. 2010 年頃，米国の大学教員 6548 名が下記のような文面のメールを受け取った．

Salganik 先生

　メールを差し上げているのは，博士課程進学希望の学生として，先生のご研究に強い興味を抱いているからです．次の秋，博士課程に応募しようと計画していまして，それまでに，研究の機会についてできるだけ調べておきたいと考えています．

　私は今日，大学を訪れる予定です．突然ではありますが，もし可能なら 10 分だけお時間を頂いて，先生の研究と私がそれに関われる機会について少しお話しできればと思います．先生とお会いするのが今回の第 1 の目的ですので，時間はご都合のよろしいときでかまいません．

　ご検討，どうかよろしくお願いします．

Carlos Lopez

　このメールはフェイクで，フィールド実験の一環だった．これは，大学教員がメールに返信するかどうかが①時間の幅（今日か，来週か），②エスニシティとジェンダーの徴となる送り手の名前（Carlos Lopez, Meredith Roberts, Raj Singh など）によって異なるかを調べるものだ．結果は，依頼が 1 週間後の面会だった場合，白人男性の方がマイノリティ女性よりも大学教員に 25％ 会いやすいというものだった．しかし当日の依頼だと，このパターンはほぼ消え去った（Milkman, Akinola, and Chugh 2012）．
a) この章で解説した原理と倫理枠組みで，この実験を評価してみよう．
b) 実験終了後，研究者たちは以下のようなメールを対象者全員に送ってデブリーフィングした．

　最近，博士課程の話をしたいので 10 分だけ時間をとってほしいという学生からのメールを受け取ったと思います（そのメール本文は以下にあります）．今日は，学生からのメールがもつ本当の目的をお知らせするためメールをお送りしています．あれは調査研究の一環として送られたものでした．われわれの研究がみなさんを混乱させなかったことを心から願いますが，少しでもご迷惑をおかけしていた場合にはお詫び申し上げます．このメールが研究の目的とデザインについての十分な説明となり，みなさんを巻き込んだことについて抱かれた懸念が低減されることを望みます．このメッセージを受け取った理由を知りたい場合，読み進んで頂ければ幸いです．この大規模な学術研究を通じて生み出せると期待している知識の価値を認めて下さることを希望します．

　研究の目的とデザインに関する説明に続いて，著者らは次のように記した．

研究結果がまとまり次第，ウェブサイトで公開する予定です。個人を識別可能なデータがこの研究から報告されることは決してなく，今回の被験者間デザインでは，個人レベルではなく全体でのメールへの返答パターンがわかるだけですので，ご安心下さい。われわれが公刊する研究やデータで，個人や大学が特定されることは決してありません。いうまでもなく，ある個人がメールにどう返答したかは，面会希望を受け入れるか断るかには複数の理由がある以上，意味がありません。すべてのデータは既に個人を特定できないように処理してあり，特定可能なメールはすべてデータセットからも関連するサーバからも既に削除されています。さらに，データがまだ個人を識別可能な状態であったときにも，強力で安全なパスワードで保護されていました。また，人を対象とする学術研究が常にそうであるように，われわれの研究プロトコルも大学の研究倫理審査委員会によって承認されています（コロンビア大学モーニングサイド IRB，ペンシルヴァニア大学 IRB）。

研究対象としての権利について何かご質問がある場合には，コロンビア大学モーニングサイド研究倫理審査委員会に［住所略］かメールで［アドレス略］，あるいはペンシルヴァニア大学研究倫理審査委員会には［略］に連絡して下さい。

われわれの研究に対するご協力とご理解に感謝します。

c) このケースでデブリーフィングすることを支持する論拠は何だろうか。また支持しない根拠は何だろうか。このケースで研究者らは対象者にデブリーフィングすべきだったとあなたは考えるだろうか。
d) オンラインの補足資料には「ひとの被験者保護」という節がある。これを読み，付け加えたいこと，あるいは取り除きたい部分がないか考えてみよう。
e) この実験の，研究者にとってのコストと，対象者にとってのコストは何だろうか。Andrew Gelman（2010）は，この研究の対象者は費やした時間を実験後に補償されるべきだと論じた。この意見に同意できるだろうか。この章の原理と倫理枠組みで，あなた自身の議論を組み立ててみよう。

第7章 未来

7.1 先をみる

第1章で述べたように，社会調査を行う人たちは，写真撮影技術から映画撮影技術への変化さながらの推移の真っただ中にいる。この本の中で私たちは，いかにして研究者たちがデジタル時代の可能性を活用して，つい最近まで考えられなかったようなやり方で行動を観察したり（第2章），質問をしたり（第3章），実験を行ったり（第4章），あるいはコラボレーションをしたり（第5章）し始めているのかをみてきた。このような機会を活用する研究者たちはまた，困難で同時に曖昧な倫理的決定にも直面しなければならないだろう（第6章）。この章では，これら各章に通底し，社会調査の将来にとっても重要になる3つのテーマに光を当てることにしたい。

7.2 未来のテーマ

7.2.1 レディメイドとカスタムメイドのブレンド

> 純粋なレディメイドの戦略も純粋なカスタムメイドの戦略も，いずれもデジタル時代の可能性を完全に活用しているとはいえない。私たちは，将来ハイブリッドを生み出していくことになるだろう。

イントロダクションで，私は，マルセル・デュシャンのレディメイドスタイルとミケランジェロのカスタムメイドスタイルとを比較した。この比較はまた，レ

ディメイドで仕事をする傾向のあるデータサイエンティストと，カスタムメイドで仕事をする傾向のある社会科学者との違いを捉えている。私は，将来これらの間のハイブリッドがいっそう進むと予想している。なぜなら，こうしたアプローチはいずれも単独では限界があるからだ。申し分のないレディメイドは世界にそれほど多くは存在しないため，レディメイドだけを使いたがるような研究者は苦労することになるだろう。反対に，カスタムメイドだけを使いたがるような研究者は，スケールを犠牲にすることになる。だが，ハイブリッドなアプローチならば，レディメイドから得られるスケールと，カスタムメイドから得られる問いとデータとの間の緊密な対応とを組み合わせることができるのである。

私たちは，4つの事例の章のそれぞれで，こうしたハイブリッドの例をみてきた。第2章では，いかにしてGoogleインフルエンザトレンドが，常時オンのビッグデータ（検索履歴）と確率に基づく伝統的な測定システム（CDCインフルエンザ監視システム）とを組み合わせて，より高速な推定を行うことができたのかをみた（Ginsberg et al. 2009）。第3章では，実際に投票をする人々の特徴に関してより多くを知るために，Stephen AnsolabehereとEitan Hersh（2012）が，いかにしてカスタムメイドのサーベイデータを，レディメイドの政府の行政データと組み合わせたのかをみた。第4章では，Opowerの実験において，いかにしてレディメイドの電気使用量の測定インフラとカスタムメイドの処置とが組み合わされ，何百万もの人々の行動に及ぼす社会規範の影響が調べられたのかをみた。最後に，第5章では，政策討論のダイナミクスの研究に使えるデータを作るために，Kenneth Benoitたち（2016）が，いかにしてカスタムメイドのクラウドコーディングを，政党が生み出したレディメイドのマニフェストの集合に適用したのかをみた。

これら4つの例すべてが示すのは，未来における強力な戦略が，もともと研究のために作られたのではないビッグデータを，研究により適したものに変える追加的な情報によって，より豊かにしていくことにあるという点だ（Groves 2011）。カスタムメイドから始めるにせよレディメイドから始めるにせよ，このハイブリッドスタイルは，多くの研究上の問題に対し大きな可能性を秘めている。

7.2.2 参加者中心のデータ収集

研究者中心の，過去のデータ収集のアプローチも，デジタル時代においてはうま

7.2 未来のテーマ 365

くいかなくなる。将来において私たちは，参加者中心のアプローチをとることになるだろう。

　もしデジタル時代にあなたがデータを集めようとするならば，あなたは人々の時間と注目を求める争いの中にあることを知っておく必要がある。あなたの参加者の時間と注目は，あなたにとって信じられないほど貴重なものだ。これらは，あなたの研究のいわば原材料である。多くの社会科学者は，キャンパスの実験室の学部生など，比較的選択の幅の少ない人々を前提とした研究の計画に慣れている。こうした状況においては，研究者の必要性が優先され，参加者の楽しみはそれほど重視されない。デジタル時代の研究では，こうしたアプローチをもはや維持することはできない。参加者はしばしば研究者から物理的に離れており，両者の間の相互作用は，ときにコンピュータによって媒介される。こうした状況が意味するのは，研究者たちが参加者の注目をめぐって互いに争っているということであり，したがって参加者にとってより楽しい経験を生み出さなければならないということである。参加者との相互作用に関わる章において，私たちがデータ収集に対する参加者中心のアプローチをとる研究事例の数々をみてきたのは，まさにこのためだ。

　たとえば，第3章で私たちは，Sharad Goel，Winter Mason と Duncan Watts (2010) が，いかにしてフレンドセンスというゲームを生み出したのかをみたが，これは実際には，態度サーベイを縁取る気の利いたフレームであった。第4章では，人々が実際に参加したいと思うような実験を設計することで，変動費用がゼロのデータを作れることをみた。私が，Peter Dodds と Duncan Watts とともに生み出した音楽ダウンロードの実験がその例だろう (Salganik, Dodds, and Watts 2006)。最後に，第5章では，Kevin Schawinski, Chris Lintott, そしてギャラクシー・ズーのチームが，いかにして10万人を超える人々を動機づけ，天文学的な（言葉の両方の意味において）画像ラベリングの作業に参加させるマスコラボレーションを生み出したのかをみた (Lintott et al. 2011)。これらの事例それぞれにおいて，研究者たちは，参加者にとってよい実験を作り出すことに心を砕いた。そして各事例でこの参加者中心のアプローチは，新たな種類の研究を可能にしたのであった。

　私の予想では，今後とも研究者たちは，よいユーザー体験をもたらすことに力を注ぐデータ収集のアプローチを開発し続けるだろう。デジタル時代には，あなたの参加者は，1回クリックすればスケートボードをする犬のビデオを視聴でき

てしまうことを忘れないようにしよう。

7.2.3 研究デザインにおける倫理

倫理は周辺的問題から中心的問題になる結果，研究上のトピックになるだろう。

　デジタル時代において倫理は，研究を形作る中心的な問題にますますなっていくだろう。つまり，将来私たちは，できることよりもなすべきことにますます心を砕くことになるはずだ。実際そうなっているように，私の予想では，社会科学者のルールに基づくアプローチとデータサイエンティストのアドホックなアプローチは，第6章で述べた原理ベースのアプローチのようなものに進化していくことだろう。私はまた，倫理がますます重要になるにつれ，それが方法論的研究のトピックにもなっていくと考えている。社会科学者が，今日，時間と労力を割いてより安価でより正確な推定を生み出す新たな手法を開発しているように，私たちは，より倫理的に責任ある手法を開発すべく努力するようにもなると思う。この変化は，研究者が倫理を単に目的としてだけではなく，社会調査を行う手段としても重視しているから起きるのである。

　この趨勢の1つの例が，差分プライバシー（differential privacy）[1]に関する研究だ（Dwork 2008）。たとえば，ある病院が詳細な診療録を保持していて，研究者がこうしたデータにおけるパターンを理解したいものとしよう。差分プライバシーによるアルゴリズムによって，研究者は，特定の個人の性質について何かを知ってしまうリスクを最小化しながら，データの集約的なパターン（例：喫煙者はより癌にかかりやすい）を知ることができるのである。こうしたプライバシー保護のアルゴリズムの開発は，活発な研究領域になっている。詳しくは，本一冊でこのテーマを扱っている Dwork and Roth（2014）を参照してほしい。差分プライバシーは，研究者コミュニティが倫理的課題を受け止め，これを研究プロジェクトへと変え，そして進展を遂げた1つの例だ。これこそ，私たちが社会調査のさまざまな分野において今後ますます目にすることになるであろうパターンに

訳注

1) データ利用とプライバシー保護の両立をめざす技術の1つ。大量のデータを集める際に個別のレコードに対してノイズ付加等を施すことで，個人の特定が著しく困難になる一方，データ全体の統計的な性質は維持される。「差分プライバシー」の「差分」は，もともと，個人の私的情報がデータベースに活用された際に当該個人が被りうる最大限のプライバシーの損失量を指している。

ほかならない。

　研究者の力が，ときに企業や政府との協力関係とも相まって，増大し続けるにつれ，複雑な倫理的問題を避けるのが今後いっそう困難になっていくであろう。私の経験では，多くの社会科学者やデータサイエンティストは，こうした倫理的問題を避けて通るべき沼地のようにみなしている。だが私は，こうした忌避が今後戦略としてますます通用しなくなると思う。もし私たちが，こうした問題に正面から飛び込み，他の研究上の問題に対して向けてきたような創造性と努力でもって対処すれば，私たちはコミュニティとして倫理的問題に十分に取り組むことができるはずだ。

7.3　はじまりに戻って

> 社会調査の未来は，社会科学とデータサイエンスのコンビネーションになるだろう。

　私たちの旅の最後にあたって，この本の最初の章のまさに最初のページで紹介した研究に戻ることにしよう。Joshua Blumenstock，Gabriel Cadamuro と Robert On（2015）は，ルワンダにおける富の地理的分布を推定するため，およそ 150 万人もの人々の詳細な通話記録のデータを，1000 人ほどの人々のサーベイデータと組み合わせた。彼らの推定は，途上国におけるサーベイの代表的存在である人口保健調査の推定と同様の結果を示したが，彼らの手法の方が 10 倍高速でかつ 50 倍安価であった。こうした劇的に高速で安価な推定は，それ自体が目的なのではなく，目的のための手段として，研究者，政府，企業に新たな可能性をもたらしてくれるものなのだ。この本の最初に，私はこの研究を社会調査の未来を覗くための窓にたとえた。私は今，あなたがその理由を理解しているものと思う。

謝　　辞

　この本は，マスコラボレーションにまるまる 1 章をあてたが，この本それ自体がマスコラボレーションでもある．端的にいって，多くの素晴らしい人々や組織の寛大な支援がなければ，この本は存在していないだろう．このことについて，私は感謝の念に堪えない．

　多くの人たちが，この本の各章について意見をくれたり，この本について私と広範に語り合う機会をもってくれたりした．この貴重なフィードバックについて，私は，Hunt Allcott, David Baker, Solon Baracas, Chico Bastos, Ken Benoit, Clark Bernier, Michael Bernstein, Megan Blanchard, Josh Blumenstock, Tom Boellstorff, Robert Bond, Moira Burke, Yo-Yo Chen, Dalton Conley, Shelley Correll, Don Dillman, Jennifer Doleac, Ethan Fast, Nick Feamster, Cybelle Fox, Maggie Frye, Alan Gerber, Sharad Goel, Don Green, Eitan Hersh, Jake Hofman, Greg Huber, Joanna Huey, Patrick Ishizuka, Ben Jones, Steve Kelling, Sasha Killewald, Dawn Koffman, Andrés Lajous, Harrissa Lamothe, Andrew Ledford, David Lee, Amy Lerman, Meagan Levinson, Karen Levy, Kevin Lewis, Dai Li, Ian Lundberg, Xiao Ma, Andrew Mao, John Levi Martin, Judie Miller, Arvind Naranyanan, Gina Neff, Cathy O'Neil, Devah Pager, Nicole Pangborn, Ryan Parsons, Arnout van de Rijt, David Rothschild, Bill Salganik, Laura Salganik, Christian Sandvig, Mattias Smångs, Brandon Stewart, Naomi Sugie, Sid Suri, Michael Szell, Sean Taylor, Florencia Torche, Rajan Vaish, Janet Vertesi, Taylor Winfield, Han Zhang, Simone Zhang の各人に謝意を伝えたい．また，有益なフィードバックをくれた 3 人の匿名の査読者にも，お礼を申し上げたい．

　私はまた，この本の草稿に対して，「オープンレビュー（Open Review）[1]」の次の参加者たちから素晴らしいフィードバックを得た．akustov, benzevenber-

---
訳　注 ●
1) 本書の草稿は 2017 年 7 月 18 日まで Web 上で公開され，フィードバックを受け付ける「オープンレビュー」の状態にあった．

gen, bp3, cailinh, cc23, cfelton, chase171, danivos, DBLarremore, differentgranite, dmerson, dmf, efosse, fasiha, hrthomas, huntr, istewart, janetxu, jboy, jeremycohen, jeschonnek.1, jtorous, judell, jugander, kerrymcc, leohavemann, LMZ, MMisra, Nick_Adams, nicolemarwell, nir, person, pkrafft, raminasotoudeh, rchew, rkharkar, sculliwag, sjk, Stephen_L_Morgan, sweissman, toz, vnemana.「オープンレビュー・ツールキット（Open Review Toolkit）[2]」の開発支援に対して，スローン財団と Josh Greenberg にも感謝を伝えたい。もしあなたが自身の本をオープンレビューにかけたいなら，http://www.openreviewtoolkit.org を訪ねられたい。

　この本について話をする機会を与えてくれた，次のイベントの主催者と参加者にも感謝したい。コーネルテック・コネクティブメディアセミナー，プリンストン民主政治研究センターセミナー，スタンフォード HCI コロキアム，バークレー社会学コロキアム，ラッセル・セージ財団計算社会科学ワーキンググループ，プリンストン DeCamp 生命倫理セミナー，コロンビア「社会科学における量的手法」連続来賓講演，プリンストン情報技術政策センター「技術と社会」読書会，シモンズ計算理論研究所「計算社会科学とデータ科学における新たな方向性」ワークショップ，データ社会研究所ワークショップ，シカゴ大学社会学コロキアム，計算社会科学国際会議，マイクロソフトリサーチ・データサイエンスサマースクール，応用数理学会（SIAM）年次大会，インディアナ大学 Karl F. Schuessler 講義「社会調査の方法」，オックスフォード・インターネット研究所，MIT スローン・スクール・オブ・マネジメント，AT&T リサーチ，ルネサンス・テクノロジーズ，ワシントン大学データサイエンスセミナー，SocInfo 2016[3]，マイクロソフトリサーチ・レドモンド，ジョンズ・ホプキンズ大学人口研究センター，ニューヨーク市データサイエンスセミナー，ICWSM 2017[4]。

　多くの学生が，多年にわたってこの本のアイデアを形作ってくれた。特に感謝したいのが，本書の初期の原稿を読んでくれた 2016 年春学期「社会学 503（社会科学の技法と方法）」の参加学生と，授業の中での完成稿のパイロットテストに協力してくれた 2017 年秋学期「社会学 596（計算社会科学）」の参加学生だ。

訳　注

2) 草稿をオープンレビューに付すことを可能にするオープンソースのソフトウェア。
3) 「SocInfo」は「国際社会情報学会議（International Conference on Social Informatics）」のこと。
4) 「ICWSM」は米国人工知能学会（AAAI）が開催している「ウェブ・ソーシャルメディア国際会議（The International AAAI Conference on Web and Social Media）」のこと。

素晴らしいフィードバックは，プリンストン民主政治研究センターが主催した私の本の原稿に関するワークショップでも得ることができた。ワークショップを支援してくれた Marcus Prior と Michele Epstein に感謝したい。そして，忙しいところ時間をとって本書の改善を助けてくれた以下の参加者全員にお礼を申し上げたい。Elizabeth Bruch, Paul DiMaggio, Filiz Garip, Meagan Levinson, Karen Levy, Mor Naaman, Sean Taylor, Markus Prior, Jess Metcalf, Brandon Stewart, Duncan Watts, Han Zhang. 本当に素晴らしい1日であり，私のキャリア全体の中でももっともエキサイティングで実りある日の1つといえるだろう。あの部屋に満ちていた英知のいくばくかでも最終稿に反映できていたらと祈るばかりである。

そのほか，特に感謝を伝えたい人たちが何人かいる。Duncan Watts は，私の博士論文のアドバイザーであるが，この博士論文こそが，私がデジタル時代の社会調査に夢中になるきっかけを与えてくれた。大学院時代のこの経験がなければ，本書は存在していなかっただろう。Paul DiMaggio は，私にこの本を書くようすすめてくれた最初の人だった。それは，ウォーレス・ホールのコーヒーマシーンの前で私たち2人が待っていたある午後のことだった。今も覚えているが，私はまさにそのときまで，本を書くなんてことは夢にも思っていなかったのだ。私に何か語れることがあると説得してくれた彼に深く感謝している。私はまた，もっとも初期のもっとも雑然とした段階で，ほぼすべての章を読んでくれた Karen Levy にも謝意を伝えたい。彼女は，私が細かなことにとらわれていたときも，大局をみるよう助けてくれたのである。何度も素晴らしいランチの時間を共にする中で，本書の議論を絞り込み，磨き上げていくことを助けてくれた Arvind Narayanan にも感謝している。Brandon Stewart は，いつも喜んで喋り相手になったり，各章に目を通したりしてくれた。彼の洞察や励ましのおかげで私は，脇道に逸れていきそうになるときも常に前進していくことができた。そして最後に感謝したいのは，Marissa King だ。ニューヘブンのある晴れた午後，私がこの本のタイトルに行き着くのを助けてくれたからである。

この本を書いている間，私は，プリンストン大学，マイクロソフトリサーチ，コーネルテックという3カ所の素晴らしい研究機関から恩恵を受けた。まずプリンストン大学では，温かく支えになる文化を作り，維持してくれている社会学部の同僚と学生に感謝を伝えたい。また，素晴らしい知的なセカンドハウスを私に与えてくれた情報技術政策センターにもお礼を申し上げたい。私はそこでコンピュータサイエンティストがいかにこの世界をみているのかを学ぶことがで

きた。この本の一部は，私がサバティカルでプリンストンを離れているときに書かれたが，幸運にもその間，私は2つの素晴らしい知的コミュニティで時間を過ごすことができた。第1に，2013年から14年の間私が身をおいたマイクロソフトリサーチ・ニューヨークシティに感謝したい。Jennifer Chayes と David Pennock をはじめ，計算社会科学グループのすべての人たちが，素晴らしいホストであり同僚であった。第2に，2015年から16年の間私を滞在させてくれたコーネルテック[5]にもお礼を伝えたい。Dan Huttenlocher と Mor Naaman をはじめ，社会技術ラボのみなさんのおかげで，コーネルテックはこの本を仕上げる理想の環境となった。多くの点でこの本は，データサイエンスと社会科学のアイデアの結合について書かれているが，マイクロソフトリサーチとコーネルテックは，まさにこうした知的相互交流 (intellectual cross-pollination) のモデルになっているといえるだろう。

　この本を書いている間，私は優れた研究補助を得ることができた。本書のグラフの作成を助けてくれた Han Zhang には感謝している。また，章末課題の作成を助けてくれた Yo-Yo Chen にも感謝したい。最後に，あらゆる種類の補助を行ってくれた Judie Miller と Kristen Matlofsky にも感謝している。

　この本のウェブ版は，Agathon Group の Luke Baker, Paul Yuen, Alan Ritari の手によって作られた。彼らと仕事をするのは，いつもの通り楽しいものだった。中でも，この本のビルドプロセスを開発し，Git, pandoc, Make[6]の暗がりの中私を案内してくれた Luke には，特にお礼を伝えたい。

　私たちが使用した次のオープンソースプロジェクトの貢献者たちにも感謝申し上げたい。Git, pandoc, pandoc-crossref, pandoc-citeproc, pandoc-citeproc-preamble, Hypothesis, Middleman, Bootstrap, Nokogiri, GNU Make, Vagrant, Ansible, LaTeX, Zotero. 本書のすべてのグラフは，R で作成され (R Core Team, 2016)，次のパッケージを利用した。ggplot2 (Wickham 2009=2012), dplyr (Wickham and Francois 2015), reshape2 (Wickham 2007), stringr (Wickham 2015), car (Fox and Weisberg 2011), cowplot (Wilke 2016), png (Urbanek

---

訳　注

5)　ニューヨーク市マンハッタンに2012年に開校した工科系大学院。コーネル大学とイスラエル工科大学が共同で運営している。

6)　「Git」は，プログラムのソースコード等の変更履歴を記録，管理，共有するための分散型バージョン管理システム。「pandoc」は，さまざまなフォーマットの間での変換をサポートする文書変換ツール。「Make」は，プログラムのソースコードを実行ファイルに変換するビルド作業を自動化するツール。いずれもオープンソースである。

2013），grid（R Core Team, 2016），ggrepel（Slowikowski 2016）。私が pandoc を始めるきっかけとなったブログ投稿を書いた Kieran Healy にもお礼を伝えたい。

　論文のいくつかのグラフを再現するにあたってデータを提供してくれた Arnout van de Rijt と David Rothschild，論文の追試用のファイルを公開している Josh Blumenstock と Raj Chetty にもそれぞれ謝意を伝えたい。

　プリンストン大学出版局では，最初にこのプロジェクトに信頼を寄せてくれた Eric Schwartz と，それを実現してくれた Meagan Levinson とに感謝を伝えたい。Meagan は，書き手が望みうる最良の編集者だった。彼女は，よいときも悪いときもいつもそこにいて，このプロジェクトを支えてくれた。私が特に感謝しているのは，彼女のサポートが，プロジェクトの変化に応じて進化していった点だ。Al Bertrand は，Meagan の休暇中とてもうまくやりくりしてくれたし，Samantha Nader と Kathleen Cioffi は，この原稿を本格的な書籍へと変えるのを助けてくれた。

　最後に私の友人と家族にも感謝したい。あなたたちは，このプロジェクトを実にさまざまに，しばしばあなたたち自身がそれと知らないうちに，支えてくれたのだ。特に，このプロジェクトが延々と続く間いつも理解を示してくれた私の両親のローラとビル，そして義父母のジムとシェリルに謝意を伝えたい。私の子どもたち，エリとセオにも感謝したい。君たちは私に何度も何度も，いつになったら本がようやく出来上がるんだと聞いてきたね。そう，ようやく出来上がったのだ。そして，何よりも重要なことだが，私は妻のアマンダに感謝の気持ちを伝えたい。君もまた，この本がいつになったらようやく出来上がるのか，内心きっと思っていただろうけど，決して表にはそうみせなかった。私がこの本に取り組んだ何年もの間，私は物理的にも心理的にもあまりに留守がちだった。君の際限のない支えと愛に，ただただ感謝するばかりである。

訳者あとがき

　この本は，Matthew J. Salganik, 2017, *Bit by Bit*, Princeton University Press の全訳である。

　ビッグデータやデジタル実験から得られるデータの活用，ウェブやウェアラブルデバイスを用いた新しいサーベイ法，機械学習・自然言語処理・人工知能を用いた分析手法の援用など，デジタル時代の社会科学——これらを総称して「計算社会科学」と呼ぶことにしよう——は革命的な変化を遂げつつある。この本は，近年，世界的に発展しつつあるこの計算社会科学について，第一人者が単独で書き下ろした世界初の教科書だ。

　著者の Matthew J. Salganik は 1976 年生まれ。米国のコロンビア大学社会学部にて博士号を取得した。指導教官は，ネットワーク科学の立役者で計算社会科学も牽引するあの Duncan Watts である。Salganik は本書でも紹介されているミュージック・ラボの実験で名を馳せ，その後も独創的な業績を多数あげている。現在はプリンストン大学社会学部教授として，計算社会科学をリードする中心人物の1人だ。

　この本の内容自体は，きわめて平易な言葉で書かれており，あらためてここで解説するには及ばないだろう。社会科学やデータサイエンスの予備知識も必要ない。この本を通じて，読者は最先端のデータ分析や社会調査の理論と方法に触れ，学ぶことができるはずだ。

　この本の対象は，社会科学やデータサイエンスの研究者に限られない。実務でデータ分析に従事している人，ビッグデータやソーシャルメディアが社会に与えるインパクトに関心をもつ人など，デジタル時代の社会調査に関心をよせるすべての人に開かれている。

　ここで，訳者の考えるこの本の特徴をいくつか挙げよう。

　第1に，この本の特徴は，データサイエンス的な先端性と社会科学的な正統性を両立させていることにある。この本には，先端的な手法やデータを用いた研究が多数登場するが，それらはすべて社会科学の伝統的な問題関心や理論枠組みの中に位置づけられ解説されている。だから，社会科学にバックグラウンドのある読者は，現在，ビッグデータや人工知能を援用して行われている最先端の研究

が，決して一過性の流行ではなく，社会科学の伝統的な問題に対する新たな取り組みとして必然性をもって発展してきたことが理解できる。一方で，データサイエンスになじんだ読者は，自分たちが普段行っている分析の社会科学的な意味付けを深く知ることができるだろう。著者がいうように，この本の価値は，研究の最前線を扱いながらも古びることのない，普遍的な社会科学上の問題を追究しているという点にある。

第2の特徴は，たくさんの研究事例を用いて，重要なポイントを解説していることだ。本文だけでなく，章末の読書案内や課題を含めれば，この本だけで計算社会科学の研究事例のかなりの部分をカバーしていることになる。読者はこれらの豊富な事例を通じて，最前線の社会科学・社会調査の全貌を学ぶことができる。そのためにも，読書案内や課題にも目を通してみてほしい。特に課題は，一読して頭の中で考えてみるだけでも理解度がかなり深まると思う（もちろん自分で手を動かして解いてみるのが一番だ）。

第3に，この本ではデジタル時代の社会調査にともなう倫理的問題について，深く扱っている。ビッグデータやデジタル実験などの先進的な研究領域には，未解決の倫理的問題がつきまとう。Facebook データを用いた世界各国の選挙への介入が疑われたケンブリッジアナリティカのスキャンダルは記憶に新しいが，デジタル社会調査によって研究者はかつてないほど，政治や人々の生活・プライバシーに介入する権力を手に入れている。Salganik はこのような権力には責任がともなうとし，倫理的問題を深く考察するための原理的な提言をしている。研究や実務で直面する倫理的問題と向き合うための助けとなるだろう。

この本の翻訳作業がスタートしたのは，2018 年の 1 月である。訳者の 1 人（瀧川）が原著の出版（2017 年 11 月）を知って，有斐閣の松井智恵子さんに翻訳の提案をしたのがきっかけだ。原著出版直後に翻訳をするのは，有斐閣としては異例のことだそうだが，松井さんの尽力により，企画を通すことができた。また，企画を通す過程では，一橋大学名誉教授の西口敏宏先生の強い推薦があったときく。記して感謝したい。

原著が出版されたのが 2017 年 11 月だから，それから 2 カ月足らずで翻訳を始めることができたことになる。この本の意義は古びることはないものの，やはり最先端の調査方法論をいち早く日本語圏の読者に伝えたいという思いから，2019 年の 4 月刊行を目標にして，瀧川が，法社会学，計算社会科学，社会調査等に造詣が深い常松，阪本，大林に声をかけ，翻訳チームを組み，共同で集中的

に翻訳に取り組むことにした。各自担当章を分担して翻訳したあと，すべての訳者でそれぞれの担当者の下訳を検討するため，有斐閣の会議室にて各章ごとの訳文検討会議を開いた。夏休みには仙台で合宿を開き，複数章の訳文の検討会を行ったのもよい思い出だ。

　この本を日本語に翻訳するにあたっては，原著の平易で形式ばらない雰囲気をできるだけそのまま伝えるよう努力した。訳文は訳者全体のみならず外部の人の目も借りて検討したが，誤訳や読みにくい箇所も残っていることだろう。気づいた点があれば，ぜひ指摘してほしい。

　この本の翻訳の過程で多くの人の協力を得た。最初に，異例に早い段階での翻訳の提案にもかかわらず，快く引き受けてくれて企画を通し，以後もさまざまな面で翻訳をサポートしていただいた松井さんに感謝したい。また，西口先生の推薦は訳者にとっても勇気づけられるものだった。校正段階では，校正者の茅（瀧川）しのぶさんに多数の誤りを直していただいた。翻訳に際しては，特に第5章の天文学関係の用語について，東北大学学際科学フロンティア研究所の當真賢二准教授，同研究所の市川幸平助教から貴重な示唆を得た。さらに，訳文全体は，東京大学大学院総合文化研究科の計算社会科学ゼミ（2018年度「世界システム1」「人間の安全保障演習Ｖ」）に参加した大学院生にも目を通してもらった。貴重なフィードバックを通して訳文の改善に貢献してくれた伊藤ジェームズ信玄さん，魚住知広さん，小菅生草太さん，小山達也さん，榛葉絵美さん，ディーン・リーさん，中村雄人さん，成田龍一朗さん，林稜さんに感謝申し上げたい。また訳者の1人である大林は，青山学院大学社会情報学部の松澤芳昭准教授（情報システム学），そのゼミ生，すでに原著を購入していた学部2年生の有志2名らとともに輪読会を行い，彼らから本書の内容や翻訳に関して貴重なフィードバックをいただくことができた。重ねて感謝申し上げたい。

　また，原著者の Salganik は，訳者が意味のとれないところや誤記の疑われる箇所について問い合わせたところ，やりとりが複数回に及んだにもかかわらず，すべて快く答えてくれた。

　本訳書が，デジタル時代の社会調査に携わる多くの人に活用され，日本における計算社会科学推進の一端を担ってくれることを切に願っている。

　　　2019年3月

　　　　　　　　　　　　　　　　　　　　　　　　　　　　　　　訳者一同

参考文献

Abelson, Hal, Ken Ledeen, and Harry Lewis. 2008. *Blown to Bits: Your Life, Liberty, and Happiness After the Digital Explosion.* Upper Saddle River, NJ: Addison-Wesley.

Acquisti, Alessandro, Laura Brandimarte, and George Loewenstein. 2015. "Privacy and Human Behavior in the Age of Information." *Science* 347 (6221): 509-14. doi:10.1126/science.aaa1465.

Adair, John G. 1984. "The Hawthorne Effect: A Reconsideration of the Methodological Artifact." *Journal of Applied Psychology* 69 (2): 334-45. doi:10.1037/0021-9010.69.2.334.

Adams, Nicholas. 2016. "A Crowd Content Analysis Assembly Line: Annotating Text Units of Analysis." SSRN Scholarly Paper ID 2808731. Rochester, NY: Social Science Research Network. http://papers.ssrn.com/abstract=2808731.

Adams, Tim. 2012. "Galaxy Zoo and the New Dawn of Citizen Science." *Guardian*, March. http://www.guardian.co.uk/science/2012/mar/18/galaxy-zoo-crowdsourcing-citizen-scientists.

Administrative Data Taskforce. 2012. "The UK Administrative Data Research Network: Improving Access for Research and Policy." Economic and Social Research Council. http://www.esrc.ac.uk/files/research/administrative-data-taskforce-adt/improving-access-for-research-and-policy/.

Agarwal, Sameer, Yasutaka Furukawa, Noah Snavely, Ian Simon, Brian Curless, Steven M. Seitz, and Richard Szeliski. 2011. "Building Rome in a Day." *Communications of the ACM* 54 (10): 105-12. doi:10.1145/2001269.2001293.

Ajunwa, Ifeoma, Kate Crawford, and Jason Schultz. 2016. "Limitless Worker Surveillance." SSRN Scholarly Paper ID 2746211. Rochester, NY: Social Science Research Network. https://papers.ssrn.com/abstract=2746211.

Al-Ubaydli, Omar, and John A. List. 2013. "On the Generalizability of Experimental Results in Economics: With a Response to Camerer." Working Paper 19666. National Bureau of Economic Research. http://www.nber.org/papers/w19666.

Alexander, Larry, and Michael Moore. 2015. "Deontological Ethics." In *The Stanford Encyclopedia of Philosophy*, edited by Edward N. Zalta, Spring 2015. http://plato.stanford.edu/archives/spr2015/entries/ethics-deontological/.

Allcott, Hunt. 2011. "Social Norms and Energy Conservation." *Journal of Public Economics*, Special Issue: The Role of Firms in Tax Systems, 95 (910): 1082-95. doi:10.1016/j.jpubeco.2011.03.003.

——. 2015. "Site Selection Bias in Program Evaluation." *Quarterly Journal of Economics* 130 (3): 1117-65. doi:10.1093/qje/qjv015.

Allcott, Hunt, and Todd Rogers. 2014. "The Short-Run and Long-Run Effects of Behavioral Interventions: Experimental Evidence from Energy Conservation." *American Economic Review* 104 (10): 3003-37. doi:10.1257/aer.104.10.3003.

Alsan, Marcella, and Marianne Wanamaker. 2016. "Tuskegee and the Health of Black Men." Working Paper 22323. National Bureau of Economic Research. http://www.nber.org/papers/w22323.

Althouse, Benjamin M., Yih Yng Ng, and Derek A. T. Cummings. 2011. "Prediction of Dengue Incidence Using Search Query Surveillance." *PLoS Neglected Tropical Diseases* 5 (8): e1258. doi:10.1371/journal.pntd.0001258.

Althouse, Benjamin M., Samuel V. Scarpino, Lauren A. Meyers, John W. Ayers, Marisa Bargsten, Joan Baumbach, John S. Brownstein, et al. 2015. "Enhancing Disease Surveillance with Novel Data Streams: Challenges and Opportunities." *EPJ Data Science* 4 (1): 17. doi:10.1140/epjds/s13688-015-0054-0.

American Association of Public Opinion Researchers. 2016. *Standard Definitions: Final Dispositions of Case Codes and Outcome Rates for Surveys*, 9th ed. AAPOR. http://www.aapor.org/AAPOR_Main/media/publications/Standard-Definitions20169theditionfinal.pdf.

Amorín, R., E. Pérez-Montero, J. M. Vílchez, and P. Papaderos. 2012. "The Star Formation History and Metal Content of the Green Peas. New Detailed GTC-OSIRIS Spectrphotometry of Three Galaxies." *Astrophysical Journal* 749 (2): 185. doi:10.1088/0004-637X/749/2/185.

Andersen, Erik, Eleanor O'Rourke, Yun-En Liu, Rich Snider, Jeff Lowdermilk, David Truong, Seth Cooper, and Zoran Popovic. 2012. "The Impact of Tutorials on Games of Varying Complexity." In *Proceedings of the 2012 ACM Annual Conference on Human Factors in Computing Systems*, 59–68. CHI '12. New York: ACM. doi:10.1145/2207676.2207687.

Anderson, Ashton, Sharad Goel, Gregory Huber, Neil Malhotra, and Duncan Watts. 2014. "Political Ideology and Racial Preferences in Online Dating." *Sociological Science*, 28–40. doi:10.15195/v1.a3.

——. 2015. "Rejoinder to Lewis." *Sociological Science* 2: 32–35. doi:10/15195/v2.a3.

Anderson, Chris. 2008. "The End of Theory: The Data Deluge Makes the Scientific Method Obsolete." *Wired*, June. http://www.wired.com/2008/06/pb-theory/.

Anderson, Richard G. 2013. "Registration and Replication: A Comment." *Political Analysis* 21 (1): 38–39. doi:10.1093/pan/mps034.

Angiuli, Olivia, Joe Blitzstein, and Jim Waldo. 2015. "How to de-Identify Your Data." *Communications of the ACM* 58 (12): 48–55. doi:10.1145/2814340.

Angotti, Nicole, and Christie Sennott. 2015. "Implementing Insider Ethnography: Lessons from the Public Conversations about HIV/AIDS Project in Rural South Africa." *Qualitative Research* 15 (4): 437–53. doi:10.1177/1468794114543402.

Angotti, Nicole, Margaret Frye, Amy Kaler, Michelle Poulin, Susan Cotts Watkins, and Sara Yeatman. 2014. "Popular Moralities and Institutional Rationalities in Malawi's Struggle Against AIDS." *Population and Development Review* 40 (3): 447–73. doi:10.1111/j.1728-4457.2014.00693.x.

Angrist, Joshua D. 1990. "Lifetime Earnings and the Vietnam Era Draft Lottery: Evidence from Social Security Administrative Records." *American Economic Review* 80 (3): 313–36. http://www.jstor.org/stable/2006669.

Angrist, Joshua D., and Alan B. Krueger. 2001. "Instrumental Variables and the Search for Identification: From Supply and Demand to Natural Experiments." *Journal of*

Economic Perspectives 15 (4): 69-85. doi:10.1257/jep.15.4.69.

Angrist, Joshua D., and Jörn-Steffen Pischke. 2009. *Mostly Harmless Econometrics: An Empiricist's Companion*. Princeton, NJ: Princeton University Press.（大森義明・小原美紀・田中隆一・野口晴子訳, 2013,『「ほとんど無害」な計量経済学——応用経済学のための実証分析ガイド』NTT出版）

Angrist, Joshua D., Guido W. Imbens, and Donald B. Rubin. 1996. "Identification of Causal Effects Using Instrumental Variables." *Journal of the American Statistical Association* 91 (434): 444-55. doi:10.2307/2291629.

Ansolabehere, Stephen, and Eitan Hersh. 2012. "Validation: What Big Data Reveal About Survey Misreporting and the Real Electorate." *Political Analysis* 20 (4): 437-59. doi:10.1093/pan/mps023.

Ansolabehere, Stephen, and Douglas Rivers. 2013. "Cooperative Survey Research." *Annual Review of Political Science* 16 (1): 307-29. doi:10.1146/annurev-polisci-022811-160625.

Ansolabehere, Stephen, and Brian F. Schaffner. 2014. "Does Survey Mode Still Matter? Findings from a 2010 Multi-Mode Comparison." *Political Analysis* 22 (3): 285-303. doi:10.1093/pan/mpt025.

Antoun, Christopher, Chan Zhang, Frederick G. Conrad, and Michael F. Schober. 2015. "Comparisons of Online Recruitment Strategies for Convenience Samples Craigslist, Google AdWords, Facebook, and Amazon Mechanical Turk." *Field Methods*, September. doi:10.1177/1525822X15603149.

APA Working Group. 2008. "Reporting Standards for Research in Psychology: Why Do We Need Them? What Might They Be?" *American Psychologist* 63 (9): 839-51. doi:10.1037/0003-066X.63.9.839.

Aral, Sinan, and Dylan Walker. 2011. "Creating Social Contagion through Viral Product Design: A Randomized Trial of Peer Influence in Networks." *Management Science* 57 (9): 1623-39. doi:10.1287/mnsc.1110.1421.

Aral, Sinan, Lev Muchnik, and Arun Sundararajan. 2009. "Distinguishing Influence-Based Contagion from Homophily-Driven Diffusion in Dynamic Networks." *Proceedings of the National Academy of Sciences of the USA* 106 (51): 21544-9. doi:10.1073/pnas.0908800106.

Aral, Sinan and Chirstos Nicolaides. 2017. "Exercise Contagion in a Global Social Network." *Nature Communications* 8: Article number 14753. doi:10.1038/ncomms14753.

Arceneaux, Kevin, Alan S. Gerber, and Donald P. Green. 2006. "Comparing Experimental and Matching Methods Using a Large-Scale Voter Mobilization Experiment." *Political Analysis* 14 (1): 37-62. doi:10.1093/pan/mpj001.

——. 2010. "A Cautionary Note on the Use of Matching to Estimate Causal Effects: An Empirical Example Comparing Matching Estimates to an Experimental Benchmark." *Sociological Methods & Research* 39 (2): 256-82. doi:10.1177/0049124110378098.

Aronow, Peter M., and Allison Carnegie. 2013. "Beyond LATE: Estimation of the Average Treatment Effect with an Instrumental Variable." *Political Analysis* 21 (4): 492-506. doi:10.1093/pan/mpt013.

Aronow, Peter M., and Joel A. Middleton. 2013. "A Class of Unbiased Estimators of the Average Treatment Effect in Randomized Experiments." *Journal of Causal Inference* 1 (1): 135-54. doi:10.1515/jci-2012-0009.

Aronson, Elliot, Phoebe C. Ellsworth, J. Merrill Carlsmith, and Marti Hope Gonzales. 1989. *Methods of Research In Social Psychology*, 2nd ed. New York: McGraw-Hill.

Arras, John D. 2008. "The Jewish Chronic Disease Hospital Case." In *The Oxford Textbook of Clinical Research Ethics*, edited by E. J. Emanuel, R. A. Crouch, C. Grady, R. K. Lie, F. G. Miller, and D. Wendler, 73-79. Oxford: Oxford University Press.

Arrow, Kenneth J., Robert Forsythe, Michael Gorham, Robert Hahn, Robin Hanson, John O. Ledyard, Saul Levmore, et al. 2008. "The Promise of Prediction Markets." *Science* 320 (5878) : 877-78. doi:10.1126/science.1157679.

Asur, S., and B. A Huberman. 2010. "Predicting the Future with Social Media." In *2010 IEEE/WIC/ACM International Conference on Web Intelligence and Intelligent Agent Technology (WI-IAT)*, 1: 492-99. doi:10.1109/WI-IAT.2010.63.

Athey, Susan. 2017. "Beyond Prediction: Using Big Data for Policy Problems." *Science* 355 (6324) : 483-85. https://doi.org/10.1126/science.aal4321.

Athey, Susan, and Guido Imbens. 2016a. "Recursive Partitioning for Heterogeneous Causal Effects." *Proceedings of the National Academy of Sciences of the USA* 113 (27) : 7353-60. doi:10.1073/pnas.1510489113.

———. 2016b. "The Econometrics of Randomized Experiments." *ArXiv:1607.00698 [stat. ME]*, July. http://arxiv.org/abs/1607.00698.

Ayres, Ian, Mahzarin Banaji, and Christine Jolls. 2015. "Race Effects on eBay." *RAND Journal of Economics* 46 (4) : 891-917. doi:10.1111/1756-2171.12115.

Ayres, Ian, Sophie Raseman, and Alice Shih. 2013. "Evidence from Two Large Field Experiments That Peer Comparison Feedback Can Reduce Residential Energy Usage." *Journal of Law, Economics, and Organization* 29 (5) : 992-1022. doi:10.1093/jleo/ews020.

Back, Mitja D., Albrecht C. P. Küfner, and Boris Egloff. 2011. "Automatic or the People?: Anger on September 11, 2001, and Lessons Learned for the Analysis of Large Digital Data Sets." *Psychological Science* 22 (6) : 837-38. doi:10.1177/0956797611409592.

Back, Mitja D., Albrecht C.P. Küfner, and Boris Egloff. 2010. "The Emotional Timeline of September 11, 2001." *Psychological Science* 21 (10) : 1417-19. doi:10.1177/0956797610382124.

Baele, Stéphane J. 2013. "The Ethics of New Development Economics: Is the Experimental Approach to Development Economics Morally Wrong?" *Journal of Philosophical Economics* 12 (1) : 2-42. http://hdl.handle.net/10871/17048.

Bail, Christopher A. 2015. "Taming Big Data Using App Technology to Study Organizational Behavior on Social Media." *Sociological Methods & Research*, May, 0049124115587825. doi:10.1177/0049124115587825.

Bailey, Michael, David Dittrich, and Erin Kenneally. 2013. "Applying Ethical Principles to Information and Communications Technology Research: A Companion to the Menlo Report." Washington, DC: Department of Homeland Security.

Baker, Chris. 2008. "Trying to Design a Truly Entertaining Game Can Defeat Even a Certified Genius." *Wired*, March. http://www.wired.com/gaming/gamingreviews/magazine/16-04/pl_games.

Baker, Reg, J. Michael Brick, Nancy A. Bates, Mike Battaglia, Mick P. Couper, Jill A. Dever, Krista J. Gile, and Roger Tourangeau. 2013. "Summary Report of the AAPOR Task Force on Non-Probability Sampling." *Journal of Survey Statistics and*

Methodology 1（2）：90-143. doi:10.1093/jssam/smt008.

Baker, Scott R., and Constantine Yannelis. 2015. "Income Changes and Consumption: Evidence from the 2013 Federal Government Shutdown." SSRN Scholarly Paper ID 2575461. Rochester, NY: Social Science Research Network. http://papers.ssrn.com/abstract=2575461.

Bakshy, Eytan, and Dean Eckles. 2013. "Uncertainty in Online Experiments with Dependent Data: An Evaluation of Bootstrap Methods." In *Proceedings of the 19th ACM SIGKDD International Conference on Knowledge Discovery and Data Mining*, 1303-11. KDD '13. New York: ACM. doi:10.1145/2487575.2488218.

Bakshy, Eytan, Dean Eckles, Rong Yan, and Itamar Rosenn. 2012. "Social Influence in Social Advertising: Evidence from Field Experiments." In *Proceedings of the 13th ACM Conference on Electronic Commerce*, 146-61. EC '12. New York: ACM. doi:10.1145/2229012.2229027.

Bakshy, Eytan, Itamar Rosenn, Cameron Marlow, and Lada Adamic. 2012. "The Role of Social Networks in Information Diffusion." In *Proceedings of the 21st International Conference on World Wide Web*, 519-28. WWW' 12. New York: ACM. doi:10.1145/2187836.2187907.

Bamford, James. 2012. "The NSA Is Building the Country's Biggest Spy Center (Watch What You Say)." *Wired*, March. https://www.wired.com/2012/03/ff_nsadatacenter/all/1/.

Bamford, Steven P. Robert C. Nichol, Ivan K. Baldry, Kate Land, Chris J. Lintott, Kevin Schawinski, An˘ze Slosar, et al. 2009. "Galaxy Zoo: The Dependence of Morphology and Colour on Environment." *Monthly Notices of the Royal Astronomical Society* 393（4）：1324-52. doi:10.1111/j.1365-2966.2008.14252.x.

Bamman, David, Brendan O'Connor, and Noah Smith. 2012. "Censorship and Deletion Practices in Chinese Social Media." *First Monday* 17（3）. doi:10.5210/fm.v17i3.3943.

Banerjee, Abhijit V., and Esther Duflo. 2009. "The Experimental Approach to Development Economics." *Annual Review of Economics* 1（1）：151-78. doi:10.1146/annurev.economics.050708.143235.

Banerji, Manda, Ofer Lahav, Chris J. Lintott, Filipe B. Abdalla, Kevin Schawinski, Steven P. Bamford, Dan Andreescu, et al. 2010. "Galaxy Zoo: Reproducing Galaxy Morphologies via Machine Learning." *Monthly Notices of the Royal Astronomical Society* 406（1）：342-53. doi:10.1111/j.1365-2966.2010.16713.x.

Banfield, J. K., H. Andernach, A. D. Kapińska, L. Rudnick, M. J. Hardcastle, G. Cotter, S. Vaughan, et al. 2016. "Radio Galaxy Zoo: Discovery of a Poor Cluster Through a Giant Wide-Angle Tail Radio Galaxy." *Monthly Notices of the Royal Astronomical Society* 460（3）：2376-84. doi:10.1093/mnras/stw1067.

Bankston, Kevin S., and Ashkan Soltani. 2013. "Tiny Constables and the Cost of Surveillance: Making Cents Out of United States v. Jones." *Yale L.J. Online* 123: 335. http://yalelawjournal.org/forum/tinyconstables-and-the-cost-of-surveillance-making-cents-out-of-united-states-v-jones.

Bańbura, Marta, Domenico Giannone, Michele Modugno, and Lucrezia Reichlin. 2013. "Now-Casting and the Real-Time Data Flow." In *Handbook of Economic Forecasting*, edited by Graham Elliott and Allan Timmermann, 2, Part A: 195-237. Elsevier. doi:10.1016/B978-0-444-53683-9.00004-9.

Bapna, Ravi, Ramprasad Jui, Galit Shmueli, and Akmed Umyyarov. 2016. "One-Way Mirrors in Online Dating: A Randomized Field Experiment." *Management Science*, February. doi:10.1287/mnsc.2015.2301.

Barbaro, Michael, and Tom Zeller Jr. 2006. "A Face Is Exposed for AOL Searcher No. 4417749." *New York Times*, August. http://select.nytimes.com/gst/abstract.html?res=F10612FC345B0C7A8CDDA10894DE404482.

Bardsley, Nicolas, Robin Cubitt, Graham Loomes, Peter Moffatt, Chris Starmer, and Robert Sugden. 2009. *Experimental Economics: Rethinking the Rules*. Princeton, NJ: Princeton University Press.

Barocas, Solon, and Andrew D. Selbst. 2016. "Big Data's Disparate Impact." *California Law Review* 104: 671-732. doi:10.15779/Z38BG31.

Baron, Reuben M., and David A. Kenny. 1986. "The Moderator-Mediator Variable Distinction in Social Psychological Research: Conceptual, Strategic, and Statistical Considerations." *Journal of Personality and Social Psychology* 51 (6) : 1173-82. doi:10.1037/0022-3514.51.6.1173.

Batson, C. Daniel, Shannon Early, and Giovanni Salvarani. 1997. "Perspective Taking: Imagining How Another Feels Versus Imaging How You Would Feel." *Personality and Social Psychology Bulletin* 23 (7) : 751-58. doi:10.1177/0146167297237008.

Baumeister, Roy F., Kathleen D. Vohs, and David C. Funder. 2007. "Psychology as the Science of Self-Reports and Finger Movements: Whatever Happened to Actual Behavior?" *Perspectives on Psychological Science* 2 (4) : 396-403. doi:10.1111/j.1745-6916.2007.00051.x.

Baumrind, Diana. 1985. "Research Using Intentional Deception: Ethical Issues Revisited." *American Psychologist* 40 (2) : 165-74. doi:10.1037/0003-066X.40.2.165.

Bean, Louis H. 1950. "Reviewed Work: The Pre-Election Polls of 1948. by Frederick Mosteller, Herbert Hyman, Philip J. McCarthy, Eli S. Marks, David B. Truman." *Journal of the American Statistical Association* 45 (251) : 461-64. doi:10.2307/2280305.

Beasley, Asaf, and Winter Mason. 2015. "Emotional States vs. Emotional Words in Social Media." In *Proceedings of the ACM Web Science Conference*, 31:1-31:10. WebSci '15. New York,: ACM. doi:10.1145/2786451.2786473.

Beauchamp, Tom L. 2011. "The Belmont Report." In *The Oxford Textbook of Clinical Research Ethics*, edited by Ezekiel J. Emanuel, Christine C. Grady, Robert A. Crouch, Reidar K. Lie, Franklin G. Miller, and David D. Wendler. Oxford: Oxford University Press.

Beauchamp, Tom L., and James F. Childress. 2012. *Principles of Biomedical Ethics*, 7th ed. New York: Oxford University Press.

Beauchamp, Tom L., and Yashar Saghai. 2012. "The Historical Foundations of the Research-Practice Distinction in Bioethics." *Theoretical Medicine and Bioethics* 33 (1) : 45-56. doi:10.1007/s11017-011-9207-8.

Bederson, Benjamin B., and Alexander J. Quinn. 2011. "Web Workers Unite! Addressing Challenges of Online Laborers." In *CHI '11 Extended Abstracts on Human Factors in Computing Systems*, 97-106. CHI EA '11. New York: ACM. doi:10.1145/1979742.1979606.

Beenen, Gerard, Kimberly Ling, Xiaoqing Wang, Klarissa Chang, Dan Frankowski, Paul

Resnick, and Robert E. Kraut. 2004. "Using Social Psychology to Motivate Contributions to Online Communities." In *Proceedings of the 2004 ACM Conference on Computer Supported Cooperative Work*, 212-21. CSCW '04. New York: ACM. doi:10.1145/1031607.1031642.

Bell, Gordon, and Jim Gemmell. 2009. *Total Recall: How the E-Memory Revolution Will Change Everything*. New York: Dutton Adult.（飯泉恵美子訳．2010.『ライフログのすすめ——人生の「すべて」をデジタルに記録する！』ハヤカワ新書 juice）

Bell, Robert M., Yehuda Koren, and Chris Volinsky. 2010. "All Together Now: A Perspective on the Netflix Prize." *Chance* 23（1）：24-24. doi:10.1007/s00144-010-0005-2.

Belli, Robert F., Michael W. Traugott, Margaret Young, and Katherine A. McGonagle. 1999. "Reducing Vote Overreporting in Surveys: Social Desirability, Memory Failure, and Source Monitoring." *Public Opinion Quarterly* 63（1）：90-108. doi:10.1086/297704.

Bello, G. A., J. Chipeta, and J. Aberle-Grasse. 2006. "Assessment of Trends in Biological and Behavioural Surveillance Data: Is There Any Evidence of Declining HIV Prevalence or Incidence in Malawi?" *Sexually Transmitted Infections* 82（Suppl 1）：i9-i13. doi:10.1136/sti.2005.016030.

Belmont Report. 1979. *The Belmont Report: Ethical Principles and Guidelines for the Protection of Human Subjects of Research*. US Department of Health, Education, and Welfare.

Bengtsson, Linus, Xin Lu, Anna Thorson, Richard Garfield, and Johan von Schreeb. 2011. "Improved Response to Disasters and Outbreaks by Tracking Population Movements with Mobile Phone Net-work Data: A Post-Earthquake Geospatial Study in Haiti." *PLoS Medicine* 8（8）：e1001083. doi:10.1371/journal.pmed.1001083.

Bennett, James, and Stan Lanning. 2007. "The Netflix Prize." *Proceedings of KDD Cup and Workshop*, 2007: 35.

Benoit, Kenneth, Drew Conway, Benjamin E. Lauderdale, Michael Laver, and Slava Mikhaylov. 2016. "Crowd-Sourced Text Analysis: Reproducible and Agile Production of Political Data." *American Political Science Review* 110（2）：278-95. doi:10.1017/S0003055416000058.

Berent, Matthew K., Jon A. Krosnick, and Arthur Lupia. 2016. "Measuring Voter Registration and Turnout in Surveys: Do Official Government Records Yield More Accurate Assessments?" *Public Opinion Quarterly* 80（3）：597-621. doi:10.1093/poq/nfw021.

Berinsky, Adam J., and Sara Chatfield. 2015. "An Empirical Justification for the Use of Draft Lottery Numbers as a Random Treatment in Political Science Research." *Political Analysis* 23（3）：449-54. doi:10.1093/pan/mpv015.

Berinsky, Adam J., Gregory A. Huber, and Gabriel S. Lenz. 2012. "Evaluating Online Labor Markets for Experimental Research: Amazon.com's Mechanical Turk." *Political Analysis* 20（3）：351-68. doi:10.1093/pan/mpr057.

Berinsky, Adam J., Michele F. Margolis, and Michael W. Sances. 2014. "Separating the Shirkers from the Workers? Making Sure Respondents Pay Attention on Self-Administered Surveys." *American Journal of Political Science* 58（3）：739-53. doi:10.1111/ajps.12081.

——. 2016. "Can We Turn Shirkers into Workers?" *Journal of Experimental Social Psychology* 66: 20-28. doi:10.1016/j.jesp.2015.09.010.

Berk, Richard, Emil Pitkin, Lawrence Brown, Andreas Buja, Edward George, and Linda Zhao. 2013. "Covariance Adjustments for the Analysis of Randomized Field Experiments." *Evaluation Review* 37 (3-4) : 170-96. doi:10.1177/0193841X13513025.

Bernedo, María, Paul J. Ferraro, and Michael Price. 2014. "The Persistent Impacts of Norm-Based Messaging and Their Implications for Water Conservation." *Journal of Consumer Policy* 37 (3) : 437-52. doi:10.1007/s10603-014-9266-0.

Bertrand, Marianne, and Sendhil Mullainathan. 2004. "Are Emily and Greg More Employable Than Lakisha and Jamal? A Field Experiment on Labor Market Discrimination." *American Economic Review* 94 (4) : 991-1013. http://www.jstor.org/stable/3592802.

Beskow, Laura M., Lauren Dame, and E. Jane Costello. 2008. "Certificates of Confidentiality and the Compelled Disclosure of Research Data." *Science* 322 (5904) : 1054-55. doi:10.1126/science.1164100.

Beskow, Laura M., Robert S. Sandler, and Morris Weinberger. 2006. "Research Recruitment Through US Central Cancer Registries: Balancing Privacy and Scientific Issues." *American Journal of Public Health* 96 (11) : 1920-26. doi:10.2105/AJPH.2004.061556.

Bestor, Daniel R., and Eric Hamp. 2010. "Peer to Patent: A Cure for Our Ailing Patent Examination System." *Northwestern Journal of Technology and Intellectual Property* 9 (2) : 16-28. http://scholarlycommons.law.northwestern.edu/njtip/vol9/iss2/1.

Bethlehem, Jelke. 1988. "Reduction of Nonresponse Bias Through Regression Estimation." *Journal of Official Statistics* 4 (3) : 251-60. http://www.jos.nu/Articles/abstract.asp?article=43251.

———. 2010. "Selection Bias in Web Surveys." *International Statistical Review* 78 (2) : 161-88. doi:10.1111/j.1751-5823.2010.00112.x.

———. 2016. "Solving the Nonresponse Problem With Sample Matching?" *Social Science Computer Review* 34 (1). doi:10.1177/0894439315573926.

Bethlehem, Jelke, Fannie Cobben, and Barry Schouten. 2011. *Handbook of Nonresponse in Household Surveys*. Hoboken, NJ: Wiley.

Bhattacharjee, Yudhijit. 2005. "Citizen Scientists Supplement Work of Cornell Researchers." *Science* 308 (5727) : 1402-3. doi:10.1126/science.308.5727.1402.

Blank, Steve. 2013. "Why the Lean Start-Up Changes Everything." *Harvard Business Review*, May. https://hbr.org/2013/05/why-the-lean-start-up-changes-everything.

Bloniarz, Adam, Hanzhong Liu, Cun-Hui Zhang, Jasjeet S. Sekhon, and Bin Yu. 2016. "Lasso Adjustments of Treatment Effect Estimates in Randomized Experiments." *Proceedings of the National Academy of Sciences of the USA* 113 (27) : 7383-90. doi:10.1073/pnas.1510506113.

Blumenstock, Joshua E. 2014. "Calling for Better Measurement: Estimating an Individual's Wealth and Well-Being from Mobile Phone Transaction Records." Presented at KDD—Data Science for Social Good 2014, New York. http://escholarship.org/uc/item/8zs63942.

Blumenstock, Joshua E., Gabriel Cadamuro, and Robert On. 2015. "Predicting Poverty and Wealth from Mobile Phone Metadata." *Science* 350 (6264) : 1073-6. doi:10.1126/science.aac4420.

Blumenstock, Joshua E., Niall C. Keleher, and Joseph Reisinger. 2016. "The Premise of Local Information: Building Reliable Economic Indicators from a Decentralized Network of Contributors." In *Proceedings of the Eighth International Conference on Information and Communication Technologies and Development*, 61:1-61:5. ICTD '16. New York: ACM. doi:10.1145/2909609.2909646.

Blumenstock, Joshua Evan, Marcel Fafchamps, and Nathan Eagle. 2011. "Risk and Reciprocity Over the Mobile Phone Network: Evidence from Rwanda." *SSRN ELibrary*, October. http://papers.ssrn.com/sol3/papers.cfm?abstract_id=1958042.

Boase, Jeffrey, and Rich Ling. 2013. "Measuring Mobile Phone Use: Self-Report versus Log Data." *Journal of Computer-Mediated Communication* 18 (4) : 508-19. doi:10.1111/jcc4.12021.

Boellstorff, Tom, Bonnie Nardi, Celia Pearce, T. L. Taylor, and George E. Marcus. 2012. *Ethnography and Virtual Worlds: A Handbook of Method*. Princeton, NJ: Princeton University Press.

Bohannon, John. 2009. "Gamers Unravel the Secret Life of Protein." *Wired*, April. https://www.wired.com/2009/04/ff-protein/.

——. 2016. "Mechanical Turk Upends Social Sciences." *Science* 352 (6291) : 1263-64. doi:10.1126/science.352.6291.1263.

Bollen, Johan, Huina Mao, and Xiaojun Zeng. 2011. "Twitter Mood Predicts the Stock Market." *Journal of Computational Science* 2 (1) : 1-8. doi:10.1016/j.jocs.2010.12.007.

Bollen, Kenneth A. 2012. "Instrumental Variables in Sociology and the Social Sciences." *Annual Review of Sociology* 38 (1) : 37-72. doi:10.1146/annurev-soc-081309-150141.

Bond, Robert M., Christopher J. Fariss, Jason J. Jones, Adam D. I. Kramer, Cameron Marlow, Jaime E. Settle, and James H. Fowler. 2012. "A 61-Million-Person Experiment in Social Influence and Political Mobilization." *Nature* 489 (7415) : 295-98. doi:10.1038/nature11421.

Bonney, Rick, Jennifer L. Shirk, Tina B. Phillips, Andrea Wiggins, Heidi L. Ballard, Abraham J. Miller-Rushing, and Julia K. Parrish. 2014. "Next Steps for Citizen Science." *Science* 343 (6178) : 1436-37. doi:10.1126/science.1251554.

Bothwell, Laura E., Jeremy A. Greene, Scott H. Podolsky, and David S. Jones. 2016. "Assessing the Gold Standard Lessons from the History of RCTs." *New England Journal of Medicine* 374 (22) : 2175-81. doi:10.1056/NEJMms1604593.

Boudreau, Kevin J., and Karim R. Lakhani. 2013. "Using the Crowd as an Innovation Partner." *Harvard Business Review* 91 (4) : 60-69, 140.

Bourdieu, Pierre. 1987. *Distinction: A Social Critique of the Judgement of Taste*, translated by Richard Nice. Cambridge, MA: Harvard University Press.

Bowser, Anne, Andrea Wiggins, Lea Shanley, Jennifer Preece, and Sandra Henderson. 2014. "Sharing Data while Protecting Privacy in Citizen Science." *Interactions* 21 (1) : 70-73. doi:10.1145/2540032.

Box, George E. P., J. Stuart Hunter, and William G. Hunter. 2005. *Statistics for Experimenters: Design, Innovation, and Discovery*, 2nd ed. Hoboken, NJ: Wiley-Interscience.

boyd, danah. 2016. "Untangling Research and Practice: What Facebook's Emotional Contagion Study Teaches Us." *Research Ethics* 12 (1) : 4-13. doi:10.1177/1747016115583379.

boyd, danah, and Kate Crawford. 2012. "Critical Questions for Big Data." *Information, Communication & Society* 15 (5): 662-79. doi:10.1080/1369118X.2012.678878.

Bradburn, Norman M., Seymour Sudman, and Brian Wansink. 2004. *Asking Questions: The Definitive Guide to Questionnaire Design*, rev. ed. San Francisco: Jossey-Bass.

Brandt, Allan M. 1978. "Racism and Research: The Case of the Tuskegee Syphilis Study." *Hastings Center Report* 8 (6): 21-29. doi:10.2307/3561468.

Brayne, Sarah. 2014. "Surveillance and System Avoidance: Criminal Justice Contact and Institutional Attachment." *American Sociological Review* 79 (3): 367-91. doi:10.1177/0003122414530398.

Breiman, Leo. 2001. "Statistical Modeling: The Two Cultures (with Comments and a Rejoinder by the Author)." *Statistical Science* 16 (3): 199-231. doi:10.1214/ss/1009213726.

Brick, J. Michael. 2013. "Unit Nonresponse and Weighting Adjustments: A Critical Review." *Journal of Official Statistics* 29 (3): 329-53. doi:10.2478/jos-2013-0026.

Brick, J. Michael, and Clyde Tucker. 2007. "Mitofsky-Waksberg: Learning From The Past." *Public Opinion Quarterly* 71 (5): 703-16. doi:10.1093/poq/nfm049.

Brickell, Justin, and Vitaly Shmatikov. 2008. "The Cost of Privacy: Destruction of Data-Mining Utility in Anonymized Data Publishing." In *Proceedings of the 14th ACM SIGKDD International Conference on Knowledge Discovery and Data Mining*, 70-78. KDD '08. doi:10.1145/1401890.1401904.

Brownstein, John S., Christopher A. Cassa, and Kenneth D. Mandl. 2006. "No Place to Hide: Reverse Identification of Patients from Published Maps." *New England Journal of Medicine* 355 (16): 1741-42. doi:10.1056/NEJMc061891.

Bruckman, Amy. 2016a. "Do Researchers Need to Abide by Terms of Service (TOS)? An Answer." *The Next Bison: Social Computing and Culture.* https://nextbison.wordpress.com/2016/02/26/tos/.

———. 2016b. "More on TOS: Maybe Documenting Intent Is Not So Smart." *The Next Bison: Social Computing and Culture.* https://nextbison.wordpress.com/2016/02/29/tos2/.

Bryson, Maurice C. 1976. "The Literary Digest Poll: Making of a Statistical Myth." *American Statistician* 30 (4): 184-85. doi:10.1080/00031305.1976.10479173.

Budak, Ceren, and Duncan Watts. 2015. "Dissecting the Spirit of Gezi: Influence vs. Selection in the Occupy Gezi Movement." *Sociological Science* 2: 370-97. doi:10.15195/v2.a18.

Budak, Ceren, Sharad Goel, and Justin M. Rao. 2016. "Fair and Balanced? Quantifying Media Bias Through Crowdsourced Content Analysis." *Public Opinion Quarterly* 80 (S1): 250-71. doi:10.1093/poq/nfw007.

Buelens, Bart, Piet Daas, Joep Burger, Marco Puts, and Jan van den Brakel. 2014. "Selectivity of Big Data." Discussion paper, Statistics Netherlands. http://www.pietdaas.nl/beta/pubs/pubs/Selectivity_Buelens.pdf.

Bullock, John G., Donald P. Green, and Shang E. Ha. 2010. "Yes, but What's the Mechanism?(Don't Expect an Easy Answer)." *Journal of Personality and Social Psychology* 98 (4): 550-58. doi:10.1037/a0018933.

Burke, Moira, and Robert E. Kraut. 2014. "Growing Closer on Facebook: Changes in Tie Strength Through Social Network Site Use." In *Proceedings of the SIGCHI*

Conference on Human Factors in Computing Systems, 4187-96. CHI '14. New York: ACM. doi:10.1145/2556288.2557094.

Burnett, Sam, and Nick Feamster. 2015. "Encore: Lightweight Measurement of Web Censorship with Cross-Origin Requests." In *Proceedings of the 2015 ACM Conference on Special Interest Group on Data Communication*, 653-67. SIGCOMM '15. London: ACM. doi:10.1145/2785956.2787485.

Buttice, Matthew K., and Benjamin Highton. 2013. "How Does Multilevel Regression and Poststratification Perform with Conventional National Surveys?" *Political Analysis* 21 (4): 449-67. doi:10.1093/pan/mpt017.

Cahalan, Don. 1989. "Comment: The Digest Poll Rides Again!" *Public Opinion Quarterly* 53 (1): 129-33. doi:10.1086/269146.

Callegaro, Mario, Reginald P. Baker, Jelke Bethlehem, Anja S. Göritz, Jon A. Krosnick, and Paul J. Lavrakas, eds. 2014. *Online Panel Research: A Data Quality Perspective*. Chichester, UK: Wiley.

Calo, Ryan. 2011. "The Boundaries of Privacy Harm." *Indiana Law Journal* 86: 1131. http://ilj.law.indiana.edu/articles/86/86_3_Calo.pdf.

———. 2013. "Consumer Subject Review Boards: A Thought Experiment." *Stanford Law Review Online*, 97-102. https://www.stanfordlawreview.org/online/privacy-and-big-data-consumer-subjectreview-boards/.

Camerer, Colin. 2011. "The Promise and Success of Lab-Field Generalizability in Experimental Economics: A Critical Reply to Levitt and List." *SSRN ELibrary*, December. http://papers.ssrn.com/sol3/papers.cfm?abstract_id=1977749.

Camerer, Colin, Linda Babcock, George Loewenstein, and Richard Thaler. 1997. "Labor Supply of New York City Cabdrivers: One Day at a Time." *Quarterly Journal of Economics* 112 (2): 407-41. doi:10.1162/003355397555244.

Campbell, Donald T. 1957. "Factors Relevant to the Validity of Experiments in Social Settings." *Psychological Bulletin* 54 (4): 297-312. doi:10.1037/h0040950.

Canfield, Casey, Wändi Bruine de Bruin, and Gabrielle Wong-Parodi. 2016. "Perceptions of Electricity-Use Communications: Effects of Information, Format, and Individual Differences." *Journal of Risk Research*, January: 1-22. doi:10.1080/13669877.2015.1121909.

Card, David, Raj Chetty, Martin S. Feldstein, and Emmanuel Saez. 2010. "Expanding Access to Administrative Data for Research in the United States." SSRN Scholarly Paper ID 1888586. Rochester, NY: Social Science Research Network. http://papers.ssrn.com/abstract=1888586.

Cardamone, Carolin, Kevin Schawinski, Marc Sarzi, Steven P Bamford, Nicola Bennert, C.MUrry, Chris Lintott, et al. 2009. "Galaxy Zoo Green Peas: Discovery of a Class of Compact Extremely Star-Forming Galaxies." *Monthly Notices of the Royal Astronomical Society* 399 (3): 1191-205. doi:10.1111/j.1365-2966.2009.15383.x.

Carneiro, Pedro Manuel, Sokbae Lee, and Daniel Wilhelm. 2016. "Optimal Data Collection for Randomized Control Trials." SSRN Scholarly Paper ID 2776913. Rochester, NY: Social Science Research Network. http://papers.ssrn.com/abstract=2776913.

Carpenter, Kenneth J. 1988. *The History of Scurvy and Vitamin C*. Cambridge: Cambridge University Press.

Carpenter, Patricia A., Marcel A. Just, and Peter Shell. 1990. "What One Intelligence

Test Measures: A Theoretical Account of the Processing in the Raven Progressive Matrices Test." *Psychological Review* 97 (3): 404-31. doi:10.1037/0033-295X.97.3.404.

Carter, Stephen L. 1996. *Integrity*. New York: HarperCollins.

Casella, George. 2008. *Statistical Design*. New York: Springer.

Castillo, Carlos. 2016. *Big Crisis Data: Social Media in Disasters and Time-Critical Situations*. New York: Cambridge University Press.

Cederman, Lars-Erik, and Nils B. Weidmann. 2017. "Predicting Armed Conflict: Time to Adjust Our Expectations?" *Science* 355 (6324): 474-76. https://doi.org/10.1126/science.aal4483.

Centola, D. 2010. "The Spread of Behavior in an Online Social Network Experiment." *Science* 329 (5996): 1194-97. doi:10.1126/science.1185231.

Centola, Damon. 2011. "An Experimental Study of Homophily in the Adoption of Health Behavior." *Science* 334 (6060): 1269-72. doi:10.1126/science.1207055.

Cerulo, Karen A. 2014. "Reassessing the Problem: Response to Jerolmack and Khan." *Sociological Methods & Research* 43 (2): 219-26. doi:10.1177/0049124114526378.

Chaabane, Abdelberi, Terence Chen, Mathieu Cunche, Emiliano De Cristofaro, Arik Friedman, and Mohamed Ali Kaafar. 2014. "Censorship in the Wild: Analyzing Internet Filtering in Syria." In *Proceedings of the 2014 Conference on Internet Measurement Conference*, 285-98. IMC '14. New York: ACM. doi:10.1145/2663716.2663720.

Chakraborti, Sayan, Naveen Yadav, Carolin Cardamone, and Alak Ray. 2012. "Radio Detection of Green Peas: Implications for Magnetic Fields in Young Galaxies." *Astrophysical Journal Letters* 746 (1): L6. doi:10.1088/2041-8205/746/1/L6.

Chandler, Jesse, Gabriele Paolacci, and Pam Mueller. 2013. "Risks and Rewards of Crowdsourcing Marketplaces." In *Handbook of Human Computation*, edited by Pietro Michelucci, 377-92. New York: Springer.

Chandler, Jesse, Gabriele Paolacci, Eyal Peer, Pam Mueller, and Kate A. Ratliff. 2015. "Using Nonnaive Participants Can Reduce Effect Sizes." *Psychological Science* 26 (7): 1131-39. doi:10.1177/0956797615585115.

Charness, Gary, Uri Gneezy, and Michael A. Kuhn. 2012. "Experimental Methods: Between-Subject and Within-Subject Design." *Journal of Economic Behavior & Organization* 81 (1): 1-8. doi:10.1016/j.jebo.2011.08.009.

———. 2013. "Experimental Methods: Extra-Laboratory Experiments—Extending the Reach of Experimental Economics." *Journal of Economic Behavior & Organization* 91 (July): 93-100. doi:10.1016/j.jebo.2013.04.002.

Chen, Yan, and Joseph Konstan. 2015. "Online Field Experiments: A Selective Survey of Methods." *Journal of the Economic Science Association* 1 (1): 29-42. doi:10.1007/s40881-015-0005-3.

Chen, Yan, F. Maxwell Harper, Joseph Konstan, and Sherry Xin Li. 2010. "Social Comparisons and Contributions to Online Communities: A Field Experiment on MovieLens." *American Economic Review* 100 (4): 1358-98. doi:10.1257/aer.100.4.1358.

Cheng, Justin, and Michael S. Bernstein. 2015. "Flock: Hybrid Crowd-Machine Learning Classifiers." In *Proceedings of the 18th ACM Conference on Computer Supported Cooperative Work & Social Computing*, 600-11. CSCW '15. New York: ACM. doi:10.1145/2675133.2675214.

Chetty, Raj, Nathaniel Hendren, Patrick Kline, and Emmanuel Saez. 2014. "Where Is

the Land of Opportunity? The Geography of Intergenerational Mobility in the United States." *Quarterly Journal of Economics* 129（4）：1553-1623. doi:10.1093/qje/qju022.
Choi, Hyunyoung, and Hal Varian. 2012. "Predicting the Present with Google Trends." *Economic Record* 88（June）：2-9. doi:10.1111/j.1475-4932.2012.00809.x.
Chu, Z., S. Gianvecchio, H. Wang, and S. Jajodia. 2012. "Detecting Automation of Twitter Accounts: Are You a Human, Bot, or Cyborg?" *IEEE Transactions on Dependable and Secure Computing* 9（6）：811-24. doi:10.1109/TDSC.2012.75.
Cialdini, Robert B. 2009. "We Have to Break Up." *Perspectives on Psychological Science* 4（1）：5-6. doi:10.1111/j.1745-6924.2009.01091.x.
Cialdini, Robert B., Carl A. Kallgren, and Raymond R. Reno. 1991. "A Focus Theory of Normative Conduct: A Theoretical Refinement and Reevaluation of the Role of Norms in Human Behavior." *Advances in Experimental Social Psychology* 24（20）：201-34.
Clark, Eric M., Chris A. Jones, Jake Ryland Williams, Allison N. Kurti, Mitchell Craig Norotsky, Christopher M. Danforth, and Peter Sheridan Dodds. 2016. "Vaporous Marketing: Uncovering Pervasive Electronic Cigarette Advertisements on Twitter." *PLoS ONE* 11（7）：e0157304. doi:10.1371/journal.pone.0157304.
Clark, William Roberts, and Matt Golder. 2015. "Big Data, Causal Inference, and Formal Theory: Contradictory Trends in Political Science?" *PS: Political Science & Politics* 48（1）：65-70. doi:10.1017/S1049096514001759.
Clery, Daniel. 2011. "Galaxy Zoo Volunteers Share Pain and Glory of Research." *Science* 333（6039）：173-75. doi:10.1126/science.333.6039.173.
Cohen, Jacob. 1988. *Statistical Power Analysis for the Behavioral Sciences*, 2nd ed. Hillsdale, NJ: Routledge.
——. 1992. "A Power Primer." *Psychological Bulletin* 112（1）：155-59. doi:10.1037/0033-2909.112.1.155.
Cohn, Michael A., Matthias R. Mehl, and James W. Pennebaker. 2004. "Linguistic Markers of Psychological Change Surrounding September 11, 2001." *Psychological Science* 15（10）：687-93. doi:10.1111/j.0956-7976.2004.00741.x.
Connelly, Roxanne, Christopher J. Playford, Vernon Gayle, and Chris Dibben. 2016. "The Role of Administrative Data in the Big Data Revolution in Social Science Research." *Social Science Research*, 59: 1-12. doi:10.1016/j.ssresearch.2016.04.015.
Conrad, Frederick G., and Michael F. Schober, eds. 2008. *Envisioning the Survey Interview of the Future*. Hoboken, NJ: Wiley.
Conrad, Frederick G., Jessica S. Broome, José R. Benkí, Frauke Kreuter, Robert M. Groves, David Vannette, and Colleen McClain. 2013. "Interviewer Speech and the Success of Survey Invitations." *Journal of the Royal Statistical Society: Series A (Statistics in Society)* 176（1）：191-210. doi:10.1111/j.1467-985X.2012.01064.x.
Converse, Jean M. 1987. *Survey Research in the United States: Roots and Emergence 1890-1960*. Berkeley: University of California Press.
Cook, Samantha, Corrie Conrad, Ashley L. Fowlkes, and Matthew H. Mohebbi. 2011. "Assessing Google Flu Trends Performance in the United States during the 2009 Influenza Virus A（H1N1）Pandemic." *PLoS ONE* 6（8）：e23610. doi:10.1371/journal.pone.0023610.
Cooper, Seth, Firas Khatib, Adrien Treuille, Janos Barbero, Jeehyung Lee, Michael Bee-

nen, Andrew Leaver-Fay, David Baker, Zoran Popovic, and Foldit players. 2010. "Predicting Protein Structures with a Multiplayer Online Game." *Nature* 466 (7307) : 756-60. doi:10.1038/nature09304.

Coppock, Alexander, and Donald P. Green. 2015. "Assessing the Correspondence between Experimental Results Obtained in the Lab and Field: A Review of Recent Social Science Research." *Political Science Research and Methods* 3 (1) : 113-31. doi:10.1017/psrm.2014.10.

Coppock, Alexander, Andrew Guess, and John Ternovski. 2016. "When Treatments Are Tweets: A Network Mobilization Experiment over Twitter." *Political Behavior* 38 (1) : 105-28. doi:10.1007/s11109-015-9308-6.

Cornwell, Erin York. 2010. "Opening and Closing the Jury Room Door: A Sociohistorical Consideration of the 1955 Chicago Jury Project Scandal." *Justice System Journal* 31 (1) : 49-73. doi:10.1080/0098261X.2010.10767954.

Correll, Shelley J., Stephen Benard, and In Paik. 2007. "Getting a Job: Is There a Motherhood Penalty?" *American Journal of Sociology* 112 (5) : 1297-1339. doi:10.1086/511799.

Cosley, Dan, Dan Frankowski, Sara Kiesler, Loren Terveen, and John Riedl. 2005. "How Oversight Improves Member-Maintained Communities." In *Proceedings of the SIGCHI Conference on Human Factors in Computing Systems*, 11-20. CHI '05. New York: ACM. doi:10.1145/1054972.1054975.

Costa, Dora L., and Matthew E. Kahn. 2013. "Energy Conservation Nudges and Environmentalist Ideology: Evidence from a Randomized Residential Electricity Field Experiment." *Journal of the European Economic Association* 11 (3) : 680-702. doi:10.1111/jeea.12011.

Couper, Mick P. 2011. "The Future of Modes of Data Collection." *Public Opinion Quarterly* 75 (5) : 889-908. doi:10.1093/poq/nfr046.

Coviello, L., J.H. Fowler, and M. Franceschetti. 2014. "Words on the Web: Noninvasive Detection of Emotional Contagion in Online Social Networks." *Proceedings of the IEEE* 102 (12) : 1911-21. doi:10.1109/JPROC.2014.2366052.

Coviello, Lorenzo, Yunkyu Sohn, Adam D. I. Kramer, Cameron Marlow, Massimo Franceschetti, Nicholas A. Christakis, and James H. Fowler. 2014. "Detecting Emotional Contagion in Massive Social Networks." *PLoS ONE* 9 (3) : e90315. doi:10.1371/journal.pone.0090315.

Cox, J., E. Y. Oh, B. Simmons, C. Lintott, K. Masters, A. Greenhill, G. Graham, and K. Holmes. 2015. "Defining and Measuring Success in Online Citizen Science: A Case Study of Zooniverse Projects." *Computing in Science & Engineering* 17 (4) : 28-41. doi:10.1109/MCSE.2015.65.

Crain, Rhiannon, Caren Cooper, and Janis L. Dickinson. 2014. "Citizen Science: A Tool for Integrating Studies of Human and Natural Systems." *Annual Review of Environment and Resources* 39 (1) : 641-65. doi:10.1146/annurev-environ-030713-154609.

Cranshaw, Justin, and Aniket Kittur. 2011. "The Polymath Project: Lessons from a Successful Online Collaboration in Mathematics." In *Proceedings of the 2011 Annual Conference on Human Factors in Computing Systems*, 1865-74. CHI '11. New York: ACM. doi:10.1145/1978942.1979213.

Crawford, Kate. 2014. "The Test We Can and Should Run on Facebook." *Atlantic*, July.

http://www.theatlantic.com/technology/archive/2014/07/the-test-we-canand-shouldrun-on-facebook/373819/.

Crawford, Kate and Megan Finn. 2015. "The Limits of Crisis Data: Analytical and Ethical Challenges of Using Social and Mobile Data to Understand Disasters." *GeoJournal* 80（4）：491–502. doi:10.1007/s10708-014-9597-z.

Cronbach, Lee J., and Paul E. Meehl. 1955. "Construct Validity in Psychological Tests." *Psychological Bulletin* 52（4）：281–302. doi:10.1037/h0040957.

Currie, Janet. 2013. "Big Data versus Big Brother: On the Appropriate Use of Large-Scale Data Collections in Pediatrics." *Pediatrics* 131（Suppl. 2）：S127–S132. doi:10.1542/peds.2013-0252c.

Dabalen, Andrew, Alvin Etang, Johannes Hoogeveen, Elvis Mushi, Youdi Schipper, and Johannes von Engelhardt. 2016. *Mobile Phone Panel Surveys in Developing Countries: A Practical Guide for Microdata Collection.* Directions in Development-Poverty. Washington, DC: World Bank Publications. http://hdl.handle.net/10986/24595.

Daries, Jon P., Justin Reich, Jim Waldo, Elise M. Young, Jonathan Whittinghill, Daniel Thomas Seaton, Andrew Dean Ho, and Isaac Chuang. 2014. "Privacy, Anonymity, and Big Data in the Social Sciences." *Queue* 12（7）：30:30–30:41. doi:10.1145/2639988.2661641.

De Choudhury, Munmun, Winter A. Mason, Jake M. Hofman, and Duncan J. Watts. 2010. "Inferring Relevant Social Networks from Interpersonal Communication." In *Proceedings of the 19th International Conference on World Wide Web*, 301–10. WWW '10. Raleigh, NC: ACM. doi:10.1145/1772690.1772722.

De Mauro, Andrea, Marco Greco, Michele Grimaldi, Georgios Giannakopoulos, Damianos P. Sakas, and Daphne Kyriaki-Manessi. 2015. "What Is Big Data? A Consensual Definition and a Review of Key Research Topics." *AIP Conference Proceedings* 1644 （1）：97–104. doi:10.1063/1.4907823.

De Waal, Ton, Marco Puts, and Piet Daas. 2014. "Statistical Data Editing of Big Data." *Paper for the Royal Statistical Society.* https://www.researchgate.net/profile/Ton_De_Waal/publication/268923823_Statistical_Data_Editing_of_Big_Data/links/547b03440cf293e2da2bbe25.pdf.

Dean, J., and S. Ghemawat. 2008. "MapReduce: Simplified Data Processing on Large Clusters." *Communications of the ACM* 51（1）：107–13.

Dean, Jeffrey, and Sanjay Ghemawat. 2004. "MapReduce: Simplified Data Processing on Large Clusters." In *Proceedings of the 6th Conference on Symposium on Opearting Systems Design & Implementation*, vol. 6. Berkeley, CA: USENIX Association. https://static.googleusercontent.com/media/research.google.com/en//archive/mapreduce-osdi04.pdf.

Deaton, Angus. 2010. "Instruments, Randomization, and Learning About Development." *Journal of Economic Literature* 48（2）：424–55. doi:10.1257/jel.48.2.424.

Dehejia, Rajeev H. and Sadek Wahba. 1999. "Causal Effects in Nonexperimental Studies: Reevaluating the Evaluation of Training Programs." *Journal of the American Statistical Association* 94（448）：1053–62. doi:10.1080/01621459.1999.10473858.

Deng, Alex, Ya Xu, Ron Kohavi, and Toby Walker. 2013. "Improving the Sensitivity of Online Controlled Experiments by Utilizing Pre-Experiment Data." In *Proceedings of* the *Sixth ACM International Conference on Web Search and Data Mining*, 123-32. WSDM '13. New York: ACM. doi:10.1145/2433396.2433413.

Desai, Tanvi, Felix Ritchie, and Richard Welpton. 2016. "Five Safes: Designing Data Access for Research." University of the West of England. http://www1.uwe.ac.uk/bl/research/bristoleconomicanalysis/economicsworkingpapers/economicspapers2016.aspx.

Desposato, Scott. 2016a. "Conclusion and Recommendations." In *Ethics and Experiments: Problems and Solutions for Social Scientists and Policy Professionals*, edited by Scott Desposato, 267-89. New York: Routledge.

———, ed. 2016b. *Ethics and Experiments: Problems and Solutions for Social Scientists and Policy Professionals*. New York: Routledge.

Diaz, Fernando, Michael Gamon, Jake M. Hofman, Emre Kiciman, and David Rothschild. 2016. "Online and Social Media Data As an Imperfect Continuous Panel Survey." *PLoS ONE* 11 (1) : e0145406. doi:10.1371/journal.pone.0145406.

Dickert, Neal, and Christine Grady. 2008. "Incentives for Research Participants." In *The Oxford Textbook of Clinical Research Ethics*, edited by E. J. Emanuel, R. A Crouch,C. Grady, R. K. Lie, F. G.Miller, and D. Wendler, 386-97. Oxford: Oxford University Press.

Dickinson, Janis L., Benjamin Zuckerberg, and David N. Bonter. 2010. "Citizen Science as an Ecological Research Tool: Challenges and Benefits." *Annual Review of Ecology, Evolution, and Systematics* 41 (1) : 149-72. doi:10.1146/annurev-ecolsys-102209-144636.

Dieleman, Sander, Kyle W. Willett, and Joni Dambre. 2015. "Rotation-Invariant Convolutional Neural Networks for Galaxy Morphology Prediction." *Monthly Notices of the Royal Astronomical Society* 450 (2) : 1441-59. doi:10.1093/mnras/stv632.

Dillman, Don A. 2002. "Presidential Address: Navigating the Rapids of Change: Some Observations on Survey Methodology in the Early Twenty-First Century." *Public Opinion Quarterly* 66 (3) : 473-94. http://www.jstor.org/stable/3078777.

Dillman, Don A., Jolene D. Smyth, and Leah Melani Christian. 2008. *Internet, Mail, and Mixed-Mode Surveys: The Tailored Design Method*, 3rd ed. Hoboken, NJ:Wiley.

———. 2014. *Internet, Phone, Mail, and Mixed-Mode Surveys: The Tailored Design Method*, 4th ed. Hoboken, NJ: Wiley.

DiMaggio, Paul, John Evans, and Bethany Bryson. 1996. "Have American's Social Attitudes Become More Polarized?" *American Journal of Sociology* 102 (3) : 690-755. http://www.jstor.org/stable/2782461.

Dittrich, D., K. Carpenter, and M. Karir. 2015. "The Internet Census 2012 Dataset: An Ethical Examination." *IEEE Technology and Society Magazine* 34 (2) : 40-46. doi:10.1109/MTS.2015.2425592.

Dittrich, David, Erin Kenneally, and others. 2011. "The Menlo Report: Ethical Principles Guiding Information and Communication Technology Research." US Department of Homeland Security. http://www.caida.org/publications/papers/2012/menlo_report_ethical_principles/.

Doleac, Jennifer L., and Luke C.D. Stein. 2013. "The Visible Hand: Race and Online Market Outcomes." *Economic Journal* 123 (572) : F469-F492. doi:10.1111/ecoj.12082.

Doll, Richard, and A. Bradford Hill. 1954. "The Mortality of Doctors in Relation to Their Smoking Habits: A Preliminary Report." *British Medical Journal* 1 (4877) :

1451-55. http://www.ncbi.nlm.nih.gov/pmc/articles/PMC2085438/.

Doll, Richard, Richard Peto, Jillian Boreham, and Isabelle Sutherland. 2004. "Mortality in Relation to Smoking: 50 Years' Observations on Male British Doctors." *British Medical Journal* 328（7455）：1519. doi:10.1136/bmj.38142.554479.AE.

Donoho, David. 2015. "50 Years of Data Science." Based on a presentation at Tukey Centennial Workshop, Princeton NJ, September. http://courses.csail.mit.edu/18.337/2015/docs/50YearsDataScience.pdf.

Dreber, Anna, Thomas Pfeiffer, Johan Almenberg, Siri Isaksson, Brad Wilson, Yiling Chen, Brian A. Nosek, and Magnus Johannesson. 2015. "Using Prediction Markets to Estimate the Reproducibility of Scientific Research." *Proceedings of the National Academy of Sciences of the USA* 112（50）：15343-47. doi:10.1073/pnas.1516179112.

Drenner, Sara, Max Harper, Dan Frankowski, John Riedl, and Loren Terveen. 2006. "Insert Movie Reference Here: A System to Bridge Conversation and Item-Oriented Web Sites." In *Proceedings of the SIGCHI Conference on Human Factors in Computing Systems*, 951-54. CHI '06. New York: ACM. doi:10.1145/1124772.1124914.

Druckman, James N., and Arthur Lupia. 2012. "Experimenting with Politics." *Science* 335（6073）：1177-79. doi:10.1126/science.1207808.

Druckman, James N., Donald P. Green, James H. Kuklinski, and Arthur Lupia. 2006. "The Growth and Development of Experimental Research in Political Science." *American Political Science Review* 100（4）：627-35. doi:10.1017/S0003055406062514.

Dunn, Halbert L. 1946. "Record Linkage." *American Journal of Public Health and the Nations Health* 36（12）：1412-16. doi:10.2105/AJPH.36.12.1412.

Dunning, Thad. 2012. *Natural Experiments in the Social Sciences: A Design-Based Approach*. Cambridge: Cambridge University Press.

Dwork, Cynthia. 2008. "Differential Privacy: A Survey of Results." In *International Conference on Theory and Applications of Models of Computation*, 1-19. Berlin: Springer. doi:10.1007/978-3-540-79228-4_1.

Dwork, Cynthia, and Aaron Roth. 2014. "The Algorithmic Foundations of Differential Privacy." *Foundations and Trends in Theoretical Computer Science* 9（34）：211-407. doi:10.1561/0400000042.

Dwork, Cynthia, Adam D. Smith, Thomas Steinke, and Jonathan Ullman. 2017. "Hiding in Plain Sight: A Survey of Attacks on Private Data." *Annual Review of Statistics and Its Application* 4: 61-84. doi:10.1146/annurev-statistics-060116-054123.

Dwyer, Patrick C., Alexander Maki, and Alexander J. Rothman. 2015. "Promoting Energy Conservation Behavior in Public Settings: The Influence of Social Norms and Personal Responsibility." *Journal of Environmental Psychology* 41（March）：30-34. doi:10.1016/j.jenvp.2014.11.002.

Eckles, Dean, René F. Kizilcec, and Eytan Bakshy. 2016. "Estimating Peer Effects in Networks with Peer Encouragement Designs." *Proceedings of the National Academy of Sciences of the USA* 113（27）：7316-22. doi:10.1073/pnas.1511201113.

Edelman, Benjamin G., Michael Luca, and Dan Svirsky. 2016. "Racial Discrimination in the Sharing Economy: Evidence from a Field Experiment." SSRN Scholarly Paper ID 2701902. Rochester, NY: Social Science Research Network. http://papers.ssrn.com/abstract=2701902.

Efrati, Amir. 2016. "Facebook Struggles to Stop Decline in Original Sharing." *The*

Information. https://www.theinformation.com/facebook-struggles-to-stop-decline-in-original-sharing.

Einav, Liran, and Jonathan Levin. 2014. "Economics in the Age of Big Data." *Science* 346 (6210) : 1243089. doi:10.1126/science.1243089.

Einav, Liran, Theresa Kuchler, Jonathan Levin, and Neel Sundaresan. 2015. "Assessing Sale Strategies in Online Markets Using Matched Listings." *American Economic Journal: Microeconomics* 7 (2) : 215-47. doi:10.1257/mic.20130046.

Ekstrand, Michael D., Daniel Kluver, F. Maxwell Harper, and Joseph A. Konstan. 2015. "Letting Users Choose Recommender Algorithms: An Experimental Study." In *Proceedings of the 9th ACM Conference on Recommender Systems*, 11-18. RecSys '15. New York: ACM. doi:10.1145/2792838.2800195.

Elmagarmid, Ahmed K., Panagiotis G. Ipeirotis, and Vassilios S. Verykios. 2007. "Duplicate Record Detection: A Survey." *IEEE Transactions on Knowledge and Data Engineering* 19 (1) : 1-16. doi:10.1109/TKDE.2007.250581.

Emanuel, Ezekiel J., Christine C. Grady, Robert A. Crouch, Reidar K. Lie, Franklin G. Miller, and David D. Wendler, eds. 2008. *The Oxford Textbook of Clinical Research Ethics*. Oxford: Oxford University Press.

Emanuel, Ezekiel J., David Wendler, and Christine Grady. 2000. "What Makes Clinical Research Ethical?" *Journal of the American Medical Association* 283 (20) : 2701-11. doi:10.1001/jama.283.20.2701.

Enserink, Martin, and Gilbert Chin. 2015. "The End of Privacy." *Science* 347 (6221) : 490-91. doi:10.1126/science.347.6221.490.

Epstein, Steven. 2009. *Inclusion: The Politics of Difference in Medical Research* Chicago: University of Chicago Press.

Eriksson, Jakob, Lewis Girod, Bret Hull, Ryan Newton, Samuel Madden, and Hari Balakrishnan. 2008. "The Pothole Patrol: Using a Mobile Sensor Network for Road Surface Monitoring." In *Proceedings of the 6th International Conference on Mobile Systems, Applications, and Services*, 29-39. MobiSys '08. New York: ACM. doi:10.1145/1378600.1378605.

Evans, Barbara J. 2011. "Much Ado About Data Ownership." *Harvard Journal of Law and Technology* 25. http://jolt.law.harvard.edu/articles/pdf/v25/25HarvJLTech69.pdf.

———. 2013. "Why the Common Rule Is Hard to Amend." SSRN Scholarly Paper ID 2183701. Rochester, NY: Social Science Research Network. http://papers.ssrn.com/abstract=2183701.

Eyal, Nir. 2012. "Informed Consent." In *The Stanford Encyclopedia of Philosophy*. edited by Edward N. Zalta, Fall 2012. http://plato.stanford.edu/archives/fall2012/entries/informed-consent/.

Falk, Armin, and James J. Heckman. 2009. "Lab Experiments Are a Major Source of Knowledge in the Social Sciences." *Science* 326 (5952) : 535-38. doi:10.1126/science.1168244.

Farber, Henry S. 2015. "Why You Can't Find a Taxi in the Rain and Other Labor Supply Lessons from Cab Drivers." *Quarterly Journal of Economics* 130 (4) : 1975-2026. doi:10.1093/qje/qjv026.

Fellegi, Ivan P., and Alan B. Sunter. 1969. "A Theory for Record Linkage." *Journal of the American Statistical Association* 64 (328) : 1183-1210. doi:10.2307/2286061.

Felstiner, Alek. 2011. "Working the Crowd: Employment and Labor Law in the Crowd-sourcing Industry." *Berkeley Journal of Employment and Labor Law* 32 (1)：143-203. http://www.jstor.org/stable/24052509.

Ferrara, Emilio, Onur Varol, Clayton Davis, Filippo Menczer, and Alessandro Flammini. 2016. "The Rise of Social Bots." *Communications of the ACM* 59 (7)：96-104. doi:10.1145/2818717.

Ferraro, Paul J., Juan Jose Miranda, and Michael K. Price. 2011. "The Persistence of Treatment Effects with Norm-Based Policy Instruments: Evidence from a Randomized Environmental Policy Experiment." *American Economic Review (Papers and Proceedings of the 123rd Annual Meeting of the American Economic Association)* 101 (3)：318-22. http://www.jstor.org/stable/29783762.

Feuerverger, Andrey, Yu He, and Shashi Khatri. 2012. "Statistical Significance of the Netflix Challenge." *Statistical Science* 27 (2)：202-31. http://www.jstor.org/stable/41714795.

Fienberg, Stephen E. 1971. "Randomization and Social Affairs: The 1970 Draft Lottery." *Science* 171 (3968)：255-61. doi:10.1126/science.171.3968.255.

Fink, Daniel, Wesley M. Hochachka, Benjamin Zuckerberg, David W. Winkler, Ben Shaby, M. Arthur Munson, Giles Hooker, Mirek Riedewald, Daniel Sheldon, and Steve Kelling. 2010. "Spatiotemporal Exploratory Models for Broad-Scale Survey Data." *Ecological Applications* 20 (8)：2131-47. doi:10.1890/09-1340.1.

Fink, Günther, Margaret McConnell, and Sebastian Vollmer. 2014. "Testing for Heterogeneous Treatment Effects in Experimental Data: False Discovery Risks and Correction Procedures." *Journal of Development Effectiveness* 6 (1)：44-57. doi:10.1080/19439342.2013.875054.

Finn, P., and M. Jakobsson. 2007. "Designing Ethical Phishing Experiments." *IEEE Technology and Society Magazine* 26 (1)：46-58. doi:10.1109/MTAS.2007.335565.

Fischer, Claude S. 2011. *Still Connected: Family and Friends in America Since 1970*. New York: Russell Sage Foundation.

Fiske, Susan T., and Robert M. Hauser. 2014. "Protecting Human Research Participants in the Age of Big Data." *Proceedings of the National Academy of Sciences of the USA* 111 (38)：13675-76. doi:10.1073/pnas.1414626111.

Fitzpatrick, J. W., F. B. Gill, M. Powers, and K. V. Rosenberg. 2002. "Introducing eBird: The Union of Passion and Purpose." *North American Birds* 56: 11-13.

Flick, Catherine. 2016. "Informed Consent and the Facebook Emotional Manipulation Study." *Research Ethics* 12 (1) 14-28. doi:10.1177/1747016115599568.

Fortson, Lucy, Karen Masters, Robert Nichol, Kirk Borne, Edd Edmondson, Chris Lintott, Jordan Raddick, Kevin Schawinski, and John Wallin. 2011. "Galaxy Zoo: Morphological Classification and Citizen Science." *ArXiv:1104.5513 [astro-ph.IM]*, April. http://arxiv.org/abs/1104.5513.

Foucault, Michel. 1995. *Discipline & Punish: The Birth of the Prison*, translated by Alan Sheridan. New York: Vintage Books.

Fox, John, and Sanford Weisberg. 2011. *An R Companion to Applied Regression*, 2nd ed. Thousand Oaks, CA: SAGE. http://socserv.socsci.mcmaster.ca/jfox/Books/Companion.

Frangakis, Constantine E., and Donald B. Rubin. 2002. "Principal Stratification in Causal

Inference." *Biometrics* 58 (1): 21-29. doi:10.1111/j.0006-341X.2002.00021.x.

Frank, Robert H. 2016. *Success and Luck: Good Fortune and the Myth of Meritocracy*. Princeton, NJ: Princeton University Press. (月沢李歌子訳．2017．『成功する人は偶然を味方にする——運と成功の経済学』日本経済新聞出版社）

Frank, Robert H., and Philip J. Cook. 1996. *The Winner-Take-All Society: Why the Few at the Top Get So Much More Than the Rest of Us*, reprint ed. New York: Penguin Books. （香西泰監訳．1998．『ウィナー・テイク・オール——「ひとり勝ち」社会の到来』日本経済新聞社）

Freedman, David A. 1991. "Statistical Models and Shoe Leather." *Sociological Methodology* 21: 291-313. doi:10.2307/270939.

——. 2008. "On Regression Adjustments to Experimental Data." *Advances in Applied Mathematics* 40 (2): 180-93. doi:10.1016/j.aam.2006.12.003.

Freedman, David, Robert Pisani, and Roger Purves. 2007. *Statistics*, 4th ed. New York: W. W. Norton.

Frison, Lars, and Stuart J. Pocock. 1992. "Repeated Measures in Clinical Trials: Analysis Using Mean Summary Statistics and Its Implications for Design." *Statistics in Medicine* 11 (13): 1685-1704. doi:10.1002/sim.4780111304.

Galaxy Zoo. 2016. "Exclusive Interview with Our Recent Citizen Science Co-Authors." *Galaxy Zoo*. https://blog.galaxyzoo.org/2016/04/18/exclusive-interview-with-our-recent-citizen-science-coauthors/.

Garbarski, Dana, Nora Cate Schaeffer, and Jennifer Dykema. 2016. "Interviewing Practices, Conversational Practices, and Rapport Responsiveness and Engagement in the Standardized Survey Interview." *Sociological Methodology* 46 (1): 1-38. doi:10.1177/0081175016637890.

Gardner, Howard. 2011. *Frames of Mind: The Theory of Multiple Intelligences*. New York: Basic Books.

Gayo-Avello, Daniel. 2011. "Don't Turn Social Media into Another 'Literary Digest' Poll." *Communications of the ACM* 54 (10): 121-28. doi:10.1145/2001269.2001297.

——. 2013. "A Meta-Analysis of State-of-the-Art Electoral Prediction From Twitter Data." *Social Science Computer Review* 31 (6): 649-79. doi:10.1177/0894439313493979.

Gee, Laura K. 2015. "The More You Know: Information Effects in Job Application Rates by Gender in a Large Field Experiment." SSRN Scholarly Paper ID 2612979. Rochester, NY: Social Science Research Network. http://papers.ssrn.com/abstract=2612979.

Geiger, R. Stuart. 2014. "Bots, Bespoke, Code and the Materiality of Software Platforms." *Information, Communication & Society* 17 (3): 342-56. doi:10.1080/1369118X.2013.873069.

Gelman, Andrew. 2007. "Struggles with Survey Weighting and Regression Modeling." *Statistical Science* 22 (2): 153-64. doi:10.1214/088342306000000691.

——. 2010. "63,000 Worth of Abusive Research...or Just a Really Stupid Waste of Time?" *Statistical Modeling, Causal Inference, and Social Science*. http://andrewgelman.com/2010/05/06/63000_worth_of/.

——. 2013. "Preregistration of Studies and Mock Reports." *Political Analysis* 21 (1): 40-41. doi:10.1093/pan/mps032.

Gelman, Andrew, and John Carlin. 2014. "Beyond Power Calculations Assessing Type S

(Sign) and Type M (Magnitude) Errors." *Perspectives on Psychological Science* 9 (6): 641-51. doi:10.1177/1745691614551642.

Gelman, Andrew, and John B. Carlin. 2002. "Poststratification and Weighting Adjustments." In *Survey Nonresponse*, edited by Robert M. Groves, Don A. Dillman, John L. Eltinge, and Roderick J.A. Little, 289-302. Hoboken, NJ: Wiley.

Gerber, Alan S., and Donald P. Green. 2000. "The Effects of Canvassing, Telephone Calls, and Direct Mail on Voter Turnout: A Field Experiment." *American Political Science Review* 94 (3): 653-63. doi:10.2307/2585837.

——. 2005. "Correction to Gerber and Green (2000). Replication of Disputed Findings, and Reply to Imai (2005)." *American Political Science Review* 99 (2): 301-13. doi:10.1017/S000305540505166X.

——. 2012. *Field Experiments: Design, Analysis, and Interpretation.* New York: W. W. Norton.

Gerber, Alan S., Kevin Arceneaux, Cheryl Boudreau, Conor Dowling, and D. Sunshine Hillygus. 2015. "Reporting Balance Tables, Response Rates and Manipulation Checks in Experimental Research: A Reply from the Committee That Prepared the Reporting Guidelines." *Journal of Experimental Political Science* 2 (2): 216-29. doi:10.1017/XPS.2015.20.

Gerber, Alan S., Donald P. Green, and Christopher W. Larimer. 2008. "Social Pressure and Voter Turnout: Evidence from a Large-Scale Field Experiment." *American Political Science Review* 102 (1): 33-48. doi:10.1017/S000305540808009X.

Gerber, Alan, Kevin Arceneaux, Cheryl Boudreau, Conor Dowling, Sunshine Hillygus, Thomas Palfrey, Daniel R. Biggers, and David J. Hendry. 2014. "Reporting Guidelines for Experimental Research: A Report from the Experimental Research Section Standards Committee." *Journal of Experimental Political Science* 1 (1): 81-98. doi:10.1017/xps.2014.11.

Gilbert, Sarah. 2015. "Participants in the Crowd: Deliberations on the Ethical Use of Crowdsourcing in Research." In *CSCW 15 Workshop on Ethics at the 2015 Conference on Computer Supported Cooperative Work.* https://cscwethics2015.files.wordpress.com/2015/02/gilbert.pdf.

Gill, Michael, and Arthur Spirling. 2015. "Estimating the Severity of the WikiLeaks U.S. Diplomatic Cables Disclosure." *Political Analysis* 23 (2): 299-305. doi:10.1093/pan/mpv005.

Gillon, Raanan. 2015. "Defending the Four Principles Approach as a Good Basis for Good Medical Practice and Therefore for Good Medical Ethics." *Journal of Medical Ethics* 41 (1): 111-16. doi:10.1136/medethics-2014-102282.

Ginsberg, Jeremy, Matthew H. Mohebbi, Rajan S. Patel, Lynnette Brammer, Mark S. Smolinski, and Larry Brilliant. 2009. "Detecting Influenza Epidemics Using Search Engine Query Data." *Nature* 457 (7232): 1012-14. doi:10.1038/nature07634.

Glaeser, Edward L., Andrew Hillis, Scott Duke Kominers, and Michael Luca. 2016. "Crowdsourcing City Government: Using Tournaments to Improve Inspection Accuracy." Working Paper 22124. National Bureau of Economic Research. http://www.nber.org/papers/w22124.

Glaser, Barney, and Anselm Strauss. 1967. *The Discovery of Grounded Theory: Strategies for Qualitative Research.* New Brunswick, NJ: Aldine Transaction.（後藤隆・大出

春江・水野節夫訳.1996.『データ対話型理論の発見——調査からいかに理論をうみだすか』新曜社)

Gleick, James. 2011. *The Information: A History, a Theory, a Flood.* New York: Pantheon.(楡井浩一訳.2013.『インフォメーション——情報技術の人類史』新潮社)

Glennerster, Rachel, and Kudzai Takavarasha. 2013. *Running Randomized Evaluations: A Practical Guide.* Princeton, NJ: Princeton University Press.

Goel, Sharad, Jake M. Hofman, Sébastien Lahaie, David M. Pennock, and Duncan J. Watts. 2010. "Predicting Consumer Behavior with Web Search." *Proceedings of the National Academy of Sciences of the USA* 107 (41): 17486-90. doi:10.1073/pnas.1005962107.

Goel, Sharad, Winter Mason, and Duncan J. Watts. 2010. "Real and Perceived Attitude Agreement in Social Networks." *Journal of Personality and Social Psychology* 99 (4): 611-21. doi:10.1037/a0020697.

Goel, Sharad, Adam Obeng, and David Rothschild. 2016. "Non-Representative Surveys: Fast, Cheap, and Mostly Accurate." Working Paper. https://5harad.com/papers/dirtysurveys.pdf.

Goldberg, Amir. 2015. "In Defense of Forensic Social Science." *Big Data & Society* 2 (2): doi:10.1177/2053951715601145.

Golder, Scott A., and Michael W. Macy. 2011. "Diurnal and Seasonal Mood Vary with Work, Sleep, and Daylength across Diverse Cultures." *Science* 333 (6051): 1878-81. doi:10.1126/science.1202775.

——. 2014. "Digital Footprints: Opportunities and Challenges for Online Social Research." *Annual Review of Sociology* 40 (1): 129-52. doi:10.1146/annurev-soc-071913-043145.

Goldman, William. 1989. *Adventures in the Screen Trade: A Personal View of Hollywood and Screenwriting*, reissue ed. New York: Grand Central Publishing.

Goldstein, Daniel G., R. Preston McAfee, and Siddharth Suri. 2013. "The Cost of Annoying Ads." In *Proceedings of the 22nd International Conference on World Wide Web*, 459-70. WWW '13. Republic and Canton of Geneva, Switzerland: International World Wide Web Conferences Steering Committee. doi:10.1145/2488388.2488429.

Goldstein, Daniel G., Siddharth Suri, R. Preston McAfee, Matthew Ekstrand-Abueg, and Fernando Diaz. 2014. "The Economic and Cognitive Costs of Annoying Display Advertisements." *Journal of Marketing Research* 51 (6): 742-52. doi:10.1509/jmr.13.0439.

Goldstone, Robert L., and Gary Lupyan. 2016. "Discovering Psychological Principles by Mining Naturally Occurring Data Sets." *Topics in Cognitive Science* 8 (3): 548-68. doi:10.1111/tops.12212.

Goldthorpe, John H. 1991. "The Uses of History in Sociology: Reflections on Some Recent Tendencies." *British Journal of Sociology* 42 (2): 211-30. doi:10.2307/590368.

Goroff, Daniel L. 2015. "Balancing Privacy Versus Accuracy in Research Protocols." *Science* 347 (6221): 479-80. doi:10.1126/science.aaa3483.

Gowers, Timothy, and Michael Nielsen. 2009. "Massively Collaborative Mathematics." *Nature* 461 (7266): 879-81. doi:10.1038/461879a.

Gray, Mary L., Siddharth Suri, Syed Shoaib Ali, and Deepti Kulkarni. 2016. "The Crowd Is a Collaborative Network." In *Proceedings of the 19th ACM Conference on Computer-Supported Cooperative Work & Social Computing*, 134-47. CSCW

'16. New York: ACM. doi:10.1145/2818048.2819942.
Grayson, Richard. 2016. "A Life in the Trenches? The Use of Operation War Diary and Crowdsourcing Methods to Provide an Understanding of the British Army's Day-to-Day Life on the Western Front." *British Journal for Military History* 2 (2): 60-85. http://bjmh.org.uk/index.php/bjmh/article/view/96.
Green, Donald P., and Alan S. Gerber. 2003. "The Underprovision of Experiments in Political Science." *Annals of the American Academy of Political and Social Science* 589 (1): 94-112. doi:10.1177/0002716203254763.
———. 2015. *Get Out the Vote: How to Increase Voter Turnout*, 3rd ed. Washington, DC: Brookings Institution Press.
Green, Donald P., and Holger L. Kern. 2012. "Modeling Heterogeneous Treatment Effects in Survey Experiments with Bayesian Additive Regression Trees." *Public Opinion Quarterly* 76 (3): 491-511. doi:10.1093/poq/nfs036.
Green, Donald P., Brian R. Calfano, and Peter M. Aronow. 2014. "Field Experimental Designs for the Study of Media Effects." *Political Communication* 31 (1): 168-80. doi:10.1080/10584609.2013.828142.
Greenwald, Anthony G. 1976. "Within-Subjects Designs: To Use or Not to Use?" *Psychological Bulletin* 83 (2): 314-20. doi:10.1037/0033-2909.83.2.314.
Greenwood, Jeremy J. D. 2007. "Citizens, Science and Bird Conservation." *Journal of Ornithology* 148 (S1): 77-124. doi:10.1007/s10336-007-0239-9.
Grimmelmann, James. 2015. "The Law and Ethics of Experiments on Social Media Users." SSRN Scholarly Paper ID 2604168. Rochester, NY: Social Science Research Network. http://papers.ssrn.com/abstract=2604776.
Grimmer, Justin, and Brandon M. Stewart. 2013. "Text as Data: The Promise and Pitfalls of Automatic Content Analysis Methods for Political Texts." *Political Analysis* 21 (3): 267-97. doi:10.1093/pan/mps028.
Grimmer, Justin, Solomon Messing, and Sean J. Westwood. 2014. "Estimating Heterogeneous Treatment Effects and the Effects of Heterogeneous Treatments with Ensemble Methods." Working Paper, Stanford University. http://stanford.edu/jgrimmer/het.pdf.
Groen, Jeffrey A. 2012. "Sources of Error in Survey and Administrative Data: The Importance of Reporting Procedures." *Journal of Official Statistics* 28 (2): 173-98. http://www.jos.nu/Articles/abstract.asp?article=282173.
Groves, Robert M. 2004. *Survey Errors and Survey Costs*. Hoboken, NJ: Wiley.
———. 2006. "Nonresponse Rates and Nonresponse Bias in Household Surveys." *Public Opinion Quarterly* 70 (5): 646-75. doi:10.1093/poq/nfl033.
———. 2011. "Three Eras of Survey Research." *Public Opinion Quarterly* 75 (5): 861-71. doi:10.1093/poq/nfr057.
Groves, Robert M., and Robert Louis Kahn. 1979. *Surveys by Telephone: A National Comparison with Personal Interviews*. New York: Academic Press.
Groves, Robert M., and Lars Lyberg. 2010. "Total Survey Error: Past, Present, and Future." *Public Opinion Quarterly* 74 (5): 849-79. doi:10.1093/poq/nfq065.
Groves, Robert M., Floyd J. Fowler Jr., Mick P. Couper, James M. Lepkowski, Eleanor Singer, and Roger Tourangeau. 2009. *Survey Methodology*. Hoboken, NJ: Wiley. （氏家豊・大隅昇・松本渉・村田磨理子・鳰真紀子訳．2011．『調査法ハンドブック』朝倉書店〔原著

2004 年，John Wiley & Sons］）

Grusky, David B., Timothy M. Smeeding, and C. Matthew Snipp. 2015. "A New Infrastructure for Monitoring Social Mobility in the United States." *Annals of the American Academy of Political and Social Science* 657（1）: 63-82. doi:10.1177/ 0002716214549941.

Gueron, Judith M. 2002. "The Politics of Random Assignment: Implementing Studies and Affecting Policy." In *Evidence Matters: Randomized Trials in Education Research*, edited by Frederick F. Mosteller and Robert F. Boruch, 15-49. Washington, DC: Brookings Institution Press.

Hafner, Katie. 2006. "Researchers Yearn to Use AOL Logs, but They Hesitate." *New York Times*, August. http://www.nytimes.com/2006/08/23/technology/23search.html.

Halevy, Alon, Peter Norvig, and Fernando Pereira. 2009. "The Unreasonable Effectiveness of Data." *IEEE Intelligent Systems* 24（2）: 8-12. doi:10.1109/MIS.2009.36.

Halpern, Scott D., Rachel Kohn, Aaron Dornbrand-Lo, Thomas Metkus, David A. Asch, and Kevin G. Volpp. 2011. "Lottery-Based Versus Fixed Incentives to Increase Clinicians' Response to Surveys." *Health Services Research* 46（5）: 1663-74. doi:10.1111/ j.1475-6773.2011.01264.x.

Hand, Eric. 2010. "Citizen Science: People Power." *Nature News* 466（7307）: 685-87. doi:10.1038/466685a.

Hanmer, Michael J., Antoine J. Banks, and Ismail K. White. 2014. "Experiments to Reduce the Over-Reporting of Voting: A Pipeline to the Truth." *Political Analysis* 22（1）: 130-41. doi:10.1093/pan/mpt027.

Hansen, Ben B., and Jake Bowers. 2008. "Covariate Balance in Simple, Stratified and Clustered Comparative Studies." *Statistical Science* 23（2）: 219-36. doi:10.1214/08-STS254.

Hargittai, Eszter. 2015. "Is Bigger Always Better? Potential Biases of Big Data Derived from Social Network Sites." *Annals of the American Academy of Political and Social Science* 659（1）: 63-76. doi:10.1177/0002716215570866.

Hargittai, Eszter, and Christian Sandvig, eds. 2015. *Digital Research Confidential: The Secrets of Studying Behavior Online*. Cambridge, MA: MIT Press.

Harper, F. Maxwell, and Joseph A. Konstan. 2015. "The MovieLens Datasets: History and Context." *ACM Transactions on Interactive Intelligent Systems* 5（4）: 19:1-19:19. doi:10.1145/2827872.

Harper, F. Maxwell, Shilad Sen, and Dan Frankowski. 2007. "Supporting Social Recommendations with Activity-Balanced Clustering." In *Proceedings of the 2007 ACM Conference on Recommender Systems*, 165-68. RecSys '07. New York: ACM. doi:10. 1145/1297231.1297262.

Harrison, G. W, and J. A List. 2004. "Field Experiments." *Journal of Economic Literature* 42（4）: 1009-55.

Hart, Nicky. 1994. "John Goldthorpe and the Relics of Sociology." *British Journal of Sociology* 45（1）: 21-30. doi:10.2307/591522.

Hastie, Trevor, Robert Tibshirani, and Jerome Friedman. 2009. *The Elements of Statistical Learning: Data Mining, Inference, and Prediction*, 2nd ed. New York: Springer. （杉山将・井出剛・神嶌敏弘・栗田多喜夫・前田英作監訳，2014，『統計的学習の基礎――データマイニング・推論・予測』共立出版）

Hauge, Michelle V., Mark D. Stevenson, D. Kim Rossmo, and Steven C. Le Comber. 2016. "Tagging Banksy: Using Geographic Profiling to Investigate a Modern Art Mystery." *Journal of Spatial Science* 61 (1): 185-90. doi:10.1080/14498596.2016.1138246.

Hauser, David J., and Norbert Schwarz. 2015a. "Attentive Turkers: MTurk Participants Perform Better on Online Attention Checks Than Do Subject Pool Participants." *Behavior Research Methods* 48 (1): 400-7. doi:10.3758/s13428-015-0578-z.

———. 2015b. "Its a Trap! Instructional Manipulation Checks Prompt Systematic Thinking on Tricky Tasks." *SAGE Open* 5 (2): 2158244015584617. doi:10.1177/2158244015584617.

Hausman, Jerry. 2012. "Contingent Valuation: From Dubious to Hopeless." *Journal of Economic Perspectives* 26 (4): 43-56. doi:10.1257/jep.26.4.43.

Hawley, Steven A. 2012. "Abundances in Green Pea Star-Forming Galaxies." *Publications of the Astronomical Society of the Pacific* 124 (911): 21-35. doi:10.1086/663866.

Healy, Andrew, and Neil Malhotra. 2013. "Retrospective Voting Reconsidered." *Annual Review of Political Science* 16 (1): 285-306. doi:10.1146/annurev-polisci-032211-212920.

Healy, Kieran. 2015. "The Performativity of Networks." *European Journal of Sociology/Archives Européennes de Sociologie* 56 (2): 175-205. doi:10.1017/S0003975615000107.

Heckman, James J., and Jeffrey A. Smith. 1995. "Assessing the Case for Social Experiments." *Journal of Economic Perspectives* 9 (2): 85-110. http://www.jstor.org/stable/2138168.

Heckman, James J., and Sergio Urzúa. 2010. "Comparing IV With Structural Models: What Simple IV Can and Cannot Identify." *Journal of Econometrics* 156 (1): 27-37. doi:10.1016/j.jeconom.2009.09.006.

Hedström, Peter. 2006. "Experimental Macro Sociology: Predicting the Next Best Seller." *Science* 311 (5762): 786-87. doi:10.1126/science.1124707.

Hedström, Peter, and Petri Ylikoski. 2010. "Causal Mechanisms in the Social Sciences." *Annual Review of Sociology* 36 (1): 49-67. doi:10.1146/annurev.soc.012809.102632.

Heller, Jean. 1972. "Syphilis Victims in U.S. Study Went Untreated for 40 Years." *New York Times*, July, pp. 1 and 8.

Henrich, Joseph, Steven J. Heine, and Ara Norenzayan. 2010a. "The Weirdest People in the World?" *Behavioral and Brain Sciences* 33 (2-3): 61-83. doi:10.1017/S0140525X0999152X.

———. 2010b. "Most People Are Not WEIRD." *Nature* 466 (7302): 29-29. doi:10.1038/466029a.

Hernandez, Daniela, and Deepa Seetharaman. 2016. "Facebook Offers Details on How It Handles Research." *Wall Street Journal*, June. http://www.wsj.com/articles/facebook-offers-details-how-ithandles-research-1465930152.

Hernán, Miguel A., and James M. Robins. 2016. "Using Big Data to Emulate a Target Trial When a Randomized Trial Is Not Available." *American Journal of Epidemiology* 183 (8): 758-64. doi:10.1093/aje/kwv254.

Hersh, Eitan D. 2013. "Long-Term Effect of September 11 on the Political Behavior of Victims Families and Neighbors." *Proceedings of the National Academy of Sciences of the USA* 110 (52): 20959-63. doi:10.1073/pnas.1315043110.

Higgins, Michael J., Fredrik Sävje, and Jasjeet S. Sekhon. 2016. "Improving Massive Experiments with Threshold Blocking." *Proceedings of the National Academy of*

Sciences of the USA 113 (27) : 7369-76. doi:10.1073/pnas.1510504113.

Hilbert, Martin, and Priscila López. 2011. "The World's Technological Capacity to Store, Communicate, and Compute Information." *Science* 332 (6025) : 60-65. doi:10.1126/science.1200970.

Ho, Daniel E., Kosuke Imai, Gary King, and Elizabeth A. Stuart. 2007. "Matching as Nonparametric Preprocessing for Reducing Model Dependence in Parametric Causal Inference." *Political Analysis* 15 (3) : 199-236. doi:10.1093/pan/mpl013.

Hofman, Jake M., Amit Sharma, and Duncan J. Watts. 2017. "Prediction and Explanation in Social Systems." *Science* 355 (6324) : 486-88. https://doi.org/10.1126/science.aal3856.

Hogan, Bernie, and Brent Berry. 2011. "Racial and Ethnic Biases in Rental Housing: An Audit Study of Online Apartment Listings." *City & Community* 10 (4) : 351-72. doi:10.1111/j.1540-6040.2011.01376.x.

Holland, Paul W. 1986. "Statistics and Causal Inference." *Journal of the American Statistical Association* 81 (396) : 945. doi:10.2307/2289064.

Holm, S. 1995. "Not Just Autonomy-the Principles of American Biomedical Ethics.' *Journal of Medical Ethics* 21 (6) : 332-38. doi:10.1136/jme.21.6.332.

Holmes, David S. 1976a. "Debriefing After Psychological Experiments: I. Effectiveness of Postdeception Dehoaxing." *American Psychologist* 31 (12) : 858-67. doi:10.1037/0003-066X.31.12.858.

———. 1976b. "Debriefing After Psychological Experiments: II. Effectiveness of Postexperimental Desensitizing." *American Psychologist* 31 (12) : 868-75. doi:10.1037/0003-066X.31.12.868.

Holt, D., and T. M. F. Smith. 1979. "Post Stratification." *Journal of the Royal Statistical Society. Series A (General)* 142 (1) : 33-46. doi:10.2307/2344652.

Hong, Lu, and Scott E. Page. 2004. "Groups of Diverse Problem Solvers Can Outperform Groups of High-Ability Problem Solvers." *Proceedings of the National Academy of Sciences of the USA* 101 (46) : 16385-89. doi:10.1073/pnas.0403723101.

Hoonaard, Will C. van den. 2011. *Seduction of Ethics: Transforming the Social Sciences*. Toronto: University of Toronto Press.

Hopkins, Daniel, and Gary King. 2010. "A Method of Automated Nonparametric Content Analysis for Social Science." *American Journal of Political Science* 54 (1) : 229-47. doi:10.1111/j.1540-5907.2009.00428.x.

Horton, John J., and Prasanna Tambe. 2015. "Labor Economists Get Their Microscope: Big Data and Labor Market Analysis." *Big Data* 3 (3) : 130-37. doi:10.1089/big.2015.0017.

Horton, John J., and Richard J. Zeckhauser. 2016. "The Causes of Peer Effects in Production: Evidence from a Series of Field Experiments." Working Paper 22386. National Bureau of Economic Research. http://www.nber.org/papers/w22386.

Horton, John J., David G. Rand, and Richard J. Zeckhauser. 2011. "The Online Laboratory: Conducting Experiments in a Real Labor Market." *Experimental Economics* 14 (3) : 399-425. doi:10.1007/s10683-011-9273-9.

Horvitz, D. G., and D. J. Thompson. 1952. "A Generalization of Sampling Without Replacement from a Finite Universe." *Journal of the American Statistical Association* 47 (260) : 663-85. doi:10.1080/01621459.1952.10483446.

Hout, Michael, and Thomas A. DiPrete. 2006. "What We Have Learned: RC28's Contributions to Knowledge About Social Stratification." *Research in Social Stratification and Mobility* 24 (1): 1-20. doi:10.1016/j.rssm.2005.10.001.

Howe, Jeff. 2009. *Crowdsourcing: Why the Power of the Crowd Is Driving the Future of Business.* NewYork: Crown Business. (中島由華訳, 2009, 『クラウドソーシング——みんなのパワーが世界を動かす』ハヤカワ新書 juice)

Howison, James, Andrea Wiggins, and Kevin Crowston. 2011. "Validity Issues in the Use of Social Network Analysis with Digital Trace Data." *Journal of the Association for Information Systems* 12 (12): 767-97. http://aisel.aisnet.org/jais/vol12/iss12/2.

Huber, Gregory A., and Celia Paris. 2013. "Assessing the Programmatic Equivalence Assumption in Question Wording Experiments Understanding Why Americans Like Assistance to the Poor More Than Welfare." *Public Opinion Quarterly* 77 (1): 385-97. doi:10.1093/poq/nfs054.

Huber, Gregory A., Seth J. Hill, and Gabriel S. Lenz. 2012. "Sources of Bias in Retrospective Decision Making: Experimental Evidence on Voters Limitations in Controlling Incumbents." *American Political Science Review* 106 (4): 720-41. doi:10.1017/S0003055412000391.

Huberman, Bernardo A. 2012. "Big Data Deserve a Bigger Audience." *Nature* 482 (7385): 308. doi:10.1038/482308d.

Huberty, Mark. 2015. "Can We Vote with Our Tweet? On the Perennial Difficulty of Election Forecasting with Social Media." *International Journal of Forecasting* 31 (3): 992-1007. doi:10.1016/j.ijforecast.2014.08.005.

Hudson, Kathy L., and Francis S. Collins. 2015. "Bringing the Common Rule into the 21st Century." *New England Journal of Medicine* 373 (24): 2293-6. doi:10.1056/NEJMp1512205.

Hulth, Anette, Gustaf Rydevik, and Annika Linde. 2009. "Web Queries as a Source for Syndromic Surveillance." *PLoS ONE* 4 (2): e4378. doi:10.1371/journal.pone.0004378.

Humphreys, Macartan. 2015. "Reflections on the Ethics of Social Experimentation." *Journal of Globalization and Development* 6 (1): 87-112. doi:10.1515/jgd-2014-0016.

Humphreys, Macartan, and Jeremy M. Weinstein. 2009. "Field Experiments and the Political Economy of Development." *Annual Review of Political Science* 12 (1): 367-78. doi:10.1146/annurev.polisci.12.060107.155922.

Humphreys, Macartan, Raul Sanchez de la Sierra, and Peter van der Windt. 2013. "Fishing, Commitment, and Communication: A Proposal for Comprehensive Nonbinding Research Registration." *Political Analysis* 21 (1): 1-20. doi:10.1093/pan/mps021.

Hunter, David, and Nicholas Evans. 2016. "Facebook Emotional Contagion Experiment Controversy." *Research Ethics* 12 (1): 2-3. doi:10.1177/1747016115626341.

Hurlbert, Allen H., and Zhongfei Liang. 2012. "Spatiotemporal Variation in Avian Migration Phenology: Citizen Science Reveals Effects of Climate Change." *PLoS ONE* 7 (2): e31662. doi:10.1371/journal.pone.0031662.

Hutton, Luke, and Tristan Henderson. 2015. "'I Didn't Sign Up for This!': Informed Consent in Social Network Research." In *Ninth International AAAI Conference on Web and Social Media.* http://www.aaai.org/ocs/index.php/ICWSM/ICWSM15/paper/view/10493.

Igo, Sarah E. 2008. *The Averaged American: Surveys, Citizens, and the Making of a Mass Public*. Cambridge, MA: Harvard University Press.

Imai, Kosuke. 2005. "Do Get-Out-the-Vote Calls Reduce Turnout? The Importance of Statistical Methods for Field Experiments." *American Political Science Review* 99 (2): 283-300. doi:10.1017/S0003055405051658.

Imai, Kosuke, and Marc Ratkovic. 2013. "Estimating Treatment Effect Heterogeneity in Randomized Program Evaluation." *Annals of Applied Statistics* 7 (1): 443-70. doi:10.1214/12-AOAS593.

Imai, Kosuke, and Teppei Yamamoto. 2013. "Identification and Sensitivity Analysis for Multiple Causal Mechanisms: Revisiting Evidence from Framing Experiments." *Political Analysis* 21 (2): 141-71. doi:10.1093/pan/mps040.

Imai, Kosuke, Luke Keele, Dustin Tingley, and Teppei Yamamoto. 2011. "Unpacking the Black Box of Causality: Learning About Causal Mechanisms from Experimental and Observational Studies." *American Political Science Review* 105 (4): 765-89. doi:10.1017/S0003055411000414.

Imai, Kosuke, Dustin Tingley, and Teppei Yamamoto. 2013. "Experimental Designs for Identifying Causal Mechanisms." *Journal of the Royal Statistical Society: Series A (Statistics in Society)* 176 (1): 5-51. doi:10.1111/j.1467-985X.2012.01032.x.

Imbens, Guido W. 2010. "Better LATE Than Nothing: Some Comments on Deaton (2009) and Heckman and Urzua (2009)." *Journal of Economic Literature* 48 (2): 399-423. doi:10.1257/jel.48.2.399.

Imbens, Guido W., and Paul R. Rosenbaum. 2005. "Robust, Accurate Confidence Intervals with a Weak Instrument: Quarter of Birth and Education." *Journal of the Royal Statistical Society: Series A (Statistics in Society)* 168 (1): 109-26. doi:10.1111/j.1467-985X.2004.00339.x.

Imbens, Guido W., and Donald B. Rubin. 2015. *Causal Inference in Statistics, Social, and Biomedical Sciences*. Cambridge: Cambridge University Press.

Institute of Medicine and National Academy of Sciences and National Academy of Engineering. 2009. *On Being a Scientist: A Guide to Responsible Conduct in Research*. 3rd ed. Washington, DC: National Academies Press. http://dx.doi.org/10.17226/12192. (池内了訳，2010.『科学者をめざす君たちへ──研究者の責任ある行動とは』化学同人)

Issenberg, Sasha. 2012. *The Victory Lab: The Secret Science of Winning Campaigns*. New York: Broadway Books.

Izotov, Yuri I., Natalia G. Guseva, and Trinh X. Thuan. 2011. "Green Pea Galaxies and Cohorts: Luminous Compact Emission-Line Galaxies in the Sloan Digital Sky Survey." *Astrophysical Journal* 728 (2): 161. doi:10.1088/0004-637X/728/2/161.

Jackman, Molly, and Lauri Kanerva. 2016. "Evolving the IRB: Building Robust Review for Industry Research." *Washington and Lee Law Review Online* 72 (3): 442. http://scholarlycommons.law.wlu.edu/wlulr-online/vol72/iss3/8.

Jackson, Michelle, and D. R. Cox. 2013. "The Principles of Experimental Design and Their Application in Sociology." *Annual Review of Sociology* 39 (1): 27-49. doi:10.1146/annurev-soc-071811-145443.

Jagatic, Tom N., Nathaniel A. Johnson, Markus Jakobsson, and Filippo Menczer. 2007. "Social Phishing." *Communications of the ACM* 50 (10): 94-100. doi:10.1145/1290958.1290968.

Jakobsson, Markus, and Jacob Ratkiewicz. 2006. "Designing Ethical Phishing Experiments: A Study of (ROT13) rOnl Query Features." In *Proceedings of the 15th International Conference on World Wide Web*, 513-22. WWW '06. New York: ACM. doi:10.1145/1135777.1135853.

James, Gareth, Daniela Witten, Trevor Hastie, and Robert Tibshirani. 2013. *An Introduction to Statistical Learning*. New York: Springer.(落海浩・首藤信通訳, 2018, 『Rによる統計的学習入門』朝倉書店)

Japec, Lilli, Frauke Kreuter, Marcus Berg, Paul Biemer, Paul Decker, Cliff Lampe, Julia Lane, Cathy O'Neil, and Abe Usher. 2015. "Big Data in Survey Research AAPOR Task Force Report." *Public Opinion Quarterly* 79 (4): 839-80. doi:10.1093/poq/nfv039.

Jarmin, Ron S., and Amy B. O'Hara. 2016. "Big Data and the Transformation of Public Policy Analysis." *Journal of Policy Analysis and Management* 35 (3): 715-21. doi:10.1002/pam.21925.

Jaschik, Scott. 2017. "New 'Common Rule' for Research." *Inside Higher Ed*, January. https://www.insidehighered.com/news/2017/01/19/us-issues-final-version-common-rule-researchinvolving-humans.

Jensen, David D., Andrew S. Fast, Brian J. Taylor, and Marc E. Maier. 2008. "Automatic Identification of Quasi-Experimental Designs for Discovering Causal Knowledge." In *Proceedings of the 14th ACM SIGKDD International Conference on Knowledge Discovery and Data Mining*, 372-80. KDD '08. New York: ACM. doi:10.1145/1401890.1401938.

Jensen, Robert. 2007. "The Digital Provide: Information (Technology), Market Performance, and Welfare in the South Indian Fisheries Sector." *Quarterly Journal of Economics* 122 (3): 879-924. doi:10.1162/qjec.122.3.879.

Jerit, Jennifer, Jason Barabas, and Scott Clifford. 2013. "Comparing Contemporaneous Laboratory and Field Experiments on Media Effects." *Public Opinion Quarterly* 77 (1): 256-82. doi:10.1093/poq/nft005.

Jerolmack, Colin, and Shamus Khan. 2014. "Talk Is Cheap: Ethnography and the Attitudinal Fallacy." *Sociological Methods & Research* 43 (2): 178-209. doi:10.1177/0049124114523396.

Jones, Ben, and Nick Feamster. 2015. "Can Censorship Measurements Be Safe (R)?" In *Proceedings of the 14th ACM Workshop on Hot Topics in Networks*, 1:1-1:7. HotNets-XIV. New York: ACM. doi:10.1145/2834050.2834066.

Jones, Damon. 2015. "The Economics of Exclusion Restrictions in IV Models." Working Paper 21391. National Bureau of Economic Research. http://www.nber.org/papers/w21391.

Jones, James H. 1993. *Bad Blood: The Tuskegee Syphilis Experiment, New and Expanded Edition*. New York: Free Press.

———. 2011. "The Tuskegee Syphilis Experiment." In *The Oxford Textbook of Clinical Research Ethics*, edited by Ezekiel J. Emanuel, Christine C. Grady, Robert A. Crouch, Reidar K. Lie, Franklin G. Miller, and David D. Wendler. Oxford: Oxford University Press.

Jones, Jason J., Robert M. Bond, Christopher J. Fariss, Jaime E. Settle, Adam D. I. Kramer, Cameron Marlow, and James H. Fowler. 2013. "Yahtzee: An Anonymized

Group Level Matching Procedure." *PLoS ONE* 8 (2) : e55760. doi:10.1371/journal.pone.0055760.

Jones, Jason J., Robert M. Bond, Eytan Bakshy, Dean Eckles, and James H. Fowler. 2017. "Social Influence and Political Mobilization: Further Evidence from a Randomized Experiment in the 2012 U.S. Presidential Election." *PLoS ONE* 12 (4) : e0173851. doi:10.1371/journal.pone.0173851.

Jordan, Jack. 2010. "Hedge Fund Will Track Twitter to Predict Stock Moves." *Bloomberg.com*. http://www.bloomberg.com/news/articles/2010-12-22/hedge-fund-will-track-twitter-to-predictstockmarket-movements.

Judson, D. H. 2007. "Information Integration for Constructing Social Statistics: History, Theory and Ideas Towards a Research Programme." *Journal of the Royal Statistical Society: Series A (Statistics in Society)* 170 (2) : 483-501. doi:10.1111/j.1467-985X.2007.00472.x.

Jungherr, Andreas. 2013. "Tweets and Votes, a Special Relationship: The 2009 Federal Election in Germany." In *Proceedings of the 2nd Workshop on Politics, Elections and Data*, 5-14. PLEAD '13. New York: ACM. doi:10.1145/2508436.2508437.

———. 2015. *Analyzing Political Communication with Digital Trace Data*. Contributions to Political Science. Cham: Springer.

Jungherr, Andreas, Pascal Jürgens, and Harald Schoen. 2012. "Why the Pirate Party Won the German Election of 2009 or The Trouble With Predictions: A Response to Tumasjan, A., Sprenger, T. O., Sander, P. G., & Welpe, I. M. Predicting Elections with Twitter: What 140 Characters Reveal About Political Sentiment." *Social Science Computer Review* 30 (2) : 229-34. doi:10.1177/0894439311404119.

Kahn, Jeffrey P., Effy Vayena, and Anna C. Mastroianni. 2014. "Opinion: Learning as We Go: Lessons from the Publication of Facebook's Social-Computing Research." *Proceedings of the National Academy of Sciences of the USA* 111 (38) : 13677-9. doi:10.1073/pnas.1416405111.

Kaler, Amy. 2004. "AIDS-Talk in Everyday Life: The Presence of HIV/AIDS in Men's Informal Conversation in Southern Malawi." *Social Science & Medicine* 59 (2) : 285-97. doi:10.1016/j.socscimed.2003.10.023.

Kaler, Amy, Susan Cotts Watkins, and Nicole Angotti. 2015. "Making Meaning in the Time of AIDS: Longitudinal Narratives from the Malawi Journals Project." *African Journal of AIDS Research* 14 (4) : 303-14. doi:10.2989/16085906.2015.1084342.

Kalton, Graham, and Ismael Flores-Cervantes. 2003. "Weighting Methods." *Journal of Official Statistics* 19 (2) : 81-98. http://www.jos.nu/articles/abstract.asp?article=192081.

Kalton, Graham, and Howard Schuman. 1982. "The Effect of the Question on Survey Responses: A Review." *Journal of the Royal Statistical Society. Series A (General)* 145 (1) : 42-73. doi:10.2307/2981421.

Katz, Jay, Alexander Morgan Capron, and Eleanor Swift Glass. 1972. *Experimentation with Human Beings: The Authority of the Investigator, Subject, Professions, and State in the Human Experimentation Process*. Russell Sage Foundation. http://www.jstor.org/stable/10.7758/9781610448345.

Keating, Conrad. 2014. *Smoking Kills: The Revolutionary Life of Richard Doll*. Oxford: Signal Books.

Keeter, Scott, Courtney Kennedy, Michael Dimock, Jonathan Best, and Peyton Craighill. 2006. "Gauging the Impact of Growing Nonresponse on Estimates from a National RDD Telephone Survey." *Public Opinion Quarterly* 70 (5): 759-79. doi:10.1093/poq/nfl035.

Keeter, Scott, Carolyn Miller, Andrew Kohut, Robert M. Groves, and Stanley Presser. 2000. "Consequences of Reducing Nonresponse in a National Telephone Survey." *Public Opinion Quarterly* 64 (2): 125-48. http://www.jstor.org/stable/3078812.

Keiding, Niels, and Thomas A. Louis. 2016. "Perils and Potentials of Self-Selected Entry to Epidemiological Studies and Surveys." *Journal of the Royal Statistical Society: Series A (Statistics in Society)* 179 (2): 319-76. doi:10.1111/rssa.12136.

Kelling, Steve, Daniel Fink, Frank A. La Sorte, Alison Johnston, Nicholas E. Bruns, and Wesley M. Hochachka. 2015. "Taking a Big Data Approach to Data Quality in a Citizen Science Project." *Ambio* 44 (Suppl. 4): 601-11. doi:10.1007/s13280-015-0710-4.

Kelling, Steve, Jeff Gerbracht, Daniel Fink, Carl Lagoze, Weng-Keen Wong, Jun Yu, Theodoros Damoulas, and Carla Gomes. 2012. "eBird: A Human/Computer Learning Network to Improve Biodiversity Conservation and Research." *AI Magazine* 34 (1): 10. http://www.aaai.org/ojs/index.php/aimagazine/article/view/2431.

Kelling, Steve, Alison Johnston, Wesley M. Hochachka, Marshall Iliff, Daniel Fink, Jeff Gerbracht, Carl Lagoze, et al. 2015. "Can Observation Skills of Citizen Scientists Be Estimated Using Species Accumulation Curves?" *PLoS ONE* 10 (10): e0139600. doi:10.1371/journal.pone.0139600.

Kent, D. M., and R. A. Hayward. 2007. "Limitations of Applying Summary Results of Clinical Trials to Individual Patients: The Need for Risk Stratification." *JAMA* 298 (10): 1209-12. doi:10.1001/jama.298.10.1209.

Khan, Shamus, and Dana R. Fisher. 2013. *The Practice of Research: How Social Scientists Answer Their Questions*. New York: Oxford University Press.

Khatib, Firas, Seth Cooper, Michael D. Tyka, Kefan Xu, Ilya Makedon, Zoran Popović, David Baker, and Foldit Players. 2011. "Algorithm Discovery by Protein Folding Game Players." *Proceedings of the National Academy of Sciences of the USA* 108 (47): 18949-53. doi:10.1073/pnas.1115898108.

Kifner, John. 2001. "Scholar Sets Off Gastronomic False Alarm." *New York Times*, September. http://www.nytimes.com/2001/09/08/nyregion/scholar-sets-off-gastronomic-false-alarm.html.

King, Gary, and Ying Lu. 2008. "Verbal Autopsy Methods with Multiple Causes of Death." *Statistical Science* 23 (1): 78-91. doi:10.1214/07-STS247.

King, Gary, and Melissa Sands. 2015. "How Human Subjects Research Rules Mislead You and Your University, and What to Do About It." Working Paper, August. http://j.mp/1d2gSQQ.

King, Gary, Robert O. Keohane, and Sidney Verba. 1994. *Designing Social Inquiry: Scientific Inference in Qualitative Research*. Princeton, NJ: Princeton University Press.（真渕勝監訳，2004，『社会科学のリサーチ・デザイン——定性的研究における科学的推論』勁草書房）

King, Gary, Emmanuel Gakidou, Nirmala Ravishankar, Ryan T. Moore, Jason Lakin, Manett Vargas, Martha María Téllez-Rojo, Juan Eugenio Hernández Ávila, Mauricio Hernández Ávila, and Héctor Hernández Llamas. 2007. "A 'Politically Robust' Experimental Design for Public Policy Evaluation, with Application to the Mexican Universal Health Insurance Program." *Journal of Policy Analysis and Management* 26 (3) : 479-506. doi:10.1002/pam.20279.

King, Gary, Jennifer Pan, and Margaret E. Roberts. 2013. "How Censorship in China Allows Government Criticism but Silences Collective Expression." *American Political Science Review* 107 (2) : 326-43. doi:10.1017/S0003055413000014.

———. 2014. "Reverse-Engineering Censorship in China: Randomized Experimentation and Participant Observation." *Science* 345 (6199) : 1251722. doi:10.1126/science.1251722.

———. 2017. "How the Chinese Government Fabricates Social Media Posts for Strategic Distraction, Not Engaged Argument." *American Political Science Review* 111 (3) : 484-501. http://j.mp/2ovks0q.

Kish, Leslie. 1979. "Samples and Censuses." *International Statistical Review* 47 (2) : 99-109. doi:10.2307/1402563.

Kittur, Aniket, Jeffrey V. Nickerson, Michael Bernstein, Elizabeth Gerber, Aaron Shaw, John Zimmerman, Matt Lease, and John Horton. 2013. "The Future of Crowd Work." In *Proceedings of the 2013 Conference on Computer Supported Cooperative Work*, 1301-18. CSCW '13. New York: ACM. doi:10.1145/2441776.2441923.

Kleinberg, Jon, Jens Ludwig, Sendhil Mullainathan, and Ziad Obermeyer. 2015. "Prediction Policy Problems." *American Economic Review* 105 (5) : 491-95. doi:10.1257/aer.p20151023.

Kleinsman, John, and Sue Buckley. 2015. "Facebook Study: A Little Bit Unethical But Worth It?" *Journal of Bioethical Inquiry* 12 (2) : 179-82. doi:10.1007/s11673-015-9621-0.

Klitzman, Robert. 2015. *The Ethics Police? The Struggle to Make Human Research Safe*. Oxford: Oxford University Press.

Kloumann, Isabel Mette, Chenhao Tan, Jon Kleinberg, and Lillian Lee. 2016. "Internet Collaboration on Extremely Difficult Problems: Research versus Olympiad Questions on the Polymath Site." In *Proceedings of the 25th International Conference on World Wide Web*, 1283-92. WWW '16. International World Wide Web Conferences Steering Committee. doi:10.1145/2872427.2883023.

Kohavi, Ron, Alex Deng, Brian Frasca, Roger Longbotham, Toby Walker, and Ya Xu. 2012. "Trustworthy Online Controlled Experiments: Five Puzzling Outcomes Explained." In *Proceedings of the 18th ACM SIGKDD International Conference on Knowledge Discovery and Data Mining*, 786-94. KDD '12. New York: ACM. doi:10.1145/2339530.2339653.

Kohavi, Ron, Alex Deng, Brian Frasca, Toby Walker, Ya Xu, and Nils Pohlmann. 2013. "Online Controlled Experiments at Large Scale." In *Proceedings of the 19th ACM SIGKDD International Conference on Knowledge Discovery and Data Mining*, 1168-76. KDD '13. New York: ACM. doi:10.1145/2487575.2488217.

Kohli, Pushmeet, Michael Kearns, Yoram Bachrach, Ralf Herbrich, David Stillwell, and Thore Graepel. 2012. "Colonel Blotto on Facebook: The Effect of Social Relations on Strategic Interaction." In *Proceedings of the 4th Annual ACM Web Science Conference*, 141-50. WebSci '12. New York: ACM. doi:10.1145/2380718.2380738.

Kohut, Andrew, Scott Keeter, Carroll Doherty, Michael Dimock, and Leah Christian. 2012. "Assessing the Representativeness of Public Opinion Surveys." *Pew Research Center, Washington, DC.* http://www.people-press.org/files/legacy-pdf/Assessing%20the%20Representativeness%20of%20Public%20Opinion%20Surveys.pdf.

Konstan, Joseph A., and Yan Chen. 2007. "Online Field Experiments: Lessons from CommunityLab." In *Proceedings of Third International Conference on E-Social Science.* Citeseer. http://citeseerx.ist.psu.edu/viewdoc/download?doi=10.1.1.100.3925&rep=rep1&type=pdf.

Kosinski, Michal, Sandra C. Matz, Samuel D. Gosling, Vesselin Popov, and David Stillwell. 2015. "Facebook as a Research Tool for the Social Sciences: Opportunities, Challenges, Ethical Considerations, and Practical Guidelines." *American Psychologist* 70 (6): 543-56. doi:10.1037/a0039210.

Kosinski, Michal, David Stillwell, and Thore Graepel. 2013. "Private Traits and Attributes Are Predictable from Digital Records of Human Behavior." *Proceedings of the National Academy of Sciences of the USA*, March. doi:10.1073/pnas.1218772110.

Kossinets, Gueorgi, and Duncan J. Watts. 2006. "Empirical Analysis of an Evolving Social Network." *Science* 311 (5757): 88-90.

———. 2009. "Origins of Homophily in an Evolving Social Network." *American Journal of Sociology* 115 (2): 405-50. http://www.jstor.org/stable/10.1086/599247.

Krafft, Peter M., Michael Macy, and Alex "Sandy" Pentland. 2017. "Bots as Virtual Confederates: Design and Ethics." In *Proceedings of the 2017 ACM Conference on Computer Supported Cooperative Work and Social Computing*, 1831-190. CSCW '17. New York: ACM. doi:10.1145/2998181.2998354.

Kramer, Adam D. I., Jamie E. Guillory, and Jeffrey T. Hancock. 2014. "Experimental Evidence of Massive-Scale Emotional Contagion Through Social Networks." *Proceedings of the National Academy of Sciences of the USA* 111 (24): 8788-90. doi:10.1073/pnas.1320040111.

Kramer, Adam D.I. 2012. "The Spread of Emotion via Facebook." In *Proceedings of the SIGCHI Conference on Human Factors in Computing Systems*, 767-70. CHI '12. New York: ACM. doi:10.1145/2207676.2207787.

Kraut, Robert E., Paul Resnick, Sara Kiesler, Moira Burke, Yan Chen, Niki Kittur, Joseph Konstan, Yuqing Ren, and John Riedl. 2012. *Building Successful Online Communities: Evidence-Based Social Design.* Cambridge, MA: MIT Press.

Kravitz, Richard L., Naihua Duan, and Joel Braslow. 2004. "Evidence-Based Medicine, Heterogeneity of Treatment Effects, and the Trouble with Averages." *Milbank Quarterly* 82 (4): 661-87. doi:10.1111/j.0887-378X.2004.00327.x.

Kreuter, Frauke, Stanley Presser, and Roger Tourangeau. 2008. "Social Desirability Bias in CATI, IVR, and Web Surveys The Effects of Mode and Question Sensitivity." *Public Opinion Quarterly* 72 (5): 847-65. doi:10.1093/poq/nfn063.

Krosnick, Jon A. 2011. "Experiments for Evaluating Survey Questions." In *Question Evaluation Methods*, edited by Jennifer Madans, Kristen Miller, Aaron Maitland, and Gordon Willis, 213-38. Hoboken, NJ: Wiley. http://dx.doi.org/10.1002/9781118037003.ch14.

Kruskal, William, and Frederick Mosteller. 1979a. "Representative Sampling, I: Non-Scientific Literature." *International Statistical Review/Revue Internationale de*

Statistique 47 (1) : 13-24. doi:10.2307/1403202.

———. 1979b. "Representative Sampling, II: Scientific Literature, Excluding Statistics." *International Statistical Review/Revue Internationale de Statistique* 47 (2) : 111-27. doi:10.2307/1402564.

———. 1979c. "Representative Sampling, III: The Current Statistical Literature." *International Statistical Review/Revue Internationale de Statistique* 47 (3) : 245-65. doi:10.2307/1402647.

———. 1980. "Representative Sampling, IV: The History of the Concept in Statistics, 1895-1939." *International Statistical Review/Revue Internationale de Statistique* 48 (2) : 169-95. doi:10.2307/1403151.

Kuminski, Evan, Joe George, John Wallin, and Lior Shamir. 2014. "Combining Human and Machine Learning for Morphological Analysis of Galaxy Images." *Publications of the Astronomical Society of the Pacific* 126 (944) : 959-67. doi:10.1086/678977.

Kwak, Haewoon, Changhyun Lee, Hosung Park, and Sue Moon. 2010. "What Is Twitter, a Social Network or a News Media?" In *Proceedings of the 19th International Conference on World Wide Web*, 591-600. WWW '10. New York: ACM. doi:10.1145/1772690.1772751.

Laitin, David D. 2013. "Fisheries Management." *Political Analysis* 21 (1) : 42-47. doi:10.1093/pan/mps033.

Lakhani, Karim R., Kevin J. Boudreau, Po-Ru Loh, Lars Backstrom, Carliss Baldwin, Eric Lonstein, Mike Lydon, Alan MacCormack, Ramy A. Arnaout, and Eva C. Guinan. 2013. "Prize-Based Contests Can Provide Solutions to Computational Biology Problems." *Nature Biotechnology* 31 (2) : 108-11. doi:10.1038/nbt.2495.

Lamb, Anne, Jascha Smilack, Andrew Ho, and Justin Reich. 2015. "Addressing Common Analytic Challenges to Randomized Experiments in MOOCs: Attrition and Zero-Inflation." In *Proceedings of the Second (2015) ACM Conference on Learning @ Scale*, 21-30. L@S '15. New York: ACM. doi:10.1145/2724660.2724669.

Landau, Susan. 2016. "Transactional Information Is Remarkably Revelatory." *Proceedings of the National Academy of Sciences of the USA* 113 (20) : 5467-69. doi:10.1073/pnas.1605356113.

Lane, Jeffrey. 2016. "The Digital Street An Ethnographic Study of Networked Street Life in Harlem." *American Behavioral Scientist* 60 (1) : 43-58. doi:10.1177/0002764215601711.

Lanier, Jaron. 2014. *Who Owns the Future?*, reprint ed. New York: Simon & Schuster.

Larsen, Michael, and William E. Winkler. 2014. *Handbook of Record Linkage Methods*. Hobolen, NJ: Wiley.

Law, Edith, and Luis von Ahn. 2011. *Human Computation*. Synthesis Lectures on Artificial Intelligence and Machine Learning. Morgan & Claypool. doi:10.2200/S00371ED1V01Y201107AIM013.

Lax, Jeffrey R., and Justin H. Phillips. 2009. "How Should We Estimate Public Opinion in The States?" *American Journal of Political Science* 53 (1) : 107-21. doi:10.1111/j.1540-5907.2008.00360.x.

Lazer, David. 2015. "Issues of Construct Validity and Reliability in Massive, Passive Data Collections." *The City Papers: An Essay Collection from The Decent City Initiative*. http://citiespapers.ssrc.org/issues-ofconstruct-validity-and-reliability-in-massive-

passive-data-collections/.
Lazer, David, Ryan Kennedy, Gary King, and Alessandro Vespignani. 2014. "The Parable of Google Flu: Traps in Big Data Analysis." *Science* 343 (6176): 1203-5. doi:10.1126/science.1248506.
Lazer, David, Alex Pentland, Lada Adamic, Sinan Aral, Albert-László Barabási, Devon Brewer, Nicholas Christakis, et al. 2009. "Computational Social Science." *Science* 323 (5915): 721-23. doi:10.1126/science.1167742.
Ledford, Heidi. 2007. "Patent Examiners Call in the Jury." *Nature* 448 (7151): 239. doi:10.1038/448239a.
Lee, Sunghee. 2006. "Propensity Score Adjustment as a Weighting Scheme for Volunteer Panel Web Surveys." *Journal of Official Statistics* 22 (2): 329-49. http://www.jos.nu/Articles/abstract.asp?article=222329.
Lee, Sunghee, and Richard Valliant. 2009. "Estimation for Volunteer Panel Web Surveys Using Propensity Score Adjustment and Calibration Adjustment." *Sociological Methods & Research* 37 (3): 319-43. doi:10.1177/0049124108329643.
Lee, Young Jack, Jonas H. Ellenberg, Deborah G. Hirtz, and Karin B. Nelson. 1991. "Analysis of Clinical Trials by Treatment Actually Received: Is It Really an Option?" *Statistics in Medicine* 10 (10): 1595-1605. doi:10.1002/sim.4780101011.
Legewie, Joscha. 2015. "The Promise and Perils of Big Data for Social Science Research." *The Cities Papers*. http://citiespapers.ssrc.org/the-promise-and-perils-of-big-data-for-social-science-research/.
——. 2016. "Racial Profiling and Use of Force in Police Stops: How Local Events Trigger Periods of Increased Discrimination." *American Journal of Sociology* 122 (2): 379-424. doi:10.1086/687518.
Lerner, Barron H. 2004. "Sins of Omission: Cancer Research Without Informed Consent." *New England Journal of Medicine* 351 (7): 628-30. doi:10.1056/NEJMp048108.
Levitt, Steven D., and John A. List. 2007a. "What Do Laboratory Experiments Measuring Social Preferences Reveal about the Real World?" *Journal of Economic Perspectives* 21 (2): 153-74. http://www.jstor.org/stable/30033722.
——. 2007b. "Viewpoint: On the Generalizability of Lab Behaviour to the Field." *Canadian Journal of Economics/Revue Canadienne d'économique* 40 (2): 347-70. doi:10.1111/j.1365-2966.2007.00412.x.
——. 2009. "Field Experiments in Economics: The Past, the Present, and the Future." *European Economic Review* 53 (1): 1-18. doi:10.1016/j.euroecorev.2008.12.001.
——. 2011. "Was There Really a Hawthorne Effect at the Hawthorne Plant? An Analysis of the Original Illumination Experiments." *American Economic Journal: Applied Economics* 3 (1): 224-38. doi:10.1257/app.3.1.224.
Levy, Karen E. C. and Solon Baracas. 2018. "Refractive Surveillance: Monitoring Customers to Manage Workers." *International Journal of Communications* 12: 1166-88.
Lewis, Kevin. 2015a. "Studying Online Behavior: Comment on Anderson et al. 2014." *Sociological Science* 2 (January): 20-31. doi:10.15195/v2.a2.
——. 2015b. "Three Fallacies of Digital Footprints." *Big Data & Society* 2 (2): 2053951715602496. doi:10.1177/2053951715602496.
Lewis, Kevin, Marco Gonzalez, and Jason Kaufman. 2012. "Social Selection and Peer Influence in an Online Social Network." *Proceedings of the National Academy of*

Sciences of the USA 109 (1): 68-72. doi:10.1073/pnas.1109739109.

Lewis, Kevin, Jason Kaufman, Marco Gonzalez, Andreas Wimmer, and Nicholas Christakis. 2008. "Tastes, Ties, and Time: A New Social Network Dataset Using Facebook.com." *Social Networks* 30 (4): 330-42. doi:10.1016/j.socnet.2008.07.002.

Lewis, Randall A., and Justin M. Rao. 2015. "The Unfavorable Economics of Measuring the Returns to Advertising." *The Quarterly Journal of Economics* 130 (4): 1941-73. doi:10.1093/qje/qjv023.

Lin, Mingfeng, Henry C. Lucas, and Galit Shmueli. 2013. "Research Commentary—Too Big to Fail: Large Samples and the p-Value Problem." *Information Systems Research* 24 (4): 906-17. doi:10.1287/isre.2013.0480.

Lin, Winston. 2013. "Agnostic Notes on Regression Adjustments to Experimental Data: Reexamining Freedman's Critique." *Annals of Applied Statistics* 7 (1): 295-318. doi:10.1214/12-AOAS583.

Lin, Winston, and Donald P. Green. 2016. "Standard Operating Procedures: A Safety Net for Pre-Analysis Plans." *PS: Political Science & Politics* 49 (3): 495-500. doi:10.1017/S1049096516000810.

Lind, Laura H., Michael F. Schober, Frederick G. Conrad, and Heidi Reichert. 2013. "Why Do Survey Respondents Disclose More When Computers Ask the Questions?" *Public Opinion Quarterly* 77 (4): 888-935. doi:10.1093/poq/nft038.

Link, Michael W. 2015. "Presidential Address AAPOR2025 and the Opportunities in the Decade Before Us." *Public Opinion Quarterly* 79 (3): 828-36. doi:10.1093/poq/nfv028.

Lintott, Chris J., Kevin Schawinski, Anže Slosar, Kate Land, Steven Bamford, Daniel Thomas, M. Jordan Raddick, et al. 2008. "Galaxy Zoo: Morphologies Derived from Visual Inspection of Galaxies from the Sloan Digital Sky Survey." *Monthly Notices of the Royal Astronomical Society* 389 (3): 1179-89. doi:10.1111/j.1365-2966.2008.13689.x.

Lintott, Chris, Kevin Schawinski, Steven Bamford, Anže Slosar, Kate Land, Daniel Thomas, Edd Edmondson, et al. 2011. "Galaxy Zoo 1: Data Release of Morphological Classifications for Nearly 900000 Galaxies." *Monthly Notices of the Royal Astronomical Society* 410 (1): 166-78. doi:10.1111/j.1365-2966.2010.17432.x.

List, John A. 2011. "Why Economists Should Conduct Field Experiments and 14 Tips for Pulling One Off." *Journal of Economic Perspectives* 25 (3): 3-16. doi:10.1257/jep.25.3.3.

List, John A., Sally Sadoff, and Mathis Wagner. 2011. "So You Want to Run an Experiment, Now What? Some Simple Rules of Thumb for Optimal Experimental Design." *Experimental Economics* 14 (4): 439. doi:10.1007/s10683-011-9275-7.

List, John A., Azeem M. Shaikh, and Yang Xu. 2016. "Multiple Hypothesis Testing in Experimental Economics." Working Paper 21875. National Bureau of Economic Research. http://www.nber.org/papers/w21875.

Little, R. J. A. 1993. "Post-Stratification: A Modeler's Perspective." *Journal of the American Statistical Association* 88 (423): 1001-12. doi:10.2307/2290792.

Little, Roderick J. A., and Donald B. Rubin. 2002. *Statistical Analysis with Missing Data*, 2nd ed. Hoboken, NJ: Wiley-Interscience.

Liu, Yabing, Chloe Kliman-Silver, and Alan Mislove. 2014. "The Tweets They Are a-

Changin: Evolution of Twitter Users and Behavior." *ICWSM*, 30:5-314. https://www.aaai.org/ocs/index.php/ICWSM/ICWSM14/paper/viewFile/8043/8131/.

Loewen, Peter John, Daniel Rubenson, and Leonard Wantchekon. 2010. "Help Me Help You: Conducting Field Experiments with Political Elites." *Annals of the American Academy of Political and Social Science* 628（1）：165-75. doi:10.1177/0002716209351522.

Lohr, Sharon L. 2009. *Sampling: Design and Analysis*, 2nd ed. Boston, MA: Cengage Learning.

Longford, Nicholas T. 1999. "Selection Bias and Treatment Heterogeneity in Clinical Trials." *Statistics in Medicine* 18（12）：1467-74. doi:10.1002/(SICI)1097-0258(19990630)18:12⟨1467::AID-SIM149⟩3.0.CO;2-H.

Lowrance, William W. 2012. *Privacy, Confidentiality, and Health Research*. Cambridge: Cambridge University Press.

Lu, Xin, Linus Bengtsson, and Petter Holme. 2012. "Predictability of Population Displacement after the 2010 Haiti Earthquake." *Proceedings of the National Academy of Sciences of the USA* 109（29）：11576-81. doi:10.1073/pnas.1203882109.

Lucking-Reiley, David. 1999. "Using Field Experiments to Test Equivalence between Auction Formats: Magic on the Internet." *American Economic Review* 89（5）：1063-80. http://www.jstor.org/stable/117047.

Ludwig, Jens, Jeffrey R. Kling, and Sendhil Mullainathan. 2011. "Mechanism Experiments and Policy Evaluations." *Journal of Economic Perspectives* 25（3）：17-38. doi:10.1257/jep.25.3.17.

Lung, J. 2012. "Ethical and Legal Considerations of reCAPTCHA." In *2012 Tenth Annual International Conference on Privacy, Security and Trust（PST）*. 211-16. doi:10.1109/PST.2012.6297942.

Lusinchi, Dominic. 2012. "President Landon and the 1936 Literary Digest Poll." *Social Science History* 36（1）：23-54. http://www.jstor.org/stable/41407095.

MacCarthy, Mark. 2015. "Privacy Restrictions and Contextual Harm." Working Paper. http://moritzlaw.osu.edu/students/groups/is/files/2016/07/Privacy-Policy-and-Contextual-Harm-June-2016-Final-.pdf.

Mackenzie, Donald. 2008. *An Engine, Not a Camera: How Financial Models Shape Markets*. Cambridge, MA: MIT Press.

Maddock, Jim, Robert Mason, and Kate Starbird. 2015. "Using Historical Twitter Data for Research: Ethical Challenges of Tweet Deletions." In *CSCW 15 Workshop on Ethics at the 2015 Conference on Computer Supported Cooperative Work, Vancouver, Canada*. https://cscwethics2015.files.wordpress.com/2015/02/maddock.pdf.

Magdy, Walid, Kareem Darwish, and Ingmar Weber. 2016. "#FailedRevolutions: Using Twitter to Study the Antecedents of ISIS Support." *First Monday* 21（2）. doi:10.5210/fm.v21i2.6372.

Malhotra, Neil, and Jon A. Krosnick. 2007. "The Effect of Survey Mode and Sampling on Inferences About Political Attitudes and Behavior: Comparing the 2000 and 2004 ANES to Internet Surveys with Nonprobability Samples." *Political Analysis* 15（3）：286-323. doi:10.1093/pan/mpm003.

Malone, Thomas W., and Michael S. Bernstein. 2015. *Handbook of Collective Intelligence*. Cambridge, MA: MIT Press.

Manson, Neil C., and Onora O'Neill. 2007. *Rethinking Informed Consent in Bioethics*. Cambridge: Cambridge University Press.

Manzi, Jim. 2012. *Uncontrolled: The Surprising Payoff of Trial-and-Error for Business, Politics, and Society*. New York: Basic Books.

Mao, Andrew, Winter Mason, Siddharth Suri, and Duncan J. Watts. 2016. "An Experimental Study of Team Size and Performance on a Complex Task." *PLoS ONE* 11 (4): e0153048. doi:10.1371/journal.pone.0153048.

Mao, Huina, Scott Counts, Johan Bollen, and others. 2015. "Quantifying the Effects of Online Bullishness on International Financial Markets." In *ECB Workshop on Using Big Data for Forecasting and Statistics, Frankfurt, Germany*. http://www.busman.qmul.ac.uk/newsandevents/events/eventdownloads/bfwgconference2013acceptedpapers/114925.pdf.

Margetts, Helen, Peter John, Tobias Escher, and Stéphane Reissfelder. 2011. "Social Information and Political Participation on the Internet: An Experiment." *European Political Science Review* 3 (3): 321-44. doi:10.1017/S1755773911000129.

Markham, Annette, and Elizabeth Buchanan. 2012. "Ethical Decision-Making and Internet Research: Recommendations from the AoIR Ethics Working Committee." Version 2.0. Association of Internet Researchers. https://cms.bsu.edu/sitecore/shell/-/media/WWW/DepartmentalContent/ResearchIntegrity/Files/Education/Active/AoIR%20Social%20Media%20Working%20Committee.pdf.

Marshall, Philip J., Chris J. Lintott, and Leigh N. Fletcher. 2015. "Ideas for Citizen Science in Astronomy." *Annual Review of Astronomy and Astrophysics* 53 (1): 247-78. doi:10.1146/annurev-astro-081913-035959.

Martinez-Ebers, Valerie. 2016. "Introduction." *PS: Political Science & Politics* 49 (2): 287-88. doi:10.1017/S1049096516000214.

Marx, Gary T. 2016. *Windows Into the Soul: Surveillance and Society in an Age of High Technology*. Chicago: University of Chicago Press.

Mas, Alexandre, and Enrico Moretti. 2009. "Peers at Work." *American Economic Review* 99 (1): 112-45. doi:10.1257/aer.99.1.112.

Mason, Winter, and Siddharth Suri. 2012. "Conducting Behavioral Research on Amazon's Mechanical Turk." *Behavior Research Methods* 44 (1): 1-23. doi:10.3758/s13428-011-0124-6.

Mason, Winter, and Duncan J. Watts. 2009. "Financial Incentives and the 'Performance of Crowds'." *Proceedings of the Human Computation (HCOMP) Workshop: Knowledge Discovery and Data Mining Conference* 11: 100-108. doi:10.1145/1809400.1809422.

Masters, Karen L. 2009. "She's an Astronomer: Aida Berges." *Galaxy Zoo*. https://blog.galaxyzoo.org/2009/10/01/shes-an-astronomer-aida-berges/.

Masters, Karen L., Robert C. Nichol, Ben Hoyle, Chris Lintott, Steven P Bamford, Edward M. Edmondson, Lucy Fortson, et al. 2011. "Galaxy Zoo: Bars in Disc Galaxies." *Monthly Notices of the Royal Astronomical Society* 411 (3): 2026-34. doi:10.1111/j.1365-2966.2010.17834.x.

Masters, Karen L. 2012. "A Zoo of Galaxies." *Proceedings of the International Astronomical Union* 10 (H16): 1-15. doi:10.1017/S1743921314004608.

Mastroianni, Anna, and Jeffrey Kahn. 2001. "Swinging on the Pendulum: Shifting Views of Justice in Human Subjects Research." *Hastings Center Report* 31 (3): 21-28. doi:10.2307/3527551.

Mauboussin, Michael J. 2012. *The Success Equation: Untangling Skill and Luck in Business, Sports, and Investing*. Boston, MA: Harvard Business Review Press. (田淵健太訳. 2013. 『偶然と必然の方程式――仕事に役立つデータサイエンス入門』日経BP社)

Mayer, Jonathan, Patrick Mutchler, and John C. Mitchell. 2016. "Evaluating the Privacy Properties of Telephone Metadata." *Proceedings of the National Academy of Sciences of the USA* 113 (20): 5536-41. doi:10.1073/pnas.1508081113.

Mayer-Schönberger, Viktor. 2009. *Delete: The Virtue of Forgetting in the Digital Age*. Princeton, NJ: Princeton University Press.

Mayer-Schönberger, Viktor, and Kenneth Cukier. 2013. *Big Data: A Revolution That Will Transform How We Live, Work, and Think*. Boston: Eamon Dolan/Houghton Mifflin Harcourt.

Maynard, Douglas W. 2014. "News From Somewhere, News From Nowhere On the Study of Interaction in Ethnographic Inquiry." *Sociological Methods & Research* 43 (2): 210-18. doi:10.1177/0049124114527249.

Maynard, Douglas W., and Nora Cate Schaeffer. 1997. "Keeping the Gate: Declinations of the Request to Participate in a Telephone Survey Interview." *Sociological Methods & Research* 26 (1): 34-79. doi:10.1177/0049124197026001002.

Maynard, Douglas W., Jeremy Freese, and Nora Cate Schaeffer. 2010. "Calling for Participation Requests, Blocking Moves, and Rational (Inter) action in Survey Introductions." *American Sociological Review* 75 (5): 791-814. doi:10.1177/0003122410379582.

Mayo-Wilson, Evan, Paul Montgomery, Sally Hopewell, Geraldine Macdonald, David Moher, and Sean Grant. 2013. "Developing a Reporting Guideline for Social and Psychological Intervention Trials." *British Journal of Psychiatry* 203 (4): 250-54. doi:10.1192/bjp.bp.112.123745.

McDonald, Sean. 2016. "Ebola: A Big Data Disaster." CIS Papers 2016.01. The Centre for Internet & Society. http://cis-india.org/papers/ebola-a-big-data-disaster.

McFarland, Daniel A., and H. Richard McFarland. 2015. "Big Data and the Danger of Being Precisely Inaccurate." *Big Data & Society* 2 (2). doi:10.1177/2053951715602495.

McKenzie, David. 2012. "Beyond Baseline and Follow-up: The Case for More T in Experiments." *Journal of Development Economics* 99 (2): 210-21. doi:10.1016/j.jdeveco.2012.01.002.

Meissner, Peter, and R Core Team. 2016. "Wikipediatrend: Public Subject Attention via Wikipedia Page View Statistics." https://CRAN.R-project.org/package=wikipediatrend.

Mervis, Jeffrey. 2014. "How Two Economists Got Direct Access to IRS Tax Records." http://www.sciencemag.org/news/2014/05/how-two-economists-got-direct-access-irs-tax-records.

Merz, Nicolas, Sven Regel, and Jirka Lewandowski. 2016. "The Manifesto Corpus: A New Resource for Research on Political Parties and Quantitative Text Analysis." *Research & Politics* 3 (2): 2053168016643346. doi:10.1177/2053168016643346.

Metcalf, Jacob. 2016. "Big Data Analytics and Revision of the Common Rule." *Communications of the ACM* 59 (7): 31-33. doi:10.1145/2935882.

Metcalf, Jacob, and Kate Crawford. 2016. "Where Are Human Subjects in Big Data Research? The Emerging Ethics Divide." *Big Data & Society* 3 (1) : 1-14. doi:10.1177/ 2053951716650211.

Meyer, Bruce D., Wallace K. C. Mok, and James X. Sullivan. 2015. "Household Surveys in Crisis." *Journal of Economic Perspectives* 29 (4) : 199-226. doi:10.1257/jep.29.4. 199.

Meyer, Michelle N. 2014. "Misjudgements Will Drive Social Trials Underground." *Nature* 511 (7509) : 265-65. doi:10.1038/511265a.

———. 2015. "Two Cheers for Corporate Experimentation: The A/B Illusion and the Virtues of Data-Driven Innovation." *Colorado Technology Law Review* 13 (2) : 273-332. ctlj.colorado.edu/wpcontent/uploads/2015/08/Meyer-final.pdf.

Michel, Jean-Baptiste, Yuan Kui Shen, Aviva P. Aiden, Adrian Veres, Matthew K. Gray, the Google Books Team, Joseph P. Pickett, et al. 2011. "Quantitative Analysis of Culture Using Millions of Digitized Books." *Science* 331 (6014) : 176-82. doi:10.1126/ science.1199644.

Middlemist, R. D., E. S. Knowles, and C. F. Matter. 1976. "Personal Space Invasions in the Lavatory: Suggestive Evidence for Arousal." *Journal of Personality and Social Psychology* 33 (5) : 541-46.

Milkman, Katherine L., Modupe Akinola, and Dolly Chugh. 2012. "Temporal Distance and Discrimination An Audit Study in Academia." *Psychological Science* 23 (7) : 710-17. doi:10.1177/0956797611434539.

Miller, Franklin G. 2014. "Clinical Research Before Informed Consent." *Kennedy Institute of Ethics Journal* 24 (2) : 141-57. doi:10.1353/ken.2014.0009.

Mills, Judson. 1976. "A Procedure for Explaining Experiments Involving Deception." *Personality and Social Psychology Bulletin* 2 (1) : 3-13. doi:10.1177/014616727600200102.

Mitchell, Gregory. 2012. "Revisiting Truth or Triviality: The External Validity of Research in the Psychological Laboratory." *Perspectives on Psychological Science* 7 (2) : 109-17. doi:10.1177/1745691611432343.

Mitofsky, Warren J. 1989. "Presidential Address: Methods and Standards: A Challenge for Change." *Public Opinion Quarterly* 53 (3) : 446-53. doi:10.1093/poq/53.3.446.

Molloy, Jennifer C. 2011. "The Open Knowledge Foundation: Open Data Means Better Science." *PLoS Biology* 9 (12) : e1001195. doi:10.1371/journal.pbio.1001195.

Monogan, James E. 2013. "A Case for Registering Studies of Political Outcomes: An Application in the 2010 House Elections." *Political Analysis* 21 (1) : 21-37. doi:10.1093/pan/mps022.

Montjoye, Yves-Alexandre de, Laura Radaelli, Vivek Kumar Singh, and Alex Sandy Pentland. 2015. "Unique in the Shopping Mall: On the Reidentifiability of Credit Card Metadata." *Science* 347 (6221) : 536-39. doi:10.1126/science.1256297.

Moore, David W. 2002. "Measuring New Types of Question-Order Effects: Additive and Subtractive." *Public Opinion Quarterly* 66 (1) : 80-91. doi:10.1086/338631.

Morens, David M., and Anthony S. Fauci. 2007. "The 1918 Influenza Pandemic: Insights for the 21st Century." *Journal of Infectious Diseases* 195 (7) : 1018-28. doi:10.1086/511989.

Morgan, Stephen L., and Christopher Winship. 2014. *Counterfactuals and Causal Inference: Methods and Principles for Social Research*, 2nd ed. New York: Cambridge

University Press.

Morton, Rebecca B., and Kenneth C. Williams. 2010. *Experimental Political Science and the Study of Causality: From Nature to the Lab.* Cambridge: Cambridge University Press.

Mosteller, Frederick. 1949. *The Pre-Election Polls of 1948: The Report to the Committee on Analysis of Pre-Election Polls and Forecasts.* Vol. 60. Social Science Research Council.

Motl, Jonathan R. 2015. "McCulloch V. Stanford and Dartmouth." COPP 2014-CFP-046. Helena, MT: Commissioner of Political Practices of the State of Montana. http://politicalpractices.mt.gov/content/2recentdecisions/McCullochvStanfordandDartmouthFinalDecision.

Muchnik, Lev, Sinan Aral, and Sean J. Taylor. 2013. "Social Influence Bias: A Randomized Experiment." *Science* 341 (6146): 647-51. doi:10.1126/science.1240466.

Munger, Kevin. 2016. "Tweetment Effects on the Tweeted: Experimentally Reducing Racist Harassment." Working Paper. http://kmunger.github.io/pdfs/Twitter_harassment_final.pdf.

Murphy, Kevin P. 2012. *Machine Learning: A Probabilistic Perspective.* Cambridge, MA: MIT Press.

Murray, Michael P. 2006. "Avoiding Invalid Instruments and Coping with Weak Instruments." *Journal of Economic Perspectives* 20 (4): 111-32. http://www.jstor.org/stable/30033686.

Mutz, Diana C. 2011. *Population-Based Survey Experiments.* Princeton, NJ: Princeton University Press.

Mutz, Diana C., and Robin Pemantle. 2015. "Standards for Experimental Research: Encouraging a Better Understanding of Experimental Methods." *Journal of Experimental Political Science* 2 (2): 192-215. doi:10.1017/XPS.2015.4.

Narayanan, Arvind, and Vitaly Shmatikov. 2008. "Robust De-Anonymization of Large Sparse Datasets." In *Proceedings of the 2008 IEEE Symposium on Security and Privacy*, 111-25. Washington, DC: IEEE Computer Society. doi:10.1109/SP.2008.33.

―――. 2010. "Myths and Fallacies of 'Personally Identifiable Information'." *Communications of the ACM* 53 (6): 24-26. doi:10.1145/1743546.1743558.

Narayanan, Arvind, and Bendert Zevenbergen. 2015. "No Encore for Encore? Ethical Questions for Web-Based Censorship Measurement." *Technology Science*, December. http://techscience.org/a/2015121501/.

Narayanan, Arvind, Joseph Bonneau, Edward Felten, Andrew Miller, and Steven Goldfeder. 2016. *Bitcoin and Cryptocurrency Technologies: A Comprehensive Introduction.* Princeton, NJ: Princeton University Press.（長尾高弘訳．2016．『仮想通貨の教科書――ビットコインなどの仮想通貨が機能する仕組み』日経BP社）

Narayanan, Arvind, Joanna Huey, and Edward W. Felten. 2016. "A Precautionary Approach to Big Data Privacy." In *Data Protection on the Move*, edited by Serge Gutwirth, Ronald Leenes, and Paul De Hert, 357-85. Law, Governance and Technology Series 24. Dordrecht: Springer Netherlands. http://link.springer.com/chapter/10.1007/978-94-017-7376-8_13.

Nardo, Michela, Marco Petracco-Giudici, and Minás Naltsidis. 2016. "Walking down Wall Street with a Tablet: A Survey of Stock Market Predictions Using the Web." *Journal *of Economic Surveys* 30 (2)：356-69. doi:10.1111/joes.12102.

National Research Council. 2013. *Nonresponse in Social Science Surveys: A Research Agenda*. Edited by Roger Tourangeau and Thomas J. Plewe. Panel on a Research Agenda for the Future of Social Science Data Collection, Committee on National Statistics. Division of Behavioral and Social Sciences and Education. Washington, DC: National Academies Press. http://www.nap.edu/catalog/18293.

———. 2014. *Proposed Revisions to the Common Rule for the Protection of Human Subjects in the Behavioral and Social Sciences*. Committee on Revisions to the Common Rule for the Protection of Human Subjects in Research in the Behavioral and Social Sciences. Board on Behavioral, Cognitive, and Sensory Sciences, Committee on National Statistics, Division of Behavioral and Social Sciences and Education. Washington, DC: National Academies Press.

Netflix. 2009. "Netflix Prize: View Leaderboard." http://www.netflixprize.com/leaderboard.

Neuhaus, Fabian and Timothy Webmoor. 2012. "Agile Ethics for Massified Research and Visualization." *Information, Communication & Society* 15 (1)：43-65. doi:10.1080/1369118X.2011.616519.

Neumark, David, Roy J. Bank, and Kyle D. Van Nort. 1996. "Sex Discrimination in Restaurant Hiring: An Audit Study." *Quarterly Journal of Economics* 111 (3)：915-41. doi:10.2307/2946676.

Newman, Mark W., Debra Lauterbach, Sean A. Munson, Paul Resnick, and Margaret E. Morris. 2011. "It's Not That I Don't Have Problems, I'm Just Not Putting Them on Facebook: Challenges and Opportunities in Using Online Social Networks for Health." In *Proceedings of the ACM 2011 Conference on Computer Supported Cooperative Work*, 341-50. CSCW '11. New York,: ACM. doi:10.1145/1958824.1958876.

Newport, Frank. 2011. "Presidential Address: Taking AAPOR's Mission To Heart." *Public Opinion Quarterly* 75 (3)：593-604. doi:10.1093/poq/nfr027.

Nickerson, David W., and Susan D. Hyde. 2016. "Conducting Research with NGOs: Relevant Counterfactuals from the Perspective of Subjects." In *Ethics and Experiments: Problems and Solutions for Social Scientists and Policy Professionals*, edited by Scott Desposato, 198-216. New York: Routledge.

Nielsen, Michael. 2012. *Reinventing Discovery: The New Era of Networked Science*. Princeton, NJ: Princeton University Press. (高橋洋訳．2013．『オープンサイエンス革命』紀伊國屋書店)

Nisbett, Richard E., and Timothy D. Wilson. 1977. "Telling More Than We Can Know: Verbal Reports on Mental Processes." *Psychological Review* 84 (3)：231-59. doi:10.1037/0033-295X.84.3.231.

Nissenbaum, Helen. 2010. *Privacy in Context: Technology, Policy, and the Integrity of Social Life*. Stanford, CA: Stanford Law Books.

———. 2011. "A Contextual Approach to Privacy Online." *Daedalus* 140 (4)：32-48. doi:10.1162/DAED_a_00113.

———. 2015. "Respecting Context to Protect Privacy: Why Meaning Matters." *Science and Engineering Ethics*, July. doi:10.1007/s11948-015-9674-9.

Nosek, Brian A., and Daniël Lakens. 2014. "Registered Reports: A Method to Increase the Credibility of Published Results." *Social Psychology* 45 (3)：137-41. doi:10.1027/

1864-9335/a000192.

Nov, Oded, Ofer Arazy, and David Anderson. 2011. "Dusting for Science: Motivation and Participation of Digital Citizen Science Volunteers." In *Proceedings of the 2011 iConference*, 68-74. iConference '11. New York: ACM. doi:10.1145/1940761.1940771.

Noveck, Beth Simone. 2006. "Peer to Patent: Collective Intelligence, Open Review, and Patent Reform." *Harvard Journal of Law and Technology* 20 (1)：123-62.

———. 2009. *Wiki Government: How Technology Can Make Government Better, Democracy Stronger, and Citizens More Powerful*. Washington, DC: Brookings Institution Press.

Oczak, Malgorzata, and Agnieszka Niedźwieńska. 2007. "Debriefing in Deceptive Research: A Proposed New Procedure." *Journal of Empirical Research on Human Research Ethics* 2 (3)：49-59. doi:10.1525/jer.2007.2.3.49.

Ohm, Paul. 2010. "Broken Promises of Privacy: Responding to the Surprising Failure of Anonymization." *UCLA Law Review* 57: 1701-77. http://papers.ssrn.com/sol3/papers.cfm?abstract_id=1450006.

———. 2015. "Sensitive Information." *Southern California Law Review* 88: 1125-96.

Ohmer, Susan. 2006. *George Gallup in Hollywood*. New York: Columbia University Press.

Olken, Benjamin A. 2015. "Promises and Perils of Pre-Analysis Plans." *Journal of Economic Perspectives* 29 (3)：61-80. http://www.jstor.org/stable/43550121.

Olson, Donald R., Kevin J. Konty, Marc Paladini, Cecile Viboud, and Lone Simonsen. 2013. "Reassessing Google Flu Trends Data for Detection of Seasonal and Pandemic Influenza: A Comparative Epidemiological Study at Three Geographic Scales." *PLoS Computational Biology* 9 (10)：e1003256. doi:10.1371/journal.pcbi.1003256.

Olson, Janice A. 1996. "The Health and Retirement Study: The New Retirement Survey." *Social Security Bulletin* 59:85. http://heinonline.org/HOL/Page?handle=hein.journals/ssbul59&id=87&div=13&collection=journals.

———. 1999. "Linkages with Data from Social Security Administrative Records in the Health and Retirement Study." *Social Security Bulletin* 62: 73. http://heinonline.org/HOL/Page?handle=hein.journals/ssbul62&id=207&div=25&collection=journals.

Orne, Martin T. 1962. "On the Social Psychology of the Psychological Experiment: With Particular Reference to Demand Characteristics and Their Implications." *American Psychologist* 17 (11)：776-83. doi:10.1037/h0043424.

Orr, Larry L. 1998. *Social Experiments: Evaluating Public Programs With Experimental Methods*. Thousand Oaks, CA: SAGE.

Overton, W. Scott, and Stephen V. Stehman. 1995. "The Horvitz-Thompson Theorem as a Unifying Perspective for Probability Sampling: With Examples from Natural Resource Sampling." *American Statistician* 49 (3)：261-68. doi:10.2307/2684196.

O'Connor, Dan. 2013. "The Apomediated World: Regulating Research when Social Media Has Changed Research." *Journal of Law, Medicine & Ethics* 41 (2)：470-83. doi:10.1111/jlme.12056.

O'Doherty, Kieran C., Emily Christofides, Jeffery Yen, Heidi Beate Bentzen, Wylie Burke, Nina Hallowell, Barbara A. Koenig, and Donald J. Willison. 2016. "If You Build It, They Will Come: Unintended Future Uses of Organised Health Data Collections." *BMC Medical Ethics* 17: 54. doi:10.1186/s12910-016-0137-x.

O'Neil, Cathy. 2016. *Weapons of Math Destruction: How Big Data Increases Inequality and Threatens Democracy*. New York: Crown.

Pacheco, Julianna. 2011. "Using National Surveys to Measure Dynamic U.S. State Public Opinion A Guideline for Scholars and an Application." *State Politics & Policy Quarterly* 11 (4): 415-39. doi:10.1177/1532440011419287.

Packard, Vance. 1964. *The Naked Society*. New York: D. McKay.（戸田奈津子訳，1964『裸の社会』ダイヤモンド社〈パッカード著作集5〉）

Page, Lindsay C., Avi Feller, Todd Grindal, Luke Miratrix, and Marie-Andree Somers. 2015. "Principal Stratification: A Tool for Understanding Variation in Program Effects Across Endogenous Subgroups." *American Journal of Evaluation* 36 (4): 514-31. doi:10.1177/1098214015594419.

Page, Scott E. 2008. *The Difference: How the Power of Diversity Creates Better Groups, Firms, Schools, and Societies*. Princeton, NJ: Princeton University Press.（水谷淳訳2009.『「多様な意見」はなぜ正しいのか――衆愚が集合知に変わるとき』日経BP社）

Pager, Devah. 2007. "The Use of Field Experiments for Studies of Employment Discrimination: Contributions, Critiques, and Directions for the Future." *Annals of the American Academy of Political and Social Science* 609: 104-33. http://www.jstor.org/stable/25097877.

Paluck, Elizabeth Levy, and Donald P. Green. 2009. "Deference, Dissent, and Dispute Resolution: An Experimental Intervention Using Mass Media to Change Norms and Behavior in Rwanda." *American Political Science Review* 103 (4): 622-44. doi:10.1017/S0003055409990128.

Panagopoulos, Costas. 2010. "Affect, Social Pressure and Prosocial Motivation: Field Experimental Evidence of the Mobilizing Effects of Pride, Shame and Publicizing Voting Behavior." *Political Behavior* 32 (3): 369-86. doi:10.1007/s11109-010-9114-0.

Panger, Galen. 2016. "Reassessing the Facebook Experiment: Critical Thinking About the Validity of Big Data Research." *Information, Communication & Society* 19 (8): 1108-26. doi:10.1080/1369118X.2015.1093525.

Paolacci, G., J. Chandler, and P. G Ipeirotis. 2010. "Running Experiments on Amazon Mechanical Turk." *Judgment and Decision Making* 5 (5): 411-19. http://journal.sjdm.org/10/10630a/jdm10630a.html.

Parigi, Paolo, Jessica J. Santana, and Karen S. Cook. 2017. "Online Field Experiments Studying Social Interactions in Context." *Social Psychology Quarterly* 80 (1): 1-19. doi:10.1177/0190272516680842.

Park, David K., Andrew Gelman, and Joseph Bafumi. 2004. "Bayesian Multilevel Estimation with Poststratification: State-Level Estimates from National Polls." *Political Analysis* 12 (4): 375-85. doi:10.1093/pan/mph024.

Parry, Marc. 2011. "Harvard Researchers Accused of Breaching Students' Privacy." *Chronicle of Higher Education*, July. http://chronicle.com/article/Harvards-Privacy-Meltdown/128166/.

Partridge, Craig and Mark Allman. 2016. "Ethical considerations in network measurement papers." *Communications of the ACM* 59 (10): 58-64. doi:10.1145/2896816.

Pasek, Josh, S. Mo Jang, Curtiss L. Cobb, J. Michael Dennis, and Charles Disogra. 2014 "Can Marketing Data Aid Survey Research? Examining Accuracy and Completeness in Consumer-File Data." *Public Opinion Quarterly* 78 (4): 889-916. doi:10.1093/

poq/nfu043.
Pe-Than, Ei Pa Pa, Dion Hoe-Lian Goh, and Chei Sian Lee. 2015. "A Typology of Human Computation Games: An Analysis and a Review of Current Games." *Behaviour & Information Technology* 34（8）：809-24. doi:10.1080/0144929X.2013.862304.
Pearl, Judea. 2009. *Causality: Models, Reasoning and Inference*, 2nd ed. Cambridge: Cambridge University Press.（黒木学訳．2009．『統計的因果推論――モデル・推論・推測』共立出版〔原著 2000 年〕）※ただし訳書は旧版に対するもの。
―. 2015. "Generalizing Experimental Findings." *Journal of Causal Inference* 3（2）：259-66. doi:10.1515/jci-2015-0025.
Pearl, Judea, and Elias Bareinboim. 2014. "External Validity: From Do-Calculus to Transportability across Populations." *Statistical Science* 29（4）：579-95. doi:10.1214/14-STS486.
Pearl, Judea, Madelyn Glymour, and Nicholas P. Jewell. 2016. *Causal Inference in Statistics: A Primer*. Chichester, UK: Wiley.
Penney, Jonathon. 2016. "Chilling Effects: Online Surveillance and Wikipedia Use." *Berkeley Technology Law Journal* 31（1）：117. doi:10.15779/Z38SS13.
Pentland, A. 2012. "Society's Nervous System: Building Effective Government, Energy, and Public Health Systems." *IEEE Computer* 45（1）：31-38.
Pepe, Margaret Sullivan. 1992. "Inference Using Surrogate Outcome Data and a Validation Sample." *Biometrika* 79（2）：355-65. doi:10.2307/2336846.
Phan, Tuan Q., and Edoardo M. Airoldi. 2015. "A Natural Experiment of Social Network Formation and Dynamics." *Proceedings of the National Academy of Sciences of the USA* 112（21）：6595-600. doi:10.1073/pnas.1404770112.
Phelan, Chanda, Cliff Lampe, and Paul Resnick. 2016. "It's Creepy, But It Doesn't Bother Me." In *Proceedings of the 2016 CHI Conference on Human Factors in Computing Systems*, 5240-51. CHI '16. New York: ACM. doi:10.1145/2858036.2858381.
Piatetsky, Gregory. 2007. "Interview with Simon Funk." *SIGKDD Explorations Newsletter* 9（1）：38-40. doi:10.1145/1294301.1294311.
Pickard, Galen, Wei Pan, Iyad Rahwan, Manuel Cebrian, Riley Crane, Anmol Madan, and Alex Pentland. 2011. "Time-Critical Social Mobilization." *Science* 334（6055）：509-12. doi:10.1126/science.1205869.
Pink, Sarah, Heather Horst, John Postill, Larissa Hjorth, Tania Lewis, and Jo Tacchi. 2015. *Digital Ethnography: Principles and Practice*. Los Angeles: SAGE.
Pirlott, Angela G., and David P. MacKinnon. 2016. "Design Approaches to Experimental Mediation." *Journal of Experimental Social Psychology* 66: 29-38 doi:10.1016/j.jesp.2015.09.012.
Polgreen, Philip M., Yiling Chen, David M. Pennock, and Forrest D. Nelson. 2008. "Using Internet Searches for Influenza Surveillance." *Clinical Infectious Diseases* 47（11）：1443-8. doi:10.1086/593098.
Polonetsky, Jules, Omer Tene, and Joseph Jerome. 2015. "Beyond the Common Rule: Ethical Structures for Data Research in Non-Academic Settings." SSRN Scholarly Paper ID 2621559. Rochester, NY: Social Science Research Network. http://papers.ssrn.com/abstract=2621559.
Porter, Joan P., and Greg Koski. 2008. "Regulations for the Protection of Humans in Research in the United States: The Common Rule." In *The Oxford Textbook of*

Clinical Research Ethics, edited by Ezekiel J. Emannel et al., 156-67. Oxford: Oxford University Press.

Porter, Nathaniel D., Ashton M. Verdery, and S. Michael Gaddis. 2016. "Big Data's Little Brother: Enhancing Big Data in the Social Sciences with Micro-Task Marketplaces.'' *ArXiv:1609.08437 [cs.CY]*, September. http://arxiv.org/abs/1609.08437.

Preist, Chris, Elaine Massung, and David Coyle. 2014. "Competing or Aiming to Be Average? Normification As a Means of Engaging Digital Volunteers." In *Proceedings of the 17th ACM Conference on Computer Supported Cooperative Work & Social Computing*, 1222-33. CSCW '14. New York: ACM. doi:10.1145/2531602.2531615.

Prentice, Deborah A., and Dale T. Miller. 1992. "When Small Effects Are Impressive." *Psychological Bulletin* 112 (1): 160-64. doi:10.1037/0033-2909.112.1.160.

Presser, Stanley, and Johnny Blair. 1994. "Survey Pretesting: Do Different Methods Produce Different Results?" *Sociological Methodology* 24: 73-104. doi:10.2307/270979.

Presser, Stanley, Mick P. Couper, Judith T. Lessler, Elizabeth Martin, Jean Martin, Jennifer M. Rothgeb, and Eleanor Singer. 2004. "Methods for Testing and Evaluating Survey Questions." *Public Opinion Quarterly* 68 (1): 109-30. doi:10.1093/poq/nfh008

Provost, Foster, and Tom Fawcett. 2013. "Data Science and Its Relationship to Big Data and Data-Driven Decision Making." *Big Data* 1 (1): 51-59. doi:10.1089/big.2013. 1508.

Purdam, Kingsley. 2014. "Citizen Social Science and Citizen Data? Methodological and Ethical Challenges for Social Research." *Current Sociology* 62 (3): 374-92. doi:10. 1177/0011392114527997.

Pury, Cynthia L. S. 2011. "Automation Can Lead to Confounds in Text Analysis." *Psychological Science* 22 (6): 835-36. doi:10.1177/0956797611408735.

Puschmann, Cornelius, and Engin Bozdag. 2014. "Staking Out the Unclear Ethical Terrain of Online Social Experiments." *Internet Policy Review* 3 (4). doi:10.14763/2014. 4.338.

Puts, Marco, Piet Daas, and Ton de Waal. 2015. "Finding Errors in Big Data." *Significance* 12 (3): 26-29. doi:10.1111/j.1740-9713.2015.00826.x.

Quinn, Alexander J., and Benjamin B. Bederson. 2011. "Human Computation: A Survey and Taxonomy of a Growing Field." In *Proceedings of the 2011 Annual Conference on Human Factors in Computing Systems*, 1403-12. CHI '11. New York: ACM doi:10.1145/1978942.1979148.

Raddick, M. Jordan, Georgia Bracey, Pamela L. Gay, Chris J. Lintott, Carie Cardamone. Phil Murray, Kevin Schawinski, Alexander S. Szalay, and Jan Vandenberg. 2013. "Galaxy Zoo: Motivations of Citizen Scientists." *Astronomy Education Review* 12 (1). doi:10.3847/AER2011021.

Raftery, Adrian E., Nan Li, Hana Ševčíková, Patrick Gerland, and Gerhard K. Heilig. 2012. "Bayesian Probabilistic Population Projections for All Countries." *Proceedings of the National Academy of Sciences of the USA* 109 (35): 13915-21. doi:10.1073/ pnas.1211452109.

Rand, David G. 2012. "The Promise of Mechanical Turk: How Online Labor Markets Can Help Theorists Run Behavioral Experiments." *Journal of Theoretical Biology*, Evolution of Cooperation, 299 (April): 172-79. doi:10.1016/j.jtbi.2011.03.004.

Rao, J.N.K, and Isabel Molina. 2015. *Small Area Estimation*, 2nd ed. Hoboken, NJ:

Wiley.
Rashid, Al Mamunur, Istvan Albert, Dan Cosley, Shyong K. Lam, Sean M. McNee, Joseph A. Konstan, and John Riedl. 2002. "Getting to Know You: Learning New User Preferences in Recommender Systems." In *Proceedings of the 7th International Conference on Intelligent User Interfaces*, 127-34. IUI '02. New York: ACM. doi:10.1145/502716.502737.
Rasinski, Kenneth A. 1989. "The Effect of Question Wording on Public Support for Government Spending." *Public Opinion Quarterly* 53 (3): 388-94. doi:10.1086/269158.
Ratkiewicz, Jacob, Michael D. Conover, Mark Meiss, Bruno Goncalves, Alessandro Flammini, and Filippo Menczer Menczer. 2011. "Detecting and Tracking Political Abuse in Social Media." In *Fifth International AAAI Conference on Weblogs and Social Media*. http://www.aaai.org/ocs/index.php/ICWSM/ICWSM11/paper/view/2850.
R Core Team. 2016. "R: A Language and Environment for Statistical Computing." Vienna: R Foundation for Statistical Computing.
Reichman, Nancy E., Julien O. Teitler, Irwin Garfinkel, and Sara S. McLanahan. 2001. "Fragile Families: Sample and Design." *Children and Youth Services Review* 23 (45): 303-26. doi:10.1016/S0190-7409 (01) 00141-4.
Reiter, Jerome P. 2012. "Statistical Approaches to Protecting Confidentiality for Microdata and Their Effects on the Quality of Statistical Inferences." *Public Opinion Quarterly* 76 (1): 163-81. doi:10.1093/poq/nfr058.
Reiter, Jerome P., and Satkartar K. Kinney. 2011. "Sharing Confidential Data for Research Purposes: A Primer." *Epidemiology* 22 (5): 632-35. doi:10.1097/EDE. 0b013e318225c44b.
Ren, Yuqing, F. Maxwell Harper, Sara Drenner, Loren Terveen, Sara Kiesler, John Riedl, and Robert E. Kraut. 2012. "Building Member Attachment in Online Communities: Applying Theories of Group Identity and Interpersonal Bonds." *MIS Quarterly* 36 (3): 841-64. http://dl.acm.org/citation.cfm?id=2481655.2481665.
Reno, Raymond R., Robert B. Cialdini, and Carl A. Kallgren. 1993. "The Transsituational Influence of Social Norms." *Journal of Personality and Social Psychology* 64 (1): 104-12. doi:10.1037/0022-3514.64.1.104.
Resnick, Brian. 2016. "Researchers Just Released Profile Data on 70,000 OkCupid Users without Permission." *Vox*. http://www.vox.com/2016/5/12/11666116/70000-okcupid-users-data-release.
Resnick, Paul, Richard Zeckhauser, John Swanson, and Kate Lockwood. 2006. "The Value of Reputation on eBay: A Controlled Experiment." *Experimental Economics* 9 (2): 79-101. doi:10.1007/s10683-006-4309-2.
Resnik, David B., Kevin C. Elliott, and Aubrey K. Miller. 2015. "A Framework for Addressing Ethical Issues in Citizen Science." *Environmental Science & Policy* 54 (December): 475-81. doi:10.1016/j.envsci.2015.05.008.
Restivo, Michael, and Arnout van de Rijt. 2012. "Experimental Study of Informal Rewards in Peer Production." *PLoS ONE* 7 (3): e34358. doi:10.1371/journal.pone. 0034358.
———. 2014. "No Praise without Effort: Experimental Evidence on How Rewards Affect Wikipedia's Contributor Community." *Information, Communication & Society* 17 (4): 451-62. doi:10.1080/1369118X.2014.888459.

Riach, P. A, and J. Rich. 2002. "Field Experiments of Discrimination in the Market Place." *Economic Journal* 112 (483): F480-F518. doi:10.1111/1468-0297.00080.

Riach, Peter A., and Judith Rich. 2004. "Deceptive Field Experiments of Discrimination: Are They Ethical?" *Kyklos* 57 (3): 457-70. doi:10.1111/j.0023-5962.2004.00262.x.

Rich, Judith. 2014. "What Do Field Experiments of Discrimination in Markets Tell Us? A Meta Analysis of Studies Conducted Since 2000." SSRN Scholarly Paper ID 2517887. Rochester, NY: Social Science Research Network. http://papers.ssrn.com/abstract=2517887.

Richman, Josh. 2015. "Stanford and Dartmouth Researchers Broke Law with Election Mailer, Montana Official Says." *San Jose Mercury News*, May. http://www.mercurynews.com/nationworld/ci_28100916/stanford-and-dartmouth-researchers-broke-law-election-mailer.

Robbins, Jim. 2013. "Crowdsourcing, for the Birds." *New York Times*, August. http://www.nytimes.com/2013/08/20/science/earth/crowdsourcing-for-the-birds.html.

Robinson, Walter M., and Brandon T. Unruh. 2008. "The Hepatitis Experiments at the Willowbrook State School." In *The Oxford Textbook of Clinical Research Ethics*, edited by E. J. Emanuel, R. A. Crouch, C. Grady, R. K. Lie, F. G. Miller, and D Wendler, 386-97. Oxford: Oxford University Press.

Rosenbaum, Paul R. 2002. *Observational Studies*. 2nd ed. New York: Springer.

——. 2010. *Design of Observational Studies*. New York: Springer.

——. 2015. "How to See More in Observational Studies: Some New Quasi-Experimental Devices." *Annual Review of Statistics and Its Application* 2 (1): 21-48. doi:10.1146/annurev-statistics-010814-020201.

Rosenzweig, Mark R., and Kenneth I. Wolpin. 2000. "Natural 'Natural Experiments' in Economics." *Journal of Economic Literature* 38 (4): 827-74. doi:10.1257/jel.38.4.827.

Rothman, Kenneth J., John EJ Gallacher, and Elizabeth E. Hatch. 2013. "Why Representativeness Should Be Avoided." *International Journal of Epidemiology* 42 (4): 1012-14. doi:10.1093/ije/dys223.

Rubin, Donald B. 2004. *Multiple Imputation for Nonresponse in Surveys*. Hoboken, NJ: Wiley-Interscience.

Russell, William Moy Stratton, and Rex Leonard Burch. 1959. *The Principles of Humane Experimental Technique*. http://altweb.jhsph.edu/pubs/books/humane_exp/addendum. (笠井憲雪訳. 2012.『人道的な実験技術の原理——動物実験技術の基本原理 3R の原点』アドスリー)

Rust, John and Susan Golombok. 2009. *Modern Psychometrics: The Science of Psychological Assessment*, 3rd ed. Hove, UK: Routledge.

Rutherford, Alex, Manuel Cebrian, Sohan Dsouza, Esteban Moro, Alex Pentland, and Iyad Rahwan. 2013. "Limits of Social Mobilization." *Proceedings of the National Academy of Sciences of the USA* 110 (16): 6281-86. doi:10.1073/pnas.1216338110.

Ruths, Derek, and Jürgen Pfeffer. 2014. "Social Media for Large Studies of Behavior." *Science* 346 (6213): 1063-64. doi:10.1126/science.346.6213.1063.

Saez-Rodriguez, Julio, James C. Costello, Stephen H. Friend, Michael R. Kellen, Lara Mangravite, Pablo Meyer, Thea Norman, and Gustavo Stolovitzky. 2016. "Crowdsourcing Biomedical Research: Leveraging Communities as Innovation Engines." *Na-

ture Reviews Genetics 17（8）：470-86. doi:10.1038/nrg.2016.69.
Sakshaug, Joseph W., and Frauke Kreuter. 2012. "Assessing the Magnitude of Non-Consent Biases in Linked Survey and Administrative Data." *Survey Research Methods* 6（2）：113-22.
Sakshaug, Joseph W., Mick P. Couper, Mary Beth Ofstedal, and David R. Weir. 2012. "Linking Survey and Administrative Records Mechanisms of Consent." *Sociological Methods & Research* 41（4）：535-69. doi:10.1177/0049124112460381.
Salehi, Niloufar, Lilly C. Irani, Michael S. Bernstein, Ali Alkhatib, Eva Ogbe, Kristy Milland, and Clickhappier. 2015. "We Are Dynamo: Overcoming Stalling and Friction in Collective Action for Crowd Workers." In *Proceedings of the 33rd Annual ACM Conference on Human Factors in Computing Systems*, 1621-30. CHI '15. New York: ACM. doi:10.1145/2702123.2702508.
Salganik, Matthew J. 2007. "Success and Failure in Cultural Markets." PhD Thesis, Columbia University.
Salganik, Matthew J., and Karen E. C. Levy. 2015. "Wiki Surveys: Open and Quantifiable Social Data Collection." *PLoS ONE* 10（5）：e0123483. doi:10.1371/journal.pone.0123483.
Salganik, Matthew J., and Duncan J. Watts. 2008. "Leading the Herd Astray: An Experimental Study of Self-Fulfilling Prophecies in an Artificial Cultural Market." *Social Psychology Quarterly* 71（4）：338-55. doi:10.1177/019027250807100404.
——. 2009a. "Social Influence: The Puzzling Nature of Success in Cultural Markets." In *The Oxford Handbook of Analytical Sociology*, edited by Peter Hedström and Peter Bearman, 315-41. Oxford: Oxford University Press.
——. 2009b. "Web-Based Experiments for the Study of Collective Social Dynamics in Cultural Markets." *Topics in Cognitive Science* 1（3）：439-68. doi:10.1111/j.1756-8765.2009.01030.x.
Salganik, Matthew J., Peter Sheridan Dodds, and Duncan J. Watts. 2006. "Experimental Study of Inequality and Unpredictability in an Artificial Cultural Market." *Science* 311（5762）：854-56. doi:10.1126/science.1121066.
Sampson, Robert J., and Mario Luis Small. 2015. "Bringing Social Science Back In: The Big Data Revolution and Urban Theory." *The Cities Papers*. http://citiespapers.ssrc.org/bringing-social-scienceback-in-the-big-data-revolution-and-urban-theory/.
Sandvig, Christian, and Eszter Hargittai. 2015. "How to Think About Digital Research." In *Digital Research Confidential: The Secrets of Studying Behavior Online*, edited by Eszter Hargittai and Christian Sandvig. Cambridge, MA: MIT Press.
Sandvig, Christian, and Karrie Karahalios. 2016. "Most of What You Do Online Is Illegal. Let's End the Absurdity," *Guardian*, June. https://www.theguardian.com/commentisfree/2016/jun/30/cfaa-onlinelaw-illegal-discrimination.
Santos, Robert L. 2014. "Presidential Address Borne of a Renaissance—A Metamorphosis for Our Future." *Public Opinion Quarterly* 78（3）：769-77. doi:10.1093/poq/nfu034.
Saris, Willem E., and Irmtraud N. Gallhofer. 2014. *Design, Evaluation, and Analysis of Questionnaires for Survey Research*, 2nd ed. Hoboken, NJ: Wiley. http://dx.doi.org/10.1002/9781118634646.
Sauermann, Henry, and Chiara Franzoni. 2015. "Crowd Science User Contribution Patterns and Their Implications." *Proceedings of the National Academy of Sciences of*

the USA 112 (3): 679-84. doi:10.1073/pnas.1408907112.

Sauver, Jennifer L. St, Brandon R. Grossardt, Barbara P. Yawn, L. Joseph Melton, and Walter A. Rocca. 2011. "Use of a Medical Records Linkage System to Enumerate a Dynamic Population Over Time: The Rochester Epidemiology Project." *American Journal of Epidemiology* 173 (9): 1059-68. doi:10.1093/aje/kwq482.

Särndal, Carl-Erik, and Sixten Lundström. 2005. *Estimation in Surveys with Nonresponse*. Hoboken, NJ: Wiley.

Särndal, Carl-Erik, Bengt Swensson, and Jan Wretman. 2003. *Model Assisted Survey Sampling*. NewYork: Springer.

Schaeffer, Nora Cate, Dana Garbarski, Jeremy Freese, and Douglas W. Maynard. 2013. "An Interactional Model of the Call for Survey Participation Actions and Reactions in the Survey Recruitment Call." *Public Opinion Quarterly* 77 (1): 323-51. doi:10.1093/poq/nft006.

Schauer, Frederick. 1978. "Fear, Risk and the First Amendment: Unraveling the Chilling Effect." *Boston University Law Review* 58: 685. http://heinonline.org/HOL/Page?handle=hein.journals/bulr58&id=695&div=&collection=.

Schechter, Stuart, and Cristian Bravo-Lillo. 2014. "Using Ethical-Response Surveys to Identify Sources of Disapproval and Concern with Facebook's Emotional Contagion Experiment and Other Controversial Studies." *Microsoft Research Technical Report* MSR-TR-2014-97 (October). http://research.microsoft.com/pubs/220718/CURRENT%20DRAFT%20-%20Ethical-Response%20Survey.pdf.

Schmidt, F. A. 2013. "The Good, The Bad and the Ugly: Why Crowdsourcing Needs Ethics." In *2013 Third International Conference on Cloud and Green Computing (CGC)*, 531-35. doi:10.1109/CGC.2013.89.

Schneider, Carl E. 2015. *The Censor's Hand: The Misregulation of Human-Subject Research*. Cambridge, MA: MIT Press.

Schnell, Rainer. 2013. "Linking Surveys and Administrative Data." German Record Linkage Center, Working Paper Series. http://www.record-linkage.de/-download=wp-grlc-2013-03.pdf.

Schober, Michael F., and Frederick G. Conrad. 2015. "Improving Social Measurement by Understanding Interaction in Survey Interviews." *Policy Insights from the Behavioral and Brain Sciences* 2 (1): 211-19. doi:10.1177/2372732215601112.

Schober, Michael F., Frederick G. Conrad, Christopher Antoun, Patrick Ehlen, Stefanie Fail, Andrew L. Hupp, Michael Johnston, Lucas Vickers, H. Yanna Yan, and Chan Zhang. 2015. "Precision and Disclosure in Text and Voice Interviews on Smartphones." *PLoS ONE* 10 (6): e0128337. doi:10.1371/journal.pone.0128337.

Schober, Michael F., Josh Pasek, Lauren Guggenheim, Cliff Lampe, and Frederick G. Conrad. 2016. "Social Media Analyses for Social Measurement." *Public Opinion Quarterly* 80 (1): 180-211. doi:10.1093/poq/nfv048.

Schonlau, Matthias, Arthur van Soest, Arie Kapteyn, and Mick Couper. 2009. "Selection Bias in Web Surveys and the Use of Propensity Scores." *Sociological Methods & Research* 37 (3): 291-318. doi:10.1177/0049124108327128.

Schrag, Zachary M. 2010. *Ethical Imperialism: Institutional Review Boards and the Social Sciences, 1965-2009*. Baltimore: Johns Hopkins University Press.

——. 2011. "The Case Against Ethics Review in the Social Sciences." *Research Ethics* 7

(4): 120–31. doi:10.1177/174701611100700402.
Schrage, Michael. 2011. "Q and A: The Experimenter." *MIT Technology Review*. http://www.technologyreview.com/news/422784/qa-the-experimenter/.
Schultz, P. Wesley, Azar M. Khazian, and Adam C. Zaleski. 2008. "Using Normative Social Influence to Promote Conservation Among Hotel Guests." *Social Influence* 3 (1): 4–23. doi:10.1080/15534510701755614.
Schultz, P. Wesley, Jessica M. Nolan, Robert B. Cialdini, Noah J. Goldstein, and Vladas Griskevicius. 2007. "The Constructive, Destructive, and Reconstructive Power of Social Norms." *Psychological Science* 18 (5): 429–34. doi:10.1111/j.1467-9280.2007.01917.x.
Schultze, Ulrike, and Richard O. Mason. 2012. "Studying Cyborgs: Re-Examining Internet Studies as Human Subjects Research." *Journal of Information Technology* 27 (4): 301–12. doi:10.1057/jit.2012.30.
Schulz, Kenneth F., Douglas G. Altman, David Moher, and for the CONSORT Group. 2010. "CONSORT 2010 Statement: Updated Guidelines for Reporting Parallel Group Randomised Trials." *PLoS Medicine* 7 (3): e1000251. doi:10.1371/journal.pmed.1000251.
Schuman, Howard, and Stanley Presser. 1979. "The Open and Closed Question." *American Sociological Review* 44 (5): 692–712. doi:10.2307/2094521.
———. 1996. *Questions and Answers in Attitude Surveys: Experiments on Question Form, Wording, and Context*. Thousand Oaks, CA: SAGE.
Schwartz, Paul M., and Daniel J. Solove. 2011. "The PII Problem: Privacy and a New Concept of Personally Identifiable Information." SSRN Scholarly Paper ID 1909366. Rochester, NY: Social Science Research Network. http://papers.ssrn.com/abstract=1909366.
Sears, David O. 1986. "College Sophomores in the Laboratory: Influences of a Narrow Data Base on Social Psychology's View of Human Nature." *Journal of Personality and Social Psychology* 51 (3): 515–30. doi:10.1037/0022-3514.51.3.515.
Sekhon, Jasjeet S. 2009. "Opiates for the Matches: Matching Methods for Causal Inference." *Annual Review of Political Science* 12 (1): 487–508. doi:10.1146/annurev.polisci.11.060606.135444.
Sekhon, Jasjeet S., and Rocío Titiunik. 2012. "When Natural Experiments Are Neither Natural nor Experiments." *American Political Science Review* 106 (1): 35–57. doi:10.1017/S0003055411000542.
Selinger, Evan, and Woodrow Hartzog. 2016. "Facebook's Emotional Contagion Study and the Ethical Problem of Co-Opted Identity in Mediated Environments Where Users Lack Control." *Research Ethics* 12 (1): 35–43. doi:10.1177/1747016115579531.
Seltzer, William, and Margo Anderson. 2008. "Using Population Data Systems to Target Vulnerable Population Subgroups and Individuals: Issues and Incidents." In *Statistical Methods for Human Rights*, edited by Jana Asher, David Banks, and Fritz J. Scheuren, 273–328. New York: Springer. http://link.springer.com/chapter/10.1007/978-0-387-72837-7_13.
Shadish, William R. 2002. "Revisiting Field Experimentation: Field Notes for the Future." *Psychological Methods* 7 (1): 3–18. doi:10.1037/1082-989X.7.1.3.
Shadish, William R., and Thomas D. Cook. 2009. "The Renaissance of Field Experimen-

tation in Evaluating Interventions." *Annual Review of Psychology* 60 (1) : 607-29. doi:10.1146/annurev.psych.60.110707.163544.

Shadish, William R., Thomas D. Cook, and Donald T. Campbell. 2001. *Experimental and Quasi-Experimental Designs for Generalized Causal Inference*, 2nd ed. Boston: Cengage Learning.

Shamir, Lior, Carol Yerby, Robert Simpson, Alexander M. von Benda-Beckmann, Peter Tyack, Filipa Samarra, Patrick Miller, and John Wallin. 2014. "Classification of Large Acoustic Datasets Using Machine Learning and Crowdsourcing: Application to Whale Calls." *Journal of the Acoustical Society of America* 135 (2) : 953-62. doi:10.1121/1.4861348.

Sharma, Amit, Jake M. Hofman, and Duncan J. Watts. 2015. "Estimating the Causal Impact of Recommendation Systems from Observational Data." In *Proceedings of the Sixteenth ACM Conference on Economics and Computation*, 453-70. EC '15. New York: ACM. doi:10.1145/2764468.2764488.

———. 2016. "Split-Door Criterion for Causal Identification: Automatic Search for Natural Experiments." *ArXiv:1611.09414 [stat.ME]*, November. http://arxiv.org/abs/1611.09414.

Shaw, David. 2015. "Facebooks Flawed Emotion Experiment: Antisocial Research on Social Network Users." *Research Ethics*, May, 1747016115579535. doi:10.1177/1747016115579535.

Sheehan, Mark. 2011. "Can Broad Consent Be Informed Consent?" *Public Health Ethics* 4 (3) : 226-35. doi:10.1093/phe/phr020.

Shiffrin, Richard M. 2016. "Drawing Causal Inference from Big Data." *Proceedings of the National Academy of Sciences of the USA* 113 (27) : 7308-9. doi:10.1073/pnas.1608845113.

Shmueli, Galit. 2010. "To Explain or to Predict?" *Statistical Science* 25 (3) : 289-310. doi:10.1214/10-STS330.

Simester, Duncan, Yu (Jeffrey) Hu, Erik Brynjolfsson, and Eric T Anderson. 2009. "Dynamics of Retail Advertising: Evidence from a Field Experiment." *Economic Inquiry* 47 (3) : 482-99. doi:10.1111/j.1465-7295.2008.00161.x.

Simmons, Joseph P., Leif D. Nelson, and Uri Simonsohn. 2011. "False-Positive Psychology Undisclosed Flexibility in Data Collection and Analysis Allows Presenting Anything as Significant." *Psychological Science* 22 (11): 1359-66. doi:10.1177/0956797611417632.

Singal, Amit G., Peter D. R. Higgins, and Akbar K. Waljee. 2014. "A Primer on Effectiveness and Efficacy Trials." *Clinical and Translational Gastroenterology* 5 (1) e45. doi:10.1038/ctg.2013.13.

Singel, Ryan. 2009. "Netflix Spilled Your Brokeback Mountain Secret, Lawsuit Claims.' *Wired*. http://www.wired.com/2009/12/netflix-privacy-lawsuit/.

Singleton Jr., Royce A., and Bruce C. Straits. 2009. *Approaches to Social Research*, 5th ed. New York: Oxford University Press.

Sinnott-Armstrong, Walter. 2014. "Consequentialism." In *The Stanford Encyclopedia of Philosophy*, edited by Edward N. Zalta, Spring 2014. http://plato.stanford.edu/archives/spr2014/entries/consequentialism/.

Slowikowski, Kamil. 2016. "Ggrepel: Repulsive Text and Label Geoms for 'Ggplot2'." https://CRAN.Rproject.org/package=ggrepel.

Small, Mario Luis. 2009. "How Many Cases Do I Need? On Science and the Logic of Case Selection in Field-Based Research." *Ethnography* 10 (1): 5-38. doi:10.1177/1466138108099586.

Smith, Gordon C. S., and Jill P. Pell. 2003. "Parachute Use to Prevent Death and Major Trauma Related to Gravitational Challenge: Systematic Review of Randomised Controlled Trials." *British Medical Journal* 327 (7429): 1459-61. doi:10.1136/bmj.327.7429.1459.

Smith, T. M. F. 1976. "The Foundations of Survey Sampling: A Review." *Journal of the Royal Statistical Society. Series A (General)* 139 (2): 183-204. doi:10.2307/2345174.

———. 1991. "Post-Stratification." *Journal of the Royal Statistical Society. Series D (The Statistician)* 40 (3): 315-23. doi:10.2307/2348284.

Smith, Tom W. 1987. "That Which We Call Welfare by Any Other Name Would Smell Sweeter: An Analysis of the Impact of Question Wording on Response Patterns." *Public Opinion Quarterly* 51 (1): 75-83. doi:10.1086/269015.

———. 2011. "The Report of the International Workshop on Using Multi-Level Data from Sample Frames, Auxiliary Databases, Paradata and Related Sources to Detect and Adjust for Nonresponse Bias in Surveys." *International Journal of Public Opinion Research* 23 (3): 389-402. doi:10.1093/ijpor/edr035.

Sobel, Dava. 1996. *Longitude: The True Story of a Lone Genius Who Solved the Greatest Scientific Problem of His Time.* Harmondsworth, UK: Penguin.

Soeller, Gary, Karrie Karahalios, Christian Sandvig, and Christo Wilson. 2016. "MapWatch: Detecting and Monitoring International Border Personalization on Online Maps." In *Proceedings of the 25th International Conference on World Wide Web*, 867-78. WWW '16. Republic and Canton of Geneva, Switzerland: International World Wide Web Conferences Steering Committee. doi:10.1145/2872427.2883016.

Solove, Daniel J. 2010. *Understanding Privacy.* Cambridge, MA: Harvard University Press.(大谷卓史訳，2013，『プライバシーの新理論——概念と法の再考』みすず書房〔原著 2008 年〕)

Sommer, Robert. 1969. *Personal Space: The Behavioral Basis of Design.* Englewood Cliffs, NJ.: Prentice Hall.(穐山貞登訳，1972，『人間の空間——デザインの行動的研究』鹿島出版会)

Sommers, Roseanna, and Franklin G. Miller. 2013. "Forgoing Debriefing in Deceptive Research: Is It Ever Ethical?" *Ethics & Behavior* 23 (2): 98-116. doi:10.1080/10508422.2012.732505.

Sovey, Allison J., and Donald P. Green. 2011. "Instrumental Variables Estimation in Political Science: A Readers Guide." *American Journal of Political Science* 55 (1): 188-200. doi:10.1111/j.1540-5907.2010.00477.x.

Spector, Alfred, Peter Norvig, and Slav Petrov. 2012. "Google's Hybrid Approach to Research." *Communications of the ACM* 55 (7): 34-37. doi:10.1145/2209249.2209262.

Spitz, Vivien. 2005. *Doctors from Hell: The Horrific Account of Nazi Experiments on Humans.* Boulder, CO: Sentient.

Squire, Peverill. 1988. "Why the 1936 Literary Digest Poll Failed." *Public Opinion Quarterly* 52 (1): 125-33. doi:10.1086/269085.

Srivastava, Sameer B., Amir Goldberg, V. Govind Manian, and Christopher Potts. 2017.

"Enculturation Trajectories: Language, Cultural Adaptation, and Individual Outcomes in Organizations." *Management Science* March : 983-1476. doi:10.1287/mnsc.2016.2671.

Stark, Laura. 2012. *Behind Closed Doors: IRBs and the Making of Ethical Research*. Chicago: University Of Chicago Press.

Stephens-Davidowitz, Seth. 2014. "The Cost of Racial Animus on a Black Candidate: Evidence Using Google Search Data." *Journal of Public Economics* 118: 26-40. doi:10.1016/j.jpubeco.2014.04.010.

Stewart, Neil, Christoph Ungemach, Adam J. L. Harris, Daniel M. Bartels, Ben R. Newell, Gabriele Paolacci, and Jesse Chandler. 2015. "The Average Laboratory Samples a Population of 7,300 Amazon Mechanical Turk Workers." *Judgment and Decision Making* 10 (5) : 479-91. http://journal.sjdm.org/14/14725/h2.html.

Stokes, Donald E. 1997. *Pasteur's Quadrant: Basic Science and Technological Innovation*. Washington, DC:Brookings Institution Press.

Stone, Arthur A., and Saul Shiffman. 1994. "Ecological Momentary Assessment (EMA) in Behavioral Medicine." *Annals of Behavioral Medicine* 16 (3) : 199-202.

Stone, Arthur, Saul Shiffman, Audie Atienza, and Linda Nebeling, eds. 2007. *The Science of Real-Time Data Capture: Self-Reports in Health Research*. New York: Oxford University Press.

Stuart, Elizabeth A. 2010. "Matching Methods for Causal Inference: A Review and a Look Forward." *Statistical Science* 25 (1) : 1-21. doi:10.1214/09-STS313.

Su, Jessica, Aneesh Sharma, and Sharad Goel. 2016. "The Effect of Recommendations on Network Structure." In *Proceedings of the 25th International Conference on World Wide Web*, 1157-67. WWW '16. Republic and Canton of Geneva, Switzerland: International World Wide Web Conferences Steering Committee. doi:10.1145/2872427.2883040.

Subrahmanian, V. S., Amos Azaria, Skylar Durst, Vadim Kagan, Aram Galstyan, Kristina Lerman, Linhong Zhu, et al. 2016. "The DARPA Twitter Bot Challenge." *ArXiv: 1601.05140 [cs.SI]*, January. http://arxiv.org/abs/1601.05140.

Subrahmanian, V. S. and Srijan Kumar. 2017. "Predicting Human Behavior: The Next Frontiers." Science 355 (6324) : 489. https://doi.org/10.1126/science.aam7032.

Sugie, Naomi F. 2014. "Finding Work: A Smartphone Study of Job Searching, Social Contacts, and Wellbeing After Prison." PhD Thesis, Princeton University. http://dataspace.princeton.edu/jspui/handle/88435/dsp011544br32k.

———. 2016. "Utilizing Smartphones to Study Disadvantaged and Hard-to-Reach Groups." *Sociological Methods & Research*, January. doi:10.1177/0049124115626176.

Sullivan, B.L., Aycrigg, J.L., Barry, J.H., Bonney, R.E., Bruns, N., Cooper, C.B., Damoulas, T., Dhondt, A.A., Dietterich, T., Farnsworth, A. and Fink, D. 2014. "The eBird Enterprise: An Integrated Approach to Development and Application of Citizen Science." *Biological Conservation* 169 : 31-40.

Sunstein, Cass R. 2002. "Probability Neglect: Emotions, Worst Cases, and Law." *Yale Law Journal* 112 (1) : 61-107. http://www.yalelawjournal.org/essay/probability-neglect-emotions-worst-casesand-law.

———. 2005. *Laws of Fear: Beyond the Precautionary Principle*. Cambridge: Cambridge University Press.

Swanson, Alexandra, Margaret Kosmala, Chris Lintott, and Craig Packer. 2016. "A Generalized Approach for Producing, Quantifying, and Validating Citizen Science Data from Wildlife Images." *Conservation Biology* 30 (3): 520-31. doi:10.1111/cobi.12695.

Sweeney, Latanya 2002. "K-Anonymity: A Model for Protecting Privacy." *International Journal on Uncertainty Fuzziness and Knowledge-Based Systems* 10 (5): 557-70. doi:10.1142/S0218488502001648.

Sweeney, Latanya, Mercè Crosas, and and Michael Bar-Sinai. 2015. "Sharing Sensitive Data with Confidence: The Datatags System." *Technology Science*, October. http://techscience.org/a/2015101601/.

Taddy, Matt, Matt Gardner, Liyun Chen, and David Draper. 2016. "A Nonparametric Bayesian Analysis of Heterogeneous Treatment Effects in Digital Experimentation." *Journal of Business & Economic Statistics*, 34 (4): 661-72. doi:10.1080/07350015.2016.1172013.

Tang, John C., Manuel Cebrian, Nicklaus A. Giacobe, Hyun-Woo Kim, Taemie Kim, and Douglas "Beaker" Wickert. 2011. "Reflecting on the DARPA Red Balloon Challenge." *Communications of the ACM* 54 (4): 78-85. doi:10.1145/1924421.1924441.

Tavory, Iddo, and Ann Swidler. 2009. "Condom Semiotics: Meaning and Condom Use in Rural Malawi." *American Sociological Review* 74 (2): 171-89. doi:10.1177/000312240907400201.

Taylor, Sean J. 2013. "Real Scientists Make Their Own Data." http://seanjtaylor.com/post/41463778912/real-scientists-make-their-own-data.

Taylor, Sean J., Eytan Bakshy, and Sinan Aral. 2013. "Selection Effects in Online Sharing: Consequences for Peer Adoption." In *Proceedings of the Fourteenth ACM Conference on Electronic Commerce*, 821-36. EC '13. New York: ACM. doi:10.1145/2482540.2482604.

Tene, Omer, and Jules Polonetsky. 2016. "Beyond IRBs: Ethical Guidelines for Data Research." *Washington and Lee Law Review Online* 72(3): 458. http://scholarlycommons.law.wlu.edu/wlulronline/vol72/iss3/7.

Thompson, Clive. 2008. "If You Liked This, You're Sure to Love That." *New York Times Magazine*, November. http://www.nytimes.com/2008/11/23/magazine/23Netflix-t.html.

Thomsen, Ib. 1973. "A Note on the Efficiency of Weighting Subclass Means to Reduce the Effects of Nonresponse When Analyzing Survey Data." *Statistisk Tidskrift* 4: 278-83. https://statistics.no/a/histstat/ano/ano_io73_02.pdf.

Tilston, Natasha L., Ken T. D. Eames, Daniela Paolotti, Toby Ealden, and W. John Edmunds. 2010. "Internet-Based Surveillance of Influenza-Like-Illness in the UK During the 2009 H1N1 Influenza Pandemic." *BMC Public Health* 10: 650. doi:10.1186/1471-2458-10-650.

Tockar, Anthony. 2014. "Riding with the Stars: Passenger Privacy in the NYC Taxicab Dataset." *Neustar Research*. https://research.neustar.biz/2014/09/15/riding-with-the-stars-passenger-privacyin-the-nyc-taxicab-dataset/.

Toole, Jameson L., Yu-Ru Lin, Erich Muehlegger, Daniel Shoag, Marta C. González, and David Lazer. 2015. "Tracking Employment Shocks Using Mobile Phone Data." *Journal of the Royal Society Interface* 12 (107): 20150185. doi:10.1098/rsif.2015.0185.

Toomim, Michael, Travis Kriplean, Claus Pörtner, and James Landay. 2011. "Utility of Human-Computer Interactions: Toward a Science of Preference Measurement." In *Proceedings of the 2011 Annual Conference on Human Factors in Computing Systems*, 2275-84. CHI '11. New York: ACM. doi:10.1145/1978942.1979277.

Torche, Florencia, and Uri Shwed. 2015. "The Hidden Costs of War: Exposure to Armed Conflict and Birth Outcomes." *Sociological Science* 2: 558-81. doi:10.15195/v2.a27.

Toshkov, Dimiter. 2015. "Exploring the Performance of Multilevel Modeling and Poststratification with Eurobarometer Data." *Political Analysis* 23 (3) : 455-60. doi:10.1093/pan/mpv009.

Tourangeau, Roger. 2004. "Survey Research and Societal Change." *Annual Review of Psychology* 55 (1) : 775-801. doi:10.1146/annurev.psych.55.090902.142040.

Tourangeau, Roger, and Ting Yan. 2007. "Sensitive Questions in Surveys." *Psychological Bulletin* 133 (5) : 859-83. doi:10.1037/0033-2909.133.5.859.

Tufekci, Zeynep. 2014. "Big Questions for Social Media Big Data: Representativeness, Validity and Other Methodological Pitfalls." In *Proceedings of the Eighth International AAAI Conference on Weblogs and Social Media*, 505-14. http://www.aaai.org/ocs/index.php/ICWSM/ICWSM14/paper/view/8062.

Tuite, Kathleen, Noah Snavely, Dun-yu Hsiao, Nadine Tabing, and Zoran Popovic. 2011. "PhotoCity: Training Experts at Large-Scale Image Acquisition Through a Competitive Game." In *Proceedings of the 2011 Annual Conference on Human Factors in Computing Systems*, 1383-92. CHI '11. New York: ACM. doi:10.1145/1978942.1979146.

Tumasjan, Andranik, Timm O. Sprenger, Philipp G. Sandner, and Isabell M. Welpe. 2010. "Predicting Elections with Twitter: What 140 Characters Reveal About Political Sentiment." In *Proceedings of the Fourth International AAAI Conference on Weblogs and Social Media*, 178-85. http://www.aaai.org/ocs/index.php/ICWSM/ICWSM10/paper/view/1441.

———. 2012. "Where There is a Sea There are Pirates: Response to Jungherr, Jürgens, and Schoen." *Social Science Computer Review* 30 (2) : 235-9. doi:10.1177/0894439311404123.

Tversky, Amos, and Daniel Kahneman. 1981. "The Framing of Decisions and the Psychology of Choice." *Science* 211 (4481) : 453-58. http://www.jstor.org/stable/1685855.

Ugander, Johan, Brian Karrer, Lars Backstrom, and Cameron Marlow. 2011. "The Anatomy of the Facebook Social Graph." *ArXiv:1111.4503 [cs.SI]*, November. http://arxiv.org/abs/1111.4503.

Urbanek, Simon. 2013. "Png: Read and Write PNG Images." https://CRAN.R-project.org/package=png.

Vaccaro, K., K. Karahalios, C. Sandvig, K. Hamilton, and C. Langbort. 2015. "Agree or Cancel? Research and Terms of Service Compliance." In *ACM CSCW Ethics Workshop: Ethics for Studying Sociotechnical Systems in a Big Data World*. http://social.cs.uiuc.edu/papers/pdfs/Vaccaro-CSCW-Ethics-2015.pdf.

Vaillant, Gabriela Gonzalez, Juhi Tyagi, Idil Afife Akin, Fernanda Page Poma, Michael Schwartz, and Arnout van de Rijt. 2015. "A Field-Experimental Study of Emergent Mobilization in Online Collective Action." *Mobilization: An International Quarterly* 20 (3) : 281-303. doi:10.17813/1086-671X-20-3-281.

Vaisey, Stephen. 2014. "The Attitudinal Fallacy Is a Fallacy: Why We Need Many Methods to Study Culture." *Sociological Methods & Research* 43 (2): 227-31. doi:10.1177/0049124114523395.

Valliant, Richard, and Jill A. Dever. 2011. "Estimating Propensity Adjustments for Volunteer Web Surveys." *Sociological Methods & Research* 40 (1): 105-37. doi:10.1177/0049124110392533.

van de Rijt, Arnout, Idil Akin, Robb Willer, and Matthew Feinberg. 2016. "Success-Breeds-Success in Collective Political Behavior: Evidence from a Field Experiment." *Sociological Science* 3: 940-50. doi:10.15195/v3.a41.

van de Rijt, Arnout, Soong Moon Kang, Michael Restivo, and Akshay Patil. 2014. "Field Experiments of Success-Breeds-Success Dynamics." *Proceedings of the National Academy of Sciences of the USA* 111 (19): 6934-39. doi:10.1073/pnas.1316836111.

VanderWeele, T. J., and S. Vansteelandt. 2014. "Mediation Analysis with Multiple Mediators." *Epidemiologic Methods* 2 (1): 95-115. doi:10.1515/em-2012-0010.

VanderWeele, Tyler. 2015. *Explanation in Causal Inference: Methods for Mediation and Interaction.* New York: Oxford University Press.

VanderWeele, Tyler J. 2009. "Mediation and Mechanism." *European Journal of Epidemiology* 24 (5): 21-24. doi:10.1007/s10654-009-9331-1.

VanderWeele, Tyler J., and Ilya Shpitser. 2013. "On the Definition of a Confounder." *Annals of Statistics* 41 (1): 196-220. doi:10.1214/12-AOS1058.

van Noort, Sander P., Cláudia T. Codeço, Carl E. Koppeschaar, Marc van Ranst, Daniela Paolotti, and M. Gabriela M. Gomes. 2015. "Ten-Year Performance of Influenzanet: ILI Time Series, Risks, Vaccine Effects, and Care-Seeking Behaviour." *Epidemics* 13 (December): 28-36. doi:10.1016/j.epidem.2015.05.001.

Vaughan, Ted R. 1967. "Governmental Intervention in Social Research: Political and Ethical Dimensions in the Wichita Jury Recordings." In *Ethics, Politics, and Social Research*, edited by Gideon Sjoberg, 50-77. Cambridge, MA: Schenkman.

Verma, Inder M. 2014. "Editorial Expression of Concern: Experimental Evidence of Massive-scale Emotional Contagion Through Social Networks." *Proceedings of the National Academy of Sciences of the USA* 111 (29): 10779. doi:10.1073/pnas.1412469111.

Vo, Huy, and Claudio Silvia. 2016. "Programming with Big Data." In *Big Data and Social Science: A Practical Guide to Methods and Tools*, edited by Ian Foster, Rayid Ghani, Ron S. Jarmin, Frauke Kreuter, and Julia Lane, 125-43. Boca Raton, FL: CRC Press.

von Ahn, Luis. 2005. "Human Computation." PhD Thesis, Carnegie Mellon University.

von Ahn, Luis, and Laura Dabbish. 2004. "Labeling Images with a Computer Game." In *Proceedings of the SIGCHI Conference on Human Factors in Computing Systems*, 319-26. CHI '04. New York. doi:10.1145/985692.985733.

——. 2008. "Designing Games with a Purpose." *Communications of the ACM* 51 (8): 58-67. doi:10.1145/1378704.1378719.

von Ahn, Luis, Benjamin Maurer, Colin McMillen, David Abraham, and Manuel Blum. 2008. "re-CAPTCHA: Human-Based Character Recognition via Web Security Measures." *Science* 321 (5895): 1465-68. doi:10.1126/science.1160379.

Wakefield, Sara, and Christopher Uggen. 2010. "Incarceration and Stratification." *An-*

nual *Review of Sociology* 36（1）：387-406．doi:10.1146/annurev.soc.012809.102551.

Waksberg, Joseph. 1978. "Sampling Methods for Random Digit Dialing." *Journal of the American Statistical Association* 73（361）：40-46．doi:10.1080/01621459.1978. 10479995.

Waldrop, M. Mitchell. 2016. "The Chips Are down for Moore's Law." *Nature* 530（7589）：144-47．doi:10.1038/530144a.

Wallgren, Anders, and Britt Wallgren. 2007. *Register-Based Statistics: Administrative Data for Statistical Purposes*. Chichester, UK: Wiley.

Walton, Gregory M. 2014. "The New Science of Wise Psychological Interventions." *Current Directions in Psychological Science* 23(1)：73-82．doi:10.1177/0963721413512856.

Wang, Jing, Panagiotis G. Ipeirotis, and Foster Provost. 2015. "Cost-Effective Quality Assurance in Crowd Labeling." SSRN Scholarly Paper ID 2479845. Rochester, NY: Social Science Research Network. http://papers.ssrn.com/abstract=2479845.

Wang, Wei, David Rothschild, Sharad Goel, and Andrew Gelman. 2015. "Forecasting Elections with Non-Representative Polls." *International Journal of Forecasting* 31（3）：980-91．doi:10.1016/j.ijforecast.2014.06.001.

Warren, Samuel D., and Louis D. Brandeis. 1890. "The Right to Privacy." *Harvard Law Review* 4（5）：193-220．doi:10.2307/1321160.

Watkins, Susan Cotts, and Ann Swidler. 2009. "Hearsay Ethnography: Conversational Journals as a Method for Studying Culture in Action." *Poetics* 37（2）：162-84. doi:10.1016/j.poetic.2009.03.002.

Watts, Duncan J. 2012. *Everything Is Obvious: How Common Sense Fails Us*. New York: Crown Business.（青木創訳，2012，『偶然の科学』早川書房）

―. 2014. "Common Sense and Sociological Explanations." *American Journal of Sociology* 120（2）：313-51．doi:10.1086/678271.

Webb, Eugene J., Donald T. Campbell, Richard D. Schwartz, and Lee Sechrest. 1966. *Unobtrusive Measures*. Chicago: Rand McNally.

Weisberg, Herbert F. 2005. *The Total Survey Error Approach: A Guide to the New Science of Survey Research*. Chicago: University of Chicago Press.

Wendler, David, Leah Belsky, Kimberly M. Thompson, and Ezekiel J. Emanuel. 2005. "Quantifying the Federal Minimal Risk Standard: Implications for Pediatric Research Without a Prospect of Direct Benefit." *JAMA* 294（7）：826-32．doi:10.1001/jama. 294.7.826.

Wesolowski, Amy, Caroline O. Buckee, Linus Bengtsson, Erik Wetter, Xin Lu, and Andrew J. Tatem. 2014. "Commentary: Containing the Ebola Outbreak—The Potential and Challenge of Mobile Network Data." *PLoS Currents*. doi:10.1371/currents.outbreaks. 0177e7fcf52217b8b634376e2f3efc5e.

West, Brady T., and Annelies G. Blom. 2016. "Explaining Interviewer Effects: A Research Synthesis." *Journal of Survey Statistics and Methodology*, November. doi:10.1093/ jssam/smw024.

Westen, Drew, and Robert Rosenthal. 2003. "Quantifying Construct Validity: Two Simple Measures." *Journal of Personality and Social Psychology* 84（3）：608-18. doi:10.1037/0022-3514.84.3.608.

Wickham, H. 2011. "The Split-Apply-Combine Strategy for Data Analysis." *Journal of Statistical Software* 40（1）：1-29.

Wickham, Hadley. 2007. "Reshaping Data with the Reshape Package." *Journal of Statistical Software* 21 (12): 1-20. http://www.jstatsoft.org/v21/i12/.
———. 2009. *Ggplot2: Elegant Graphics for Data Analysis*. New York: Springer.（石田基広・石田和枝訳．2012，『グラフィックスのための R プログラミング――ggplot2 入門』丸善出版）
———. 2015. "Stringr: Simple, Consistent Wrappers for Common String Operations." https://CRAN.Rproject.org/package=stringr.
Wickham, Hadley, and Romain Francois. 2015. "Dplyr: A Grammar of Data Manipulation." https://CRAN.R-project.org/package=dplyr.
Wiggins, Andrea. 2011. "eBirding: Technology Adoption and the Transformation of Leisure into Science." In *Proceedings of the 2011 iConference*, 798-99. iConference '11. New York: ACM. doi:10.1145/1940761.1940910.
Wilke, Claus O. 2016. "Cowplot: Streamlined Plot Theme and Plot Annotations for 'ggplot2'." https://CRAN.R-project.org/package=cowplot.
Willer, David, and Henry Walker. 2007. *Building Experiments: Testing Social Theory*. Stanford, CA: Stanford Social Sciences.
Williamson, Vanessa. 2016. "On the Ethics of Crowdsourced Research." *PS: Political Science & Politics* 49 (1): 77-81. doi:10.1017/S104909651500116X.
Willis, Derek. 2014. "Professors' Research Project Stirs Political Outrage in Montana," *New York Times*, October. https://www.nytimes.com/2014/10/29/upshot/professors-research-projectstirs-political-outrage-in-montana.html.
Wilson, Timothy D., Elliot Aronson, and Kevin Carlsmith. 2010. "The Art of Laboratory Experimentation." In *Handbook of Social Psychology*, edited by Susan T. Fiske, Daniel T. Gilbert, and Gardner Lindzey, 49-79. Hoboken, NJ: Wiley. http://onlinelibrary.wiley.com/doi/10.1002/9780470561119.socpsy001002/abstract.
Wimmer, Andreas, and Kevin Lewis. 2010. "Beyond and Below Racial Homophily: ERG Models of a Friendship Network Documented on Facebook." *American Journal of Sociology* 116 (2): 583-642. http://www.jstor.org/stable/10.1086/653658.
Windt, Peter Van der, and Macartan Humphreys. 2016. "Crowdseeding in Eastern Congo Using Cell Phones to Collect Conflict Events Data in Real Time." *Journal of Conflict Resolution* 60 (4): 748-81. doi:10.1177/0022002714553104.
Wolfers, Justin, and Eric Zitzewitz. 2004. "Prediction Markets." *Journal of Economic Perspectives* 18 (2): 107-26. http://www.jstor.org/stable/3216893.
Wood, Chris, Brian Sullivan, Marshall Iliff, Daniel Fink, and Steve Kelling. 2011. "eBird: Engaging Birders in Science and Conservation." *PLoS Biology* 9 (12): e1001220. doi:10.1371/journal.pbio.1001220.
Wu, Felix T. 2013. "Defining Privacy and Utility in Data Sets." *University of Colorado Law Review* 84: 1117-77. http://lawreview.colorado.edu/wp-content/uploads/2013/11/13.-Wu_710_s.pdf.
Xie, Huizhi, and Juliette Aurisset. 2016. "Improving the Sensitivity of Online Controlled Experiments: Case Studies at Netflix." In *Proceedings of the 22nd ACM SIGKDD International Conference on Knowledge Discovery and Data Mining*, 645-54. doi:10.1145/2939672.2939733.
Yarkoni, Tal and Jacob Westfall. 2017. "Choosing Prediction Over Explanation in Psychology: Lessons From Machine Learning." *Perspectives on Psychological Science* 12

(6): 1100–22. https://doi.org/10.1177/1745691617693393.

Yakowitz, Jane. 2011. "Tragedy of the Data Commons." *Harvard Journal of Law & Technology* 25: 1–67. http://jolt.law.harvard.edu/articles/pdf/v25/25HarvJLTech1.pdf.

Yang, Shihao, Mauricio Santillana, and S. C. Kou. 2015. "Accurate Estimation of Influenza Epidemics Using Google Search Data via ARGO." *Proceedings of the National Academy of Sciences of the USA* 112 (47): 14473–8. doi:10.1073/pnas.1515373112.

Yeager, David S., Jon A. Krosnick, LinChiat Chang, Harold S. Javitz, Matthew S. Levendusky, Alberto Simpser, and Rui Wang. 2011. "Comparing the Accuracy of RDD Telephone Surveys and Internet Surveys Conducted with Probability and Non-Probability Samples." *Public Opinion Quarterly* 75 (4): 709–47. doi:10.1093/poq/nfr020.

Yoon, Carol Kaesuk. 1997. "Families Emerge as Silent Victims Of Tuskegee Syphilis Experiment." *New York Times*, May. http://www.nytimes.com/1997/05/12/us/families-emerge-as-silent-victims-oftuskegee-syphilis-experiment.html.

Youyou, Wu, Michal Kosinski, and David Stillwell. 2015. "Computer-Based Personality Judgments Are More Accurate Than Those Made by Humans." *Proceedings of the National Academy of Sciences of the USA* 112 (4): 1036–40. doi:10.1073/pnas.1418680112.

Yu, Guangchuang. 2016. "Emojifont: Emoji Fonts for Using in R." https://CRAN.R-project.org/package=emojifont.

Zevenbergen, Bendert, Brent Mittelstadt, Carissa Véliz, Christian Detweiler, Corinne Cath, Julian Savulescu, and Meredith Whittaker. 2015. "Philosophy Meets Internet Engineering: Ethics in Networked Systems Research. (GTC Workshop Outcomes Paper)." SSRN Scholarly Paper ID 2666934. Rochester, NY: Social Science Research Network. http://papers.ssrn.com/abstract=2666934.

Zhang, Han. 2016. "Causal Effect of Witnessing Political Protest on Civic Engagement." SSRN Scholarly Paper ID 2647222. Rochester, NY: Social Science Research Network. http://papers.ssrn.com/abstract=2647222.

Zhang, Li-Chun. 2000. "Post-Stratification and Calibration: A Synthesis." *American Statistician* 54 (3): 178–84. doi:10.1080/00031305.2000.10474542.

Zhou, Haotian, and Ayelet Fishbach. 2016. "The Pitfall of Experimenting on the Web How Unattended Selective Attrition Leads to Surprising (Yet False) Research Conclusions." *Journal of Personality and Social Psychology* 111 (4): 493–504. doi:10.1037/pspa0000056.

Zignani, Matteo, Sabrina Gaito, Gian Paolo Rossi, Xiaohan Zhao, Haitao Zheng, and Ben Y. Zhao. 2014. "Link and Triadic Closure Delay: Temporal Metrics for Social Network Dynamics." In *Eighth International AAAI Conference on Weblogs and Social Media*. http://www.aaai.org/ocs/index.php/ICWSM/ICWSM14/paper/view/8042.

Zimmer, Michael. 2010. "But the Data Is Already Public: On the Ethics of Research in Facebook." *Ethics and Information Technology* 12 (4): 313–25. doi:10.1007/s10676-010-9227-5.

———. 2016. "OkCupid Study Reveals the Perils of Big-Data Science." *Wired*. https://www.wired.com/2016/05/okcupid-study-reveals-perils-big-data-science/.

Zimmerman, Birgitte. 2016. "Information and Power: Ethical Considerations of Political Information Experiments." In *Ethics and Experiments: Problems and Solutions for*

Social Scientists and Policy Professionals, edited by Scott Desposato, 183-97. New York: Routledge.

Zittrain, Jonathan. 2008. "Ubiquitous Human Computing." *Philosophical Transactions of the Royal Society A: Mathematical, Physical and Engineering Sciences* 366 (1881)：3813-21. doi:10.1098/rsta.2008.0116.

Zizzo, Daniel John. 2010. "Experimenter Demand Effects in Economic Experiments." *Experimental Economics* 13 (1)：75-98. doi:10.1007/s10683-009-9230-z.

Zook, Matthew, Solon Barocas, Kate Crawford, Emily Keller, Seeta Peña Gangadharan, Alyssa Goodman, Rachelle Hollander, et al. 2017. "Ten Simple Rules for Responsible Big Data Research." *PLoS Computational Biology* 13 (3)：e1005399. doi:10.1371/journal.pcbi.1005399.

索引

―――― 事項索引 ――――

● アルファベット

A/B テスト　188
Amazon Mechanical Turk　→ MTurk
ANCOVA（共分散分析）　210
AOL（企業）　28-29, 73
CONSORT（試験報告についての強化された基準）　218
eBay オークション　57-62
eBird（鳥類学データ）　263-65, 286
ESP ゲーム　283
Facebook　35
　――からのデータを使用した嗜好、紐帯、時間研究プロジェクト　295, 300, 306
　――上のシェア数の減少　83
　――上の投票行動　73
　――上のフレンドセンスサーベイ　118-19
　――データのアルゴリズムによる交絡　36
　――と投票行動とのリンク　142
　――による予測　146
　――の友情の強さへの影響　90
　――を用いた感情伝染実験　199-204, 219-20
　――を用いた感情伝染実験における倫理的問題　294-95, 300-02, 306
　選挙研究における――　188-90
　学生データと統合された Facebook のデータ　295
　→感情伝染実験
Google
　――Ngrams データセット　80-81
　――のインフルエンザトレンドレポート　38, 48-52, 76, 79, 364
　――ブックス　18
Horvitz-Thompson 推定量　134-35
IRB　→研究倫理審査委員会
MovieLens プロジェクト　75, 185-86, 217
MTurk（Amazon Mechanical Turk）　83, 158, 222, 290
　――のコスト　193
　――の利用に関する議論　224
　――を通じた被験者の募集　181-83, 216-17

Netflix プライズ　41, 235, 251-54
　――における倫理的問題　276, 344
　アンサンブル解としての――　285
NGO（非政府組織）　190
Opower（企業）　166, 214, 364
PolyMath プロジェクト　281
SIGCOMM（コンピュータサイエンスの会議）　298
Twitter
　――からのデータの転用　15
　――上のスパム　40
　――を用いたトルコの抗議運動の研究　22, 35
　株式市場予測のための――　79
　選挙予測のための――　32-33, 74, 76
　トライアド閉包　75
　リツイート　80
WikiLeaks　359
Wikipedia　115
　――における報賞　152-53, 193, 205-08
　――の研究における倫理的問題　305
　――のボットの作った編集　40
　――利用におけるプライバシーの問題　82
　マスコラボレーションとしての――　233
Xbox ユーザー　105, 107-08, 137, 140
YouGov（企業）　146

● あ 行

穴ぼこパトロール　270
アナログデータ　2-3
アナログな実験　154, 157-60, 211-12
　――の費用　193
アフリカ系アメリカ人
　タスキーギ梅毒研究における――　303, 333-36
　→人　種
アルゴリズムによる交絡　24, 35-38, 75
　Google インフルエンザトレンド上の――　50
アンコール　296-97
　――におけるインフォームドコンセントの問題　314

索　引

——における倫理的問題　306-07, 326-27
——に適用された法と公益の尊重原理　309
コモンルールに従っていない——　337
アンサンブル解　285
安定的単位処置効果の仮定（SUTVA）　208
医学研究
　　——におけるインフォームドコンセント　313
　　——における段階的試験　329
　　タスキーギ梅毒研究　333-35
イギリス人医師研究　31
1 群処置不完全実施　230
因果推論の根本問題　66, 206
因果性　210
　　因果推論の根本問題　66, 206
　　非実験的アプローチによる因果推論　64
インターネット
　　——上でのオンライン講座　227-28
　　——上での広告　189-90, 228-29
　　——における検閲のアンコール研究　296-97, 306
　　——のオンラインデートサイト　359
　　——を使うマスコラボレーション　233, 278
　　モノの——　4
　　中国のインターネットの検閲　45-47, 76
インターネットの検閲　45-47, 76
　　——についての「アンコール」研究　296, 306
　　→アンコール，ソーシャルメディア
インタビュー　87
　　——vs. 新技術　109
　　人間記入式 vs. コンピュータ記入式　110
インタビュアー効果　110
いんちきなデータ
　　マスコラボレーションにおける——　240
インデプスインタビュー　87
インテリジェンスコミュニティ包括的国家サイバーセキュリティ・イニシアティブデータセンター（ユタデータセンター）　27-28
インフォームドコンセント　304, 312-15, 341, 343, 351
　　——に関するベルモントレポートとコモンルール　336
　　——についての倫理枠組み　310-11
　　前科のある人の研究における——　113
　　タスキーギ梅毒研究における——　335
　　マスコラボレーションにおける——　277
　　レコードリンケージのための——　142
　　アンコール研究におけるインフォームドコンセントの欠如　298
インフルエンザ　48-52, 76
インフルエンザネット・プロジェクト　288
ウィキサーベイ　114-17

ウィチタ陪審研究　342
映画レイティング　41
　　——のための Netflix プライズ　250-52
英国選挙調査（BES）　146
エイズと HIV　269, 277
疫学　48
エコノミスト（雑誌）　288
エスノグラフィ　138
エボラウィルス　291, 324
エンカレッジメントデザイン　67, 230
オークション行動　57-62
汚染されたデータ　38-40, 75
オープンコール・マスコラボレーション　234, 250, 257-61, 280, 284-86
　　——としてのフォールディット　254-56
　　——における倫理的問題　277
　　Netflix プライズ　251-54
　　ピアトゥパテント　257-59
オランダ統計局　74
オンライン講義　227-28
オンラインデートサイト　359
オンラインパネル　103

● か　行

壊血病（疾患）　172
回顧的データ　22, 38
海賊党（ドイツ）　33
外的妥当性　165-66
回答者　95
　　——のバイラルな募集　118, 145
　　無回答問題と——　135-37
確率サンプリング法　102-03, 140
　　——vs. 非確率サンプリング法　140
　　——と無回答　135-37
　　——の数学　133-35
カジノ　37, 226
カスタムメイド　7-8, 363-64
数え上げ　43-48, 76
カバレッジ誤差　95, 102
カバレッジバイアス　95
癌
　　——の研究における倫理的問題　354-55
　　喫煙と——　31
環境保全有権者連盟　190
観察
　　——から得られる観察データ　13
観察すること
　　質問すること vs.——　90-91, 138
監　視　82, 299-300, 339
感情伝染実験　199-204, 219-20, 223
　　——における最悪のシナリオ　331

——における倫理的問題　294-95, 301-02,
　　　327, 332, 339, 347
　　——に適用された正義原理　308
　　——に適用された善行原理　306
　　——に適用された法と公益の尊重原理　309-10
艦隊戦略　192, 218
企　業
　　——との連携　186-90
　　——にとって有用な現在予測　48
　　——の管理記録　84
　　——のセンシティブデータ　41-42
　　——のデータを用いた実験の倫理的問題
　　　300-02
　　——の保有するデータのアクセス不可能性　27
　　実験における——　224
帰結主義　310-11
既存の実験環境
　　実験における——　176-81
喫　煙　31
機密データ　41-42
　　前科のある人の研究における——　113
義務論　310-11
ギャラクシー・ズー　234-45, 249, 283, 365
　　——からの新たな発見　275-76
　　——の参加者　278
　　——の参加者へのクレジット　277
教師付き学習　46-48, 242
行政・管理記録　84
行政記録
　　——のためのレコードリンケージ　142
共同議会選挙調査（CCES）　102
局所平均因果効果　69, 78
9月11日のテロリストによる攻撃　21, 38-39
く　じ
　　研究の被験者に対する——　219
　　　徴兵——　53, 55-57, 64-65, 67-70, 78
クラウドソーシング　10, 234, 281
グラウンデッド・セオリー　63
繰り延べ同意　343
経験的データ主導の理論化　63-64
携帯電話　109, 144
　　——上の人々の移動データ　291, 324
　　——の詳細通話記録（CDRs）　147, 355
　　分散データ収集のための——　271
　　ルワンダの——　126-29
系統的誤差　20-21
経度懸賞　284
刑務所　111
ゲズィ占拠運動（トルコ）　22
ゲーミフィケーション　117-19
ゲーム　283

研究デザイン　5
　　——としてのエンカレッジメントデザイン　67
　　——における数え上げ　43-48
　　——における実験に近づけること　52-62
　　——における倫理的問題　366-67
　　将来予測と現在予測　48-52
研究倫理審査委員会（IRB）　292, 329-30
　　——に関するコモンルール　336
　　——に対する非研究者　306
　　——を避ける試み　340
　　インフォームドコンセントに対する——　313
　　モンタナ投票研究と——　358
言　語
　　Googleブックスデータの——　18
現在予測　48-52, 76-77
検定力分析　204, 327
広　告　189
　　——の費用対効果　228-29
構成概念妥当性　26, 165, 200, 213
行　動
　　——の観察データ　13
　　——の報告　139
　　——を観察する際の倫理的問題　298-99
行動ドリフト　34-35
項目無回答　135
交絡要因　150
黒　人
　　タスキーギ梅毒研究における——　303,
　　　333-36
　　→人　種
国勢調査データ
　　——の二次使用　300
誤　差
　　系統的——　20
　　測定における——　96-100
　　代表における——　93-96
　　総調査誤差フレームワーク　91-92
個人識別情報（PII）　318, 345
コスト
　　サーベイ調査の——　100-01, 140, 142
　　実験の——　192-98, 218-19
　　自分で実験環境を構築する——　185
　　頼りになる企業と協働する——　186
　　人間のインタビュアーの——　110
固定費用　142, 192
　　ミュージック・ラボにおける——　197, 198
コモンルール　336-37
　　——によってカバーされていないアンコール研究
　　　297
　　——の改訂　340
　　——を現代化する試み　301

索引

ベルモントレポートに基づいた―― 303
雇用差別 312, 360
コレラ 30-31
コンセンサス
　マスコラボレーションにおける―― 237, 240-41
コンピュータ 3
　ヒューマンコンピュテーション 282
　コンピュータ記入式サーベイ 110
コンピュータサイエンス
　――における倫理的問題 337-38
コンピューター詐欺および悪用に関する法律（米国） 308
コンピュータ支援型ヒューマンコンピュテーション・システム 244, 284

● さ 行

最小リスク基準 327
サービス利用規約同意書 308, 342
差分の差推定量 203, 205, 209, 221, 226
　平均の差推定量 226
差分プライバシー 366
サーベイ実験 100, 212
サーベイ調査 87
　――で用いられるゲーミフィケーション 117-19
　――における新たな質問法 109-19, 141
　――における総調査誤差 91-93
　――における測定 96-100
　――における測定項目増加法 120-25
　――における代表性 93-96
　――における無回答問題 135-37
　――のコスト 100-01
　ビッグデータと結びついた―― 119-32, 141-43
　ウィキサーベイ 114-17
サーベイのモード 109
参加型センシング 270
参加者へのデブリーフィング 314, 343, 361-62
参加者への報酬
　マスコラボレーションにおける―― 272-73, 276-77
参加者への補償
　――についてのベルモントレポート 307
サンプリング 101-07
　――における誤差 95
　――の代表性 30
　確率サンプリング 133-35
　確率サンプリングと無回答 135-37
　非確率サンプリング法 102-09, 137

サンプリングフレーム 94
サンプル
　――における誤差 93-94
　――における代表性 93-96
サンプル外一般化 31
サンプルからの母集団への一般化 31
サンプル内比較 31, 33
サンプル母集団 95
ジェンダー
　――に関する事後層化法 106
　――に基づいた雇用差別 360
シカゴ陪審プロジェクト 341
時間依存の動員 282
時系列的研究
　――のためのビッグデータ 21
嗜好，紐帯，時間研究プロジェクト 295, 300, 306, 308, 352
自己申告による測定法 144
事後層化 105-07, 140, 143
　――における無回答バイアス 137
　層化サンプリングと―― 134-35
　非確率サンプリングにおける―― 137
システムドリフト 35, 38, 75
自然実験 30, 52-62, 77
　――の数学 67-71
　大規模な実験を自然実験に置き換える 202, 219
事前登録 218
実験 149-51, 211
　――と区別された非実験データ 210
　――における処置効果の不均質性 169-71
　――における精度 209-10
　――における説明的メカニズム（媒介変数） 172-75, 215
　――に近づける 52-62, 77-78
　――の妥当性 164-69, 213
　――のための潜在的結果アプローチ 205-09
　――のデザインに関するアドバイス 191-93, 218
　――の要素 151-53
　既存の実験環境を使ったデジタル―― 176-81
　サーベイ 100
　デジタル―― 154, 157-60, 175-91, 211-12
　ビジネスにおける―― 224
　実験のデザインにおける倫理的問題 199-204
　自分でデジタル実験のための製品を作る 185, 217
　頼りになるパートナーとのデジタル―― 186-90
　デジタル実験における倫理的問題 198-204,

298-302
デジタル実験の構築　181-83, 215-16
デジタル実験の費用　192-98
ラボ／フィールド，アナログ／デジタル
　154-60, 211-12
実験環境
　新たに実験環境を作る　181-83
　既存の実験環境を使う　176-81
実験参加者
　——に対する善行　305
　——の尊重　304
　——のデブリーフィング　314, 343, 361-62
実験におけるメカニズム（媒介変数）　172-75,
　215
実験のための製品　185, 217
実験の被験者（参加者）
　——に対する善行　219
　——の数を減らす　199, 202
　——への支払い　193
　——への補償　219
　——を募集するための MTurk　215-17
　募　集　181-83, 211
実践研究　217
質　問　96-100
　——の順序　145
　——の測定項目増加法　120-25
　——の代表性　101-09
　——の調査対象拡張法　125-32
　——を誰にするか　140
　——をどのようにするか　141
　観察 vs.——　90-91, 138
　新たな質問法　109-19
　因果に関する問い　149-50
質問形式効果　97-99
質問紙　99-100
質問すること
　観察すること vs.——　90-91, 138
シネマッチ　251
市民科学　10, 234, 281
社会科学者　5, 365
　——の倫理的懸念　291-92
　データの転用に関する——　17
社会学
　——との比較における歴史学　83
社会実験　212
社会的望ましさのバイアス　110
社会ネットワーク　183-84
　——についての嗜好，紐帯，時間研究プロジェクト　295
自由回答式質問項目　114-15
収監率　111

集合知　278
従順者平均因果効果（CACE）　69-71, 78
集団内同質回答傾向　106-07
条件付き平均処置効果（CATE）　207
詳細通話記録（CDRs）　147
常時オンデータ　21-22, 73
　——における処置前情報　159
　自然実験での——　55
勝者総獲りの市場　194-95, 218
冗長性
　マスコラボレーションにおける——　239
消費者研究　57-62
消費電力　161-71
情報に関する文脈相対的な規範　324-25
情報リスク
　——の管理　316-23, 344-45
将来予測　48-52, 76-77
除外制約　56-57, 69
女　性
　——に対する母親ペナルティ　154-56
　——の投票行動の研究　83
　——への雇用差別　154-56, 360
処置効果
　——の精度　209-10
　——の説明的メカニズム　172-75
　——の不均質性　169-71, 213-14
　条件付き平均処置効果　172-75
処置前共変量　220-21
処置前情報　159, 220
処置を洗練させる　198, 219-20
指令的規範　162
人格の尊重　304, 325, 341
　インフォームドコンセントと——　315
　義務論に基づいた——　310
人権侵害　300
人口学的な将来予測　76
人口保健調査　2, 131, 367
人　種
　——による差別の研究　312-13, 360-62
　商取引における——　177-78
　タスキーギ梅毒研究における——　303,
　　333-36
シンプルな実験　160
心理学におけるラボ実験
　——における欺瞞　314
　——の参加者に対するデブリーフィング　343
心理学のラボ実験　154
心理統計学　139
推移性
　社会ネットワーク上の——　37
遂行性　37, 75

推定同意　343
スウェーデン統計局　142
スナップショット・セレンゲティ　284
スパム（汚染されたデータ）　38-40, 75
スマートフォン　110
　──を用いた生態学的経時的評価法　111
　デジタル実験のための──　157
　→携帯電話
正　義　308, 342
生産性研究　54-55
政治・社会研究のための大学間コンソーシアム　322
政治的マニフェスト
　──のクラウドコーディング　245-48
脆弱な家庭と子どもの幸福に関する研究　261
生態学的経時的評価法（EMA）　110-11
精　度　209-10
政　府
　──にとって有用な現在予測　48
　──の行政記録　84
　──のセンシティブデータ　41-42
　──のデータを用いた実験の倫理的問題　300-02
　──の保有するデータのアクセス不能性　27-29
　──の保有する投票記録　122
　ビッグデータソースとしての──　14, 16, 71
政府行政記録　16
　──とのレコードリンケージ　142
生物医学・行動科学研究における被験者の保護に関する全国委員会　335
生物学
　──におけるタンパク質フォールディング　254-56
世代間社会移動　19
前科のある人　111-12
選　挙　83
　──期間中クラウドコードされた政治的マニフェスト　245-49
　──結果予測における誤差　103
　──研究の問題　182
　──データのための Twitter　32, 74
　──に関するリテラリーダイジェスト社の世論調査　93-96
　──についての共同議会選挙調査　102
　──の Facebook 研究　188-90
　──の非確率サンプリング　103-08
　──予測サンプルにおける代表誤差　93-96
　ブレグジットに関する　146
　シミュレーションのための実験　182-83
　ドイツ議会選挙　32-33
　→投票行動

善　行　304-06, 310, 325, 341
潜在的結果アプローチ　64-67
センシティブデータ　41-42, 76
　──としての携帯電話のメタデータ　126
　──に対する中国のソーシャルメディアの検閲　46
　──の再識別化　317-19
　前科のある人の研究における──　113
全数調査　125-26
選択式質問項目　114-15
層　134
層化サンプリング　134-35
層化実験デザイン（ブロック化実験デザイン）　220
総合社会調査（GSS）　72, 118, 144
　──と Twitter の比較　15
　──のためのデータ収集　262
操作変数　67, 78
総調査誤差フレームワーク　91-92, 100, 109, 139-40
測　定　96-100, 140
　──における誤差　93
測定項目増加法　120-25, 141
組　織　190
ソーシャルボット　75
ソーシャルメディア
　──データのアルゴリズムによる交絡　36-37
　──の追跡と監視　82
　──を用いた回答者のバイラル募集　118
　選挙データに関する──　74
　ビッグデータソースとしての──　15
　リアルタイムデータのための──　23
　中国のソーシャルメディアの検閲　45-47
　→ Facebook, Twitter

● た　行

大統領選挙　34, 93-96, 103-08, 139
代入（ユーザー属性推定）　26
　→調査対象拡張法
代　表
　──的データ　30
　──における誤差　93
代表性　93-96, 101-09, 140
タクシー運転手　44, 319
多重比較問題　214
タスキーギ梅毒研究　303, 333-36
妥当性　164-69, 213-14
誰もやっていないからという動機づけ　43
単位無回答　135-37
段階的試験　329
団体保険委員会（GIC：マサチューセッツ州）

316-17
単調性の仮定　69
タンパク質フォールディング　254-56
知　性　25
中国のインターネットの検閲　45-47, 76
中断時系列デザイン　82
調査対象拡張法　125-32, 142
調整変数　212
徴兵くじ　53, 55-57, 64-65, 67-70, 78
「釣り」　214, 221
テキストメッセージ　109
デジタル実験
　→実　験
デジタルトレース　13, 72
デジタルフィンガープリント　72
デジタルフットプリント　72
データ科学者
　——の倫理的懸念　291-92
データ共有　320-23
データサイエンティスト　6, 364
　——の倫理的懸念　291-92
　データの転用に関する——　17
データ収集
　参加者中心の——　364-65
　分散——　262-69
データ増強　284
データの刈り取り　57
データの再特定化　→データの匿名化
データの匿名化　8, 12, 28
　Netflix 映画レイティングの——　41-42, 277
　情報リスクを管理するための——　316-21, 344
データ保護計画　320
テロリズム
　——に関するソーシャルメディアの追跡と監視　82-83
　9月11日のテロリストによる攻撃　21, 38-39
電子タバコ　79
天文学
　→ギャラクシー・ズー
転用したデータ　221
電　話　87-88
　——のメタデータ　344
　——を用いたサーベイでの無回答　102
　——を用いたリテラリーダイジェスト社の調査　93-96
　→携帯電話, スマートフォン
トイレ
　——におけるプライバシー　348-49
統計的結論の妥当性　165
統計的データ編集　75

統制群　152, 200, 226
投　票
　——研究　122-24
　プライバシーと——　325, 341-42
投票行動
　——に関する Facebook 研究　188-90
　ブレグジットに関する——　146
　「投票へ行こう」実験　217, 355-58
　豊かな労働者プロジェクトにおける投票行動の研究　83
動　物
　——を使った実験の倫理的問題　199
透明性のパラドクス　341
透明性を基礎とした説明責任　309
特徴量エンジニアリング　242
特　許　257-59
トライアド閉包　75
鳥のデータ
　——のための eBird　263-65, 286
ドリフト　34-35, 51, 75
トルコ　22, 35

● な 行
内的状態　93
内的妥当性　165, 213
2^k 要因計画　174-75
ニューヨーク市　116-17
　——のレストラン　359-60
人間中心型センシング　270
人間のインタビュアー　110

● は 行
バイアス　91
　カバレッジ——　95
　社会的望ましさの——　110
　ヒューマンコンピュテーション・マスコラボレーションにおける——　240
　無回答——　95, 137
　バリアンスとバイアスのトレードオフ　139
媒介変数（メカニズム；仲介変数）　172-75, 212, 215
肺　癌　31
陪審評議　342
梅　毒　303, 333-36
バイラルな募集　118
パスツールの象限　187-88, 191, 217-18
働きに対するクレジット
　マスコラボレーションにおける——　276-77, 287
パターンの移転可能性　32
発見したデータ　84

索　引　447

ハッシュタグ　35
パノプティコン　299
母親ペナルティ　154-56
バランス・チェック　213
バリアンス　91
　　バイアスとバリアンスのトレードオフ　139
バーンスター（Wikipediaでの報賞）　152
反応性　24
ピアトゥパテント　257-59, 285
非確率サンプリング法　103-09, 140, 144
　　──vs. 確率サンプリング法　140
被験者間デザイン　163-64
被験者内デザイン　163
被験者の募集　181-83, 211
　　MTurkを通じた──　215-17
被験者（参加者）への補償　219, 342
被験者を減らす　199
非実験的アプローチ　52-53
　　──と区別された実験　210
　　──としてのマッチング　57
　　──による因果推論　64
　　──のための潜在的結果アプローチ　64-67
ビジネス
　　→企　業
非代表的データ　30-33, 74
ビタミンC　172
ビッグデータ　3, 62-63, 72
　　──上のアルゴリズムによる交絡が生じたデータ　35-38
　　──と結びついたサーベイ　119-32, 141-43
　　──における汚染されたデータ　38-40
　　──におけるセンシティブデータ　41-42
　　──のアクセス不能性　27-29
　　──の常時オン特性　21-22
　　──の定義　13-14, 71-72
　　──の転用　14-17
　　──の特性　17
　　──のドリフト　34
　　──の非代表性　30-33
　　──の非反応性　24
　　──の不完全性　25
　　──の目的と規模　17-21
　　──を用いた現在予測　48-52
ビットコイン　314
人の自律性　303
人の尊重
　　→人格の尊重
非反応的データ　24, 73
秘密データ
　　前科のある人の研究における──　113
ヒューマンコンピュテーション・マスコラボレーション　234-37, 248-50, 280, 283-85
　　──とオープンコール・プロジェクトとの比較　260-62
　　ギャラクシー・ズー・プロジェクト　237-44
　　政治的マニフェストのクラウドコーディング　245-49
費用対効果（ROI）　228
フィールド実験　154-57, 211-12
　　──におけるインフォームドコンセント　312-13
　　──をシミュレーションする　183-84
　　デジタルな──　158-59
フォールディット　254-56, 282-83
　　──の参加者　278
　　──の参加者へのクレジット　277, 287
不確定性
　　──下での意思決定　326-29, 346
付加情報
　　層化サンプリングにおける──　135
　　非確率サンプリングにおける──　137
　　無回答問題のための──　136
不完全性　25
不均質性
　　処置効果の──　212-13
　　マスコラボレーションにおける──　169-71, 273-74
不真面目な被験者　216
ブーメラン効果　162, 170
プライバシー　323-26, 345-46
　　Wikipedia使用における──　82
　　オープンコールにおける──　286
　　差分──　366
　　センシティブデータ上の──　42
　　トイレにおける──　348-49
　　マスコラボレーションにおける──　277
　　レコードリンケージにおける──　142
プリテスト質問　100
ブレクジット　146
フレーム母集団　94-95
フレンドセンス（サーベイ）　118-19, 365
ブロック化された実験デザイン（層化実験デザイン）　220
文化作品　194-98
分割，適用，結合戦略　282
　　ギャラクシー・ズーで使われた──　236, 241
　　マニフェストプロジェクトで使われた──　246
分散データ収集マスコラボレーション　234-35, 262-63, 269-72, 280, 284
　　──における倫理的問題　276
eBird　263-65
フォトシティ　265-69

文脈的誠実　324
平均の差推定量　207, 209-10
　——と比較した差分の差推定量　226
米国科学アカデミー紀要　201, 295
米国公衆衛生局　333
米国国勢調査局　71
米国国土安全保障省
　——によるソーシャルメディアの追跡と監視　82
　——によるメンロレポート　302-03
　情報とコミュニケーション技術のための倫理的ガイドラインについての——　337
米国国防高等研究計画局（DARPA）ネットワークチャレンジ　281
米国国家安全保障局　27
米国疾病予防管理センター（CDC）　49
米国社会保障局　54, 142
米国世論調査学会（AAPOR）　138
並列プログラミング　72
ページャー
　——からのデータ　39-40
ベルモントレポート　302-03, 309, 339
　——との比較におけるコモンルール　336
　——の歴史　335-36
　人格の尊重についての——　303, 341
　正義についての——　308
　善行についての——　304-05
　リスクと便益の評価に関する——　326
変化を与えて観察する実験　150-51
変　数
　操作変数　67, 78
　仲介変数（メカニズム）　172-75
変動費用　192
包括同意　344
法と公益の尊重　308-10, 342
　——に関するメンロレポート　337
防壁庭園アプローチ　321
法令遵守　308
母集団
　——におけるサンプリング　94-96
　——のドリフト　34-35, 75
　——へのサンプルからの一般化　31
ホーソン効果　212
ホームエネルギーレポート　166-71
滅びのデータベース　27, 300

● ま　行
マイクロサーベイ　109
マイクロタスク労働市場　284
　——に関わる倫理的問題　277
　マスコラボレーションで使われる——　246,
　249, 272, 286
マサチューセッツ州　316
マスコラボレーション　10, 233-235, 280-87
　——としてのフォールディット　254-56
　——のためのヒューマンコンピュテーション　236, 248-50
　分散データ収集——　262-63, 269-72
　eBird　263-65
　Netflix プライズ　251-54
　あなた自身のもののデザイン　272-79
　オープンコール　250-52
　ギャラクシー・ズー・プロジェクト　237-44
　政治的マニフェストのクラウドコーディング　245-48
　ピアトゥパテント　257-59
　フォトシティ　265-69
マスコラボレーションの参加者　272-73, 277-78, 286-87
　——にとっての倫理的問題　276-77
　——を中心とするデータ収集　365
マッチング　57, 60-62, 78
マニフェストプロジェクト　245-48, 287
マラウィジャーナルプロジェクト　269-70, 277, 286
マルチレベル回帰　107
　事後層化付き——　107
まれな出来事　19
ミュージック・ラボ（ウェブサイト）　194-98, 218
無回答問題　140
　確率サンプリングにおける——　102
　確率サンプリングに伴う——　135-37
　サーベイコストと——　100
　バイアス源としての——　95
メタデータ（携帯電話の）　126, 129, 344
メリーランド州　309
メンロレポート　302-03, 337
　法と公益の尊重に関する——　308-10
目標母集団　94
　——の層化サンプリング　134-35
問　題
　因　果　149-50
モンタナ州　355

● や　行
ユーザー属性推定（代入）　26
豊かな労働者プロジェクト　83
ユタデータセンター（インテリジェンスコミュニティ包括的国家サイバーセキュリティ・イニシアティブデータセンター）　27-28
ユダヤ慢性病病院　354-55

要求効果　212
予期せぬ出来事　21-22
予測
　社会科学における――　286
予測市場　281
予測モデル　285
予防原則　326-27

● ら・わ行
ラボ実験　154-57, 211-12
　――の構築　181-84, 215-16
　――の費用　192
　デジタル――　157
ランダム化　78, 213
　――の実験デザイン　153
　――の処置群と統制群　207
ランダム化統制実験　150-51
　――の要素　151-53
ランダムデジットダイヤリング　88
リアルタイム推定　23
リスク・便益分析　305-06
リツイート（Twitter）　80
リテラリーダイジェスト　93-96, 103, 139
両群処置不完全実施　231
理論的構成概念　25-26
　――の構成概念妥当性　165
　遂行性と――　37
　ビッグデータと――　63
倫理的問題　8, 291-93, 332-33, 338-39, 366
　――としての情報リスク管理　316-23, 344-45
　――としてのプライバシー　323-26, 345-46
　――における最悪のシナリオ　331
　――における不確実性と意思決定　326-29, 346

　――の原理　303-10, 340
　――のための倫理枠組み　310-11, 342
　――の歴史　333-38
　アクセス不能データの――　28
　感情伝染に関するFacebook研究における――　294-95
　既存の実験環境における実験の――　182
　嗜好，紐帯，時間研究プロジェクトにおける――　295-96
　実験デザインにおける――　199-204
　前科のある人の研究における――　113
　センシティブデータの利用上の――　42
　調査対象拡張法における――　143
　デジタル研究における――　298-99
　フィールド実験の――　212
　マスコラボレーションにおける――　276-77, 283, 287, 289
　倫理審査委員会と――　329-30
　インフォームドコンセント　310-11
　連続的な倫理問題としての倫理　332
倫理的問題への原理ベースのアプローチ　292
倫理反応サーベイ　328
倫理問題
　――としての非反応性　24
累積的優位　179
ルワンダ　1-2, 126-31, 340, 367
歴史学
　――との比較における社会学　83
レコードリンケージ　26-27, 121, 142
レストラン　359-60
レディメイド　7-8, 363-64
労働党（英国）　245
ローマ（イタリア）　266-67
ワーディング効果　99

―――― 人名索引 ――――

● A
Abelson, Hal　11
Agarwal, Sameer　266
艾未未（Ai Weiwei）　46
Allcott, Hunt　167, 170, 173, 213
Anderson, Ashton　75
Anderson, Margo　300
Angrist, Joshua　53-54, 64
Ansolabehere, Stephen　122-25, 141, 364
Antoun, Christopher　145
Aurisset, Juliette　203

● B
Back, Mitja D.　38-39
Bafumi, Joseph　140
Baker, David　255, 279
Bamford, James　28
Banerji, Manda　242-43
Banksy　352
Baracas, Solon　11
Beauchamp, Tom L.　340
Benard, Stephen　154
Bengtsson, Linus　84
Benoit, Kenneth　245-48, 287, 364

Bentham, Jeremy 298-99, 310
Berges, Aida 279
Berinsky, Adam J. 78, 216
Bernedo, María 225
Bethlehem, Jelke 136-38
Bjerrekaer, Julius 359
Blumenstock, Joshua E.
　——が用いた機械学習モデル 146
　——が用いた混合研究デザイン 5, 8, 340
　——が用いた調査対象拡張法 125-32
　——によるルワンダの通話記録の研究 1-2, 367
Boellstorff, Tom 71
Bond, Robert M. 209, 217, 219
Bradburn, Norman 97
Brandeis, Louis D. 345
Bravo-Lillo, Cristian 328-29
Brick, J. Michael 138
Bruine de Bruin, Wändi 225
Buckley, Sue 347
Budak, Ceren 22
Burch, Rex Leonard 199, 219
Burke, Moira 90, 121
Burnett, Sam 296
Buxtun, Robert 334

● C
Cadamuro, Gabriel 128, 367
Camerer, Colin 76
Campbell, Donald T. 213
Canfield, Casey 225
Cardamone, Carolin 276
Carter, Stephen L. 330
Castronova, Edward 217, 279
Centola, Damon 183-84
Chatfield, Sara 78
Chetty, Raj 19-20, 72-73
Childress, James F. 340
Chowdhury, Abdur 28
Cialdini, Robert 222
Clark, Eric M. 79
Conrad, Frederick G. 141
Coppock, Alexander 190
Correll, Shelley J. 154-57
Costa, Dora L. 170, 213-14
Coviello, Lorenzo 202, 220
Cukier, Kenneth 11

● D
Deaton, Angus 78
Deng, Alex 203

Desposato, Scott 342
Dodds, Peter 194, 365
Doleac, Jennifer 176-77
Doll, Richard 31, 74
Donoho, David 12
Duchamp, Marcel 6-7, 363
Duncan, Otis Dudley 34
Dunn, Halbert L. 27
Dunning, Thad 78
Dwyer, Patrick C. 223

● E
Efrati, Amir 83
Egloff, Boris 39
Einav, Liran 29, 57-62
Eyal, Nir 313

● F
Farber, Henry 44-45, 76
Feamster, Nick 296
Ferraro, Paul J. 173-75, 225
Fisher, Dana R. 11
Fitzpatrick, J. W. 263
Funk, Simon 253-56

● G
Gaddis, S. Michael 284
Gallacher, John E. J. 74
Gallup, George 139
Gardner, Howard 25
Gelman, Andrew 105, 140, 362
Gerber, Alan S. 209, 350
Gill, Michael 359
Ginsberg, Jeremy 49-50
Glaeser, Edward 261
Glaser, Barney 63
Gleick, James 11
Goel, Sharad 105, 118, 119, 144, 365
Goldman, William 194
Goldthorpe, John H. 83-84
Graepel, Thore 12, 146-47
Grebner, Mark 350-51
Green, Donald P. 208, 349
Grimmelmann, James 309
Groves, Robert M. 12, 138-39
Guess, Andrew 190
Guillory, Jamie 199, 201, 223

● H
Hancock, Jeffrey 199, 201, 223
Hargittai, Eszter 11, 12, 84

索引 451

Harper, F. Maxwell 217
Harrison, John 284
Hart, Nicky 83
Hatch, Elizabeth E. 74
Hauge, Michelle 352
Hausel, Peter 198
Heckman, James J. 78
Heller, Jean 335
Hersh, Eitan 122-25, 141, 364
Hill, A. Bradford 31, 74
Hill, Seth 181, 184
Holland, Paul W. 66, 206
Huber, Gregory A. 181-84, 216-17
Huberty, Mark 74
Humphreys, Macartan 289, 343, 347, 355

● I
Imbens, Guido W. 78
Issenberg, Sasha 211, 351

● J
Jensen, Robert 84
Johnson, Jeremy 356
Jones, Jason J. 218
Judson, D. H. 141

● K
Kahn, Matthew E. 170
Kahn, Robert Louis 138
Kant, Immanuel 310
Kauffman, Jason 352
Keeter, Scott 100
Keohane, Robert O. 11
Khan, Shamus 11
King, Gary 11, 45-47, 76
Kirkegaard, Emil 359
Kleinberg, Jon 77
Kleinsman, John 347
Kohavi, Ron 213
Konstan, Joseph A. 217
Kosinski, Michal 12, 146, 359
Koun S. C. 52
Kramer, Adam D. I. 199-203, 219-21, 223
Kraut, Robert E. 90-91, 121
Küfner, Albrecht C.P. 39

● L
Lakhani, Karim 289
Landon, Alf 94

Lapin, Lisa 356
Larimer, Christopher 349
Lazer, David 51
Le Comber, Steven C. 352
Ledeen, Ken 11
Lenz, Gabriel S. 181, 184, 216
Levy, Karen E. C. 11, 115
Lewis, Harry 11
Lewis, Randall A. 228
Lintott, Chris 238-39, 241, 250, 278, 365
Longford, Nicholas T. 211
Loveman, Gary 226
Lowrance, William W. 323

● M
Maddock, Jim 347
Maki, Alexander 223
Malchow, Hal 349
Manzi, Jim 11, 211, 222
Mas, Alexandre 54-55, 57
Mason, Robert 347
Mason, Winter 118, 365
Matorny, Tim 277
Mayer, Jonathan 8
Mayer-Schönberger, Viktor 11
McCulloch, Linda 355
Metcalf, Jacob 353
Michel, Jean-Baptiste 18, 80
Michelangelo 6-7, 363
Mill, John Stuart 310
Miller, Franklin G. 343
Miranda, Juan Jose 173-74
Mitofsky, Warren 89
Moore, David W. 145
Moretti, Enrico 54-55, 57
Motl, Jonathan 355

● N
Narayanan, Arvind 41, 277, 318-19
Neumark, David 360
Newman, Mark W. 24
Newton, Isaac 284
Nielsen, Michael 274
Nissenbaum, Helen 324-25
Noveck, Beth 257-58

● O
Obama, Barack 105-08
Ohm, Paul 76, 299
On, Robert 128, 367

P

Paik, In　154
Pan, Jennifer　45
Panagopoulos, Costas　324
Park, David K.　140
Pasek, Josh　141
Pasteur, Louis　187
Pearl, Judea　64
Pearson, Steve　258
Pell, Jill P.　226
Penney, Jonathon　82-83
Porter, Nathaniel D.　284
Presser, Stanley　114, 145
Price, Michael K.　173-74, 225
Purdam, Kingsley　289
Pury, Cynthia　39-40

R

Rao, Justin M.　228
Restivo, Michael
　──に強制参加させられた被験者　219
　──による Wikipedia 実験　151-53, 157, 159, 193, 205-06
　──の研究における倫理的問題　305
Roberts, Molly　45
Rogers, Todd　173
Romney, Mitt　105
Roosevelt, Franklin　94
Rossmo, D. Kim　352
Rothman, Alexander J.　223
Rothman, Kenneth J.　74
Rothschild, David　105-09
Rubin, Donald　64
Russell, William Moy Stratton　199, 219

S

Sandvig, Christian　11-12, 84
Santillana, Mauricio　52
Schawinski, Kevin　237-38, 241-42, 250, 278, 365
Schechter, Stuart　328
Schober, Michael F.　109, 141
Schultz, P. Wesley　225
　──による節電実験　161-70, 173, 213, 221
　──による調査の費用　192
Schuman, Howard　114, 145
Seltzer, William　300
Shmatikov, Vitaly　41, 277, 318-19
Singel, Ryan　319
Singleton, Royce A., Jr.　11
Smith, Gordon C. S.　226

Snow, John　30-32
Sommer, Robert　348
Sommers, Roseanna　343
Southam, Chester M.　354
Spirling, Arthur　359
Starbird, Kate　347
Stein, Luke　176-77
Stephens-Davidowitz, Seth　24
Stevenson, Mark　352
Stewart, Neil　217
Stillwell, David　12, 146-47
Straits, Bruce C.　11
Strauss, Anselm　63
Subrahmanian, V. S.　76
Sudman, Seymour　97
Sugie, Naomi　111-13
Sweeney, Latanya　316-18

T

Tenuto, Justin　288
Terentev, Ivan　277
Ternovski, John　190
Tockar, Anthony　319
Toole, Jameson L.　147
Tucker, Clyde　138
Tufekci, Zeynep　35
Tuite, Kathleen　266
Tumasjan, Andranik　32-33

U

Ugander, Johan　36
Urzúa, Sergio　78

V

van Arkel, Hanny　275
van de Rijt, Arnout
　──による Wikipedia 実験　152-53, 157, 159, 205-07
　──による低コストの研究　193
　──によるランダム報賞実験　178-79, 222
　──の研究における倫理的問題　305
van der Windt, Peter　289, 355
Verba, Sidney　11
Verdery, Ashton M.　284
von Ahn, Luis　282

W

Waksberg, Joseph　89
Wang, Wei　105-08, 137, 140
Wansink, Brian　97
Warren, Samuel D.　345

Watkins, Susan　269
Watts, Duncan
　——によるフレンドセンスサーベイ　118, 365
　——によるミュージック・ラボのウェブサイト　194-98
　——の用いた Twitter データ　22
Webb, Eugene J.　73
Weld, William　316-18
Wickham, Hadley　282

Wong-Parodi, Gabrielle　225

● X, Y
Xie, Huizhi　203
Yang, Shihao　51

● Z
Zaccanelli, Scott "Boots"　278
Zevenbergen, Ben　297

● 著者紹介

Matthew J. Salganik
プリンストン大学社会学部教授。同大学の情報技術政策センター，統計学・機械学習センターにも所属している。主著："Experimental Study of Inequality and Unpredictability in an Artificial Cultural Market." Matthew J. Salganik, Peter S. Dodds, and Duncan J. Watts. *Science*, 311:854-856, 2006. "Wiki Surveys: Open and Quantifiable Social Data Collection." Matthew J. Salganik and Karen E. C. Levy. *PLOS One*, 10(5):e0123483, 2015.

● 訳者紹介

瀧川 裕貴（たきかわ・ひろき） 　　　　　　　　　　　　　　　序文，第 1, 2, 3 章
東京大学大学院人文社会系研究科准教授。主著：『社会を数理で読み解く——不平等とジレンマの構造』（共著，有斐閣，2015）。『ソーシャルメディアと公共性——リスク社会のソーシャル・キャピタル』（分担執筆，東京大学出版会，2018）。

常松　淳（つねまつ・じゅん） 　　　　　　　　　　　　　　　　　　　　第 6 章
慶應義塾大学文学部教授。主著：『責任と社会——不法行為責任の意味をめぐる争い』（勁草書房，2009）。『公共社会学 1 リスク・市民社会・公共性』（分担執筆，東京大学出版会，2012）。

阪本 拓人（さかもと・たくと） 　　　　　　　　　　　　　第 5, 7 章，謝辞
東京大学大学院総合文化研究科教授。主著：『領域統治の統合と分裂——北東アフリカ諸国を事例とするマルチエージェント・シミュレーション分析』（書籍工房早山，2011）。『ホワイトハウスのキューバ危機——マルチエージェント・シミュレーションで探る核戦争回避の分水嶺』（共著，書籍工房早山，2012）。

大林 真也（おおばやし・しんや） 　　　　　　　　　　　　　　　　　第 4 章
青山学院大学社会情報学部准教授。主著："Labor Union Members Play an OLG Repeated Game." Michihiko Kandori and Shinya Obayashi. *PNAS*, 111(3)10802-10809, 2014. "Self-organizing Collective Action: Group Dynamics by Collective Reputation." *JMS*, 42(4) 205-221, 2018.

ビット・バイ・ビット
——デジタル社会調査入門
Bit by Bit: Social Research in the Digital Age

2019 年 5 月 10 日　初版第 1 刷発行
2024 年 8 月 10 日　初版第 2 刷発行

著　者	マシュー・J. サルガニック	
訳　者	瀧　川　裕　貴	
	常　松　　　淳	
	阪　本　拓　人	
	大　林　真　也	
発行者	江　草　貞　治	
発行所	株式会社　有　斐　閣	

郵便番号 101-0051
東京都千代田区神田神保町 2-17
https://www.yuhikaku.co.jp/

印刷・大日本法令印刷株式会社／製本・大口製本印刷株式会社
©2019, H. Takikawa, J. Tsunematsu, T. Sakamoto, S. Obayashi. Printed in Japan
落丁・乱丁本はお取替えいたします。
★定価はカバーに表示してあります。

ISBN 978-4-641-17448-1

[JCOPY] 本書の無断複写(コピー)は、著作権法上での例外を除き、禁じられています。複写される場合は、そのつど事前に(一社)出版者著作権管理機構(電話03-5244-5088、FAX03-5244-5089、e-mail:info@jcopy.or.jp)の許諾を得てください。